本书属于2011年教育部哲学社会科学发展报告项目（培育）
项目名称：《上海合作组织发展报告》
项目编号：11JBGP031

上海合作组织发展报告(2012)

ANNUAL REPORT ON DEVELOPMENT OF SCO(2012)

华东师范大学俄罗斯研究中心
国家开发银行—华东师范大学上海合作组织研究院

主　编：冯绍雷
副主编：王海燕

上海人民出版社

本书为国家开发银行、华东师范大学共建国家开发银行—华东师范大学国际关系与地区发展研究院第2期系列科研项目“后金融危机时代国际格局转换”研究成果

序　十年巡礼

——关于上海合作组织的未来定位与空间的思考

冯绍雷*

十年之前，上海合作组织的横空出世，成为欧亚大陆历史发展进程中的一件令全球关注的大事。十年来，上海合作组织经历了国际国内环境的巨大变化，推动了区域跨国交往的扩展和深化，揭开了欧亚地区跨国政治经济与安全合作的历史性篇章。

历史地看，这一组织是在21世纪初欧亚地区面临新的发展和安全挑战的环境之中形成的，是在不同发展水平、不同宗教文明、不同国力大小以及不同国内体制的复杂背景之下，建立起来的一个区域性国际组织。上海合作组织的这一成长历程一方面表明这一组织的建立是一个史无前例的历史性创举，另一方面，也充分说明这一组织的发展道路决不会一帆风顺。

在这十年中，上海合作组织的成员国积极解决相互之间的边界问题，为国家之间增进互信和确保安定提供了非常重要的政治与法律保证；它构建了相当丰富多样的组织框架和机制，为成员国、观察员国和对话伙伴国之间的发展合作提供了重要的制度框架；同时它也推动了上海合作组织内部的经济与安全合作，使得这一组织的发展有了一个坚实的基础。多年以来，在维护地区稳定与安全的进程中，该组织始终是转型中国际社会的一个重要力量。

十年来，世界的形势发生了进一步的变化。

第一，国际政治经济重心正在迅速地从西方向东方转移，一个多样化、多元化的国际发展势头正在迅速出现。新兴国家的发展，特别是中国、印度等国家的成长，正在成为这个转型中世界竞争与合作的一个重要方面，成为推动国际经济发展的重要动力。新兴国家之间的合作机制也正在不断地推陈出新，二十国集团(G20)、金砖国家以及一系列全球的和地区的国际组织正在发挥巨大的作用，而上海合作组织则是这一领域的突出亮点。虽然，欧美国家无论在战略力量、经济实力、管理水平、体制影

---

* 冯绍雷，华东师范大学国际关系与地区发展研究院院长、教授、博士生导师；教育部人文社会科学重点研究基地俄罗斯研究中心主任。

响,还是在思想文化的辐射力等方面,依然在全球格局中明显占有上风,但是,传统工业国家在国际政治经济结构中所占权重正在下降,在思想文化领域的优势正在逐渐地消退;它们相互之间的联盟关系虽依然存在,但是内部相互依存度正在下降。

第二,近十年来的一个重要变化,是随着后冷战阶段大国间结盟对抗现象的消失,国家间关系的意识形态因素远不如冷战时期的高涨。但是,国家间实际冲突水平、频率和烈度,依然令人担忧。从 1999 年开始的科索沃战争、2001 年的阿富汗战争、2003 年的伊拉克战争、2008 年的俄罗斯与格鲁吉亚战争,一直到利比亚战争乃至叙利亚战争。几乎所有的战争都集中在欧亚大陆的边缘地区。其原因,一方面是极端主义、恐怖主义的猖獗,包括过度依赖镇压的暴政,使得国际形势大大复杂化;另一方面,借反恐、反对镇压平民而实施的势力扩张政策显然已经成为强权的行为惯性。值得注意的是,意识形态因素还是一再以各种方式被作用于国家间的正常关系,其中,美国所主张的外交就是为了"推广民主"的信条,已经成了冷战后国际关系重新被意识形态化的主要源头之一。在此动荡而微妙的形势之下,中亚各国、俄罗斯、中国等国组织起来,以我们自己的合作行动避免外部势力对于我们所在地区的干扰,确保我们所在地区的安宁与稳定,显示了上海合作组织这样的区域国际组织存在的意义。

第三,近十年来,全球化推进下的正反两方面效应、若干强权附加于全球化进程中的主观意志以及其被激发起的社会抗拒,使得国际社会各个领域的动荡、危机和非常规性事件层出不穷,危机—反应式的事态处理成为大国间国际交往的主要表现形式之一。大国行为因突发性危机事件作用于地区局势的稳定,同时也借助于重大危机来实现外交突破。"9·11"事件、颜色革命、天然气冲突、世界金融危机、中东北非形势动荡等等几乎所有这些重大事件的应对处理,都带有一定程度的危机—反应式的事态处理特点。而上述所有这些事件几乎又都与上海合作组织所在地区有着密切关联。从如何应对发生在这一地区的危机形势的角度来看,国际经验证明了这一国际组织存在的必要,同时,也为这一组织今后的发展设置了重重的考验。

第四,从国际金融危机、日本大海啸以及中东北非所谓"革命"以来的局势变化来看,当危机中的各国难以自保却又客观上置身于各自原有的区域合作框架之下时,当美国也难以施展全球性的影响而不得不退而以经营若干地区作为其战略重点之时,在地区和次区域层面的国际合作与竞争,将成为今后一个阶段国际事务的焦点所在。欧盟在原有区域框架已经力不从心、各国意见分殊之时,将竭尽全力维持区域合作进程,以免在全球竞争中沉沦;东亚地区的合作在遭受一系列天灾人祸的背景之下,特别是面临美国"重返亚洲"的重大战略调整的背景之下,也必将是一番新的竞争与合作的局面。上海合作组织所在的欧亚大陆的核心地带乃是大国间博弈的聚集地:在这一地区,北约与欧盟在过去十多年里进行重要的扩张,目前只是处于间歇状态;而近年来,俄罗斯在前苏联地区大力提升影响力和聚合力,特别是体现在对于集体安全条约组织、欧亚经济共同体、俄白哈海关同盟以及欧亚开发银行等一系列地区机构合作水平的提升上，也将给上海合作组织带来一种新的外部环境；包括中亚国家要求实现自己的自主性建设，使这一地区免受任何大国主宰的愿望，都将给区域合作进程输入新的动因。总之，"区域"概念在国际事务中的提升已吸引了相当的关注，这是上海合作组织存在与发展的又一重要基础。

第五，21世纪以来，新兴国家和转型国家的发展势头迅猛，内部整合的水平也有所提升，在世界经济中所占份额继续上升，但是，发展和转型的方式正在面临深刻变化，俄罗斯围绕未来发展模式问题，特别是围绕着俄罗斯总统选举以及未来经济发展纲要问题，在近年展开了深入而激烈的辩论。中国正在进行从过于依赖海外市场转向海外发展和发展内需均衡式发展的战略大调整。中国、俄罗斯等新兴大国正在以不同方式进入所谓的"第二次转型"，以寻求新的发展动力，并克服前一阶段改革进程中所遗留下来的"政策陷阱"。这种发展机理和内部体制结构的变化势必将对新兴国家、转型国家的外部关系带来影响。虽然，这些国家内部体制变迁中关于市场与国家、民主与威权等相互关系的独特处理方式，可能引发与西方国家关系的敏感与紧张；但是，如中国从以往较多地倚重于外延型的发展战略转向内需和外部平行发展的战略，在此过程中所释放出来的能量和机遇，也有可能成为一个迟缓国际紧张状态的有利因素。与此相类似的体制变迁与对外政策相关性的进程，有可能是上海合作组织成员国今后发展过程中的重要背景。

总体来说，上海合作组织更富有活力的发展与壮大，是当前以及今后一个阶段的国际社会、地区以及成员国各国内部发展等多方面因素所规定的一个客观需求。

上海合作组织成立十年来，人们对该组织地位与作用的认识也越来越清晰。

首先是鉴于该组织是在冷战后一个特殊阶段所建立起来的跨国区域组织，它已经在一系列区域和国际事务中发挥了巨大的影响力，但是，还不可能希望它立即就具备如欧盟、北约组织长时间所形成的老练成熟的内部功能和机制。作为一个已经在较短时期中处理了众多复杂的国际与区域事务的国际组织而言，上海合作组织的影响力是完全可以在今后的发展过程中逐步得以体现的。

由于上海合作组织成员国所具有的不同国内国际背景，其未来的功能定位，可能还会在增加政治互信、加强安全合作、深化经济交往水平等各个方向的相互交叉中被加以确认，而不会是被简单地定格为或者是仅仅着眼于单一的经济功能、单一的安全事务、甚或是仅仅是提升政治互信水平。这样一种状态既是由于所在地区的多种需求的客观态势所决定，也是出于各成员国和各观察员国惟有在进一步合作中才能够寻求和发展出更多共同的合作机制这样的机理。

上海合作组织从成立一开始，就被其宪章定格为一个"开放性的"国际组织。鉴于上海合作组织各成员国处于不同程度的体制变迁和对外开放过程中，所以，十年以来,上海合作组织的规模不断扩大,吸收了乌兹别克斯坦成为其正式成员国,扩展了蒙古、伊朗、印度、巴基斯坦作为其观察员国,以及白俄罗斯和斯里兰卡成为其对话伙伴国。并且,就阿富汗的观察员国和土耳其的对话伙伴国地位问题已经达成了协议。在该组织已经具备了关于吸收成员国的一系列机制和程序的国际法规范的基础上,上海合作组织可以谨慎、稳步地推进进一步扩展,但前提是既有利于各成员国在该组织框架之内发挥建设性作用,也有利于区域和整个国际局势中的互利、正义、合作和稳定。

就未来发展的态势而言,一个根本性的趋势是:上海合作组织推进区域合作进程依然存在着巨大潜能。

第一,上海合作组织各国之间的互补性的经济与安全结构仍将主导上海合作组织的发展。从经济的角度看,如最近有学者提出,独联体发展的三个难题——资源安全、创新经济、自由贸易区——正是今后上海合作组织成员国相互之间可以发挥合作互补的优势所在。从安全的角度看,对于该地区普遍存在着的安全隐患,包括对于在美国宣布撤军之后的阿富汗形势为核心的地区安全问题,各国有着大量的共同认知可以使之形成合作的安全机制。

第二,上海合作组织所奉有的"上海精神",是这个新生国际组织的一笔宝贵的精神财富,这为该组织的多边与双边合作提供了一个必不可少的依托。在推进合作的过程中,大国小国一律平等、相互尊重各成员国的诉求和利益,乃是这种精神的基本要义。非常重要的是,这种相互尊重的态度不光在各自已经参与的多边或双边合作的构建过程中得到体现,而且,也在各自暂时未曾参与的成员国多边和双边关系中得以体现。这样一种本着求同存异的精神,互相理解与尊重的状态,为该组织的长远发展作出十分重要的铺垫。上海合作组织的首任秘书长张德广先生曾经非常有远见地提出,"上海精神"本身就是一种具有极其广泛的和普遍意义的思想原则和精神资源,在这一领域有着极为深厚的空间可以进行发掘。

第三,上海合作组织的生存和发展还有着一个更大的国际背景。冷战后的国际社会已经没有了冷战时期结盟对抗的紧张态势,但是,出于各种动机的意识形态惯性依然没有全然消失,有人还是习惯于以"输出民主"式的立场和战略来看待和处理这一地区的事态发展。对于上海合作组织国家来说,发展市场经济、推动民主体制,总的来说是一个不可逆转的历史过程,但是,这一过程不同的行进节奏,不一样的内部和外部政策的匹配,使得对于这一异常复杂的转型过程,有一个被外部世界认知接受的过程。苏联解体以来二十年的历史经验表明,有心发展与西方国家良好关系的愿望,不一定能够被即时理解和接受,这使得当地国家与西方国家的相互关系改善过程始终具有高度的动态性。因此,为了使得内部转型过程避免受到外来过多的侵扰,为使市场和民主改革得以顺利推进,关键在于,如何看待上海合作组织内部存在着的从

“体制接近”走向“体制合作”的可能性。这一逻辑惯性的可能变为现实，至少将会以外部世界多大程度上愿意以及能够客观友善地看待非西方国家的转型事务，以及上海合作组织成员国本身将在多大程度上认真地推进这一领域的改革和现代化为前提。

第四，近年来，特别是在金融危机形势的激荡之下，上海合作组织地区出现了新的发展态势和新的空间布局。随着俄罗斯等一部分当地国家经济的逐渐复苏，以及对前苏联地区传统联系纽带的重新关注，以俄罗斯、白俄罗斯与哈萨克斯坦为基础的海关同盟与欧亚联盟正以强劲的势头跃出地平线。同时，以俄罗斯远东西伯利亚地区重新开发开放为背景的俄罗斯东向发展的态势已逐渐显现轮廓。与此同时，以2014年以后阿富汗前景为聚焦点的南亚地区也开始进入了一个合作与竞争并存的博奕空间。这样一种发展态势与地表人文新景观的出现，必将使得上海合作组织的未来发展不可能简单地重复过去十年的经验和已有的发展轨迹，必定要求人们发挥创造力和想象力，去构筑上海合作组织的新空间。

总之，十年的经历对于势将担当大任的区域国际组织来说，还是一段非常短暂的历史，但是，在这样一段丰富的历史体验中，人们正在进一步看清推动上海合作组织的未来发展的诸种动因与机理。可以相信的是，只要推动发展的动因、维护安全与稳定的需求，以及追求各国各种文化相互理解的愿望都还存在，上海合作组织就会有一个和谐美好、走向繁荣的前景。

目录

1　序　十年巡礼
——关于上海合作组织的未来定位与空间的思考　冯绍雷

第一部分　总　论

3　报告一　上海合作组织经济形势综述　王海燕
40　报告二　上海合作组织政治与安全形势综述　杨　成
——以金融危机以来中亚成员国为案例
62　报告三　上海合作组织人文教育形势综述　贝文力　顾　恒

第二部分　国别研究

83　报告四　俄罗斯年度发展报告　冯绍雷
106　报告五　哈萨克斯坦年度发展报告　郑润宇　栾　森
123　报告六　乌兹别克斯坦年度发展报告　王海燕　李　荟
143　报告七　吉尔吉斯斯坦年度发展报告　王海燕　何文婕
157　报告八　塔吉克斯坦年度发展报告　孙　超　杨　成

第三部分　区域合作

181　报告九　独联体及中亚区域一体化研究　亚历山大·利伯曼

205 报告十 上海合作组织范围的能源合作 丁佩华
219 报告十一 上海合作组织成员国的金融合作 姜 睿
231 报告十二 上海合作组织成员国的农业发展与合作 肖辉忠
256 报告十三 上海合作组织成员国的法制建设与法律合作 黄 翔

第四部分 大国与中亚关系

285 报告十四 俄罗斯对上海合作组织的政策及前景 石 泽
295 报告十五 美俄关系在中亚 刘佳琪 冯绍雷
319 报告十六 欧盟的中亚战略 罗甘本 冯绍雷
348 报告十七 日本对上海合作组织的战略构想 阎德学
367 报告十八 外国对塔吉克斯坦援助的比较分析 韩冬涛 覃黎娜
391 报告十九 区域性国际安全组织在中亚 刘 军 张馨以

第五部分 热 点 问 题

401 报告二十 上海合作组织视角下的阿富汗重建问题 何 明
419 报告二十一 从俄哈视角分析海关同盟的发展 郑润宇
434 报告二十二 中亚跨境水资源的现状及其合作前景 杨 恕 皋 媛
460 报告二十三 中亚国家的社会福利政策 张 红 纪媛楠

附录 上海合作组织及其成员国大事记

477 附录一 上海合作组织大事记 孙超辑录
484 附录二 俄罗斯大事记 韩冬涛辑录
495 附录三 哈萨克斯坦大事记 李荟辑录
502 附录四 乌兹别克斯坦大事记 李荟辑录
506 附录五 吉尔吉斯斯坦大事记 何文婕辑录
511 附录六 塔吉克斯坦大事记 孙超辑录

CONTENTS

1 **Preface Prospects in Ten Years**
—On the SCO's Future Orientation and Space Feng Shaolei

Part I Overview

3 **Report 1 Summary of Economic Situation of the SCO** Wang Haiyan
40 **Report 2 Summary of Political and Security Situation of the SCO** Yang Cheng
—Case Study of Central Asian Countries since the Financial Crisis
62 **Report 3 Summary of Humanism and Education Situation of the SCO** Bei Wenli

Part II Country Studies

83 **Report 4 Annual Development Report of Russia** Feng Shaolei
106 **Report 5 Annual Development Report of Kazakhstan** Zheng Runyu Luan Miao
123 **Report 6 Annual Development Report of Uzbekistan** Wang Haiyan Lihui
143 **Report 7 Annual Development Report of Kyrgyzstan** Wang Haiyan He Wenjie
157 **Report 8 Annual Development Report of Tajikistan** Sun Chao Yang Cheng

Part III Regional Cooperation

181 **Report 9 Studies of Regional Integration in the CIS and in Central Asia**
Alexander Libman

205 Report 10 Energy Cooperation in the area SCO Ding Peihua

219 Report 11 Financial Cooperation of Central Asian SCO Members Jiang Rui

231 Report 12 Agricultural Development and Cooperation of Central Asian SCO Members Xiao Huizhong

256 Report 13 Legislative Construction and Cooperation of Central Asian SCO Members Huang Xiang

Part IV Relations between Great Powers and Central Asia

285 Report 14 Russian Policies and Prospects towards the SCO Shi Ze

295 Report 15 U.S.-Russian Relations in Central Asia Liu Jiaqi Feng Shaolei

319 Report 16 The EU's Strategies towards Central Asia Luo Ganben Feng Shaolei

348 Report 17 Japan's Strategies towards the SCO Yan Dexue

367 Report 18 Comparative Analysis of Foreign Aids to Tajikistan Han Dongtao Qin Lina

391 Report 19 Regional International Organizations in Central Asia Liu Jun Zhang Xinyi

Part V Hot Issues

401 Report 20 Analysis about Reconstruction of Afghanistan from the Perspective of the Shanghai Cooperation Organization He Ming

419 Report 21 Analysis about Development of the Customs Union of Belarus, Kazakhstan and Russia from the Perspective of Kazakhstan and Russia Zheng Runyu

434 Report 22 Cross-border Water Resource Present Situation of Central Asian Countries and Prospects for Cooperation Yang Shu Gao Yuan

460 Report 23 Social Welfare Policies of Central Asian Countries Zhang Hong Ji Yuannan

Appendices: Memorabilia of the SCO and its Members

477 Appendix 1 Memorabilia of the SCO compiled by Sun Chao
484 Appendix 2 Memorabilia of Russia compiled by Han Dongdao
495 Appendix 3 Memorabilia of Kazakhstan compiled by Li Hui
502 Appendix 4 Memorabilia of Uzbekistan compiled by Li Hui
506 Appendix 5 Memorabilia of Kyrgyzstan compiled by He Wenjie
511 Appendix 6 Memorabilia of Tajikistan compiled by Sun Chao

第一部分　总　论

报告一　上海合作组织经济形势综述

王海燕*

[摘要]　2010—2011年度对上海合作组织来说是很有意义,又充满动荡和挑战的年份。在经济全球化影响下,上合组织各成员国尚未摆脱全球金融危机的影响,各国经济形势面临巨大的考验和挑战。首先,2010年以来上合组织成员国综合经济形势跌宕起伏,各国综合经济指标有升有降;除吉尔吉斯斯坦外,俄罗斯和中亚国家对外贸易恢复性增长幅度较大,普遍接近2008年全球金融危机前的水平,其中,中国对成员国贸易和投资比重、排名都在上升;俄罗斯和中亚国家在引进外资上展开了激烈竞争,各国吸引外国投资的领域和数额有增有减,很不稳定。其次,各国能源工业、汽车工业、财政金融业、交通运输业等主要产业发展出现新的趋势。再次,上合组织区域经济合作—机制合作与竞争并存,区域合作机制更加多元化,与此同时,上合组织区域经济合作也面临诸多问题。展望未来,上合组织成员国俄罗斯和中亚国家经济仍面临多种不确定因素的考验与挑战,各国未来经济发展仍会产生波动,难以稳定回升。

[关键词]　上海合作组织　经济形势　产业发展　区域经济合作

2010—2011年度对上海合作组织来说是很有意义又充满动荡和挑战的一年。一方面,这一时段乃是一系列重要事件的纪念日,如上海合作组织成立10周年;俄罗斯和哈萨克斯坦、乌兹别克斯坦、吉尔吉斯斯坦、土库曼斯坦①、塔吉克斯坦等中亚国家已独立发展20年;美国"9·11事件"发生,拉开全球反恐序幕之后整10年。另一方面吉尔吉斯斯坦2010年4月6日和6月10日发生骚乱,政局尚未平稳;中东乱局2011年初发生至今尚未结束;在世界政治经济全球化影响下,上合组织各成员国尚未摆脱全球金融危机的影响,经济形势跌宕起伏;而同时各国能源工业、汽车工业、财政金融业、交通运输业等主要产业发展出现新的趋势;上合组织区域经济合作中机制合作与竞争并存,区域合作机制更加多元化。展望未来,各国经济形势面临众多不确定

---

* 王海燕,华东师范大学国际关系与地区发展研究院暨国家开发银行—华东师范大学上海合作组织研究院,教育部重点研究基地华东师范大学俄罗斯研究中心副研究员、硕士生导师、经济学博士。

因素的考验和挑战，经济难以稳定回升。

一、 后金融危机时期的经济形势：跌宕起伏

(一) 各国综合经济指标有升有降

2010年和2011年独联体经济出现整体复苏势头，国内生产总值同比平均都增长了4.7%。2010年和2011年除吉尔吉斯斯坦2010年为负增长外，其他国家均为正增长，其中土库曼斯坦、乌兹别克斯坦、哈萨克斯坦均保持了7%以上的经济增幅，远高于独联体平均增幅，也高于世界经济平均增长率(2010年为3.9%、2011年为2.4%)②，其中，2011年发展中国家平均增长率是5.9%，发达国家是1.9%，相较于2010年的世界经济整体增长速度有所放缓。吉尔吉斯斯坦、俄罗斯表现较差，2010年和2011年国内生产总值同比增幅较小。2010年独联体工业生产同比增长9%；固定资本投资同比增长5%，零售商品贸易额同比增长7%；农业降幅较大，降低了6.9%。受政局动荡影响，2010年，除白俄罗斯、摩尔多瓦、塔吉克斯坦和乌兹别克斯坦外，独联体其他国家农业都出现负增长，俄罗斯受大旱影响，降幅最大，达到－11.9%。此外，独联体地区总体仍面临较大的通胀压力，全年工业品价格指数平均同比上涨16.5%，消费品价格指数同比上涨7.4%，吉尔吉斯斯坦消费物价指数上涨达8%以上。③

表1.1 俄罗斯和中亚国家历年国内生产总值同比(按不变价，%)

	2001年	2005年	2006年	2007年	2008年	2009年	2010年	2011年
	与上年同比							
俄罗斯	105.1	106.4	108.2	108.5	105.2	92.2	104.3	104.3
哈萨克斯坦	113.5	109.7	110.7	108.9	103.3	101.2	107.3	107.5
吉尔吉斯斯坦	105.3	99.8	103.1	108.5	108.4	102.9	99.5	105.7
塔吉克斯坦	109.6	106.7	107.0	107.8	107.9	103.9	106.5	107.4
土库曼斯坦	…	113.3	…	111.0	114.7	106.1	109.2	114.7
乌兹别克斯坦	104.5	107.0	107.5	109.5	109.0	108.1	108.5	108.3
独联体平均	106.0	106.7	108.7	108.8	105.3	93.1	104.7	104.7
	2000年为100%，与2000年同比							
俄罗斯	105.1	134.7	145.7	158.1	166.3	153.4	159.9	166.8
哈萨克斯坦	113.5	163.8	181.3	197.4	203.9	206.4	221.5	238.1
吉尔吉斯斯坦	105.3	120.3	124.0	134.6	145.9	150.1	149.4	157.9
塔吉克斯坦	109.6	158.6	169.7	183.0	197.4	205.1	218.5	234.6
土库曼斯坦	…	…	…	…	…	…	…	…
乌兹别克斯坦	104.2	129.8	139.5	152.7	166.5	180.0	195.3	211.5
独联体平均	106.0	138.0	150.1	163.3	171.9	160.1	167.7	175.6

资料来源：Индексы физического объема валового внутреннего продукта，2011Межгосударственный статистический комитет СНГ.

表 1.2 独联体国家历年平均产值同比(%)

	2001 年	2005 年	2006 年	2007 年	2008 年	2009 年	2010 年	2011 年
	与上年同比							
工业总产值	105.5	105.8	107.0	107.4	100.8	90.4	108.7	105.1
农业总产值	107.7	102.8	103.4	101.7	110.3	101.9	93.3	118.4
固定资产投资总额	112.7	112.4	117.0	122.4	110.7	83.7	105.3	108.3
	2000 年为 100%,与 2000 年同比							
工业总产值	105	140	148	159	161	146	159	167
农业总产值	108	120	124	127	140	142	133	157
固定资产投资总额	113	178	209	256	283	237	249	270

资料来源:2011 Межгосударственный статистический комитет СНГ.

1. 俄罗斯各项经济指标

得益于国际油价上涨,俄罗斯逐步克服国际金融危机的影响,经济形势大大改善,2010 年和 2011 年,国内生产总值均上涨 4.3%。在农业领域,2010 年秋播面积和 2011 年春播面积总和达 4 500 万公顷,其中春播面积比 2010 年增加 200 万公顷,达 3 000 万公顷;2011 年俄粮食总产量达 9 200 万吨④,2010 年是 6 100 万吨,2009 年是 9 600 万吨,因此 9 200 万吨已是非常好的成绩⑤;2009—2010 年干旱导致歉收,迫使政府从 8 月 15 日起实行临时出口禁令,禁止出口小麦、燕麦、黑麦、玉米和面粉,粮食出口数量急剧减少,2010 年余粮为 1 800 万吨,2010—2011 年粮食出口仅 400 万吨⑥,2011 年 5 月 28 日俄总理普京表示,粮食出口禁令将从 2011 年 7 月 1 日起取消。俄农业部预测 2011 年的粮食收成不仅可满足俄国内市场需求,还将使俄重返世界粮食出口大国之列,2011 年度俄将出口粮食 2 000—2 200 万吨。

工业领域,2010 年和 2011 年俄罗斯工业生产同比分别增长 8.2%和 4.7%,在八国集团中居第二位⑦,但仍未能填补 2009 年金融危机时的下降幅(−9.3%)⑧;带动工业增长的主要部门为矿产资源开采业、生产加工业,以及水、电、气的生产和供应行业。2011 年,全球金融危机后的俄罗斯开始大兴土木,进入 10 年的基础设施建设时期,燃料能源设施建设成为俄经济实现飞跃式发展的保障。

商品流通领域,2010 年俄罗斯零售贸易额为 16.435 8 万亿卢布,同比增长4.4%,其中 87.3%是市场以外的经营单位和私人企业主实现的,零售市场和集市的零售贸易额占 12.7%⑨;2011 年,俄罗斯的零售贸易额为 19.075 万亿卢布,同比增长了 7.2%。⑩在瑞士洛桑管理学院(IMD)公布的《2011 年全球竞争力排名》中,俄罗斯从 2010 年的第 59 位提前至第 49 位,这是自 2007 年(第 46 位)以来表现最好的一次。⑪

表 1.3 俄罗斯历年宏观经济指标与上年同比(%)

	1995年	1998年	1999年	2000年	2001年	2002年	2006年	2007年	2008年	2009年	2010年	2011年
国内生产总值	95.9	94.7	106.4	110.0	105.1	104.7	107.7	108.1	105.6	92.1	104.0	104.3
工业生产总值	95	95	109	109	103	103	104	106	102	90.7	108.2	104.7
农业生产总值	92	87	104	108	108	102	104	103	111	101.2	88.1	122.1
固定资产投资	90	88	105	117	110	103	117	121	110	83.8	106.0	106.2
货运量	88	87	104	106	102	98	109	99	99.4	81.8	99.9	104.9
零售贸易总值	93.8	96.8	94.2	109.0	111.0	109.3	114.1	116.1	113.5	95.1	104.4	107.2
工业品生产价格指数	275	119	171	132	108	118	110	125	122	113.9	116.7	112.0
消费品价格指数	231(1)	184(1)	137(1)	120(1)	122	116	110	109	114	111.7	106.9	108.0
出口独联体国家	103	82	78	129	106	107	130	124	133	67.42	127.9	131.3
出口其他国家	129	84	108	144	96	107	124	116	133	64.01	132.1	129.7
进口独联体国家	133	79	74	139	97	91	118	133	123	59.52	145.0	139.6
进口其他国家	117	83	68	102	138	117	145	147	136	63.16	135.6	132.4

注:(1)当年12月比上年12月。

资料来源:Основные макроэкономические показатели Российской Федерации в 2011 г(в % к соответствующему периоду предыдущего года), 2011 Межгосударственный статистический комитет СНГ.

2. 哈萨克斯坦各项经济指标

国际金融危机之后,哈萨克斯坦经济恢复较快,增长率在独联体国家位于前列。2010年哈萨克斯坦国内生产总值增长7%,2011年上半年国内生产总值增长7.5%⑫;2010年哈萨克斯坦国内生产总值为215 135亿坚戈,约合1 460亿美元⑬;人均国内生产总值为8 884美元,比1994年(700多美元)提高了近12倍。2010年国内生产总值结构中,商品生产占比44.2%,服务业占比52.8%⑭;2011年1—6月,国内生产总值结构中,商品生产占43.8%,服务占50.4%。

农业领域,2010年因遭遇干旱,农业总产值同比骤降11.7%,是降幅最大的领域;其中,粮食降幅最大,粮食净产量为1 220万吨,低于2009年创最低纪录的2 080万吨,小麦产量占到谷物总产量的79.1%;牛奶总产量达到534.1万吨(2009年329.4万吨)⑮。由于2011年农作物栽种期和生长期雨水丰沛,粮食生产2011年同比增长26.7%,收获粮食和豆类作物2 696.05吨,产量打破历史最高纪录。其中,小麦产量达2 273.21吨,占总量的84.3%,比2010年产量(960万吨)增长一倍多,创下自1993年以来的最高纪录;人均粮食产量1.5吨,出口潜力1 000万吨。⑯

工业领域,2010年和2011年哈萨克斯坦工业生产总值分别增长10%和3.5%;

哈萨克斯坦积极推进工业化建设，2010 年共完成工业化项目 152 个，总投资 8 000 亿坚戈（约 54 亿美元），创造就业岗位 2.3 万个，2010 年完工的工业化项目对国内生产总值贡献率为 2%；到 2011 年 7 月，哈萨克斯坦已完成 50 亿的投资，新增就业岗位2.5 万个，其释放的能量极大地刺激了经济发展和提振了民心[17]，2011 年完工的工业化项目将对国内生产总值贡献 2.6%；这些大型项目包括马伊纳克水电站，“乌津—土哈边境”铁路，“热特肯—霍尔果斯”铁路，阿克拜黄金提炼厂扩能，铁路车厢厂建设等，还包括一批地区级养牛场、屠宰厂、牛奶厂建设项目等；按政府制定的工业化路线图，共将兴建 470 多个工业项目，总投资约 549 亿美元。哈萨克斯坦 2010 年金矿开采量 175.7 万吨，同比增加 1.3 倍；金矿加工量 157.4 万吨，占开采量的 93%；粗金和半成品金产量 11.05 万盎司（3 435 公斤），同比增 52%[18]。

表 1.4　哈萨克斯坦历年宏观经济指标与上年同比（%）

	1995 年	1998 年	1999 年	2000 年	2001 年	2002 年	2006 年	2007 年	2008 年	2009 年	2010 年	2011 年
国内生产总值	91.8	98.1	102.7	109.8	113.5	109.8	110.7	108.9	103.3	101.2	107.0	107.5
工业生产总值	92	98	103	116	114	110	107	105	102	101.7	110.0	103.5
农业生产总值	76	81	128	96	117	103	106	109	94	113.8	88.3	126.7
固定资产投资	57	142	133	149	145	111	111	114	105	102.1	99.5	102.4
货运量	73	98	101	145	113	113	106	105	103	97.2	115.7	123.0
零售贸易总值	104.8	119.1	102.3	107.1	115.7	108.2	115.0	110.7	103.1	97.3	112.3	112.5
工业品生产价格指数	240	100.8	119	138	100.3	100.3	118	112	137	78.0	125.2	127.2
消费品价格指数	276	107	108	113	108	106	109	111	117	107.3	107.1	108.0
出口独联体国家	154	71	72	155	113	83	137	143	139	61.49	117.1	154.5
出口其他国家	174	92	135	148	93	125	137	122	151	60.53	140.8	146.9
进口独联体国家	122	88	78	170	121	92	136	132	120	69.04	112.9	139.3
进口其他国家	83	115	91	113	136	113	137	144	112	80.06	98.8	112.3

资料来源：Основные макроэкономические показатели Республики Казахстан в 2011 г. (в % к соответствующему периоду предыдущего года), 2011 Межгосударственный статистический комитет СНГ.

3. 乌兹别克斯坦的各项经济指标

乌兹别克斯坦是受国际金融危机影响较小的中亚国家。得益于独有的宏观经济发展模式和不断完善的现代化改革纲要，显著降低了国际经济和金融危机对乌兹别克斯坦经济和金融体系的消极影响，保证了宏观经济均衡、稳定、持续、高速的发展。2010 年乌兹别克斯坦国内生产总值（GDP）同比增长 8.5%；其中，工业产值 33.58 万亿苏姆（约合 211.6 亿美元），同比增长 8.3%；其中增长最快的是轻工业，增长 17.3%，生产棉纱线 18.6 万吨，增长 19.6%；其次为化工（15.4%）和汽车制造（11.6%）；矿物肥料 113.5 万吨，其中氮肥 95.6 万吨，磷肥 14.9 万吨，钾肥 3 万吨，产值比上年增长6.7%;得益于政府实施的促进农牧业发展措施,包括引进新方法提高产量和节约用水等,农业增长6.8%,生产皮棉112.5万吨,增长7.5%;建筑业增长8.1%,商品零售增长14.7%,服务增长13.4%,国家预算盈余占国内生产总值的0.3%。2010年乌兹别克斯坦发电量达517.1亿千瓦时,比2009年增长3.5%。目前,乌兹别克斯坦电力装机容量约1 200万千瓦,其中火电1 062万千瓦,水电134.6万千瓦。

2011年,乌兹别克斯坦国内生产总值为77.75万亿苏姆,同比增长8.3%;工业产值41.66万亿苏姆,增长6.3%;农业产值为19.63万亿苏姆,增长6.6%;商品零售额28.36万亿苏姆,增长16.4%。⑲

乌兹别克斯坦经济面临的主要问题是如何提高企业自由度以快速发展加工工业和中小企业,如何更多吸引外国投资发展卫生、电力和供水等,如何消除官僚主义,增加国家产品出口等。

表1.5 乌兹别克斯坦历年宏观经济指标与上年同比(%)

	1995年	1998年	1999年	2000年	2001年	2002年	2006年	2007年	2008年	2009年	2010年	2011年
国内生产总值	99.1	104.3	104.3	103.8	104.2	104.0	107.5	109.5	109.0	108.1	108.5	108.3
工业生产总值	100.1	104	106	106	108	109	111	112	113	109	108	106.3
农业生产总值	102	104	106	103	104	106	107	106	105	106	107	106.6
固定资产投资	104	115	102	101	104	104	109	126	134	125	109	107.9
货运量	99	99.9	100.4	…	…	…	…	…	…	113.4(2)	…	108.7(4)
零售贸易总值	96	114	110	108	110	102	115	116	118	117	115	116.4
工业品生产价格指数	934	141	138	170(1)	142	…	124(3)	111(3)	108(3)	130(3)	116(3)	114.9(5)
消费品价格指数	416*	…	…	…	126.6(3)	121.6(3)	106.8(3)	106.8(3)	107.8(3)	107.4(3)	107.3(3)	104.5(5)
出口独联体国家	70	59	…	…	…	…	…	…	…	…	…	…
出口其他国家	177	90	…	…	…	…	…	…	…	…	…	…
进口独联体国家	80	76	…	…	…	…	…	…	…	…	…	…
进口其他国家	136	74	…	…	…	…	…	…	…	…	…	…

注:(1)2009年1—9月与2008年同比;(2)包括管道;(3)12月与上年同比估算;(4)包括管道运输;(5)2011年1—9月与2010年同比。

资料来源:Основные макроэкономические показатели Республики Узбекистан в 2011 г. (в % к соответствующему периоду предыдущего года), 2011 Межгосударственный статистический комитет СНГ.

4. 吉尔吉斯斯坦的各项经济指标

受国内政局动荡、国际金融危机等因素的影响,吉尔吉斯斯坦综合经济形势一直处于下滑状态,是上合组织成员国中经济下滑最严重的国家。2010年全年吉尔吉斯斯坦国内生产总值为 2 121.77 亿索姆[20]，约合 46.17 亿美元，同比下降 1.4%，好于"4·7"骚乱和"6·10"暴乱后，吉尔吉斯斯坦官方对外称全年国内生产总值将下降 5.4% 的预测。其中农业产值为 1 160.35 亿索姆，约 25.25 亿美元，同比下降 2.8%。其中，种植业占比 53%，畜牧业占 44.9%，而狩猎和林业产出则相对较少；耕地面积为 114.57 万公顷，同比减少 2.39 万公顷；农作物总体减产 17.9%，其中小麦产量 81.33 万吨，同比减少 23%，但皮棉产量同比增长 50.5%，为 7.4 万吨。

工业总产值为1 244.12亿索姆，约 27.07 亿美元，比上年增长 9.8%。[21] 如果不计算"库姆托尔"黄金公司的产值则，为 618.1 亿索姆，约 13.45 亿美元，同比增长 11.7%。近 12 年来，吉尔吉斯斯坦累计销售黄金超过 235 吨，价值 100 多亿美元。[22] 工业同比实现增长主要受益于金属和非金属矿产的开发，电力和电力设备生产，以及纺织业发展较快等。2010 年通讯业实现收入 167.23 亿索姆，约 3.64 亿美元，同比增长2.6%；增长点为移动通讯业务，增长 124.12 亿索姆，约 2.7 亿美元。

2011 年上半年吉尔吉斯斯坦国内生产总值为 1 035 亿索姆，约合 22.5 亿美元[23]，同比增长 5.5%；其中，工业同比增长 13.9%，农业同比增长 0.9%；基本建设投资总额158.17亿索姆，约 3.44 亿美元，同比下降3.7%；消费者价格指数较去年 12 月份上涨 7.2%，同比则大幅上涨 21.4%；服务业、农业和建筑业比重则分别下降 2.1%、0.5%和 0.4%。[24]

吉尔吉斯斯坦经济面临的主要问题是如何保障国家稳定和经济政策的连续性，通货膨胀居高不下，缺乏经济自主能力，影子经济占比较高制约吉尔吉斯斯坦经济健康发展，政府预算结构不合理，严重依赖外援等。

表 1.6　吉尔吉斯斯坦历年宏观经济指标与上年同比(%)

	1995年	1998年	1999年	2000年	2001年	2002年	2006年	2007年	2008年	2009年	2010年	2011年
国内生产总值	94.6	102.1	103.7	105.4	105.3	100.0	103.1	108.5	107.6	102.3	98.6	105.7
工业生产总值	75	105	96	106	105	89	90(1)	107	115	93.6	109.8	111.9
农业生产总值	98	103	108	103	107	103	102	102	100.8	107.4	97.2	102.3
固定资产投资	182	64	122	137	86	90	155	105	106	119.7	90.2	93.4
货运量	70	99	115	105	97	105	99.8	116	121	106.8	101.1	104.6
零售贸易总值	94.0	110.8	100.8	107.4	106.2	108.3	115.8	113.8	109.0	99.9	97.5	106.4
工业品生产价格指数	143	109	151	130	110	106	115	111.9	126	112.0	122.9	121.8
消费品价格指数	143	110	136	119	107	102	106	110	125	106.8	108.0	117
出口独联体国家	121	72	79	113	81	100.1	125	150	104	67.25	104.7	129.7
出口其他国家	119	99	96	110	104	103	113	137	152	108.90	105.6	125.8
进口独联体国家	169	101	59	115	86	126	146	154	144	78.63	99.7	126.6
进口其他国家	157	147	85	75	82	126	172	123	149	70.09	114.3	137.8

注：(1)黄金开采额减少。

资料来源：Основные макроэкономические показатели Кыргызской Республики в 2011 г.（в % к соответствующему периоду предыдущего года），2011 Межгосударственный статистический комитет СНГ.

5. 塔吉克斯坦的各项经济指标

塔吉克斯坦经济正在从全球金融危机中走出,农业、零售、交通服务和建筑等领域的增长带动了国内生产的恢复,棉花、水电是塔支柱产业。2010 年塔吉克斯坦国内生产总值增长 6.5%,而 2009 年为 3.4%。2011 年塔吉克斯坦全国共播种棉花 20.3 万公顷,预计收获长绒棉 1.5 万吨;北部棉田预计每公顷可产棉 2.4—2.5 吨,南部棉田每公顷预计产棉 2.5—2.6 吨,全国棉田平均产量预计可达 2.7 吨,预测棉花年产量将达到 50 万吨,将达到塔吉克斯坦独立以来的最大丰收。㉕

根据 2009 年颁布的《2009—2020 小型水电站建设规划》,塔吉克斯坦欲吸引国内外投资建设 189 座小水电站。塔吉克斯坦自独立至今,累计已投产 240 座小型水电站,目前 13 座正处于维修中;据塔吉克斯坦能源工业部消息,塔吉克斯坦 2011 年将有装机容量均在1 000千瓦以下,仅供各区用电的 22 座小型水电站投入使用。2011 年 1—6 月共有来自伊朗、阿富汗、俄罗斯、美国、中国、土耳其等 70 个国家的 11 万人次到塔吉克斯坦旅游,为其经济带来5 590万美元收入;截至 2011 年 8 月,塔吉克斯坦共注册 167 家旅游公司。㉖

塔吉克斯坦经济面临的主要问题是严重依赖外国援助,受援规模相当于国家预算,经济发展的基础非常薄弱,尚未建立起独立自主发展的主导产业。

表 1.7 塔吉克斯坦历年宏观经济指标与上年同比(%)

	1995年	1998年	1999年	2000年	2001年	2002年	2006年	2007年	2008年	2009年	2010年	2011年
国内生产总值	87.6	105.3	103.7	108.3	109.6	110.8	107.0	107.8	107.9	103.4	106.5	107.1
工业生产总值	86	108	106	110	115	108	106	110	96	93.7	109.7	105.9
农业生产总值	84	106	103	113	107	117	106	107	106	110.1	106.8	107.9
固定资产投资	…	…	…	…	…	…	170	215	141	84.5	111.5	105
货运量	74	126	89	105	100.8	99.3	110	104	107	118.8	110.3	100.3
零售贸易总值	77.4	108.5	104.2	79.4	101.4	117.4	110.8	105.3	112.3	112.4	110.3	109.2
工业品生产价格指数	376	130	144	144	127	109	122	118	116	101.1	130.2	105.7
消费品价格指数	543	143	126	124	137	110	112	121	120	106.4	106.5	113
出口独联体国家	272	74	155	119	57	89	105	123	98	91.2	77.1	111.7
出口其他国家	124	83	95	110	107	125	166	102	95	67.9	129.1	104.2
进口独联体国家	205	93	115	109	96	102	127	138	114	80.2	106.3	117.1
进口其他国家	106	99	56	78	130	116	134	150	153	76.3	99.6	124

资料来源:Основные макроэкономические показатели Республики Таджикистан в 2011 г.(в% к соответствующему периоду предыдущего года), 2011 Межгосударственный статистический комитет СНГ.

(二) 各国对外贸易变化较快

2010年以来，除吉尔吉斯斯坦外，俄罗斯和中亚国家对外贸易恢复性增长幅度较大，接近2008年全球金融危机前的水平。

1. 俄罗斯对外贸易状况

2010年俄罗斯外贸顺差和外汇储备增加，国际收支状况良好，外贸总额6 468亿美元，同比增长30.6%，外贸顺差为1 492亿美元，较2009年1 116亿美元增长了33.7%。其中出口3 980亿美元，同比增长31.2%；进口2 488亿美元，同比增长29.7%。[27]2011年上半年俄罗斯对外贸易总额3 973亿美元，同比增长35.2%，其中出口2 495亿美元，同比增长31.4%，进口1 478亿美元，同比增长43.3%；外贸顺差1 017亿美元，同比增长18.2%，上半年俄罗斯国内经济环境对出口较为有利。[28]

2010年俄罗斯前十大贸易伙伴排序为：(1)中国，贸易额593亿美元，同比增长50.3%；(2)荷兰，584亿美元，同比增长46%；(3)德国，518亿美元，同比增长29.7%；(4)意大利，373亿美元，同比增长13.2%；(5)土耳其，252亿美元，同比增长28.8%；(6)美国，236亿美元，同比增长28.8%；(7)日本，231亿美元，同比增长59.4%；(8)法国，226亿美元，同比增长31.5%；(9)波兰，208亿美元，同比增长24.2%；(10)韩国，177亿美元，同比增长68%。

从地区分布看，欧盟仍为俄罗斯最主要贸易地区，在俄外贸总额中占比49%；亚太经合组织位第二，占比23.3%；独联体位第三，占比14.6%；欧亚经济共同体第四，占比7.8%。2010年俄罗斯与独联体以外国家贸易额5 341亿美元，同比增长33.4%，外贸顺差1 394亿美元，同比增长27.5%；与独联体国家贸易额913亿美元，同比增长33%，外贸顺差281亿美元，同比增长12.4%。[29]

俄罗斯中央银行公布，2010年中国已成为俄罗斯最大贸易伙伴，中俄贸易额为554.5亿美元，已接近国际金融危机前水平(2008年为568.3亿美元)，较2009年增长43.1%；其中，对俄出口296.1亿美元，同比增长69%；自俄进口258.4亿美元，同比增长21.7%，对俄贸易顺差37.7亿美元。[30]据俄罗斯海关统计数据显示，2011年中俄双边贸易额达835亿美元，同比增长40.84%，占俄罗斯全年对外贸易额8 016亿美元的10.42%。[31]两国计划在2015年前使贸易额突破1 000亿美元，2020年前达到2 000亿美元。[32]

2. 哈萨克斯坦对外贸易状况

2010年哈萨克斯坦对外贸易发展迅速，外贸总额达889.8亿美元，同比增长24.3%。其中，出口贸易总额为592.2亿美元，同比增长37.1%；进口总额为297.6亿美元，同比增长4.8%。2010年哈萨克斯坦外贸快速增长的原因主要在于：哈萨克斯坦进出口商品价格比上一年大幅上涨，出口扩大主要得益于能源产品和金属出口价格的上涨；其中进口价格上升7.7%，出口价格上升32.6%；此外，部分类别产品进出口总量有所增加。农产品出口在2010年下半年价格上升，但是总体表现平平：面粉出口230万吨,同比上升2.4%,出口额下降6.5%;小麦出口510万吨,出口量上升58.2%,出口额上升46.2%;棉花纤维由于价格上升,出口量、金额分别上升0.4%、28%。虽然哈萨克斯坦出口增幅较大,但其对外出口商品结构并未得到改善:矿产品出口仍占首位,占出口总额的74.9%,比上年增长0.9个百分点;钢材及其制成品出口居第二位,占比13.3%,增长0.6个百分点;化学及关联产业产品,占比5.1%,同比下降0.2个百分点;动植物油脂及食品,占比3.4%,同比下降0.4个百分点;机械设备、运输工具、仪器仪表占比0.8%,下降0.1个百分点;能源商品在出口中的占比从67.9%上升至70%;石油及天然气凝析油在出口中的占比从60.7%上升至62.5%;加工业产品在出口中的占比下降。进口产品中机械设备、运输工具和仪器仪表类产品进口居首位,占进口总额的38.9%;化学及相关产业产品占14.2%;矿产品占比14%,钢材及其制品占比11.9%,动植物油脂及食品占比10.1%,其他类产品占比10.9%;大口径钢管进口量大幅下降,货车、汽车及设备进口也出现下滑;用于铁路建设的金属配件、石油产品、天然气等商品进口增长;此外,生活用品,比如肉类及其副产品、糖、茶、酒精饮料、家具、药品等商品进口也出现增长。

哈萨克斯坦对外出口主要国家为中国和俄罗斯;中国第一次成为其全球第一大贸易伙伴和第一大出口地。哈萨克斯坦进口主要来自俄罗斯,占37%,俄罗斯仍为其进口第一大贸易伙伴。㉝2010年哈萨克斯坦与俄白哈关税同盟另两个成员国——俄罗斯、白俄罗斯间的贸易额为165亿美元,同比增长28%,贸易额占比为18.5%,其中对俄罗斯的出口增长了36%。㉞2010年哈中双边贸易额为140.9亿美元,同比增长48.9%,在哈萨克斯坦外贸总额占比17.33%;哈萨克斯坦对中国出口101.2亿美元,同比增长71.9%,在哈萨克斯坦出口总额占比17.7%;哈萨克斯坦自中国的进口额39.6亿美元,同比增长11.1%,在哈萨克斯坦进口总额占比为16.5%,在哈萨克斯坦的进口伙伴国中排名第二,哈萨克斯坦对华贸易顺差61.6亿美元,同比增长165.5%。㉟2010年,哈萨克斯坦对独联体国家的贸易额215.6亿美元,占比24.2%,同比增长14.4%;对独联体国家中欧亚经济共同体成员国的贸易额为189亿美元,占哈萨克斯坦与独联体国家贸易额的87.7%,增长27.5%;对欧洲的贸易额395.9亿美元,在哈萨克斯坦外贸总额中的占比44.5%,同比增长23.4%;对欧盟成员国的贸易额380.2亿美元,占比42.7%,增长31.9%;对亚洲贸易额为216.6亿美元,占比24.3%,增长34.2%;对美洲的贸易额58亿美元,占比6.5%,增长34.3%;对非洲的贸易额2.8亿美元,占比0.3%,增长64.7%;对大洋洲的贸易额0.67亿美元,占比0.08%,增长17.5%。

2011年哈中双边贸易额为213.1亿美元,比2010年增长51.1%,在哈萨克斯坦外贸总额中的占比为16.9%。按贸易额排名,2011年中国是哈萨克斯坦第二大贸易伙伴,出口第一位、进口第二位。其中,哈萨克斯坦对中国出口额为162.9亿美元,同比增长 60.9%，在哈萨克斯坦出口总额中的占比为18.5%，中国在哈萨克斯坦的出口伙伴国中占第一位。哈萨克斯坦自中国的进口额为 50.21 亿美元，同比增长 26.8%，在哈萨克斯坦进口总额中的占比为 13.2%，中国在哈萨克斯坦的进口伙伴国中排名第二。2011 年哈萨克斯坦对华贸易顺差 112.7 亿美元，同比增长 82.9%。[36]哈萨克斯坦仍然是中国在独联体中的第二大贸易伙伴。

表 1.8　哈萨克斯坦 2010 年和 2011 年与主要贸易伙伴贸易额及占比(亿美元，%)

排序	国家	出　口		在出口中占比(%)		进　口		在进口中占比(%)		总　额		在外贸总额中占比(%)	
	年份	2010	2011	2010	2011	2010	2011	2010	2011	2010	2011	2010	2011
1	俄罗斯	48.2	75.1	8.1	8.5	110	162.9	37.0	42.8	158.2	238	17.8	18.9
2	中　国	101.2	162.9	17.1	18.5	39.6	50.2	13.3	13.2	140.8	213.1	15.8	16.9
3	意大利	95.8	150.5	16.2	17.1	15.8	11.4	5.3	3	111.6	161.9	12.5	12.8
4	荷　兰	44.3	66.4	7.5	7.5	5	2.9	1.7	0.8	49.3	69.3	5.5	5.5
5	法　国	41.6	54.1	7.0	6.1	3	6.9	1.0	1.8	44.6	61	5.0	4.8
6	瑞　士	17.5	49.6	3.0	5.6	18.3	1.57	6.1	0.4	35.8	51.2	4.0	4.1
7	乌克兰	25.3	26.7	4.3	3	2.2	17.3	0.7	4.6	27.5	44	3.1	3.5
8	奥地利	24.4	38.8	4.1	4.4	2.2	2.2	0.7	0.6	26.6	41	3.0	3.3
9	德　国	8.7	16.1	1.5	1.8	13.1	20.8	4.4	5.5	21.8	36.9	2.5	2.9
10	土耳其	13.8	25.7	2.3	2.9	7.2	7.3	2.4	1.9	21	33	2.4	2.6

资料来源：根据中国驻哈萨克斯坦经商参处资料整理。

3. 乌兹别克斯坦对外贸易状况

2010 年乌兹别克斯坦对外贸易额 218.42 亿美元，同比增长 3%。其中出口 130.44亿美元，增长 10.8%；进口 87.98 亿美元，下降 6.8%；贸易顺差 42 亿美元，同比增长 21%。由于 2010 年国际市场棉花价格的持续大幅上扬，乌兹别克斯坦棉花出口额达 14.7 亿美元，比上年增长 46%，棉花一项占乌兹别克斯坦出口总额的 11.3%；果蔬出口达 10 亿美元，几乎与棉花出口额相等；化工产品出口增长 0.6%，出口产品包括氮磷肥、甲醇、硝酸钠、氯化钾等，主要销往吉尔吉斯斯坦、哈萨克斯坦、伊朗、格鲁吉亚等国。从贸易结构上看，2010 年乌兹别克斯坦主要出口商品有能源载体和石油产品(占比 24.8%)、皮棉(11.3%)、食品(9.7%)、服务(9.1%)、黑色和有色金属(6.8%)、机械设备(5.5%)、化工产品(5.1%)；主要进口商品有机械设备(44.1%)、化工产品(14.3%)、食品(10.9%)、黑色和有色金属(8.4%)、能源载体和石油产品(6%)、服务(4.7%)。

2010 年乌兹别克斯坦与独联体国家贸易占其外贸总额的43.1%，与其他国家贸易占比 56.9%。中乌双边贸易额达 20.85 亿美元，比上年增长1.7%，中国仍为乌兹别克斯坦第二大贸易伙伴；中国对乌兹别克斯坦出口 11.85 亿美元，比上年下降

24.1%,在乌兹别克斯坦进口来源国排名中居第三位(俄罗斯第一、韩国第二);中国自乌兹别克斯坦进口9亿美元,增长84%,在乌兹别克斯坦出口对象国排名中由2009年的第七位跃居第二位(俄罗斯第一)。2010年乌兹别克斯坦十大贸易伙伴依次为:俄罗斯(占乌外贸总额比重29.2%)、中国(9.5%)、哈萨克斯坦(8.3%)、韩国(7.4%)、土耳其(4.4%)、阿富汗(3.0%)、伊朗(3.0%)、乌克兰(2.5%)、德国(2.2%)、英国(1.0%)。[37]

2011年1—6月,乌兹别克斯坦出口额72.41亿美元,增长18.9%,进出口贸易实现顺差;中乌双边贸易额为9.37亿美元,同比增长6.5%;其中,中方出口5.44亿美元,同比下降5.1%;中方进口3.93亿美元,同比增长28.1%;中方贸易顺差1.51亿美元,同比下降24.5%。同期,中乌贸易占乌兹别克斯坦对外贸易总额的比重为7.8%,中国为乌兹别克斯坦第三大贸易伙伴,位列俄罗斯、哈萨克斯坦之后。[38]据乌方统计,2011年中乌外贸总额为25.97亿美元,同比增长18.9%,中国对乌兹别克斯坦出口额12.95亿美元,同比增长9.3%;中国自乌兹别克斯坦进口额为13.02亿美元,同比增长44.6%。在上合组织中,按贸易额比重,乌兹别克斯坦主要贸易伙伴依次为:俄罗斯、哈萨克斯坦、中国、吉尔吉斯斯坦、塔吉克斯坦。[39]

4. 吉尔吉斯斯坦对外贸易状况

2010年,吉尔吉斯斯坦外贸进出口总额52.66亿美元,同比增长11.7%。其中出口20.28亿美元,增长21.2%;进口32.38亿美元,增长6.5%;全年贸易逆差12.1亿美元。如不考虑黄金出口额,则出口总额为13.6亿美元,增长18.9%。[40]2011年前11个月吉尔吉斯斯坦进出口总额为55.76亿美元,同比增长35.6%,其中出口17.95亿美元,增长43.6%;进口37.82亿美元,增长32.2%,贸易逆差19.87亿美元。

前五大贸易伙伴国分别为俄罗斯(贸易额为15.13亿美元)、中国(8.68亿)、瑞士(8.06亿)、哈萨克斯坦(6.33亿)、美国(1.98亿)。2011年1—11月中吉贸易额为8.68亿美元,比上年增长44.4%。其中中方出口8.3亿美元,增长43.6%,中方进口3 860万美元,增长70%。中国为吉尔吉斯斯坦第二大贸易伙伴国,第二大进口来源国和第七大出口目的国。[41]吉尔吉斯斯坦是古丝绸之路的重要枢纽,是欧亚连接的重要通道,同时又是欧亚共同体和世贸组织成员国,对中亚邻国辐射作用明显,产品转口独联体、欧洲、西亚国家也有一定便利,中国出口到吉尔吉斯斯坦的产品,约70%转口至中亚邻国。

5. 塔吉克斯坦对外贸易状况

2010年塔吉克斯坦与世界上101个国家保持贸易往来,其中包括10个独联体国家。外贸总额为38.53亿美元,同比增长7.6%。其中出口11.95亿美元,增长18.3%;进口26.58亿美元,增长3.4%;贸易逆差14.63亿美元。2010年中国仅次于俄罗斯(俄塔贸易额为9.60亿美元),为塔吉克斯坦第二大贸易伙伴,塔中贸易额6.85亿美元,同比增长2%,其中塔吉克斯坦出口4.47亿美元,进口2.38亿美元;中国是塔吉克斯坦的第一大出口国，占塔吉克斯坦出口贸易的37.4%；中国是塔吉克斯坦的第三大进口国(俄罗斯占32.3%，哈萨克斯坦占11.0%)，占塔吉克斯坦进口贸易的9.0%。[42]2011年1—6月塔吉克斯坦外贸额为22.15亿美元，同比增长31%。其中进口15.28亿美元，增长34.8%；出口6.86亿美元，增长23.2%，逆差8.42亿美元；皮棉、矿产品、贵重金属等主要商品出口分别增长了75.6%、340%和200%；矿产品、化工产品、食品及植物类产品进口分别增长了39.2%、17.6%和150%。[43]

(三) 外国投资有升有降，尚不稳定

目前，独联体国家和欧洲在引进外资上展开了激烈竞争，俄罗斯国家评级机构2011年5月发布的对全球212个国家和地区"吸引投资便利化"评级结果中，评级指标包括居民生活水平、经营环境和风险、经济自由度、腐败程度等，哈萨克斯坦排名最好，位列第93位；俄罗斯位列第130位；吉尔吉斯斯坦、塔吉克斯坦分别位列第131位、第154位，乌兹别克斯坦位列最后，为第178位。[44]

1. 俄罗斯吸引外资状况

由于俄罗斯面临大选前夕政治行情波动、世界能源资源价格起落及投资环境需要改善等问题，2010年以来俄罗斯吸引外国投资的数量变动较大。与过去俄罗斯对外国资本封闭相较，目前俄罗斯已累计吸引外国投资3 000亿美元。[45]根据联合国贸发组织的报告，2010年全球直接投资总额达1.24万亿美元，同比增长5%；其中，美国、中国、俄罗斯分别位居第一、第二和第八位，发展中国家吸引的直接投资首次超过50%，俄罗斯吸引的直接投资达413亿美元，同比增长13%。[46]2010年俄罗斯固定资本投资同比增长5.9%，达到10.8万亿卢布(约合3 600亿美元)；俄罗斯全口径利用外资总额为1 147.46亿美元，同比增长40.1%；其中，直接投资138.10亿美元，下降13.8%；证券类投资10.76亿美元，增长21.9%；其他类投资(主要为各类贷款)998.60亿美元。[47]

2010年中国成为俄罗斯第六大投资来源国，对俄全口径投资总额为76.31亿美元，仅次于英国(407.70亿美元)、荷兰(106.96亿美元)、德国(104.35亿美元)、塞浦路斯(90.03亿美元)，列第五位。截至2010年底，俄全口径累计利用外资余额3 001亿美元，同比增长11.9%，其中，中国对俄累计投资余额279.40亿美元(直接投资9.42亿美元)，仅次于塞浦路斯(619.61亿美元)、荷兰(403.83亿美元)、卢森堡(351.67亿美元)，列第四位。[48]

从2000年至2010年俄罗斯吸引外国直接投资总额计841.7亿美元。目前，俄罗斯是世界上吸引外国直接投资额增幅最大的国家之一，仅次于巴西、智利、墨西哥、摩洛哥。[49]2011年上半年，俄罗斯零售贸易领域利用外资额达35亿美元，占俄罗斯同期利用外资总额的8%，同比增长1.5倍。[50]2011年6—7月流入俄罗斯的资金约等于零；8月份俄罗斯中央银行的储备额并不稳定，石油企业海外盈利汇回国内略多于流出资金。[51]

2. 哈萨克斯坦吸引外资状况

哈萨克斯坦是中亚国家中吸引外资最多、引资政策比较明晰、投资环境最好的国家。1993—2010年哈萨克斯坦累计引进外国直接投资1 266.44亿美元,国民人均引资约7 700美元,18年来年均引进外资70.36亿美元,年均增幅30.1%。外资主要流入领域有:采矿业、地质勘探、制造业、银行业、贸易等。18年来地质勘探业累计直接引资470亿美元,占总额的37.13%。采矿业累计引进外资416.5亿美元,占总额的32.9%,其中外资投入最多的是石油天然气开采,其次为金属矿藏开采,再次为铀矿开采。制造业累计引进直接投资125.4亿美元,占总额的9.9%;其中69.6%的外资集中于“冶金与金属加工”。金融领域累计引进外资67.6亿美元,占总额的5.34%。贸易、汽车维修及家庭用品领域累计引进外资66.4亿美元,占总额的5.24%。[52]

哈萨克斯坦正在制订引进外资国家规划,使总的引资额达到每年280亿美元或吸引更多的外国直接投资。为此,哈萨克斯坦政府拟加大对非资源领域的投资优惠政策倾斜,包括在《投资法》中重新确定加工工业投资的“政策稳定”条款;对投资额在5 000万美元以上、符合国家工业化发展战略规划的投资项目以政府决议的形式提供“单独打包”优惠方案等措施。[53]

3. 乌兹别克斯坦吸引外资状况

乌兹别克斯坦独立20年来,累计吸引外资284.5亿美元(另一种说法为:350亿美元),还有较大的潜力。2007—2010年,乌兹别克斯坦利用外资和国外贷款实施了400多个战略性大项目,项目总金额95亿美元,其中250个项目是利用77亿美元(占全部引资额的81.1%)外国直接投资实施的[54];外资主要流向油气、电信和信息、化工和石化、道路交通、轻工、农业和水利、建材、机械制造等领域;主要投资国为德国、韩国、日本、荷兰、英国、瑞典、马来西亚、中国、俄罗斯等。在乌兹别克斯坦的合资和外资企业超过4 200个,其中包括一些世界知名的跨国集团,如:通用汽车公司、“MAN”、奔驰、五十铃、中石油等。2010年乌兹别克斯坦吸引投资27.9亿美元,增长0.7%;2011年乌兹别克斯坦拟引资29亿美元,计划实施71个投资项目。主要投向电信、交通、能源、纺织及社会等领域。[55]截至2011年4月1日,乌兹别克斯坦主要投资伙伴依次为中国,40亿美元;俄罗斯,30亿美元;韩国,20亿美元;日本,20亿美元;德国,15亿美元;土耳其,15亿美元。在纳沃伊自由工业经济区内大力发展高科技合作,已有7家企业正式运行,还有9家企业处于建厂阶段。2011年1—6月乌兹别克斯坦吸引外资约14亿美元,其中84.2%为外国直接投资,新投产生产型项目558个。[56]

4. 吉尔吉斯斯坦吸引外资状况

由于国内局势动乱,2010—2011年吉尔吉斯斯坦的外国投资锐减。2010年,吉尔吉斯斯坦基本建设投资总额为440.8亿索姆,约9.59亿美元,同比下降9.8%。资金投入的主要方向为矿山开采、交通通讯和水、电、气生产等。在各项资金来源中，国内资本投入约7.35亿美元，占总投资的76.6%，其中政府和地方财政预算约0.84亿美元，企业和单位资金约3.48亿美元，银行贷款0.67亿美元，个人及其他约2.35亿美元；外资投入约2.25亿美元，占23.4%，其中，外国贷款约1.2亿美元，外国直接投资约0.7亿美元，外国赠送和人道主义援助约0.34亿美元。[57]根据中国商务部统计，2010年中国对吉尔吉斯斯坦直接投资额为2 7180.5万美元。截至2010年末，累计投资存量5.55亿美元。投资涉及贸易、工程承包、通讯服务、矿产资源勘探和开发、农业种植、养殖、食品和农产品加工、金属冶炼、建材生产、轻工业、运输、房地产开发、建筑、餐饮、旅游、娱乐等多个领域和行业，其中多数项目规模较小，单个项目中方投资额多在百万美元以下，投资主体多为国内民营企业。近年来中国在吉尔吉斯斯坦投资企业逐渐增多，并出现了投资额超过千万美元的较大项目，投资效益也逐步提高。

5. 塔吉克斯坦吸引外资状况

由于国家经济极其贫弱，吸引外资动力明显不足，塔吉克斯坦在吸引外资方面乏善可陈，主要分为外国投资和接受外国援助两部分。2011年一季度，中国为塔吉克斯坦第四大投资国(3 160索莫尼)，对塔吉克斯坦投资数额最大的国家为伊朗(9 740万索莫尼)，其次为英国(4 240万索莫尼)、俄罗斯(3 970万索莫尼)；目前塔吉克斯坦共有55个正在实施的投资项目，投资总金额约为18亿美元，共涉及塔16个经济领域。[58]根据塔吉克斯坦总统统计署公布的数据，2010年塔吉克斯坦共接受来自47个国家的价值为8461.7万美元的人道援助。援助的物资包括粮油、食品、药品等。主要援助国有美国(占塔吉克斯坦接受援助的55.6%)，哈萨克斯坦(9%)，丹麦(6.9%)，俄罗斯(5.2%)，德国(4.7%)，中国占塔吉克斯坦接受外援总量的0.7%。[59]2011年1—8月，共有36个国家向塔吉克斯坦提供人道主义援助，援助总额4 460万美元。其中包括600吨价值28.4万美元的面粉、329吨价值66.5万美元的植物油、价值2 660万美元的医药产品、价值170万美元的服装和鞋类，以及电脑、电器等。美国、俄罗斯和丹麦分居前三位，占援助总额的54.7%、9.6%和9.1%。[60]

二、各国主要产业发展出现新的趋势

(一) 能源工业获得较快发展

1. 各国加紧发展能源工业，能源产量不断提高

2010年以来，世界能源价格开始攀升和中东骚乱导致的世界能源供应紧张为能源生产国带来了契机。以俄罗斯、哈萨克斯坦和乌兹别克斯坦为主要输出国的独联体国家2010年向世界市场供应原油3.58亿吨、天然气2 370亿立方米。在此基础上，到2020年，独联体国家的油气供应量有可能增长50%。

(1) 俄罗斯能源工业发展状况

俄罗斯能源产品主要是石油、天然气和煤炭。2010 年俄罗斯石油产量创 1991 年苏联解体以来最高水平,原油产量为 5.049 亿吨,达到每昼夜 1 015 万桶,日产量比 2009 年同期高 2.2%,为世界最大石油开采国,同比增长 2.1%,其中用于加工部分 2.493亿吨,同比增长 5.5%,用于出口部分 2.504 亿吨,出口在开采量中占比 49.6%;2010 年石油在俄罗斯出口总额中占比 34%,在能源出口中占比 50.3%,石油创汇 1 188.253亿美元,同比增长 29.3%[61]。俄罗斯能源部预测,2011 年俄罗斯原油产量将达到 5.08—5.09 亿吨。[62]2010 年俄罗斯天然气开采量同比增长 11.6%,达到 6 530 亿立方米,几乎恢复至危机前 2007 年(6 541 亿立方米)水平,重回国际天然气生产国的领先地位,而美国天然气产量相比 2009 年仅增长 4%[63];未来 20 年俄罗斯仍将是世界天然气主要生产国,2030 年前俄罗斯将每年向国内外市场供应天然气达 1 万亿立方米,其中出口 4 550 亿立方米。2010 年俄罗斯煤炭产量超过 3 亿吨,增长6.3%;其中,2 亿吨用于国内需求,1 亿吨用于出口;据俄罗斯能源部预测,2015 年俄罗斯煤炭产量将达 4 亿吨,届时中国将成为俄罗斯煤炭的主要出口国;目前,中国每年从俄罗斯平均进口 1 000 多万吨煤炭,以后将提高至每年 2 000 万吨。[64]俄罗斯能源部制订的《俄 2030 年以前煤炭工业长期发展规划》旨在提高煤炭产能,为创新型的经济发展提供支撑。规划将分三期实施,2011—2015 年为第一期,2016—2020 年为第二期,2021—2030 年为第三期。根据规划,到 2030 年,俄罗斯煤炭年产量将达到 4.3 亿吨。[65]

2011 年上半年俄罗斯石油和天然气开采量分别增长 1.1%和 4.5%,达到 2.52 亿吨和3 485亿方米。[66]俄罗斯经济发展部最新社会经济发展预期指出,2011 年俄油气产量将创新高:天然气产量将达 6 710 亿立方米,同比增长 3.4%,比 2008 年历史最高生产纪录 6 650 亿立方米还要高 1%,并预计 2014 年产量将达 7 410 亿立方米;石油产量自 2009 年连创新高并一直居世界首位,得益于油价持续攀高,今年产量将再创新高,达 5.09亿吨,但专家称,未来几年俄罗斯石油产量增长潜力有限,其主要目标是将产量维持在 5.1 亿吨左右。[67]近三年内,俄罗斯能源、石油天然气加工企业将投资近 8.5 万亿卢布,其3.2万亿用于购置现代设备。2010 年俄唯一的液化天然气厂“萨哈林液化厂”产量达 100 亿立方米,比 2009 年增长近一倍(2009 年产量为 55 亿立方米),所产液化天然气全部出口,其中 65%出口日本,其余出口到韩国、印度、科威特和中国台湾。[68]

(2) 哈萨克斯坦能源工业发展状况

哈萨克斯坦能源产品比较丰富,除传统的石油、天然气和煤炭外,还包括铀、风能、太阳能等清洁能源。近十年来,哈萨克斯坦石油天然气领域获得投资达 1 070 亿美元,其中 60%为外国公司参股项目投入。[69]2010 年哈萨克斯坦共开采原油和凝析油 7 952 万吨,同比(2009 年 7 640 万吨)增长 4.1%;其中,原油产量 6 791.57 万吨,增长 5.5%;凝析油产量 1 160.2 万吨,下降 4.3%;外国公司参与项目共开采石油 5 600 万吨;2010 年哈共出口原油和凝析油 7 120 万吨,比上年增长 4.5%,占原油和凝析油总产量的 89.5%。[70] 2010 年哈萨克斯坦天然气出口量及总额增长分别为 38%和 41.8%;煤炭出口量上升 5.8%,出口额上升 30%。2011 年 1—6 月份哈萨克斯坦共开采原油3 396.36 万吨,凝析油 636.1 万吨,同比分别增长 3%和 5.4%。其中,开采天然气 199.398 亿立方米,同比增长 9.2%,气态天然气 97.911 亿立方米,增长 10%;生产商用气 47.903 亿立方米,增长 0.4%;原油伴生气 101.487 亿立方米,增长 8.5%。[71] 哈萨克斯坦仅需将现有大部分石油管道项目实现运行,就可成为世界石油出口国五强之一。[72]

2010 年哈萨克斯坦铀产量为 17 803 吨,同比增长 30%以上。哈萨克原子能工业公司(除子公司及合资公司外)自采铀 9 000 吨,销售额同比增长 30%,净收入达 530 亿坚戈(约合 3.6 亿美元),同比上升 24%。至 2010 年年底已收到的订单额达 170 亿美元,2011—2015 年哈萨克原子能工业公司拟落实金额超过 23 亿美元的投资项目。据哈萨克原子能工业公司称,2010 年哈萨克原子能工业公司实施了一系列项目,包括英凯合资公司生产项目(英凯 2 号矿)投产;卡拉套合资公司通过原地浸出的方法提高了布杰诺夫 2 号矿的试生产量;卡特阔合资公司提高莫英库姆矿床的铀出产量。2010 年,哈萨克原子能工业公司与加拿大卡梅克(Cameco)集团签署了《关于促进乌里宾斯克冶金厂发展及扩大英国斯普林菲尔兹(Springfields)工厂转化能力的谅解备忘录》,以推进生产转化联合项目的实施;与俄罗斯原子能机构国营核电股份公司(Росатом)就发展俄哈合资企业铀浓缩中心有限责任公司达成协议,2011 年预备收购乌拉尔电化厂股份;同法国阿海珐集团签订了在乌里宾斯克冶金厂联合生产燃料组件的协议,哈萨克原子能公司已经完成了阿海珐规格的二氧化铀燃料芯块的认证过程,从而能够向法国公司设计的反应堆提供燃料;同时也完成了向日本、中国出口铀粉末芯块的认证;此外,哈萨克原子能工业公司也开始发展可再生能源,主要是风能和太阳能。[73]

(3) 乌兹别克斯坦能源工业发展状况

乌兹别克斯坦的能源工业主要是天然气生产和出口,还生产少量石油和铀,近年来致力于发展天然气加工工业。2010 年乌兹别克斯坦石油及凝析油开采量为 370 万吨,比上年下降 17.8%;天然气开采量达 601.1 亿立方米,较 2009 年下降 2.1%。[74] 2011 年上半年,乌兹别克斯坦开采天然气 323 亿立方米,同比下降 4.1%;生产液化天然气 13 万吨,同比下降 2.3%;开采石油 190 万吨,同比下降 7%;生产汽油 68.94 万吨,同比增长 1.1%。[75] 2011 年以来,乌兹别克斯坦将在卡什卡达里亚州建设中亚唯一的天然气加工厂,其规模居世界第三位;该项目由乌兹别克石油天然气公司、马来西亚石油公司及韩国 Sasol Synfuels Ltd 公司共同组建的合资企业实施,总投资预计将达 25 亿美元,资金由三家公司自筹,合资企业注册资本将达 8.4 亿美元;该厂建成后每年将加工天然气 35 亿立方米,年产柴油 67 万吨,航空煤油 28 万吨,粗汽油 36 万吨及液化气 6.3 万吨;预计该项目将在 2011 年第二季度完成可研报告,2014 年建成投产。

乌境内共有27个铀矿产地,均分布在克孜勒库姆沙漠地区,已探明和评估的铀储量为18.58万吨,其中13.88万吨为砂页岩矿,4.7万吨为黑页岩矿;经预测的铀远景储量为24.27万吨,其中砂页岩矿18.88万吨,黑页岩矿5.39万吨,需要投资开发;目前,"联合体"共有三个采铀企业和一个1号水法冶炼厂。"联合体"先后与韩国、日本、俄罗斯、中国等国在铀领域开展合作,拟将年采铀量提升至3 000吨。[76]

(4) 吉尔吉斯斯坦能源工业发展状况

吉尔吉斯斯坦国内能源主要是水电和煤炭,主要用于自给。2010年吉尔吉斯斯坦发电量为121.14亿千瓦时,同比增长9.4%;全年煤炭开采量为55.82万吨,同比下降9%;原油产量8.3万吨,同比增长7.4%;天然气产量2 180万方,同比增长40.7%。

(5) 塔吉克斯坦能源工业发展状况

塔吉克斯坦能源主要是水电和煤炭,其他需要进口和援助。2011年已开始向国外出口原煤,2011年5—6月塔吉克斯坦向巴基斯坦出口原煤6 500吨,目前双方正在举行谈判,扩大双边煤炭贸易量。2011年1—6月,塔吉克斯坦共开采原煤4.62万吨,比上年同期多出9 250吨,加上去年剩余,塔吉克斯坦目前已开采原煤库存量为5万吨。[77]2011年4月,俄罗斯一些州区发生汽油荒,不得不采取提高汽油出口关税等措施减少出口,这一举措给完全依靠俄罗斯油气产品的塔吉克斯坦市场带来很大影响。为此,塔吉克斯坦一方面积极与俄罗斯谈判争取其取消对塔油气产品出口关税,一方面开始寻找新的合作伙伴。近日,2011年9月伊朗总统内贾德访问塔吉克斯坦期间,双方达成塔吉克斯坦从伊朗进口油气产品的共识。[78]2010年以来,塔吉克斯坦在能源领域取得一系列重大进展:罗贡水电站的技术经济论证和环境鉴定于2011年5月完成;伊朗承建的桑格图德2号水电站将在2011年年底全面完工;3年内塔吉克斯坦将实现能源自给;加大力度进行小水电站建设,塔吉克斯坦国内现有241座小型水电站,到2020年前还将新建190座;最近几年将会实现天然气自给,塔吉克斯坦现在87个有开采前景的天然气田,15个塔资和外资公司正在进行天然气的勘探和开采,单是在沙赫里纳夫气田一处的储量就可足够供塔吉克斯坦使用50年。[79]

2. 能源价格博弈越演越烈

2010年俄罗斯原油均价既大大高于去年,也超出政府预期,年初俄罗斯经济发展部预计2010年石油均价为75美元/桶,后将预期调高至77.5美元/桶,而2010年12月实际原油均价达到89.5美元/桶,2009年同期均价为73.68美元/桶。同时,俄罗斯经济发展部将2011年石油均价预期由75美元/桶上调至81美元/桶。[80]随着日本核辐射、中东乱局及其他因素影响,国际传统能源价格不断攀升,俄罗斯等油气生产大国为保住本国地位,在能源价格上采用越来越灵活的方式展开价格战,对欧洲传统市场、独联体范围市场和中国新兴市场上采取不同的价格策略。如俄罗斯天然气工业公司曾表示，愿意与欧洲的商业伙伴开展谈判[81]，修改长期商业合同，但又将2011年天然气的价格从2010年的306美元/千立方米涨到400美元/千立方米，2011年第四季度将达到500美元[82]。牛津能源研究所认为，如果俄罗斯天然气工业公司坚持其天然气定价政策，将会失去欧洲市场。2011年7月，俄方提出，希望在2012年至2015年获得400亿美元中国资金，在开始天然气供应（预计为2015年至2016年）后的30年里返还价值等额的天然气，以保证未来30年对华天然气供应，而代替资金利息的是中方获得天然气价格折扣，折算到每年供应300亿立方米天然气，大约为每千立方米50美元折扣，但俄罗斯天然气工业公司和中石油在价格方面的分歧约为65美元。[83]2011年第四季度乌兹别克斯坦与中国石油天然气集团公司（CNPC）签署天然气供货协议，将按国际市场价格输气。俄罗斯三方对话公司专家涅斯捷罗夫表示，能够首先获得折扣的是那些能够通过其他途径获得天然气的国家，如德国、法国和意大利。俄罗斯天然气工业公司正在学会适应市场条件，其任务是至少维持目前的地位。[84]2011年8月该公司首次披露可能修改现行定价程序，在石油保障恶化的背景下天然气需求量上升，将促使俄天然气定价从以石油价格为基础转向以供求关系为基础自主定价。但专家认为，未来俄气公司可能只考虑合同中的现货部分，未必会改行自由定价原则。[85]

3. 能源安全受到更多关注

俄罗斯天然气管道总长度为16万公里，2030年前将再新建2.5万公里。欧洲仍是其主要出口市场，同时向亚太地区出口将迅速增加。俄罗斯总统梅德韦杰夫2010年12月13日主持召开安全会议，研究部署能源安全问题。梅德韦杰夫指出，俄罗斯将多管齐下提升国家能源安全水平，应采取综合措施，规范能源领域基本秩序并推进能源综合体现代化进程，以提升国家能源安全水平：一是责成政府制定能源安全学说，确定应优先解决的最紧迫任务及措施；二是推进创新发展，加速能源企业及能源基础设施的现代化改造；积极发展水电及其他清洁能源；四是发展可再生能源和替代能源；五是采取进一步措施防范能源设施遭恐怖袭击；六是建立空间、地面监测系统掌握能源产地的生态环境变化情况；七是积极与欧洲和亚太国家拓展国际能源合作新模式；八是检查大陆架油气产区的安全隐患并建立地区应急反应中心。[86]哈萨克斯坦和乌兹别克斯坦政府也在不同场合提到并关注能源安全生产和供应及能源管道安全等问题。

（二）汽车工业发展迅速

俄罗斯、乌兹别克斯坦和哈萨克斯坦近年来通过招商引资等措施大力发展汽车工业，在汽车生产和销售等方面卓有成效，汽车工业向本地化、集群化、规模化方向发展。

俄罗斯汽车包括轿车、商务车、卡车等多种车型,汇聚了本国和欧亚多国的品牌。2010 年以来得益于国家优惠贷款政策和以旧换新政策,都获得了较快的发展,正在成为欧亚地区重要的汽车生产国、消费国和出口国。2010 年俄罗斯轿车生产同比增长一倍,达 120.9 万辆;货车生产同比增长 64.8%,达 15.3 万辆;客车生产同比增长 26.4%,达 4.08 万辆。[87] 2010 年俄罗斯轿车和转型商务车销量为 190 万辆;2011 年 1—8 月,俄罗斯共制造了 109 万辆轿车,同比增长 58.1%[88];2011 年俄罗斯轿车和轻型商务车销量将增长 31.5%,达到 250 万辆。据专家预估,轿车销售将为 230—235 万辆,其中俄罗斯品牌轿车 68 万辆,在俄罗斯组装的外国品牌车 88 万辆,进口轿车 75—79 万辆。[89] 在 2010 年,前十大畅销品牌中,拉达汽车以 46.7 万辆稳居第一,同比增长 45%,其后分别为雪佛兰,10.3 万(+9%)、起亚,9.7 万(+55%),雷诺,8.6 万(+29%),福特,7.9 万(+5%),现代,7.8 万(+16%),丰田,7.1 万(+13%),尼桑,6.9 万(+17%),大宇,6.8 万(+44%)以及高尔基,6.7 万(+29%)。此外,力帆汽车以 157%同比增幅入选增幅最大的品牌之一,而奇瑞则同比下降 77%。[90] 2011 年前八个月,俄罗斯进口汽车 61.8 万辆,同比增长 56%;新车进口 59.69 万辆,同比增长 57.9%。俄罗斯进口汽车主要来自日本(16.627 万辆)、德国(7.903 万辆)、乌兹别克斯坦(6.563 万辆)、韩国(5.421 万辆)和英国(5.115 万辆)。[91] 俄罗斯国产主要轿车生产商为“伏尔加汽车厂”、嘎斯、Sollers 集团和“弗拉莫斯”汽车有限股份公司;货车主要生产商为“卡马斯”和高尔基汽车厂。俄索勒斯汽车集团公布,该集团 2011 年上半年销量增长 53%,总销量达到 5.243 万辆。其中,该公司生产的双龙牌汽车增长 84%,销售 9 107 辆;瓦兹汽车销售增长 34%,达到 2.765 万辆;菲亚特牌汽车销量增长 150%,销售 7 581 辆;五十铃牌汽车销量由上年同期的 109 辆增长至当年的 1 190 辆;轻型商用汽车销售增长 31%,销售 6 902 辆。[92] 俄罗斯合资汽车品牌主要有尼桑汽车等,2010 年尼桑汽车在俄罗斯共销售 79 614 辆,同比增长 24%。[93]

2010 年以来在俄罗斯进行商谈和落户的汽车项目较多,如沃尔沃汽车公司正在与俄罗斯工贸部商谈在俄组装沃尔沃货车项目;德国戴姆勒集团与高尔基汽车制造厂签署为期 7 年的工业组装合作协议;德国戴姆勒公司拟与俄罗斯“ГАЗ”汽车制造厂签署在俄罗斯生产奔驰商用车(Sprinter)协议;法国佛吉亚公司将在俄罗斯卡卢加工业园 B 区建设汽车部件生产企业;俄罗斯首家混合动力汽车厂在圣彼得堡市郊正式动工;亚普俄罗斯汽车系统有限公司在俄罗斯卡卢加州工业园区举行了隆重的投产仪式;德国大众汽车拟在俄罗斯建发动机厂;沃尔沃建筑设备集团决定在俄罗斯卡卢加州建设挖掘机生产企业;俄罗斯“卡马兹”汽车制造厂与巴西“马可波罗”汽车厂拟组建合资公司共同生产汽车;大众汽车准备与俄罗斯嘎斯(GAZ)集团合作在高尔基汽车厂生产两款斯柯达和一款大众汽车;美国福特汽车公司与俄罗斯索莱尔斯汽车企业合资在俄建汽车生产企业;由奥内科西姆公司和亚罗维特公司组成的合资企业

“E-авто”混合动力汽车公司将在圣彼得堡市奠基建厂；俄罗斯最大的商用汽车企业—高尔基汽车集团公司，与德国大众公司签订在俄生产大众旗下斯柯达品牌三款汽车的协议等。

俄罗斯2010年通过对企业的专项支持和汽车组装国家政策，对汽车制造业投资超过15亿美元。2011年上半年，俄汽车业增长速度超过美国和大多数欧盟国家，实现向再工业化的飞跃，主要源于国家的重点扶持。根据预测，到2020年，俄罗斯将成为世界最大的六个汽车生产国之一。俄罗斯政府第640号决议，确定由联邦预算对国内汽车业提供财政补贴的程序，预算补贴将用于偿还对汽车工业开展创新和投资项目的贷款利息、2009—2010年国家担保贷款的利息。[94]根据俄罗斯政府会议批准通过的由俄经济发展部制定的《2011—2014年社会经济发展预测》，2011年俄罗斯小轿车产量将达16.99亿辆，同比增长40.5%，2012年产量将达18.95亿辆，2013年将达20.81亿辆，2014年将达22.72亿辆(较2010年产量将增长77%)。未来三年，俄罗斯汽车工业投资总额将超过1 900亿卢布(约合63.3亿美元)，小轿车市场平均年增幅约为9%，载货汽车市场平均年增幅约为15%。据报道，2014年前，俄罗斯国产小轿车所占市场份额将达60%，国产载货汽车所占市场份额将达67%。[95]

近年来乌兹别克斯坦汽车生产和出口发展很快，已成为中亚最大的汽车生产加工基地。乌兹别克斯坦最大的汽车合资公司乌兹别克—美国合资企业“通用—乌兹”(GM UZBEKISTAN)公司于2008年3月在“乌兹大宇”基础上成立，通用持股25%+1股，其余股份属“乌兹别克汽车工业”公司，2010年生产汽车21.77万量，比上年增长6.2%；出口额达到4.75亿美元，比上年增长一倍；主要出口俄罗斯、阿塞拜疆、哈萨克斯坦、白俄罗斯、格鲁吉亚、亚美尼亚、摩尔多瓦、土库曼斯坦、阿富汗等国；其中，向俄罗斯出口74 419辆，增长45%，内销14.3万辆。[96]2010年通用—乌兹别克斯坦汽车公司全球销售市场中的排名自2009年的第13位跃居2010年的第10位，首次跻身前十。2011年1—6月，“通用乌兹别克斯坦”公司向俄罗斯市场销售汽车45 127辆，销量同比增长40%，在俄罗斯汽车供应商中位列第十；“通用乌兹别克斯坦”公司生产的“Nexia”车型在俄罗斯最畅销车型中排名第九、“Matiz”排名第十六。多年来乌兹别克斯坦一直免关税向乌克兰出口汽车，由于价格优势，乌兹别克斯坦汽车已稳定占据乌克兰汽车销售市场3%的份额。2010年以来，乌兹别克斯坦先后上马一批新的汽车项目，如乌兹别克—德国汽车合资企业“JV MAN Auto-Uzbekistan”开始在撒马尔罕市郊建设新的大吨位MAN牌载重汽车组装厂，项目的最终目标是年生产MAN牌载重车20 000辆；乌美合资企业(GM Powertrain Uzbekistan)投资兴建的汽车发动机厂于2011年11月建成投产，总投资5.22亿美元，将生产排量为1.0、1.2、1.4和1.5升的发动机，2011年产量可达22.5万台，以后逐年增加，到2015年达到年产28.14万台的生产能力，产品除供应乌兹别克斯坦本国汽车厂外，还计划出口俄罗斯、印度、巴西等国。[97]

2010年哈萨克斯坦共生产轿车3 176辆、卡车508辆。哈萨克斯坦最大的汽车生产商为“亚洲汽车公司”(位于东哈州),主要生产和组装尼瓦、斯科达、雪佛兰等国际品牌的乘用车。此外,哈萨克斯坦企业还组装各型俄罗斯卡玛斯载重车。根据哈萨克斯坦国家统计署数字,2010年哈萨克斯坦共进口小轿车1.67万辆、卡车7 588辆,比2009年分别减少76.1%和16.6%。按金额计算,小轿车进口额为4.37亿美元(同比减少43.4%),卡车进口额为2.42亿美元(同比增加17%)。[98]

(三) 财政金融业差异较大

1. 财政金融业差异较大

(1) 俄罗斯的财政金融状况

2010年以来,俄罗斯的财政金融状况喜忧参半,外汇储备增加,资金外流严重。俄罗斯财政部数据显示,2010俄罗斯联邦预算赤字为1.795万亿卢布,占国内生产总值的3.9%[99];2010年俄罗斯联邦预算收入3.207万亿卢布,较2009年增长28%,较2008年下降10%,仍未恢复到危机前水平[100]。2011年上半年俄罗斯预算收入为5.3万亿卢布,预算支出为4.6万亿卢布,实现盈余7 000亿卢布,占国内生产总值的2.9%,大大好于此前政府的赤字预算预期。[101]国债从年度国内生产总值的1.5倍减少至10%以下。[102]2011年上半年俄罗斯外债增长8.8%,为5 322.2亿美元;国家机构外债减少0.9%,为342.03亿美元;银行外债增长8.9%,为1 570.26亿美元;非银行实体企业外债增长10.2%,为3 285.35亿美元。俄罗斯联邦海关署2011年上半年上缴财政税收2.609万亿卢布,比上年同期增长33.8%;2010年俄罗斯国家内债同比增长34%,截至2011年1月1日达到2.461 6万亿卢布,而2010年1月1日为1.837 2万亿卢布。[103]2011年上半年俄罗斯联邦税务收入达1.814万亿卢布(约合659亿美元),超过危机前最高纪录,即2008年上半年的1.704万亿卢布[104]。预计2011年全年俄罗斯海关将完成税收上缴5.4万亿卢布,将超过年底征税计划14.9%。[105]

由于市场缺乏竞争、俄大选不确定、国家前景不明朗及腐败问题等因素,2010年以来,俄罗斯私人资本流出总量大大超过央行预期,资本外流呈不断加速态势,外流资本以非金融机构的外资为主,大、中规模的资本更多地不是从莫斯科,而是从俄罗斯各个地区外流,俄罗斯中央银行公布,2010年俄罗斯资本净流出为383亿美元,较2009年569亿美元减少了32.6%[106],而2008年净流入资本仅为80亿美元。2011年上半年,俄罗斯私人资本净流出额达312亿美元;其中,银行业的净资本流出额为119亿美元,其他行业为193亿美元。[107]

截至2011年4月8日,俄罗斯外汇储备为5 084亿美元,达到2008年10月以来的最高水平,是仅次于中国和日本的全球第三大外汇储备国。[108]截至2011年7月22

日，俄罗斯外汇储备再创新高，达 5 309 亿美元，首次突破 2008 年 10 月以来 5 300 亿美元的大关。俄罗斯外汇储备历史峰值是 2008 年 8 月 8 日的 5 981 亿美元，最低值是 1999 年 4 月 2 日的 107 亿美元。[109]俄罗斯银行业利润大幅提升，2010 年俄罗斯银行业实现利润 5 730 亿卢布(约合 190 亿美元)，2011 年 1—7 月利润已接近 2010 年全年水平；预计，2011 年 1—9 月俄罗斯银行业利润将会超越 2010 年全年水平，全年银行业利润将达 9 000 亿卢布(约合 310 亿美元)。[110]到 2010 年底俄罗斯银行业开放度已达到入世承诺的 15%的水平，最大的俄罗斯储蓄银行也已有外资持股。与此同时，俄罗斯对外资银行股权组成及在俄罗斯境内的运作模式还有一定限制，外资银行在俄罗斯市场上只能以独立法人的形式经营，其资本不得超过全俄罗斯银行法定资本总额的 50%，禁止设立外资银行分行。随着俄罗斯银行业开放进程的不断推进，内外资银行经营范围的差别将逐步缩小。在全球金融杂志评比出中东欧最可靠的银行中，俄罗斯三大国有银行——外经银行、储蓄银行、外贸银行，进入前十大最可靠银行系列，分别排第八、第九和第十位。[111]

据报道，2010 年，俄罗斯股市快速增长，总市值同比增长近五成，在全球主要经济体中独占鳌头。[112]俄罗斯股市的成绩再次向世界展示了其宏观经济和金融体系在全球金融危机冲击下的稳定性和吸引力。高盛投资银行 2011 年 9 月 14 日发表报告指出，目前俄罗斯资本市场是中东欧、中东乃至非洲地区最有吸引力的投资市场，最有吸引力的不是石油公司的股票，而是俄罗斯储蓄银行、俄罗斯电网公司和“磁铁”公司的股票。同时，俄罗斯金融业不断创新，如俄罗斯铝业联合公司 2011 年第一季度在香港发行不超过 10 亿元，期限 2—3 年，年利率为2%—5%的人民币债券[113]；中联重工科技发展股份有限公司的全资子公司中联资本俄罗斯有限公司在俄罗斯首次开展融资租赁业务，对扩大两国大型工程机械设备合作及工程承包项目开辟了新的贸易方式。

(2) 哈萨克斯坦的财政金融状况

哈萨克斯坦财政金融秩序基本恢复。2010 年哈萨克斯坦国民生产总值为 1 460 亿美元，当年底，外债占国内生产总值的比重为 82%。哈萨克斯坦国民人均外债额为 7 254美元。截至 2011 年 3 月 31 日，哈萨克斯坦外债总额为 1 241. 86 亿美元，较 2010 年底(1 192. 43 亿)增长了 4. 1%。[114]截至 2011 年 6 月底，哈萨克斯坦央行和“国家基金”的黄金外汇储备总额为 733 亿美元，环比下降 1. 1%，较年初增长 24. 5%。外汇总储备中，“国家基金”的外汇储备额为 385 亿美元，央行外汇储备总额为 342 亿美元。[115]截至 2011 年 1 月末，哈萨克斯坦央行和“国家基金”的黄金外汇储备总额为 625. 84 亿美元，环比增长 6. 3%。外汇总储备中，“国家基金”的外汇储备额为 314. 26 亿美元，环比增长 2. 77%；央行外汇储备总额为 306. 11 亿美元，环比增长 10. 42%。[116]

(3) 乌兹别克斯坦的财政金融状况

乌兹别克斯坦财政金融发展比较稳定。在吸收国外金融机构融资方面，世界银行、亚行、伊斯兰发展银行、阿拉伯协调组、韩国和中国的进出口银行、联合国开发计划署、日本国际协力集团、德国复兴信贷银行、中国国家开发银行等金融机构 2010 年向乌兹别克斯坦提供 14 亿美元贷款,实施 12 个基础设施和社会型项目;乌兹别克斯坦接受无偿援助 8 034 万美元。2011 年 1—6 月,乌兹别克斯坦国家财政实现盈余,同期,商业银行向实体经济领域贷款增长 38%,其中向小型和私营企业贷款增长 50%。[117]

(4) 吉尔吉斯斯坦的财政金融状况

吉尔吉斯斯坦财政金融状况不容乐观。2010 年吉尔吉斯斯坦实现国家财政收入 580.13 亿索姆,约 12.62 亿美元,同比增长 4.2%,其中税收收入 393.65 亿索姆,约 8.57亿美元;国家预算支出完成 687.81 亿索姆,约 14.97 亿美元[118],同比增长 17.3%,预算赤字 107.68 亿索姆,约 2.35 亿美元,[119]占 GDP 的 5.1%。2010 年吉尔吉斯斯坦本币索姆持续贬值,根据吉尔吉斯斯坦央行公布的数据,全年索姆对美元平均汇率为 45.96索姆兑换 1 美元,较上年贬值 7.2%。

(5) 塔吉克斯坦的财政金融状况

塔吉克斯坦财政金融业发展水平偏低。据统计,塔吉克斯坦银行系统共由 138 个信用机构组成,其中 14 家银行和 124 家非银行金融机构。到 2011 年 6 月,塔吉克斯坦国内银行资本总额 3 亿美元,全部银行资产只占国内生产总值的 20%,该数据与其他国家相比严重偏低,银行系统不健全,严重制约着塔吉克斯坦银行业务的发展。[120]长期对国家财政金融有重要影响的外债状况基本稳定:截至 2010 年底塔外债总额为 19.428 亿美元,与 2009 年底相比增加 2.514 7 亿美元。2010 年还债 4 710 万美元,占同期国内生产总值的 0.8%,占同期国家财政收入的 4.1%。现阶段塔吉克斯坦外债总额的增长主要是贷款本金还款和新增贷款。2000 年,塔吉克斯坦国家外债相当于国内生产总值的 108.2%,2008 年降至 26.7%,2009 年受全球金融危机影响增至 35.8%,2010 年降至 34.37%。根据塔吉克斯坦财政部同国际金融机构制定的 2009 年至 2011 年国家债务管理战略,塔吉克斯坦外债额不应超过国内生产总值的 40%。[121]

中国是塔吉克斯坦所有国际金融机构和国家债权人中最大的债权人,为 7.39 亿美元,占塔吉克斯坦外债的 38.0%。塔吉克斯坦其他的主要债权人为:世界银行 3.74 亿美元;亚洲开发银行 3.27 亿美元;伊斯兰开发银行 0.84 亿美元;欧亚开发基金0.70 亿美元;欧盟 0.37 亿美元;乌兹别克 0.32 亿美元;科威特开发基金 0.28 亿美元;伊朗 0.17 亿美元;美国 0.12 亿美元。[122]2011 年一季度塔外债总额 19.87 亿美元,较 2010 年底的 19.42 亿美元增加了 4 500 万美元,占一季度国内生产总值总量的 31.6%。另外,塔吉克斯坦欠乌兹别克的 3 240 万美元债务,计划于 2015 年年底前还清。截至 2011 年 7 月 1 日,塔吉克斯坦黄金外汇储量 7.55 亿美元,比同比增长 60%,其中 48%

为黄金储备;货币储备31亿索莫尼(约6.6亿美元),较2011年初增长5%,较2010年同期增长28.5%。塔吉克斯坦1—6月广义货币流通量为26亿索莫尼(约5.5亿美元)。[123]

2. 上合组织银联体合作加深

上合组织银行联合体于2005年10月26日在莫斯科成立,由上合组织成员国政府指定的六家金融机构组成。截至目前,银联体已签署十几个项目合作协议,支持农业、交通、能源、科技、环保等领域发展;不仅对所在国经济发展起到促进作用,而且对创建适合本地区特点的多领域、市场化融资合作模式进行了积极探索。上合组织阿斯塔纳峰会期间,中国称计划继续以人民币形式向上合成员国提供优惠贷款。对此,俄罗斯总统助理普里霍季科表示,"俄罗斯未将中国在上合组织框架内扩大人民币结算方式认为是一种威胁,如果中国伙伴能够在上合组织空间内展现更大的灵活性,推荐自己的工具,我们对此表示理解并予以支持"。[124]俄罗斯央行与中国人民银行签订外贸本币结算协议,自此俄罗斯对华开展货物和服务贸易时,允许企业自主选择使用可自由兑换货币,或两国本币进行结算,两国自然人在进行非经营性银行间汇款时,也可使用本币而不受任何限制。[125]中国还与哈萨克斯坦等其他中亚国家都相继签订了本币互换协议。

(四) 交通运输业开始较大发展

1. 后金融危机时期各国交通运输业进入快速发展阶段

2010年以来,俄罗斯和中亚国家经济开始恢复性增长,各国大力发展交通运输基础设施建设,多个项目处于计划和建设当中。

2009俄罗斯航空客运量为4 510万人,2008年为4 980万人[126];2010年俄罗斯航空客运量5 700万人,同比增长26%,刷新历史最高纪录。海运货运量52 585万吨,同比增长5.9%。其中,干性货物运输增长6.6%,达21 150万吨;集装箱货物增长30.1%,达3 290万吨;矿物肥料增长23.9%,达1 274万吨;液态货物运输增长5.5%,达31 435万吨。海运出口货物同比增长5%,为40 419万吨;进口货物增长44%,为3 931万吨;过境货物增长2.7%,为4 596万吨。[127]2010年以来,俄罗斯计划修建多条交通线路,如2018年前俄罗斯将为建立上合组织成员国一体化项目"欧洲—中国西部交通走廊"投资800亿卢布,该走廊经俄罗斯奥伦堡州、喀山、莫斯科抵达圣彼得堡,2018年前应完成自中国到喀山的基本建设[128];俄罗斯联邦计划2020年前新建公路1.8万公里;俄罗斯铁路公司2011年6月中旬通过《世界杯前俄罗斯铁路基础设施发展构想》,拟为2018年前俄罗斯铁路更新和建设投资2.1—3.35万亿卢布,其中高铁建设资金占一半以上,为1.1—2.5万亿卢布,在高铁建设总投资中,铁路建设占86%、车站建设占8%、采购动车组占5%。[129]2011年底前俄罗斯将出台《未来至少20年或30年高速公路发展战略》,为将来铺路预留土地并减少土地赎买支出;俄罗斯杜马正在讨论有关公路基金的法案,俄罗斯交通部也正组建机构对资金进行管理;2011年划拨至俄罗斯公路基金的资金将达2 400亿卢布。俄罗斯2018年举办足球世界杯前,将建成莫斯科—圣彼得堡684公里的收费路段,以及全部修复莫斯科—雅罗斯拉夫M8公路和环“佩列斯拉夫利—扎列斯基”公路等。[130]

2010年的客运量达1 484.652亿人次,同比增长13.8%。[131] 2010年,哈萨克斯坦的货运量达3 910.248亿吨,较2009年增长13.1%。铁路运输货运量为2 107.133亿吨,同比增长8.1%;公路运输为802.196亿吨,同比增长21.1%;海运量达30.557亿吨,同比增长117.8%;航空货运量达9 400万吨,同比增长38.2%;河运量达7 930万吨,同比增长39.4%。管道货运量达868.63亿吨,增长17.2%,其中输油管为594.176亿吨,输气管为274.454亿吨。按照专家评估,欧洲与亚洲之间每年的贸易额高达4 000亿美元,到2015年可增至1万亿美元,过境收入占财政收入的分量会很大,因此哈萨克斯坦一定要创造条件提升货物过境能力。近十年来哈用于发展交通运输设施的支出高达1.4万亿坚戈(约合96亿美元),2011年哈萨克斯坦财政拟拨款2.8万亿坚戈(约合190亿美元)用于改善本国交通基础设施。包括已投入使用三条铁路,修缮国道及省级公路3.9万公里,目前有58个交通基础设施项目正在实施中。力争国道及省级公路修缮率分别要达到85%和70%,铁路货运速度要提升15%—20%,国际联运速度要提升20%—30%。民航方面要修缮7条起降滑行跑道和7座机场,要对额尔齐斯河上的水运船闸进行现代化改造,拓宽阿克套海港。[132]

乌兹别克斯坦国家铁路公司投入巨资用于铁路基础设施的现代化建设。乌兹别克斯坦已建成从塔什干到撒马尔罕的中亚第一条高速铁路,区间段距离344公里,列车最高时速250公里;乌国家铁路股份公司计划在2015年前建成高速铁路。[133] 2010年12月下旬,乌兹别克斯坦总统签署决议,批准了“2011—2015年加快发展交通和电信领域基础设施建设纲要”。该纲要确定了未来五年乌兹别克斯坦交通运输和电信领域基础设施建设的11个优先发展方向,其中包括综合建设和超前发展交通运输系统,加快实施“建立统一国家公路交通运输体系”项目,将全国各地连接起来;扩建和改造乌兹别克国家干线公路四车道路段,将其建成符合国际标准的现代化水泥或沥青路面公路;改造翻越卡姆奇克(Kamchik)山脊的公路;加快发展和改造铁路运输,完善“塔什干—撒马尔罕”高速铁路配套设施,完成致布哈拉和喀尔什的铁路电气化改造,用现代化、高性能的机车、货车及客车更新铁路装备;发展和加强航空运输的物质和技术基础;建设和改造塔什干机场及各州府机场,以扩大货运量,包括过境运输;提高航空业水平和质量,把保障客运安全放在首位;完善交通运输的组织管理体系,建设符合国际标准和要求的现代、高效、多功能的运输、转运基础设施,保障公路、铁路、航空等各类运输服务的衔接;建立新的运输走廊,保证以最短的距离切入国际运输线路并增加过境运输;建设和改造国家干线公路和铁路沿线的基础设施和服务设施,为公路和铁路使用者创造符合国际标准的条件;保证及时采购补充公路改造和建设所需的现代化道路施工设备,在道路建设中,引进现代工艺设备并采用高质量材料。[134]

2010 年,吉尔吉斯斯坦货运总量 3 587.65 万吨,较上年同期减少 47.84 万吨,下降 1.3%。其中公路货运总量为 3 457.65 万吨,下降 1.3%;管道 25.08 万吨,下降 0.6%;铁路 103.22 万吨,下降 1.2%;水运 1.6 万吨,下降 31.6%;空运 1 000 吨,增长 11.1%。客运总量 5.32 亿人,较上年同期减少 1 350 万人,下降 2.5%。其中公路运送 5.31 亿人,下降 2.5%;铁路运送 71.33 万人,下降 5.1%;航空运送 46.41 万人,增长 30%。[135]

塔吉克斯坦 2010 年全年和 2011 年 1—5 月企业货运量分别为 33 亿吨和 21 亿吨。据报道,"塔吉克航空"公司新增 3 条固定航线[136]:杜尚别—伊尔库斯克—杜尚别航班;库里亚布—莫斯科—库里亚布航班;胡占德—撒马拉—胡占德航班。[137]

2. 各国能源管道多元化建设持续发展

2010 年以来,随着各国经济复苏和油价上涨,俄罗斯和中亚国家进入能源管道多元化建设时期,多条多方向的油气管道设计被提出并付诸实施。

在俄罗斯拟建设和建成的项目有:里海管道国际财团开始实施一项投资 54 亿美元分三阶段实施的扩建项目;俄罗斯希望贯穿黑海向南欧与中欧国家供气的南流天然气管道项目在欧盟获得优先地位,并希望该项目能顺利进行;俄罗斯天然气工业公司已与德国、丹麦、荷兰、比利时、法国和英国等欧洲国家签署通过"北流"管道长期供气的协议,并于 2011 年 6 月开始向俄罗斯维堡沿波罗的海海底至德国格赖夫斯瓦尔德的"北流"天然气管道注气;俄罗斯天然气工业股份公司计划 2011 年年中开始建设,2015 年末即可竣工通向中国的西西伯利亚"阿尔泰"天然气管道干线;俄罗斯拟参与实施土库曼斯坦—阿富汗—巴基斯坦—印度天然气管线;朝鲜与俄方商定,将共同开发建设俄韩朝三方天然气管道项目;2011 年 9 月 8 日,俄罗斯总理普京出席萨哈林—哈巴罗夫斯克—符拉迪沃斯托克输气管道远东天然气管道一期工程建成开通仪式。[138]

在哈萨克斯坦和乌兹别克斯坦拟建和新建的项目主要有:在石油出口西线,里海地区国家和俄罗斯还计划新建两条以上石油管道,并扩大两条现有油管的输油能力;在东线,中国公司也计划将现有油管输油能力扩大数倍。中国—中亚天然气管道 B 线于 2010 年 10 月竣工,到 2011 年 2 月,该管线向中国输送天然气 58.2 亿立方米;2011 年 4 月,乌兹别克斯坦总统访华期间签署了中亚天然气管道 C 线建设协议,项目总投资 22 亿美元,建成后乌兹别克斯坦可将向中国输送天然气的能力提高到每年 250 亿立方米,该项目列入"有前景的投资项目清单"之中。预计施工期为 2011—2013 年,中国国家开发银行和中国石油天然气集团公司将参与实施。[139];2011 年 5 月,乌兹别克斯坦总统颁布命令,对中亚天然气管道合资公司(СП ООО Asia Trans Gas)在偿清外国贷款之前免除管道设计、建设和运营所得外汇收入强制卖给国家的义务。

2010年以来,除上述领域外,俄罗斯和中亚国家出现了纷纷加强农业生产与投入,加大粮食生产和安全力度,注重发展各类经济特区,加强对本国产品保护力度,区域内合作加强等新动向、新趋势。

三、上合组织区域经济合作:机制合作与竞争并存

2011年是上海合作组织成立十周年。十年来,走过了从建章立制到建立各领域有效合作机制的成功之路,已成为公认的具有重要影响的多边组织,积极促进了本地区和平与发展,有效应对了当代各种威胁与挑战。通过了旨在促进成员国社会经济发展的长期经贸合作纲要和实施计划;经贸、交通、农业、财政部长和央行行长会晤促进了既定目标的实现;实业家委员会和银行间联合体活动步入务实阶段;人文合作日益加强,促进了上合组织成员国人民的心灵沟通和不同文化间的对话;文化、卫生、科技部长会议,以及上合组织论坛框架下的合作不断深入;对同其他国家、国际及地区组织开展合作持开放态度。同联合国、独联体、集体安全条约组织、欧亚经济共同体、东盟、联合国亚太经社委员会和经济合作组织建立了伙伴关系。

区域经济合作方面,上合组织成员国部委间开展的经济活动显著加强;企业家委员会和银行间联合体为促进成员国社会经济发展,采取更加切实的共同行动,逐步落实多边项目,加大投融资合作力度,加快研究建立上述项目的融资保障机制。上合组织经贸部长会议、农业部长会议和审计部门领导人会议均取得积极成果,将继续利用各种国际经济平台举办专门活动。上合组织成员国不断落实《〈上海合作组织成员国多边经贸合作纲要〉落实措施计划》,推动交通、通信、农业生产、创新与节能技术、贸易和旅游等领域的大型联合项目,加快建立相关融资保障机制,为显著提高相互贸易额,开拓新市场,为地区发展和亚欧交通走廊多元化注入强劲动力。[140]

(一)区域合作机制更加多样化

2010年以来,国际政治经济势力的集团化、一体化,成为全球治理的重要力量;区域和次区域合作组织犬牙交错,机制构建和制度安排不断创新,大国和大集团对区域和次区域层面的争夺日趋激烈;上合组织已逐步发展成为其中一个重要集团,面临重要的发展机遇。近年来,上海合作组织成员国参与的双边与多边国际区域合作组织呈快速上升和范围不断扩大的趋势,其中较有影响力的有独联体、集体安全条约组织、欧亚经济共同体、俄哈白关税同盟等,基本上是俄罗斯主导的独联体范围内的区域合作机制。

2010年以来,在上合组织框架下取得较大进展的有中国参与的区域合作机制主要有亚行中亚区域经济合作机制、中哈霍尔果斯国际边境合作中心、中俄哈蒙四国六

方机制和中蒙俄机制等。

1. 亚行中亚区域经济合作机制务实合作见成效

亚洲开发银行于1996年开始倡议在中国(新疆)、中亚国家、吉尔吉斯斯坦、塔吉克斯坦、乌兹别克斯坦五国间开展区域经济合作,后增加了阿塞拜疆、蒙古、阿富汗。1997年提出《中亚区域经济合作综合行动计划》(CAREC),将交通、贸易和能源作为重点关注领域,并制定了详细实施方案。2002年3月,在马尼拉举行了亚行第一次部长级会议,通过了中亚区域经济合作部长级声明,确定了部长级会议、高官会、行业部门协调委员会三级合作机制,提出以贸易便利化、交通、能源与人力资源开发为合作重点,成立了中亚海关合作协调委员会,并将尽快建立交通和能源部门协调委员会,讨论了亚洲开发银行起草的2002—2004年区域合作的三年滚动规划,并初步确定了对中亚地区的8个投资项目和17个技术援助项目。近年来在亚洲开发银行的积极推动和支持下,中亚区域经济合作机制凭借其资金优势开展了一系列活动,如支持公路建设、电力供应、环保等项目,对促进中亚国家交通运输等重点领域合作发挥了实质性的促进作用。该组织2009年重点支持中亚贸易投资便利化、一体化以及物流建设等项目。

2009年10月,中亚区域经济合作第八次部长会议在蒙古首都乌兰巴托举行,会议回顾了自第七次部长会议以来中亚区域经济合作取得的积极进展,审议通过了《能源行动计划》框架、《CAREC项目成果框架》概念文件、高官会报告等文件,发表了《部长联合声明》。同时,亚行发布了一系列关于中亚区域经济合作参与国运输和贸易物流状况的报告,按国别讨论了八个中亚区域经济合作参与国运输和物流业的状况及其面临的挑战,就解决限制这些行业发展的因素提出了建议措施,建议制定国别运输、物流业发展总体计划,同时鼓励私营部门积极参与到这些计划的制定中来;并提议紧密合作,采取多种措施来解决跨境贸易问题,同时统一海关手续和检查标准。

2010年7月30日结束的第二届中亚区域经济合作(CAREC)工商发展论坛上,中方提出,中国政府近年来为中吉乌公路和铁路、中蒙俄公路过境运输通道、比吐公路等中亚交通走廊建设项目提供资金和技术支持;由中方贷款改建的杜尚别至塔什干368公里公路项目已经完成80%;各方应加快通道建设,尽快使亚行牵头的本地区六大交通走廊建设规划变成现实;各方还应努力消除本地区的贸易投资障碍,不断降低贸易和运输成本,突破区内道路"通而不畅"的瓶颈。该项目是中国与中亚多边经济合作较有实质性内容和进展的重要机制。

2. "中哈霍尔果斯国际边境合作中心"建设取得阶段性的进展

中哈霍尔果斯国际边境合作中心是中国与其他国家建立的首个跨境合作中心,是在遵守(但并不限于)世界贸易组织所规定的边境贸易、自由贸易区、便利自由贸易等优惠政策,通过两国政府签订合作中心协议的方式,建立由中央政府订立并监督,次一级中央政府加以具体实施,有严格地域界限,实行边境自由贸易的特殊的次区域贸易安排。是上合组织框架下推进区域经贸合作的重要平台,是个具有创新意义的跨境经贸合作区,对于推动建立中哈自由贸易区及上海合作组织自由贸易区具有积极示范意义,将推动中亚区域经济一体化进程。合作中心经历了快速发展的过程,2003 年 6 月,哈萨克斯坦总统纳扎尔巴耶夫首先提出了关于建立“中哈边境自由贸易区”的建议,两国领导人达成共识;2004 年 5 月,中哈协商确定在霍尔果斯口岸地区建立中哈霍尔果斯国际边境合作中心;2006 年 6 月 3 日,中哈霍尔果斯国际边境合作中心项目正式开工建设,到 2009 年底中哈双方都完成基础设施建设,基本具备封关条件;2011 年 8 月 22 日到 24 日,由中国商务部会同公安部、海关总署、质检总局组成的联合验收组对中哈霍尔果斯国际边境合作中心基础设施建设、连接通道、出入境大厅等进行了实地查验,通过国家验收组验收,正式具备封关运行能力。[14] 2011 年 12 月 2 日正式封关运营,使中国与上合组织成员国正式建立了首个自由贸易区,中国与上合组织国家开展区域经济合作取得了实质性的突破。

3. 中俄哈蒙阿尔泰区域合作机制自下而上影响不断扩大

中俄哈蒙四国六方阿尔泰区域合作机制是指位于阿尔泰山系区域的中国、俄罗斯、哈萨克斯坦和蒙古四国,包括中国新疆阿勒泰地区、俄罗斯阿尔泰边疆区和阿尔泰共和国、哈萨克斯坦东哈萨克斯坦州与蒙古的巴彦乌列盖省及科布多省六方的区域合作机制。该机制始于 1998 年 3 月,由新疆科技厅代表团到俄哈蒙三国考察时牵头倡议进行跨界合作开发与合作,得到各方的积极响应,相继成立了四国六方阿尔泰区域合作国际协调委员会,开展重大科研课题的合作与跨界考察,定期轮流举办各方参与的国际研讨会,并签署科技合作议定书等多项合作协议。上合组织成立后,该机制合作更加活跃和务实,合作从科技扩展到边境贸易、旅游、环保、农业等多方面,自下而上逐渐引起四国的高度重视,参与级别逐步提高。

2009 年 4 月新疆专门成立了“阿尔泰区域合作工作领导小组”,政府每年拨专款用于召开会议和国际支出;四国在上合组织框架下相继举办了赴蒙一日游、哈萨克斯坦亚洲商品展览会、“上合组织成员国第一次科技部长会议专家筹备会晤”、“第七届中俄哈蒙阿尔泰区与大学生夏令营”、“上合组织成员国国立科学机构第二次论坛”、“乌洽会框架下的阿尔泰区域商业论坛”等等丰富多彩的活动和开通边民互市、举办“科学园区及孵化器规划、建设与管理国际培训班”等实质性合作。8 月,中俄哈蒙阿尔泰区域合作国际协调委员会在蒙古的科布多市举办,与会代表就共同应对金融危机,在生态环境监测、教育、旅游、地震、农业等领域合作问题提出了很多设想和可操作性的建议,取得了丰硕成果。

2011 年 7 月 25 日至 8 月 1 日,“第十次中俄哈蒙阿尔泰区域合作国际协调委员会会议”和“第六届中俄哈蒙阿尔泰区域科技合作和经济发展国际研讨会”在俄罗斯举行,成立了阿尔泰区域高校校长委员会,新疆七所大学的校长参加成立仪式,签署了关于互派学生、进行分阶段和分层次学术交流的协议;对已经开始实施的留学生交换项目进行评估;提出组建阿尔泰区域青年学者协会的倡议,还研究了阿尔泰区域框架内双学位教育问题。提出在上合组织框架内建立科技、教育、文化和人才等领域合作计划、组织实施合作项目的建议。

4. 中蒙俄机制开始引起广泛关注

2009 年是蒙古建国 60 周年,蒙古积极开展了各项活动,并借助其上合组织观察员国的身份积极推动中、蒙、俄机制,开始引起有关国家和地区的广泛关注和参与。在 2009 年 8 月以来举办的学术交流、国家庆典和企业家交流大型活动中,中、蒙、俄三方积极推动国家、地方间,政府、学者和企业参与的多层次、多领域交流与合作,回顾与展望中、蒙、俄 60 年关系,积极探讨国际金融危机与中蒙俄经济合作、地区外交安全与中、蒙、俄关系等议题,中、蒙、俄三方代表提出,应提高该地区基础设施建设水平,修建连接中蒙俄三国,辐射东北亚、中西南亚的公路和铁路,并增加航线。从制度建设、功能建设、设施建设等各方面改善投资环境;将金融危机转化为机遇,将三方贸易投资合作由规模增长转化为结构调整提升;以“中哈霍尔果斯国际合作中心”为榜样,以三方共识为基础,从长远谋划在中国新疆与蒙、俄交界处建立中蒙自由贸易区、开辟中俄喀纳斯口岸的可能与时机,积极促进双边或多边贸易投资便利化进程。该机制开始逐步推向定期化、长效化、高层化。近年来蒙古国经济进入相对快速发展时期,在东北亚区域经济中的地位日渐重要,采取积极措施,推进中蒙比邻地区经贸合作提档升级,实现互利互惠刻不容缓。2011 年 9 月 8 日,第七届中、蒙、俄商会联合论坛提出,中、蒙、俄之间的经贸合作越来越频繁,三国要努力为三国之间的贸易便利化和企业合作搭建良好的平台。

(二) 上合组织区域经济合作面临的问题与对策

1. 区域内多种国际合作组织竞争与合作的关系

政治安全领域,如美欧推动的欧安组织和俄罗斯主导的集安组织与上合组织的关系一直引人注目。经济合作领域,在欧亚经济共同体框架下,俄罗斯通过其主导的俄白哈海关联盟、欧亚开发银行、反危机基金推动实现统一经济空间,使实现独联体区域经济一体化成为可能。中俄在上合组织框架内的合作与博弈将长期并存。目前,亟须更明确地划分和确定独联体、欧亚经济共同体、集安组织和上合组织的各自职能,协调其行动,使这些组织各有定位、合作互补,更好地发挥作用。

2. 区域经济合作进程推动缓慢,需要提高合作的质量和效率

金融领域,中国相继提出成立官方渠道由成员国提供财政资源的“上合组织发展基金”和上合组织开发银行,目前虽有进展,但尚需寻找新的动力;卢布区域化明显快

于人民币,使得人民币金融业务亟须深入和创新,以与现有贸易格局相匹配。在贸易便利化领域,海关、进出境检验检疫、交通运输等功能领域便利化合作进程滞后于贸易发展速度;2020 年由局部到整体建成上合组织 FTA 的可能性较小。投资领域,中方对成员国单向投资明显,成员国纲要确定的合作项目进展缓慢,亟待推动。为促进上合组织区域经济合作,应促进上合组织框架内的双边与多边合作并行,推动区域合作模式创新,主动寻求促进上合组织区域经济一体化与促进中亚国家发展的利益交汇点,把各国发展战略与上合组织未来发展目标结合起来,把中国外交战略与援疆战略和中亚外交战略结合起来。

3. 面临重构区域内产业分工体系的挑战

金融危机凸显了上合组织国家产业结构不健全、不平衡,原料型经济、资源出口导向型经济的弊端,各国在制定反危机计划和调整国家未来发展战略时都将调整本国产业结构放在重要位置,并确定了适合本国的产业优先发展方向。这意味着该地区面临重构区域产业分工体系的转机,对各国都是重要机遇,需要与成员国共同构建互利共赢、可持续发展的区域产业分工体系,重构互惠合理的中亚区域产业分工格局,确定阶段性优先重点经济合作领域,建立农业、金融、交通运输、能源为主四位一体的区域产业合作架构。

4. 以区域和次区域方式推动上合组织经济合作

为促进上合区域经济合作,上合组织可注重以次地区合作推动区域合作,以中亚区域经济合作为突破口,充分利用上合组织区域内多种国际性、区域性合作组织优惠政策叠加的便利和效应,汲取各方经验,推动互利合作;自上而下与自下而上相结合,积极参与和推动中俄哈蒙四国边境合作机制、中俄蒙毗邻城市跨境投资与经贸合作论坛机制、中国—亚欧博览会、欧亚经济论坛、中哈霍尔果斯国际边境合作中心等次区域合作机制的建设,争取边境地区、地方省区、各国和上合区域内多层次形成合力,借鉴和创新合作模式,提高示范效应,拓宽合作范围,争取实现上合组织地区更高水平的区域合作。

四、未来经济发展的方向

近两年,俄罗斯和中亚国家都确立了未来经济发展的优先领域和方向。

2011 年底至 2012 年初,俄罗斯经济预计恢复到国际金融危机前的水平。国际货币基金组织 2011 年 7 月 14 日预计 2016 年俄经济总量将达到3.2万亿美元,全球排第五,紧随美、中、日、德之后,高盛估计俄罗斯人均财富将是中国人的两倍,俄罗斯 15 万以上人口城镇都是外国名牌的目标市场,数量剧增的中产阶级都是其潜在客户。[142]

哈萨克斯坦为保持经济发展势头,今后将采取以下主要措施:(1)在工业领域,继续落实“加速工业创新发展规划”，发展非资源领域经济。计划在2014年前落实294个大型工业项目(2010年已投产152个)，总投资8.1万亿坚戈(约550亿美元)，计划新增长期工作岗位16.1万个和20.7万个临时工作岗位。(2)在农业领域，继续落实史无前例的“发展畜牧业计划”，国家将提供1 300亿坚戈(约合9亿美元)用于增加肉类产量和出口量，并促进农业机械设备、化工和食品工业、维修等相关产业发展。计划2016年肉类出口量达到6万吨(约相当于出口400万吨小麦)。(3)努力节能和降低能耗。(4)改善商业环境。加强对企业的法律保护；保护财产权；禁止有关部门干扰企业正常合法经营；为企业减负；减少行政干预；打击腐败等。(5)加强区域一体化，发展俄白哈关税联盟。

乌兹别克斯坦拟于五年内将国内生产总值提高50%，为此，政府将在2011—2015年实施四项相互关联的工业、基础设施、交通、通讯产业发展及金融银行系统改革战略纲要，总投资774亿美元。与此同时，未来五年内乌兹别克斯坦将进一步发展社会、服务、基础设施等产业。经济结构改革将促进工业占国内生产总值的比重从24%增至28%，大力发展能源、油气、化学、纺织、轻工业、有色金属、机器及汽车制造业、制药业、建材及装修材料等领域。2011—2015年，随着2010年乌兹别克斯坦政府批准的涉及500个投资项目、总金额475亿美元的“2011—2015年乌兹别克斯坦工业发展优先领域规划”以及14个行业发展规划的实施，乌兹别克斯坦现代化改造步伐将会加速。

吉尔吉斯斯坦政局动荡，前景还不明朗，政府的经济发展政策还不是很明确。据亚洲开发银行专家预计，受国际市场能源价格不断上涨影响，吉尔吉斯斯坦2011年平均通胀率仍将达到13%，而2012年则有望随着各国物价总体走低而下降到8%。

塔吉克斯坦为顺利实现千年发展计划，2006—2015年国家发展战略和2007—2009年减贫战略提出将国内生产总值提高1.5倍和减少50%贫困人口的目标，2015年人均国民生产总值达3 000索莫尼(现约960索莫尼)。最大限度地扩大农产品的生产和减少对国际市场的依赖，保证国内的粮食安全。根据2009年颁布的《2009—2020小型水电站建设规划》，欲吸引国内外投资建设189座小水电站，实现水电立国的目标。

据世界银行对独联体国家未来三年经济发表预测报告指出，2011年，除俄罗斯外的独联体国家经济增幅为4.5%，2012年为4.2%，2013年为4.3%。中亚国家平均增长率为6.1%。塔吉克斯坦未来三年经济增幅为5%—5.7%。未来三年哈萨克斯坦和乌兹别克斯坦这两个原料出口国因国际原材料价格上涨，国家外贸平衡状况将有很大改善。而塔吉克斯坦和吉尔吉斯斯坦经济也因在国外劳务人员的收入增加和国际援助增多而会有很大改观。

经济全球化区域化时代，尽管上合组织成员国俄罗斯和中亚国家政府都在不断改善和调整本国经济政策和方向，努力寻找适合本国经济发展的道路及在世界和区域中的应有地位，确立其在上合组织区域中的发展定位，但各国经济仍面临政府换届、国际能源和粮食等主要出口产品的价格波动、国际国内安全形势难以预料等多种不确定因素的考验与挑战。展望未来，上合组织成员国未来经济的发展仍会有所起伏。

但总体来看，上合组织区域各国的经济转型还会继续，双边与多边合作会并进；各国制度建设和基础设施建设会加强；随着俄罗斯、哈萨克斯坦等国相继加入世贸组织，上合组织区域贸易投资环境会逐渐改善。

注释

① 尽管土库曼斯坦不是上合组织成员国、观察员国和对话伙伴国，但由于其与其他中亚国家历史形成的狭义中亚五国概念和与中国天然气管道开通等密切联系，在此文中将一并论述。

② 2012 年 5 月 18 日，http://www.licai18.com/article/ArticleDetail.jsp?docId=1332191。

③ 独联体跨国统计委员会，2011 年 1 月 13 日。

④ 俄罗斯国际文传电讯社，2011 年 7 月 26 日报道。

⑤ 俄罗斯新闻网，2011 年 9 月 28 日。

⑥ 俄罗斯新闻网，2011 年 5 月 31 日。

⑦ 独联体跨国统计委员会，2012 年 3 月 10 日。

⑧ 俄罗斯商务咨询网，2011 年 1 月 24 日。

⑨ 俄联邦国家统计局，2011 年 1 月 27 日。

⑩ 俄联邦国家统计局，2012 年 2 月 22 日。

⑪《俄罗斯新闻报》，2011 年 5 月 19 日。

⑫《哈萨克斯坦统计委员会公报》，2012 年 3 月 2 日。

⑬ 按 2010 年全年坚戈与美元的平均汇率 147.35 计算。

⑭《哈萨克斯坦统计委员会公报》，2011 年 2 月 2 日。

⑮《哈萨克斯坦统计委员会公报》，2012 年 12 月 30 日。

⑯ 哈萨克斯坦农业部网站，2011 年 10 月 2 日。

⑰ 俄罗斯国际文传电讯社，2011 年 7 月 4 日报道。

⑱ 俄罗斯国际文传电讯社，2011 年 2 月 9 日报道。

⑲《乌兹别克日报》，2012 年 1 月 18 日。

⑳ 1 美元兑换 45.96 索姆。

㉑ http://kg.mofcom.gov.cn/aarticle/ztdy/201105/20110507566805.html.

㉒ http://kg.mofcom.gov.cn/aarticle/jmxw/201108/20110807701682.html.

㉓ 按 1 美元兑换 46 索姆计算。

㉔《吉尔吉斯斯坦国家统计委员统计公报》，2011 年 7 月 28 日。

㉕ 塔吉克斯坦《亚洲快讯》，2011 年 7 月 5 日。

㉖ 塔吉克斯坦《亚洲快讯》，2011 年 7 月 13 日。

㉗ 俄罗斯消息网，2011 年 1 月 13 日。

㉘ 俄罗斯经济发展部新闻中心通报，2011 年 7 月 29 日。

㉙《俄罗斯海关统计公报》,2011 年 2 月 9 日。
㉚《中国海关统计公报》,2011 年 1 月 12 日。
㉛ 俄罗斯海关统计委员会,2012 年 2 月 14 日。
㉜ 俄罗斯 24 小时新闻台,2011 年 6 月 16 日。
㉝ 哈萨克斯坦国际文传电讯社,2011 年 2 月 5 日。
㉞ 哈萨克斯坦国际文传电讯社,2011 年 2 月 4 日。
㉟《哈萨克斯坦统计委员会公报》,2011 年 2 月 2 日。
㊱《哈萨克斯坦统计委员会公报》,2011 年 1 月 30 日。
㊲ http://uz. mofcom. gov. cn/aarticle/jmxw/201102/20110207403403. html.
㊳ www. uzdaily. uz.
㊴ 乌兹别克斯坦统计委员会,2012 年 1 月 28 日。
㊵《吉尔吉斯斯坦国家统计委员会公报》,2011 年 5 月 24 日。
㊶《吉尔吉斯斯坦国家统计委员会公报》,2012 年 2 月 4 日。
㊷ http://tj. mofcom. gov. cn/aarticle/jmxw/201101/20110107379806. html.
㊸ http://www. stat. tj/ru/.
㊹ http://gazeta. uz/2011/05/05/investments/.
㊺ 俄罗斯总统梅德韦杰夫在圣彼得堡国际经济论坛上的发言,俄罗斯 24 小时新闻台,2011 年 6 月 17 日。
㊻ 俄罗斯新闻网,2011 年 7 月 29 日。
㊼ 俄罗斯商务咨询网,2011 年 2 月 25 日。
㊽ 俄罗斯商务咨询网,2011 年 1 月 24 日。
㊾ http://www. luotuo. net. cn/a/jingji/guojijingji/2012/0209/132116. html.
㊿ 俄罗斯塔斯社,2011 年 7 月 27 日。
51 俄罗斯《生意人报》,2011 年 9 月 5 日。
52 http://www. kazstat. gov.
53 哈萨克斯坦国际文传电讯社,2011 年 10 月 3 日。
54 www. podrobno. uz.
55 http://gazeta. uz/2011/05/05/investments/.
56 www. uzdaily. uz.
57 www. kg. gov.
58《亚洲快讯》,2011 年 4 月 27 日。
59《亚洲快讯》,2011 年 1 月 18 日。
60 塔吉克斯坦国家统计署,2011 年 9 月 16 日。
61《俄罗斯联邦统计局公报》,2011 年 4 月 3 日。
62 俄商务咨询网,2011 年 7 月 8 日。
63 俄罗斯塔斯社,2011 年 1 月 2 日。
64《俄罗斯报》,2011 年 3 月 2 日。
65《俄罗斯报》,2011 年 4 月 13 日。
66 俄罗斯国际文传电讯社,2011 年 7 月 4 日。
67《俄罗斯新闻报》,2011 年 8 月 30 日。

㊳《俄罗斯新闻报》,2011 年 3 月 2 日。

㊴ 哈萨克斯坦国际文传电讯社,2011 年 5 月 4 日。

⑰ 哈萨克斯坦国际文传电讯社,2011 年 2 月 5 日。

⑪ http://www.kasstat.gov, 2011 年 7 月 14 日。

⑫ 哈萨克斯坦国际文传电讯社,2011 年 5 月 25 日阿拉木图报道。

⑬ 哈萨克斯坦《全景报》,2011 年 2 月 10 日。

⑭ www.uzdaily.uz.

⑮ www.podrobno.uz.

⑯ 乌兹别克斯坦国家地质和矿产资源委员会数据,2011 年 1 月 6 日。

⑰ 塔吉克斯坦《亚洲快讯》,2011 年 7 月 4 日。

⑱ 俄罗斯商业资讯网,2011 年 9 月 5 日。

⑲《塔吉克斯坦总统拉赫蒙国情咨文》,《亚洲快讯》,2011 年 4 月 22 日。

⑳ 俄罗斯《观点报》,2010 年 12 月 31 日。

㉑ 注:2010 年俄向欧洲供应了 1 390 亿立方米天然气,占欧需求量的 23%,预计 2011 年将增至 1 580 亿立方米。

㉒《莫斯科时报》,2011 年 7 月 11 日。

㉓ http://www.news.ru/, 2011 年 7 月 11 日。

㉔ 俄罗斯《公报》,2010 年 12 月 27 日。

㉕ 俄罗斯《商业咨询日报》,2011 年 8 月 19 日。

㉖ 俄罗斯塔斯社,2010 年 12 月 13 日。

㉗ 俄罗斯消息网,2011 年 1 月 28 日。

㉘《莫斯科时报》,2011 年 9 月 13 日。

㉙ 俄罗斯商报,2011 年 1 月 12 日。

㉚ 俄罗斯国际文传电讯社,2011 年 5 月 13 日。

㉛ 俄罗斯经济发展部网站,2011 年 9 月 15 日。

㉜《莫斯科时报》,2011 年 7 月 8 日。

㉝ 俄罗斯国际文传电讯社,2011 年 1 月 12 日。

㉞《俄商业资讯日报》,2011 年 8 月 30 日。

㉟《俄罗斯报》,2011 年 9 月 22 日。

㊱ www.uzdaily.uz.

㊲ www.uzdaily.uz.

㊳ 哈萨克斯坦国际文传电讯社,2011 年 2 月 14 日。

㊴ 俄罗斯新闻网,2011 年 1 月 20 日。

⑩ 俄罗斯国际文传电讯社,2011 年 1 月 26 日。

⑩《俄罗斯报》,2011 年 8 月 24 日。

⑩ 俄罗斯总统梅德韦杰夫在圣彼得堡国际经济论坛上的发言,俄罗斯 24 小时新闻台,2011 年 6 月 17 日。

⑩ 俄罗斯 РБК 报,2011 年 1 月 13 日。

⑩ 俄罗斯国际文传电讯社,2011 年 8 月 1 日。

⑩ 俄罗斯国际文传电讯社,2011 年 7 月 5 日。

⑩⑥ 俄罗斯消息网,2011 年 1 月 13 日。
⑩⑦ 俄罗斯商务咨询网,2011 年 7 月 5 日。
⑩⑧ 俄罗斯电视台新闻频道,2011 年 4 月 14 日。
⑩⑨ 俄罗斯商业资讯台,2011 年 7 月 28 日。
⑪⓪《俄罗斯新闻报》,2011 年 8 月 25 日。
⑪① 俄罗斯信息网,2011 年 9 月 1 日。
⑪② 俄罗斯电视台新闻频道,2010 年 12 月 21 日。
⑪③ 俄罗斯《新闻报》,2010 年 12 月 17 日。
⑪④《哈萨克斯坦中央银行公告》,2011 年 6 月 30 日。
⑪⑤《哈萨克斯坦中央银行公告》,2011 年 7 月 5 日。
⑪⑥《哈萨克斯坦中央银行公告》,2011 年 2 月 8 日。
⑪⑦ www. uzdaily. uz.
⑪⑧ 吉尔吉斯斯坦国家统计署公报,2011 年 2 月 7 日。
⑪⑨ 按 1 美元兑换 46 索姆计算。
⑫⓪ http://www. stat. tj/ru.
⑫① http://tpp. tj/.
⑫②《亚洲快讯》,2011 年 1 月 25 日。
⑫③ 塔吉克斯坦《亚洲快讯》,2011 年 7 月 21 日。
⑫④ 俄罗斯新闻网,2011 年 6 月 15 日。
⑫⑤ 俄罗斯商务资讯网,2011 年 6 月 23 日。
⑫⑥ 俄罗斯国际文传电讯,2011 年 1 月 18 日。
⑫⑦ 据俄国际文传电讯,2011 年 1 月 18 日报道。
⑫⑧ 俄罗斯《生意人报》,2011 年 7 月 6 日。
⑫⑨《俄罗斯新闻报》,2011 年 7 月 6 日。
⑬⓪《俄罗斯报》,2010 年 12 月 20 日。
⑬① http://www. kazstat. com.
⑬② 哈萨克斯坦国际文传电讯,2011 年 3 月 15 日。
⑬③ www. uzdaily. uz.
⑬④ www. Gazeta. ru.
⑬⑤ http://kg. mofcom. gov. cn/jmxw/jmxw. html.
⑬⑥《亚洲快讯》,2011 年 9 月 14 日。
⑬⑦ http://www. cisstat. com/.
⑬⑧ 俄罗斯新闻网,2011 年 9 月 8 日。
⑬⑨ http://uzdaily. uz/articles-id-5296. htm.
⑭⓪ http://www. sectsco. org/CN/show. asp?id=410.
⑭① http://www. tianshannet. com. cn/news/content/2011-08/25/content_6109015. htm.
⑭② 俄罗斯新闻网,2011 年 6 月 15 日。

报告二　上海合作组织政治与安全形势综述
——以金融危机以来中亚成员国为案例

杨　成*

[摘要]　在上海合作组织为当地安全与合作事务提供重要基础,并且,在金融危机背景之下坚定地推进该地区的稳定与发展的同时,吉尔吉斯斯坦巴基耶夫政权在2010年的脆弱崩盘和2011年始于突尼斯和埃及并迅速波及西亚北非国家的政权更迭也是影响上海合作组织中亚成员国当前政治与安全事务议程设置的重要因素。由此,维持现政权的"体制安全"成为上合组织中亚成员国2011年治国理政的重要目标。对中亚领导人而言,其自身"体制安全"的实现与巩固取决于三个核心问题的解决,即如何抵御反对派力量,进一步巩固执政当局的政治地位,防止发生类似"颜色革命"的冲击;如何在日益复苏的伊斯兰宗教信仰背景下打击宗教极端主义和恐怖主义,维护国内安全;如何推动本国经济的加速发展,增强现政权的权威性和维持社会的稳定。虽然中亚各国自20世纪90年代独立以来在国家建设和民族建设等层面上均取得一定进展,但其内部仍然孕育着各种不稳定因素。整体而言,中亚各国的安全态势面临其固有传统和当下挑战的制约。它们的未来走向在很大程度上取决于各国执政当局的制度设计能力和国家治理效率。能否克服"三股势力"对本国安全的持久挑战,能否处理好"生态—能源—水资源—食品安全链"的复杂关系,能否通过"善治"改变经济社会发展的基本面貌,能否妥善应对新媒体迅速发展给各国政治生态带来的新变数,将是影响未来中亚政局走向的重要议题。本文涉及的中亚四国似乎遵循了两种范式来继续推进本国尚未终结的转型进程。一种是吉尔吉斯的修宪改制模式;另一种则是其他三国现政权大力推动的"威权稳固"路径。显然,这两种不同的选

* 杨成,教育部人文社科重点研究基地华东师范大学俄罗斯研究中心副主任,副教授,《俄罗斯研究》副主编。

择对中亚国家执政当局的“体制安全”构成的挑战也有较大差别。尽管上海合作组织中亚成员国在发展和转型的同时，有可能面临一个风险有所增长、突发事件增多的时期，但现政权在可预见的未来仍有望保持总体稳定。

[关键词]　中亚　上海合作组织　体制安全　抗议运动　风险评估

导　言

上海合作组织建立十余年来，在各成员国的共同努力之下，该地区的政治与安全形势维持了基本的稳定，为该地区的社会经济发展奠定了重要的基础，也是中亚各成员国未来可持续发展最基本的保障。但是在总体稳定的格局之下，上海合作组织中亚成员国依然面临着很多风险与挑战。2010 年以来，对上海合作组织中亚成员国政治与安全事务影响最大的因素莫过于吉尔吉斯斯坦巴基耶夫政权在 2010 年的脆弱崩盘和 2011 年始于突尼斯和埃及并迅速波及西亚北非国家的政权更迭。这使得其他中亚领导人继 2003 年格鲁吉亚“玫瑰革命”、2004 年乌克兰“橙色革命”和 2005 年吉尔吉斯斯坦“郁金香革命”后再一次清醒地意识到现行体制正面临着内外的深刻挑战。① 上海合作组织中亚成员国对“体制安全”方面的需求较前明显增强，并成为 2011 年内外政策的绝对优先方向。②

自“9·11”事件以来，外部压力不仅事实上一度存在且确实有推翻中亚国家执政当局，代之以于己有利的政权的意向和能力，它们对中亚国家“体制安全”的威胁要远远大于内部挑战性因素。2005 年乌兹别克斯坦“安集延”事件后，美西方似开始放弃直接采用“颜色革命”③的手段规制中亚国家转型进程，转而寻求渐进性变革。看来，应对国内威胁与挑战此时乃是中亚国家当局风险管理的关键目标。

对中亚领导人而言，其战略关注点在 2003 年后已逐渐演变为以下三个核心问题：第一，如何削弱反对派力量，进一步巩固执政当局的政治地位，防止发生类似“颜色革命”的冲击；第二，如何在日益复苏的伊斯兰宗教信仰背景下打击宗教极端主义和恐怖主义，维护国内安全；第三，如何推动本国经济的加速发展，增强现政权的权威性和存续的正当性。这三点构成了上海合作组织中亚成员国“体制安全”的主要内容。2010 年吉尔吉斯斯坦的第二次政权递嬗和 2011 年西亚北非的政局动荡进一步固化了这一议程。如果中亚国家领导人察觉到国内外政治力量在上述三个问题上挑战其权力和利益，则必然被视为直接威胁。这已成为中亚各国执政力量处理内外关系的一条重要标准。有人认为，相对于西亚北非国家政权更迭的急剧变化，中亚可能已经成为全球范围内威权体制始终保持相对稳定的最后一个地区。④

本文将以“体制安全”的内部要素为核心，对评估 2011 年以来上海合作组织中亚成员国的政治与安全局势的稳定性。在第一部分，笔者将分别从人口结构、经济发展等宏观经济要素出发,探讨中亚国家政治发展与稳定的态势,接下来本文将在问题领域层面上分别集中讨论"三股势力挑战"、"生态—能源—水—食品综合体"以及新媒体对中亚国家"体制安全"的影响;展现上海合作组织中亚成员国在本领域受到的挑战程度以及各国执政当局的应对之策。论文最后将在总体上对中亚国家的政治与安全局势的发展趋势予以评估。

一、 社会—经济宏观形势与中亚国家的"体制安全"

苏联解体20年来,中亚始终处在这场地缘政治大地震后连续不断的余震之中。始于2008年的国际金融危机的冲击余波迄今尚未完全消除。虽然最困难时期已然过去,但哈萨克斯坦等中亚国家雄心勃勃的经济振兴计划已经受严重干扰。而2010年吉尔吉斯斯坦和2011年西亚北非国家先后突发的政权更替进一步从地区内外两个层面刺激了上海合作组织中亚成员国内政外交议程的调整。虽然中亚各国在国家建设和民族和谐共处等层面上取得进展,但当下其内部仍然孕育着各种尚需消除的隐患。

(一) 哈萨克斯坦:稳定中的挑战

相对而言,哈萨克斯坦的形势在中亚诸国中最为稳定。2011年4月的总统选举再次证明了纳扎尔巴耶夫政权在哈萨克斯坦仍有着广泛的群众基础,纳扎尔巴耶夫本人仍是无可替代的头号政治精英。⑤整体上看,哈萨克斯坦经济快速发展增强了哈社会基层队纳扎尔巴耶夫政权的认可度。⑥哈萨克斯坦民众也基本接受政府以"暂时困难"的提法来解读当前存在的问题。⑦与其他中亚国家不同,哈萨克斯坦境内的社会抗议活动在规模和烈度上都极其有限。

哈萨克斯坦政局在中亚各国中能够维持最为稳定状态的主要原因是该国经济近年来的快速稳定增长。能源产业为此做出了极大贡献。⑧一定程度的经济自由化和适度范围内的国家管制使得纳扎尔巴耶夫政权可以将该国能源资源出口的收入用于提高民众的生活水平。⑨哈萨克斯坦目前人均国内生产总值预计2012年将高达12 000美元,能源资源国际行情的高企及国家对制造业的大规模补贴使得经济增长得以一直维持。⑩哈萨克斯坦普通民众在此过程中获得了直接的收益,得以分享了国民经济快速发展的成果。各项民意调查数据显示受访者多认为近年来能亲身体认到个人和国家成功发展的快感。⑪2011年以来,纳扎尔巴耶夫当局对教育体系等人力资源发展领域的投入不断增加,致力于推动社会向度的现代化,也使得民众对本国未来发展的中长期前景持有较为乐观的态度。⑫这在相当程度上给予了哈萨克人,尤其是年青一代较大信心。他们多认为现体制具有一定的改进空间,但对此抱有较为乐观的心理预期。而哈萨克斯坦官方公布的失业率自2000年以来也连年回落,全国平均数据从当年的12.8%降低到金融风暴冲击最严重的2009年的6.6%，阿克纠宾地区更是只有6%。[13]在中东北非政局动荡之际，哈萨克斯坦总统纳扎尔巴耶夫在美国《华盛顿时报》专门撰文为现政权的经济政策与经济发展成果辩护，认为就经济发展指标来讲世界上只有少数国家可以与哈萨克斯坦媲美，并宣称哈萨克斯坦经济的首要目标是服务于本国公民的福祉，舍此则无法推进民主改革。[14]不管怎么说，哈萨克斯坦社会—经济层面的良好表现确已成为纳扎尔巴耶夫政权最大的成就之所在，使得国内本就相对弱小的反对派难以找到批评、攻击当局的借口。

尽管如此，哈萨克斯坦的发展前景并非不存在任何风险，未来的挑战可能会出现在以下两个方面：

第一，贫富差距问题依然存在。就全国范围内的绝对数值而言，自纳扎尔巴耶夫当政以来，哈萨克斯坦人均国内生产总值、人均收入持续增长，但截止到2006年全国有18%，到2008年仍有15.6%的人口居于贫困线以下。[15]而据国际货币基金组织的统计，截止到2011年，哈仍有17%的人口每日开支少于2美元。[16]就地区差异而言，哈萨克斯坦境内的油气产区和其他地区的发展水平日益扩大也有可能使这种风险被放大。有数据显示，前者的人均收入已经是差不多是南部农业地区的3倍。与此同时，油气产地的内部发展不平衡问题也较为突出，油气资源富集的西部边远地区的贫困率同样居高不下。哈萨克斯坦西部地区的不少原住民已经积累了相当的怨气。在他们看来，油气收入更多是从这些地区源源不断地留出，而未能用来提高当地人的生活水准；油气产业雇佣的大量外国熟练工人不仅抢占了可能本属于他们的就业岗位，且自己的工资收入也相对较低。[17]2009年2月，曼吉斯陶地区石油工人曾因工资过低以及不及时支付工资问题爆发过大规模示威游行。2010年3月，该地区大约6 000名石油工人涌上街头，举行抗议活动。[18]2011年5月，这种长久以来积累的不满终于在曼吉斯陶演化为一场规模较大的罢工运动。据悉，大约12 000人参加了这一活动。罢工始于哈萨克斯坦国有的哈萨克油气公司(Kaz Munai Gaz)，并扩展至另一家哈印合资企业和哈萨克油气公司的一家子公司。抗议者提出了获得与其他公司员工相等的收入；外国和本国工人同工同酬；提高工作场所的条件；承认独立工会等条件。[19]罢工以不同规模持续了近5个月后才逐渐平息下来，但这仍然给哈萨克斯坦带来了较大的经济损失。截止到2011年10月的统计数据显示，当年哈萨克斯坦的石油产量比2010年同比下降了7%。相应地，哈萨克国家油气公司的收入和国家投资基金的损失可能高达数亿美元。[20]

第二，苏联解体后自乌兹别克斯坦等国回归的哈萨克族人与接受地原住民之间的关系尚需解决。纳扎尔巴耶夫政府自立国之后就曾大力推动境外哈萨克人回归的政策，以弥补本国人口出生率过低以及大量俄罗斯族人和德意志族人迁出而导致的人口下降。从1991年到2005年7月1日，哈萨克斯坦共接纳了433 101名境外哈萨克人(计110 591户)回归“历史故乡”。其中来自乌兹别克斯坦的占59.3%，蒙古占

17.6%,土库曼斯坦占 9.2%,中国约占 4.2%。[21] 2009 至 2011 年,哈萨克斯坦又制定了新的引人规划——“幸福游牧区”(Nurly Kosh),旨在合理地安置境外回归族人。根据此项计划,哈萨克斯坦准备在 2011 至 2014 年间每年引进 9 000 户散居在哈萨克斯坦境外的哈萨克族人。纳扎尔巴耶夫甚至在 2011 年颁布特别总统令,将配额提高 1 倍,但最后只用完了 36%。[22] 目前看,“回归历史故乡”工程的最大障碍在于回归者与本土居民之间的纷争,尤其是涉及工作岗位等问题。看来,当地人仍需在心理上真正接受这些“外来人口”。[23] 相反,回归者同样感觉难以融入哈萨克斯坦社会。纳扎尔巴耶夫 2010 年曾公开批评他们没能为哈萨克斯坦经济发展做出应有的贡献。2011 年扎瑙津地区的石油工人与当局爆发的流血冲突中不乏自境外回归的哈萨克人。统计数据显示,该地区被解雇的石油工人 26%属于回归者。[24] 对哈萨克斯坦政府而言,采取切实措施缓解两者之间的关系问题乃是当务之急。

(二) 乌兹别克斯坦:总体稳定而风险仍存

相比较而言,乌兹别克斯坦政局近年来维持了基本稳定,“安集延”事件的后遗症似乎已经被卡里莫夫政权的主动求变予以消弭,但这种平静的态势之下风险仍然存在。

乌兹别克斯坦自然资源丰富,多年来经济增长始终维持逾 8%的高位,但人均国内生产总值在上海合作组织中亚成员国中并不高,按现价计算 2011 年只有 1 572 美元。[25] 乌兹别克斯坦最重要产业为农业,其中仅棉花种植一项贡献巨大。乌兹别克斯坦目前是世界第五大产棉大国,其产量占独联体棉花总产量的 65%和全球总产量的 5%,仅次于中国(25%)、美国(21%)、印度(12%)、巴基斯坦(8%)。[26] 棉花及相关制成品出口已排在天然气和黄金之后,位列乌兹别克斯坦重要出口资源第三名。[27] 统计数据显示,尽管农业产值在乌兹别克斯坦国内生产总值中的份额已经从 1995 年的 32%降至 2007 年的 24%,但该领域从业人口却占据了 1 500 万适龄就业人口中的 44%。[28] 由于本国经济主要依赖能源、黄金和棉花出口,这种经济结构可以提供的新增就业机会相对较为有限。

此外,考虑到乌兹别克斯坦是中亚人口最多的国家,且截至 2010 年乌兹别克斯坦 2 800余万人口中近 30%为低于 15 岁的青少年这样的人口结构[29],加上至少在中期范围内乌兹别克斯坦社会的年轻化不会明显减速,将有越来越多的年轻人从中学和大学毕业,这是卡里莫夫政府所需要结局的新问题。为了提高适龄就业人口的总体水平,乌兹别克斯坦近年来陆续实施了一系列国家规划。比如,乌兹别克斯坦政府自 2011 年开始实施“中小企业年”的年度规划纲要,2012 年乌兹别克斯坦政府又宣布将在近年内启动 500 家国有企业的股份私有化进程[30],这些举措除了包含增强本国经济竞争力、改善经济发展的投资环境等目标外,均带有通过发展私有企业创造新的就业岗位降低失业和待业率的考量。

（三）吉尔吉斯斯坦：变动中的体制重构

吉尔吉斯斯坦自独立以来已经过两次重大的政权更迭。第一次发生在2005年，在格鲁吉亚和乌克兰相继爆发“颜色革命”的背景下，旨在推翻阿卡耶夫政权的“郁金香革命”经过酝酿并最终借助于传统部族网络，以反腐败、反舞弊为口号得以化为现实。3月24日，反对派及其支持者联合起来冲击总统官邸，迫使阿卡耶夫仓皇出走。借“革命”风潮登上总统宝座的巴基耶夫政权在五年之后重蹈覆辙，同样被迫背井离乡，走上流亡之路。吉尔吉斯斯坦这两次权力格局的重大变化最大的不同是，2010年4月推翻巴基耶夫总统的集体行动从一开始并非是有组织的，而更多是一次由巴基耶夫政权失败的经济政策、对反对派的过度压制以及巴氏在人事任命方面过多的裙带主义行为引发的吉尔吉斯人愤怒情绪的总爆发。

两年多时间过去了，议会制的宪政构架已初步建立，重新部署社会经济发展也取得了一定的进展。但是这个以农业为主的中亚山地国家在维护社会稳定和促进经济增长方面依然有大量工作要做。人均国内生产总值2011年大约只有1 070美元。[31]年轻人的失业率官方统计数据2010年和2011年分别为8.6%和7.9%，2009年和2010年全吉尔吉斯斯坦通胀率分别为6.849%和7.759%，但2011年已迅速飙升至16.587%。[32]

迄今为止，吉尔吉斯斯坦尚未从2010年动荡后的经济后遗症中完全复苏。由于该国自然资源较为贫乏，加上政治环境的时有变动，导致其对外资的吸引力大幅下降。尽管自1998年起，吉尔吉斯斯坦即已成为世界贸易组织正式成员，并且成为了中国商品进入中亚的中转站，但自俄罗斯、白俄罗斯和哈萨克斯坦2011年7月组建海关同盟以来，这一转口贸易总额已经大幅下降。即便吉尔吉斯斯坦加入海关同盟以及后续的欧亚联盟进程，局势仍在未定之天。俄罗斯低价商品可能将取代中国商品进入该国市场，而吉本国商品的竞争力则会经受考验。[33]

2011年10月30日在宪改后的首次总统选举中获胜的阿坦巴耶夫新政权继承了沉重的历史包袱。对曾经两度出任内阁总理的阿氏而言，赤字庞大而规模极为有限的国家预算，相对国家收入而言难以承受其重的外债，以及始终未得根本改善的生活水平并非新问题，且较难在短期内找到纾解之道。但国外有学者认为，吉尔吉斯斯坦在可以预见的未来不会发生进一步的政治动荡。[34]

（四）塔吉克斯坦：困境中的努力

与周边国家多富集资源相比，塔吉克斯坦的资源禀赋较差。除了拥有较丰沛的水资源外，整体而言，塔吉克斯坦是一个资源匮乏国。它地处亚欧内陆，交通极不便利。这些因素都制约着塔吉克斯坦的经济与社会发展。

贫困问题一直是困扰塔吉克斯坦国内政治稳定与社会发展的主要障碍之一，且近年来呈现出日益加重的态势。它不仅消耗了塔吉克斯坦政府更多的社会福利资源,影响了塔吉克斯坦公共事业(教育、水利开发和公共服务)的发展[35],而且削弱了国家对经济领域的投入,进而影响到宏观经济的良性循环。

目前塔吉克斯坦在各种条件影响之下,是中亚地区发展水平较低的国家,现价人均国内生产总值 2011 年只有区区 831 美元。[36]该国以农业经济为主,60%的人口从事棉花种植,这一产业贡献了五分之一的国内生产总值。棉花也一直是塔吉克斯坦的主要出口创汇产品,但其发展受到包括气象等各种因素的影响。[37]据德国研究机构的转型指数评估,塔吉克斯坦 50.9%居民每天的开支不超过 2 美元。[38]塔吉克斯坦第二大出口产品是铝,但该产业同样发展缓慢。[39]塔吉克斯坦水资源富足,理论上讲足以大量出口水电资源。但实际上由于基础设施的落后,塔吉克斯坦甚至连满足自己本国的电力需求都难以做到,不得不从周边邻国乌兹别克斯坦进口天然气等能源资源。2011 年塔吉克斯坦的外债累计超过 20 亿美元,该国高度依赖外国援助,以向本国民众提供基本的服务和填补长期的食品短缺。[40]

对塔吉克斯坦而言,最重要的经济来源是劳动力出口创汇,每年收入都超过 20 亿美元。2010 年,输出劳动力一项就提供了大约 35%的国内生产总值。[41]尽管官方公布的失业率只有 2.2%,但据估计,失业或待业人口总额可能最高达到劳动力总数的 40%。15—29 岁之间的年轻人占全部失业人口的一半以上;其次则是 30—49 岁之间的人口。有数据显示,每年塔吉克斯坦赴国外就业的人数达 80 万人,有数据称超过 100 万人。这约占塔总人口的七分之一。从 2007 年至 2009 年,塔吉克斯坦在俄就业人口占全部对外输出劳动力的 96%。

二、 “生态—能源—水—食品”安全链中的政治经济学

在 2011 年狂飙突进的“阿拉伯之春”中,除了众所周知的政局腐败、人口结构中年轻人为主、新媒体的推波助澜等因素外,一个容易被人忽视的因素正在于食品安全问题所带来的影响。事实上,埃及等国的政权更迭的导火索与 2010 年国际市场上粮食价格的大幅上涨所带来的食品保障问题不无关联。[42]俄罗斯一些学者的研究表明,食品价格的飙升与人口结构的年轻化同步进行可能是导致西亚北非政局动荡的主要原因之一。[43]

我们注意到,除哈萨克斯坦外,上海合作组织中亚成员国其余三国的农业人口和农村居民仍占总人口的绝大多数。自然而然地,农业迄今为止仍是中亚各国的关键产业。其中,乌兹别克斯坦更多依赖于棉花种植及出口,哈萨克斯坦和塔吉克斯坦棉花产业也是各自国民经济的重要领域。哈萨克斯坦的谷物生产具有举足轻重的地位,其发展至少直接对中亚周边邻国的食品市场产生了重要影响。而整个中亚地区都有较为发达的蔬菜和水果种植业。

目前哈萨克斯坦已经成为世界上主要的产量区之一,且其粮食出口能力正处于

上升期。2004 年,哈萨克斯坦的谷物产量仅为 900 万吨,但到 2007 年已经增加至 1 900万吨,与 2006 年相比同比增长近 22%。[44] 2008 年哈粮食产量回落到 1 700 万吨,当年出口小麦 600 万吨。2006 年哈还只是世界第 14 大粮食出口国,2009 年这一排名已经上升至第 6 位,且有望继续攀升。[45] 哈萨克斯坦粮食的主要进口国包括了乌兹别克斯坦、塔吉克斯坦、吉尔吉斯斯坦、阿富汗、伊朗等周边邻国。

乌兹别克斯坦无疑是中亚最重要的农业国之一,其 5%的国土面积为可耕地,共计约 160 万公顷,其中 28 000 平方公里为可灌溉耕地。[46] 尽管乌兹别克斯坦的国家政策是要确保农产品的自给自足,但实际上不少基本食品依然依赖进口,并因而往往受国际和地区市场行情波动的剧烈影响。乌兹别克斯坦每年需要近 400 万吨小麦才能满足国内消费市场的需求,但本国的产量远远达不到。而且,乌兹别克斯坦似乎难以抵消物价上涨给居民带来的生活成本不断增长的负面效应,无论是各种补贴还是工资和退休金的上涨幅度都难以企及价格涨幅。[47]

对于上海合作组织中亚成员国而言,其实上述情况还只是表象,在其背后隐藏的是背景久远的矛盾状况,即中亚国家在农业开发领域到底是维持自沙俄以来就已居于重要地位的棉花种植的优先方向还是选择更多投入到粮食生产(参见表 2.1)。一边是经济作物棉花,可以为中亚国家创造不少外汇收入;一边是生活必需品,无粮食则难以确保民众的生存和发展。

表 2.1　中亚国家的棉花产量及其全球份额(单位:万吨)

国　别	1913 年	1940 年	1970 年	1980 年	1990 年	1994 年	1998 年	2000 年	2002 年	2004 年
哈萨克斯坦	1.1	7.2	9.1	11.8	10.2	7.0	5.5	8.5	10.5	14.8
吉尔吉斯斯坦	0.9	3.1	6.2	6.8	2.5	1.8	2.7	2.7	2.5	4.0
乌兹别克斯坦	17.1	45.7	148.3	206.1	159.3	124.8	100	97.5	103.3	112.5
塔吉克斯坦	1.1	5.7	24.0	33.4	25.6	16.8	11.0	10.6	16.5	17.2
土库曼斯坦	2.3	7.0	28.7	41.5	43.7	31.4	19.7	18.7	14.8	20.3
中亚合计	22.5	68.7	216.3	299.6	241.3	181.8	138.9	138.0	147.6	168.8
全球产量	629.6	693.4	1 174	1 383.1	1 897	1 876.2	1 871.3	1 943.7	1 943.7	2 619.3
中亚占全球份额(%)	3.5	10	18.5	21.5	13	9.5	7.5	7	7.5	6.5

资料来源:J. Baffes, "Cotton-Dependent Countries in the Global Context", in D. Kandiyoti (ed.), *The Cotton Sector in Central Asia. Economic Policy and Development Challenges*, London: The School of Oriental and African Studies, 2007。转引自 Sébastien Peyrouse, "The Multiple Paradoxes of the Agriculture Issue in Central Asia", EUCAM Working Paper, No. 6, 2009 November, p. 7.

联合国计划开发署欧洲和独联体局专家专门制作了中亚国家潜在食品安全风险矩阵(参见表2.2)。据该局评估,中亚目前及今后一段时间内所面临的食品安全威胁总体上呈现出下降态势,但仍然较为脆弱,非常容易受到国内外市场行情等因素的干扰。[48]

表2.2　上海合作组织中亚成员国潜在食品安全风险表

风险类别	影响因子	哈萨克斯坦	吉尔吉斯斯坦	塔吉克斯坦	乌兹别克斯坦
食品获取	贫困	—	X	X	—
价格波动	市场波动	X	X	X	X
营养保障	收入与实际购买力	—	X	X	X
进口依赖	本地有限产能	—	X	X	X
气候变化 气象条件 自然资源	频繁的气候波动 水资源不足	X	X	X	X
脆弱的食品安全网络	资金状况和食品储备短缺	—	X	X	—
金融约束与宏观经济条件	高利率及金融资源来源有限	—	X	X	—

注:表中以"X"表示此项风险存在,以"—"表示此项风险不存在。

资料来源:FAO Paper, "The Status and Challenges of Food Security in Central Asia" 2011.

借助于此表,我们注意到,一个隐形的"生态—能源—水—食品"安全链已然形成:中亚地区的生态安全与水资源的丰沛程度及清洁度直接相关,而油气资源和水资源的分布不均也使得中亚邻国间矛盾重重,他们彼此之间在食品安全、水资源分配、能源资源供应方面又构成了相互依赖的关系。[49]近年来,中亚地区的生态环境仍在继续受到破坏,部分地段的沙漠化和盐碱化使得本就不多的可耕地资源继续下降。阿姆河和锡尔河地区的水资源储蓄量也受到旱灾的广泛影响。[50]

如图2.1所示,2008年全球金融危机爆发后,中亚粮价一度下降,但2010年夏季以来中亚各国的粮价出现了严重的通货膨胀现象。但造成这一波动现象的原因较为复杂:第一,2007—2008年寒冬以及2008年干旱导致中亚各国因电力和水资源短缺及不得不动用种子粮度过食品供应危机,从而导致尔后的粮食及食品产量大幅下降;第二,2007—2008年和2010—2011年全球粮食价格的上涨传导至中亚地区,加上该地区水、电等其他公共服务价格的上涨,导致了相关中亚国家的普通民众生活日益困难;第三,中亚国家高度依赖进口食品和粮食,并且其进口国多局限在哈萨克斯坦、俄罗斯和乌克兰,这使得它们对于出口国粮价涨跌情况反应极为敏感。[51]2010年夏天哈萨克斯坦和俄罗斯森林大火因素将中亚食品价格重推新高。哈萨克斯坦在火灾后不得不采取临时管制措施,禁止本国谷物出口。这一举措迅速波及中亚地区的食品安全局势。这种影响在塔吉克斯坦和吉尔吉斯斯坦最为明显。第四,中亚地区2011年持续干旱，尤其是阿姆河流域各大水库蓄水量均有所下降，这直接影响到相关国家的农业用水，并进而影响到它们的农业产量。[52]相应地，中亚市场上的粮食价格上涨不足为奇。第五，水资源丰富的塔吉克斯坦和天然气资源富足的乌兹比克斯坦多年来龃龉不断，彼此间多以对方需要的资源为外交武器。这种矛盾间接影响了中亚粮食市场的价格走势。

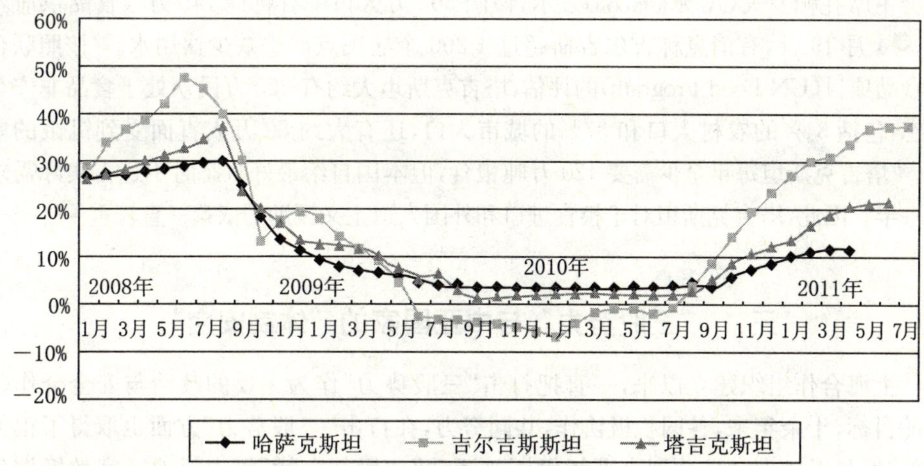

资料来源：Ben Slay and Alisher Juraev, "The Return of Drought Conditions to Central Asia: Update and Possible Impact on Food Security", UNDP Regional Bureau for Europe and CIS, 22 July 2011, p. 8.

图 2.1 中亚主要国家食品价格变化图(2008—2011 年)

统计数据显示，2010 年 7 月 28 日，哈萨克斯坦国内市场的小麦价格已经上涨至 240 美元/吨，而此前只有 195—200 美元/吨。吉尔吉斯斯坦受此冲击从 8 月 20 日开始涨价。11 月 11 日，哈萨克斯坦总统下令禁止出口牲畜、肉制品、土豆等出口进一步恶化了地区食品安全形势。2011 年 1 月以来，哈萨克斯坦食品持续涨价。相应地，2011 年年初以来，塔吉克斯坦面粉价格上涨幅度高度 80%，茶叶、糖、牛奶等物价上涨 25%。2012 年 2 月起，塔吉克斯坦食品市场新一波涨价浪潮正在发生，并进一步衍生到饲用粮。以小麦价格为例，塔吉克斯坦 2010 年间第一季度的小麦进口价格还只有 143 美元/吨，第二季度基本持平，达 142 美元/吨，但第三季度开始这一价格即小幅上涨至 167 美元/吨，第四季度迅速飙升至 253 美元/吨。而到了 2011 年第一季度，这一数据又涨到了 304 美元/吨。据估计，塔部分地区甚至可能被迫动用种子粮，以度过食品安全危机。[53]

可以说，这种隐形的"生态—能源—水—食品安全链"已然对上海合作组织中亚成员国的社会稳定构成了潜在的挑战。应该注意到，中亚第一人口大国乌兹别克斯坦的人口增长仍在持续，预计到 2025 年全国总人口将增加到 3 300 万以上。可以预期,气候变暖及随之而来的水资源短缺将会给予乌兹别克斯坦现有的灌溉农业极大的影响。粮食价格的上涨,食品的短缺和失业率的提升似乎在所难免。而吉尔吉斯斯坦民众对通过获得新的工作机会和提高工资待遇等提高生活水准的期许较高,对于稳定的食品和能源供应也非常迫切。欧洲专家曾有警告,吉尔吉斯斯坦大约有100万人饱受食品安全的威胁。[54]2011年4月5日,吉尔吉斯斯坦议会预算与金融事务委员会主席扎帕罗夫(А. Жапаров)表示,该国500万人口中有将近140万人食品供应不足。[55]4月19日,有消息称吉尔吉斯超过1 200个居民点严重缺少饮用水。[56]按照联合国食品项目(UN Food Program)的评估,塔吉克斯坦大约有220万民众处于食品非安全状态,包括34%的农村人口和37%的城市人口,还有大约80万人直面受到饥饿的威胁。[57]塔吉克斯坦每年至少需要120万吨粮食,但本国自给最好状态时不过占实际需求的一半。因此,塔吉克斯坦对于粮食进口和外国人道主义援助的依赖一直较重。[58]

三、“三股势力”与中亚国家的“体制安全”

上海合作组织建立以来,一直把打击“三股势力”作为主要的政治与安全合作领域的目标,十余年来,各国积极协作,共同努力,在打击“三股势力”方面也取得了很大成效,但是近年来,“乌兹别克斯坦伊斯兰运动”、“伊扎布特”等中亚地区宗教极端势力趋于活跃。他们加大对中亚国家政局的介入,加快从动荡的阿富汗、巴基斯坦向中亚地区的回流,尝试在边境地区和偏远山区建立新的恐怖训练营地,加强宗教极端思想宣传,多次制造针对中亚各国军警机构的暴力恐怖袭击行动。中亚地区宗教极端势力的日趋活跃,可能将对上海合作组织中亚成员国的“体制安全”产生负面影响。

2011年,中亚地区宗教极端势力在中亚国家制造了数起暴力恐怖活动,造成人员伤亡和财产损失(参见表2.3)。

表2.3 上海合作组织中亚成员国2011年发生的恐怖威胁或暴力活动一览表

时间	案例内容	实施者等相关信息
2011年1月4日	吉尔吉斯斯坦3名警察遭枪击	据吉尔吉斯斯坦国家安全委员会通报,三名警察系在检查护照时遇袭。案犯分别为多奥特库勒夫(Руслан Дооткулов)、萨利耶夫(Кайрат Салиев)、阿布德拉赫曼诺夫(Эдил Абдрахманов)、伊斯拉莫夫(Советбек Исламов)和卡德拉利耶夫(Данияр Кадыралиев)均是宗教极端组织的积极分子,参加了2010年11月30日比什凯克体育场的恐怖袭击活动,并于当年12月24日参加了索库洛克镇武装袭击美国公民的行动,2010年12月25日还试图组织针对国家安全委员会总部的自杀式汽车炸弹袭击。

(续表)

时 间	案例内容	实施者等相关信息
2011年4月10日	阿富汗武装分子袭击塔吉克斯坦边防军	塔吉克舒罗阿巴德区希尔曼州边防站4月10日受到不明身份的阿富汗分子袭击，造成至少1名塔边防军牺牲。
2011年4月11日	塔吉克斯坦赴境外宗教学校学习的学生受到与当局抗争的蛊惑	塔吉克斯坦内务部长卡赫赫罗夫在杜尚别举行的研讨会上表示，赴境外就读宗教学校的学生回国后半数承认受到过反对当局的蛊惑教育。
2011年4月23日	宗教极端组织威胁对塔吉克斯坦发动恐怖袭击	宗教极端组织在网站(www. kavkazcenter. com)上发表信息将针对塔吉克斯坦当局恢复恐怖袭击。
2011年4月23日	阿富汗武装分子袭击塔吉克斯坦边防军	4月23日至24日夜间，大约10—12名阿富汗武装分子袭击了塔边防哨所。
2011年5月17日	恐怖分子对位于阿克纠宾的哈萨克斯坦国家安全委员会大楼发动了自杀式袭击	此次恐怖袭击造成4人受伤。
2011年5月19日	阿富汗不明身份武装分子袭击塔安全部门人员和边防军	5月19—20日夜间塔吉克斯坦国家安全委员会地方分部执行任务时遭不明武装分子袭击，塔边防军予以反击后武装分子撤回阿富汗。
2011年5月23日	阿富汗武装分子绑架塔吉克斯坦公民	6月7日，在人质家属向阿富汗武装分子缴纳其索取的赎金后释放了被绑架两周的人质。
2011年5月24日	哈阿斯塔纳国家安全委员会大楼遭汽车炸弹袭击	袭击时有2人在场。
2011年6月1日	塔阿边境地区中学生被极端分子绑架	两名中学生系在边境河流游泳时被4名武装分子绑架至阿富汗塔哈尔省，10天后在塔阿两国强力部门的努力下最终获释。
2011年7月1日	哈萨克斯坦阿克纠宾斯克州两名警察遇袭身亡	6月30日—7月1日夜间哈萨克斯坦两名警察遇袭身亡。7月4日，在一项旨在抓捕犯罪嫌疑人的专项行动中武装分子与哈萨克斯坦特种部队交火，军方3人受伤，1人牺牲。7月7日，哈萨克斯坦查清7月1日袭击并造成2名警察死亡的武装分子系极端伊斯兰组织成员。7月9日，阿克纠宾斯克州组织再次组织专项行动，消灭了9名犯罪嫌疑人。7月11日，另2名犯罪嫌疑人被抓获。
2011年7月19日	哈萨克斯坦抓获宗教极端主义分子	哈萨克斯坦在首都阿斯塔纳举行的专项行动中共抓获60余名宗教极端主义分子。
2011年8月16日	哈萨克斯坦数名极端分子和恐怖分子遭审判	阿拉木图州共审判了12名极端分子和恐怖分子。

(续表)

时　　间	案例内容	实施者等相关信息
2011年8月31日	哈萨克斯坦数名恐怖集团和极端组织分子被抓捕	阿特劳州共有18名恐怖组织成员被捕。阿拉木图1名"伊扎布特"活跃分子被抓获。
2011年9月16日	塔吉克斯坦圣战组织呼吁塔伊斯兰信徒发动恐怖袭击	塔吉克斯坦圣战组织(Джамаат Ансаруллох)通过网络散布呼吁该国穆斯林发起反政府及异教徒的恐怖袭击。
2011年10月31日	哈萨克斯坦阿特劳发生恐怖袭击	先后共发生两次爆炸,第二次爆炸过程中一人死亡。11月1日,"哈里发士兵"组织声称对此恐怖袭击负责,旨在"警告哈当局"。11月7日,恐怖袭击组织方在阿特劳被捕。11月9日,警方再次拘捕了3名参与者。11月30日,阿特劳法院宣布该组织为恐怖组织。
2011年11月11日	哈萨克斯坦塔拉兹发生恐怖袭击	共7人死亡,其中包括5名哈萨克斯坦强力部门工作人员和袭击者卡利耶夫(Максат Кариев)本人。
2011年11月16日	塔乌边境发生爆炸	11月16日—17日夜乌兹比克斯坦杰尔梅兹和塔吉克斯坦库尔干—久别站之间发生爆炸,并被评估为恐怖袭击。"哈里发士兵"组织声称对此恐怖袭击负责。11月30日,警方抓捕了该组织6名参与袭击的组织者。

资料来源:作者根据 Индекс безопасности Центральной Азии, 2011 I—IV 相关内容自制。

从表2.3可以看出,中亚各国的"三股势力"所发起的暴力活动与"基地"组织针对西方国家的恐怖活动相比,其活动方式仍较传统,其行动呈现出以下特点:一是暴力恐怖活动的组织实施更加严密且频度较高,危害性更大;二是与阿富汗武装分子具有千丝万缕的联系,部分目的为直接获取资金;三是军、警、安全部门等强力机构成为其袭击的主要目标,甚至开始直接与成建制的武装部队对峙;四是哈萨克斯坦和塔吉克斯坦成为恐怖和极端行动的主要对象国。2011年8月27日,哈萨克斯坦财政部长加米舍夫(Б. Жамишев)宣布,2012年哈将从预算中拨付135亿坚戈用于打击"三股势力"已经说明了恐怖威胁的严重性。

据该国内务部统计,1995年至2009年间,塔登记在册的恐怖活动高达98次,其中57次获得解决。[59]2011年5月24日,国际危机集团在其发布的国别研究报告中警告塔吉克斯坦当局该国内部发生混乱的可能。报告指出,作为中亚最贫困的国家之一,塔吉克斯坦面临的首要非传统安全威胁来自于藏匿于阿富汗旨在建立伊斯兰哈里发国家的"乌伊运"。报告对塔吉克斯坦与阿富汗之间近1 400公里的共同边界的安全问题表达了质疑,称塔吉克斯坦边防力量极为薄弱,装备也严重不足,可能难以抵挡来自阿富汗的反塔武装分子的进攻。[60] 5月27日,塔吉克斯坦特种部队在一次专项行动中成功抓获了国际恐怖组织——“基地”组织及塔利班重要领导成员的儿子。6月14日,“伊扎布特”领导人叶库波夫(Ш. Екубов)在杜尚别被抓获。[61]

1997年结束的内战至今仍在相当程度上影响着塔吉克斯坦的政治发展。塔吉克人和帕米尔人的民族—种族区分以及依据距离库利亚布(Kulyab)、拉什特(Rasht)和戈尔诺巴达赫尚(Gorno-Badakhshan)的远近而造成的地理空间的碎片化已经将战争创伤永久地积淀到整个社会。此外,作为内战的遗产之一,塔国内武器的获取渠道迄今未能完全截断。这显然增加了暴力行为发生的可能性。2010年以来拉赫蒙政权与拉什特地区的前内战指挥员的支持者之间爆发的冲突已经充分展示了上述因素是如何相互交织和相互影响的。这些前内战主要指挥官秉持着保守的伊斯兰传统并且拒绝认同杜尚别的世俗政权。尽管1997年和平协议赋予了这些前军事指挥官在新政府中的席位,至少在总体上全国权力实现了统一,但是在中央跟个别地方的稳定协调关系仍在建立过程之中。[62] 从这个意义上讲,政府军和地方军阀部队在拉什特地区于2010年秋天至2011年春季爆发的军事冲突实际上反映的是中央—地方关系的紧张和国家与地区精英的对峙。[63] 国际危机集团的专家评估认为,尽管拉什特地区的反抗组织自称是“圣战者”,但并无令人信服的证据显示这些武装攻击直接来自于伊斯兰信念的冲动,和来自阿富汗的恐怖组织似乎也没有多大关联。[64]

目前,拉赫蒙政权采取了一系列措施严控国内局势。在塔吉克斯坦取得合法席位的伊斯兰复兴党已经开始了在传统伊斯兰和世俗伊斯兰势力之间的谋求平衡的转型,但2011年11月11日,塔吉克斯坦军事法庭对拉什特地区的被指责为“恐怖分子同谋”的28名居民做出了判决,7人被判终身监禁,其余人被判刑2—30年不等。[65] 此外,由于国家教育体系的构建远未完成以及教育投入的严重不足,塔吉克斯坦民众对伊斯兰教育的需求仍在增长,在此背景下,如何引导民众避免激进宗教势力的影响,依然任重道远。

四、 新媒体的发展及其影响

值得注意的是,互联网、移动电话以及各种社交网络平台等新媒体近年来在中亚发展极为迅速(参见表2.4),并开始在各国的政治和社会生活中发挥了一定的影响。一定程度上,新媒体的扩张性发展已经一定程度上影响了中亚五国民众的信息与行为方式。移动电话、互联网和“脸谱”、“推特”及本土化的俄语社交网络平台“Vkontakte”日益流行。如表2.4所示,中亚国家的互联网用户在2000年时仍极为罕见,但自2005年以来已增长了4倍左右。移动电话的普及程度也较为接近。实际上,早在2003年格鲁吉亚的“玫瑰革命”、2004年乌克兰的“橙色革命”和2005年吉尔吉斯斯坦的“郁金香革命”中,大众传媒的影响已经开始崭露头角。而2010年4月吉尔吉斯斯坦的政治变动中,巴基耶夫政府受到冲击并被迫出走的情景,都被媒体迅速传播。

表 2.4　上海合作组织中亚成员国新媒体发展情况对比表

国　别	分类	2000 年	2005 年	2007 年	2008 年	2009 年	2010 年	2011 年
哈萨克斯坦	手机用户量	197 300	5 398 000	12 322 676	14 910 573	17 063 200	19 402 600	23 102 700
	每百人手机用户量	1.32	35.58	79.62	95.24	107.71	121.07	142.55
	有线互联网用户量		301 600	683 141	700 000	756 500	1 543 400	
	每百人有线互联网用户量		1.99	4.41	4.47	4.78	9.63	
	互联网个人用户比例	0.67	2.96	4.02	11.00	18.20	31.60	45.00
吉尔吉斯斯坦	手机用户量	9 000	541 652	2 168 329	3 394 016	4 487 123	5 275 477	5 653 000
	每百人手机用户量	0.18	10.74	42.19	65.22	85.13	98.90	104.83
	有线互联网用户量	2 680	14 187	19 879	30 576	47 503	68 858	
	每百人有线互联网用户量	0.05	0.28	0.39	0.59	0.90	1.29	
	互联网个人用户比例	1.04	10.53	14.03	15.70	17.00	18.40	20.00
塔吉克斯坦	手机用户量	1 160	265 000	2 132 770	3 673 520	4 900 000	5 940 842	6 324 000
	每百人手机用户量	0.02	4.11	32.29	54.90	72.24	86.37	90.64
	有线互联网用户量	69						
	每百人有线互联网用户量	0.00						
	互联网个人用户比例	0.05	0.30	7.20	8.78	10.07	11.55	13.03

（续表）

国　别	分类	2000年	2005年	2007年	2008年	2009年	2010年	2011年
乌兹别克斯坦	手机用户量	53 128	720 000	5 691 458	12 375 274	16 417 914	20 952 000	25 441 789
	每百人手机用户量	0.21	2.77	21.47	46.16	60.52	76.34	91.65
	有线互联网用户量	3 885		2 015 000	2 469 000	2 737 312		
	每百人有线互联网用户量	0.02		7.60	9.21	10.09		
	互联网个人用户比例	0.48	3.34	7.49	9.08	17.06	20.00	30.20

资料来源：作者根据国际电信联盟（ITU）相关数据自制（http://www.itu.int/ITU-D/ict/statistics/）。

其他中亚国家的新媒体发展情况则如上表所示。截止到2011年，哈45%的民众已接入互联网，每100人平均拥有142.55部手机。统计数据显示，乌兹别克斯坦互联网用户的月增长率在2%—3%左右，这意味着互联网的普及程度日益提高及其在乌民众的日常生活中的地位和作用正在不断攀升。而且，2011年乌兹别克人每百人拥有的手机数量达到了91.65部，而仅仅1年前这一数据只有76.34。当前塔吉克斯坦卫星电视市场的迅速勃兴将提供更多的替代信息源。塔境内目前共有四家移动电话服务商，他们彼此之间形成相互竞争的关系，使得网络覆盖率已经高达90%。[66]截止到2011年，塔吉克斯坦90%以上的民众已经拥有一部手机，而互联网用户数量占总人口比例也达到了13.03%。2011年4月一群"脸谱"使用者迅速地在杜尚别组织一次抗议电力供应能力不足的"快闪"行动即是这种状况的一个反映。[67]

近年来，上海合作组织中亚成员国多从西亚北非政局动荡中汲取了经验教训，不约而同地增加了对互联网等新媒体的监管。哈萨克斯坦加强了对互联网的监控2011年初，哈萨克斯坦议会已经开始讨论互联网监控的新法案。[68]哈萨克斯坦安全会议也将125家网站列入"包含极端主义内容"的大名单，并试图从2011年11月起锁定了另168家网站。由于国有的哈萨克斯坦电信公司（Kazakhtelecom）主导了本国的互联网和移动电话服务业务，哈萨克斯坦当局可以封锁或强行关闭（诸如respublica-kaz.info和kplus-tv.net）发布反体制信息的网站。哈萨克斯坦还要求其他互联网服务商安装可确保强力部门随时监控敏感用户的互联网使用时间、IP地址等信息的SORM-2装置。[69]乌兹别克斯坦同样进一步加强了对新媒体的严防死守。乌兹别克斯坦议会下院信息与通信技术委员会主席朱拉巴耶夫在一次听证会上明确主张进一步加强对互联网空间的监管,认为某些外部大国正在针对乌发起“信息战”。[70] 2011年8月,乌兹别克政府建立了自己的俄乌双语社交网络平台——“姆洛克特”(Muloqot,意为“对话”),试图以此消解最流行的“脸谱”和“同班人”社交网络的影响。乌兹别克斯坦政府规定,登记注册“姆洛克特”过程中,用户必须提供自己实名登记的手机号码。[71]这样一来,主管部门对这种新媒体的控制就有了保障。2012年5月7日,乌兹别克斯坦再度推出了新的社交网络平台——Youface. uz,试图通过高度相似的设计直接抢夺“脸谱”的用户市场。[72]更为关键的是,自2005年11月起乌兹别克斯坦全国的互联网服务商即已必须通过乌兹别克国有电信公司(UzbekTelecom)连入国际互联网,这一强制规定给予了管理部门过滤和封锁重要网络接入路径的可能。[73]而塔吉克斯坦也正在采取措施加强互联网等新媒体信息的监管,拉赫蒙政权准备成立专门的管理机构——互联网监控组。[74]

五、结　语

本文涉及的中亚四国似乎遵循了两种范式来继续推进本国尚未终结的转型进程。一种是吉尔吉斯的修宪改制模式;另一种则是其他三国现政权大力推动的“威权稳固”路径。就吉尔吉斯斯坦而言,近五年来的两场政权更迭以及民众对选票重新统计的全程监督在一定程度上改变了吉尔吉斯斯坦的社会与政权的相互关系。自2010年巴基耶夫政权倒台以来,新宪法的通过、2010年10月议会选举的进行以及2011年10月总统选举的结束,标志着吉尔吉斯斯坦已经进入了一个新的政治周期。阿坦巴耶夫当选为新总统在某种程度上反映了吉尔吉斯斯坦国民对过往五六年间本国政治动荡及其他非理性因素支配下的集体政治行为的反思和摒弃。民众对艰难转型的迷茫、困惑以及对贪腐政权的不满,经过两场相隔不过五年的“革命”终于得到了徐徐地释放。一个标志性事件是,在此前吉尔吉斯两场“革命”组织过程中往往发挥了最关键作用的部族、部落等非正式网络不再仅仅充当吉南北矛盾的传递者和放大镜,不再是吉尔吉斯斯坦政权激进递嬗无可替代的工具。痛定思痛之后,被撕裂的族群关系最终出现了重新和解的可能。阿坦巴耶夫作为北方部族的代表,不仅在吉尔吉斯北部地区获得了领先的支持率,在南部的乌兹别克等族群中所获选票也高于出身南部的另两位总统候选人。选民投票的原则开始回归到基于候选人政策评估的起点,而不再是根据其出身等个人因素。当然,2010年6月在吉尔吉斯南部地区爆发的吉尔吉斯族和居于少数民族地位的乌兹别克族人之间的流血冲突也表明,隐患仍未全然消失。但吉尔吉斯斯坦的宪改还是为该国保持稳定提供了重要基础。根据新宪法,权力重心从此主要转向了议会,但总统仍有较大权力。这样一来,吉尔吉斯斯坦潜在的社会不满情绪有可能得到分散和化解。

而对于其他国家而言,2011 年的一个显著特征就是长期执政的政府体制在吉尔吉斯斯坦和西亚北非政局变化的背景下有所柔性化。比如,哈萨克斯坦总统纳扎尔巴耶夫 2011 年初主动拒绝了国内亲政权势力就将其任期延长至 2020 年问题举行全民公决的建议,而执意在 2011 年 4 月举行大选。2011 年 12 月 5 日,在中亚强人乌兹别克斯坦总统卡里莫夫的主动倡议下,乌兹别克斯坦议会上院通过了新的宪法修正案,将总统任期从原先的 7 年减少至 5 年。塔吉克斯坦总统拉赫蒙则于 2011 年 3 月再次下令严禁在公共场合张贴和使用其肖像并采取了种种措施缓和与反对派的关系,对部分被捕及判刑的反政府武装分子予以了赦免或减刑处理。

另一方面,哈、乌、塔三国应对风险,推进社会稳定和进步的做法也有所区别。哈萨克斯坦经济上的成功仍是纳扎尔巴耶夫体制稳定的关键所在。值得关注的是 2011 年 12 月 16 日发生在哈萨克斯坦扎瑙津市示威石油工人与警察之间的流血冲突,显示了哈萨克斯坦境内的政治稳定并非毫无挑战。纳扎尔巴耶夫总统更是被迫宣布该地进入为期 20 天的紧急状态。[75]乌兹别克斯坦是中亚地区地缘政治地位重要、国情较为复杂的国家。虽不排除在人口持续增长、新媒体迅速发展以及金融危机等背景之下,出现社会敏感形势的可能,但“安集延”事件表明,卡里莫夫政权有能力,而且在体制安全受到威胁时会倾向于使用有力手段保持局势稳定。塔吉克斯坦在特殊的地缘政治格局和政治生态之下,也面临着格外艰巨的维持稳定安全局势的重任,但是从近期看,尚无政治力量能够对拉赫蒙的政治地位形成有力的挑战。

总之,上海合作组织中亚成员国转型 20 年的经验表明,维护地区安全与政治稳定乃是该地区首要的政治议程,虽然 20 年来已经取得了巨大的进步,尤其是在上海合作组织推动之下,经过各个成员国的共同努力,在面临复杂挑战形式之下,确保了既有的成果,推动了社会经济发展。但是,要确保该地区政治与安全的可持续稳定状态,依然需要各成员国付出极大努力。

注释

① Шохзода С. Центральная Азия и арабские революции, http://news. tj/ru/newspaper/article/tsentralnaya-aziya-i-arabskie-revolyutsii.

② 参见 Аркадий Дубнов. Последний мираж несменяемости: Центральная Азия в ближневосточном антураже// Россия в глобальной политике. 2011. №2; Грозин А. В. Тунисско-египетский сценарий для Центральной Азии? http://www. materik. ru/country/detail. php? ID =11816。

③ 关于“颜色革命”问题的讨论可参阅:Vicken Cheterian, “From Reform and Transition to ‘Coloured Revolutions’”, *Journal of Communist Studies and Transition Politics*, June-September 2009, Vol. 25, No. 2—3. ; Maksym Zherebkin, “In Search of a Theoretical Approach to the

Analysis of the 'Colour Revolutions': Transition Studies and Discourse Theory", *Communist and Post-Communist Studies*, 2009, No. 42; David J. Galbreath, "Putting the Colour into Revolutions? The OSCE and Civil Society in the Post-Soviet Region", *Journal of Communist Studies and Transition Politics*, June-September 2009, Vol. 25, No. 2—3.

④ Федор Лукьянов. Последним регионом несменяемой «стабильности» осталась бывшая советская Средняя Азия//ИноСМИ, 24. 02. 2011, http://www. centrasia. ru/newsA. php?st =1298545380.

⑤ 纳扎尔巴耶夫在此次选举中获得了超过95%的选票。哈萨克斯坦在国内甚至建立了参见 Ертысбаев Е. Второго Назарбаева не будет. В постназарбаевский период неизбежно и резко вырастет власть и статус ...//Московский Комсомолец № 25908 от 4 апреля 2012 г.; Vanessa Boas, "Kazakhstan's voting enthusiasm", *EUCAM Commentary*, No. 11, April, 2011.

⑥ 参见 Andrea Schmitz and Esther Somafalvy, *Unintended Consequences: Western Soft Power as a Source of Legitimacy for Central Asian Autocrats*, SWP Comments, 7/2011, Berlin: Stiftung Wissenschaft und Politik, March 2011.

⑦ Andrea Schmitz and Alexander Wolters, Political Protest in Central Asia: Potentials and Dynamics, p. 21.

⑧ Тарнавский В. Нефть и газ Казахстана. Качество и количество// Досье украинской энергетики. 5 и 11 мая 2010. http://www. centrasia. ru/newsA. php?st=1273560900.

⑨ 关于哈萨克斯坦石油产业和能源精英之间错综复杂的政商关系可参见[德]J·库兹涅尔:《哈萨克斯坦国家石油精英及其对能源政策的影响》,《俄罗斯研究》2012年第1期,第125—153页。

⑩ International Monetary Fund, *World Economic Outlook Database* (April 2012).

⑪ Редакционная статья. Нефть и независимость. На Казахстан сошла благодать// Эксперт Казахстан. №46(336)/21 ноя 2011.

⑫ Назарбаев Н. Социальная модернизация Казахстана: Двадцать шагов к обществу всеобщего труда// Казахстанская правда, №218/219 за 10. 07. 2012.

⑬ Агенство Республики Казахстана по статистике. Регионы Казахстана в 2009 году: Статистический сборник. Астана.: 2010. С. 398.

⑭ Nursultan Hazarbaev, "Kazakhstan's Steady Progress Toward Democracy". *The Washington Post*, April 1 2001, http://www. washingtonpost. com/opinions/kazakhstans_steady_progress_toward_democracy/2011/03/28/AF1XPKCC_story. html?wprss=rss_policy.

⑮ Bertelsmann Transformation Index 2012, Kazakhstan Country Report, p. 16, http://www. bti-project. org/fileadmin/Inhalte/reports/2012/pdf/BTI%202012%20Kazakhstan. pdf.

⑯ International Monetary Fund, *World Economic Outlook Database* (September 2011).

⑰ 参见 Илеуова Г. События в Мангистау показывают наличие системного сбоя в матрице отношений по линии «работодатель-работник-государство»//Московский комсомолец в Казахстане, 13 июля 2011.

⑱ В Мангистауской области Казахстана началась многотысячная забастовка нефтяников, http://www. centrasia. ru/newsA. php?st=1267805520.

⑲ Almaz Rysaliev, "Kazakstan's Unhappy Oil Workers", Institute for War and Peace Reporting. *Reporting Central Asia*, No, 652, 24 June 2011. http://iwpr. net/report-news/kazakstans-unhappy-oil-workers.

⑳ "Situation Remains Tense in Western Kazakhstan after Deadly Clashes", RFE/RL, 19 December 2011.

㉑ Али Мырзабек. Пригласив этнических казахов на историческую родину, власти не создали им нормальных условий для жизни, http://www. fergananews. com/article. php?id =5642.

㉒ Арман Бейсинбинов. Қазахстанские оралманы: Крах операции «переселенец»? http://www. fergananews. com/article. php?id=7376.

㉓ Gulmira Kamziyeva, "Astana Develops New Oralman Repatriation Programme", Central Asia Online, 2 November 2011, http://centralasiaonline. com/en _ GB/articles/caii/features/main/2011/11/02/feature-01.

㉔ http://www. rosbalt. ru/exussr/2012/05/25/985259. html.

㉕ International Monetary Fund, *World Economic Outlook Database* (April 2012).

㉖ Шорасулов А. След узбекского «белого золота». Хлопка стало меньше, жажда больше, http://www. centrasia. ru/newsA. php?st=1267861380.

㉗ 2006 年占全部出口产品的 16%,有关情况可参见 Структурная трансформация: какой станет экономика Узбекистана к 2034 году, http://mezon. uz/analitika-2/tendentsii-i-trendy/1102-strukturnaya-trans formatsiyakakoj-stanet-ekonomika-uzbekistana-k-2034-godu. html。

㉘ http://ec. europa. eu/trade/issues/bilateral/data. htm.

㉙ U. S. Census Bureau, International Data Base: Uzbekistan. http://www. census. gov/population/ international/data/idb/country. php. 关于乌兹别克斯坦及其他中亚年轻人口的增长态势可参见 А. С. Ходунов, Ю. В. Зинькина, А. В. Коротаев. К прогнозированию социально-политической нестабильности в странах Центральной Азии. СС. 409—416. Системный мониторинг глобальноых и регионалъных рисков: Арабская Весна 2011 года. Ответственные Редакторы: А. В. Коротаев, Ю. В. Зинькина, А. С. Ходунов. Москва. : Издательство ЛКИ, 2012。

㉚ Джеймс Қилнер. Узбекистан утверждает, что готов к приватизации//«Telegraph», 17 мая 2012 года. http://inozpress. kg/news/view/id/35974.

㉛ International Monetary Fund, *World Economic Outlook Database* (April 2012).

㉜ International Monetary Fund, *World Economic Outlook Database* (April 2012).

㉝ Bakyt Baimatov, "Kyrgyzstan Faces Bleak Prospects in the Customs Union", *Central Asia-Caucasus Institute Analyst*, No. 13(6 July 2011), pp. 9—11.

㉞ Anna Matveeva, "Kyrgyzstan: Balancing on the Verge of Stability", EUCAM Policy Brief, No. 19, July 2011, p. 5. 北海道大学斯拉夫研究中心主任、著名中亚问题专家宇山智彦(Uyama Tomohiko)2012 年 7 月 6 日在该机构主办的主题为"从帝国到地区权力;在国家与非国家之间"的欧亚地区大国比较研究第七届国际研讨会期间也向笔者阐述了这一立场。

㉟ 关于塔吉克斯坦公共事业发展的详细论述参见:Ben Slay editor, Stephen Lam(author), "*Poverty and Social Impact Assessment: Communal Services in Tajikistan*", April 2011, http://km. undp. sk/uploads/public1/files/vulnerability/Senior%20Economist%20Web%20site/PSIA_Communal_Services_Tajikistan. pdf.

㊱ International Monetary Fund, *World Economic Outlook Database* (April 2012).

㊲ http://www.imf.org/external/np/loi/2008/tjk/061008.pdf.

㊳ Bertelsmann Transformation Index 2010, Tajikistan Country Report, p. 2.

㊴ *The Economy*, Tajikistan, http://countrystudies.us/tajikistan/29.htm.

㊵ http://www.unpei.org/PDF/UNDAF_2010—2015_Tajikistan_Eng.pdf.

㊶ 参见世界银行,Migration and Remittances Factbook 2011。

㊷ Цирель С. В. Революции, волны революций и Арабская Весна. Системный мониторинг глобальноых и региональных рисков: Арабская Весна 2011 года. Ответственные Редакторы: А. В. Коротаев, Ю. В. Зинькина, А. С. Ходунов. Москва.: Издательство ЛКИ, 2012. С. 150—151.

㊸ 参见 А. В. Коротаев, Ю. В. Зинькина. Египетская революция 2011 г. // Азия и Африка сегодня, 2011. №6, СС. 10—16; А. В. Коротаев, Ю. В. Зинькина. Египетская революция 2011 г. Структурно-демографический анализ//Азия и Африка сегодня, 2011. №7, СС. 15—21.

㊹ http://capital.trend.az/?show=news&newsid=1345671&catid=583&subcatid=540&lang=EN.

㊺ Sébastien Peyrouse, "The multiple paradoxes of the agriculture issue in Central Asia", *EUCAM Working Paper*, No. 6, 2009 November, p. 5.

㊻ Ibid, p. 5.

㊼ Roman Muzalevsky, "Food Security Problems in Central Asia Challenge Local Regimes", Eurasia Daily Monitor, No. 51, 15 March 2011, http://www.jamestown.org/programs/edm/single/?tx_ttnews[tt_news]-37650&cHash-e9a4fcfe227d393bef18b74675de0bfe.

㊽ Alessandra Bravi and Nathan Solbrandt, "Food Security Challenges Facing Central Asia", pp. 7—8. http://europeandcis.undp.org/uploads/public1/files/vulnerability/publications/The%20Status%20and%20Challenges%20of%20Food%20Security%20in%20Central%20Asia%20.pdf.

㊾ 位于布达佩斯的中欧大学国际关系与欧洲研究系助理教授 MatteoFumagalli 较早提出了"食品—能源—水关联"的思想,具体可参见 MatteoFumagalli, "The 'Food-Energy-Water' Nexus in Central Asia: Regional Implications of and the International Response to the Crises in Tajikistan", *EUCAM Policy Brief*, No. 2, October 2008。本文这一部分的分析系受其启发扩展而得。

㊿ Ben Slay and Alisher Juraev, "The Return of Drought Conditions to Central Asia: Update and Possible Impact on Food Security", UNDP Regional Bureau for Europe and CIS, 22 July 2011, pp. 1—8.

51 Johannes F. Linn, "Managing Compound Risks in Central Asia: A Regional Overview", *Central Asia Regional Risk Assessment*, pp. 34—35.

52 Ben Slay and Alisher Juraev, "The return of drought conditions to Central Asia: Update and possible impact on food security", UNDP Regional Bureau for Europe and CIS, 22 July 2011, pp. 1—8.

53 本自然段所有数据源自中亚安全指数(Central Asia Security Index)项目组向笔者提供的信息资料。

54 Sébastien Peyrouse, "The Multiple Paradoxes of the Agriculture Issue in Central Asia", *EUCAM Working Paper*, No. 6, 2009 November, p. 8.

⑮ Повышение зарплаты бюджетникам на 30% может спровоцировать новый скачок цен，http://www.time.kg/index.php?newsid=132.

⑯ http://www.kyrtag.kg/?q=subscribe/obshchaya_rassylka&page=1470.

⑰ M. Fumagalli，"Food Security in Central Asia: A priority for Western Engagement"，*Central Asia and Caucasus Analyst*，15 September 2008，http://www.cacianalyst.org/?q=node/4958；M. Fumagalli，"The 'Food-Energy-Water' Nexus in Central Asia: Regional Implications of and the International Response to the Crises in Tajikistan"，*EUCAM Policy Brief*，October 2008.

⑱ http://www.brookings.edu/research/opinions/2008/08/12-central-asia-linn.

⑲ http://www.centrasia.ru/newsA.php?st=1260429180，转引自 Anna Matveeva，"Tajikistan: Revolutionary Situation or a Resilient State?"，EUCAM Policy Brief，No. 12，December 2009，p. 2。

⑳ International Crisis Group，Asia Report No. 205，"Tajikistan: The Changing Insurgent Threats"，24 May 2011.

㉑ «Индекс безопасности Центральной Азии»，2011-III.

㉒ International Crisis Group，"Tajikistan: The Changing Insurgent Threats"，*Asia Report*，No. 205，24 May 2011.

㉓ Ibid.

㉔ Ibid.

㉕ http://tajikistan.russiaregionpress.ru/archives/4627.

㉖ Tajikistan Electronic Readiness Assessment，Dushanbe: Public Fund 'Internet' Tajikistan，2010. http://www.cipi.tj/files/eReadines-full_En.pdf.

㉗ http://tethys.caoss.org/index.php/2011/04/12/flashmob-in-dushanbe.

㉘ http://iwpr.net/report-news/tough-times-kazak-media-freedom.

㉙ 关于 SORM-2 装置的分析可参见 Воробьев С. В СНГ появится единый орган интернет-цензуры? http://www.centrasia.ru/newsA.php?st=1149475440.

㉚ Депутаты нижней палаты узбекского парламента на состоявшемся в июле специальном заседании，заявили о необходимости бороться с "деструктивными силами" во всемирной паутине. News Briefing Central Asia-Новостная Сводка Центральной Азии(NBCA)，26 июля 2011.

㉛ В Узбекистане запускают новую социальную сеть «Muloqot. Uz»，http://www.centrasia.ru/newsA.php?st=1313744580.

㉜ Узбекистане создан свой альтернативный Facebook-соцсеть Youface.uz，http://www.centrasia.ru/news A.php?st=1339657500.

㉝ А. Шустов: Интернет по-восточному，или Веб в ЦентрАзии. http://www.centrasia.ru/newsA.php?st=1245043800.

㉞ Ш. Гулходжа: ТаджИнтернет под микроскопом. Какова цель группы контроля? // rus.ozodi.org，http://www.centrasia.ru/newsA.php?st=1342171560.

㉟ «О введении чрезвычайного положения в городе Жанаозен Мангистауской области»，-указ Н. Назарбаева，Астана，Акорда，"17" декабря 2011 года，№197. 另可参见 Владимир Соловьев. Жанаозен выходит из чрезвычайного положения. Но нефтяники не собираются прекращать протесты// Коммерсантъ，№238 (4779)，20.12.2011。

报告三　上海合作组织人文教育形势综述

贝文力　顾　恒*

[摘要]　2010—2011年间，上海合作组织在“互信、互利、平等、协商、尊重多样文明、谋求共同发展”的“上海精神”引领下，进一步重视和强调人文领域合作的重要性，构建机制，扩大规模，提高层次。上海合作组织框架内和成员国在双边与多边教育培养、文化艺术、体育竞技、旅游环保、医疗救灾等方面的交流与合作取得了引人注目的成果。与此同时，人文合作的涉及面和幅射力还不尽理想，交流合作仍以官方为主，民间与市场运作机制薄弱。在为加强合作力度、深化合作内涵、丰富合作形式的探索实践中，成员国日益重视对相关经验的考察和借鉴。上合人文合作，意义重大，前景广阔，但也任重道远，需各方群策群力，以巩固合作基础，实现人文领域的共同进步与繁荣。

[关键词]　上海合作组织　人文领域　交流合作

2010年至2011年间，上海合作组织继续全面贯彻“互信、互利、平等、协商、尊重多样文明、谋求共同发展”的“上海精神”，各成员国为深化本地区内的睦邻友好伙伴关系，求同存异、取长补短、多边协作、共同发展，取得了引人注目的成果。根据《上海合作组织宪章》和《上海合作组织成员国长期睦邻友好合作条约》的规划，上合组织区域内多方面、深层次的合作不断展开，而人文领域合作的加强也逐渐把上合组织的合作发展模式由“两个轮子”（安全和经济）提升到更为稳固的“三个轮子”（安全、经济与人文）。活跃的人文交流为上合组织的全方位有效运作奠定了坚实的基础。

一、构建机制　促进交流

（一）元首会议和联合公报及宣言对人文教育合作的强调

各成员国高度重视人文领域的交流与合作。两年间发表的联合公报和宣言都重

* 贝文力，华东师范大学国际关系与地区发展研究院党总支书记、副院长，俄罗斯研究中心副主任，副教授。顾恒，华东师范大学教育科学学院高等教育研究所2011级硕士研究生。

申加强人文合作对促进本组织成员国人民的心灵沟通和不同文化间的对话具有重要意义。在2010年11月发表的《上海合作组织成员国政府首脑(总理)理事会会议联合公报》中,成员国总理充分肯定了上合在人文领域的合作成果,并表示:"要进一步加强和完善合作机制,吸收更多有民族特色的传统因素,进一步丰富多边交流的内容。"2011年6月,《上海合作组织十周年成员国元首理事会会议新闻公报》指出:"本组织今后将高度重视加强文化、环保、科技、创新、卫生、旅游和体育领域合作。教育领域的例行活动、文化部长会议(2011年5月18日至19日,阿斯塔纳)和首次卫生部长会议(2010年11月18日,阿斯塔纳)有助于实现上述目标。"①

在上合组织峰会上由成员国元首签署的一系列正式文件,规划了成员国在人文合作领域的总体目标,为上合组织在人文领域的发展指明了前进的方向,也向国际社会表明了上合组织在人文领域的基本价值理念。

上合组织在人文领域积极开展的交流与合作也得到了国际社会的普遍关注和认可。2010年12月13日第65届联合国大会通过了《关于联合国和上海合作组织合作的决议》,该决议强调了两组织在人文领域合作的作用和意义。对此,2011年6月签署的《上海合作组织十周年阿斯塔纳宣言》指出,为应对新挑战和新威胁,在实现经济、社会、人文发展等领域加强和发展同联合国的交往是本组织对外交往的优先方向。②这为推动全球范围内的人文交流注入了强劲的动力。

上合组织框架内双边人文合作得到高度重视和切实落实。2011年6月发表的《中俄睦邻友好合作条约》签署10周年联合声明指出,两国关系的社会基础显著巩固。中俄互办"国家年"和"语言年"等大型活动,为发展双方人文交流,加强两国人民的相互理解和友谊作出了重要贡献。③2011年秋,温家宝与普京共同主持了中俄总理第十六次定期会晤,签署《中俄人文合作委员会第十二次会议纪要》。两国总理认为,中俄人文领域的合作是中俄战略协作伙伴关系的重要组成部分,取得了丰硕成果。积极开展人文交流有助于加强相互了解和信任,为中俄睦邻友好和进一步扩大各领域合作创造了良好氛围。为进一步深化和推动双边人文合作,双方将制定中俄人文合作行动计划。④

在2011年6月发表的《中哈关于发展全面战略伙伴关系的联合声明》中,两国元首一致认为,中哈战略伙伴关系取得全方位和快速发展。双方政治协作、战略合作、务实合作和人文交往均达到前所未有的高水平。双方商定在2012年中哈建交20周年之际共同举办一系列庆祝活动。⑤

(二) 成员国政要、学界和媒体对人文教育合作的重视

不断深化人文合作对实现各成员国的共同发展与繁荣、增进彼此的了解与友谊、加强组织的创造力和向心力有着巨大的推动作用,人文交流与合作应成为上合组织

未来十年的重要发展方向——这些观点日渐成为成员国各界人士共识。

成员国政要在各个场合强调发展上合组织人文合作的重要意义。

在2011年5月的上合组织成员国外长理事会上,各国外长回顾总结了上合组织成立10年来取得的成就,一致认为上合组织国际影响和威望的不断提升,为促进地区和平、稳定及成员国经济和社会发展发挥了积极作用,在当前国际形势下,上合组织有必要进一步加强内部机制建设、对外交往和在安全、经济、人文等领域的务实合作。⑥

在2011年6月的上合组织峰会上,中国国家主席胡锦涛发表了题为《和平发展 世代友好》的讲话。在谈到人文合作时,他表示:“我们应该坚持不懈扩大人文交流,拓宽民间和社会交流渠道,建设教育、医疗服务网络,开展旅游和体育合作,促进人民相互了解,夯实上海合作组织未来发展的社会基础。”⑦上合组织秘书长伊马纳利耶夫强调:“巩固成员国之间的传统友谊和互利合作关系,为成员国人民带来福祉,推动本地区及整个世界的和平稳定和繁荣发展,过去是,现在是,将来也是我们各项工作的出发点和落脚点。”⑧在2011年11月举行的上合组织成员国总理第十次会议上,中国总理温家宝指出,中方作为上合组织轮值主席国,愿与各方一道,积极制定和实施本组织政治、经济、人文等各领域未来十年规划。他强调要促进青年交流,充分发挥他们参与上合组织框架下交流的积极性,办好上合组织“睦邻友好年”活动,增进成员国人民之间的相互理解和友谊。

哈萨克斯坦总统纳扎尔巴耶夫在上合组织成立十周年之际,署名发表了题为《上合走过的十年》的文章。这篇文章指出:“上合组织在促进国家间宗教、文明与文化的融合、共存和繁荣中为世界树立了榜样。在古代,欧亚地区就是一个不同民族的聚会场所和各种文化的交融中心,在这个区域里人们能够相互理解和合作。比如,丝绸之路就不仅仅是连接亚洲和欧洲的通道,它还是个友好对话的场所。欧亚人民的心态、气质、思维虽有差异,但只要我们把相同的优秀品质联系起来,即热爱劳动、热爱和平、热情好客、信仰自由、平等对话等,大家就能达成共识。”纳扎尔巴耶夫坚信:“21世纪是欧亚大陆民族复兴和市场繁荣的新时代,这里不会出现文明、宗教和文化的冲突。”⑨

俄罗斯文化部长亚历山大·阿夫杰耶夫认为:“在文化建设中,上合各成员国是一个共同体,发展方向一致,但我们必须消除对自身文化财富会被慢慢侵蚀掉的担忧。”他还建议,要加快“在电影、戏剧以及其他文化活动方面合作的步伐。”⑩

在上合框架内的双边交往中,人文合作始终是被最为关注的重点之一。

2010年11月,哈萨克斯坦总统纳扎尔巴耶夫在会见中国政协主席贾庆林时表示,“哈方高度重视发展对华关系,愿同中方继续携手努力,进一步深化双方在政治、经贸、能源、人文、安全等领域交往与合作,不断提升两国战略伙伴关系水平。”⑪近年来，中哈共同致力于培养两国友好的新生力量，一批批能说汉语、会写中文、了解中国国情的哈萨克斯坦青年正在走向中哈友好交往的第一线，展现了中哈双边关系的新风采。以广州亚运会和哈方举办的2011年亚冬会等大型活动为契机，双边人文领域的交流与合作得到了进一步加强。

2011年9月，中国人大常委会委员长吴邦国对乌兹别克斯坦进行了友好访问。其间，乌兹别克斯坦最高会议参议院主席萨比罗夫表示："此访将极大地提升两国议会关系水平，对乌中在政治、经贸、人文等领域的全方位合作产生重大的推动作用。"⑫中乌两国人文合作方兴未艾，中亚第一所孔子学院就设立在乌兹别克斯坦，许多中学、大学都在教授汉语。2011年中方提供的奖学金名额是往年的三倍。

上合成员国各主流媒体也对人文合作给予了积极而深刻的评价。

中国人民网指出，上合坚持多元文明共同繁荣的理念，积极倡导成员国之间的多元文化和谐共存、共同发展。上合组织成员国所覆盖的广袤地区是当今世界地缘文化成分最复杂的地区之一，世界各大文明板块在这里交汇。上合组织承认不同文明共同存在和发展的合理性，提出"尊重多样文明、谋求共同发展"，在这一精神指导下，上合组织超越民族传统、宗教观念、意识形态和政治制度等诸多方面的差异，积极促进不同文明间的对话与交流，为不同文明互相理解、和谐发展创造条件。上合组织颇具创新意义的实践体现了"同无妨异，异不害同"的东方哲学理念，可说是"大音无声"，是对长期以来一些西方学者主张的"文明冲突论"的又一实例反证。⑬

新华社发表社论指出："上合已发展成为欧亚大陆不可或缺的重要建设性力量和成员国可以信赖和倚重的区域合作组织。古丝绸之路将上合组织国家紧密联系在一起，各国人文习俗相近，官方和民间都有强烈的多边交流合作需求。进一步发展经贸和人文合作，是各国的共同愿望。"⑭

《解放日报》把扎实推进人文合作列为上合第二个十年要解决的四大课题之一，指出：上合人文合作的指导方针仍是弘扬"丝绸之路"精神，特别要推动文化、教育、旅游、救灾等方面合作进一步深化，这要求加强组织协调、资金支持和专业筹划。⑮

上合组织青年理事会首任主席克拉夫琴科在接受"俄罗斯之声"采访时说："上合各国的文化虽不同，但利益是共同的，希望各国的年轻人相互间多交流，拓展更广阔的视野。我们正在寻找和开发能激发各成员国青年人共同兴趣的纽带，以此密切大家的广泛联系"。在谈到上合组织青年理事会时，他说，建立理事会的目的"是为了增进青年们的友谊，他们将从中收益。这一机构已经成为上合文化合作的优先发展方向。"⑯

哈萨克斯坦"哈巴尔"国家电视台声称："上合组织成员国间的文化交流，密切了国家和人民的联系，消除了地理上的界线，文化合作是上合组织成员国团结的主要动力。"

成员国各界人士对人文合作开展过程中的不足以及如何改进不断也提出很多建设性意见。

中国国际问题研究基金会理事长张德广认为:“上合组织要超越政治家、外交官的圈子,走向社会,成为成员国各阶层共同关注、共同爱护、共同参与的组织,如果做到这一点,那么它的后劲和可持续性就有了更大、更有力的保障。”⑰

吉尔吉斯斯坦总统战略研究所前所长、政治分析人士马绍洛夫认为:“在文化交流方面,各国的专家应该相互协作,创作团体应该经常互派交流,应该丰富文化交流的内容,并使这种交流常态化,能够促进创造一个新的世界。”⑱

哈萨克斯坦总统基金会世界经济政治研究所国际研究中心主任图列绍夫表示,哈萨克斯坦人民非常希望阅读到中国传统文化的经典著作,但在哈萨克斯坦买不到来自中国的书籍。现在哈萨克斯坦开了很多中餐厅,但是老百姓不认识餐厅厨师做的菜,不知道该怎么吃。他认为这些都是两国间文化交流不到位的表现。⑲

成员国各界人士普遍认为,作为继“安全”与“经济”之后的第三大合作支柱——人文合作,如何迎合民众扩大交流、增进友谊的期盼,如何在全面合作中务实地发挥更大的作用,是应该认真研究的课题和努力实践的方向。

二、扩大规模　提高层次

(一) 机制顺利运作　计划全面落实

2006年6月签署的《上海合作组织成员国政府间教育合作协定》和2007年8月签署的《上海合作组织成员国政府间文化合作协定》,为上合组织成员国间的人文交流与合作进一步明确了思路、搭建了框架、规划了目标,并在具体实施中不断得到充实和发展。2010—2011年间,上合组织成员国部长级会议机制运作有条不紊,各类会议如期召开、各种活动成功举办。到2011年5月,已举行了八次文化部长会议和三次教育部长会议。框架内的欧亚教育合作会议、教育专家工作组会议和文化工作会议、上合组织文化艺术节、“教育无国界”教育周及大学校长论坛等各种级别的会晤和交流活动接连不断,有力地推动了人文合作机制的顺利运作。

1. 多边交流合作

2010年9月23日,第三次上海合作组织成员国教育部长会议在俄罗斯新西伯利亚市举行。各国教育部长重点就上海合作组织大学的实施进程、教育质量监控和保障等问题进行了深入研讨,达成广泛共识。会上,各国教育部长共同签署了部长会议纪要和关于进一步共同行动成立上海合作组织大学的纪要,发表了部长会议联合公报,审议通过了成员国政府间教育合作协定2011—2012年实施活动清单和教育专家工作组提交的年度报告。

2010年4月26日至29日,上海合作组织成员国第三届"教育无国界"教育周在莫斯科举行。教育周期间分别举行了"上海合作组织大学多边教育合作创新机构国际会议"、"上海合作组织大学项目院校教师及行政人员业务研讨会"、"上海合作组织成员国教育专家工作组会议"和首届大学生国际论坛"大学生眼中的上海合作组织大学"等活动。参加教育周的各成员国代表们认为:教育合作是上海合作组织不可或缺的重要合作内容,在加强成员国间全面了解、巩固本组织发展的社会基础方面发挥着越来越重要的作用。而组建上海合作组织大学这所创新性的网络大学,可以融合各国文化,推动研究生、博士生的交流,促进多边合作。各成员国项目院校将通过这一平台联合培养本组织各领域合作所需的技术、专业、文化各类高水平人才。

2011年5月19日,第八次上海合作组织成员国文化部长会议在哈萨克斯坦首都阿斯塔纳举行。各位部长在回顾十年来文化合作成果的同时,就如何进一步加强在上合框架内文化交流与合作,特别是在非物质文化遗产、民族传统文化保护、公共文化设施管理等领域加强合作交换了意见,接着通过了上合成员国政府间文化合作协定2012—2014年执行计划和联合新闻通报。会议期间,各国文化部长还共同出席了上合组织艺术节开幕式和主题为"上合组织:十年文化对话"的图片展。

2011年6月,在哈萨克斯坦阿斯塔纳上合峰会期间举办了"尊重多样文明,共促和平发展——庆祝上合组织成立10周年国际美术作品展"。上合组织成员国艺术家们创作的油画、国画、丝绸画等120余幅作品展示了历史悠久的丝绸之路文明,以及上合组织成员国各自民族文明、文化、科技的历史进程。

2. 双边交流合作

各成员国人文教育交流合作双边机制的建立与扩大也为加强相互间的理解与信任,推进上合组织在人文领域合作的全面发展起到了关键性的作用。

2010年11月19日,中俄人文合作委员会文化合作分委会第十次会议在莫斯科召开。中俄双方十分满意年内所进行的一系列活动,特别指出:在2010年期间,中俄文化合作持续向前发展,合作交流形式多元化,成果丰硕。11月22日,中俄人文合作委员会第十一次会议在圣彼得堡召开,中国国务委员刘延东出席会议并发表讲话。她表示,中俄人文合作委员会成立10年来,各项工作不断向广度和深度推进,取得了可喜成绩。特别是双方成功举办"国家年"和"语言年"活动,促进了两国各领域友好合作的发展势头,为中俄战略协作伙伴关系的全面深化注入了新的动力。[20]此前的11月10日,中俄教育合作分委会第十次会议在北京召开。会议盘点了所有活动并给予高度评价:2010年首批500名俄中小学生在华夏令营活动圆满成功;中俄大学生艺术联欢节、中小学生夏(冬)令营、学生俄(汉)语大赛、大学校长论坛、高等教育展等中俄"国家年"教育领域机制化项目进展顺利;双边留学人员规模持续扩大。会上,双方一致要求加强理工科人才的联合培养,促进基础科学和高新技术领域的科研合作,共同推动上海合作组织大学的建设工作。

在中俄总理的第十六次定期会晤中,加强人文领域的合作是两国总理的重要议题之一。他们表示:为进一步深化和推动双边人文合作,双方将制定中俄人文合作行动计划。双方将积极协助,2012年在中国举办"俄罗斯旅游年",2013年在俄罗斯举办"中国旅游年",确保两国青少年交流定期举行,规模不断扩大。将加大力度进一步开展大学生、研究生和科研教学工作者的学术交流,联合培养高水平人才,在中俄人文合作委员会框架下设立"中俄人文交流专项奖学金",相互为对方增加在高校深造的政府奖学金名额。促进对方国家语言、历史、文化的推广,编写教授汉语和俄语外语类的教科书和教学资料,扩大汉学家和俄语学家的交流,在中国和俄罗斯分别翻译和出版俄语和汉语文学作品。将协助对方国家的文化中心在本国境内开展工作,组织媒体代表互访。中方支持俄方举办2013年喀山世界大学生夏季运动会和2014年索契冬奥会。[21]

2010年中国和哈萨克斯坦的人文交流取得了新的进展。12月8日,中哈文化和人文合作分委会第六次会议在阿拉木图举行。中哈双方就上合组织框架内开展文化方面的合作、修缮和保护阿拉木图市冼星海纪念碑以及两国在其他人文领域的交流与合作等相关事宜进行了会谈,并达成共识。

两年间,中国与乌兹别克斯坦的民族文化交流不断提升。根据中国文化部和乌兹别克斯坦文化和体育部签署的2011年至2013年合作计划,2011年7月6日,乌兹别克斯坦文化周在北京拉开帷幕。乌兹别克斯坦国家歌舞团以丰富的表现方式展示了乌兹别克斯坦的风土人情和当地人民的生活理念。

(二) 人文领域的交流与合作

1. 文化艺术

2010年至2011年间,上合组织在多边和双边框架内的文化艺术交流呈现出欣欣向荣的态势,生动活泼、形式多样的文艺活动在各成员国间广泛开展。

(1) 2010年俄罗斯"中国文化节"。这是俄罗斯"汉语年"框架内文化领域的重要活动,文化节中的动漫游戏展、中华彩灯展、"深圳设计"海报展、浙江民间手工艺精品展、三亚"海螺姑娘"创意展、河南少林武僧团等活动集体亮相莫斯科,为俄罗斯民众献上了一套集演出、平面展览、多媒体展示、游戏、展卖、手工艺表演为一体的精彩纷呈的大型综合性中国文化美餐。

(2) 上海合作组织世博园荣誉日。2010年6月15日,上海世博会迎来了上海合作组织荣誉日。上海合作组织秘书长伊马纳利耶夫在致辞时说:2001年上合组织诞生在美丽的黄浦江畔,并以上海这座城市命名,九年来上海合作组织走过了一段光辉历程。上海合作组织参展上海世博会,并举办荣誉日活动,就是希望借助世博会的平台,向中国和世界各国人民展示取得的成就和未来的发展前景。[22]上海合作组织馆位于国际组织联合馆内,展馆以欧式造型嵌入中式对联,馆内展示了成员国在本组织框架内所取得的成就和共同的目标,完美地演绎了"和谐世界,从邻开始"的主题。

(3) 首届上合组织文化产业论坛。2010 年 11 月 22 日,首届上合文化产业论坛在南京举行。各国文化界代表结合本国文化产业发展情况,就拓展合作空间等问题进行了集体讨论,正式启动了上合组织文化领域内更具持续性和发展潜力的产业合作。论坛在各国政府与民间文化机构、文化经纪人间建立起了联系,为展开务实合作提供了条件。

(4) 俄罗斯中小学生夏令营代表团中国之行。2011 年 7 月 30 日,俄罗斯中小学生夏令营代表团抵达北京,并于 8 月 3 日分成两批分别前往上海和大连,在两地进行为期一周的访问交流。他们品尝了中国美食,学习了剪纸、书法,还进行了体育比赛和文艺表演,与中国学生结下了友谊。

(5) 多部俄文版书籍、系列文章发行发表。《永恒的记忆》(俄文版)、《中国现代诗选 60 首》、《中国精神文化大典》(第六卷)、《莫斯科与北京的传统友谊》、中国古典典籍《史记》、《周礼》俄文全译本陆续在莫斯科首发。中国华东师范大学俄罗斯研究中心和俄罗斯"自由思想"杂志合作,约请十二位资深中国学者撰写介绍中国改革开放经验的系列文章。这是俄方首次以这样的规模介绍中国发展的理论性总结。文章在《自由思想》和俄罗斯发行量最大的报纸之一《新闻报》上每月连续发表,引起积极反响。

(6) 合作拍片、排戏。中俄合作的歌剧《叶甫盖尼·奥涅金》、中俄合拍的电视剧《勇士的最后秘密》成功上演。中塔年度"杏林朗诵节"、哈萨克斯坦的《丝绸之路——中国丝绸艺术展》、吉尔吉斯共和国文化之夜、乌兹别克斯坦文化日等顺利举办。一些充满民族特色的演出,为成员国民众沟通了感情、消解了隔阂、加深了理解、增进了友谊。

2. 体育竞技

两年中,上合框架内各种规模的多边和双边体育竞赛有序开展。

(1) 2011 年 6 月 6 日,"上合杯"国际青年足球邀请赛在哈萨克斯坦首都阿斯塔纳举行,上合组织各成员国的球队都是以国家队的阵容出战,激烈的角逐、高水平的竞技,展示了各队的风格和能力。

(2) 2011 年 7 月 5 日,第四届中俄青少年运动会在俄罗斯奔萨市举行。俄方组织者以一场极富俄中两国民族特色的演出欢迎两国青少年运动员。与此同时,中俄两国还举行了中俄体育合作分委会第十一次会议,中国国家体育总局副局长冯建中与俄罗斯联邦体育、旅游和青年政策部副部长科洛布科夫签署会议纪要。会议决定,第五届中俄青少年运动会将于 2013 年在中国举行。

3. 旅游环保

旅游是了解一个国家文明传承和文化发展的最直接有效的手段之一,而拓宽旅游领域则是进一步加强上合组织人文交流的重要内容。各成员国积极开展旅游推介,如COTTM-2010旅游展览会、2010塔什干国际旅游博览会、"伊塞克—2010"第12届吉尔吉斯斯坦国际旅游博览会、2011年第18届莫斯科国际旅游展、2011中国西安世界园艺博览会等,都为展示各自悠久的历史和灿烂的文化向组织内其他成员国、向全世界打开了窗口。上合组织计划推出"上合组织国际学生证",成员国学生旅游时凭此证可以在机票、住宿、参观等环节享受优惠。2011年中俄旅游合作亮点频出。同年4月,首个中国、俄罗斯、朝鲜跨国旅游团开始了四日的环形跨国之旅。此次旅行第一次实行了中、俄、朝三国同时免签证,填补了中国没有环形跨国旅游的空白,而中、俄、朝三国同时免签证的开创,势将带动东北亚的旅游热潮。2011年7月,中俄旅游保险合作项目启动仪式在莫斯科举行。项目启动后两国游客实现了"境内投保、境外服务",此举将大大减少游客保险成本,提高游客的旅行安全保障水平。这一切都对两国互办"旅游年"起到积极的推动作用。

上合组织积极倡导绿色低碳、生态环保理念。在先前推广采用的生态保险条例基础上,各成员国着手商议采取更为有效的措施来实现人与自然的和谐共存。2010年11月25日,在塔吉克斯坦首都杜尚别发表的《上海合作组织成员国政府首脑(总理)理事会会议联合公报》在第十四条中特别强调:"鉴于环保领域合作的重要性,成员国将继续商谈本组织相关构想草案。"中国环境保护部部长周生贤在中俄总理定期会晤委员会环保合作分委会第六次会议中表示:"要及时扩大在生物多样性、自然保护区的合作范围,联合出台相应的环境经济政策、环境法律法规,开展全方位、多领域的环保合作。"乌兹别克国家财政在2010年1月至9月间,向环保领域投入高达1 500万美元的资金。哈萨克斯坦2005年颁布的《生态强制保险法》在上合成员国中得到了推广。中国环保总局和保监会也在东北和东部地区试点新的生态保险计划。2008年,俄罗斯生态保险协会发表了《关于合理开发资源和科学保护生态环境的保险条例》的倡议书,其中建议上合各成员国在2000—2012年间,可根据本国国情和法制,自愿选择保险,从而遏制日益严重的环境污染。

4. 医疗救灾

上合组织各成员国高度重视医疗救灾。2010年9月,六个成员国的传统医学院负责人共聚上海世博会俄罗斯馆,探讨传统医药方面进一步的合作交流以及如何弘扬中国传统医学。上合组织传统医学院将通过技术合作和交流,推广各成员国传统医学的精华,将先人留下的财富发扬光大,造福更多人。

在2011年10月召开的上海合作组织成员国卫生防疫部门领导人第二次会议中,各方代表就上海合作组织地区传染病防治和流行情况、合作前景等主题交换意见。

各成员国根据6月签署的《上合组织成员国政府间卫生合作协定》，积极开展防疫和加强疾病监测合作，并要求尽快建立疫情通报和联防联控机制，提高对大规模传染病等公共卫生突发事件的预警和应急处置能力。

为应对全球自然灾害频繁给各国人民的生命财产带来的严重伤害，上合组织积极呼吁各成员国实行联合预警、共同应对，通过防灾、救灾技术交流等方式，提高应急反应能力。2010年11月27日至12月10日，为体现“上合组织精神”及该组织成员国人民间的相互理解和友谊，中方邀请50名在吉尔吉斯斯坦南部骚乱事件中受到伤害的吉尔吉斯斯坦儿童到中国海南省进行疗养。上合组织还对在2010年青海玉树地震和2011年日本海啸中的受害者表示了深切的慰问，并提供了国际援助。

5. 学术交流

广泛而深入的学术交流有助于不同国家之间增进了解，加深友谊。2010—2011年，上合组织成员国之间开展了形式多样，内容广泛的学术交流活动。

一方面，上合组织成员国学术机构围绕与上合组织发展密切相关的议题，召开了一系列高级别学术讨论会。2011年5月27日，为纪念上合组织成立十周年，中国国际问题研究基金会在上海举行了主题为“弘扬上海精神，促进和平发展”的国际学术研讨会。中国外交部原副部长刘古昌，上海合作组织秘书长伊马纳利耶夫，以及吉尔吉斯斯坦、塔吉克斯坦驻中国大使，俄罗斯、哈萨克斯坦和乌兹别克斯坦驻中国大使馆参赞。以及上合组织成员国，观察员国驻沪总领事和各国专家学者一百余人参加了会议，会议回顾总结了这一新型国际组织十年来的成长历程和在各个领域取得的重要成就。并对其发展前景进行了展望。2011年7月，第十届“中亚和上合组织国际研讨会”在上海召开，这一会议两年一届，延续至今，已经对中亚和上合组织各国很多学术机构产生了重要影响。

另一方面，上海合作组织各成员国学术团体之间也开展了广泛的双边对话，以中俄两国为例，2010年和2011年，华东师范大学俄罗斯研究中心先后两次在沪举办“瓦尔代辩论俱乐部中俄分组会议”。会议邀请了中俄两国顶尖学者就双方共同感兴趣的热点问题展开坦诚对话。以俄罗斯外交与国防政策委员会卡列加诺夫为首的俄方专家与中方学者通过深入交流，加深了对于双方的立场和关切的理解，会议的成果也对俄罗斯外交政策的制定和实施产生了一定的影响。

除此之外，上合组织成员国之间学者互访非常频繁，很多学术机构之间也建立了长期稳定的合作关系。广泛而深入的学术交流，提升了两国知识阶层的相互认知，对于各国双边关系的改善，对于上合组织的发展都产生了深远的影响。

(三) 教育领域的交流与合作

教育合作是上合组织全面合作不可或缺的重要组成部分，在加强成员国之间的全面了解、巩固组织发展社会基础方面发挥着重要的作用。作为一种“软合作”,它的首要目标之一是培养下一代,使未来的人才能够适应国际化的需求,成为巩固和加强地区和平、促进共同繁荣的生力军。基于这一认识,上合组织在教育交流与合作方面开展着大量卓有成效的工作。

1. 多边交流合作

(1) 上合组织大学健康快速发展。

创建上海合作组织大学是上合组织人文交流最具前景的方向之一。上合组织大学是上合成员国高校间的一个非实体合作网络。它的成立,旨在加强成员国之间的教育交流与合作,促进成员国学生和人员的流动,建立有效的国际一体化教育合作平台及上合成员国和国际教育界认可的上海合作组织大学教育文凭互认和对等机制,与欧洲“博洛尼亚进程”接轨。它联合了各成员国优秀的高校,聚集了优质的教育资源,为各成员国乃至整个欧亚地区,提供了有效的地缘合作空间,也为新形势下各成员国在教育交流和合作上做出了新的尝试。

上合组织大学根据成员国各项目院校商定的联合培养方案培养高水平人才,包括:本科(学士)、硕士研究生、副博士及博士研究生,并开设进修班、培训班;开展各个层次的学生、教师、科研和行政管理人员的交流活动;联合开展科学研究,联合举办国际研讨会、学术会议、学术专题研讨会等活动。上合组织大学学生可以在任意学期进入国外同类项目院校继续自己的学业,招生比例每年由各成员国协商确定。完成学业后,学生获得初始录取院校颁发的毕业证书及学位证书,或获得度过大部分(不少于60%)学习时间并取得相应学分的院校颁发的毕业证书及学位证书,同时获得上海合作组织大学颁发的学历证书。

自2008年成立以来,上合组织大学发展迅速,各成员国项目院校务实合作,取得了可观的阶段性成果。区域学、生态学、能源学、IT技术和纳米技术等五个专业成为优先合作方向。

2011年9月23日,作为2011欧亚经济论坛重要组成部分,“上海合作组织大学中外校长研讨会”在西安召开。中国教育部国际合作与交流司副司长于继海发表了题为“上海合作组织大学:创新型国际化高等教育平台”的演讲。他指出:上海合作组织大学是大家共同创造的一个崭新的高级人才培养模式,是62所项目院校的共同财富。中方已经率先启动了“区域学”硕士研究生的招生和培养工作,其他四个专业方向的联合培养方案也在加紧设计,各项目院校正根据各自的筹备情况加入行动。㉓

中方项目院校“区域学”方向已经完成第一批招生和录取工作,新生已经入学。“生态学”和“信息技术”方向计划于2012年上半年正式开始启动招生程序。“能源学”方向硕士研究生培养方案的编制工作也在有序进行。中方成立了内部协调机制秘书处并向教育部提交了《中方项目院校2011年工作计划》。建议:(1)与其他成员国项目院校在同一专业方向上建立合作关系，在上海合作组织大学框下签署双边协议。(2)早日制定统一的上海合作组织大学中外项目院校硕士研究生培养方案。(3)对中外项目院校互换学生程序、学分转换及名额做明确规定。(4)考虑是否增加英语为教学语言及是否单独编班授课等问题。

俄罗斯教育部计划无条件承认上合组织成员国高校毕业证，并于2011年年底在政府层面确定一份俄罗斯承认毕业证的高校名单。

俄、吉双方也就设立项目院校内部协调机制达成了共识。

上海合作组织大学的法律框架基本确定，办学模式日渐清晰，工作方案逐步落实。但是，就其持续发展而言，在教学语言、培养规模、培养经费、生源质量、就业前景等方面，还面临诸多问题。上合组织多次表示，一定会克服这些困难，将上合组织大学的建设工作推向新的阶段和水平，使它成为自成体系和特色的国际高等教育机构，成为国际高等教育合作的典范。

(2)“上合组织成员国和对话伙伴国学生暑期游学”搭建沟通交流平台。

从2010年起，中国上海市政府教育委员会委托华东师范大学举办为期一个月的“上合组织成员国和对话伙伴国学生暑期游学”，目的旨在提高成员国和对话伙伴国青年对上合的了解，提高他们对中国语言、文化、历史和当代生活的兴趣，促进彼此交流，进一步夯实上合组织的民间基础。上合组织成员国哈萨克斯坦、吉尔吉斯斯坦、俄罗斯、塔吉克斯坦、乌兹别克斯坦以及上合组织对话伙伴国白俄罗斯的大学生40人参加游学。2010年和2011年的活动主题分别是“走进世博、感知中国”和“纪念上合组织成立10周年，携手共创美好明天”。游学内容包括关于中国和上合的专题讲座、汉语学习、文化考察，“做一天上海人”、与中国大学生和各界人士交流等。活动结束后，组委会继续与参加者保持联系，为他们进一步了解中国和中国文化提供咨询和帮助。同时，利用网络，筹建上海合作组织成员国和对话伙伴国暑期游学同学会。

2012年的游学以“进入新十年，共创新未来”为主题。活动在内容和形式上都有了进一步的提高。专题讲座部分，除中方专家学者外，俄罗斯外交部外交学院副院长，莫斯科国家关系学院与上海合作组织研究中心主任亚·卢金也作了有关上合组织和中俄关系的演讲。在新增设的“国家日”板块中，各国学者从自然、历史、民俗、文化多个方面介绍了自己的国家，增进相互了解。而“我看‘上合’”T恤设计大赛为各国学生提供了展示才华和技能机会的同时，也使上合精神深入他们心中。

2. 双边交流合作

(1) 2010俄罗斯“汉语年”活动。

“语言年”期间，中俄双方在教育领域共举办了400多场大型活动。其中包括专题研讨会、讲习班、大师班、大中学生艺术联欢节、汉语和俄语及俄中文学与文化知识竞赛、大学校长论坛等。俄罗斯各孔子学院举办了中国成就图片展、汉语教材图书展、重要节日联欢会、文化知识讲座、武术培训、汉语比赛等活动,使俄罗斯民众进一步加深了对中国语言、文化和国情的了解。与此同时,孔子学院也在各种活动中扩大了自身的影响,受到了当地居民的欢迎。以长城、京剧、孔子、功夫等100个最能代表中国传统文化精髓的元素为内容的《你好,中国》节目全面登陆俄主流媒体,并创下了同时段收视率的新高。汉语和中国文化以"润物细无声"的方式,逐渐在俄罗斯广大民众中普及。中俄互办"语言年"是两国领导人达成的重要共识,是一项富有远见的战略举措。

(2) 2011年语言推普研究和科研合作。

一是世界俄语大会。2011年5月第12届世界俄语大会在上海拉开帷幕。这是世界俄语界最重要的会议首次在亚洲国家举办。世界俄语学会会长维尔比茨卡娅指出,世界俄语大会首次在中国举办是国际俄语界对中国俄语学者多年工作的充分肯定。她认为可以探索借鉴中国"孔子学院"模式,向全世界推广俄语。[24]

二是莫斯科第十九届高校汉语演讲比赛。2011年4月莫斯科第十九届高校汉语演讲比赛暨第十届世界大学生"汉语桥"比赛莫斯科地区初赛在矿业大学举行。与往年相比,参加"汉语桥"初赛选手的汉语水平普遍有了明显的进步;才艺展示方面,无论是节目内容还是表演难度都有了大幅度提高。

三是俄罗斯高校参展中国第12届"挑战杯"。中国"挑战杯"大学生课外学术科技作品竞赛由共青团中央、中国科协、教育部、全国学联和地方政府联合共同主办,坚持"崇尚科学、追求真知、勤奋学习、锐意创新、迎接挑战"的宗旨,在促进青年创新人才成长、深化高校素质教育、推动经济社会发展等方面发挥了积极作用,被誉为当代大学生科技创新的"奥林匹克"盛会。2011年,俄罗斯八所高校组成的大学生代表团第一个坐上了"挑战杯"主宾国的位子,向世界展示了他们先进的科技成果。清华大学、同济大学也陆续开展了与俄方院校的科研合作。

(3) 互派师生资助学习。

截至2011年,在俄罗斯留学的哈萨克斯坦学生已经到达了21 000人。双方高校还通过竞赛的方式互相录取对方的研究生,从而开展校际间的科研创新合作。

2011年8月,中国华为公司启动资助哈萨克斯坦大学生奖学金计划。公司总经理表示,华为公司既是中哈友谊的桥梁和纽带,又是哈萨克斯坦社会的企业公民。在华为公司与哈国际信息技术大学联合设立的奖学金项目中,华为将出资11万美元资助10名成绩优秀的大学生完成为期4年的本科学业。

2011年9月中国人民大学与吉尔吉斯斯坦比什凯克人文大学签署了合作协议。根据协议,双方将互派硕士留学生、互派教师讲学并开展教师交流培训等活动。人大校长表示,加强中吉两国青年人之间的交流意义深远,而教育为此提供了良好的契机,同时也是交流的基础。

2011 年 10 月中国教育部长周济在上合第二次教育部长会议中宣布，中哈商定每年将互换奖学金名额扩大至 100 人，并将于年内签署《2009—2012 年中哈教育合作协议》。

三、 创新思路　深化合作

2010—2011 年间，上合组织在人文领域的合作取得了显著的成果，为举办 2012 上合"睦邻友好年"和中俄"旅游年"奠定了良好的开端。理论上，人文合作已经得到各成员国政府的高度重视，各类正式合作文件相继签署公布，社会各界对此也有广泛共识。但在实践中，人文合作的涉及面和渗透性还不尽理想；交流活动仍然以官方为主，民间合作的形式过于单一，市场运作机制薄弱。

(一) 教育合作成效显著尚存不足

1. 孔子学院的数量与质量

孔子学院自创办以来，在语言教学、人文交流等方面都取得了令人瞩目的成就，为推动中国与包括上合成员国在内的世界各国间的教育文化交流、增进人民间的理解和友谊做出了重要贡献。在 2010 俄罗斯"汉语年"的推动下，上合成员国内的孔子学院更是积极发展。截至 2010 年底，已有 26 所孔子学院(课堂)在上合成员国建立(见表 3.1)。2011 年 6 月又分别举行了阿克秋宾孔子学院(哈萨克斯坦)和下诺夫哥罗德孔子学院(俄罗斯)的揭牌仪式。"汉语年"期间，俄罗斯孔子学院共举办大型活动 250 多场，参加者达 20 多万人。2010 年 7 月欧亚地区孔子学院联席会议在俄召开，来自俄语国家和地区的 31 所孔子学院和中国国内 24 所承办院校的 100 余名代表出席会议。2010 年 9 月俄罗斯本土汉语教师教材培训在莫斯科举办。这一切都证明汉语在包括上合成员国在内的俄语国家的推广工作卓有成效。但孔子学院这一汉语传播办学模式的推进，是一个受到多种因素交叉作用的复杂过程，办学数目简单的相加或乘积所产生的辐射点，不是追求的目标。孔子学院从启蒙和普及出发，逐步向高端延伸，采取灵活多样的形式，但还是不能满足多层次、多样化的汉语文化的学习需求。

汉语师资力量薄弱、适应各国文化背景和不同层次需要的教材缺乏、教材海外发行渠道不畅以及教学理念和方法等问题，是制约孔子学院发展的瓶颈。例如，在吉尔吉斯斯坦的一所小学，由于学习汉语的学生太多，不少学生的教材都是复印的。在师资方面，各个学院的教师数量也各不相同，少的地方甚至只有中方派出的 1 至 2 名教师。并且，汉语教学、特色教育、文化活动这些孔子学院的办学特点也没有得到充分的发挥。在推广汉语教育中如何展示中华文化魅力方面，也有待创新。在研究对策时,专家学者建议,要考虑"师资本土化",开展高级汉语教学,培养新一代汉学家和本土汉语教师;孔子学院可提供从零起点到攻读学位的课程,成为所在国的汉语教学中心、本土师资培训中心、师资质量权威认证中心和考试认证中心;另一方面,可以增设留学基金、短期交流项目,吸引更多的国外汉学家和汉语师资到中国进修;同时,加快建立有效的督导和评估机制,掌握和跟踪孔子学院的汉语教学和文化传播实绩。

表 3.1　上合孔子学院(课堂)分国别统计表(2010 年)

国家(地区)	孔子学院数量	孔子课堂数量	孔子学院(课堂)总数
哈萨克斯坦	2		2
吉尔吉斯斯坦	2		2
塔吉克斯坦	1		1
乌兹别克斯坦	1		1
俄罗斯	17	3	20

资料来源:《国家汉办暨孔子学院总部 2010 年度报告》。

2. 比较与借鉴

在为加强上合人文合作的力度、深化合作内涵、丰富合作形式的探索实践中,成员国日益重视对相关经验的考察和借鉴。

(1) 欧安组织人文交流合作。

欧洲安全与合作组织(Organization for Security and Co-operation in Europe, OSCE)是一个包括所有欧洲国家在内并将它们与北美洲联系到一起的国际性机构。尽管欧安组织的理念与上合组织的理念不尽相同,但其在推动文化交流、公民教育等方面所在的工作,值得关注。

欧安组织活动的重心落在安全层面,但对人文领域的交流合作也予以充分重视。近年来,该组织的人文合作主要围绕四个方面来开展:一是对科索沃宗教文化遗产的保护,科索沃文化遗产理事会会长希望人们能够达成这样一种共识:文化遗产属于每一个人,对政见的不满不可以发泄在毁坏文化遗产上。㉕为此欧安组织开设了官方网站,让更多的人能够关注科索沃文化宗教遗址的存在、多样性及其价值。上海合作组织成员国拥有丰富的旅游资源,其中包括被列入联合国教科文组织世界遗产名录的独一无二的历史文化古迹。如果开设类似的官网,不仅能为旅游景点做很好的宣传,还能提高人们保护文化遗产的意识。二是注重公民教育,2011 年欧安组织集中讨论了亚美尼亚和吉尔吉斯斯坦公民教育改革的具体措施,期望通过教育来提高包括人权意识在内的公民意识。三是开展环保教育,欧安组织在乌克兰开设了环境教育的官方网站,包括一个 22 课时关于环境教育的教师手册、相应的练习和"两难游戏",

以激发学生对环保重要性的思考。四是开发多元文化教育，2011 年 2 月，欧安组织在吉尔吉斯斯坦南部发行了多元文化教育手册，以帮助孩子们扩大视野、提高交流能力，促进他们在跨文化，跨宗教和跨种族的范围内理解人权和环保的概念。这种多元文化教育方式是目前上合教育合作当中相对欠缺的部分，欧安组织的做法可资借鉴。

(2) 吉美大学教学体系。

吉美大学是 1993 年美国在中亚建立的第一所大学，教学体系基本都参照美式标准。作为一所跨国合作的大学，成立八年以来，已较为成熟，其发展模式或可对上合组织大学未来的办学思路提供一些启示：一是努力实现学位互认、学分互换。吉美大学的毕业生可以获得美、吉双方认可的学位，毫无障碍地寻找就业机会。上合大学也可建立起一个统一的、可以相互比较的学位体系，所有开设的专业都有可比性，便于各个大学之间对每个专业的相互理解。同时扩大国际认同度，与欧洲“博洛尼亚进程”接轨。二是建立畅通的学术交流渠道。吉美大学是实体大学，课堂之外可以通过开办研讨会，邀请名人讲座来实现学术交流。上合组织大学是网络型的，成员国学生间、教师间以及学生与教师间的交流都相对困难，因此建立一个稳定成熟的远程教学网及教学论坛势在必行。三是吉美大学非常重视学生的自主管理，在学生社团联合会的组织下开展了丰富多彩的文娱活动、学术研讨会、志愿者服务等实践活动。学生会还动员家长、老师、校外名企共同参与其中，不仅加深了家庭成员间和师生间的相互感情，还提高了学生各方面的综合素质。上合组织大学也应尽早建立学生会，定期开展大学生科技文化艺术节，为学生展示自我风采提供舞台。此外，在教学语言、培养规模、培养经费、生源质量、就业前景、教师聘任、教师的学术自由及教学的评估等方面，上合组织大学也可借鉴吉美大学的相关经验。

(二) 文化合作前景广阔任重道远

1. 挖掘民族文化遗产实现文化共同繁荣

上合组织各成员国历史悠久，文化资源丰富。中华文化、中亚文化和斯拉夫文化在此交融，佛教、伊斯兰教、东正教在此汇聚，汉语和俄语语言文学互相影响。正是这些丰富多彩的语言和宗教，源远流长的传统和文化，构筑并蕴藏着繁荣上合文化的深厚基础和巨大潜力。文化是民族的血脉，是人民的精神家园。在当今思想多样、价值多元、思潮多变、各种文化交流交融交锋频繁的多极世界中，挖掘出承载着上合各成员国历史进程和文化底蕴的民族遗产和非物质文化遗产，并加以保护与利用，以及传播和发展本区域的民间、民俗、民族文化等，都是繁荣上合文化的核心所在。进一步加强在上合框架内的文化交流与合作，以文化人、以文聚人，在实现文化包容、文化认同和文化亲和的基础上同心同行、共建共享，是实现上合成员国文化共同繁荣的重要而有效的途径。

2. 激发文化创新潜能促进文化产业发展

对于上合组织人文合作而言,重要的是进一步激发各成员国民众的文化创造潜能,充分调动其积极性,营造宽松和谐的文化发展环境。以文化创意、影视制作、出版发行、印刷复制、广告、演艺娱乐、文化会展、数字动漫等产业为重点,建设上合文化产业园区和基地,设立上合文化产业投资基金,交流信息,拓展商机,深化合作,互利共赢,真正实现跨国度、跨民族合作,促进文化产业的全面发展。中国文化部外联局局长董俊新在2010“上海合作组织文化产业论坛”开幕式上说:“希望大家在上述领域中大力加强国际合作,促进各国文化产业的共同发展。这将有助于增进上海合作组织成员国及相关国家之间的相互了解,促进文化产业领域的交流与合作。”

(三) 巩固合作基础平衡各国发展

上合组织各成员国的民族文化各具特色,友好交往源远流长,古“丝绸之路”就曾将本地区各国人民紧密联系在一起。塔吉克斯坦驻中国大使阿利莫夫在谈到上合文化合作问题时表示:“文化是拉近人与人之间和民族之间距离的决定因素之一,是各种文明之间的对话。基于历史特点开展文化对话和认真对待不同民族风俗传统会有助于国内和国际关系的和谐发展,它即使不能预防,但至少也能控制冲突的蔓延。国家间文化的多民族性通过一根红线贯穿于所有物质、精神和日常生活的文化价值中。因此,相互协作的文化发展可以看作是消除彼此紧张状态和巩固社会团结的有效方式,它可以增强人民间的相互理解,使人们有机会深入认识自己的民族风貌。”㉖

上合组织人文交流方兴未艾、合作基础坚实牢固。但是,由于历史、传统和经济等因素的制约,发展水平参差不齐。尤其在教育领域最为明显,不平衡、不协调、不一致的问题依然突出。为此,各成员国需秉承“上海精神”,以和平与发展为己任,相互理解,彼此尊重。只要真诚合作,共同推动,上合组织成员国之间的人文合作就会像在安全、经贸等领域的合作一样,不断深化并结出丰硕果实,造福本地区各国人民。

注释

①《上海合作组织十周年成员国元首理事会会议新闻公报》,中国政府门户网站,2011年6月15日,http://www.gov.cn/jrzg/2011-06/15/content_1885058.htm。

②《上海合作组织十周年阿斯塔纳宣言》,中国政府网,2011年6月15日,http://www.fmprc.gov.cn/chn/gxh/tyb/zyxw/t831003.htm。

③《中国国家主席胡锦涛和俄罗斯总统梅德韦杰夫关于〈中俄睦邻友好合作条约〉签署10周年联合声明》,中国政府网,2011年6月16日,http://www.fmprc.gov.cn/chn/gxh/zlb/

smgg/t831559. htm。

④《中俄总理第十六次定期会晤联合公报》,中国政府网,2011 年 10 月 12 日,http://www. gov. cn/jrzg/2011-10/12/content_1967601. htm。

⑤《中哈关于发展全面战略伙伴关系的联合声明》,中国政府门户网站,2011 年 6 月 14 日,http://www. fmprc. gov. cn/chn/gxh/zlb/smgg/t830280. htm。

⑥《上合组织成员国外长理事会会议在阿拉木图举行》,中国政府网,2011 年 5 月 14 日,http://www. gov. cn/jrzg/2011-05/14/content_1864065. htm。

⑦《胡锦涛在上海合作组织成员国元首理事会第十一次会议上的讲话》,中国政府门户网站,2011 年 6 月 15 日,http://www. fmprc. gov. cn/chn/gxh/zlb/ldzyjh/t830978. htm。

⑧《伊马纳利耶夫谈上合组织十年:尊重多样文明　谋求共同发展》,新华网,2011 年 6 月 1 日,http://news. xinhuanet. com/2011-06/01/c_121484428_2. htm。

⑨ Нурсултан Назарбаев, ШОС: десять лет истории, 2011-06-03.

⑩ Анна Грибоедова. Министры культуры стран ШОС создают единое культурное пространство[EB/OL]. информационная служба фонда «Русский мир», 2011-05-19. http://www. russkiymir. ru/russkiymir/ru/news/common/news18850. html.

⑪《贾庆林会见哈萨克斯坦总统纳扎尔巴耶夫》,新华网,2010 年 11 月 10 日,http://news. xinhuanet. com/world/ 2010-11/10/c_12760171. htm。

⑫《吴邦国抵达塔什干对乌兹别克斯坦进行正式友好访问》,新华网,2011 年 9 月 20 日,http://news. xinhuanet. com/politics/2011-09/20/c_122063149. htm。

⑬《"上海精神"彰显无限魅力》,人民网—国际频道,2011 年 6 月 15 日,http://world. people. com. cn/GB/57507/14910318. html。

⑭《上合组织:走过十年　希望在前》,新华网,2011 年 6 月 13 日,http://news. xinhuanet. com/world/2011-06/13/c_121528247_3. htm。

⑮《第二个十年,上合要解决四大课题》,《解放日报》,2011 年 6 月 14 日,http://news. xinhuanet. com/world/2011-06/14/c_121532191. htm。

⑯ Максим Григорьев. Молодежный совет ШОС[EB/OL], Голос России, 2011 年 4 月 15 日,http://rus. ruvr. ru/radio_broadcast/2172271/47438677. html。

⑰《张德广:上合组织对地区和平发展作出重要贡献》,新华网,2011 年 6 月 2 日,http://news. xinhuanet. com/world/2011-06/02/c_121487082. htm。

⑱《人文领域合作应成为上合组织的第三大支柱》,国家在线—北京,2011 年 6 月 16 日,http://news. 163. com/11/0616/09/76LM9VLS00014JB5_2. html。

⑲《哈萨克斯坦专家:上合组织发展模式温和独特》,新华网,2011 年 6 月 13 日,http://news. xinhuanet. com/world/2011-06/13/c_13925996. htm。

⑳《中俄人文合作委员会第十一次会议在圣彼得堡举行》,中国政府网,2010 年 11 月 23 日,http://www. gov. cn/ldhd/2010-11/23/content_1750911. htm。

㉑《中俄总理第十六次定期会晤联合公报》,中国政府网,2011 年 10 月 12 日,http://www. gov. cn/jrzg/2011-10/12/content_1967601. htm。

㉒《上海合作组织举行荣誉日活动　庆祝 9 岁"生日"》,中国政府网,2010 年 6 月 15 日,http://www. gov. cn/jrzg/2010-06/15/content_1628274. htm。

㉓《上合组织大学中外校长研讨会于欧亚经济论坛期间在西安召开》,上合组织大学官网,

2011年9月25日,http://usco.cnu.edu.cn/。

㉔《世界俄语大会首次“移师”亚洲》,中国新闻网,2011年5月12日,http://www.chinanews.com/edu/2011/05-12/3034302.shtml。

㉕“OSCE Mission in Kosovo supports protection of cultural heritage”, http://www.osce.org/kosovo/81075.

㉖参见[塔]P.阿利莫夫:《塔吉克斯坦与中国的文化合作——起因、现状和前景》,《俄罗斯中亚东欧研究》2008年第4期。

第二部分　国别研究

报告四　俄罗斯年度发展报告

冯绍雷*

［摘要］ 俄罗斯是上海合作组织的创始成员国。2010年以来的俄罗斯政治经济生活既表现出与以往社会转型进程的延续，又显示出极大的反差，这一时期是俄罗斯社会迅速进入一个新的发展阶段的历史转折期。俄罗斯的政治、经济、社会与外交都呈现出与以往不同的新特点和新发展。

［关键词］ 俄罗斯　政治　经济　社会　外交

2010年以来的俄罗斯政治经济生活既表现出与以往社会转型进程的延续，同时也显示出极大的反差。2008年国际金融危机之后，俄罗斯社会正在迅速进入一个新的发展阶段的历史转折点。这个发展阶段并不简单地是以最高国家元首的任期为转移，而是以俄罗斯政治、经济、社会发展的实际变化状态来作出界定。

如果说，1991年以后的俄罗斯以差不多十年的时间，经历了一场天翻地覆的制度转型；如果说2000年普京上台执政以后，同样以差不多十年时间，使得俄罗斯大体上摆脱了苏联解体之后的混乱局面，进入了一个复苏和发展的时期；那么，随着普京的重新执政，当下的俄罗斯正在形成一个以新的政治、经济和社会取向为背景的历史阶段。这个阶段的核心目标是追求俄罗斯的重新现代化和强国地位。围绕着这一要求，俄罗斯的内政外交正在开始进行全面的布局和调整。虽然，这一个新阶段不简单地是以政治领导人物更替同时政策走向也发生急剧变更的方式、而是以力求稳健的先后相继的方式实现的，但是，这先后两个阶段的不同还是轮廓鲜明地表现了出来。

政治上，一个依然是由普京为首的执政体系，依然是由强国理念、稳定发展与确保安全等原则为主导，同时，辅之以强调自由、开放、创新等政治信条、并且更带有竞争性质的治理系统所逐渐取代。

---

* 冯绍雷，华东师范大学国际关系与地区发展研究院院长、教授、博士生导师；教育部人文社会科学重点研究基地俄罗斯研究中心主任。

经济上,一个过度依赖于世界市场的资源出口型经济,经历了国际金融危机严重创伤之后,正在以结构优化、改善投资环境和创新经济为抓手,进入一个虽然暂时难以摆脱、甚至有必要继续利用资源依赖状态,但已经部署了进行全面调整、开始以经济多样化发展为长远取向的新阶段。

社会层面上,一个既是有别于20世纪90年代,也不同于本世纪第一个十年的新的社会政治文化氛围和结构形态正在形成。而这一转变的主要背景,是由于一个在后苏联时期成长起来的新社会阶层——俄国式的中产阶级——正在逐渐地拓展自己的影响。

从外交上看,苏联解体以后第一个十年左右的时段里,俄罗斯与西方一度接近;20世纪末以来,俄罗斯与西方主要国家呈现不断摩擦抗衡的局面。随着金融危机的发生,以及国际力量对比的变化,俄罗斯着重面向西方、同时又面向东方的外交出现了重要变化。目前,俄罗斯正处于一个加速向东方倾斜,同时,又有张有弛、全方位地积极利用一切机会发展全方位关系的外交活跃时期。

一、 2010年以来的俄罗斯政治发展

大约是2009年下半年以来的俄罗斯政治发展之所以可被视为是俄罗斯历史上的一个非常重要的时期,是因为在这一阶段,不仅俄罗斯遭遇了金融危机的艰难挑战,普京政府竭尽所能,全面应战,凸显了转型期俄罗斯特殊政治条件之下的治理能力,也不仅是因为一度出现了与历史上政治一元化传统很不相似的"梅普二元政治"的状况,甚至,也不仅仅是因为在2011年年末,发生了十余年来仅见的街头抗议风潮,而是,2011年9月普京被正式确定为统一俄罗斯党的总统候选人,以及而后普京在激烈竞选中的胜选。这对于俄罗斯而言,出现了一个难得的稳定、安全、发展的机遇,同时也是俄罗斯继续接受挑战和风险的时期。

(一) 2009年下半年以后开始的政治变化

2009年9月,俄罗斯总统梅德韦杰夫发表了一篇重要文章《俄罗斯,向前!》,这也一度被舆论界认为是当时条件下俄罗斯重新发起新一波现代化的一个政治标志。梅德韦杰夫在这篇文章中提出:"(1)简单地依靠原料出口来换取成品的习惯导致了经济长期的落后。彼得大帝、其他沙皇和布尔什维克人也不无成功地建立了创新体系的要素,但是在这些成绩的背后,却付出了过高的代价。他们所取得的成绩,往往是靠高压政策,将极权国家的机器用到极致。(2)长期存在的腐败,一直在吞噬着俄罗斯。而到现在由于国家过度参与到经济和其他社会领域中,腐败更加严重。但是,这不仅仅是国家过度参与的问题。商业也不无罪过。很多企业主关心的不是去寻找有才华的创新发明者,不是去推广独特的技术,不是去开发新产品并推向市场,而是去

贿赂官员，为的仅是不断积累自己的财产。(3)社会中普遍存在家长式作风。大家觉得所有问题都应该由国家来解决，抑或是另外的某个人，但是并不是每个人都要去做。'自己动手'的想法，一步一步达到个人成功不是我们民族的习惯。由此而导致了缺乏主创性，缺少新点子，问题悬而未决，公开辩论质量差，尤其是批评性的言论。公众往往以沉默来表示赞同和支持。反对意见经常是情绪性的、严厉的，同时也是肤浅而不负责任的。这样的现象在俄罗斯已经有了数百年的历史。"①

在这篇文章中，梅德韦杰夫并不主张回到20世纪90年代那样的激进民主化，只是强调继续以政治民主化作为俄罗斯改革的目标，但是，俄罗斯政治氛围中久已蕴积的种种思潮，包括各类政治反对派还是打算以此作为进一步广泛推动民主化进程的际遇。

迹象之一，自从《俄罗斯，向前！》的长文发表之后，一度各大媒体把尚在狱中的尤科斯公司前总裁霍德尔科夫斯基一案是否将重新审理之事加以炒作。而霍德尔科夫斯基恰恰主要是因为涉嫌把战略资源与巨额财产转移海外而锒铛入狱。这一番炒作，透露了俄罗斯精英阶层对于这一问题的敏感心态。

迹象之二，2010年4月莫斯科高等经济大学年会上，身为主管当时金融财政的副总理、原普京团队的重要成员的库德林，明确强调当前经济徘徊不前的原因，是政治改革推进不力。正是这位库德林在2011年秋后的政治风潮之际，特别是普京宣布将由梅德韦杰夫领衔组阁之后，宣布脱离政府，组成了一个由非官方的专业人士团队，以提供与政府立场相左的可替代性政策和战略设计为己任。

迹象之三，2010年间关于苏俄历史问题的一场争论。在普京担任总统期间，俄罗斯科学院历史所曾经以中间立场编撰了两卷本的《俄国史》，力图给以苏俄历史以较为包容和平衡的诠释，反对对于苏联时期历史的全盘否定。但俄罗斯学术界相当一部分人对此持有不同看法，认为此书过于持有"官方立场"。2010年上半年，由祖博夫博士邀请了一批国内外学者，特别是海外俄国学者，以批判性的立场，运用了大量历史档案，著述了两卷本的《苏俄史》，重新揭露了20世纪20—30年代之后苏联历史的黑暗面。2010年9月的瓦尔代国际会议上，主办者以讨论俄国历史为主题，邀请了祖博夫博士作为主题嘉宾作演讲，并且以"向国际朋友展示俄罗斯历史的弱点"作为起点，试图推进与西方关系的调整。此一状态，被参加瓦尔代国际会议的一些西方学者认为是"向右翼立场的转移"。

迹象之四，2010年9月中下旬，梅德韦杰夫对于莫斯科市长卢日科夫的撤职和处理。作为莫斯科市长的卢日科夫，虽然过去曾经一直是普京所支持的一位元老级政治人物，但是，这一事件更多意味着这是像卢日科夫那样的苏联时期老一代政治精英，由于公众舆论对于其廉洁状况的质疑，从而在梅德韦杰夫撤去其职务的坚定举措之下而告别政治舞台。俄罗斯及海外媒体于此则着力渲染，认为这是梅普关系由此而出现重大变化的一个标志。当时甚至有不少媒体将此误读为：这是普京时期走向终结的开端。

迹象之五,如果从国际舆论的评价来看,2010年的《福布斯评论》为各国精英所作的政治评价中,在过去一年之中的普京从原来的第三位,下降到了第四位;而梅德韦杰夫则从原来的43位上升到12位。两人国际评价的反差虽然并不与国内评价完全一致,但是,大体上也表现出国际舆论环境之下,梅德韦杰夫与普京两人影响力正在发生微妙的变化。

总之,2009年之后一直到2011年上半年总统大选开始之前,俄罗斯政坛高层出现了略带竞争意味的政治生态,从而引起了各方的关注。

(二) 2011年秋后的政治风潮

2011年9月24日,在俄罗斯统一党的代表大会上,梅德韦杰夫宣布将由普京担任该党总统候选人。至此,这一场延续多年的关于2012年大选谁将胜选,并出任总统的选举运动,正式进入白热化阶段。当年12月4日的议会大选,俄罗斯统一党所得席位跌落一半,俄罗斯共产党、公正俄罗斯党以及自由民主党的票数明显上升。虽然,这一政治生态的变化结果冲击了现有执政集团的基础,也大大鼓舞了反对派的士气,但是,这样的结果并没有太过于出乎人们的意料。因为,本来舆论就一直在唱衰俄罗斯统一党。也正因此,普京着手推动人民统一战线,希望通过一个更为广泛而具有民意支持的政治联盟来强化执政集团的社会基础,并进行选战。

出乎意料的是,反对派在议会大选当天下午就发起了集会;而在选后的第一个周末,即12月10日,莫斯科以及其他大城市发生了俄罗斯十多年以来第一次大规模的抗议游行。12月24日又出现了反对派和亲普京派双方组织的更大规模游行,后者所参与的人数大大超过反对派上街的人数。从2011年年底至2012年初的多次民众集会来看,还是普京拥护者的集会较多。与往年大选前的气氛相比,政治竞争显得更为激烈。然而,更为重要的是,俄罗斯社会意向的明确分化,已经是非常清晰地表露于世。

正在形成中的城市中产阶级普遍担忧的是难以制止的腐败、难以提升的政府服务质量、以及难以克服的社会不公平等问题。根据俄罗斯2011年前八个月的民意调查,有可能趋于参与抗议活动的情绪取向,与2010年同时段相比大幅度上升。受访者在回答"你所熟悉的人们是否准备参加抗议活动"这一问题的问卷时,表示有此意向的人群已经达到40%,而2010年的同期则仅有20%。[②]上述情况表明,俄罗斯舆情的波动已经超出了一般大选期间的正常表现。就在这样一个突如其来的挑战面前,俄罗斯政治家们将做出如何回应,这是任何愿意投身民主政治的人物都难以回避的考验。因为2011年秋天以来的俄罗斯民意波动,显然不仅受国内政治竞争的影响,还有金融危机所带来的冲击。在一个至今其国内经济一半依赖于国际能源市场的国家,国内经济对国际金融危机的敏感度可想而知。2011年的"阿拉伯之春"给人们带来了期盼与忧虑,俄罗斯媒体早就在议论"阿拉伯之春"是否会在俄罗斯上演。因为,当前的俄罗斯是一个具有八千万网民，与国外有着高度交往关系的转型中大国。2012 年的总统大选，就是在这样复杂的背景之下拉开序幕。

(三) 普京选战方略

鉴于 2012 年选战的非同一般性，有必要对普京胜选的战略做一番简要的介绍，特别是了解普京选战中所采取的一些基本立场。

1. 强国理念的巨大威力

既是前苏共改革派学者、又是美国智库资深专家，曾在瓦尔代会议上与普京多次对话的著名评论家尼古拉·兹罗平在选举之前对普京的政治理念有一个评价，他认为普京既不是保守派，也不是改革派；既不是自由派，也不是民族主义者；既不是民主主义者，也不是专制主义者；既不左，也不右；普京就是普京自己。我以为，兹罗平讲对了一半。确实，一位富于弹性的威权式政治领袖的基本特点就是尽量淡化意识形态的倾向，以求取得最大限度、最广泛的选民支持。但是，从普京在选举之前演讲来看，一个体现得最为清晰的政治立场，就是他的强国理念。

普京在选举之前发表的《俄罗斯和变化中的世界》长文中道："俄罗斯只有在强大和独立自主之时，才能够得到尊重。"2007 年普京在瓦尔代会议上说的第一句话就是，"我的使命就是为我的国家恪尽职守"。同样的爱国话题，在久加诺夫的表述中还是停留于"无产阶级联合起来反对全球垄断资产阶级"的范畴；在日里诺夫斯基的发言中还总是带有民族主义情绪；而在公正俄罗斯党米罗诺夫的竞选演说中，却还始终停留在欧洲式传统中左派的批评；至于右翼反对派的言论，则始终未能摆脱休克疗法使国家地位衰落这样的烙印。但是，普京的爱国情怀不仅表现于他在对外事务中的清晰而坚定的政策立场，而且也反映于他历经十余年磨砺对于强国富民的各项政策异常熟悉。虽然抗议运动使普京的政治地位受到了前所未见的挑战，但大选前夕，各阶层选民的多数表达是：普京才是你的真正保障者。

2. 以面向未来的发展战略抗衡挑战

2011 年中东局势动荡，作为重要应对手段之一，普京把当时正在全国范围内展开的关于"2020 年经济发展纲要"作为一个积极推广的正面话题，他期望通过对于俄罗斯未来发展战略的讨论，化解和抵消突如其来的外部干扰。这次总统选举，普京同样是通过连续发表有关俄罗斯未来政治民主发展、经济建设、民族问题、社会政策以及对外政策等七篇重要文章，通过深思熟虑的发展战略和政策介绍，包括广泛动员国内外力量对此进行评论宣传，来吸引选民的眼球。

比如，关于民主政治建设，针对前一阶段反对派和社会舆论对于民主状况的不满，普京在并不放弃直面批评反对派的同时，明确主张积极推进民主政治改革，并要求大大加强通过网络来推进民主建设。他提出，如有十万网民提出政策建议，那么议会就有必要将之列入议程。关于未来经济发展,普京顺应变化,把发展中产阶级的生存空间和利益放在相当突出的地位,强调要通过经济的多样化发展,根本上改变能源依附模式的现状。在对外政策领域,普京罕见地把发展与亚太地区,特别是与中国全方位合作关系置于首要地位,先于对欧洲和美国的政策阐述。特别是普京多次强调将重新开发远东与西伯利亚,并将此与俄罗斯亚洲政策相互联系。这些富于新意的政见,显然引起了广泛的讨论,成为选战的主题,大大凸显了普京团队的执政治理能力。

有趣的是,这次选战中还特意发起了一场对于"没有普京的俄罗斯前景"的大讨论,引导选民一起来思考。一段时间里,一些媒体着力描绘了这样的一幅图景:假如没有普京存在,那么,就会像 20 世纪 90 年代前期那样一下子出现一百多个名目繁多、但不敷所用的政党;民族主义者和自由主义者将会起来为瓜分政权而搏斗;车臣恐怖分子又会卷土重来,诸如此类,这与正面宣传普京七篇文章的施政纲领的效果正好是相得益彰。这样一来逆反思维的选战话题不能不认为对于普京人气的抬升反而助了一臂之力。

3. 直面对话沟通民意

这次选战的一个突出现象,是普京参与形式多样的选民对话。

普京面对巨大政治压力,始终采取直面回应挑战的姿态,在严峻政治形势面前从不示弱。在 2011 年 12 月 4 日议会选举之后,国内外舆论攻击俄罗斯"民主倒退"。但是普京表示,允许反对派有这样的举行抗议示威和发表言论的自由,这本身就是现政府坚持民主立场的结果;面对议会大选之后反对派要求重新选举的动议,普京当场表态不为所动,但是,他强调的是要通过法律程序来提出问题;面对大众场合亮出的"普京下台"的标语,普京不动声色地回应:"事实上,此事了无新意。这是自我履新之日起便一直遭受的攻击套路,不会令我感到吃惊。至于那些最极端的分子,我认为虽然属于不同派别,但却是受到了同一势力的唆使。部分参与的人并不知道,他们其实是被人当做卒子在使"。

普京敢于通过和西方人士直接对话的方式,当面阐明政治立场,必要时甚至展开辩论。瓦尔代国际辩论俱乐部会议是每年在俄罗斯举行的一个主要是来自西方、同时少数来自亚洲国家的国际问题和俄罗斯问题研究专家的高级论坛。这是一个由俄新社和外交与国防委员会组织,人数较少、较为专业的高层国际论坛。自 2004 年该论坛创设以来,普京每次都会与来自国外的专家直接对话,探讨问题。2011 年年底的瓦尔代论坛上,美国哈佛大学俄罗斯研究中心主任蒂姆·科尔顿教授曾经代表大会向普京介绍辩论情况,直接提到了会上有一些学者认为俄现有治理模式已潜力挖尽,今后俄罗斯将处于停滞阶段的观点。普京毫不犹豫地当面表示,他不同意这样的观点。他说,在 90 年代初期和中期,俄罗斯曾经处于内战状态,高加索形势动荡,经济衰退,社会近于崩溃,国家处于严重困境。正是在现有模式之下,内战终止了,经济发展了,生活提高了,社会秩序也恢复了。最近十年经济增长了 1.4 倍,贫困线以下的人口成倍减少。这恰好显示了现有模式的潜力。③

4. 宽容应对来自反对派的挑战

2011 年 12 月 4 日之后一连串抗议运动冲击了政局，但普京团队在这次选战中显出特别宽容灵活的姿态。对于抗议活动基本上是依法放开，基本上，是少抓少捕，或者是捕而不拘，甚至是不抓不捕。普京通过其政治盟友梅德韦杰夫，甚至通过刚刚脱离政府、也加入反对派行列的前副总理、财长库德林与反对派深入展开交往。

2012 年 2 月 20 日由梅德韦杰夫总统出面，邀请了一批右翼反对派的政党领袖，其中包括元老级的人物涅姆佐夫和雷日科夫等人。虽然，名单中没有右翼党领袖前总理卡西亚诺夫，也没有作为反对派的前总书记戈尔巴乔夫，但这是普京时期以来第一次梅德韦杰夫作为国家元首与右翼反对派领袖的对话。所以，就这次会见本身而言，就已经表明了执政力量的妥协态度。在这次会见之前，实际上反对派已经受邀参与了议会举行关于未来政治改革方案的讨论，这份方案本身被认为是向反对派让步的一个重要信号。而在这次当面会见中，梅德韦杰夫让反对派领袖提供了一份 37 名“政治犯”的名单，虽坚决抵制了反对派要求按此名单进行大赦的要求，但是，他答应逐个立案核查；出乎舆论意外的是，梅德韦杰夫表示支持就限制俄罗斯总统任期进行讨论。因为，现有的宪法规定俄总统只能够连续担任两届，但是并没有限制不连续担任总统的次数，而普京这次恰恰是第三次当选总统。因此，在这一敏感话题上梅德韦杰夫的爽快表态，以及整个会议的安排使得这些反对派领袖也不得不表示满意，而且，会见当天，这一安排被媒体广泛报道，大大吸引了选民眼球。

总之，普京选战方略的精心运筹为胜选提供了厚实的基础。

(四) 普京政治的基点

2012 年 3 月大选最终是以普京获得 63.64％的高支持率一轮投票当选。这场大选的政治涵义似乎远远超出了普京以三分之二得票比率胜出的这样一个基本结果。

新世纪以来，特别是 2003 年以后，普京政体属于比较典型的威权型政治模式。从拉美、东亚等地区转型的历史经验来看，这一政权模式的基本特点是：(1)不同程度的政治非意识形态化，或者不恪守某一种特定意识形态；(2)强国路线作为政治动员的基础；(3)一种政治力量或一个政党独大，但辅之以多党的存在；(4)有管理的但有一定言论空间的媒体；(5)特殊的政商关系；(6)政府对司法及强力部门的协调和控制；(7)不同程度上以超越阶层与集团利益的全民取向作为社会基础。

普京政权几乎具有以上所说的威权主义政治的所有特点。但是，2011 年底的抗议风潮之后，有迹象表明，当选后的普京政权从原来的威权体制转向更富弹性的威权—民主型体制。普京政权将在开放媒体、降低政党进入议会的门槛、吸收反对派参加政府、地方行政长官恢复直选产生、推动司法独立等方面，作出一系列变动。这要求原来的威权模式必须大大增加民主治理的内容,扩大政府的民意基础,在不放弃政府主导作用的前提下,有可能使威权政治进入一个"由刚变柔"的过程。与其前两个总统任期相比,本届任期的施政空间将会受到一定的限制。但是,普京作为一个首轮就获得多数支持而当选的总统,其合法性远远没有消失,维持六年的有效执政有着相当广泛的民意基础。

上述判断的依据,除了普京本人及其团队执政多年的丰富治理经验,以及相当多数的民意支持之外,还在于俄罗斯现行政治结构中的力量对比状态。

2011 年底以来的社会不满情绪并没有演化成现实的可替代性政治力量。总体上,除了现有的几个老牌政党,参加抗议活动的人们并没有把自己看作为更加有组织的政党政治的参与者;他们也没有准备从事具有正式代表、捍卫自己利益的社会运动,以解决那些严肃的政治社会问题。目前而言,抗议活动最多还只是停留于网络状的松散形态。与 20 世纪 90 年代相比,虽然俄罗斯中产阶级已经在迅速成长的过程之中,但还不处于有组织状态。大选之后,参与抗议活动的人数急剧下降。这表明抗议人群大多偏向于选举这样的短期行为,而并不是具有诸如改变政权体制、改善国家管理、建立独立司法程序等这样一些明确稳定的政治目标。

至于现有的反对党能否形成一支联合起来对抗政府的力量,专家们的判断并不乐观。选举中最受人关注的实际上是得票率仅为 8%的商人普罗霍罗夫(Михаил Прохоров)。他在莫斯科、圣彼得堡等大城市得票率很高,而且,据估计其支持率很可能很快会超过 10%,甚至更高。尽管有人认为,他是有普京暗中支持的"反对派",然而,他所主张的推进市场改革、净化投资环境、保护中小企业等呼吁,实际上代表了相当广泛的居民阶层的立场,特别是在大城市。但是,总的说来,人们并不清楚这样一位并没有任何从政经验的巨富将如何推行他的政治主张。

从左翼的角度看,虽然无论是俄罗斯共产党(КПРФ)、公正俄罗斯党(Справедливая Россия),还是社会民主党(Социал-демократическая партия России),都难以使自己与欧洲的社会民主党传统区别开来,这些政党要么定位不清,要么过于落伍。左翼的艰难选择是:究竟是进一步顺应反对风潮的势头,还是转向与政府的合作。

从右翼的角度看,议会选举门槛的降低,有可能使得右翼力量重新整合并进入议会。但是,除了 90 年代"休克式"改革的包袱还难以卸除外,右翼政党如何扩大自己的意识形态影响力,也依然是一个严峻的考验。

至于日里诺夫斯基(Владимир Жириновский)领导的自由民主党(ЛДПР),虽然依然有着一定的民粹主义的社会基础,但它在本次大选中表现出来的过于激进的民族主义政治立场,显然削弱了其选民基础。

除了普罗霍罗夫以外,所有其他党派候选人由于年龄原因都不再有参选总统的机会。因此,各反对党派要形成新的领导阶层及纲领路线尚需时日。这样一个各党派重组的时间段,就给了执政党一个缓冲机会。而即使地方长官恢复党派提名、选民直选的新体制,依然是要在几年之后实行,因此,普京政权还是有着协调的余地。

值得注意的两个趋势是:其一,从自由主义派精神领袖叶夫根尼·亚辛(Евгений Ясин)的微妙变化来看,右翼并非没有与主流政治共事的空间。新世纪以来一直在关注俄罗斯精英状况的亚辛,在研究了对于俄罗斯精英状况的各类实证分析之后,得出了一个悲观的结论,认为当下俄罗斯并不存在一个思想独立、敢于挑战威权的精英阶层。④正是在这样判断的基础之上,差不多在米哈伊尔·德米特里耶夫发表关于俄罗斯即将发生抗议风潮的预测报告的同时,也即在2011年10月的关键时刻,亚辛却发表了一篇立场相左的文章。他认为,2003年到2005年俄罗斯自上而下的专制主义现代化模式,以及自下而上的无妥协的激进现代化模式,都不适合于俄罗斯的发展,推迟民主化的渐进现代化的模式不仅对于国家利益来说是适宜的,而且,这也是民主支持者唯一的、有望获得最终成功的出路。⑤“渐进现代化”的道路与普京的威权政治模式,有着内在接近的趋势。这是俄罗斯朝野关系有望趋于弛缓的一个值得注意的动向。

而另外一个更为重要的现象,则是梅德韦杰夫在总统卸职前夕对统一俄罗斯党领导人所作的谈话中明确地表示,他自己“从来就不是一个自由主义者”。相反,这大概是他第一次如此鲜明地表示:“就信念而言,自己是一个奉行保守主义价值的人。”⑥2008年以后的瓦尔代会议期间,普京本人就曾明确地表示,他是一个“保守主义者”。显然,梅德韦杰夫的最近表态并不是一个可有可无的细节。至少,这表明当前这两位最重要的俄罗斯政治家之间确实有着价值取向方面更多共同立场来支持他们的合作。

来自体制之外的自由派关键人物的思想轨迹的调适,以及来自“双驾马车”的另一端、作为统一俄罗斯党新领导人,以及总理的梅德韦杰夫对于“保守主义”价值的认同,显然是普京执政有望稳定的重要预兆。

按照德米特里耶夫的判断⑦,虽然俄罗斯当前的经济情况还是相当稳定,近期内尚不见遍布于全俄各个中心城市的民情波动、急需大幅财政开支予以救援的局面,但俄罗斯投资环境的恶化、基础设施系统的严重老化、中长期创研资金的匮乏,使得俄罗斯中长期形势未可乐观。他预言,可能再一次面临经济危机的打击,而这场危机要比2008—2009年危机来得更为可怕。同时普京一直期待将原副总理兼财长库德林(Алексей Кудрин)辞职后重新请回政府的愿望未能实现。相反,他与梅德韦杰夫的前高参尤尔根斯(Игорь Юргенс)、社会学家德米特里耶夫等一批资深的政治与学术精英组建起班子,准备系统地提供对政府立场的可替代性政策方案,这对于普京、梅德韦杰夫而言将是一个新考验。

但是,从经济上看,在目前国际能源价格依然上扬的背景下,俄官方依然是以70美元/桶计价的非常谨慎的预算方案,为未来可能出现的挑战留出了应对空间;更为重要的是,在上述基本政治结构分歧未释,但有望趋稳的前提下,普京就任后一系列的战略和政策举措还是会在克服危机和推动中长期发展方面产生重大影响。

二、 2010年以来俄罗斯经济的发展与调整

2010年以来的俄罗斯经济是其经受了金融危机的重大考验之后的一个经济发展阶段。一方面,俄罗斯经济表现出了顽强的生命力,特别是在金融危机的打击之下,俄罗斯社会经济依然有所进步,表现出总体稳定增长的态势,这是相当不容易的。但与此同时,俄罗斯经济无论在模式的选择,还是结构的调整方面都还面临着一系列严峻的挑战。

(一) 2008年以来的金融危机与俄罗斯经济

2008年突然发生的国际金融危机给俄罗斯经济带来了严重的创伤。金融危机带来的国际能源市场的波动严重影响俄罗斯经济状况。

国际市场石油价格的起落对俄罗斯证券市场和财政预算会产生直接的影响。根据2008年至2011年能源行情的变化,可以明显地观察到国际能源价格与俄罗斯经济之间的密切关联性。2007年12月俄罗斯证券市场实际计量价格,每桶原油价格为88.07美元,2008年7月为129.71美元,但是2008年12月猛跌到40美元以下,2009年2月为42美元,2009年11月为76.11美元,2010年6月为75美元,2010年12月为89.5美元,2011年4月为119.44美元。

表4.1 股票交易市场与俄联邦预算中的石油价格(单位:美元/桶)

		2007年	2008年	2009年	2010年	2011年(1—7月)
月平均石油价格	最高	88.7(12月)	129.71(7月)	76.11(11月)	89.5(12月)	119.44(4月)
	最低(估值)	50(1月)	39(12月)	42(2月)	72(2月)	93(1月)
年平均石油预估价格	最高	67(10—12月)	92(7—12月)	95(1月)	75(6—12月)	105(4—7月)
	最低	61(1—9月)	53(1月)	41(2—12月)	58(1—5月)	75(1—3月)

注:* 年平均石油预估价格,是对未来一年内国际市场石油平均价格的预测,以此作为联邦预算收入评估的基础。

资料来源:"Russia Should Not Miss Its Chance", *Valdai Discussion Club Analytical Report*, Nov 2011, Moscow.

在此背景下，俄罗斯国内生产总值2007年增长8.1%，2008年增长5.6%，2009年下跌7.8%，2010年的恢复性增长为4.0%，2011年增长为4.8%。

表4.2　金融危机前后主要国家GDP增长率(%)

	2007年	2008年	2009年	2010年	2011年
俄罗斯	8.1	5.6	−7.8	4.0	4.8
中　国	13.0	9.6	9.2	10.3	9.6
美　国	2.0	0.4	−2.6	2.9	2.5
欧　盟	2.6	0.6	−4.1	1.8	2.0
世界平均值	5.2	3.0	−0.5	5.1	4.3

资料来源："Russia Should Not Miss Its Chance", *Valdai Discussion Club Analytical Report*, Nov 2011, Moscow.

金融危机发生之后，俄罗斯政府采取了一系列反危机的措施：2008年9月17日俄罗斯金融机构决定扩大财政资源配置银行存款；9月17日俄罗斯政府决定拨付5 000亿卢布支持基金市场；梅德韦杰夫宣布划拨9 500亿卢布支持金融市场；10月14日梅德韦杰夫签署了关于《支持俄罗斯联邦金融体系的补充措施》的联邦法令；11月20日联邦政府总理普京颁布一系列发令，宣布将利润税从24%降低到20%，折旧奖励从10%提高到30%，以及关于提高失业救济金比例等措施，合计5 570亿卢布。⑧

普京当选总统之后的2012年4月11日《政府工作报告》中指出："2012年年初，正如我们所计划的那样，俄罗斯的国内生产总值超过了危机前水平。这意味着，完全消除了2008年、2009年，甚至2010年部分时间经济下降的后果。按2008年的价格计算，2011年俄罗斯的国内生产总值为41.421万亿卢布，而2008年为41.277万亿卢布，已经略微超过了。"⑨

(二) 俄罗斯经济的恢复和发展

普京曾经强调，2008年金融危机比起1998年俄罗斯所遭受的金融危机，要严重得多。但是，他认为俄罗斯政府从来没有强调客观的困难，而放弃自己的责任。

一个前所未有的情况是，在金融危机之下，俄罗斯人均实际收入基本上没有下降，而且过去的四年一直在增长，包括最困难的2009年。扣除通胀因素，居民实际收入2008年增长2.4%，2009年增长3.1%，2010年增加5.1%，2011年增加1%，就平均工资而言，2008年至2011年增长18%。此为实际收入，而名义工资增长75%。显然，俄罗斯在最近几年增长中所积累的大量储备起到了重要的作用，政府为解救危机所提供的大量资金维持着居民收入的增长。

除了居民实际收入的增长，整个的宏观经济指标显著地表明俄罗斯经济的恢复和增长。就八国集团迄今为止的国内生产总值增长而言,美国为1.7%,欧元区为1.5%,印度为7.4%,中国为9.2%,俄罗斯为4.3%。按照普京的观点,俄罗斯虽然曾经遭遇大幅度的下降,但已迅速恢复,目前其增长速度不仅是八国集团中增长最快的,而且位列全球大经济体第三。⑩

根据国际货币基金组织的估计,2008年至2011年世界国债总额增加了14%。欧元区债务总额占国内生产总值的90%,美国超过了本国国内生产总值的100%,意大利为100%,日本为226%,中国增加了10%,占国内生产总值的27%。但俄罗斯只增加了不到10%,只占国内生产总值的2%稍多。而当美国的预算赤字为国内生产总值的8.7%,日本为8.9%,法国为5.7%,加拿大为5%的时候,俄罗斯却是八国集团中唯一一个2011年没有出现预算赤字的国家。

从国际储备水平来看,2012年4月1日,俄罗斯外汇储备已经达5 139亿美元,居世界第三,仅次于中国和日本。在此同时,国家福利基金已经达到26 240亿卢布,国家储备基金达到18 260亿卢布。普京非常高兴地表示:“感谢上帝,我们现在不需要向任何人伸手要钱了。”

此外,最近四年以来,俄罗斯的通胀水平从13.3%降到了6.1%。这样低的通胀水平是俄罗斯历史上从来没有过的,尽管还比不上美国的3.2%,英国的4.5%,但是降幅之大已经非常显著了。而在此同时,普京表示,俄罗斯的失业率较危机之前有所降低。

如果涉及产业发展,那么一个引人注目的变化乃是一系列新开工的企业和新发展的产业正在各地相继出现。普京曾经提到,最近四年当中,俄罗斯建立并投产了2 000多座新的工厂,涉及制药、IT、纳米技术、建材工业、以及木材加工工业等行业。特别是普京亲自大力推动的汽车行业,若干年前这在俄罗斯已经是一个几乎被自行毁灭了的产业,近年来的发展势头兴旺。不仅出现了一批与外资合资的大型汽车企业,成立了几家大公司,而且本国组装汽车的市场份额已经从40%增长到70%。俄罗斯现在已经是除德国之后的欧洲第二大汽车市场。

在俄罗斯传统的航天技术领域,据普京的介绍,现在在卫星导航技术方面,俄罗斯已经赶上并超过了欧洲伙伴。俄罗斯军工产业同2007年相比,军需品产量提高了50%。俄罗斯最为优长的能源管道铺设,不仅开通了直通德国的北方管道,通往中国的远东管道,而且,“南溪”管道也将在年底开工。⑪

(三) 既定的战略目标

按照普京在2012年4月政府工作报告中的提法,俄罗斯今后将以下的领域作为重点的战略发展目标。

第一,人口的增长。几乎每一次政府工作报告,或者有关俄罗斯发展问题的演讲中,普京几乎都会把人口问题作为一个重要问题来谈。从2011年的指标来看,人口有望超过1.43亿,普京认为,这证明"危机没有阻挡人口增长的势头"⑫。在普京看来,俄罗斯人口增长问题不仅事关未来经济发展的前景,而且,人口的增长表明了人们对于国家、对于政府、对于家庭、对于自己的未来的充满信心。因此,解决人口问题是远超出一般社会人口问题的重要发展问题。

第二,俄罗斯已经决定将远东、西伯利亚的重新开发作为核心,不仅保护俄罗斯既有的辽阔疆域,而且使之成为俄罗斯未来发展以及拓展与亚太地区关系的基础和动力。

第三,创造崭新的、高质量的工作岗位。普京提出,在未来几年中,俄罗斯至少需要创造出2 500万个工作岗位,同时,到2020年俄罗斯平均的实际收入至少应该增加60%—70%。以此一方面解决迄今还存在的贫困问题,另一方面为中产阶级的形成创造条件,使国家经济真正走向多元发展的道路。

第四,推动创新经济的发展。值得注意的是,普京是在提到美国近年来正在大力开发页岩气,从而对俄罗斯既有的能源产业产生重大挑战的时候,提到了创新经济问题。在普京眼里,创新经济问题已经不仅仅是一个产业部门问题,而是事关国家存亡发展与否的大问题。

第五,建立欧亚地区的新型一体化,巩固关税同盟,提升俄罗斯的世界地位。在普京眼中,这是苏联解体以来涉及后苏联地区极其重要的地缘政治和区域一体化的大事。⑬

就在普京参加总统就职典礼的同一天,他签署了一个重要文件——《关于国家长期经济政策》。该文件主要涉及两个方面的内容:其一,关于俄罗斯联邦政府应采取措施达到的指标,包括:(1)2020年前新建和更新2 500万个高生产率的就业岗位;(2)到2015年投资额应增加到相当于国内生产总值的25%,到2018年增加到27%;(3)到2018年高科技行业在国内生产总值当中所占比重应比2011年增加30%;(4)到2018年劳动生产率应比2011年提高50%;(5)提高俄罗斯联邦在世界银行有关经营条件排名中的名次,从2011年的第120名上升到2015年的第50名,2018年的第20名。

在这一份法律文件中,还提出了一系列社会经济发展规划与战略,其中包括完善预算和税收政策、提高国家采购的效率、推动私有化和国资管理、改善企业经营环境、推动经济现代化和创新经济等战略主张。⑭

(四)现存问题

俄罗斯经济虽然取得了长足的进步,但是依然面临着一系列的严重问题。2012年普京在竞选期间坦言,至少有以下几个问题困扰着俄罗斯的发展。首先,俄罗斯在国际劳动分工体系中,相比其他大多数国家的经济而言,严重依赖全球经济;其次,在存在着技术差距的情况之下,俄罗斯在科学技术方面也是单边地依赖于西方;再次,俄罗斯必须大幅度地开拓国内市场、改善投资环境、吸引资金以改变本国经济始终是缺乏资金的状态;最后,俄罗斯必须减少政府对于经济的干预,这不仅需要控制国家投资的建设项目成本,而且也要控制政府采购价格。同时,改进税制、切实推进私有化以此作为减少政府参与的重要途径。⑮

作为一种更为深入的观察,显然有必要从俄罗斯的基本经济结构、资金与资源可使用的程度以及创新与竞争能力等方面,来分析上述问题。

1. 能源依附模式的利弊

俄罗斯资源依附型经济模式在20世纪80年代已经端倪可见,而直接凸显于20世纪90年代苏联解体之后。当时,俄罗斯内部政治与经济不得不依附于外部市场和国际资本的要求。1995年俄罗斯向除了独联体之外的国外出口总量中,矿物资源占有40%左右的比重,现在这一比例已经增加到60%。支持经济发展和居民收入的资金来源相当大一部分是由石油天然气部门提供的。根据普京在竞选期间的最新表达,当今俄罗斯国内生产总值中25%来自于向全世界销售的天然气、石油、金属、木材和其他未加工以及低附加值的原材料。⑯

过度依赖原材料和能源出口,实际上是和现有经济模式低下的劳动生产率和低下的产品科学技术含量这些深层因素相联系的。

在现行的模式之下,俄罗斯的劳动生产率要落后美国与欧洲4倍,而产品和技术的资源消耗是美国和其他发达国家的3—7倍,能源消耗是3倍。在企业层面,尚没有形成科技创新的文化氛围,也并没有把研发看作为使企业必要的功能。按照2008年的统计,俄罗斯研发资金75%来自于财政支持,而不是企业的自有资金。俄罗斯的科技和研发资金如果与其他国家相比显得相对较低:美国近年来年均2 800亿美元、欧洲1 900亿美元、日本1 000亿美元、中国600亿美元、德国540亿美元、俄罗斯仅仅为60亿美元。而这些国家的研发资金来源,据估计,美国的70%来自公司、欧洲的56%来自于公司。而日本的72%来自于公司。这些数据不仅说明俄罗斯在上述方面的落后,而且表明国家在发挥作用推动企业进行自主创新方面能力还相当薄弱。可见,现行模式已经成为俄罗斯经济发展的一个关键性障碍。虽然,关于俄罗斯现有经济模式能否长期维持的问题,以及是否现有经济仍然是以能源资源为主导的问题,始终在俄罗斯官方和经济学界争论不断,包括在海外学界也有不断争议。一个比较常见的认知是俄罗斯能源依赖型经济还将要维持一段时间,至少是8—10年,或者更长的时间。但是,这样一种预测多半是因为迄今为止还没有看到有哪一个部门能够迅速替代今天俄罗斯能源部门所起到的作用。不难理解,目前俄罗斯居于压倒性的意见是:需要对于这种倚重于资源型的经济模式进行改革。

2. 投资不足的惯性能否被改变?

根据专家的估计,从对于能源资源部门的依赖转向发展加工工业,至少需要投入相当于国民生产总值中的25%资金。比如，在中国，是连续地以38%以上的投资规模进行投入，才形成了多年以来9%左右的平均年增长率。而俄罗斯近年来投资的增长规模没有超过11%。因此，投资的低水平是俄罗斯目前发展创新经济和转向加工工业进展缓慢的最大瓶颈。

在这里，似乎碰到了一个非常矛盾的现象，一方面，俄罗斯面临着长期投资不足的问题。但是，另一方面，由于来自于能源资源出口的这一部分收入，特别是由于能源市场的价格上升，使得俄罗斯目前的外汇储备状况超过了苏联时期最好的年头。到危机深重的2009年为止，俄罗斯外汇储备就已经超过了4 490亿美元。另外，还有不少于1 700亿的稳定基金。这两笔数字加起来超过了6 000亿美元，除此之外，还有近年来每年节余的财政预算有大约1万亿卢布，合约3 000多亿美元。这一笔大约超过1万亿美元的庞大数字如何发挥作用，至少从逻辑上说，可以使俄罗斯经济复苏和发展具有可观的国际支付能力和财力支持。

即使在本次经济危机的条件下，俄罗斯经济受到重创，2009年俄罗斯经济下降8%左右；但是，国民生产总值中国债的比重却是出奇的低：当西方七国的债务水平都越来越接近于国内生产总值总量，甚至远远超过国内生产总值的水平的时候，俄罗斯国债占国内生产总值的水平2007年为8.5%，2009年为9%，2010年不到8.1%。但是，这样良好的财政记录，为何没有改变俄罗斯经济发展中长期存在的投资不足的问题。

实际上，俄罗斯国库中所拥有的巨额美元有着多种的用途。多年以来，俄罗斯的石油美元不仅用来支付外债，而且出于保值增值的目的，也用来购买欧洲和美国的国家债券。到2008年，俄罗斯所持有的美国国债约为2 400亿美元。换言之，俄罗斯相当部分用石油天然气换来的美元不是用在国内经济的发展上，而是放在了为弥补天文数字财政赤字的美国国库里，而这个入不敷出的国库正是国际金融危机的导火线。

本次国际金融危机来临之后，政府的反危机措施耗费了大量的资金。到2009年年中，动用国库资金7 000亿卢布，虽然说已经起到了作用，弱化了危机对于本国经济的影响，稳定了银行系统，平衡了外汇行情的剧烈动荡。但是，国家救助并没有深入到实体经济部门：大多数自成体系的大企业未能够获得国家支持，保障提供国家贷款以及提供优惠贷款利率的机制并没有充分发挥作用。⑰俄罗斯非石油天然气部门的财政平衡问题依然情况严重。2005年这部分亏空占国内生产总值的2.5%，2006年为3.6%，2007年为3.8%，2008年为4.5%，而危机中的2009年为国内生产总值的12.1%，当时预计2010年亏空为13.9%，2011年预测为10.9%，2012年为9.5%。尤其值得注意的是，2009年石油价格上升到69美元/桶，2010年上半年石油价格上升到75美元/桶，但是，这一有利的行情并没有使得非石油天然气部门的财政亏空情况得以改善。⑱这一领域的财政情况持续恶化，特别是在基础设施部门的现状令人不安。

大量的预测表明,苏联时期长期未得整修的大量基础设施已经难以为继。

综上所说,收入丰厚的俄罗斯财政却不能担当起改变俄罗斯经济困境的重任。

3. 俄罗斯经济的可持续能力

确保俄罗斯经济增长的因素很多,但像俄罗斯这样刚刚走出危机状态的国家,还不适宜采用仅有短期效用的政策,而是必须关注结构的改善,以及社会的承受度。另一方面,俄罗斯多年转轨经济的评价一直不被看好。到 2009 年为止,一般认为,俄罗斯经济的增长并非是体系转型的结果。2010 年 4 月莫斯科高等经济学校年会上,前经济部长亚辛认为,面对危机,仅有 25%的企业能够经受风险,而这 25%的企业基本上是外资企业,而非经过改革洗礼的本国企业。所以,俄罗斯经济更多是仰仗于对外经济的行情变化,连亚辛也不得不承认这一点。

整个俄罗斯经济状况还处于逐渐恢复的过程当中。一般认为,到 2007 年俄罗斯的居民收入才达到 1990 年的水平。按照最乐观的估计,加工工业和科学部门到 2010 年之后才达到苏联解体前的水平。如上所说,投资也远没有达到所需要的水平。在这样的情况下,尤尔根斯的现代发展研究所支持之下的一个经济改革方案提出:应该实施从"加速增长战略"向"均衡发展战略"转变的构想。这一方案认为:1998 年至 2008 年 GDP 的实际增长翻了将近一倍,投资增加了将近两倍,居民实际收入增加了 137%, 2000—2009 年居民在银行存款增加了 21 倍,卢布与世界主要货币的比价也基本保持不变。这一阶段俄罗斯经济发展主要仰仗于世界市场能源价格的提升。但是,俄罗斯也没有利用好这个机会,去改善经济结构、优化基础设施以及增强国民经济的竞争力。尤尔根斯认为,如果按照现政府《2020 年前俄罗斯社会经济长期发展纲要》,也即年均增长率超过 6%—7%,年通胀率降低到 3%,经济货币化(也即 M2/国民生产总值)达到 70%—75%,对非金融系统的银行贷款达到 80%—85%。那么,将伴生对于金融稳定性的严重威胁,以及出现金融部门发展中的结构性失衡。[19]

进一步的问题涉及俄罗斯高新技术在国民经济中的作用与地位。俄罗斯领导人非常明白,高新技术领域乃是未来决定俄罗斯在世界经济格局中地位的关键性因素;俄罗斯领导人也愿意投入大量预算在高新技术领域。但是,目前,俄罗斯高新技术在世界的排位情况不容乐观。按照 2009 年《经济学家》杂志的统计排名,俄罗斯信息产业的竞争力在 66 个被统计国家中占有第 33 位;同年电信国际联盟的统计,俄罗斯占有 154 个国家中的第 50 位;2008—2009 世界经济论坛对此的排名是 134 个国家中的第 74 位。2009 年,俄罗斯教育和科技部曾经统计过,高新技术的产出大约占 2008 年俄罗斯整个工业产出的 9.8%。而在当年,俄罗斯工业在 GDP 的产出中占据了 30.6%的比重,因此估计俄罗斯高新技术在俄罗斯 GDP 中所占的份额约为 3%。虽然软件和电信行业未计入工业产值之内,但是,起点如此之低、比重如此之小的高新技术行业如何能够成为整个经济的火车头呢。[20]更为关键的问题在于,即使是梅德韦杰夫着力推动的"斯考尔克瓦"高兴技术园区,依然是一个国家主导项目,还较少见到私人投资的积极意向,而这一点对于外国投资者来说是非常看重的。

当俄罗斯创新经济势必还会碰到巨大困难,无法在可见的短时期内引领俄罗斯发展的背景之下,对于传统产业——能源工业尤须关注。根据谢尔盖·卡拉加诺夫主编的《2020 年的俄罗斯与周围世界》一书,俄罗斯能源行业有着乐观和悲观两种预测。

按照乐观的估计,到 2020 年前俄罗斯每年可以开采 8 900 亿立方米天然气。西西伯利亚天然气将稳定在目前的水平,增量将由东西伯利亚、远东以及北部海域大陆架的天然气开采来提供。虽然西西伯利亚的存量在下降,但是能够确保 2020 年前石油开采保持上升态势,即 2020 年前,俄罗斯年产石油达 5.5 亿吨。2015 年以前俄罗斯管道运输和港口能力将比现在增加 0.5 倍。这也将促使油气向西方和北方每年出口接近 7 000 万吨,通过黑海—里海方向出口约 1.3 亿吨,向远东方向出口约 8 000 万吨,向北方出口约 2 500 万吨。

根据悲观的观点:由于现有石油基地基础设施的老化、石油公司投资积极性降低等情况,俄罗斯石油年产量最多保持在 5.3 亿吨。因此,2010 年前,俄罗斯石油供应量占世界石油市场的 15%,而 2030 年前将降至 10%的占有份额。俄罗斯天然气产量虽然将会被固定,但是,随着国内消费和出口量的增长,因此,缺口达 750—1 500 亿立方米。另外,俄罗斯液化天然气生产工艺和运输能力的落后将大大限制俄罗斯的竞争力,因为,未来市场的四分之一天然气是以液化形式出口,这将大大挑战俄罗斯传统的管道天然气运送方式。就能源领域的销售方面来说,俄罗斯面临的最大挑战,一是俄罗斯在世界市场油气份额的降低带来的损失,二是能源价格的波动带来的风险。而能源价格是任何预测都难以奏效的一个黑洞。

大体的结论是,第一,俄罗斯实力依然雄厚,特别是其能源资源的丰富和生产能力的强大。但是,值得注意的是,俄罗斯能源生产和出口显然都将被限制在一个较为保守的水平之上。也即,今天俄罗斯的石油生产能力已经达到 5 亿吨左右,而十年之后,却依然被限制在 5.3 亿吨之下。这一状况究竟是西伯利亚东部地区的开掘困难、缺乏资金,还是俄罗斯真正打算要改变结构、雪藏资源;抑或是两者兼有,这一问题值得深入进行研究。第二,除了能源之外的其他产业领域,如宇航、军工以及近年来迅速发展的民用产业,其潜力都不可小觑;包括高新技术导向下的转型,已经是俄罗斯领导层下定决心加以推动的方向。但是,俄罗斯整体经济实力要恢复到苏联时期尚需要再经过一段努力,更何况目前俄罗斯还受到的体制、财力、创新能力等各个方面的掣肘。第三,正是在这样的困难局面下,俄罗斯在近期准备推出的大规模私有化计划,是与其整个经济转型相互匹配的重大步骤,虽然,在俄罗斯内部,特别是在财政部和经济部之间在出售多少优质国有资产的比例问题上还有争论,但是,大体的方向已经确定。这次国有资产的私有化计划显然将在引进国外优质资产方面，跨出一大步。

所有上述的俄罗斯能源领域的构想和现状、其他实体经济部门的发展和困难以及正在积极筹划的新一轮私有化计划，无疑将深刻影响到俄罗斯的对外选择。

三、 俄罗斯外交选择的转向

2010年以来俄罗斯外交的走向既有承袭，但又表现出国际金融危机之后国际局势的新特点。

总体上来说，这一时期的对外交往中，先是梅德韦杰夫有着较为突出的表现，以2008年格鲁吉亚和俄罗斯之间的“五日战争”到2009年之后的美俄关系“重启”为亮点；而到了2012年的总统大选之前，则是即将成为新一任总统的普京的表现更为抢眼。在2009年之后的俄罗斯外交走势中，比较多地体现出如下几点：第一，以俄罗斯现代化为目标，以国家利益为基础，加速提升外交水平；第二，进一步抛弃意识形态成见，与所有可能成为俄罗斯现代化外部源泉的合作伙伴搞好关系；第三，以实用和创新的态度，使外交能够解决俄罗斯面临的各种问题。而到了2011年之后，中东北非形势的激变，俄罗斯在利比亚和叙利亚问题上出现了和西方关系的争论。同时，美国对于俄罗斯国内大选进程的干涉，显然也引起了俄罗斯政府的不满。

从总的趋势来看，与前十年俄罗斯外交相比，第一，一个明显的趋势是与西方的对抗性大大减弱，卡拉加诺夫等人的作品中多次强调了这样的判断；[21]第二，更加强调外交的全面性、实用性、灵活性；第三，有了以现代化为目标的更高立意，而不是简单地强调在各个国际力量之间纵横捭阖，搞传统的势力均衡。

在这样一种外交构想的指导之下，俄罗斯无论是对欧洲，还是对美国、北约的态度曾经一度都有了较大幅度的调整，期间，俄罗斯甚至于不惜以牺牲传统伙伴的关系，如对于伊朗的施加压力等等。但是，更为重要的变化发生在2011年末至2012年前期的大选期间，尤其是体现在普京对于俄罗斯外交优先选项的位置改换问题上。

(一) 美俄关系重启后的倒退

2009年俄美关系重启以来的进展一直是引人关注的焦点。

从美国方面看：美国显然暂时放缓了将格鲁吉亚和乌克兰拉入北约的进程；降低了批评俄罗斯国内人权状况的调子；美国以相当克制的态度回应了俄罗斯要在中亚等地享受“优先权益”的呼吁(同时，从2010年4月吉尔吉斯斯坦动乱，俄罗斯几经邀请而不愿出兵的事实，可以推测美俄间可能已有默契)。

从俄罗斯方面来看，同意联合国制裁伊朗、同意开辟通往阿富汗过境走廊的决定、包括邀请北约士兵参与2010年红场二战胜利日阅兵，都可视为俄罗斯释放善意的举措。

而美俄间关系改善的最大成果就是新核裁军条约的签订。美俄之间的关系改善说明了两国相互之间有着巨大的共同利益与挑战。

10年前美国卡耐基研究中心的学者曾经提出过美俄之间存在着合作面对全球性挑战的四项基础：一是战略核武器；二是能源；三是反恐；四为应对新兴发展中国家的挑战。从今天来看，这几项合作的基础大体未变。特别是当年卡耐基中心的研究人员麦克尔·麦克福尔现在已经是奥巴马总统处理对俄事务的顾问，更加可以说明这一思考方式的连贯性。当然在新的形势之下，如何共同应对金融危机的打击，以及其它非传统安全问题，成为美俄两国合作的新领域。

从两国各自内部需要来看，存在着合作的基础，但是，这两个前超级大国的合作毕竟会释放出更多地区和全球层面的影响力。

从逻辑上讲，美国需要俄罗斯在欧亚核心地区发挥有利于美国的稳定作用，俄罗斯确实在这一地区能够给美国制造极大的麻烦；而对于俄罗斯来说，美国是唯一一个能够在所有国防与外交问题上与俄罗斯全方位合作的大国。

但是，美俄两国至少存在着若干不对等的情况，这也阻碍合作的深化。第一，从心理上讲，俄罗斯人把这次美俄之间的“重启合作”看得很重，甚至一般民众也为俄美间协议的达成而兴高采烈，因为这是俄罗斯人重温大国旧情的一次难得机会；但是来自美国方面的反应则要平淡得多，美国人认为俄罗斯已经不再是超级大国，已经无法在对等地位上与美国对话，所以有点不屑一顾。第二，美俄两国之间的经济合作水平太低。因此，包括像俄罗斯加入世贸组织这样一些难题即使已经突破，但是依然在俄罗斯和美国国内引起争论，这实际上与两国之间经济基础性共同利益的缺乏有关。第三，体制上的对立根深蒂固，虽然俄罗斯方面认为自己已经推行“民主体制”，但是权力集中程度和市场化的低水平为美国所难以接受。

进入到2011年之后的大选期间，至少是美俄之间关于反导问题的争端解决无望，俄罗斯在叙利亚问题上与中国一起对峙西方的坚决态度，美国对于俄罗斯选战的倾向性参与，以及普京在当选之后拒不参加在戴维营举行的八国首脑峰会(包括奥巴马以牙还牙拒不参加在海参崴举行的APEC峰会)，这些变化虽不能够说明美俄关系改善无望，但是在这一时期，显然已经远远脱离了“重启”的轨道。

(二) 俄罗斯与欧洲关系的停滞

俄罗斯与欧洲的关系比之美国的关系有着较好的基础。

第一，几百年来俄罗斯在传统上一直以欧洲为师，这对于俄罗斯与欧洲之间的合作起着关键性的影响；第二，俄罗斯与欧洲之间关于能源合作的一系列基础设施建设,为双方的合作奠定了一个深厚的物质基础;第三,进入新世纪以来,在俄罗斯与西方世界的一系列博弈过程中,欧洲相对于美国持有较为温和的态度,致使俄罗斯与欧洲的关系大体上要好于俄美关系。

俄罗斯与欧洲的关系方面:可以发现这样的一个有趣现象,即与俄罗斯对于美国接近的热切心情相比较,俄罗斯很多精英对于欧洲的实力和现状反倒是大有不屑一顾的态度,认为,欧盟过于疲软和松散。俄罗斯精英中流行的笑话,如同基辛格当年的表述,不知道应该找谁才能够与欧盟打交道。所以,总的来说可以看到两条明显的轨迹:其一,是俄罗斯不顾欧盟的整体,主动发展与单个欧洲国家的关系,这里包括与德国的天然气管道建设、与法国的军售合作、与挪威的边界成功谈判、与波兰经济主动地调整关系、甚至与英国的关系也出现了改善的迹象。应该说,俄罗斯的努力取得了一定的效果。而另一条轨迹,则是大刀阔斧地提出"与欧洲结盟"的口号。几年来,俄罗斯坚持不懈地提出,以一个冷战时期残留下来的欧安会体系为基础,重新建立对等的欧洲安全体系。虽然,俄罗斯的这一倡议,在欧洲的反响并不热烈,但是其意之坚,不容忽视。

近年来,随着新能源的开发以及欧洲国家在俄乌、俄白多次能源过境冲突中受到的惊吓,不愿过多受到俄罗斯的牵制而努力实现能源供应的多元化,因此,对于俄罗斯的能源依赖已经有所下降。但是,欧洲在相当一段时间里还无法摆脱俄罗斯的能源支持,而俄罗斯出于实现现代化的目标也急需欧洲的技术和资金,再加上安全等方面的考虑,欧洲与俄罗斯的发展合作还是有着巨大的空间,未来十年中合作推进的主要领域,还是能源与安全。

在俄罗斯与北约关于反导系统的立场较量当中,展开了一场俄罗斯、美国与欧盟之间的三边博弈。美国希望通过欧洲导弹防御系统控制欧洲、防止俄国;欧洲希望通过协调美俄立场,尽量减少对于欧洲本土的威胁;而俄罗斯则期待通过与美欧的反导问题谈判,作为一方大国,平起平坐地参与欧洲安全合作。虽然,目前俄罗斯拒绝了加入反导的要求;也坚决抵制北约东扩的政策,但是,俄罗斯与欧洲和美国之间还是可能在阿富汗问题的协商和合作方面会有所推进;同时从长期来看,反导问题、俄罗斯加入一个功能扩大的北约的问题上的进一步讨价还价,乃至于取得若干妥协,也并非天方夜谭。

(三)俄罗斯的欧亚新空间和对于亚太地区的新期盼

从 2008 年之后俄罗斯外交走势来看,虽然俄罗斯没有放弃与西方发展关系的追求,但是对于俄罗斯地缘政治和地缘经济而言更为重要的地区,却是作为欧亚大陆核心地带的欧亚地区,以及俄罗斯大幅度调整所面向中的亚太地区。

就前者而言,普京一再强调的观点是欧亚前苏联地区对于俄罗斯的重要意义。

普京认为，今天客观存在于俄罗斯和中亚国家之间传统的经济、人种、文化和政治联系，对于这一地区还是具有非常重要的意义。近年来加速推进的以俄罗斯、白俄罗斯、哈萨克斯坦共同参与其间的“海关同盟”以及欧亚经济一体化进程，已经取得了明显的成效。这是上述构想的鲜明的体现。虽然有关这一进程的具体绩效评价及其规模和容量还有着不同的评说，但是俄方的坚决立场在其中起到了关键性的作用。

欧亚经济一体化与既有的区域组织之间会形成怎样的相互关系，也是一个值得世人关注的问题。比如，有人认为，欧亚经济一体化将主要侧重于前苏联地区的经济合作，而上海合作组织将侧重于该地区的安全合作。但是，2011 年 10 月普京参加上海合作组织的总理峰会期间所提出的很多关于推动上海合作组织的具体建议，比如，有关上海合作组织经济合作的清单以及有关推动上合组织专用银行账号的建立等等，说明俄罗斯依然看重上海合作组织的经济功能。并不如他人所认为的，即在确立了欧亚联盟的工作框架之后，普京仅想把上海合作组织限制在维护安全的功能意义上。但是，有所重合的欧亚联盟和上海合作组织之间今后到底是何关系，值得进行深入的探讨。包括上海合作组织的功能定位，究竟是一个增强政治互信的论坛？抑或是一个处理地区安全问题的机构？还是一个具有政治、经济、安全等各种功能的具有全面性意义地区组织。这是一个留待观察和解决的，但是具有关键性意义的问题。可以设想的是，作为一个既立足于区域又有着全球影响力的上海合作组织，无论以何种方式存在，都将会对于地区合作和世界事务产生不可估量的重要影响。

在 2012 年总统大选中，普京发表的《俄罗斯与转变中的世界》一文轮廓清晰地描绘了俄罗斯外交的重要变化。其中最为重要的变化则是，历史上第一次俄罗斯把面向亚太的对外趋向置于俄罗斯与西方的关系之上。普京明确地提出要“借中国之风扬起俄罗斯经济之帆”；他充分肯定中国的成长对于俄罗斯是战略机遇，而不是威胁；他还表达了在全球层面、区域层面、双边层面继续深化中俄关系的坚定决心。

在中国和俄罗斯的相互关系中，一个最为值得关注的问题就是近两年来俄罗斯朝野热议的重新开发远东和西伯利亚问题。

就中俄关系而言，有人认为，两国之间的合作重点似乎有从中亚向东北亚转移的趋势。笔者认为，这是一个崭新历史的开始。虽然西伯利亚与远东开发问题是一个多年来不断被提及的问题，但是本次重新发起讨论的推动者，显然有着明显的官学互动的背景。一批重要的俄罗斯智囊人物接连发出信息，呼吁抓紧推动俄罗斯转向亚洲，以及发展相关产业部门。这其中就包括俄罗斯亚太国家委员会专家维克多·库瓦金(前戈尔巴乔夫基金会成员，他于前年提出了一份重要研究报告，题为《转向亚洲》，引起了学界和舆论界普遍关注)，以及一向对华态度友好的俄罗斯外交部外交研究院院长叶甫盖尼·巴扎诺夫教授，主流媒体的代表性人物、《全球事务中的俄罗斯》主编费奥多尔·卢基扬诺夫博士，普京政治基金会主席维亚切斯拉夫·尼科诺夫，包括卡内基基金会莫斯科中心主任德米特里·特列宁,"俄罗斯外交战略风向标"的瓦尔代会议两主席之一、俄罗斯国防与外交委员会主席谢尔盖·卡拉加诺夫,俄罗斯自由派"教父"式人物、前经济部长叶夫根尼·亚辛等人。

从目前看来,这一战略的提出还局限于思路形成的阶段。但是无论如何,俄罗斯精英们都希望开放远东、西伯利亚,使其在国内发展和国际合作等方面取得突破。在此同时,人们也非常清晰地认识到,东亚正处于一个较长时间发展的前景之下,需要在资源、环境、农业、基础设施、以及政治战略安全等方面推进和深化与俄罗斯的合作,俄罗斯与东亚发展之间的巨大互补性非常显见。

从这个意义上讲,普京今后一段时间的稳定执政,将为俄罗斯的长远规划与发展提供重要保障。俄罗斯精英已经非常清晰地认识到,一个历史性的机遇正在来临。

注释:

① Дмитрий Медведев: «Россия, вперед!», 9 октября 2009, http://www. gazeta. ru/comments/2009/09/10_a_3258568. shtml.

② 米海伊尔·迪米特里耶夫,2011 年 9 月向瓦尔代会议提供的研究报告,莫斯科。

③ Пресса о встрече Путина с Валдайским клубом: в закрытой части намекнул, сколько пробудет у власти, 14 ноября 2011, http://www. newsru. com/russia/14nov2011/valday. html.

④ Ясин Е. Послесловие: ответ получен. Проблема «элиты» в сегодняшней России: Размышления над результатами социологического исследования / Л. Д. Гудков, Б. В. Дубин, Ю. А. Левада. М.: Фонд «Либеральная миссия», 2007, 372 с.

⑤ Евгений Ясин, Постепенная децентрализация// Ведомости, 14 октября 2011.

⑥ Встреча с активом партии, «Единая Россия», 27 апреля 2012 года, http://kremlin. ru/news/15160.

⑦ Интервью президента Центра стратегических исследований Михаила Дмитриева.

⑧ "Russia Should Not Miss its Chance", *Valdai Discussion Analytical Report*, 2011, Nov. RIANOVOSTI.

⑨ Prime Minister Vladimir Putin delivers his report on the government's performance in 2011 to the State Duma, 11, April 2012, http://premier. gov. ru/eng/events/news/18671/.

⑩ Ibid.

⑪ Ibid.

⑫ Ibid.

⑬ Ibid.

⑭ Указ Президента Российской Федерации 7 мая 2012 года № 596, "О долгосрочной государственной экономической политике", http://www. rg. ru/2012/05/09/gospolitika-dok. html.

⑮ В. В. Путин, О наших экономических задачах, 30 января 2012, http://www. putin2012. ru/#article-3.

⑯ Ibid.

⑰ А. Ведев, Ю. Данилов, Н. Масленников, С. Моисеев, *Структурная модернизация финансовой системы России*, «Вопросы экономики», № 5, 2011.

⑱ А. Улюкаев, М. Куликов: *Глобальная нестабильность и реформа финансовой сферы*

России，«Вопросы экономики»，№ 9，2010.

⑲ А. Ведев，Ю. Данилов，Н. Масленников，С. Моисеев，*Структурная модернизация финансовой системы России*，«Вопросы экономики»，№ 5，2010.

⑳ Anders Aslund，Sergei Guruev and Andrew C. Kuchins，*Russia after the Global Economic Crisis*，Peterson Insititution，2010 June，pp. 105—123.

㉑ "Russia Should Not Miss its Chance"，*Valdai Discussion Analytical Report*，2011，Nov，RIANOVOSTI.

报告五　哈萨克斯坦年度发展报告

郑润宇　栾　森*

［摘要］ 2011年，哈萨克斯坦政治经历了一次无悬念的总统选举，之前刚经历了小规模骚乱的考验。在世界金融危机的大背景下，哈萨克斯坦经济也受到了巨大冲击。从2010年起，哈萨克斯坦经济才逐渐走过谷底。在新的时期，哈萨克斯坦积极推动以关税同盟为核心的地区经济一体化，寻求自身长久发展的新空间。相对于国内经济恢复的曲折，哈萨克斯坦在对外塑造大国形象上成果显著，尤其是其2011年成功担任欧安组织轮值主席国，并成功举办峰会。近年来，中哈两国关系不断升温，其中经贸领域的发展尤其突出，随着两国在经济合作上的不断深化，中哈合作共同发展的前景将更为广阔。

［关键词］ 哈萨克斯坦　政治　安全　经济　外交

哈萨克斯坦共和国横跨亚欧两洲，国土包括中亚北部和东欧乌拉尔西南部，西部濒临里海，领土面积排名世界第九，是欧亚地区的大国。1991年苏联解体后，哈萨克斯坦已逐渐成为后苏联国家中最具投资价值和较高生活水准的国家。在中亚五国中，哈萨克斯坦市场开放化程度最高，自其独立起就推行对外开放、吸引全球投资的方针，并积极提供各方面优惠政策。

近10年来，通过建立在石油基础之上的经济快速增长，以及务实的外交政策，哈萨克斯坦成为中亚地区最发达的国家。但2008年以来的全球金融危机，以及伴随而来的全球政治经济新秩序重塑都对哈萨克斯坦产生了直接或间接影响，哈萨克斯坦的经济状况也受到很大的冲击。经过两年多的努力，哈萨克斯坦经济现已逐步走出低谷，并开始缓慢恢复正常的发展态势。

俄、白、哈关税同盟开始运作是这一时期哈萨克斯坦对外经济合作的一个新亮

* 郑润宇，华东师范大学国际关系与地区发展研究院俄罗斯研究中心讲师、博士后；栾森，华东师范大学国际关系与地区发展研究院2012届硕士研究生。

点。随着关税同盟的发展，哈萨克斯坦和俄罗斯的一体化进程明显加快，哈萨克斯坦加入世界贸易组织的谈判进程也进入了冲刺阶段。

从哈萨克斯坦国内政治层面看，2011 年纳扎尔巴耶夫连任总统，是其国内政治生活中最重要的事件。这一方面为哈萨克斯坦的持续稳定发展提供了强有力的保障，但另一方面，哈萨克斯坦强势总统的政治生态也反映了其政治转型仍不彻底的问题。

在对外层面，哈萨克斯坦一直积极主动寻求真正的自主，确立国家的平等地位，开展全方位外交，塑造区域大国形象。哈萨克斯坦担任 2010 年欧洲安全与合作组织的主席国便是有力证明。2011 年，哈萨克斯坦又成功主持了伊斯兰合作组织。作为这些权威组织的主席国，哈萨克斯坦有效解决了伊斯兰社会的迫切问题，并成功建立了不同文明沟通的桥梁，拉近东西方的关系，推进文明对话的进程。20 年来，哈萨克斯坦已经确立了国家发展的基本价值观和原则，即自由、统一、稳定和繁荣。

一、国内政治：未完成的转型与稳定的现实

哈萨克斯坦以宪法和法律为基础，根据立法、司法、行政三权分立又相互作用、相互制约、相互平衡的原则行使职能。宪法规定哈萨克斯坦是“民主的、非宗教的和统一的国家”。

哈萨克斯坦为总统制共和国，总统为国家元首，是决定国家对内对外政策基本方针并在国际关系中代表哈萨克斯坦的最高国家官员，是人民与国家政权统一、宪法不可动摇性、公民权利和自由的象征与保证。哈萨克斯坦自独立以来实行渐进式民主政治改革，政治稳定。2006 年建立新的政权党“祖国之光”党，总统纳扎尔巴耶夫亲任该党主席。2010 年 5 月，哈萨克斯坦议会两院全票通过赋予纳扎尔巴耶夫总统“民族领袖”地位的法案。6 月，哈萨克斯坦总理、上下两院议长联名签署上述法案。10 月，哈萨克斯坦人民大会通过《民族团结学说》，详细阐述哈民族和宗教政策，在《民族团结学说》的框架下继续保持各民族和睦相处、共同发展的局面。

哈萨克斯坦政治上的明显特点是“强总统、弱议会、小政府”。这种特殊的以总统纳扎尔巴耶夫为主导的“哈萨克斯坦模式”在世界不同地方也有不少争议，西方学者倾向于认为其是一种“个人独裁”；但在哈萨克斯坦学者看来这是哈萨克斯坦强国的一个重要因素。

尽管哈萨克斯坦政治转型缓慢是个不争的事实，但哈萨克斯坦的政治改革进程缓慢也有其独特原因，正如卡内基国际和平基金会俄罗斯和欧亚项目高级研究员玛莎·布瑞尔所说的，“政治上的保守主义和相信前苏联政治领导人更懂得民众所需的惯性思维，以及强调尊重老人的社会传统等，都造成了纳扎尔巴耶夫的长期执政”。

2010 年以来，哈萨克斯坦发生的最重要的政治事件是没有悬念的总统大选。

2011年4月3日,纳扎尔巴耶夫以95.5%的得票率击败其他三位候选人,再次连任哈萨克斯坦总统一职。从1989年开始,他就站在了哈萨克斯坦权力的顶峰,这是他第四次以绝对优势成功连任。当选之后,纳扎尔巴耶夫总统重新任命新一届政府总理,新政府迅速完成组阁任务。任期至2016年。

根据哈萨克斯坦宪法和选举法的内容,总统选举原本将在2012年年底举行。但是,2010年12月27日,哈萨克斯坦中央选举委员会登记了关于建议就现任总统全权延期至2020年举行全民公决的申请书。12月29日,哈萨克斯坦下议院通过了关于议会请求总统批准举行全民公决的提议。根据哈萨克斯坦《全民公决法》,提议举行全民公决的倡议者必须征集20万名公民支持的签字,而最终征集到的签名超过500万个,占注册选民总数的一半以上。

2011年1月14日,尽管纳扎尔巴耶夫已经表示了反对,但是哈萨克斯坦议会仍通过了一份宪法修正案,准备采取全民公决的方式,决定是否将总统纳扎尔巴耶夫的任期延长到2020年。纳扎尔巴耶夫随即拒绝签署这项宪法修正案。纳扎尔巴耶夫的这一举动无疑赢得了群众的广泛好感。“我为我们的总统而骄傲,为他和谐而通情达理的决定而感到自豪,总统教会了我们每个人这样一个道理,那就是我们应该在公正的框架内解决所有一切。”“法律有时是严厉的,但那毕竟还是法律,我们都该牢记无论我们身在何种职位,法律都必须被遵守。这是民主发展的历史性的一课。”“我想我们的总统无疑是宪法的守护者,今天这一问题的解决,给了哈萨克斯坦国民一个选举自己心中最有价值的总统的机会。”① 纳扎尔巴耶夫的这一举动是十分明智的,这使得其提前总统选举的行为变得顺理成章,也为其能以95.5%的高票当选做了很好的铺垫。

2011年1月31日,纳扎尔巴耶夫建议提前举行总统选举,以取代社会各界人士要求进行关于延长其总统任期的全民公决。2月2日,哈萨克斯坦议会通过一项宪法修正案,赋予纳扎尔巴耶夫指定总统选举日期的权力。2月4日,纳扎尔巴耶夫签署总统令,确定4月3日提前举行总统选举。②

尽管这一提前选举的举动显示出哈萨克斯坦还处于转型的阶段,其选举机制还有待完善,但实际上哈萨克斯坦已经成功避免了右翼势力的偏移,并表现出在国内发展民主的决心。③ 分析人士也认为,组织进行临时选举的部分原因是想加强纳扎尔巴耶夫的民选的合法性,并先发制人,防止爆发反对派的大规模抗议活动。纵观2011年的世界形势,纳扎尔巴耶夫的这个举动,无疑是明智的。

2011年4月3日是哈萨克斯坦独立后的第四次总统选举。当天,共有9 725个国内投票站和35个境外投票站对900多万注册选民开放。选举于当地时间3日20时结束,初步计票结果于4日公布。根据哈萨克斯坦选举法规定,选举不对投票率设限,获得超过50%选票的候选人即可当选总统。哈萨克斯坦总统任期从本届开始将变为

5年。

根据哈萨克斯坦中央选举委员会的消息，共有1 059名国际观察员监督此次选举。其中，来自欧洲安全与合作组织的观察员357名，来自独联体的426人，来自上海合作组织的13人，来自20个受邀国家的163人，来自多个国际组织的100人。

根据规定，年满40岁、在哈萨克斯坦连续居住15年、熟练掌握哈萨克语并获得不少于91 010名选民支持签名的哈萨克斯坦公民方有资格参选总统。此前共有22人申请参加此次总统选举，但其中11人未能通过国语——哈萨克语的考试，另有7人没有获得足够的支持签名或者自行决定退出选举注册。

参加本次总统选举的候选人共有4名。他们分别是：由“祖国之光”人民民主党推举的现总统纳扎尔巴耶夫，“爱国者”党领导人卡西莫夫，共产主义人民党中央委员会书记艾哈迈德别科夫以及独立候选人、生态学家叶列乌西佐夫。④纳扎尔巴耶夫相较于其他三位候选人，无论在政治威望、资金支持、纲领阐述还是竞选组织等方面都有明显的优势。

在其他三位候选人中，卡西莫夫的竞选经验要略显丰富，他提出的提高政府工作人员薪资等措施还略微能吸引一些选票，但也有一些主张不得人心，比如他主张取消公共假期的转换就忽略了公共假期与周末相重合的部分，因此群众反应并不积极。艾哈迈德别科夫的竞选活动比较活跃，他充分利用网络宣传自身的竞选理念，在一定程度上得到了群众的认可，相对于其他两位候选人，他的哈萨克语要流利很多，但可惜的是他没能充分利用这一优势获得广大民众的认可。⑤生态学家叶列乌西佐夫积极宣扬环保理念，他本人也投了纳扎尔巴耶夫的票，他在阿拉木图投票后说，“他是胜利者，这(选举)像是场体育盛会！”⑥

这场总统选举是一场由4位候选人共同参加的竞选，但其他三位候选人都没能提出任何相对于纳扎尔巴耶夫而言较有新意的竞选政策。除了党派领袖和环保卫士这些头衔为他们带来了一些声望以外，纳扎尔巴耶夫无论在政治威望、资金支持、纲领阐述还是竞选组织等方面都占有绝对的优势。在哈萨克斯坦，纳扎尔巴耶夫是公认的民族领袖，也是国家发展战略的总设计师，因此有媒体称他为“哈萨克斯坦之父”。⑦2011年是哈萨克斯坦独立20周年。回顾20年，纳扎尔巴耶夫带领哈萨克斯坦走出了3次危机(苏联解体时期、亚洲金融危机时期和2008年全球金融危机时期)。

2010年5月，哈萨克斯坦议会通过了赋予纳扎尔巴耶夫“民族领袖”称号的议案，这不仅仅是一个荣誉称号。根据这项决议，纳扎尔巴耶夫将被免除因政治决策所需承担的责任，即他将依法享有免遭拘留、逮捕的权利，并且国内任何机构不得对他进行调查。针对纳扎尔巴耶夫本人的“蓄意侵害”，将被定性为恐怖主义罪行。而且，他离任后将继续这些权利。虽然最后纳扎尔巴耶夫拒绝签署这项法案，但其个人威望可见一斑。

哈萨克斯坦国内对于这次总统选举是抱着积极的肯定态度的。“总的来说,2011年的总统选举巩固了哈萨克斯坦人民的团结,这是比较成功的,尽管存在一些人鼓动人民联合抵制选举,但结果并不像他们所预测的那样。哈萨克斯坦人民已经做出了自己的选择,他们对于纳扎尔巴耶夫总统的政治改革、政治经验和许下的承诺都深信不疑,这次竞选是合理的,是纳扎尔巴耶夫和所有哈萨克斯坦人民的胜利。”⑧

西方学者对于纳扎尔巴耶夫提前进行选举略有微词,认为其否定议会提案等行为都只是一种政治作秀而已,中亚民主卫士的形象也只是以美元粉饰的结果。⑨

哈萨克斯坦政府总理马西莫夫认为,尽管大选是在“阿拉伯之春”的国际背景下进行的,但是哈萨克斯坦的现状又是同爆发“阿拉伯之春”国家的情况是不相同的。哈萨克斯坦人民,尤其是年轻人,他们对未来充满希望。哈萨克斯坦是中亚地区最大经济体,也是该地区经济增速最快的国家,丰富的石油与原材料资源使哈萨克斯坦同时与重要的领国俄罗斯和中国都保持着友好合作的关系。尽管欧盟与美国对纳扎尔巴耶夫的统治缺乏好感,但他们更重视哈萨克斯坦对整个地区的稳定作用。纳扎尔巴耶夫领导下的哈萨克斯坦虽远非西方式民主体制,但有着大量民众的支持也是不争的事实。

影响这次选举的重大国内事件就是哈萨克斯坦对于国家语言的重视。与苏联的其他加盟共和国不同,哈萨克斯坦的国家语言并不是共和国的官方语言,哈萨克语直到20世纪80年代早期才获得了其应有的重要地位。1991年哈萨克斯坦独立后,哈萨克语被规定为唯一的国家语言,但其并没有在全国被广泛应用。“事实上,哈萨克语远没有达到在国家公共关系的各个领域被广泛应用的程度,俄语在社会上仍然是普遍流行的,尤其是在城镇人口中。”⑩

纳扎尔巴耶夫积极推进复兴哈萨克斯坦文化的改革,他把首都从东南部的阿拉木图转向中部的阿斯塔纳,就是为了改变中央政府在边境冲突中体现出的脆弱性,并调节国家人口的分配以推进哈萨克斯坦化。国家语言被作为国家认同的重要因素,无疑在这一过程中受到了特别的重视。

这场总统选举俨然变成了一张检验当今哈萨克斯坦国内社会发展倾向的试纸。候选人能否掌握本国语言,构成了其是否有资格参加竞选的一个重要因素。很多反对派候选人都因为语言问题没能够参加选举,尽管他们都曾公开表示想要参与总统竞选。可见,哈萨克语正从国家管理和社会交流两个方面深入到国民生活中。到2020年,要实现全国对哈萨克语的普遍应用,正是当今哈萨克斯坦政府的一项大重要目标。

总统选举过程体现了国家对于政治和社会现代化的重视,这也使国内妇女得以在政治事务中发挥更大的作用。2011年3月5日,哈萨克斯坦妇女委员会成立。往年国内的妇女组织往往是在国际妇女节之前进行集会,共同商讨现存问题,表达女性的声音和感受。由于纳扎尔巴耶夫对于妇女问题的关注，2011 年的全国妇女委员会在家庭和人口等方面进行了更积极的活动。纳扎尔巴耶夫在促进公民社会发展方面的重视也直接推动了国内妇女地位的提高。[11]

纳扎尔巴耶夫在妇女委员会大会上表示，要把妇女参政的比例提高到 30%（目前这一比例为 10%左右），我们已经在最近举行的选举活动中多次听到候选人们表示对妇女问题重视的讲话，可见这是增加选票的有效措施。

哈萨克斯坦目前社会稳定，和其他中亚国家一样，在中短期内发生政治动荡的可能性不大。以哈萨克斯坦为例，其人均国内生产总值是埃及的 4 倍，国内经济发展稳定，尽管有反对派，但相对势单力薄，缺少民意基础，也尚无可与现总统一较高下的政治人物。另外，中亚各国都已经具备处理来自“阿拉伯之春”影响的应急措施。2011 年 8 月，独联体集体安全条约组织成员国领导人在阿斯塔纳举行非正式会议，就特别谈及各成员国应制定共同防御信息空间和网络空间威胁的措施，防止“阿拉伯之春”的蔓延。与会各国也表示要加强该组织快速反应部队的建设，如果某成员国发生类似阿拉伯国家的骚乱时，快速反应部队可以尽快介入平息事态。

哈萨克斯坦的主流媒体基本掌握在政府手中。近年来，哈萨克斯坦网络上热议两项主题：爱国主义与民主。网络上的主要思潮一直对社会的爱国主义程度感兴趣，民族主义者时常抱怨媒体及官方机构出现太多俄文，政府亦积极运用争议性手段激发民众的爱国心。哈萨克斯坦存在这样一个政治现实，国内左翼政党的政治力量非常弱小，在哈萨克斯坦基本上没有什么发展的空间。

此外，哈萨克斯坦政府在管制反对派媒体的活动上还存在着“潜规则”。规定非官方媒体阅读率不得超过人口的 1%，亦即不可大于 16 万人，这就造成在野阵营无法取得对电台或电视台的控制。

同时，哈萨克斯坦政府也继续推进其相对缓慢的政治改革进程，并制定出一些宪法修正案。例如，在未来的议会选举（2012 年 8 月）中，将预留给第二位政党少量席位，即使该党未能达到 7%的门槛。在整个法律体系均由执政党起政治主导权的背景下，尽管这种变化短期内并不会有实质行民主化意义，但毕竟是一个好的开始。

二、安全形势：2011 年末的局部骚乱

由于哈萨克斯坦提前进行总统大选，避开了年初中东北非强劲的民主化浪潮的直接冲击，也避开了由于来自俄罗斯局势变化可能产生的不可预知的影响。2011 年 12 月初俄罗斯大选之后，在俄罗斯出现大规模的抗议示威，哈萨克斯坦有了反应，也出现了反政府示威活动，从中可以看出俄哈政治生态的相互关联性。

(一) 2011年末的局部骚乱

2011年12月16日,在哈萨克斯坦独立20周年之际,在哈萨克斯坦西部地区扎瑙津却突然爆发大规模抗议示威,打破长久以来平稳的社会生态。示威活动一度从扎瑙津向周边扩散,少数人甚至喊出要求总统纳扎尔巴耶夫辞职的口号。

当地媒体"阿克套—拉达"报道,在哈萨克斯坦共和国阿克套市中心,大规模的群众集会者当中,仅有几十人属于当地因罢工而被开除的石油公司工作人员,其他人都是激愤的青年人。哈萨克斯坦总统纳扎尔巴耶夫宣布在扎纳奥津市实施宵禁。

随着局部危机的出现,哈萨克斯坦总统纳扎尔巴耶夫下令在扎纳奥津市实行紧急状态法,直到2012年1月20日。那里在上述日期前都禁止集会和其他群众性活动,限制通行,甚至限制摄影、摄像和使用复印设备等。在此期间,政府还迅速切断了社交网络的使用,以避免不利于社会稳定信息的扩散。

事件之后,哈萨克斯坦总统的政治事务顾问耶茨巴耶夫表示,油田争端在6个月前就应该已经解决。他将石油工人发动暴力归咎于邻国的土库曼斯坦和乌兹别克斯坦。他表示阿拉伯式革命在哈萨克斯坦"原则上是不可能的"。对于俄罗斯电视台播放了大量的示威画面,耶茨巴耶夫还指控俄罗斯媒体说他们利用示威来分散俄罗斯民众对自己国内抗议活动的关注。

相当一部分的哈萨克斯坦民众认为有人在幕后操纵了这场骚乱。如果是单纯的石油工人要求提高工资,他们可以通过工会传达自己的诉求。即便是走上街头抗议,也不会抢劫和纵火。欧安组织呼吁哈政府保持调查的透明性并尊重人权,欧盟也希望通过和平方式解决参与骚乱的石油工人所关切的问题。另外,在美国、德国和俄罗斯也出现小规模的集会活动,谴责哈萨克斯坦政府针对平民采取强力措施。

对于这次事件,目前有不同的解读版本。莫斯科大学信息分析中心主任阿列克谢·弗拉索夫说,扎纳奥津市的冲突早就在酝酿了。反对派显然利用了局势,他们企图从伦敦操纵抗议情绪的事件中有所收获。社交网站上前一天就出现了破坏独立日庆祝活动的呼吁,试图用流血来给当局抹黑。

俄罗斯国家战略研究所国际项目负责人尤里·索洛佐博夫同意这种观点。他表示,这是由激进反对派从国外挑起的浪潮,这次事件偏偏发生在哈萨克斯坦庆祝独立日这一天就足以证明,挑衅行为的目的即便不是要搞乱国家,也是要让人们质疑哈萨克斯坦的稳定。

与此同时,专家们并不排除有比哈萨克斯坦流亡者更厉害的国际玩家在搅局。里海沿岸的石油国家和产油省份都可能会有外部玩家来搅局。专家们表示,利比亚的经验表明,国际玩家已经制订出了在油气资源丰富的国家制造不稳定的方案。攻击产油国省份,将它们与遥远的中央分割开来是有好处的,在利比亚就实施了被称作"班加西"的方案。正在酝酿的对付哈萨克斯坦的方案是将哈西部石油资源丰富的地区分离出去,并在那里建立傀儡政权。西方一直就有在哈萨克斯坦建立一个独立的"田吉兹—谢夫隆斯坦"国的计划,而且西方本身就非常不喜欢纳扎尔巴耶夫现在所推行的政策,包括关税同盟和未来的欧亚联盟。

此外,哈萨克斯坦的这种政治生态状况,与其目前与俄罗斯越发紧密的关系也有一定的关联。哈萨克斯坦近年来的对外战略具有更亲俄罗斯的明确立场。哈萨克斯坦和俄罗斯的一体化进程明显加快,哈萨克斯坦加入世贸组织的谈判进程也进入了冲刺阶段。因此不排除有这样的一种可能,即某些政治势力利用在哈萨克斯坦制造不稳定因素影响俄罗斯的发展,而扎瑙津事件可能成为某些国家阻碍哈萨克斯坦加入世贸组织的政治筹码,牵制和破坏哈俄一体化进程。

(二) 支撑哈萨克斯坦稳定的重要因素

1. 稳定的伊斯兰社会因素

在当前这种小规模骚动的情况下,哈萨克斯坦的整体局面还是稳定可控的。当中东、北非的伊斯兰世界发生动荡,相对独立于阿拉伯世界的中亚国家是否会受到冲击值得关注。哈萨克斯坦作为中亚大国,它的伊斯兰身份极为醒目。伊斯兰因素在哈萨克斯坦国家建设与发展中一直扮演着极其重要的角色。哈萨克斯坦根据其特殊的国情,将伊斯兰因素转化为一种跨文化、跨民族、跨种族的国家认同力量,并以温和的方式将伊斯兰因素与哈萨克斯坦的历史记忆连接起来,逐步发展成独立的政治文化形态,以此确立国家的自主性意识,进而有效整合国内资源并构建出稳定的国家社会意识形态。另一方面,哈萨克斯坦以其特有的温和、进取、开放的伊斯兰身份参与国际事务,发挥地区大国作用,促进铺设跨文化、跨种族、跨欧亚的"桥梁"。

哈萨克斯坦在国家建设中的伊斯兰因素,既是其在国家独立后迅速凝聚民心的内在动力,也是哈萨克斯坦多民族和谐共处、社会稳定的保障因素,更是其告别长期"被俄罗斯化"的附属身份,连接自身历史传统的精神支柱。此外,伊斯兰因素还是哈萨克斯坦作为区域大国立足于国际舞台的一个重要身份。哈萨克斯坦通过融入伊斯兰世界得到一种文化归属感,同时,凭借开放的"良好的"伊斯兰身份同其他文明区域建立联系,通过扮演桥梁角色,发挥哈萨克斯坦所特有的作用。

2011年,在伊斯兰世界出现新变局的背景下,哈萨克斯坦出任伊斯兰会议组织主席国,并将举办伊斯兰会议组织外长理事会、伊斯兰经济论坛等重要活动。这不仅是对哈萨克斯坦作为整个伊斯兰世界中一个重要角色的肯定,也是哈萨克斯坦自身对伊斯兰发展进程中的一次挑战。由于在2010年哈萨克斯坦已成功担任了欧洲安全与合作组织主席国并举办欧安组织首脑峰会,哈萨克斯坦在发挥伊斯兰大国作用上已积累了宝贵的经验。借此机会,哈萨克斯坦也要实现自己的雄心,希望通过自己的努力寻求将哈萨克斯坦建成"中亚的一个外交中心"。⑫

纳扎尔巴耶夫多次提出把哈萨克斯坦民众的伊斯兰身份当作哈萨克斯坦国家的一种身份。正如有学者特别强调指出,伊斯兰教和文化在中亚特定的社会传统和共同体中塑造、灌输和决定着中亚的主体价值观,它涉及政治社会的核心。⑬

作为一个伊斯兰文明的国家,哈萨克斯坦对外显得更为开放和民主。哈萨克斯坦是伊斯兰世界的一个重要角色,其并未再塑造伊斯兰世界的形象,而更多的是发挥一种独特的桥梁作用。与伊斯兰世界的互动,构成哈萨克斯坦外交政策的优先方向之一。

哈萨克斯坦独特的地缘优势、特有的伊斯兰身份为担当这样的欧亚桥梁,促进东西发展提供了可能。尤其是哈萨克斯坦在2010年成功担任欧亚合作的欧安组织主席国,在促进东西合作方面已积累了成功的经验。

2011年是哈萨克斯坦独立20周年。纳扎尔巴耶夫表示,20年来,哈萨克斯坦已经确立了国家发展的基本价值观和原则,即自由、统一、稳定和繁荣。

在哈萨克斯坦国家发展过程中,伊斯兰因素却始终是平稳发展,对内统一民心,整合社会不同力量,体现着极强的“宽容性”,对外则发挥着不同文明、不同区域之间独一无二的“桥梁”作用。

2. 民族关系融洽

相对平衡的民族政策,以及在跨界民族问题上平缓的政策为民族和谐创造了良好的条件。其中哈萨克斯坦民族与俄罗斯民族之间维持较为良好的互动状况,为哈萨克斯坦社会的发展提供动力。另一方面,哈萨克斯坦相对远离中亚民族纠纷的热点地区,如费尔干纳地区等,正因为哈萨克斯坦在民族问题上相对中立的立场,在2010年的吉尔吉斯斯坦发生的危机中,哈萨克斯坦才能以相对中立的身份介入,并引导危机的解决。

3. 反对派势力弱小,不足以与政府抗衡

由于特殊的柔性威权体制,在纳扎尔巴耶夫执政的20年中,真正的反对派基本上没有存在的空间,并且由于媒体的监管,与政治不一致的声音也被控制在有限的范围内。

4. 哈萨克斯坦与西方关系良好

作为2011年伊斯兰会议组织主席,哈萨克斯坦强调要将焦点放在宗教间的对话上。纳扎尔巴耶夫总统宣布,哈萨克斯坦将倡导更密切的东西方互动,建立不同宗教间的对话。

5. 哈萨克斯坦自身的成功使得其在伊斯兰世界有着较好的声望

哈萨克斯坦一直与伊朗、沙特阿拉伯等中东国家保持良好关系,他们也认同哈萨克斯坦代表的伊斯兰利益。与此同时,哈萨克斯坦与欧美等基督教为主流的西方国家保持稳定关系,始终在政治、经济、安全等领域有着畅通交流的渠道。哈萨克斯坦明确的世俗身份，以及积极加强与国际合作的努力，在一定程度上得到西方世界的认可，进而有利于稳固其区域大国地位。这种代表伊斯兰利益，同时又可以自由与基督教大国交往的背景，为哈萨克斯坦成功搭建一种文明的桥梁创造了有利条件。

除了自身的有利条件优势外，哈萨克斯坦主观上积极推动伊斯兰与基督教文明的交流也是搭建该桥梁的重要促成因素。

三、经济：缓慢稳步的复苏

金融危机前10年是哈萨克斯坦经济发展的“黄金时期”，国内生产总值年均增速在10%左右，经济总量增长5倍，外贸额增长6倍，经济实力占中亚五国总量的三分之二。

金融危机爆发后，哈萨克斯坦经济增长速度骤减。2008—2009年金融危机时期，和世界其他地区一样，哈萨克斯坦贸易锐减。2008年国内生产总值增幅降至3.2%。2009年上半年国内生产总值为负增长，但进入下半年经济滑坡势头基本得到遏制，全年国内生产总值维持1.2%的正增长。

2008年席卷全球的金融危机爆发初期，哈萨克斯坦政府迅速作出反应，拿出巨额资金救市，改组国有资产管理体系，加强对金融银行业监管，扶持能源、农业、中小企业、高新技术产业和基础设施建设，保障居民储蓄，降低税负，稳定失业率，不顾财政困难继续执行各项社会保障计划，大幅提高民众收入，并出台措施保障已购房屋的民众利益不受房地产业衰退的损害，切实稳定社会情绪。通过一整套的应急经济政策刺激，并借助国际原油价格上涨的利好因素，其经济状况逐渐好转，内需得到很大的增长。同时，哈萨克斯坦主要贸易伙伴国的经济恢复，也促进了其出口贸易。在这种综合因素的促进下，哈萨克斯坦国内生产总值在2009年第三季度开始回升，至2010年起，哈萨克斯坦经济发展开始走出谷底，逐渐呈现回升势头。

2010年1月29日，纳扎尔巴耶夫发表年度国情咨文，并批准了《2020年国家发展战略计划》。在此政策的指导下，哈萨克斯坦着手重点筹备危机后社会发展的新任务。国家计划不断改善经济结构，发展资源深加工和非资源领域，采取一系列措施改善商业环境，确保金融体系的稳定，寻求通过发展人力资源，采取创新措施，利用优势建立新的产业，并建立起可靠的法制环境，为国家新的发展创造机会。

通过国家政府的积极扶持和引导，2011年哈萨克斯坦经济状况有了进一步的好转。根据哈萨克斯坦国家统计局的资料，2011年哈萨克斯坦国内生产总值同比增长7.5%，人均国内生产总值达到11 300美元。相应的，哈萨克斯坦的贸易环境也得到了一定的改善，在世界银行和国际金融公司公布的《2012年全球经商环境报告》中，哈萨克斯坦由第58位跃至第47位，上升了11位。

2011 年哈萨克斯坦出口主要伙伴国为:中国(162.9 亿美元),占总出口额的 18.5%,意大利为 17.1%,俄罗斯为 8.5%,法国为 7.5%。哈萨克斯坦进口主要伙伴国为:俄罗斯,占总进口额的 42.8%,中国为 13.2%,德国为 5.5%,乌克兰为 4.6%。

表 5.1　哈萨克斯坦 2011 年主要贸易伙伴贸易额及占比

排序	国家	出口(亿美元)	在出口中占比(%)	进口(亿美元)	在进口中占比(%)	总额(亿美元)	在外贸总额中占比(%)
1	俄罗斯	75.1	8.5	162.9	42.8	238	18.9
2	中国	162.9	18.5	50.2	13.2	213.1	16.9
3	意大利	150.5	17.1	11.4	3	161.9	12.8
4	荷兰	66.4	7.5	2.9	0.8	69.3	5.5
5	法国	54.1	6.1	6.9	1.8	61	4.8
6	瑞士	49.6	5.6	1.57	0.4	51.2	4.1
7	乌克兰	26.7	3	17.3	4.6	44	3.5
8	奥地利	38.8	4.4	2.2	0.6	41	3.3
9	德国	16.1	1.8	20.8	5.5	36.9	2.9
10	土耳其	25.7	2.9	7.3	1.9	33	2.6

资料来源:2011 年哈萨克斯坦海关统计资料,国家统计署统计资料。

2011 年哈萨克斯坦同独联体国家的贸易总额为 326 亿美元,比上一年同比增长44.9%。2011 年哈萨克斯坦与关税同盟国家的相互贸易额为 245.267 亿美元,比 2010 年增长 40.8%。哈萨克斯坦出口 76.18 亿美元,同比增长 43.1%,哈萨克斯坦进口 169.087 亿美元,同比增长 39.8%。哈萨克斯坦出口中:矿产品占 55.4%,金属及其制品占 26.5%,化工产品占 9%。哈萨克斯坦进口中:机械和设备占 29.9%,矿产品占 27%,化工产品占 11.5%,金属及其制品占 10.7%。

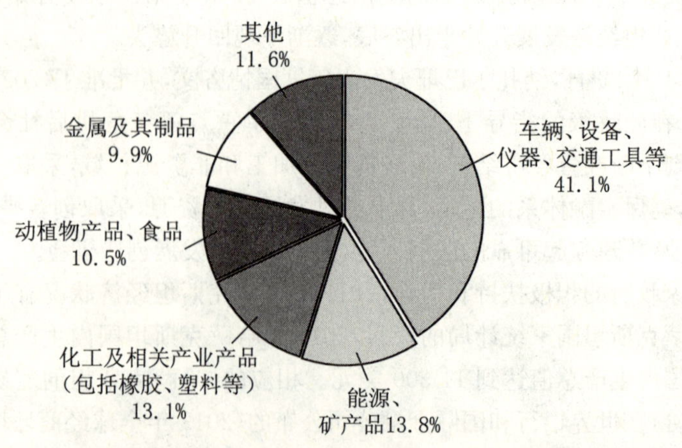

图 5.1　2011 年哈萨克斯坦进口商品结构图

哈萨克斯坦认为2011年起，以关税同盟为核心，以俄罗斯—哈萨克斯坦为主导双引擎的后苏联空间经济一体化，更为哈萨克斯坦的持久发展提供了一个新的发展空间。2010年关税同盟建立之前，哈萨克斯坦平均关税率相比其他转型和新兴经济体相当低(5%左右)。2010年，哈萨克斯坦、俄罗斯以及白俄罗斯，通过"统一关税法"，正式建立关税同盟。2010年11月19日，三国政府首脑签署了四项协议；12月9日在欧亚经济共同体理事会会议(海关联盟上级机构)上通过了组建统一经济空间其余的13个协定，主要包括以下方面的内容：

(1) 完成统一经济空间的法律框架，除了货物、服务、资本和劳动力资源的自由流动规定外，以市场经济原则和统一的法律适用机制来调节经济，并协调财政、货币、金融、贸易和关税政策。

(2) 商品市场将不仅保障本国生产的商品，还包括从第三国进口到统一经济空间的商品的自由流通。并创建一个提供服务的共同市场及其服务规定。

(3) 在统一经济空间建立劳动力资源的共同市场，保障劳动力自由流通，调节统一经济空间内一国公民在另一国的地位。提供免费教育，高等和中等教育文凭认可，建立有关劳动力及进入劳动力市场的准入要求和统一适用的规则。

(4) 建立共同的资本市场。保障成员国间金融、银行和保险服务市场开放。形成外汇监管下的单一支付和结算制度，建立货币相互协调的市场准入制度。

(5) 创建统一经济空间是为了形成自由竞争的氛围，发展和加强共同空间的创新活动。竞争是提高商品和服务市场的动力，使企业提高生产、降低成本、提高生产效率，为服务和金融领域的活动提供竞争机会。

经过一年的运行，2010年哈萨克斯坦与关税同盟成员国(俄罗斯、白俄罗斯)间贸易额达164.77亿美元，比上一年增长28.1%。哈萨克斯坦出口50.2亿美元，同比增长39.4%；进口115.6亿美元，增长24.7%；哈方逆差65.4亿美元，同比增长15.3%。贸易额占比为18.5%。2010年，哈萨克斯坦对俄贸易额158.2亿美元，同比增长27.2%。其中，对俄出口48.2亿美元，同比增长35.9%；从俄进口110亿美元，同比增长23.6%。哈萨克斯坦对白俄罗斯贸易额6.57亿美元，同比增长55.7%。其中，对白出口2亿美元，增长264%；进口4.57亿美元，增长24.5%。[14]哈方认为，俄白哈关税同盟扩大了市场规模，有效缓解了人口少、市场规模小的发展困境，物流和交易成本也大大降低，有力地推动了经济发展。2011年上半年关税同盟内部贸易额增幅达43.6%，进一步促进贸易自由化的实现。哈萨克斯坦和其他中亚国家一起加入中亚区域经济合作计划，成员国相互承诺进一步减少和简化贸易关税，并显著降低或消除非关税壁垒。根据中亚区域经济合作计划，多项实施措施旨在最终使成员国加入世界贸易组织。

依关税同盟目前的发展态势，据估计，五年之后俄罗斯贸易额将增加4 000亿美元以上,哈、白两国将分别增加160亿美元。随着吉尔吉斯斯坦打算尽快加入关税同盟,乌克兰也表示愿与关税同盟以“3+1”的模式合作。对于哈萨克斯坦政府来说,加入世界贸易组织是享有经济优先权的关键,因此加入关税同盟后,加入世界贸易组织的协定还要继续。

目前,根据哈萨克斯坦“入世”双边谈判的结果,已整理出一套税率表,作为其“入世”以后采用的进口关税最高限额。与此同时,为保证关税同盟在其成员国“入世”后的有效运行,同样需要进行关税的协调和调整。

关于加入统一经济空间和加入世界贸易组织可能出现的冲突问题,关税同盟的成员国已经在2011年5月19日达成了一致意见。成员国“入世”时,将以关税同盟首个“入世”的成员国,即以俄罗斯的加入条件为准。这就意味着,哈萨克斯坦的“入世”承诺将与俄“入世”承诺相同。如果哈萨克斯坦“入世”承诺较俄罗斯“入世”承诺更为优惠,则哈方需再次同俄、白两国就修改关税同盟文件进行磋商。但是,在这种情况下,俄罗斯作为世贸组织成员国,有权维持其此前与哈萨克斯坦谈定的条件。如果哈方无法与俄方就其“入世”条件达成一致的话,哈方就必须与世贸组织,与其他成员国重新进行谈判。如此复杂的情况,在世贸组织的历史上也是少见的。

尽管在金融危机后,哈萨克斯坦在经济的恢复上已经取得了不少成绩,但目前仍有一些问题严重困扰着哈萨克斯坦的进一步发展。包括以下几个方面:

(1) 通胀率居高不下。在石油、食品和服务价格高涨推动下,2010年通胀率为7.8%(其中食品类10.1%,非食品类5.5%,服务6.8%),2011年上半年达到8.4%。为对抗通胀,哈萨克斯坦央行于2011年3月9日上调基准利率50个基点,这是2009年9月以来的首次利率调整,但效果不明显。

(2) 外债余额创新高。截至2011年一季度末,外债余额共计1 242亿美元,创下历史新高,较2010年底(1 192.43亿)增长了4.1%。其中,由政府担保的外债余额为76.1亿美元,占外债总额的6.1%,同比增长了49%,增长较快。

(3) 金融银行市场依然脆弱。尽管在政府帮助下已经度过危机,主要指标有好转趋势,但造成危机的根本因素并未有效改善,一旦再次发生经济危机,哈萨克斯坦仍会面临困境。

(4) 中东局势和欧美债务危机可能引发国际原材料特别是原油市场波动,进而影响哈萨克斯坦财政收支和企业经营投资决策。哈萨克斯坦1998年和2008年经历的两次经济危机便是由于石油价格下跌或外资撤离引发。

哈萨克斯坦将通过加快经济的现代化改革步伐,来克服上述挑战。以2009年国内生产总值为基点,哈萨克斯坦提出要在2020年之前实现经济增长30%的目标。根据2012年年初的统计,哈萨克斯坦人均国内生产总值已经达到了9 000美元,是1994年的12倍之多。2010年人均国内生产总值超过9 000美元;自1994年以来,哈萨克斯坦居民月均名义工资增长45倍,近10年来退休金提高6倍。因此,可以预计,哈萨克斯坦不光是走出危机,而且取得进一步发展还是很有希望的。

四、外交：全方位的拓展与中亚大国的塑造

在外交领域,哈萨克斯坦实行以巩固独立和主权为中心的务实、平衡的外交政策。正如纳扎尔巴耶夫所说,哈萨克斯坦外交政策的优先方向将保持不变,哈萨克斯坦将继续发展同俄罗斯与中国的睦邻友好伙伴关系,发展同美国和欧盟的建设性战略伙伴关系。与此同时,哈萨克斯坦将深化同中亚、中东、波斯湾、亚太和拉美等地区国家的关系。哈萨克斯坦正是通过积极推动全方位外交,从而在这个过程中努力将自己建设成整个中亚地区的外交中心。

俄罗斯是哈萨克斯坦外交的首要方向。哈萨克斯坦与俄罗斯的关系被置于最优先的地位,是“战略性的”和“最主要的”关系。哈萨克斯坦积极配合俄罗斯所推动的独联体一体化,哈俄两国成为欧亚经济共同体、集体安全条约组织和关税同盟的领头羊角色。哈俄战略伙伴关系在2010年继续稳步发展,高层访问频繁,两国领导人始终保持高频率的会晤和对话,在对重要外交政策上双方保持高度的协调一致。

美国是哈萨克斯坦多元平衡外交的重要方向。2010年以来,哈美关系稳步上升,在阿富汗问题、中亚地区安全问题、防扩散等问题上双方紧密配合。哈为美在阿富汗的反恐行动提供运输通道,并积极配合美推动的防扩散进程。2010年4月,纳扎尔巴耶夫总统出席在美举行的全球核安全峰会。美国国务卿希拉里·克林顿12月出席哈萨克斯坦主办的欧安组织阿斯塔纳峰会。但北约与集体安全条约组织在军事领域的复杂关系,也影响了哈萨克斯坦与美国的关系。由于北约拒绝接受集体安全条约组织发出的合作信号,可能导致哈萨克斯坦在安全和国防领域的需求方面更多地依靠俄罗斯。

2010年,哈萨克斯坦成为欧洲安全与合作组织为期一年的轮值主席国(欧安组织),从而结束了国际上对于其国内人权组织活动的争议。之前西方曾指责纳扎尔巴耶夫总统的政府作为欧安组织的成员未能履行其义务,其中包括承诺确保基本自由,促进民主制度等。针对来自欧洲的压力。纳扎尔巴耶夫强调,欧安组织必须接受欧洲多样性的事实,并停止试图强加给它的东部成员的西方规范。纳扎尔巴耶夫强调欧安组织发展的重点是安全和发展,而不是民主,强调这是欧安组织在2010年的优先事项。

在成为欧安组织轮值主席国之前,迫于压力,哈萨克斯坦虽然已经进行过一系列的政治改革,以改善之前不佳的人权纪录。但是,这些变革多致力于建立民主的形象,没有太多实质性的措施。

2010年是哈萨克斯坦外交“欧洲年”。哈萨克斯坦作为欧安组织轮值主席国,积极推动东西方文明交流、对话。在维护中亚地区稳定、协调北高加索问题和其他地区

冲突上积极作为,取得一定进展。其中成功举办欧安组织峰会,不仅是哈萨克斯坦与欧洲安全合作的一个深度发展,也是哈萨克斯坦自身作为外交大国的一次重要形象展示,成果极其显著。2009—2011年哈萨克斯坦成欧安组织"三驾马车"之一⑮,这是欧安组织历史上第一次由一个前苏联国家、一个欧亚地区国家和一个穆斯林国家来担任轮值主席国。欧安组织决定把主席国位置授予哈萨克斯坦,既是对该国在过去近20年里取得上述成果的一个肯定,也希望借此在中亚地区甚至更广大的欧亚地区树立一个榜样。

2010年,哈萨克斯坦在任欧安组织主席国过程中,也在应对吉尔吉斯斯坦动荡问题上作出了努力。4月份吉尔吉斯斯坦突然爆发大规模社会及政治动荡,国际社会曾一度显得束手无策。作为中亚大国、吉尔吉斯斯坦的重要邻国以及欧安组织主席国的哈萨克斯坦,除向吉尔吉斯斯坦提供经济援助外,更主要的是发挥其桥梁作用,积极为联合国、北约、独联体等多个国际组织穿针引线,导入国际力量,为弱小的吉尔吉斯斯坦的危机提供了有效控制危机的途径。吉尔吉斯斯坦在短暂的混乱后,局势很快恢复了平稳状态,避免了出现一度担忧的内战问题,在这次危机处理过程中作为欧安组织主席国的哈萨克斯坦发挥了有益的作用。

五、 中哈关系与上海合作组织

2011年上海合作组织成立十周年,在哈萨克斯坦首都阿斯塔纳召开峰会。如纳扎尔巴耶夫总统在发言中所说:"从上海到阿斯塔纳,上海合作组织转变为独一无二的国际关系机构,它联合了最有发展前景的世界经济,独具文化和文明特色的国家。"上海合作组织发展的独特吸引力为国际合作开展新型模式。

中哈两国是上海合作组织的重要成员,两国关系一直发展良好,并且通过上海合作组织这个平台,促进双方在更多层面的交往,加强双方在整个区域安全与发展方面的共识。可以说,中哈关系的发展为上海合作组织的发展提供了动力,上海合作组织为中哈关系发展提供了更多的机会。

中国与哈萨克斯坦自1992年1月建交以来,双边关系一直稳步发展,两国很早就彻底解决了历史遗留的边界问题,签署了《中哈睦邻友好合作条约》、《中哈21世纪合作战略》等重要文件。两国高层交往日益密切,政治互信不断加深,在彼此关切的重大核心问题上相互理解和支持。双方建立了政府间合作委员会机制,在经贸、能源、安全、人文等领域开展了广泛合作,在联合国、上海合作组织、亚信等多边框架内密切协调配合。中哈两国的政治关系日益密切,政治互信不断增强,两国已经互为战略合作伙伴。在区域安全问题上,中哈两国有着共同的立场。近年来在维护中国新疆及中亚地区安全,打击恐怖势力、极端势力、分裂势力等"三股势力",以及打击毒品犯罪等问题上双方积极配合，并借助上海合作组织的合作平台，加强全方位的合作，为区域稳定作出了重要贡献。

在中哈两国关系不断升温的进程中，经贸领域的发展尤其突出。中国现已成为哈萨克斯坦的第二大贸易伙伴。2010年两国贸易额突破200亿美元，是建交初期的50多倍。两国目前在共建石油管道、天然气管道和洲际交通走廊等方面的合作有着重大的进展。目前，在哈萨克斯坦境内有1 000多家中资企业从事各类经济活动。1992年中哈贸易额仅为3.691亿美元，而2010年双边贸易额达到204.1亿美元，中国成为哈萨克斯坦最大的出口市场。据哈萨克斯坦统计署公布的对外贸易数据，2011年1—9月，哈中贸易额为150.28亿美元，在哈萨克斯坦对外贸易总额中的占比为16.4%。

此外，在人文领域，中哈两国合作的空间也不断加大。两国间的教育、科技、文化、体育、新闻等领域的交流日益增多，留学生数量也明显增加，中国还在哈萨克斯坦开办了多所"孔子学院"，这对增信释疑、促进友好发挥了重要作用。

2011年6月13日，在胡锦涛主席访哈期间，两国又签署了《中哈关于发展全面战略伙伴关系的联合声明》，从政治互信、安全互助、经济互利、人文互鉴等全方面，对未来中哈关系的发展做出更加明确的战略定位。

上海合作组织作为一个多边平台，同时为双边合作提供了更多的机遇，在能源合作领域尤其如此。哈萨克斯坦油气资源丰富，中国则是世界上最大的能源消费市场之一。近年来，中哈能源合作快速发展，成为两国务实合作的重点和亮点。双方共同修建了中国第一条跨境输油管线——中哈原油管道。作为中国—中亚天然气管道的重要组成部分，中哈天然气管道于2009年底建成通气。2011年9月6日，中哈天然气管线（别伊涅乌—什姆肯特）也开始动工修建，并将与中国—中亚天然气管道相连。此外，双方还在油气勘探、开发和加工等领域开展良好合作，共同实施了阿特劳炼化厂等重点合作项目。中哈能源合作是互惠合作，具有优势互补、平等互利的特点，符合两国和两国人民的根本利益，拥有巨大潜力和广阔前景，对推动两国经济社会发展发挥着越来越重要的作用。

注释

① Bulat Sultanov, "Lesson of Democracy", http://www.kisi.kz/site.html?id=4063.

②《纳扎尔巴耶夫胜券在握》，http://news.sina.com.cn/w/2011-04-04/085522235744.shtm。

③ Azhdar Kurtov, "The Five Moments of Truth", http://www.kisi.kz/site.html?id=4227.

④《纳扎尔巴耶夫胜券在握》，http://news.sina.com.cn/w/2011-04-04/085522235744.shtml。

⑤ Sanzhar Bokaev, "2011 Electoral Campaign Technologies", http://www.kisi.kz/site.

html?id=4251.

⑥《"超级总统"是怎样炼成——纳扎尔巴耶夫高票第四次当选哈萨克斯坦总统》,http://blog. sina. com. cn/s/blog_3d9f6ee60100q7fo. html。

⑦《纳扎尔巴耶夫连任哈总统　曾带领国家三闯危机》,http://www. chinadaily. com. cn/hqgj/jryw/2011-04-12/content_2277503. html。

⑧ Azhdar Kurtov, "The Five Moments of Truth", http://www. kisi. kz/site. html? id=4227.

⑨ Azhdar Kurtov, "Kazakhstan: Nursultan Nazarbayev to Follow the Way of German Fuhrer?" http://enews. fergananews. com/article. php?id=2688.

⑩ Natsuko Oka, "Nationalities Policy in Kazakhstan: Interviewing Political and Cultural Elites," Nationalities Question in Post-Soviet Kazakhstan 51(2002):1—6, www. ide. go. jp/English/publish/Download/Mes/1863ra 0000007403-att/1863ra000000746s. pdf, accessed november 20, 2009;转引自 Dinara Tussupova, Mass Media and Ethnic Relations in Kazakhstan。

⑪ Zarema Shaukenova, "Very Much to be Done, Social Modernization in Hands of Kazakhstan's Women", http://www. kisi. kz/site. html?id=4164.

⑫ 哈萨克斯坦将成为 IKÖ 主席国,http://www. trtchinese. com/trtworld/zh/newsDetail. aspx?HaberKodu=07f6d7b5-3b49-49d4-8ddb-a430eaab4cc7。

⑬ Рахнамо А. Т., рансформация политической культуры «политического ислама» в Таджикистане//Социальная специфика развития политической культуры в Центральной Азии. М., 2009, с186.

⑭《俄白哈关税同盟贸易转移效应初现》,驻哈萨克斯坦使馆经商参处官网,http://kz. mofcom. gov. cn/aarticle/ddgk/h/201102/20110207400511. html。

⑮ 欧安组织主席由各成员国每年轮流担任。轮值主席会得到前任主席和继任主席的协助,以确保欧安组织活动的连贯性。三任轮值主席(现任、前任和继任)构成了欧安组织"三驾马车"。

报告六　乌兹别克斯坦年度发展报告

王海燕　李　荟*

［摘要］　乌兹别克斯坦自全球金融危机爆发以来，在政治与安全、经济建设、对外关系等领域均取得一定成就。在政治与安全方面，乌兹别克斯坦继续坚持严厉打击"三股势力"，同时注重人民生活水平的改善，赢得较为安定的发展时期。在经济发展方面，乌兹别克斯坦较为成功地减轻全球金融危机对国家的影响，通过稳健的改革政策和扶持中小企业发展、建立特殊经济区等政策，使国家经济保持较快速度增长。然而，乌兹别克斯坦在 2009 年至 2011 年期间与美俄等大国保持良好关系的同时，同塔吉克斯坦、吉尔吉斯斯坦等中亚国家关系渐趋微妙，参与区域性组织进程也时现变局。同时，中国同乌兹别克斯坦关系持续深入发展，双方政治、经济关系日益紧密。

［关键词］　乌兹别克斯坦　政治　安全　经济　外交

2009 年至 2011 年对乌兹别克斯坦而言是"稳中有变"的时期。一方面，乌兹别克斯坦在政治上继续保持政权的平稳发展，经济上较成功地阻止金融危机对乌造成不利影响，安全上继续遏制"三股势力"对国家稳定构成的威胁；另一方面，乌兹别克斯坦为适应世界政治民主化、经济全球化的发展趋势，特别是在地区间贸易不断扩大，一体化趋势进一步明显的背景下，在经济政策方面进行适度调整，以更好地促进国家政治经济的良性发展，以融入世界经济。三年来，乌兹别克斯坦政治生活平稳有序，国内生产总值(GDP)和各主要经济部门产量均实现较快增长，开始积极在政策上鼓励并扶持中小企业的建立与发展，创造条件吸引国外投资。同时，乌兹别克斯坦继续同世界各主要国家发展友好关系，并加强国际与地区间反恐合作，继续参与地区性组织如上海合作组织框架内经济、政治与安全合作机制，并在阿富汗问题、打击"三股势

* 王海燕，华东师范大学国际关系与地区发展研究院暨国家开发银行—华东师范大学上海合作组织研究院，教育部重点研究基地华东师范大学俄罗斯研究中心副研究员、硕士生导师、经济学博士；李荟，华东师范大学国际关系与地区发展研究院 2010 级外交学专业硕士研究生。

力”等方面积极在国际社会发出自己的声音。总的来说,乌兹别克斯坦这段时期在政治安全、经济、外交等方面均取得一定成果。

一、乌兹别克斯坦政治与安全

(一) 乌兹别克斯坦政治安全形势概述

从 2009 年至 2011 年,乌兹别克斯坦国内安全形势继续保持基本稳定。自 2005 年“安集延事件”被平息以来,乌兹别克斯坦进入一段相对平稳的政治发展时期,国内已经近七年没有发生剧烈的政治动荡和大规模的恐怖袭击。此外,乌兹别克斯坦国内政治生活相对正常,民族关系、族群关系渐趋缓和。2008 年的乌兹别克斯坦总统选举以及 2009 年的议会选举均在平稳、有序的环境下顺利进行。

在此期间,乌兹别克斯坦的政治生活也出现一些新的变化。乌兹别克斯坦政府及议会开始有步骤地推动国内的民主法治建设,2010 年,乌兹别克斯坦议会上议院召开会议,通过有关民主政治和建立公民社会的议案,总统卡里莫夫也在公开场合强调推进民主的重要性和意义。在 2009 年乌议会选举期间,政府还邀请欧洲国家观察员观摩选举。据报道,期间未发生与选举有关的舞弊等争议及大规模政治冲突。以上事实可以说明,乌兹别克斯坦正在逐渐走出“安集延事件”给其带来的政治上的压力和安全上的阴影,并能更加成熟地处理国家事务。

(二) 稳定下的暗流涌动——国内安全形势

1. 费尔干纳地区安全形势继续好转

长期以来,位于乌兹别克斯坦、塔吉克斯坦和吉尔吉斯斯坦三国交界地区的费尔干纳盆地由于受地形复杂、交通不便、宗教势力影响深等因素制约,成为乌兹别克斯坦乃至中亚地区的“火药桶”和滋生恐怖主义、宗教极端主义的温床,对乌兹别克斯坦的国家安全构成最大的直接威胁。2005 年,“安集延事件”的爆发就充分反映出该地区的碎片化及不稳定性。事件被平息后,费尔干纳地区的局势开始趋于平静,2009 年至 2011 年,该地区安全形势呈现进一步好转的趋势,造成这种趋势的原因主要体现在以下几个方面:

首先,国家领导者对该地区高度关注。在一系列不稳定事件发生后,费尔干纳地区的局势成为乌兹别克斯坦政府关注的重点问题。卡里莫夫总统曾分别在 2009 年 9 月和 11 月视察费尔干纳地区,并通过现场办公的方式解决当地存在的问题。2010 年 5 月,卡里莫夫总统再次视察费尔干纳地区,重点解决改善当地住房问题。[①] 国家领导人视察的频繁程度和关注的主要问题说明这一地区的经济发展和人民生活水平等问题已经开始受到高层的重视。值得注意的是,卡里莫夫的上述几次视察都没有将打击“三股势力”作为重点，这也从另外的角度说明该地区局势稳定，近期将不会发生大规模的动乱。

其次，乌兹别克斯坦开始着重发展民生，改善当地人民生活水平。乌兹别克斯坦政府将2010年定为“偏远地区发展年”，重点支持费尔干纳等偏远地区农村的发展。在此期间，乌兹别克斯坦政府吸引外资进入该地区投资并开发油气资源，韩国大宇集团等一批实力较强的企业进入该地区进行石油化工等项目的开发。2008年6月，乌兹别克斯坦政府还同中国石油天然气集团公司（以下简称“中石油”）签署开发费尔干纳盆地老油田的意向，同年10月，乌兹别克斯坦国家油气公司还同中石油签署合作协议，合资开发位于费尔干纳盆地北部的明格布拉克油田。② 地方政府也努力增加工作岗位，特别是安排当地青年就业。为此，乌启动名为“和睦的青年一代”(Year of Harmoniously Advanced Generation)的国家项目，为农村地区的青年人开辟就业岗位。2009年的前九个月，当地就新增就业岗位7万个，同时还开发出诸如养禽、养蜂等新的就业岗位。③ 同时，政府还加大基础设施的建设力度，包括修缮校舍、整修道路等，收到良好效果。2009年，乌兹别克斯坦还争取到亚洲开发银行项目资金1亿美元，专门用于改善费尔干纳地区水利设施。

在上述背景之下，2010年，乌兹别克斯坦参议院为庆祝国家独立19周年，宣布特赦205名费尔干纳地区的囚犯并为他们提供就业帮助。④ 这从一个方面也可以看出，乌兹别克斯坦政府已经具备足够的能力处理好费尔干纳地区的局势。

由此可见，乌兹别克斯坦在费尔干纳地区的治理已经日趋成熟，政府不是通过武力而是通过发展经济、改善民生的手段稳定该地区的局势，这既是费尔干纳地区局势的相对稳定的结果，也是政府执政水平提高的表现。2008年至2011年，费尔干纳州的国内生产总值、固定资产投资等指标逐年上升（见表6.1），且农业产量、城乡建设、固定资产投资等指标的年增长率超过乌兹别克斯坦全国平均水平。事实证明，乌兹别克斯坦政府的政策已取得一定效果。与此同时，乌兹别克斯坦也没有放松对“三股势力”的警惕，继续对其实行监控措施。

表6.1　费尔干纳州2008—2011年主要经济指标（单位：亿苏姆）

	2008年	2009年	2010年	2011年
国内生产总值	28 535	36 066	40 955	52 992
固定资产投资总额	4 718	6 634	9 347	11 528
国内零售贸易总额	11 927	14 568	18 884	24 952

资料来源：乌兹别克斯坦共和国国家统计委员会(The State Committee of the Republic of Uzbekistan)，http://www.stat.uz/。

费尔干纳地区虽然在向稳定和安全的方向发展，但这些成绩并不意味着“三股势力”带来的一系列政治和社会问题已得到彻底解决。据学者考察，被认为是中亚宗教中心的撒马尔罕受伊斯兰教的影响更深,也更为保守,当地百姓也对宗教极端势力缺乏清醒认识。[⑤]这说明在较长的时间内,宗教极端势力在当地仍具有较大的迷惑性作用,极端势力的存在也是造成当地不稳定的主要因素。另外,一些非传统安全问题在乌兹别克斯坦开始体现出来。2010 年,马哈拉(Mahalla)和费尔干纳地区的人口贩卖问题开始凸显,当地行政部门已开始着手联合打击。[⑥]同时,该地区尚未就业的青年人也是当地社会稳定的潜在威胁因素。尤为令人担忧的是,2011 年 5 月 3 日,吉尔吉斯斯坦的安全官员宣称有 400 名乌兹别克斯坦人在 2010 年吉尔吉斯斯坦南部的骚乱后前往阿富汗和巴基斯坦接受恐怖训练[⑦],这对费尔干纳地区安全构成了很大威胁。2011 年 4 月,美国国务院也发出了赴乌兹别克斯坦旅游警报,警报指出,乌兹别克斯坦依然存在发生恐怖袭击和民众骚乱的可能,乌兹别克斯坦政府也对恐怖袭击保持着高度警惕的态度,警报还特别指出对恐怖分子通过吉尔吉斯斯坦和塔吉克斯坦国境潜入乌境内的担忧。[⑧]

2. 应对吉尔吉斯斯坦难民潮

2010 年 6 月中旬,乌兹别克斯坦邻国吉尔吉斯斯坦南部城市奥什爆发反政府示威游行,进而演变成骚乱并迅速向全国蔓延。骚乱不仅直接导致吉尔吉斯斯坦总统巴基耶夫下台,居住在吉尔吉斯斯坦南部的乌兹别克族人也纷纷进入乌兹别克斯坦境内寻求避难,人道主义危机由此产生。乌兹别克斯坦政府在事件发生之初采取积极、妥善的手段应对危机,较为成功地将其化解。

吉尔吉斯斯坦难民涌入之初,乌兹别克斯坦便设立接待站安置难民,乌兹别克斯坦内政部长亲自前往边境地区指挥。截至 2010 年 6 月 14 日,登记在册的吉尔吉斯斯坦难民有 4.5 万人,同日,乌兹别克斯坦外交部发表声明,对吉尔吉斯斯坦局势表示不安,并对受害者表示同情,宣布将严格控制边境。同日,乌兹别克斯坦关闭与吉尔吉斯斯坦边界,并不再接受难民;17 日,乌兹别克斯坦总统卡里莫夫同美国国务卿希拉里・克林顿通电话,就吉局势交换意见,力促避免人道主义危机。截至当月 24 日,7 万难民陆续返回吉尔吉斯斯坦,难民潮最终退去,未形成大规模人道主义危机。

这场人道主义危机之所以被最终化解,主要是乌兹别克斯坦应对措施得力,特别是在后期实行严格的边境管控,严防局势恶化,有力地阻止了更大规模的人道主义危机。对乌兹别克斯坦而言,吉尔吉斯斯坦南部同乌兹别克斯坦的费尔干纳谷地相连,还分布着乌兹别克斯坦的几处飞地,两地居民同属乌兹别克族,吉尔吉斯斯坦的动乱和民族间冲突极易在乌兹别克斯坦产生连带效应。乌兹别克斯坦所采取的一系列举措的目的是维持国内稳定,防止自己被卷入危机以及“三股势力”趁机渗透。

在短时期看来,乌兹别克斯坦的做法利大于弊,且在非常时期十分必要。但如果长期采用封锁边境的方法防止“三股势力”渗透则既不利于边境地区的经济贸易合作,也反而更易引发边境冲突。直至 2011 年年底,乌兹别克斯坦仍单方面关闭与吉尔吉斯斯坦接壤的边界地区，使得吉南部居民对乌兹别克斯坦的行为表示不满，因为此举使他们的对外贸易通道中断，不利于当地经贸发展，两国间贸易因此剧减 90%；另外，封锁边境也使边境冲突增多，据吉尔吉斯斯坦官方数据显示，2010 年就有超过 20 起同乌兹别克斯坦的边境冲突，甚至出现吉尔吉斯斯坦边民袭击乌兹别克斯坦检查站，乌兹别克斯坦边防人员开枪误伤吉尔吉斯斯坦平民等事件。[9]

3. 在中东北非局势动荡背景下稳定内政

2011 年 1 月下旬以来，中东北非各国相继爆发反政府示威游行，部分国家政权被推翻，造成地区局势动荡，并有进一步蔓延的可能。

在上述背景下，乌兹别克斯坦成为“第一个对近东和北非的革命事件作出反应的前苏联国家”[10]。一些网民声称，在埃及动乱发生后，一些公共网站的登录受到限制。[11]

乌兹别克斯坦政府此举主要是担心“安集延事件”重演。乌兹别克斯坦现有网民约 755 万，占全国总人口不到四分之一，全国每 1 000 人口中仅有 265.3 人使用互联网。人数虽少，但据乌兹别克斯坦信息通讯部门负责人介绍，乌兹别克斯坦全国人口的 93.7% 已实现数字化，近一万所学校、1 200 所学院及 89 所高校已接通互联网。[12]这意味着能够使用网络的人员基本上为青年人和知识分子，他们通过互联网能够较为便捷地获取外部信息，也更易受到相关思潮的影响，有更强的鼓动能力。乌兹别克斯坦政府对此始终保持警惕，此前就已经对一些煽动“民主”和“人权”的国外网站进行屏蔽。

(三) 政治发展展望

1. 国内安全形势将继续趋于好转，但风险仍有可能存在

纵观乌兹别克斯坦近年来发生的一系列事件和变化，不难看出，乌兹别克斯坦在“安集延事件”后有效地控制国内局势，对一些突发事件能够积极反应，掌握主动权。这说明乌兹别克斯坦政府在维护国内稳定方面的策略和手段日益成熟。这些成绩的取得应归功于其长期以来对暴力恐怖活动及国内不稳定因素的针对性政策，也得益于近年来政府改善民生的一系列措施，特别是为青年人开辟工作岗位的举措能最大程度地化解这个不稳定群体所面临的困难。总之，乌兹别克斯坦政府近年来实行的一系列政策是有效的。

在邻国阿富汗的局势没有得到根本缓解，反恐战争未取得完全胜利的情况下，“三股势力”对乌兹别克斯坦仍将继续构成威胁。特别是 2011 年 6 月美国宣布从阿富汗撤军时间表，使得这一地区的安全形势再一次充满变数，态势也变得相对不明朗。此外，影响中亚地区的非传统安全因素也在逐渐增多，人口的非正常流动、毒品运输以及与相邻国家在资源分配上的竞争和冲突等问题都在变得日益突出，也使乌兹别克斯坦的国家安全面临更多更大的挑战。从这一点看，乌兹别克斯坦的国内政治稳

定和国家安全依然任重道远。

2. 政治体制发展过程中问题与挑战并存

乌兹别克斯坦在外部面临安全压力的同时,国内的政治体制发展虽然已取得一定进步,但也积累了一些问题。有国外学者将乌兹别克斯坦的问题总结为“缓慢的改革……拖拉的官僚程序、中小企业运行中的障碍,以及……无处不在的腐败”⑬,这些问题至今未见明显的改观,并形成对乌兹别克斯坦政治体制发展的阻力。

首先,乌兹别克斯坦经过长期以卡里莫夫为主导的政治发展,以总统为核心的政治体制已经成型。有国外学者指出,这种体制介于民主政治和独裁政治之间,以总统集权为核心,总统拥有广泛的宪法权力。⑭卡里莫夫在国家的政治经济社会各个方面都扮演着重要的角色,乌兹别克斯坦“强总统、小政府、弱议会”的格局没有得到根本改变。不能否认,这种体制在独立初期稳定国家局势方面发挥了积极的作用,但总统长期执政和缺少必要监督也会带来政治体制的僵化。近年来,乌兹别克斯坦也为国际国内形势的变化对自身的政治体制做出一些调整。2010 年 11 月,乌兹别克斯坦议会通过一项议案,明确提出建立民主法治社会的目标。2011 年 3 月,乌兹别克斯坦举办以建立公民社会为主题的国际会议。但这些调整主要是文件中的大体目标,尚未出台具体实施方案,卡里莫夫的地位在乌兹别克斯坦仍旧无人撼动。

其次,乌兹别克斯坦的腐败问题也依然是人民不满的主要因素。由于政治监督机制尚未形成,市场经济法律不够健全,有学者认为,乌兹别克斯坦腐败问题比较突出,是需要长期努力方可解决的问题⑮。

有国内学者指出,乌兹别克斯坦国内政治体制的弱点加上官员腐败,容易引发民众的不满情绪,他们很有可能被具有一定蛊惑性的宗教极端组织利用,进而加入其阵营。⑯这样看来,乌兹别克斯坦未来的政治发展道路并不平坦,各种不稳定因素在一定条件下依然可能对乌政局构成实质的威胁。

二、 乌兹别克斯坦经济与对外贸易

(一) 稳中求变——后金融危机时期的乌兹别克斯坦

自 2008 年下半年以来在全球蔓延的金融危机给世界各国的经济造成严重影响,以石油化学工业为支柱的中亚各国经济也由于国际油价的下跌受到不同程度的打击。在这场危机中,乌兹别克斯坦较为成功地采取多种应对措施,成为受危机影响最小的中亚国家之一。当年的国内生产总值为 36.8 万亿苏姆,仍达到 9.0%的快速增长。据乌兹别克斯坦官方统计,2009 年至 2011 年,国内生产总值总量仍呈继续增长势头(见表 6.2)。尽管年增长率有所下降,但这在中亚国家中已排在前列,且增长率变化不大，说明乌兹别克斯坦每年国内生产总值均稳步增长（见图 6.1）。从数量来看，根据世界银行公布的数字，乌兹别克斯坦国内生产总值总量虽与哈萨克斯坦存在较大差距，但其上升势头依然明显，国内生产总值总量也优于其他中亚国家（见表6.3、图 6.2）。在全球经济逐步走出低谷的“后危机”时期，乌兹别克斯坦的总体经济政策呈现出“稳中求变”的态势，具体体现在以下四个方面：

表 6.2　2008—2011 年乌兹别克斯坦国内生产总值及增长率

年　份	2008	2009	2010	2011
国内生产总值（十亿苏姆）	36 839.4	48 097.0	61 831.2	77 750.6
同比增长率（%）	9.0	8.1	8.5	8.3

资料来源：乌兹别克斯坦共和国国家统计委员会（The State Committee of the Republic of Uzbekistan），http://www.stat.uz/。

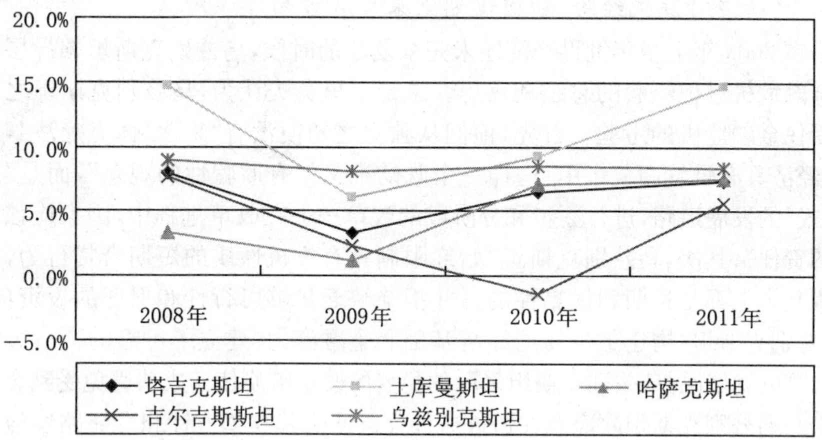

资料来源：独联体统计委员会（Interstate Statistical Committee of the CIS），http://www.cisstat.com/rus/ macro。

图 6.1　2008—2011 年中亚五国国内生产总值年增长率比较

表 6.3　2008—2010 年中亚五国国内生产总值（单位：亿美元）

	2006 年	2007 年	2008 年	2009 年	2010 年
哈萨克斯坦	810.04	1 048.53	1 334.42	1 153.06	1 490.59
乌兹别克斯坦	170.30	223.11	279.18	328.17	389.82
土库曼斯坦	102.76	126.64	192.72	186.51	200.01
吉尔吉斯斯坦	28.34	38.03	51.40	46.90	46.16
塔吉克斯坦	28.30	37.19	51.61	49.78	56.40

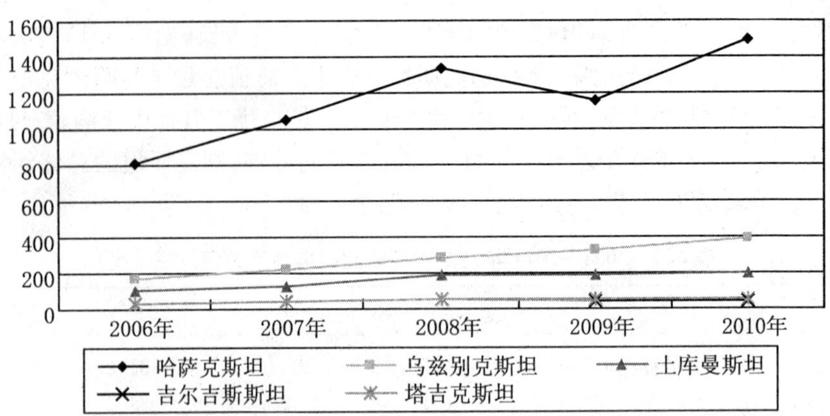

资料来源:世界银行(World Bank), http://data.worldbank.org/indicator/NY.GDP.MKTP.CD。

图6.2　2008—2010年中亚五国国内生产总值(单位:亿美元)

1. 总结应对危机经验,积极谋划未来发展方向

早在2009年上半年世界经济还未完全复苏的时候,乌兹别克斯坦领导层便开始应对金融危机过程经验的总结和反思。总统卡里莫夫认为,乌兹别克斯坦之所以能够经受住金融危机的考验。首先,他们从独立之初便没有"采取'休克疗法',不同意'市场经济具有自发调节作用'这样一个既幼稚又带有欺骗性的观念",而是"选择了'渐进式'的发展道路,进行逐步和分阶段的改革……在改革进程中,国家应该承担主导者的责任";其次,乌兹别克斯坦"始终限制具有投机性质的短期借贷行为,所吸引的外资基本上都是长期和优惠性的",并拒绝缺乏足够可行性和保证的投资项目;再次,乌兹别克斯坦"构建了可靠的经济基础和金融潜力,建立了可靠的银行金融管理制度"。[17]也就是说,乌兹别克斯坦采取的稳妥的改革策略使其成功避免受到金融危机的冲击。乌兹别克斯坦政府意在通过这种分析证明其改革方针和发展路线经过实践的检验是正确的,并将继续实施和发展这种思想。

另外,在国际金融危机发生时,乌兹别克斯坦政府仍积极投入社会建设,加大农业投入,扩大就业岗位,扶植中小企业、特别是进出口企业的发展,2008年有四个输电线项目完工或正在施工,对农业用地进行优化配置,新增69.1万个就业岗位,并积极吸纳居民存款以保证金融安全。[18]这些措施能有效地减缓乌兹别克斯坦受到危机的更大冲击,也能在一定程度上改善民众生活。

基于上述经验,乌兹别克斯坦政府制定了《2009—2012年反危机计划》,该计划以"经济优先、国家调控、法律至上、社会保障、循序渐进"这五项原则为基础,涉及经济社会的各个领域,主要包括加快企业设备改造和技术现代化、刺激出口、提升企业竞争力、推进电力现代化以及扩大内需等,并将该计划作为2009年的优先任务之一;此外,乌兹别克斯坦政府还提出推进经济体制的改革和结构的多元化、推进农村建设、加快服务业和

中小企业发展、发展生产和社会领域的基础设施、完善银行业务等几项“优先任务”。因此，乌兹别克斯坦政府将2009年和2010年分别定为“农村发展与完善年”和“中小企业年”，分别从政府财政拨款和国家基金等方面刺激相关领域的发展，取得一定的效果。

以上事实可以说明，乌兹别克斯坦的经济在国际金融危机中不仅较快摆脱不利影响、走出低谷，政府也在有条不紊地推动未来的经济发展和社会建设，这与其他部分中亚国家和俄罗斯受到金融危机重创、经济迟迟得不到恢复形成对比。反观乌兹别克斯坦的经济复苏，该国近年来的经济发展呈现如下特点：首先，国家始终掌握对经济的主导权，大部分调控措施均由政府提出并倡导；其次，政府开始关注民生的发展，对农村建设、城市就业等关系民众利益的问题能够提出具有针对性的政策；再次，乌兹别克斯坦的改革政策均稳步推进，没有出现大起大落等情况。

2. 对外贸易政策进一步调整

金融危机对乌兹别克斯坦的对外贸易造成了一定的冲击，主要原因是国际市场需求下降和原材料价格下跌，导致棉花、有色金属和黑色金属出口量大幅下跌。2008年上半年乌兹别克斯坦对外贸易同比增幅仅为5%，至同年11月，苏姆对美元贬值已达8.22%。[⑲]根据乌兹别克斯坦国家统计委员会公布的数字，2008年乌兹别克斯坦对其最大贸易伙伴之一的独联体的进出口总额比2007年分别减少2.03亿美元和2.63亿美元，仅对俄罗斯一国的出口便减少4.87亿美元。然而从2009年开始，乌兹别克斯坦的出口开始恢复，对独联体的出口金额大幅增加（见表6.4、图6.3），乌兹别克斯

表6.4　乌兹别克斯坦2007—2011年对独联体国家进出口情况（单位：亿美元）

	2007年	2008年	2009年	2010年	2011年
出口总额	42.73	39.27	39.21	56.48	67.20
进口总额	34.06	47.33	40.89	37.22	43.90

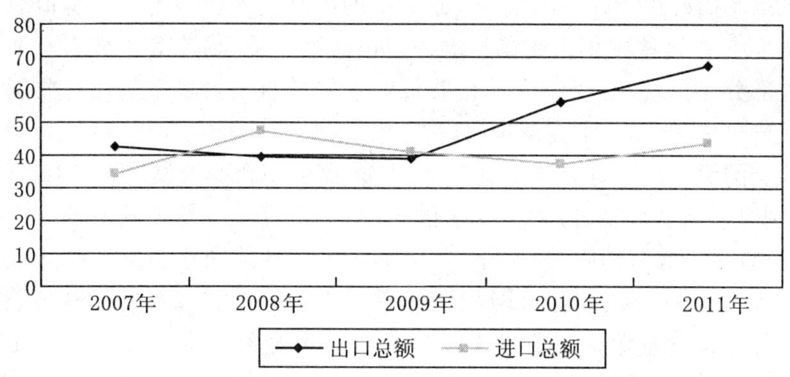

资料来源：乌兹别克斯坦共和国国家统计委员会（The State Committee of the Republic of Uzbekistan），http://www.stat.uz/。

图6.3　乌兹别克斯坦2007—2011年对独联体国家进出口情况（单位：亿美元）

坦2009年对俄罗斯的出口总额为22.57亿美元,较上年增长15.04%,2010年更是达到41.55亿美元,增长幅度达到84.09%;2011年继续增长6.04%,达到44.06亿美元。⑳这样的变化同近年来乌兹别克斯坦在对外贸易的实践方面所做的调整有着较大关系。

此外,乌兹别克斯坦政府以成功应对金融危机为契机,开始鼓励国内企业出口,扩大贸易顺差。2009年以来,乌兹别克斯坦政府对农产品、纺织服装等增收消费税,对进口汽车及二手车增收关税,其中地毯类产品的税率更达到120%;政府还将进口药品的海关增值税优惠政策取消,并对国内相应企业实行出口退税政策。这表明乌兹别克斯坦在有意限制进口,以使国内相关企业得到生存和发展,进而促进乌经济的持续增长。另外,2011年乌兹别克斯坦将海关关税的调整权限由政府上升为总统,也表明了乌兹别克斯坦的对外贸易更具有政治目的和倾向性,而非更多地通过市场调节达到。

总体来看,乌兹别克斯坦鼓励出口、抑制进口的做法旨在更快地发展国内经济、扩大就业、促进本国相关产业发展。但一味地限制也已带来一些不利影响,例如,由于乌兹别克斯坦为保护本国的棉纺织业而取消出口退税优惠政策,使得对棉纺企业的购棉价格优惠被抵消,中国在乌兹别克斯坦投资的棉纺企业购棉价格高出国际市场10个百分点,企业不得不暂停投资或撤资,投资环境由此恶化。㉑

3. *积极扶持中小企业发展*

上文已经提到,乌兹别克斯坦政府将2010年定为“中小企业年”,其目的是鼓励成立中小企业并支持其发展,也说明乌兹别克斯坦政府开始重视中小企业对经济发展所起的重要作用。独立以来,乌兹别克斯坦的非国有资本逐渐成为推动乌兹别克斯坦经济发展的重要组成部分,近年来非国有成分对乌兹别克斯坦国内生产总值贡献率始终保持在80%上下,而其中的中小企业对国内生产总值总量的贡献超过了50%。这些中小企业在建筑、外贸、交通运输、物流等领域占有非国有成分的绝大部分,可以说已经成为了相关行业发展的重要力量。早在乌兹别克斯坦应对金融危机之时,乌兹别克斯坦政府便通过降低中小企业的统一税率、为提供中小企业信贷的银行注资等方式推动个体、私人及中小企业的发展。2010年新年之际,乌兹别克斯坦总统签署命令,要求国家的税务、海关等相关政府部门为中小企业的发展提供帮助和便利。为配合“中小企业年”,乌兹别克斯坦再次降低中小企业的统一税率至7%,2011年又降至6%,使企业负担大大减轻;另外,乌兹别克斯坦政府还规定民营企业在乌兹别克斯坦投资不论金额大小,均可享受“无限期免税”的待遇。

这些政策的实行,体现了乌兹别克斯坦重视中小企业对经济发挥的作用,试图以中小企业为龙头,进一步推进乌兹别克斯坦经济发展的愿望。

4. 吸引外资出现新举措

乌兹别克斯坦近年来在吸引外资方面最值得关注的事件是纳沃伊自由工业经济园区(Navoi Free Industrial Economic Zone,以下简称“园区”)的成立和运营。这一事件标志着乌兹别克斯坦在对外贸易和吸引外资方面的新进步,也反映出乌兹别克斯坦政府希望以园区为试点,尝试用国际先进的经营管理方法大力发展高新技术和推进对外贸易,乌兹别克斯坦政府对园区也寄予很高期望。事实上,园区的实质是一个类似我国“经济特区”的拥有相对独立经济管理体系和税收优惠政策的特殊经济区。

园区的成立和运营基本上与金融危机爆发和发展同步进行。2008 年初,该园区建成并投入使用。它位于纳沃伊城西北部,并紧邻纳沃伊机场,面积 380 公顷,运营期 30 年。根据目前投资情况看,园区主要以吸收工业,特别是高新技术产业项目为主。据乌兹别克斯坦媒体报道,截至 2011 年 1 月底,园区已接纳 20 个项目,投资金额 1.6 亿美元,现已同韩国、新加坡、阿联酋等国合资建设线缆、聚乙烯管、数字电视接收器等生产企业,[22]可见园区的定位为现代加工业;园区还设行政管理机构,向全球招标具有资质的企业对园区进行管理和服务;乌兹别克斯坦政府对进驻园区的企业也推出了一系列优惠政策,如特殊的税收政策、简化入境及居留手续等,企业还可按具体投资金额和规模享受 7—15 年的免税待遇;并且,乌兹别克斯坦政府还大胆突破原有管理模式,将纳沃伊机场的管理权交由韩国大韩航空(Korean Air),其货运航班也主要由大韩货运航空(Korean Air Cargo)运营。机场现已开通飞往塔什干、莫斯科和圣彼得堡的客运航班和首尔、维也纳、迪拜、上海等地的货运航班,并将计划开通至美国、英国、巴基斯坦等地的航班。2010 年,机场转运货物达 5.01 万吨,是 2009 年的 2 倍。园区计划到 2010 年引进 100—120 个投资项目,投资金额达到 30 亿美元。

园区的成立反映了乌兹别克斯坦政府发展经济的迫切心情,作为一个相对保守的中亚国家,能够在一片区域内引入国际化的运营模式足以体现金融危机爆发以来乌兹别克斯坦在经济政策上所表现出的开放姿态。乌兹别克斯坦政府是否会将园区的实践经验和现代化的管理方法运用到国内其他地方的经济活动中尚不得而知,但可以肯定的是,园区将成为乌兹别克斯坦观察外部世界的窗口和同世界经济沟通的纽带。

但与此同时,园区还存在一些制约其发展的因素。首先,区位优势不明显。园区所在的纳沃伊位于乌兹别克斯坦中部,同首都等大城市及其他中亚国家主要城市相距较远。其次,交通网络尚不发达。纳沃伊全城只有一条铁路、一条高速公路过境,纳沃伊机场虽已升格为国际机场,但只有三条客运航线以及不到十条货运航线(多为每周一班),不利于人员及货物的流通。

5. 原因分析

乌兹别克斯坦在“后金融危机”时期一系列体现“稳中求变”的经济政策有其独特的原因。首先,进入21世纪以来,乌兹别克斯坦的经济实力虽然仍不断提升,但其增长的动力明显不足,近年来更是被哈萨克斯坦、土库曼斯坦等国赶超。世界银行统计数据显示,乌兹别克斯坦自2000年以来,其当年国内生产总值占中亚五国总额的比重从近四成急剧下降至2008年的14.6%,直到近几年才得到缓慢提升,但仍不足五国总量的二成(见图6.4)。作为前苏联的中亚加盟共和国中工业部门最齐全、实力最强的成员,乌兹别克斯坦肯定不会甘于现状,从金融危机后乌兹别克斯坦的一系列恢复、刺激经济的活动中可以看出,乌兹别克斯坦把金融危机之后看作其经济快速发展的一个决定性时期,希望通过这一段时期内的经济发展重新使乌兹别克斯坦重新确立中亚经济强国的位置。乌兹别克斯坦政府也已经意识到,旧有的经济制度已经不能完全符合现代要求,也不利于经济的进一步恢复和发展,而在一定领域内进行的变革尝试也反映出乌兹别克斯坦希望改变的要求。

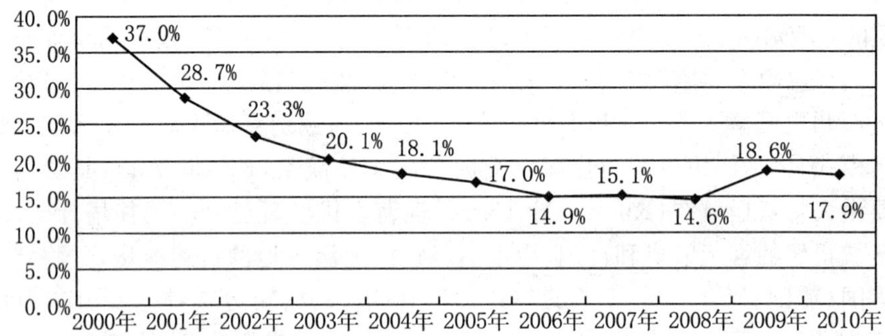

资料来源:根据世界银行(World Bank)数据计算得出,http://data.worldbank.org/indicator/NY.GDP.MKTP.CD。

图6.4 乌兹别克斯坦国内生产总值占中亚五国当年国内生产总值总额比重

其次,上文曾经提到,青年人的就业问题是影响乌兹别克斯坦社会稳定的一个重要因素,乌政府一系列支持中小企业发展、建立自由经济区等措施都是在扩大就业渠道,纳沃伊自由工业经济园区之所以设在纳沃伊也是当地的廉价劳动力优势,借此以吸纳当地的青年就业,减少社会不稳定因素。

但是,乌兹别克斯坦近几年的变化并不意味着其很快就要进行全面的经济体制改革和对外开放,乌兹别克斯坦国内的经济体制及管理模式总体仍保持着稳定,这也是“稳中求变”中“稳”的一方面,这主要是出于政治方面的考量。乌兹别克斯坦的国内和周边局势仍然不稳定,国内外“三股势力”对乌兹别克斯坦国家安全的威胁仍然存在,国内的宗教极端势力同世俗政治的矛盾,以及民众对政府的不满,时刻有激化的可能。乌兹别克斯坦政府担心一旦对经济进行大刀阔斧的改革会带来社会秩序和人们思想的混乱,并被"三股势力"所利用。这样,乌兹别克斯坦在全球金融危机爆发以来的经济政策将保持较长时期的稳定,一些政策的变化虽然值得关注,但并不意味着该国已放弃原有的经济体制和管理模式。

(二) 经济发展前景及存在的问题

到目前为止,世界经济虽已逐步回暖,但金融危机对其造成的影响仍未完全消除。对乌兹别克斯坦而言,虽然它较为成功地抵御了金融危机的冲击,经济连续几年保持快速增长,但如果按总量计算仍同哈萨克斯坦存在很大差距,一旦当哈萨克斯坦彻底走出金融危机低谷,两国之间的经济差距还有进一步拉大的可能。同时,乌兹别克斯坦由于经济体制和实践方法存在一些问题,在今后一段时间内的经济发展模式不会有大变化,经济实力不会有大发展,不会出现大起大落的现象,具体问题可以归纳为以下几点:

首先,乌兹别克斯坦在金融危机前后所进行的一系列调控措施均以行政命令形势发出,少有市场的自发调节,国家在乌兹别克斯坦的经济生活中占有支配和主导的作用。

其次,乌兹别克斯坦的一些经济和贸易政策具有较强的主观性和保护主义色彩。有时为了有利于本国产品出口,政府会经常修改相关的关税优惠政策。此外,乌兹别克斯坦 2010 年的平均税率为 14.8%,对绝大部分商品征收 10%以上的关税,而中亚其他国家的平均关税税率均低于 10%——即世界贸易组织规定的发展中国家平均关税标准。[23] 上述行为虽然表面上有利于本国出口,但给外国投资者和进口带来损失,也对该国投资环境造成损害。

最后,乌兹别克斯坦政治环境有欠稳定也不利于经济的发展。长期以来,乌兹别克斯坦政府投入大量精力维持国内稳定和打击"三股势力",影响了经济工作;同时,国内的通货膨胀率始终保持在 7%—8%,货币购买力不断下降。民众生活水平长期得不到改善,不满情绪日益增加,同样对经济发展不利。

三、 乌兹别克斯坦对外关系

(一) 乌兹别克斯坦与美、俄关系现状

2007 年起,因"安集延事件"而跌入谷底的乌美关系开始恢复。2009 年至今,乌美关系的升温势头明显。两国合作领域主要为反恐和阿富汗重建问题,两国领导人之间加强了各种形式的磋商与合作。在涉及阿富汗及邻国安全等问题时,乌兹别克斯坦总统卡里莫夫均会同美政府高级官员进行沟通和协调。美国在 2010 年也提出了在

乌兹别克斯坦和阿富汗边境附近建设一个新军事基地的计划,并同时计划在乌兹别克斯坦建立边防检查站和训练中心,用以培训当地安全部队。同时,美国也积极同乌兹别克斯坦展开商业合作,据美国务院官员透露的数字,美国已累计向乌兹别克斯坦投资5亿美元,金额还会进一步增加;㉔而乌兹别克斯坦也同美国密切配合,积极参加阿富汗重建项目,包括向阿富汗北部提供能源、承建阿富汗第一条铁路——海拉顿—马扎里谢里夫铁路等。㉕美国将乌兹别克斯坦视作国际社会打击阿富汗极端恐怖势力活动的"至关重要"的角色,并期待其经济发展;乌兹别克斯坦也十分珍视同美国的良好合作关系,也向美国发出了投资"纳沃伊"园区的邀请。乌美关系的再度升温有着两方面的原因,从美国方面看,其近年来对中亚其他国家的民主化改造屡屡受挫,被美国寄予厚望的吉尔吉斯斯坦巴基耶夫政权倒台,玛纳斯空军基地被限制使用,加之美军反恐战争未取得实质进展,在阿富汗处境艰难,使美国不得不考虑寻找玛纳斯基地的"替代品",将其军事存在转移至乌兹别克斯坦,以确保美国在阿富汗任务的顺利进行;从乌兹别克斯坦方面来说,自"安集延事件"后同美国关系恶化以来,乌兹别克斯坦同哈萨克斯坦的经济差距日益悬殊,其争取在中亚国家成为经济强国的努力受到挫折,同时西方也对乌兹别克斯坦采取封锁政策,这些都不利于乌兹别克斯坦发展经济,这使得乌兹别克斯坦不得不考虑同美国恢复关系。此外,有学者指出,乌同美恢复关系也可以增加同俄讨价还价的筹码。㉖

有学者指出,乌兹别克斯坦由于其强烈的民族意识和相对自给自足的资源,在独立后乌美关系密切的同时,乌俄关系便走入了疏远—接近—疏远的"循环"之中。㉗"安集延事件"发生后,乌兹别克斯坦不得不考虑同俄国在反恐方面进行合作。但时至今日,乌兹别克斯坦官方对乌俄关系评价一般,仅将其视作具有历史传统的邦交国,两国政治关系始终处于不温不火的状态,乌政府始终强调在多边机制下解决热点问题,而缺乏乌俄两国的直接沟通,当俄罗斯准备在吉尔吉斯斯坦南部建立军事基地时,乌兹别克斯坦明确表示反对。与此同时,两国在经济领域的合作,特别是能源投资仍在进一步发展,俄罗斯天然气工业股份公司(Газпром,以下简称"俄气")和卢克石油公司在乌拥有吉萨尔西南地区和乌斯丘尔斯克等地油气田的工业开采权。2009年初,俄气同乌国家油气公司签署协议,按照欧盟价格购进天然气,同年该公司同乌方达成天然气购买协议,于2010年购买乌兹别克斯坦天然气155亿立方米。㉘卢克石油公司2007年起在堪德姆—哈乌扎克—沙德地区(Кандым-Хаузак-Шады)的天然气开采项目是该公司规模最大的海外投资项目,年最高产量可达120亿立方米,预算20亿美元;㉙该公司2010年在乌继续投入上百万美元用以油气勘探和开发。

由此可见,乌兹别克斯坦同美、俄两国的关系各有侧重。乌兹别克斯坦与美国在政治方面的合作比较密切,但从两国近年来的贸易总量观察,两国在经济领域的合作并没有随着政治合作的深入而增强;与之相反,乌俄政治关系虽然没有乌美关系那样合作广泛，但两国贸易始终保持较高水平，俄罗斯也始终是乌兹别克斯坦最大的贸易伙伴（见表 6.5、图 6.5、图 6.6），这种现象恰恰反映了乌兹别克斯坦同美俄两国关系的深层态势。乌兹别克斯坦同美国的合作是为了在国际舞台和多边合作中发挥更大的作用，这亟须美国的支持；而乌兹别克斯坦地处欧亚，历史上又同俄罗斯有密切关系，一旦与俄罗斯交恶则会影响其对外贸易。

表 6.5　乌兹别克斯坦 2007—2011 年对俄罗斯及美国贸易总额（单位：亿美元）

	2007 年	2008 年	2009 年	2010 年	2011 年
对俄贸易总额	44.47	42.36	44.48	61.43	66.89
对美贸易总额	2.28	4.04	3.68	1.83	2.50

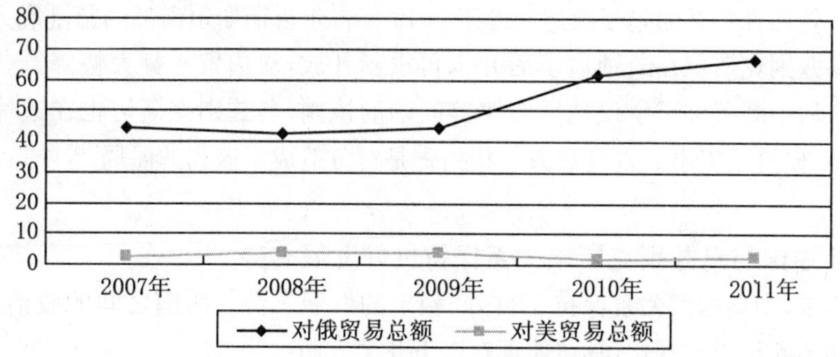

图 6.5　乌兹别克斯坦 2007—2011 年对俄罗斯及美国贸易总额（单位：亿美元）

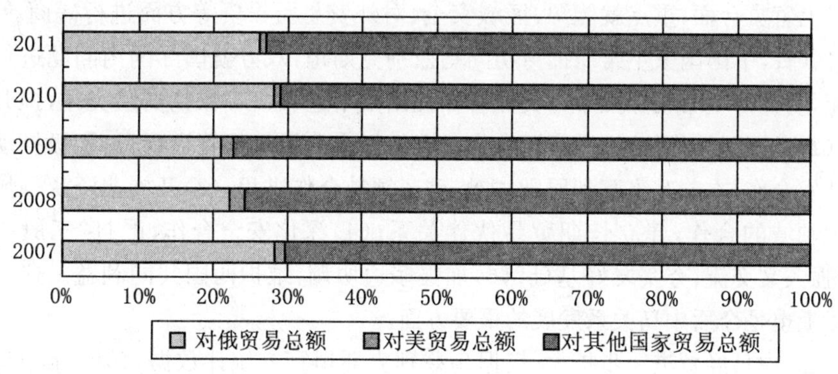

资料来源：乌兹别克斯坦共和国国家统计委员会（The State Committee of the Republic of Uzbekistan），http://www.stat.uz/。

图 6.6　乌兹别克斯坦 2007—2011 年对俄、美贸易额在对外贸易总额中所占比例

(二) 乌兹别克斯坦与中亚国家的关系

当乌兹别克斯坦同美俄关系良好发展时,同其他中亚国家的关系却处于微妙甚至紧张的状态,这其中以该国同塔吉克斯坦和吉尔吉斯斯坦关系表现最为明显。

乌塔关系的矛盾主要集中在塔吉克斯坦罗贡水电站的修建。塔吉克斯坦希望借水电站的修建大力发展水电;而河流下游的乌兹别克斯坦以地质环境复杂和对生态造成破坏为由反对水坝修建,担心塔吉克斯坦此举将对其本已紧张的水资源带来更大压力,同时打破乌兹别克斯坦对塔电力供应的垄断。两国争端逐渐由能源扩大到其他经济领域,乌兹别克斯坦在一年半内先后四次对自塔吉克斯坦过境的公路运输车辆提高费用,最近一次的调价(2011 年 7 月)将附加税提高 15%;同时,乌兹别克斯坦还数次因故切断对塔吉克斯坦的石油天然气供应以及同塔吉克斯坦相连的唯一一条铁路,导致塔大量货物滞留境内,其目的在于向塔方施压,阻止水电站的建设。

新一轮乌吉关系的趋于敏感起源于 2010 年吉尔吉斯斯坦南部的骚乱和人道主义危机。乌兹别克斯坦在封锁边境后并未再重新开放,双边贸易额大幅降低。两国在骚乱发生后中断了关于争议地区归属等问题的谈判,乌兹别克斯坦也在边境地区加强了戒备,修筑了工事。吉乌双方互相指责是对方造成了谈判的僵局。[30]

(三) 中国与乌兹别克斯坦关系保持良好发展态势

近年来,中乌两国关系保持了良好、稳定的发展态势。两国之间的政治、经济领域的合作不断扩大和深化,具体体现在以下几个方面:

第一,中乌高层交往进一步加强。2009 年,双方进行了两次元首会面,八次副部长级以上官员会面,重点就能源、区域安全、对外贸易及投资等方面进行磋商。[31] 2010 年 6 月 9 日,中国国家主席胡锦涛访问乌兹别克斯坦,双方就国际国内问题进行了广泛交流,胡锦涛主席就加强中乌交流合作提出如下建议:(1)保持高层交往,提升互信水平;(2)发挥互补优势,推进能源合作。实施好中乌天然气管道项目,积极推动油气勘探开发合作,本着互惠互利原则,加快矿产领域合作进程;(3)开展非资源领域和高新技术领域的合作,建立长期贸易伙伴关系;(4)深化安全合作,严打“三股势力”;(5)加强人文交流,夯实友好基础;(6)加强多边协调,维护两国共同利益。这六点建议实际上也是今后中乌关系发展的重要方面。

第二,中乌经贸进一步扩大,根据乌兹别克斯坦官方统计数据,2011 年中乌双边贸易额达 25.97 亿美元,比上年增长 18.91%。中国对乌出口 12.95 亿美元,扭转 2010 年的下降趋势,比上年增长 3.43%,中国自乌进口 13.02 亿美元,增长 39.70%(见表 6.6)。乌兹别克斯坦对中国的贸易常年保持逆差,中国对乌出口在两国贸易中占有越来越重要的地位。

表 6.6　乌兹别克斯坦对中国贸易情况(单位:亿美元)

	2007 年	2008 年	2009 年	2010 年	2011 年
对华出口总额	3.14	2.58	4.89	9.32	13.02
对华进口总额	5.90	12.54	15.62	12.52	12.95
对华贸易总额	9.04	15.12	20.51	21.84	25.97
占乌兹别克斯坦当年贸易总额百分比	5.75%	7.93%	9.67%	10.00%	10.17%

资料来源:乌兹别克斯坦共和国国家统计委员会(The State Committee of the Republic of Uzbekistan),http://www.stat.uz/。

近年来,中国已成为乌兹别克斯坦第二大贸易伙伴。2010 年至 2011 年,中国连续两年成为乌兹别克斯坦第三大进口国(前两位分别为俄罗斯、韩国);2010 年,中国成为乌兹别克斯坦第二大出口国(2011 年被哈萨克斯坦取代,中国仍位居第三)。[32]

此外,中国各类企业积极向乌兹别克斯坦特殊经济区投资。截至 2011 年 9 月,在纳沃伊自由工业经济园区就有至少 6 家中国企业进驻或签约进驻园区,涵盖农业滴灌设备、聚乙烯管材、油气钻探产品制造、棉纺织以及信息通讯等行业。[33]可以预见,中乌两国在经贸领域的合作将朝深度和广度不断前进,两国经贸关系也将愈加紧密。

第三,两国能源合作进一步深化。近年来,中乌两国合作的重点领域就是能源,特别是石油和天然气的勘探开发。2008 年以来,中国石油天然气集团公司(以下简称"中石油")在乌兹别克斯坦进行两个项目的开采并进行了中国—中亚天然气管道过境乌兹别克斯坦的建设。其中,2008 年 10 月开始的明格布拉克油田项目中的两口超深探井已于 2009 年进入完井和试油作业阶段,同年 6 月,中石油还同乌国家油气公司签署了一系列扩大双方合作的协议。

(四) 乌兹别克斯坦与区域性组织的关系

1. 同上海合作组织的合作

乌兹别克斯坦自加入上海合作组织以来,始终是该组织的重要成员。近年来,乌兹别克斯坦参与上海合作组织的各项活动,在其中发挥一定作用。2009 年,上海合作组织元首峰会在乌首都塔什干举行。2010 年,乌兹别克斯坦担任上海合作组织的轮值主席国。2011 年 6 月,上合组织第六次最高法院院长会议在塔什干举行。上述活动均顺利举行,并取得一系列成果。此外,乌兹别克斯坦还派出部队参与上海合作组织近年来进行的各项反恐联合演习。在组织内部,乌兹别克斯坦致力于共同打击"三股势力"和阿富汗问题的和平解决,设立于塔什干的上海合作组织反恐机构也在积极运行。以上事实说明,乌兹别克斯坦意图在上海合作组织中发挥更具建设性的作用,努力为上海合作组织的发展做出贡献。

2. 同其他区域组织的关系

同时,乌兹别克斯坦同其他区域组织的合作也在不断发展之中。现在,乌兹别克斯坦是独联体、上海合作组织和集体安全条约组织的成员国,也积极参与上述组织的各项重要活动。但出于自身国家安全考虑,2009 年 2 月,当集体安全条约组织快速反应部队成立时,乌兹别克斯坦没有加入。

(五) 乌兹别克斯坦对外政策分析与对外关系展望

首先,乌兹别克斯坦一直希望成为中亚地区的政治经济强国,在地区事务中能够发挥其核心作用。这种心态成为乌制定对外政策的出发点,一定程度上这也是乌兹别克斯坦与其他中亚国家的关系敏感多变的背景之一。卡里莫夫早在 20 世纪 90 年代就指出:"从我们独立之初起……我们最重要的一项任务就是恢复我们的先辈在许多世纪里所创造的巨大的极其宝贵的精神和文化遗产。"[34]这其中的重要内容就是重新审视并宣传帖木儿帝国时期的历史。上述举动旨在国内增强民族凝聚力,在国外树立其大国地位。其次,乌兹别克斯坦希望在地区性组织中发挥特殊作用,不甘心在被动状态下参与区域性组织框架地区性事务,这使得乌兹别克斯坦与集体安全组织等机构关系多变。集体安全等级组织成立于苏联解体之后的 1992 年,成员国为俄罗斯、白俄罗斯、亚美尼亚、哈萨克斯坦、乌兹别克斯坦、吉尔吉斯斯坦与塔吉克斯坦等七国。乌兹别克斯坦曾于 1999 宣布退出该组织;2006 年重新加入。2012 年 6 月底,乌兹别克斯坦又宣布退出集体安全组织。再次,乌兹别克斯坦的经济体制长期处于相对闭锁的状态,其担心一旦完全对外开放,在国际市场同其他国家展开竞争会给乌经济造成巨大冲击,对冲击的担心也使乌兹别克斯坦不愿同其他国家开展更为广泛的合作。

在可预见的时期内,乌兹别克斯坦还将继续其现有外交政策,积极通过和平方式解决地区争端。同时也将继续支持在上海合作组织框架下共同打击"三股势力",并以"中国—中亚"天然气管道的建成为契机,深化与中国的政治经济关系。然而,乌兹别克斯坦特立独行的外交风格将继续影响其与外部世界交往,特别是同吉尔吉斯斯坦和塔吉克斯坦的关系也难以在短时间内得到妥善解决。

四、结　　语

乌兹别克斯坦三年来在政治安全、经济和外交方面取得的成绩和不足可以看出这个曾经中亚地区工业化程度最高的国家正在以成功应对全球金融危机为契机,努力缩小同某些中亚地区强国的差距。乌兹别克斯坦在经济政治改革中也开始采取渐趋灵活的政策,试图凭借其原有的工业基础重新树立其中亚地区工业强国地位。但乌兹别克斯坦采取的亲美外交和它不甚灵活的外交政策使其自动孤立于中亚地区，也已损害其与邻国的关系。乌兹别克斯坦的复兴任重而道远。

注释

①“Islam Karimov Visits Ferghana Region”，Uzbekistan National News Agency，2010-05-29，http://uza.uz/en/politics/1325.

② 引自中国石油天然气集团公司网站：http://www.cnpc.com.cn/cn/ywzx/gjyw/Uzbekistan。

③“Ferghana Region Activists Analyzed Nine Month Results”，Uzbekistan National News Agency，2009-11-07，http://uza.uz/en/business/1060.

④“Amnestied People Return to Life”，Uzbekistan National News Agency，2011-01-19，http://uza.uz/en/society/1766.

⑤ 参阅石岚：《中亚费尔干纳：伊斯兰与现代民族国家》，民族出版社 2008 年，第 18 页。

⑥“Human Trafficking Issues Considered”，Uzbekistan National News Agency，2010-12-14，http://uza.uz/en/society/1709.

⑦“Kyrgyz Security Chief Says Hundreds of Youth Training in Foreign Terror Groups”，2011-05-04，http://centralasia newswire.com/International/Kyrgyz-Security-chief-says-hundreds-of-youth-training-in-foreign-terror-camps/viewstory.aspx?id=3976.

⑧“Uzbekistan Travel Warning April 2011”，2011-04-26，Staff infoZine，http://www.infozine.com/news/stories/op/storiesView/sid/47292.

⑨《乌兹别克斯坦在乌吉边境挖战壕，两国关系骤然紧张》，亚心网，2011 年 4 月 15 日，http://www.xjjjb.com/ html/news/72827.html。

⑩《乌兹别克斯坦严防“短信革命”》，亚心网，2011 年 3 月 16 日，http://www.xjjjb.com/html/news/71307.html。

⑪《乌兹别克斯坦加强互联网管制》，亚心网，2011 年 2 月 25 日，http://www.xjjjb.com/html/news/2011/2/70546.html。

⑫“Uzbekistan: Internet Population Reaches 7.55 Million”，2011-04-19，http://www.turkishweekly.net/news/114283/uzbekistan-internet-population-reaches-7-55-million.html.

⑬［德］伊尔纳扎罗夫：《哈萨克斯坦和乌兹别克斯坦独立以来的转型战略：悖论和前景》，王时芬译，《俄罗斯研究》2009 年第 4 期，第 87 页。

⑭ 刘宏周：《中亚安全形势：现实威胁与潜在挑战的交融》，《世界政治与经济论坛》2010 年第 3 期，第 134 页。

⑮ 同上文。

⑯ 参阅汪金国：《全球文化力量消长与中亚政治变化研究》，兰州大学出版社 2010 年，第 116—117 页。

⑰［乌］伊斯拉姆·卡里莫夫：《乌兹别克斯坦应对世界金融危机的途径和措施》，《俄罗斯中亚东欧市场》2009 年第 7 期，第 1—2 页。

⑱ 同上文，第 4—5 页。

⑲ 赵鸣文：《上海合作组织在金融危机中前行》，《国际问题研究》2010 年第 2 期，第 50—51 页。

⑳ 相关数据来自乌兹别克斯坦共和国国家统计委员会(The State Committee of the Republic of Uzbekistan)官方网站,http://www.stat.uz/en。

㉑《乌兹别克投资环境恶化,中国纺企拟撤资》,《国际商报》2011 年 3 月 24 日,http://intl.ce.cn/zhuanti/swsp/tz/dwtz/201103/24/t20110324_22325106.shtml。

㉒《纳沃伊自由工业经济区》,中国驻乌兹别克斯坦经商处,2011 年 6 月 9 日,http://uz.mofcom.gov.cn/aarticle/ddgk/zwshoudu/201009/20100907124773.shtml。

㉓ 阿不都斯力木·阿不力克木:《乌兹别克斯坦对外贸易政策及其对中国的启示》,《经济问题探索》2010 年第 9 期,第 132 页。

㉔ 参考《美国拟在乌兹别克斯坦边境建军事基地》,亚心网,2010 年 7 月 13 日,http://www.xjjjb.com/html/news/2010/7/59482.html,《美国拟在中亚国家扩大军事存在》,亚心中亚网,2010 年 7 月 12 日,http://www.xjjjb.com/html/news/2010/7/59394.html。

㉕ [乌] 古尔娜拉·卡里莫娃:《乌兹别克斯坦视角下的中亚安全形势》,苏畅译,《俄罗斯中亚东欧研究》2010 年第 4 期,第 92 页。

㉖ 杜宇萍:《"安集延事件"后美国与乌兹别克斯坦关系的新变化》,《学理论》2009 年第 12 期,第 99 页。

㉗ 参阅郑羽主编:《俄罗斯东欧中亚国家的对外关系:1991～2005》,中国社会科学出版社 2007 年,第 219 页。

㉘ "Gazprom and Uzbekistan Signs Terms and Conditions for Gas Supply", 2009-12-28, http://www.gazprom.com/press/news/2009/december/article73731.

㉙ OAO «LUKOIL»—Uzbekistan, http://www.lukoil.com/static_6_5id_2178_.html.

㉚《乌兹别克斯坦在乌吉边境挖战壕,两国关系骤然紧张》,亚心网,2011 年 4 月 15 日,http://www.xjjjb.com/html/news/78728.html。

㉛ 中华人民共和国外交部政策规划司:《中国外交:2010 年版》,世界知识出版社 2010 年,第 204 页。

㉜ 根据乌兹别克斯坦共和国国家统计委员会(The State Committee of the Republic of Uzbekistan)官方网站数据对比得出,网址 http://www.stat.uz/en。

㉝ 参见《在乌兹别克斯坦纳沃伊自由工业经济区新开 5 家企业》,新疆商务厅网站,2011 年 9 月 8 日,http://www.xjftec.gov.cn/Family/zhongyaxinxiTL/zhongyaXX/4028c2843237504f013243860ca50595.html。

㉞ [乌] 伊斯拉姆·卡里莫夫:《邻近 21 世纪的乌兹别克斯坦:安全的威胁、进步的条件和保障》,王英杰等译,国际文化出版公司 1997 年,第 107 页。

报告七　吉尔吉斯斯坦年度发展报告

王海燕　何文婕*

［摘要］ 2009—2011年，吉尔吉斯斯坦的政治发生了巨大变化，政治动荡导致了政权更迭，其政体也由总统制过渡到了议会制；经济虽然遭遇金融危机，政治动荡以及俄、白、哈关税同盟正式运行的三重打击，但在波折中仍然保持缓慢的增长；外交政策随着政权的更迭有所调整，但总体变化不大；与上海合作组织的关系继续保持稳定，同时加强与上海合作组织成员国在多领域中的合作，积极参加上海合作组织框架内的各项活动。

［关键词］ 吉尔吉斯斯坦　政治　经济　外交　上海合作组织

2009—2011年间，吉尔吉斯斯坦政治上在多重因素的影响下发生了重大变化：总统巴基耶夫被反对派赶下台，新上任的临时政府修改了宪法，政体由总统制变为议会制。经济上依旧贫困羸弱，人民生活水平低下，在遭遇金融危机，政治动荡，俄、白、哈关税同盟运行的三重冲击下，国家经济面临了极大困境。外交上，继续前总统巴基耶夫时期平衡外交的政策，力图和美俄两国搞好关系，但更强调与俄罗斯的关系。党派因素对吉尔吉斯斯坦外交政策制定的影响开始增大。与上海合作组织的关系继续保持稳定，积极参与上合组织的各项活动。

一、 吉尔吉斯斯坦政治与安全

(一) 动荡与希望——吉尔吉斯斯坦政治安全形势

20世纪90年代初独立的吉尔吉斯斯坦，曾因推崇西方的民主模式，被美国视为

* 王海燕，华东师范大学与地区发展研究院暨国家开发银行—华东师范大学上海合作组织研究院，教育部重点研究基地华东师范大学俄罗斯研究中心副研究员，硕士生导师，经济学博士；何文婕，华东师范大学国际关系与地区发展研究院硕士研究生。

中亚的“民主样板”。但是这个中亚国家的发展并未令人满意,政治发展混乱,国家动荡不安。2005年发生“郁金香革命”,巴基耶夫从阿卡耶夫手中夺得了国家最高权力,而5年后,巴基耶夫也遭遇了同样的宿命。2010年4月,是吉尔吉斯斯坦政治发展的一个分水岭,4月7日,吉尔吉斯斯坦多个州市发生大规模骚乱,反对派及其支持者与警方发生暴力冲突,最终占领了总统府等重要政府机构。冲突造成近90人死亡、上千人受伤。吉尔吉斯斯坦总统巴基耶夫在骚乱发生后离开首都比什凯克,飞抵该国南部的贾拉拉巴德州。次日反对派称巴基耶夫政府已被解散,以前任外长、社会民主党议会党团领袖奥通巴耶娃为首的“临时政府”宣告成立。2010年6月10日,南部奥什地区再次发生血腥冲突,造成重大人员伤亡。整个国家都处在一种混乱不安的状态中。

随后,临时政府于6月27日举行全民公投,通过新宪法草案并认可奥通巴耶娃政权。根据新宪法,吉尔吉斯斯坦由总统制过渡到议会制,规定总统只履行仲裁的职责,任期5年,不能连任。10月10日,吉尔吉斯斯坦举行了首次议会选举,“故乡”党、社会民主党、“尊严”党、“共和国”党和“阿塔—梅肯”党进入议会。同年12月,“共和国”党、社会民主党和“故乡”党决定组建政党多数派联盟,阿坦巴耶夫被推举为总理、克利季别科夫被推举为议长。进入2011年后,吉尔吉斯斯坦的政治形势开始趋于稳定,2011年10月30日的总统选举,现总理阿坦巴耶夫高票当选总统。一系列的动荡不安告一段落,整个国家开始艰难的重建过程。未来吉尔吉斯斯坦的政治发展前景是希望和挑战并存。

(二) 2010年发生政治动荡的原因分析

吉尔吉斯斯坦2010年4月爆发的骚乱并不是偶然的,而是多个因素结合起来的产物。

1. 根本原因:政治体制不完善,政治秩序混乱

根据亨廷顿的观点,一个有内聚力的政治体制具有如下的特征:有效的政府机构,组织完善的政党,民众对公共事务的高度参与,文官控制军队的有效系统,政府在经济方面的广泛活动,控制领导人更替和约束政治冲突的一套合理而行之有效的程序。①而动乱之前的吉尔吉斯斯坦似乎是一个反面例证,政府机构内部裙带关系牵扯不清,政党林立但是毫无组织性可言,民众对政治冷漠,政府在经济活动上缺乏号召力和执行力,领导人任人唯亲,缺乏有效的渠道疏解政治冲突。整个政治秩序处于一种无序的状态中。

具体来讲,导致此次政治动荡的主要因素有:

(1) 缺乏正规渠道调节多元党派利益,南北矛盾无法疏解。

自独立以来,吉尔吉斯斯坦实施开放的政党政策,正式注册的政党有30—40个,

反对党十分活跃，但是国家却缺乏合理的制度去疏解反对党的政治诉求。此次动荡的最初导火索就是因为巴基耶夫于2010年4月6日和7日下令逮捕了包括社会民主党主席阿勒马孜别克·阿塔姆巴耶夫在内的数十名反对派政治家和积极分子，结果引发抗议者示威。对于吉尔吉斯斯坦而言，总统巴基耶夫不断强化个人权力，留给反对派的政治参与空间越来越小，反对派无法通过合法的政治渠道实现自己的政治诉求，只能诉诸于街头政治，不可避免地造成国家政局动乱。除此以外，吉尔吉斯斯坦还具有相对的特殊性。由于历史和地理的原因，国民对国家的认同意识较为薄弱，但对于部落的认同感较强，这种政治文化导致吉尔吉斯斯坦在民主的道路上踟蹰而行。历史上，吉尔吉斯斯坦对国家权力的分配上一直存在南北势力的争夺。在苏联时期，南北基本上靠轮流执政解决矛盾；苏联解体后，政府高官几乎都是阿卡耶夫及其部族为代表的北方势力所把持，南方部族势力失去了进入政坛的机会。2005年，代表南方部族的巴基耶夫上台后，政府内部部族精英大轮换，虽然一度形成了以南方势力为代表的总统巴基耶夫和北方势力为代表的总理库洛夫联合执政的均衡体制，但随着2007年库洛夫的离任，这一均衡也被打破。此次政治动荡，也很大程度上有北方势力对南方势力的报复的成分。这种部族之间的斗争不仅加剧了吉尔吉斯斯坦政治的非制度化，同时也对吉尔吉斯斯坦政局的稳定带来负面影响。

(2) 约束与监督制度力度不够。

虽然吉尔吉斯斯坦有着所谓中亚“民主岛”的美誉，但整个国家的政治制度构建较弱，缺乏强有力的约束和监督机制，官员们腐败所需的机会成本较低，政商之间寻租现象屡见不鲜。② 反巴基耶夫的声浪越来越大。

(3) 经济贫困，区域经济差异大，人民生活困苦。

巴基耶夫在吉尔吉斯斯坦的统治没有使吉尔吉斯斯坦走向富强的道路，③ 吉尔吉斯斯坦的贫困率较高，而且城市与乡村，南部和北部都有很大的差异。由表7.1所示，吉尔吉斯斯坦2008年，2009年农村贫困率比城市贫困率分别提高了14.2%，15.2%。北部地区如比什凯克、楚奇地区、塔拉斯地区的贫困率都低于南部地区如纳伦地区、贾拉拉巴德地区和奥什地区。

国内失业率尤其是年轻人的失业率高居不下。2008年吉尔吉斯斯坦年轻人(15—34岁)中有53 000人失业，占总失业人口的52%，其中30.1%的人处于长期失业的状态，同时在农村地区的年轻人失业比例更高，使很多年轻人不得不去俄罗斯和哈萨克斯坦打工。而年轻人对现状的不满也导致很多社会问题的出现，年轻人犯罪的案例屡见不鲜。据观察人士报道，此次4月骚乱的参与者中，很大部分是来自偏远地区的年轻人。

表 7.1 吉尔吉斯斯坦贫困率(%)

地 区	贫困率		极端贫困率	
	2008 年	2009 年	2008 年	2009 年
全国	31.7	31.7	6.1	3.1
城市	22.6	21.9	3.2	2.7
乡村	36.8	37.1	7.7	3.3
巴特肯地区	20.7	31.5	3.9	6.0
贾拉拉巴德地区	40.1	36.9	9.8	0.5
伊塞克湖地区	52.2	46.1	16.9	6.6
纳伦地区	42.7	44.1	11.6	10.0
奥什地区	37.5	38.3	4.5	2.0
塔拉斯地区	43.0	33.0	4.6	2.9
楚奇地区	15.8	21.2	2.1	2.4
比什凯克	15.2	13.2	2.1	3.3

资料来源:吉尔吉斯斯坦国家统计局,2009,2010。

2. 其他因素

(1) 金融危机对经济的打击导致人民不满。

金融危机使吉尔吉斯斯坦的海外汇款大量减少,而在海外工作的劳工也不得不返回国内,使就业情况更加恶化。与此同时,吉尔吉斯斯坦国内的水、电、供暖价格飞涨,超出了人民的承受能力。不满情绪在人民之间弥漫,在 2010 年 4 月的动乱之前,在东部的纳伦州,人们就已经抗议过能源价格的上涨。

3. “4 月事件”的余波——6 月民族骚乱

2010 年 6 月在南部地区发生的民族骚乱则是 4 月事件的余波,表面上看是南部乌孜别克族和吉尔吉斯族的民族冲突,其实实质上还是政治权力斗争。

南部地区是前总统巴基耶夫的大本营,巴基耶夫上任后,大力倚重吉尔吉斯族人,和少数民族的关系尤其是与乌孜别克族人的关系很大程度上被忽略了。巴基耶夫不仅抛弃了阿卡耶夫时期的民族政策而且加强当地的安全和警察部门作为管理少数民族事务的工具。在 4 月事件中,乌孜别克族人相对保持了克制,在巴基耶夫出逃后,乌孜别克族领导人认为向临时政府表示支持,以改善乌孜别克族群地位的时机已到。2010 年 5 月,巴基耶夫在南部的支持者手持武器在奥什和贾拉拉巴德集结,声援前总统。面对这样的形势,临时政府希望乌孜别克族能够帮助控制南部局势,而这引发了支持巴基耶夫的吉尔吉斯族人的不满。两个民族间的冲突时有发生。在这种背景下,担心临时政府的上台将影响其未来命运的南部毒品集团,不甘被夺权的前巴基耶夫政权的官员以及宗教极端势力也借机生事等因素,共同导致了 6 月骚乱的发生。

总之，发生在2010年的吉尔吉斯斯坦的动荡是多方面因素造成的，有政治的原因，也有经济和文化的原因。这次动荡不是偶然的，而是多年矛盾积累的爆发，吉尔吉斯斯坦今后的发展前景并不乐观。

(三) 吉尔吉斯斯坦政体变动分析与思考

2010年6月27日，吉尔吉斯斯坦全民公决通过新宪法，将吉尔吉斯斯坦的政体由总统制过渡到了议会制。对于吉尔吉斯斯坦这个没有深厚代议制传统国家，选择议会制道路是一个重大的挑战。未来吉尔吉斯斯坦能否通过议会制实现国家的稳定，前景仍不明朗。

1. 各方对吉尔吉斯斯坦政体变动的评价

(1) 吉尔吉斯斯坦国内。

吉尔吉斯斯坦通过修改宪法成为了中亚唯一的议会制国家，对于曾经的反对派而言，这是他们实现政权合法性的一个手段。另一方面也是因为“吉尔吉斯斯坦多年的发展经验表明，强大的政权集中在总统手中将不可避免地导致家族独裁主义”④，代总统奥通巴耶娃信心满满的声称议会制是适合吉尔吉斯斯坦的，她在2010年11月10日新议会第一次会议中说道：“我们必须向世界证明新的政治体制已扎根于吉尔吉斯斯坦社会，我们的人民所支持的政治发展战略也将有灿烂的前景”⑤。但对于当地的人民来说，国家稳定，经济发展才是最重要的，多年来吉尔吉斯斯坦畸形的民主并没有给吉尔吉斯斯坦带来太平，人民已经厌倦了。在2010年10月10日举行的议会选举中，力拔头筹的反而是有恢复总统制意向的“故乡”党，选民们用选票表明了对所谓“民主”的不屑。

(2) 国外。

国外的各个政府，大多是对吉尔吉斯斯坦选择议会制道路持谨慎态度。美国国务院一名发言人说：“我们希望这是迈向稳定治理的有效一步。我们欢迎这一平静、有序进程。”⑥时任俄罗斯总统梅德韦杰夫担心议会制无法在吉尔吉斯斯坦发挥作用，反而会使一些极端主义政治团体掌权，这对于吉尔吉斯斯坦将是一场“灾难”⑦，他认为吉尔吉斯斯坦“需要一个强有力，有组织的政府”⑧。

2. 综合评价

对于吉尔吉斯斯坦选择议会制道路的担忧并非是没有道理的，吉尔吉斯斯坦发展议会民主制的基础较为薄弱，从政治文化上来讲，吉尔吉斯斯坦并没有民主传统，缺乏强大的公民社会。政党制度不够成熟，大多数政党缺乏严密的组织架构，清晰的政党纲领以及广泛的群众基础，并没有形成一个明晰的政党格局。从现实层面上来看，当前的吉尔吉斯斯坦经济落后，政治和社会发展不成熟，国家处于一个变动和调整期，此时需要一个强有力的权力核心来整合各个利益和资源。但不管吉尔吉斯斯坦议会制道路能否一直走下去,这也是一个理性的开端。至少在国家治理的层面上,不同党派,不同民族,南方北方都有了一个合法开放的渠道去表明自己的观点和利益,他们之间的利益冲突和利益协调都能局限在议会内部,能够避免“街头政治”的产生,这有助于吉尔吉斯斯坦未来的稳定和发展。

(四) 对吉尔吉斯斯坦政治前景的预测

1. 对联盟执政的现状分析

由于在吉尔吉斯斯坦的议会选举中,没有一个政党获得10%以上的选票,所以得票最多的几个政党必须组成政党联盟执政。选举结束后,吉尔吉斯斯坦社会民主党、共和国党和“阿塔—梅肯”、(祖国)党首先宣布成立执政联盟,但该联盟因未能按原计划选出议长而被迫解散。2010 年 10 月 16 日,“共和国”党正式对外宣布,“共和国”党、社会民主党和“故乡”党决定组建政党多数派联盟。三党共控制了议会中 120 个席位中的 77 席。三方就政府和议会权力分配基本达成一致,社会民主党领袖阿坦巴耶夫被推举为总理、“故乡”党的领导人之一的克利季别科夫被推举为议长,共和国党领导人巴巴诺夫担任政府第一副总理。这其中,值得注意的是“故乡”党,这个来自南部的政党被认为是支持前总统巴基耶夫的,如今“故乡”党不仅占据了议会议长的职位,还控制了司法部门、卫生部门、劳工移民就业部门以及水利部门。

在政党联盟统治的前几个月来看,议会中的各个党团在许多问题上立场不一致,议会内部党团暗战加剧。为了加强议会的团结,执政联盟同意在联盟内部设立一个工作组,每个政党派出 5 个人,以保证联盟的有效运作。但是大部分政治观察家认为执政联盟的破裂只是一个时间问题,当地的政治分析家认为三个党派内部固有的矛盾使其从一开始就注定了解体的命运。⑨果不其然,结束总统选举一个月后,由社民党,“故乡”党和“祖国”党所组成的政党联盟宣布破裂,社民党与“共和国”党、“祖国”党和“尊严”党重新达成组建新执政联盟的协议。

2. 未来走向的预测

从目前的态势来看,吉尔吉斯斯坦的局势正在趋于稳定,各项重建工作也在有条不紊地进行着,国家开始向好的方面发展。但是整个国家还是面临着很多困难。一方面由于吉尔吉斯斯坦社会传统的部族结构,中央政府的控制力较弱,而现在由于吉尔吉斯斯坦由总统制变为议会制,中央政府的控制能力更加被削弱;另一方面虽然目前已组成了多党的联合政府,但是党派之间的意见纷争复杂,党派分化组合成为一种正常的现象,这对于新的联合政府是个巨大的挑战。此外,前总统巴基耶夫的影响犹在。“4 月事件”以后,巴基耶夫和其亲信并未被逮捕,还可以发挥影响力,这也是个巨大的隐患。因此对于吉尔吉斯斯坦的领导者而言,第一步应该对 4 月和 6 月发生的事件进行调查,妥善处理善后事宜,努力消除横隔在不同部族间人们的恐惧和误解,保持社会稳定，维护社会安全；第二步应该大力发展国家经济，创造就业机会，努力吸引优秀的年轻人在国内发展。同时大力打击腐败，完善制度，改善投资环境，吸引国外投资；最后是提高政府的执政能力，增强政策的有效性，维护党派间团结，努力取得人民的信任。只有这样，吉尔吉斯斯坦才有前进的希望。

二、吉尔吉斯斯坦经济

(一) 波折中缓慢前行——吉尔吉斯斯坦经济形势

2009—2011 年，吉尔吉斯斯坦的经济发展可谓是经历了一番波折，连续遭遇三次冲击：第一次冲击来自 2008 年开始的金融危机，虽然由于吉尔吉斯斯坦经济的封闭性使得其所受危害相比起其他独联体国家而言不大，但还是给吉尔吉斯斯坦的经济发展蒙上了一层阴影；第二次冲击来自 2010 年 4 月和 6 月的政治动荡和民族骚乱，几乎将吉尔吉斯斯坦推向经济崩溃的边缘；第三次是 2010 年 7 月俄、白、哈关税同盟正式运行，对于吉尔吉斯斯坦而言，俄罗斯和哈萨克斯坦都是它的主要贸易伙伴，关税同盟的运行将严重影响吉尔吉斯斯坦的进出口，并产生了一系列连锁反应，这无疑会对吉尔吉斯斯坦脆弱的经济造成不利影响。在这三重打击下，一些宏观经济指标出现了一定程度的波动：2009 年吉尔吉斯斯坦的国内生产总值增长率为 2.3%，较 2008 年的 7.6%的增长率逊色了不少，2010 年吉尔吉斯斯坦的国内生产总值增长率甚至出现了 1.4%的负增长。

在进出口贸易方面，2008—2010 年，无论是对独联体国家还是对其他国家，吉尔吉斯斯坦贸易额持续走低，如图 7.1 所示：

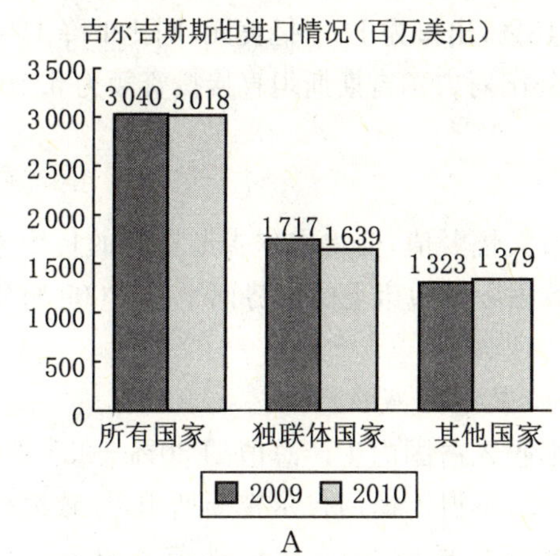

A

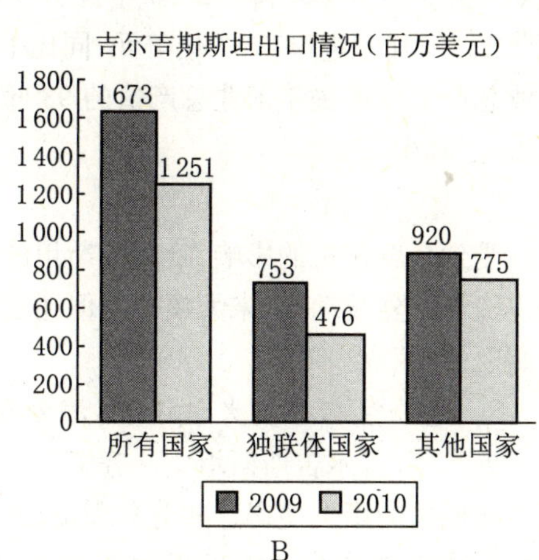

B

资料来源：根据独联体统计网站提供数据整理。

图 7.1　吉尔吉斯斯坦进出口情况

同时居民消费价格指数不断上涨,2009年、2010年居民消费价格指数分别为6.8%、8%,显示出吉尔吉斯斯坦国内通胀严重。

作为一个内忧外患不断的中亚国家,吉尔吉斯斯坦的经济发展之路非常坎坷,进入2011年后,吉尔吉斯斯坦的新的领导人也一直探求经济发展的新出路,国家的经济也开始慢慢恢复。2011年,吉尔吉斯斯坦经济增长率为5.7%,工业产值增长11.9%,农业产值增长2.3%。

(二) 金融危机对吉尔吉斯斯坦经济的影响

总体而言,金融危机对吉尔吉斯斯坦的经济影响并不大,按照独联体国家间统计委员会主席萨科林的说法,吉国被列入独联体国家受危机影响较小行列。⑩吉尔吉斯斯坦前总统巴基耶夫认为,一方面是因为吉尔吉斯斯坦经济相对封闭,在世界经济中所占的比重并不大,另一方面是因为俄罗斯给吉尔吉斯斯坦划拨了1.5亿美元担保贷款,帮助吉尔吉斯斯坦渡过了难关。⑪因此吉尔吉斯斯坦成为独联体国家中少数的经济增长的国家,2009年吉尔吉斯斯坦国内生产总值为1 964亿索姆,同比增长2.3%,但是吉尔吉斯斯坦毕竟是处在一个全球化的时代,外界的变动也会对吉尔吉斯斯坦的经济产生影响。

1. 对外贸易额减少,工业产值减少,外国对吉尔吉斯斯坦直接投资额度降低

由于金融危机对吉尔吉斯斯坦主要的贸易伙伴俄罗斯、哈萨克斯坦打击很大,导致这两国的需求都有所降低,直接影响到吉尔吉斯斯坦的对外贸易。2009年,吉尔吉斯斯坦外贸额大幅下降。2009年吉尔吉斯斯坦外贸进出口总额为41.5亿美元,同比下降15%;其中进口27.1亿美元,同比下降18%;出口为14.4亿美元,同比下降1%。工业总产值仅占去年工业总产值的93.6%,外国对吉尔吉斯斯坦直接投资额为5.567亿美元,减少35.7%。

2. 货币贬值

受到金融危机的影响,哈萨克斯坦的货币大幅贬值,使得吉尔吉斯斯坦的货币索姆也随着剧烈波动,虽未大幅贬值但还是随着国际货币市场的走势而下降,2009整年索姆贬值18.6%⑫。

3. 海外务工人员大量返乡,海外劳务汇款急剧减少

近几年,吉尔吉斯斯坦境外务工人员侨汇收入占国内生产总值的20%—25%⑬,而金融危机的爆发使得这些劳务人员纷纷失业,不得不返回吉尔吉斯斯坦,导致海外劳务汇款急剧减少。据世界银行估算,金融危机导致2009年境外劳务收入减少40%—50%。同时,在经济合作与发展组织(OECD)、技术合作发展援助机构(ACTED)、欧洲委员会(EC)发表的金融危机对吉尔吉斯斯坦在俄罗斯境内务工人员影响的一份

报告中指出，金融危机后俄罗斯收紧了境外劳工政策，人们想要去国外打工更难了。[14]由于有些劳工并未登记，并不能确切知道吉尔吉斯斯坦到底有多少人在境外打工，非官方的估计约为50万人在俄罗斯和哈萨克斯坦打工，对于一个人口只有530万的小国来说，这个数字非常惊人。由于本国无法容纳如此数额的劳动力，因此大量劳工的回国潮又推高了国内的失业率，给社会安全造成隐患。

（三）政治动荡对吉尔吉斯斯坦经济的影响

1. 造成严重经济损失，经济呈负增长

发生在2010年4月和6月的骚乱，给吉尔吉斯斯坦脆弱的经济以致命一击，2010年国内生产总值增长率甚至为－1.4％。骚乱还造成了许多建筑和基础设施被毁，除此以外，骚乱还给经济的发展留下了阴影。2010年6月发生在南部的动乱对当地农业的冲击和破坏至今还在发挥作用。以土豆为例，骚乱发生前吉尔吉斯斯坦南方所产土豆畅销哈萨克斯坦等国，骚乱发生后他国的采购商担心局势恶化取消了实地采购和订单，使得当地土豆积压，烂在囤中。

2. 企业受损严重，市场经营陷入困境

动乱发生后，给吉尔吉斯斯坦的企业造成了巨大的损失，据吉尔吉斯斯坦经济管理部公布，2010年4月6—8日发生的骚乱给企业造成的损失总金额达8.974亿索姆，大中型企业损失6.83亿索姆，销售网和零售网供货商损失5 460万索姆，租户损失1.598亿索姆。[15]各大市场生意萧条，相关领域也陷入窘境。

3. 影响投资者热情和旅游业的发展

不稳定的国家政治局面，令投资者望而却步。同时也严重地打击了吉尔吉斯斯坦旅游业的发展，在2010年4月和6月骚乱事件发生以前，每年平均有1.2万哈萨克斯坦人去伊塞克湖。但事件发生后，去伊塞克湖度假的哈萨克斯坦人流量下降为零。

4. 邻国边界关闭，边境贸易受到影响

由于受到骚乱的影响，吉尔吉斯斯坦的邻国哈萨克斯坦、乌兹别克斯坦关闭了边界，导致了吉尔吉斯斯坦的商品流通额大幅度下降。这对于吉尔吉斯斯坦犹如经济扼杀。据吉尔吉斯斯坦市场、商业企业及服务业联合会主席谢尔盖·波纳马列夫在新闻发布会上称，由于邻国关闭了边界，吉尔吉斯斯坦的商品流通额下降了55％，商户损失达数十亿索姆。[16]

（四）俄、白、哈关税同盟对吉尔吉斯斯坦经济的影响

俄罗斯、白俄罗斯和哈萨克斯坦根据2007年10月6日达成的相关协议组建了关税同盟。组建关税同盟的目的是为了形成统一的关税空间，在统一关税空间的范围内，除特殊的保护、反倾销和补偿措施外，还将取消关税和经济限制的措施。在关税

同盟框架下,实行统一的关税税率,在与第三国进行商品贸易活动时采取统一的办法。对于吉尔吉斯斯坦而言,俄罗斯、白俄罗斯、哈萨克斯坦都是其重要的贸易伙伴。根据吉尔吉斯斯坦经济管理部2010年6月公布的数据,吉尔吉斯斯坦23%的商品出口到这三个国家,而从这三国进口的商品占吉尔吉斯斯坦进口总量的55%。吉尔吉斯斯坦对外贸易流通结构中,与关税同盟国家的贸易占比重最大,其中俄罗斯占28.5%;哈萨克斯坦占10.7%;白俄罗斯占1.7%。[17]俄、白、哈关税同盟的正式运转,使吉尔吉斯斯坦的经济遭遇了压力。吉尔吉斯斯坦2009年向独联体国家出口总额占其总出口额的45%,进口占其总进口额的56%;2010年关税同盟成立后,向独联体进口占其总进口的份额下降到53%。[18]

1. 对吉尔吉斯斯坦的主要影响

(1) 吉尔吉斯斯坦作为中亚转出口商品中转站的地位被动摇。

吉尔吉斯斯坦的转出口贸易是国家主要收入来源之一。根据世界银行2008年对吉尔吉斯斯坦三个市场(Dordoi, Karasuu, Madina)的调查,估计吉尔吉斯斯坦75%从中国进口的产品转出口中亚邻国和俄罗斯。[19]自从关税同盟建立以来,吉尔吉斯斯坦已经不可能像之前一样,向俄罗斯,白俄罗斯以及哈萨克斯坦转出口外国商品,尤其是中国产品。而这也造成了吉尔吉斯斯坦的失业增加,据世界银行估算,有大约7万人直接受雇,35万人间接受雇于吉尔吉斯斯坦最大的两个市场[20](Dordoi, Karasuu)。转出口商品中转站地位的失去,这些市场势必衰弱,这将造成人口大量的失业。

(2) 一定程度的物价上涨。

吉尔吉斯斯坦从俄罗斯和哈萨克斯坦进口油料、粮食、工业产品等,关税同盟的成立使得俄、白、哈制定了统一的关税,提高了吉尔吉斯斯坦从关税同盟国进口的成本,导致吉尔吉斯斯坦国内物价上涨。如吉尔吉斯斯坦从俄罗斯和哈萨克斯坦进口粮食的价格上涨了15%—30%。

2. 对吉尔吉斯斯坦加入关税同盟的利弊比较

2010年4月11日,吉尔吉斯斯坦在政府工作会议上批准了加入关税同盟和统一经济空间的决议,2011年10月19日吉尔吉斯斯坦代总理奥穆尔别克·巴巴诺夫在欧亚经济共同体跨国委员会会议期间宣布,欧亚经济共同体成员国同意吉尔吉斯斯坦加入关税同盟。但是加入后的吉尔吉斯斯坦能否从中收益大于损失,还有待观察。

从利的方面来看,加入关税同盟为吉尔吉斯斯坦提供了一个1.7亿人口的大市场,尤其有利于吉尔吉斯斯坦农业的发展。同时能够较好地解决吉尔吉斯斯坦的移民劳工的问题,从关税同盟成员国进口产品会更便宜,尤其是工业制成品和石油。从弊的方面来看,吉尔吉斯斯坦会失去自己低关税的优势,降低自己作为转出口国的吸引力。这使得吉尔吉斯斯坦从非关税同盟国进口产品的价格上涨,对人民来说,提高了其生活成本。其次,吉尔吉斯斯坦40%的国家预算收入来自中国、土耳其以及其他世界贸易组织成员方进口产品的关税收入。随着进口关税的提高，进口产品的数量将下降，将影响到吉尔吉斯斯坦的国家收入。再次，吉尔吉斯斯坦作为一个世界贸易组织成员国，不允许其将平均关税升至10%，但在关税同盟是允许的。同时由于吉尔吉斯斯坦和53个国家签署了双边协议，由于加入关税同盟不得不终止这些协议，这将使吉尔吉斯斯坦付出高昂的代价，据估计损失达10—15亿美元。[21]

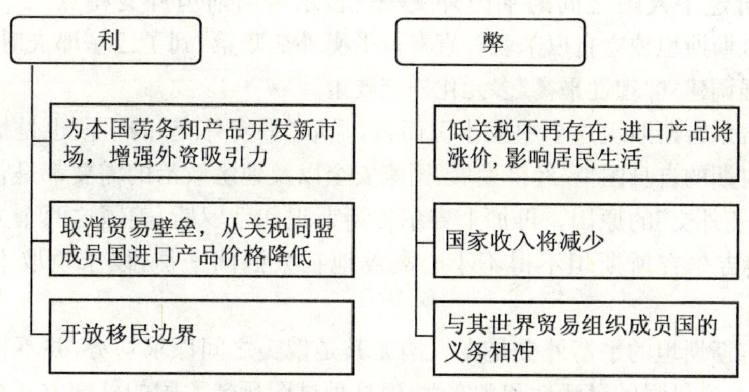

图7.2　吉尔吉斯斯坦加入俄、白、哈关税同盟利弊比较

近一年来，吉尔吉斯斯坦政府在加入关税同盟的议题上表现积极，总统阿坦巴耶夫强调“加入关税同盟是为了满足所有吉尔吉斯斯坦人的需要，关税同盟的成员资格能够巩固吉尔吉斯斯坦外部边界，改善50万吉尔吉斯斯坦人在俄罗斯和哈萨克斯坦的工作和生活条件。”但是这一决定却引发了争论，一些学者认为加入关税同盟的决定主要是政治的考量而非经济优先，吉尔吉斯斯坦已经加入了世界贸易组织，而比起世界贸易组织关税同盟仅仅是一个区域性的经济组织，加入关税同盟反而会影响吉尔吉斯斯坦自己作为世界贸易组织成员国所取得的优势。在后苏联空间中，能从关税同盟中获得最大利益的国家是俄罗斯，作为该区域最大的国家，俄罗斯通过鼓励邻国追求共同的经济政策中可以获得较大的利益。有学者[22]分析吉尔吉斯斯坦总统阿坦巴耶夫对于俄罗斯以经济为手段的政治提示非常熟悉，因此，目前吉尔吉斯斯坦对加入关税同盟是当下中亚地缘政治格局的客观反映。

(五) 吉尔吉斯斯坦未来经济形势展望

吉尔吉斯斯坦新政权上台以后，开始采取了一些促进经济发展的政策：如向国际社会申请援助用于南方重建及国内农业领域生产；降低粮食进口税，动用国家储备粮以解决国内34万低收入家庭的口粮问题；大力发展旅游业，国家经济协调部着手制定吉尔吉斯斯坦2011—2015年旅游发展战略等。据国际货币基金组织预测2011年吉尔吉斯斯坦的经济将开始复苏，一方面是由于国内安全形势好转，农业生产也开始恢复,主要针对南方重建的私人和公共投资增多;另一方面来自俄罗斯和哈萨克斯坦的需求回升,海外侨汇也将增多。实际国内生产总值增长率将达到7.1%。㉓

三、吉尔吉斯斯坦外交

(一)游走于大国之间的平衡外交——吉尔吉斯斯坦外交特点

吉尔吉斯斯坦独立自以来就一直奉行平衡外交政策,到了巴基耶夫时期,吉尔吉斯斯坦更强调建立"理性平衡"多元化外交政策。

对于吉尔吉斯斯坦这个中亚小国而言,采取"平衡外交"的手段也是情有可原之举。转型时期的自身国情、经济发展、国家安全以及地缘政治的需要都是吉尔吉斯斯坦采取"平衡外交"的原因。再加上吉尔吉斯斯坦和俄罗斯、美国这两个大国的复杂关系,使得吉尔吉斯斯坦不得不小心翼翼地在大国间平衡,以求争取本国的最大利益。

吉尔吉斯斯坦的平衡外交是在大国尤其是俄美之间谋求均势,并不特别倚靠某一个大国,具有极强的灵活性和务实性,但这种试图玩转大国的外交方式在试图为吉尔吉斯斯坦带来了经济援助和安全稳定环境的同时,也导致了吉尔吉斯斯坦转型期政权曾有过的不稳。

如今吉尔吉斯斯坦新政权上任,各项政策作何调整仍需观察。但就目前吉尔吉斯斯坦所面临的经济社会形势来看,平衡外交还将继续下去。

(二)吉尔吉斯斯坦外交方式的变化

2010年4月的政权更替,对于吉尔吉斯斯坦未来的外交走向还是会产生一定的影响。尤其是吉尔吉斯斯坦对美国和俄罗斯的关系上。前总统巴基耶夫虽然采取"平衡外交"的政策,但还是有一定的倾向性。从进入议会的党派来看,"故乡"党和"共和国"党都是亲巴基耶夫的党派,"尊严"党的党魁是亲俄的前总理库洛夫,社会民主党和"祖国"党的领导人都是此次政变的领导人。"故乡"党、"尊严"党、"共和国"党、社会民主党的党魁在选举之后,纷纷去俄罗斯访问。吉尔吉斯斯坦政府总理阿坦巴耶夫甚至提议以俄罗斯总理普京的名字来命名该国北部的一座山峰,以此向俄罗斯示好,表明自己亲俄的立场。吉尔吉斯斯坦的经济很大程度上依赖于俄罗斯,这些政党不断地寻求俄罗斯的支持,也是为了赢得更多的选票与支持。

四、吉尔吉斯斯坦与上海合作组织的关系

吉尔吉斯斯坦是上海合作组织的创始国之一,吉尔吉斯斯坦积极参加上海组织框

架内的各项活动，与上合组织其他成员国在教育、卫生、文化、反恐等方面保持着密切的联系。上海合作组织在2010年4月吉尔吉斯斯坦政权更迭后，发表声明希望吉尔吉斯斯坦尽快恢复法律秩序，实现民族和解。此外在2010年10月的议会选举中，上海合作组织也派了观察团观察吉尔吉斯斯坦的选举。吉尔吉斯斯坦希望通过上合组织，优先开展与成员国间在交通基础设施建设、水利能源开发和农业项目上的互利合作。

五、小 结

2009年到2011年的进程，对于吉尔吉斯斯坦而言是不平静的，虽然吉尔吉斯斯坦已由总统制变为议会制，但稳定中还是存有隐患。未来该国政治的发展依赖于领导层能否超越党派利益、部族利益，维护团结与稳定。经济上，在遭遇金融危机、政治骚乱以及俄、白、哈关税同盟的三重影响之后，正在慢慢地恢复。吉尔吉斯斯坦也在寻找经济发展的新空间，如今吉尔吉斯斯坦表示了参与俄、白、哈关税同盟的意愿就是例证。外交上作为弱小国家的吉尔吉斯斯坦在外交政策选择上还是有颇多无奈，从短期来看平衡外交的方式不会有太大的改变。在与上海合作组织的关系上，吉尔吉斯斯坦也在努力加强其在组织内的影响力，并积极推动与上合组织成员国在多领域中的合作。

注释

① [美]塞缪尔·P. 亨廷顿:《变化社会中的政治秩序》，王冠华、刘为等译，沈宗美校，上海人民出版社2008年版，第1页。

② *Annual Report 2009*, Transparency International.

③ International Crisis Group, Kyrgyzstan: A Hollow Regime Collapses, Asia Briefing, April 27, 2010.

④ 2010年5月3日，时任吉尔吉斯斯坦临时政府总理奥通巴耶娃在会见吉尔吉斯斯坦内务部科学院师生时的讲话，《吉尔吉斯斯坦临时政府总理主张议会制》，亚心网，2010年5月5日。

⑤ Meena Singh Roy, "Future of Parliamentary Democracy in Kyrgyzstan", *Strategic Analysis*, 2011. 3.

⑥《吉尔吉斯斯坦走向议会制的道路并不平坦》，亚心网，2010年7月7日。

⑦ Medvedev Calls Parliamentary Democracy A "Catastrophe", http://kyrgyzstan.carnegieendowment.org/, 2010. 9.

⑧《俄总统发警告：吉尔吉斯斯坦实行议会制或让极端分子掌权》，人民网，2010年6月28日。

⑨ Joldosh Osmonov, "Kyrgyzstan's Ruling Coalition Close to Collapse", *Issue of the CACI Analyst*, 2011. 3. 31.

⑩《吉国被列入独联体国家受危机影响较小行列》，亚心网，2010年1月21日。

⑪《吉尔吉斯斯坦国家总统解析金融危机影响》,亚心网,2010 年 1 月 7 日。

⑫ 2008 年 12 月,美元与索姆比率为 1∶35.9,2009 年 12 月,美元与索姆比率为 1∶42.58,资料来源:独联体统计网站。

⑬《吉尔吉斯斯坦经济发展展望》,亚心网,2010 年 6 月 11 日。

⑭ David Gullette,"institutionalized Instability: Factors Leading to the April 2010 Uprising in Kyrgyzstan", *Eurasian Review*, 2010. 11(3).

⑮《吉尔吉斯斯坦 4 月事件让商家损失惨重》,亚心网,2010 年 6 月 22 日。

⑯《吉尔吉斯斯坦因邻国关闭边界商品流通额下降 55%》,亚心网,2010 年 5 月 4 日。

⑰《关税联盟国家占吉国贸易流通总额 41%》,亚心网,2010 年 6 月 7 日。

⑱ http://www.cisstat.com/eng/mac-09.htm.

⑲ Allen M. Shinn, Askar Beshimov, Azamat Usubaliev,"Economic Consequences of the Customs Union for the Kyrgyz Republic Final Report", 2010. 4.

⑳ Ibid.

㉑ "What Awaits Kyrgyzstan from Membership in Customs Union?", www.customsunion.ru.

㉒ Eli Keene, *Kyrgyzstan and the Customs Union*, Carnegie Endowment, 2012. 5.

㉓ David Owen, Thomas Dorsey,"Kyrgyz Republic-Request for Disbursement under the Rapid Credit Facility", *IMF Country Report*, No. 10/336, 2010. 11.

㉔ Russia A Factor in Kyrgyzstan's Parliamentary Election Campaign, http://www.eurasianet.org/node/61992.

报告八　塔吉克斯坦年度发展报告

孙　超　杨　成*

[摘要]　作为中亚最贫穷的国家，塔吉克斯坦独立以来的转型进程不仅受制于地理、部族与宗教等要素作用下的社会变迁，也取决于内战之后的现代化进展。2011年塔政治形势总体稳定，但个别不稳定因素受中东北非政局动荡的刺激潜流滋长；全球金融危机的间接影响余波未了，经济增长对于国民生活水平的改善作用仍较有限；安全领域受到周边局势和国内政局的影响，同样发生了令人关注的变化；与外部大国的关系，尤其是与传统盟国俄罗斯的关系出现反复。它们与塔吉克斯坦多年积累的社会问题汇聚，对塔吉克斯坦的稳定构成了一定程度的威胁。在这种大环境下，塔吉克斯坦政府一方面在内政上主动调整，谨慎、灵活处理各种突发事件；另一方面在外交上加强议程设置能力，维护本国的重大利益。整体而言，塔吉克斯坦政局基本稳定；经济的恢复性增长仍在持续，上升空间较大；安全形势处于可控范围之内；外交也有所建树。

[关键词]　塔吉克斯坦　转型　社会　矛盾　战略

2011年9月9日是塔吉克斯坦独立20周年纪念日，拉赫蒙政权特意在首都杜尚别市友谊广场举行盛大的阅兵式和群众游行。20年来，塔吉克斯坦在国家建设方面始终面临较大挑战并于20世纪90年代中期一度爆发内战。此后，塔吉克斯坦实现了民族和解，进入了相对稳定的自主发展新阶段。尽管如此，来自政治、经济、社会、外交等各个层面的考验近年来一直屡屡威胁该国的稳定与发展。如果从外部来看，中亚处于世界权力中心的边缘的话，那么塔吉克斯坦的现状就处于中亚权力的边缘。

作为中亚最贫穷的国家，塔吉克斯坦独立以来的转型进程不仅受制于地理、部族与宗教等要素作用下的社会变迁，也取决于内战之后的现代化进展。部族冲突、毒品

---

* 孙超，华东师范大学国际关系与地区发展研究院2010级硕士研究生；杨成，教育部人文社科重点研究基地华东师范大学俄罗斯研究中心副主任，《俄罗斯研究》副主编，副教授。

走私、贸易结构单一化、人口增长率高甚至粮食安全一直是塔吉克斯坦面临的大问题。

2011年对于塔吉克斯坦而言仍是不平静的一年。政治形势总体稳定，但个别不稳定因素受中东北非政局动荡的刺激潜流滋长；全球金融危机的间接影响余波未了，经济增长对于国民生活水平的改善作用仍较有限；安全领域受到周边局势和国内政局的影响，同样发生了令人关注的变化；与外部大国的关系，尤其是与传统盟国俄罗斯的关系出现反复。它们与塔吉克斯坦多年积累的社会问题汇聚，对塔吉克斯坦现政权的社会安全构成了一定程度的威胁。在这种大环境下，塔吉克斯坦政府一方面在内政上主动调整，谨慎、灵活处理各种突发事件；另一方面在外交上加强议程设置能力，维护本国的重大利益。

整体而言，塔吉克斯坦政局基本稳定，类似于中东北非的政局动荡未在该国再现；经济的恢复性增长仍在持续，上升空间较大；安全形势处于可控范围之内；外交也有所建树。

一、 艰难转型中的塔吉克斯坦

塔吉克斯坦的地理因素直接影响着这个国家20年来的经济、社会与政治变迁。塔吉克斯坦境内多山，93%的国土为山地与高原，没有低于海拔500米的地区，一半以上的国土位于海拔3 000米以上，素有“高山国家”之称。[①] 全国共分为三个州、一个区、一个直辖市。戈尔诺—巴达赫尚州(Gorne-Badakhshon)位于“世界屋脊”的帕米尔高原，西南与阿富汗相邻，东部与中国毗连；北部的列宁纳巴德州(Leninobod)位于费尔干纳盆地的入口处；西南州为哈特隆州(Khatlon)，这是塔吉克斯坦较为平缓的地区，位于塔吉克斯坦的中心地带，首都杜尚别市正居于其间。[②]

这种行政区划显然与塔吉克斯坦的地形地貌直接相关。塔东部地区属于高原地带，与该国地势较低的其他地区联系较为不便。北方州靠近经济较为繁荣的费尔干纳盆地，首府苦盏(Khojand)成为整个地区的文化中心，其与南方州经横阻的山脉自然隔开。这种自然形成的地理区隔，使得塔吉克斯坦三大地区之间难以实现频繁互动，进而在身份认同、发展模式等各方面彼此相差较远。

苏联时期，农业资源丰富的北部地区发展迅速，成为塔吉克斯坦主要的棉花产地。与之相比，南方州在经济、社会等领域的发展均较为滞后，其文化和手工业中心盖尔姆区(Gharm)成为反对派孕育和成长的温床。帕米尔高原地区则始终处于边缘境地。[③]

上述三州相对隔绝的地理状态以及由此决定的经济及文化传统在很大程度上影响着塔吉克人[④]的思维观念。同时作为一个农业人口占绝大多数(67%)的国家，集体农庄也在相当程度上塑造了塔吉克人的基本生活方式及行为模式。苏联时期这里的每一个集体农庄(kolkhozy)都是一个自给自足的封闭体系。它为塔吉克人提供了发展经济的棉花产地和饲用及食用粮,保障了学校、教堂、文化休闲场所等公共空间。它的形成和发展不仅依靠强烈的家族认同,也进而使得家庭纽带更加紧密。[⑤]而地区力量则以集体农庄为元素,地理环境为单位形成具有较高声望和影响的政治势力,并在塔吉克斯坦发挥着巨大作用。

苏联解体后,塔吉克斯坦一波三折的转型进程并没有从根本上改变上述格局。虽然塔吉克城市化的进程一直向前推进,但它仍然是一个城市化发展缓慢的山地国家,城市在塔吉克斯坦经济发展之中所起到的作用并不大。这与乌兹别克斯坦的撒马尔罕(Samarkand)和布哈拉(Bukhara)的作用构成了鲜明对比。[⑥]而且政府出于控制过快的人口流动,尤其是抑制非技术人口大量涌入都市的需要,实行了必须拥有居住登记(propiska)[⑦]才能常住的城市准入制度。正是由于这些限制以及农村居民技能的欠缺和学习机会的缺失,许多塔吉克人选择更多地在乡村生活。[⑧]因此,在遍布亲族关系的社会网络中,塔吉克人的认同方式更倾向于地区的"宗教认同"和家长认同。同时,这种亲族关系在地方政权中容易形成恩庇—侍从(patron-client)关系。故裙带关系盛行于独立初期的塔吉克各州的政府组织,地方网络则不断强化各亲族之间的联系。最终,这种关系依据地域形成独具中亚特色的"部族政治"(clan politics)[⑨]。

当下,来自塔吉克斯坦不同地区的人习惯将对方看做是"其他地方的人"。习俗、方言和传统塑造着塔吉克斯坦人的"集团认同"。人们往往将其父辈三代以上所居住的地区而非自己的出生地作为自己的籍贯。[⑩]随着历史逐渐分化成型的5个大的地域集团——北方人、卡特拉金人、库利亚布人、吉萨尔人、帕米尔人——开始在塔吉克斯坦独立以来的转型进程中发挥着重要作用。[⑪]而尤为关键的是语言上不同于西伊朗语言集团的帕米尔人压根就认为自己不是塔吉克人,他们信奉伊斯兰教伊斯玛仪教派[⑫],有着自己独特的生活方式。

1991年夏,苏联爆发"8·19"事件,塔吉克斯坦境内各种部族势力参与政治的欲望此后得到释放,以南方集团为核心的反对派开始崛起并与北方集团逐渐形成全面对抗。这其中包括代表东南部利益的塔吉克伊斯兰复兴党、民主党以及代表帕米尔利益的"巴达赫尚"运动等。[⑬]而塔吉克斯坦的内战在此意义上也可视为部族政治的深刻影响下的结果,即苦盏—库利亚布—吉萨尔人的集团与卡拉特金和帕米尔人的集团对抗。[⑭]

当前塔吉克斯坦政局主要由三大势力构成,即以拉赫蒙总统为首的当权派,以伊斯兰复兴党为主要代表的反对派以及势力逐渐消弭"第三势力"(列宁纳巴德集团)。[⑮]这三大势力的此消彼长迄今依然影响着塔吉克斯坦的国内政治与安全议程。

苏联解体前后,宗教因素随着戈尔巴乔夫改革新思维的全面展开而开始在塔吉克斯坦"大梦觉醒",伊斯兰复兴运动的思潮波潮涌动。苏联时期现代化和城市化的发展将"东斯拉夫人"的现代化模式引入中亚。这种经济现代化不仅带来人口过剩、失业率激增、环境破坏等典型的现代化问题,同时也将贫富差距和价值观冲突迅速拉入到塔吉克人的思想视野之中。到苏联晚期时,塔吉克人开始认识到自己是不同于"斯拉夫人"的独特文化宗教要素,认为城市化和现代化是多余的、不必要的。[16]这种内外差距以及塔吉克斯坦国内城市与乡村的差距使得塔吉克人只能通过宗教因素寻找慰藉。20世纪80年代兴起于中东的"伊斯兰复兴运动",因其反西方化、回归"伊斯兰社会"、建立政教合一的体系、全面实施"伊斯兰教法"的主张而对中亚穆斯林这一特殊群体极具吸引力。[17]因而当地生活在相对封闭的系统中,饱尝贫困之苦,注重宗教、地域和部族联系的集团在20世纪80年代末开始成长为一股具有政治抱负的重要力量。伊斯兰复兴运动的兴起与解体后的塔吉克斯坦共产党政府同时并存,这种在苏联瓦解之后依旧存在的"旧有不变的政权结构"成为宗教政治参与急速扩张的重要前提。[18]而塔吉克斯坦的国家建设面临的巨大挑战也为伊斯兰教迅速传播提供了有利条件。盖洛普(Gallop)2010年8月发表的一份调查显示,85%的塔吉克人认为宗教是他们生活中最重要的一部分,只有12%认为宗教并不重要。[19]目前,塔吉克斯坦已经成为中亚地区对伊斯兰宗教信仰最为虔诚的国家之一。

苏联政府曾对待伊斯兰教采取软硬兼施的两手政策:一方面动用一切力量压制其发展;另一方面却又寻求与之合作。[20]只有"普世伊斯兰"(Popular Islam)才被允许进入中亚社会体系。[21]与此同时,伊斯兰教逊尼派一支哈乃斐学派[22](Hanafite School)"自由化"的思潮就早已在塔吉克斯坦传播。这支力量在戈尔巴乔夫的"自由化、民主化、公开化"思潮的影响之下迅速成长。苏联政府对塔吉克斯坦伊斯兰教的压制政策至此逐步消解并使得塔吉克斯坦内部的宗教能量得到巨大释放,这为伊斯兰因素进入大众政治参与之中奠定了重要基础。

1999年6月塔吉克斯坦伊斯兰复兴党的正式成立大大激发了塔吉克斯坦的伊斯兰教的发展。仅在1992年,塔吉克斯坦各130座大城市兴建清真寺。[23]作为塔吉克斯坦最大的反对派,尽管伊斯兰复兴党难以获得现政权,但该党现已成为继执政党人民民主党之后的第二大社会政治组织,并拥有45万党员,是中亚唯一合法的宗教性组织。2010年,塔吉克斯坦伊斯兰复兴党以7.74%的得票率进入议会。2011年中东及北非革命更加坚定了伊斯兰复兴党通过宣传和清真寺斗争的信心。2012年2月,塔吉克斯坦政府宗教事务委员会副主席穆赫托罗夫表示,目前塔吉克斯坦拥有各类宗教机构3 882座,而各类学校共计3 793座,宗教机构数量已超过学校数量。[24]

各国之间最重要的政治分野,不在于它们政府的形式,而在于它们政府的有效程度。[25]与其他中亚国家不同的是,塔吉克斯坦的政局演变是两种形态共存:政治结构的静态变动和政治运动的风起云涌。1991 年 9 月 9 日，塔吉克斯坦政府发表了《塔吉克斯坦独立声明》，宣布共和国独立。1991 年 11 月 24 日，共和国举行有史以来第一次全民直接选举总统，共产党支持的候选人纳比耶夫成为第一位民选总统。㉖北方集团依旧掌握着国家政权，反映着前苏联政治力量的巨大控制力，南方集团和帕米尔集团则对此状况感到极为不满。这种“隔离感”伴随着塔吉克斯坦国内政治权力和资源争夺斗争的烈度上升而不断加强。㉗塔吉克斯坦虽然改行总统制，可是前共产党时代的政治精英事实上掌握国家政权。

苏联晚期的政治动荡及俄罗斯等主要继承国的急剧转型深刻影响了塔吉克斯坦的政治与社会变迁。此时，普罗大众的政治参与热情日益高涨；各种党派如雨后春笋般涌现；国家合法性和意识形态的合法性危机逐渐浮上台面。更关键的是，苏联的骤然瓦解打破了井然有序的统一生产环节与统一市场，直接导致了塔吉克斯坦独立初期难以避免的经济危机并进而酿成政府效能危机。塔的工业生产总值 1991 年只有上年的 96.4%；固定资本投资相当于 1990 年的 85%。到 1992 年，塔的消费品价格暴涨了 20 多倍；零售商品总额 1991 年只有上年的 78.8%，而 1992 年与 1991 年又下降了 74.1%。1992 年塔境内工人的实际工资比上年下降了 32.4%。㉘同时，地方部族势力为争夺土地也大打出手，在主要的移民区库尔干—秋别州最为明显。㉙

塔吉克斯坦的政治稳定随着 1992 年内战的爆发而结束。内战共持续了 5 年时间，65 万人流离失所，4 到近 5 万人丧生。㉚不仅如此，俄罗斯、阿富汗、乌兹别克斯坦和联合国等国家和国际组织的介入使得塔吉克斯坦主权的内向性受到巨大破坏。战争结束时期，仅俄罗斯一国驻守在此的第 201 步兵师就有 25 000 名士兵和 18 000 相关人员。㉛

内战给政府带来的巨大权威性的破坏，政府借助外力恢复秩序也使得塔吉克斯坦政府更容易受到外界影响。各方势力的介入使得塔吉克斯坦无法单靠其本身的力量掌控政治秩序，加上经济的破坏，难民的增多，这使得内战结束初期的塔吉克斯坦面临陷入“政治衰朽”困境的威胁。此外，由于和平签订的协议是各集团利益妥协的结果㉜，当时塔吉克斯坦的政治结构中充满了利益和立场差异很大的不同政治势力。这种复杂的权力架构使得拉赫蒙政权一直将国内整合作为绝对优先的施政目标，也由此引发了延续至今的塔吉克斯坦中央与地方关系的复杂局面。极少部分势力仍在与政府继续对抗，不断策划对政府军的袭击，在拉施特地区、巴达赫尚地区和杜尚别东部活动尤为频繁。而拉赫蒙政府则为此不断展开清剿行动。例如 2011 年 1 月份针对拉施特山谷进行的清剿，击毙反政府武装指挥官阿萝夫丁·达夫拉托夫；2011 年 4 月政府军在杜尚别东部大规模清剿，击毙武装头目阿普杜拉·拉希莫夫。

二、 塔吉克斯坦政治发展的长期任务与当前挑战

在苏联解体之后,中亚各国无一不把握机会抓紧解决发展道路和制度设计问题,惟独塔吉克斯坦出现内战。当塔吉克斯坦政治局趋于好转之际,其内部的国家认同却因战争的历史记忆而大大削弱。拉赫蒙权力巩固后一直致力于通过建立相对完善的现代社会制度推动国家经济发展与社会进步,但始终受到腐败问题的困扰。巩固国家认同和打击腐败问题已经成为塔吉克斯坦政治的固定议程。与此同时,塔吉克斯坦的社会政治稳定仍具有一定的脆弱性,在 2011 年中东北亚局势的动荡背景下,社会稳定问题从某种程度上成为了塔 2011 年政治发展的核心命题。

(一) 长期任务

1. 巩固国家认同

国家建设所面临的最大的调整并不是经济问题、政治问题或者说是安全问题,而是来自于无形的国家象征所带来的困扰。[33]所有成功的民族国家都拥有“核心元素”,它们涵盖了人类身上不可或缺的荣誉、忠诚等感情要素,并成为一个国家得以确立的基础。[34]对塔吉克斯坦这样的新独立国家来说,认同问题自独立以来就是一个亟待解决的核心命题。它的处理涉及对国家、地区、族群、宗教、意识形态等各个问题的厘清。国家到底在塔吉克斯坦意味着什么?是苏联解体的自然产品,还是部族政治妥协的产物?是主权统一实体,还是塔吉克斯坦人民意志的体现?这种不同的认识时刻影响着塔吉克斯坦的政局走向与发展。

苏联解体以及塔吉克斯坦作为独立国家的建立,不仅仅是一种社会制度的转换,更是一种思维观念的转换。塔吉克斯坦由此将国家构建和民族建设提上日程。这不仅是塔吉克斯坦的问题。中亚国家也在困惑中寻找自己的“国家”象征以此树立合法性。吉尔吉斯斯坦通过对《玛纳斯》史诗的重新解读和对其中的数代吉尔吉斯英雄人物的推崇;乌兹别克斯坦将 14 世纪的帖木儿大帝塑造为民族英雄;哈萨克斯坦对他们的国家认同争论不休,于是将其首都迁到阿斯塔纳,靠近地理的中心,以此消解民族矛盾;土库曼斯坦则将总统尼亚佐夫的这位政治“强人”视为国家权力的象征。[35]与其他中亚四国不同的是,塔吉克斯坦在国家独立之时就面临着政府危机,内战的爆发极大地弱化了政府的强化国家权威的能力。换言之,当塔吉克斯坦国内处于动乱之时,国家认同的问题并未被忘却,只是这种冲动被意料之外的内战所掩盖。内战结束之际,即是塔吉克人国家认同危机最为剧烈的时刻。因此,塔吉克斯坦的两支主要政治力量——拉赫蒙政权和伊斯兰复兴党(Islamic Renaissance Party)当时各自形成了一套独立的意识形态体系——并在各自的国家意识形态体系相互斗争,争取获得大众支持。[36]

塔吉克斯坦国家认同的复杂度渗入很多层面，包括宗教、公民体认和地域等各种复杂因素。在此问题上出现了两种类型：一种是拉赫蒙政权孜孜以求通过“文化复兴”巩固国家认同的范式，一种是以伊斯兰复兴党为代表，包括激进伊斯兰势力所追求的通过“宗教复兴”巩固国家认同的范式。前者的其实质是“去伊斯兰化”，或者更准确说是伊斯兰世俗化背景下的文化转向，旨在通过对塔吉克传统文化的塑造，尤其是通过对其在世界文明体系中的地位的重新书写加强塔吉克人的国家认同。而后者的核心要素是“伊斯兰化”，不同政治派别的区分在于其所主张的程度差异。

当前，塔吉克斯坦流行的萨拉丁·艾尼(Sadriddin Ayni)作品被大众广泛阅读，特别是他在1926年出版的《塔吉克文学的意象》(*Images of the Tajik Literature*)，从塔吉克斯坦的历史叙事角度奠定了塔吉克民族性的“历史和哲学的基础”。[37]拉赫蒙政府运用艾尼的思想理论作为今天塔吉克斯坦族群认同塑造的重要内容。[38]与此同时，在加强文化宣传的同时，拉赫蒙在内战结束后宣布了基于萨曼[39]的历史遗产(Samanids historical legacy)，索罗亚斯德教的历史时期[40](Zoroastrian period)和雅利安文明[41](Aryan civilization)的民族建设项目。[42]而这每一个项目的建设都将伊斯兰教与伊斯兰文化的作用置于边缘，拉赫蒙总统对世俗国家建设的热切盼望与伊斯兰宗教力量的排斥展现出苏联解体后中亚新型“文化民族主义”和“政治民族主义”汇合的要求。正如他所说：

> 在世界历史长期的历史时段之中，塔吉克斯坦为世界文化作出了很大的贡献。他们以伟大的人物鲁达基(Rudaki)、塔吉克文学之祖菲尔多西(Firdusi)、伟大的诗人阿布·阿里·西那(Abu Ali Sina)——东方医学的建立者以及世界哈菲兹中的著名诗人奥马尔·加亚姆(Omar Khayam)、诺斯哈·库和萨乌(Nosir Khousrav)、若米(Jami)、鲁米(Rumi)、萨迪(Saadi)而自豪。[43]

虽然拉赫蒙总统这种文化源头的号召更多是出于建设新型“塔吉克民族”的要求，但可以明显地看出拉赫蒙总统对“文化民族”促进政治整合的诉求。他一方面竭力对付极端伊斯兰势力，另一方面力求稳定世俗化国家，并采取多种措施影响伊斯兰运动的发展。虽然拉赫蒙总统这种文化源头的号召更多是出于建设新型“塔吉克民族”的要求，但可以明显地看出拉赫蒙总统对“文化民族”促进政治整合的诉求。他一方面竭力对付极端宗教势力，另一方面力求稳定世俗化国家，并采取多种措施影响伊斯兰运动的发展。2010年，塔吉克政府开始关闭一些传播与官方不同的伊斯兰教义的清真寺，召回在国外伊斯兰学院学习的本国留学生(其中200名在伊朗就读)[44]；下令禁止妇女在公共场合，尤其是在国家机关着伊斯兰传统服装。[45]

政府的这些举措遭到了伊斯兰复兴党等政治反对派的不满。伊斯兰复兴党也同样运用这些资源，可是其更多的是强调其伊斯兰教特征。与拉赫蒙总统所宣称的“文化复兴”的精英化战略不同的是，伊斯兰复兴党在农村和地方塑造塔吉克斯坦的“族群”认同更有影响力。“非官方”的伊斯兰和伊斯兰化的宗教仪式深深嵌入“社团为基础的地区网络”之中,并与村社的社会实践与家长制的塔吉克家庭形式紧密联系。有趣的是,伊斯兰认同感的形成与塔吉克斯坦的妇女紧密联系。[46]妇女被看做是信仰和社区价值观的最坚定的“卫士”。妇女和老人在村社中很大程度上担当了伊斯兰宣传者的身份,伊斯兰文化在私人领域中发挥着巨大的作用。[47]家庭成为它的主要阵地,作为“民族传统”的重要组成部分,发挥着文化宣传所不具备的巨大作用。

2011 年拉赫蒙政权在巩固国家认同方面仍然秉持了前述“去伊斯兰化”原则。8 月 19 日,塔吉克斯坦政府出台了一项名为《关于父母教育子女责任的法律》,明确否定塔吉克斯坦不满 18 岁的未成年人必须在家长陪伴的情况下方可自由出入清真寺。[48]9 月,政府禁止国民因宗教原因赴伊朗、巴基斯坦等国家。9 月 4 日,塔吉克斯坦政府暂停了一家前去德黑兰的航班,因为机中搭载一些学生前去伊斯兰朝圣。这一系列斗争影响了整个塔吉克斯坦的政治进程。

事实上,可以清晰地得出结论。塔吉克斯坦的民族认同的构建可以简化为“政府与家庭”的互动——“从上而下”的塑造与“从下而上”的传统相互影响的过程。而这种过程并不可能做到“单一意识形态、价值观与民族建构”的主导地位。塔吉克斯坦的日后的民族性一定是双方相互交融的过程。伊斯兰基因和塔吉克斯坦的历史文化传统都渗入塔吉克人的血液之中。未来塔吉克斯坦的民族构建必须基于多元基础之上才能保持稳定,而政府出于意识形态需要进行的认同构建将需要更多的时间才能得到各民族的认可。

2. 打击腐败

塔吉克斯坦的腐败问题已经渗入到塔吉克斯坦的社会层面。2006 年联合国开发计划署出版了一份《塔吉克斯坦的腐败》的公众调查报告,从各个角度详细的描述了塔吉克斯坦的腐败现状和其产生的因果关系。[49]其报告认为塔吉克斯坦的腐败的根源在于内战给各层次带来的巨大的破坏以及财政资源的匮乏。其他的原因则包括:一是对新成立的主权国家缺乏管理经验;二是不乐观的经济环境;三是大众对政府缺乏理解和支持;四是对不同程度的市场化改革带来的未来剧烈变化的恐惧以及没有改革的政治意愿。[50]在此基础上,学者们给出塔吉克斯坦腐败的各个层面上的原因(参见表 8.1)。

表 8.1 塔吉克斯坦各领域的腐败原因[51]

法律腐败	法律制定并没有反映塔吉克斯坦的当前国情
制度腐败	塔吉克斯坦没有反腐败战略;在高层权力进行决策的时候透明化程度低
经济腐败	生活水平尤其低下造成百姓处于两难:要么诚实、要么生存
社会腐败	政客价值观扭曲,媒体对腐败进行不规范以及不及时报道,公众对腐败现象的忍受

塔吉克斯坦在转型过程中所衍生出来的一系列的问题可以折射出腐败对塔吉克斯坦国家建设和政治经济发展的影响。亨廷顿在论述社会转型过程中国家腐败问题来源时候指出国家腐败的三大源头：价值观的转变，新的财富和权力来源的开辟以及政治体制输出方面所带来的变革。[52]事实上，这种认识如果运用在理解塔吉克斯坦国家腐败的状况上，多少可以反映出一些现实。转型国家建设中国家的概念难以厘清，公益难以获得明确的实体支撑。长达五年的内战使得塔吉克斯坦的价值观处于浮动不定的状态中。各种政党进行不同程度的动员与鼓动，地域、部族和宗教的影响甚大，这就形成了一个新的时代——重新规范价值和认同时代。而地区主义的发展严重制约了“公共精神”和“爱国主义”的形成。[53]

同时，塔吉克斯坦在前苏联时期以生产初级商品和原料为主的经济结构，在面对国家独立后的新的选择，国家开始垄断具有优势的电力和能源等公司，这种局面难以完全避免腐败。再加上政府制定的一系列公共政策和政府职位的设置处于探索初期，权力的使用尚需要制度约束，腐败问题也自然滋生。工资不高的公务员拥有影响企业和个人活动的权力、官僚主义的扩张包括难以公开的国家机关工作、繁琐的申报制度、缺乏透明度的立法、国家人事政策上较缺乏公正选拔措施。加上人心思定的社会、媒体监督的有效以及欠发达的公民社会、社会对权力机关的避让态度等是导致腐败的根源。[54]

尽管拉赫蒙总统早在1999年就通过反腐败法案（The Anti-Corruption Law of the Tajikistan issued on December 11，1999）。他在2008年的国情咨文中即已指出，官员腐败、政府机关办事效率低下等问题已经严重影响到了塔吉克斯坦国家政治稳定和经济发展。[55]塔吉克斯坦的腐败问题的解决步履维艰。

（二）　当前挑战

表8.2　塔吉克斯坦2004—2009年平均每月的家庭消费分配额（%）

	2004年	2005年	2006年	2007年	2008年	2009年
食品消费	73.3	72.1	57.8	58.4	58.7	60.1
非食品消费	22.3	18.8	28.7	28.5	28.6	28.9
服务性支出	4.5	9.1	13.5	13.1	12.7	13.0

资料来源：National Statistical Agency of Tajikistan，http://www.stat.tj/english/database.htm.

塔吉克斯坦现代化的核心目标之一就是要提高民众的生活水平，实现国内生产总值的稳步增长。经济上的发展缓慢随之也给政治民主化进程带来较为负面的影响。由于老百姓收入迟迟提高不了，脆弱的民意开始倒向两边。一边是支持总统加强权力,开展有效地改革,迅速改善国内的窘境;一边是走向反对派,实施暴力恐怖袭击,或是进行走私贩毒,与政府对抗,寻求另一种意义上的改变。而前一种观念在总统加强自身权威上得到充分有效地利用,正如塔吉克斯坦总统拉赫蒙所说:

> 塔吉克斯坦领导层清楚地知道,目前塔吉克斯坦还处在民主发展道路上的初级阶段,人为地加快这一进程是不适宜的。社会自身也应对自己的能力做出客观评价,要在国家统一、稳定和保障安全的基础上发展。[56]

拉赫蒙的上述表态在塔吉克斯坦有着较强的民意基础,它反映出塔吉克斯坦的政治发展对社会稳定的需求。

拉赫蒙总统已于2009年签署总统令,要求将自己的肖像和各级官员的肖像从各种场所撤换,但似乎并没有影响到塔国内的政治现实。2011年中东北非地区局势的动荡以后,拉赫蒙再次下令严禁在公共场合张贴和使用其肖像,当年3月市面上已经不见拉赫蒙的形象;另一方面,他还采取了种种措施缓和与反对派的关系。同样是在西亚北非变局后不久的3月份,塔吉克斯坦政府即对部分被捕及判刑的反政府武装分子予以了赦免或减刑处理。2011年8月,在塔吉克斯坦独立20周年庆典前夕,拉赫蒙签署了塔独立以来最大规模的赦免与减刑令,覆盖面高达15 000人,其中约4 000人被直接释放。塔吉克斯坦上议院议长、杜尚别市市长阿布杜拉耶夫也呼吁不得侵犯个人权利。拉赫蒙总统还建议从刑法中取消第135条和第136条(诽谤罪和侮辱罪),将之纳入民法典。外界多将此解读为对言论自由尺度的放宽。

我们还应该注意到,2013年塔吉克斯坦将再次举行总统选举,这可能也是2011年以来拉赫蒙政权在国内政治发展方面进行政策微调的主要原因之一。按照现有宪法,拉赫蒙已经不能再度参选。但中亚五国在多数情况下现政权都找到了合理延长执政时间的手段,不能排除拉赫蒙采取类似做法。毕竟在当下的塔吉克斯坦,尚无人能挑战拉赫蒙的政治权威。

看来,塔吉克斯坦为了应对内部压力一方面趋于放宽国内政治的管制,但同时也在加强对内在权力的使用,以提升政府权威性。

三、 塔吉克斯坦发展的经济维度

塔吉克斯坦整体而言是一个资源匮乏的国家,地处亚欧内陆,没有便利的交通,没有油气等战略资源,甚至其邻近的国家也没有一个是发达国家。与周边国家多富集资源相比,塔的资源禀赋较差。其出口最多的商品为非贵金属(铝),但该产业同样发展缓慢。[57]作为农业大国,棉花出口一直是塔吉克斯坦的主要产品,但其发展受到包括气象等各种因素的影响。水资源丰富的塔吉克斯坦也由于其远程输送能力不足很难将其充沛的电力向外出口。

表 8.3 塔吉克斯坦 2002—2011 年度 GDP 增长率(%)

2002 年	2003 年	2004 年	2005 年	2006 年	2007 年	2008 年	2009 年	2010 年	2011 年
9.1	10.2	10.6	6.7	7.0	7.8	7.9	3.4	6.5	7

资料来源:World Development Indicators, 2011; http://www.nbt.tj/en/-statistics/real_sector/.

尽管如此,我们应该注意到,内战结束之后,随着国际局势的变迁,特别是"9·11"事件的发生客观上给塔吉克斯坦带来巨大的发展机遇。国际反恐局势的需要促使国际社会将目光关注塔吉克斯坦。伴随着外部大国(美国、欧洲)的进入和中国的经济迅猛发展以及俄罗斯的经济复苏,塔吉克斯坦经济开始迅速增长。据国际货币基金组织统计,塔吉克斯坦经济增长十年来大多保持在 5%以上(参见表 8.3)。塔吉克斯坦的贸易也出现的较大程度的复苏,出口占到国内生产总值的 8.2%,财富也在逐渐增加(参见表 8.4)。从农业产量、固定资本投资、工业价格指数等主要宏观经济指标来看,塔吉克斯坦的总体发展态势还是较为乐观的(参见表 8.5)。

表 8.4 塔吉克斯坦 2010 年出口统计(%)

占国内生产总值比重	农业	工业	制造业	服务业
8.2	7.7	9.2	8.6	8.3

资料来源:World Bank World Development Indicator 2011, p. 194, at www.worldbank.org.

从国际货币基金组织的分析报告可以看出,塔吉克斯坦工业发展缓慢,而制造业几乎没有成长;农业对国内生产总值贡献并不大;而占较大比重的服务业始终保持稳步的增长势头(参见图 8.1)。

表 8.5 塔吉克斯坦主要经济指标

	2004 年	2005 年	2006 年	2007 年	2008 年	2009 年	2010 年	2011 年
国内生产总值	110.3	106.7	107.0	107.8	107.9	103.4	106.5	107.4
农业产量	115	110	106	110	96	93.7	109.7	105.9
资本投资	150	112	170	215	141	84.5	111.5	105
零售品价格指数	123.4	110.4	110.8	105.3	112.3	112.4	110.3	109.2
工业品价格指数	117	99	122	118	116	101.1	130.2	115.5[58]
固定资本投入	—	105.4	111.5	169.6	216.2	160.8	84.5	111.5

注:与上年价格同比,%,价格不变。

资料来源:独联体跨国统计委员会(CISSTAT), http://www.cisstat.com/eng/frame_macro.htm, last visited in 9:39, November 28, 2011。

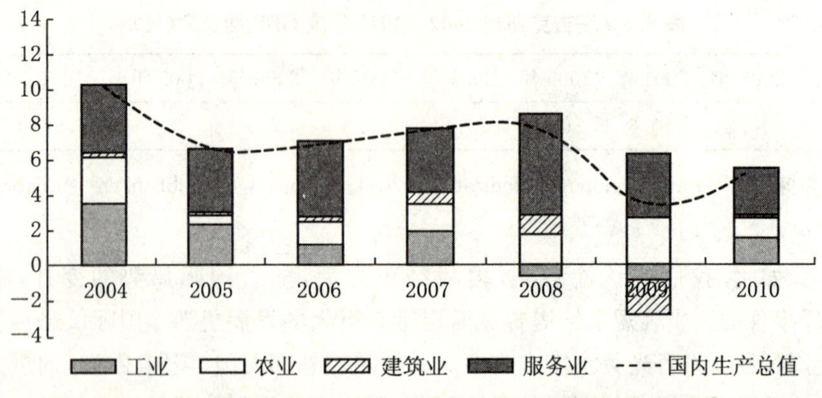

图 8.1　塔吉克斯坦的各部门对国内生产总值增长的贡献率[59]

从外贸上看,受到本国大宗出口商品棉花价格的上涨和非金属制品产能增加的影响,2011 年塔吉克斯坦的对外贸易呈现回升趋势,但仍未超过 2008 年水平。2011 年塔外贸总额(包括电力和天然气)共计 44.4 亿美元,同比增长 15.4%,其中出口 12.6亿美元,同比增长 5.2%,增加 6.2 亿美元;进口 31.9 亿美元,同比增长 19.9%,增加 5.3 亿美元。外贸逆差 19.3 亿美元。非贵金属和棉花占出口主要地位,其中非贵金属出口减少 7 090 万美元,同比下降 9.4%;棉花及纺织品出口增加 180 万美元,同比增长 1.9%。金属制品和化工产品占主要进口地位,其中金属制品进口增加 7 880 万美元,同比增长 12.2%;化工产品进口减少 5 095 万美元,同比下降 9.7%。俄罗斯仍是塔吉克斯坦最大贸易伙伴,中国成为塔吉克斯坦第二大贸易伙伴国。与此同时,2011 年塔吉克斯坦同独联体国家贸易总额 20.1 亿美元,占外贸总额的 45.2%,同比增长 16.6%。

塔吉克斯坦的外汇储备在 2011 年增长了 20.8%。截至 2012 年 1 月 1 日,其外汇储备达 8.016 亿美元。塔吉克斯坦国家银行增加了黄金储备投入,于 2011 年购买了 957.36 公斤黄金,相较 2010 年增加了 47.23 公斤。但塔吉克斯坦汇率仍不稳定。2011 年 6 月份,索莫尼对美元的汇率增长 6%,而在 9 月份,受到各种外部因素的影响,汇率下跌 7%。这种先升后降的浮动趋势对经济稳定造成负面影响。

塔吉克斯坦的外汇增长与其服务业密切相关,而服务业的增长主要得益于塔吉克斯坦海外劳工的外资汇入。根据 IMF 统计,塔吉克斯坦在 1996—2006 年的劳动力人数下降达 20%,而其所汇入的国内的汇款流入占到国内生产总值增长的 50%左右。[60]这种发展模式一直延续至今。同时,塔吉克斯坦政府财政收入有一部分来自于外国发展援助。联合国开发计划、日本、欧盟和美国等国家和国际组织都表示在不同程度上对塔吉克斯坦提供援助。2009 年 12 月 17 日,塔吉克斯坦经济发展部与联合国开发计划署签署协定,这一协定使得塔吉克斯坦在 2010 年到 2015 年获得联合国提供的4.47亿美元的扶贫援助。而日本自1996年向塔吉克斯坦援助了1 990万美元，共计272个项目，2011年9月27日，日本还向巴特隆州援助11万美元用于校舍建设。[61] 2011年1月4日，欧盟也提供了190万美元的援助用于卫生领域和疾病控制。而美国通过政府机构和非政府组织提供各种类型的援助，在2012年达到3 880万美元，仅仅是军事援助一项就在2013年达到150万美元，药品援助在2011年达到3 500万美元。[62]

虽然塔吉克斯坦获得较多发展援助，但是其通过自身经济发展积累的资金相对有限，外债数量又较多，这种巨大的张力使得塔吉克斯坦日益陷入"恶债循环"之中难以自拔。2011年，塔吉克财政部长纳日米吉诺夫·萨法拉里(Najmiddinov Safarali)公开表示，塔总体外债数量已达27.5亿美元，较上年增长6.8%，占国家国内生产总值的1/3，其中4 200万直接用于上半年偿还，1 600万要用于偿付本金债务和利息。[63] 仅从塔吉克斯坦在2011年底到2012年初预期偿还债务的数量就可以看出，塔吉克斯坦每一天都承担着巨大的还债负担，几十万美元的月还款压力使得这个国家喘不过气来(参见表8.6)。由于刚刚发展所得到的收入大部分用于偿还前期积累下来的外债，塔的经济运行缺乏大量资本。而政府资本投入的减少，势将影响塔吉克斯坦的公共事业(教育、水利开发和公共服务)的发展。[64] 虽然塔吉克斯坦的经济发展在不断恢复，但是其现代化依旧落后于其他中亚四国，这种贫困的状态一直制约着塔吉克斯坦国家建设。

表8.6　塔吉克斯坦预期部分债务偿还明细表(美元/千)

还款日期	国际复兴开发银行			国际开发协会			总　数		
	本金	费用	总数	本金	费用	总数	本金	费用	总数
2011年									
11月15日	0	0	0	0	19.8	19.8	0	19.8	19.8
12月1日	0	0	0	78.63	153.42	232.05	78.63	153.42	232.05
12月15日	0	0	0	624.84	234.32	859.16	624.84	234.32	859.16
2012年									
1月1日	0	0	0	480.25	167.19	647.45	480.25	167.19	647.45
1月15日	0	0	0	610.69	206.03	816.72	610.69	206.03	816.72
2月1日	0	0	0	561.64	201.83	763.47	561.64	201.83	763.47

资料来源：http://web.worldbank.org/WBSITE/EXTERNAL/COUNT RIES/0，menuPK：177680～page PK：169643～piPK：169646～theSitePK：136917～PAGESIZE：10～COUNTRY-CODE：TJ，00.html?countrylist=TJ.

2011年塔吉克斯坦经济的基本特点是：

——经济运行总体平稳；

——外汇初步稳定增加;

——与往年一样大量接受国际社会的援助;

——塔吉克斯坦本币索莫尼与美元的汇率波动较大,先贬值后突然升值。

值得注意的是,自2008年以来,通货膨胀和全球粮价的不断上涨已经极大地影响到塔吉克斯坦经济的正常运行。2011年,塔吉克斯坦通货膨胀率达到9.1%,到12月底提高到10.1%。这种情势对了维持社会基本层面的稳定较为不利。2011年与2010年相比,塔国内的面粉价格上涨了36%,茶叶价格上涨了60%,植物油和食糖价格涨幅将近60%,肉类价格上涨了30%,牛奶价格上涨了50%。[65]为此,塔吉克政府成立了粮食安全委员会,并已经拨款6 000万索摩尼从国内外采购小麦和燃油,再以优惠价格投放到市场。日前塔政府此外政府还拨款1.6亿索摩尼对老人、丧失劳动能力的人口以及贫困家庭进行补贴。总统拉赫蒙更是呼吁国民开垦荒地,自己耕种粮食和蔬菜。为了防止物价上涨,总统在首都杜尚别采用限价政策。实质上,这种粮食危机的出现与塔吉克斯坦整个经济形势有关,固定资产投资不足,农产品生产发展缓慢,对外依赖性较强是粮食危机出现的重要原因。

总的看,塔吉克斯坦经济发展仍然受到各种外部因素的制约。由于资源匮乏,塔吉克斯坦在发展经济面临更多能源危机的挑战,需要从外国进口资源以维持生产;由于地处内陆,经济发展更容易受到交通的影响;由于投资消费乏力,塔吉克本身的经济增长更多的需要外来帮助和支持;由于贫穷落后,塔吉克的经济成长需要更多的外部支持并呈现出更多的外向性。投资和消费依然势头微弱,政府对经济的干预虽然可以有效地调整整个经济发展的走势,但要实现国家经济根本好转尚需时日。[66]

四、困境中的应对:塔吉克斯坦的外交运作

如何思考塔吉克斯坦的外部关系?一个通常的做法就是从大国涉入中亚权力的角度。这一逻辑典型解释是:今天中亚的地区格局是俄美中三大国相互博弈并且与中亚国家互动的结果。[67]波波·罗和彼得·莫吉亚斯也认为,从地缘政治的视角思考中亚问题,大国的战略与行动更能思考出中亚地缘发展的结果。[68]

事实上,从塔吉克斯坦的角度反观其外交行动的话,很容易将其划分为三大层面:国家、地区和国际社会层面。对塔吉克斯坦来说,运用外交资源解决国内问题,灵活使用“中亚”地位获得更多的支持是其外交运作的关键。

按照拉希德(Rashid)的看法,中亚本身就是一个巨大的问题域。这里有极端宗教恐怖主义问题,能源问题以及非民主化的专制问题。[69]20年中亚各国外交转型过程就是从不适应地独立参与外交实践到开始抓住主动权,展开外交获益这一过程。塔吉克斯坦同样如此,尽管其外交学习的时间一度耗费在内战和疲于应付后内战时代所

面对的各种问题之中。

塔吉克斯坦的外交探索体现在多个方面，首先就是要应对国际大环境的变化所带来的巨大挑战。从较长时段来看，中亚面临的最明显的三大环境变化即：一是美欧经济衰退；二是中国的崛起和俄罗斯的战略调整；三是全球政治经济动荡频发，由经济危机所爆发出来的政治危机正日益向全球扩散。具体而言，美国次贷危机引起的巨大“实力”下滑迫使新一任总统巴拉克·奥巴马(Barack Obama)上台后对全球战略进行调整，推出“巧实力”(smart power)外交并实施其独特的“阿巴新战略(Afpak)”，通过在阿富汗增兵强力打击“地区恐怖主义”，这一战略有效成果即为2011年5月的基地组织头目本·拉登(Osama Bin Laden)的死亡。中国的崛起所引起的地缘政治动荡不亚于美国经济衰退，中国以更加灵活的身份开展“多边外交”，努力完善已经建立的上海合作组织，并积极发展周边关系。而中国的邻国俄罗斯也随着金融危机的到来重新调整了对外战略，以开发远东—西伯利亚为核心的东部大开发规划和“欧亚联盟”构想的提出，显示出俄罗斯有恢复其传统势力的信心，普京重返克里姆林宫可能意味着俄的动员能力将更加有利于促成于俄有益的欧亚格局新变化。

国际环境的变迁，自然也影响塔吉克斯坦的内政外交。金融危机对塔吉克斯坦的严重冲击不亚于俄罗斯等独联体国家。作为劳务输入大国和世界最主要的劳务输入依赖型国家，塔吉克斯坦的经济发展受到俄罗斯等国经济形势影响，世界银行近年来的统计报告均已说明塔吉克斯坦的劳务输出极大促进了塔吉克斯坦的经济发展。[70]主要进入俄罗斯打工的塔吉克斯坦工人(96%的塔吉克斯坦外出民工会选择去俄罗斯，塔吉克斯坦的移民模式主要是季节性的，并且55%的民工在建筑领域以及30%在其他低端领域工作)在金融危机之中受到冲击很大，工资下降与失业直接“输入”了经济危机。[71]加上大宗产品棉花与铝材在国际市场上的价格下跌，塔吉克斯坦的国内生产总值在2009年下跌了3.4%。[72]经济形势的紧迫使得塔吉克斯坦思考外交手段改变现状。

塔俄关系始终是塔吉克斯坦处理对外关系的中心。作为塔吉克斯坦的最大贸易伙伴，俄罗斯占塔吉克斯坦进出口总额的30.2%。俄罗斯掌握着塔吉克斯坦汽油、粮食等出口筹码。由于对俄依赖性较强，塔吉克斯坦在处理内外政策受到俄罗斯影响巨大。俄、白、哈关税同盟在中亚的影响力日益增强，促使塔吉克斯坦也想积极加入。但迫于没有共同边界，只有等待吉尔吉斯斯坦加入之后，塔吉克斯坦才能顺利与关税同盟连为一体。在2011年3月，吉尔吉斯斯坦表明加入关税同盟的意愿之后，塔吉克斯坦官员即刻表示只有在吉尔吉斯斯坦加入之后，塔吉克斯坦才能进入同盟谋求发展。[73]同时，俄罗斯租用塔吉克斯坦作为第201军事基地，并于2011年与塔吉克斯坦签署了继续使用军事基地的49年的协议。目前塔方表示总体接受，并通知各有关部门加速批准。[74]塔吉克斯坦的经济、军事与政治上离不开俄罗斯的关注和支持。因此，寻求俄罗斯的帮助度过经济危机是塔吉克斯坦的首要选择。在其不断努力下，俄罗斯总统普京承诺将援助塔吉克斯坦100万美元用于解决社会问题。

除了求取俄罗斯的援助之外,塔吉克斯坦也积极加强与中国的交往。作为经济发展势头迅猛的大国,中国的蓬勃经济增长无疑促使塔吉克斯坦密切对华关系,以获得在经济上的更多支持。自2007年塔国总统拉赫蒙访华之后,"塔中关系谨慎小心地时代过去,合作的时代已经到来。"[75]这种趋势随着塔吉克斯坦的经济形势更加快速地开展起来。2008年9月20日,中塔两国政府代表在卡拉苏—阔勒买口岸共同为第83、84号界碑揭幕,标志着中塔勘界野外工作结束。塔吉克斯坦在与中国平等、友好、协商、互助之上,完成了边界划分的后续工作,并正式生效。2011年中国向塔吉克斯坦免费价值300多万人民币的警用装备。正如塔吉克斯坦官员所说,"这是杜尚别的外交胜利",中塔友谊的深化有助于塔吉克斯坦借助中国的帮助实现解决内部问题,促进经济的发展。2011年6月中国新疆成功在塔吉克斯坦举办文化交流会;11月份,河南省杂技团在塔吉克斯坦举行庆祝塔吉克斯坦独立20周年演出;12月份,推动中塔两国边贸合作的《中塔边境口岸及其管理制度协定》签署;2012年1月,广西艺术团在塔吉克斯坦举行塔吉克斯坦独立20周年巡演等无疑加强了中塔友谊,巩固两国关系。上海合作组织的发展也把安全问题带入中国—俄罗斯与中亚合作的范畴,这体现了中国将在中亚领域发挥更大的空间,设置议程获得更多的主动性,赢得更大的支持。2011年的上合组织峰会通过的阿斯塔纳宣言将睦邻合作,加强国家安全互动和实现区域稳定繁荣定为核心议题。峰会之时,胡锦涛主席会见了塔吉克斯坦总统拉赫蒙,指出塔吉克斯坦是中国的"好邻居、好伙伴、好朋友"。而在塔吉克斯坦独立20周年招待会上,胡锦涛主席特使陈至立会见总统拉赫蒙,进一步促进双边关系友好交往。民间和官方的频繁互动为中塔两国的友好关系奠定了基调,为两国密切合作创造了条件。

对塔吉克斯坦来说,美国势力的渗入是一把双刃剑。阿富汗问题不仅是美国要解决的问题,同时也是塔吉克斯坦的问题。这里是亚洲毒品的主要生产地区,而塔吉克斯坦则成为阿富汗毒品向俄罗斯和中国转口的主要贸易枢纽区。国际恐怖主义与国际贩毒集团在中亚紧密地结合,不断扩张势力。国际恐怖组织乌兹别克斯坦伊斯兰运动(The Islamic Movement of Uzbekistan)则成为塔吉克斯坦政府面临的最大的恐怖力量之一。[76]这造成双重结果:一方面是塔吉克斯坦安全形势的恶化,如2011年塔吉克斯坦第二大城市甘贾发生自杀式恐怖袭击,塔政府军一支车队在9月19日在靠近阿富汗的边境地区遭伏击,至少23名军人死亡;另一方面,就是塔吉克斯坦毒品泛滥。2011年,塔吉克斯坦头10个月就缴获了近4吨的阿富汗毒品,共逮捕659名毒品犯罪分子,仅塔毒品监督署就已破获67个毒品犯罪团伙。[77]根据塔吉克斯坦卫生部的官方统计,2008年,1 422人感染艾滋病。艾滋病在吸毒人群中感染比率为10.2%,丙肝为29.9%。2009年塔吸毒人数在案统计有8 018人,包括4 583名注射毒品使用者。[78]因此，塔吉克斯坦寻求美国帮助，2011 年 10 月 9 日，美国阿富汗和巴基斯坦问题特使格罗斯曼在杜尚别表示，2014 年后，美方或将继续在阿富汗保留部分军队。同时，美国继续加强对塔吉克斯坦的经济援助。从 1992 年起到 2011 年 1 月，美国援助塔吉克斯坦总额达到 9 亿多美元，重点是经济上无偿援助，这些援助无疑可以惠及普通百姓，在社会层面上赢得民心。[79]亚特别科夫认为，美国一贯只对附近有其军事存在的区域进行投资，以实施经济影响。2011 年 2 月份，美国政府宣布，为塔吉克斯坦提供 3 880 万美元的援助，重点用于保证塔国家的稳定，并且加强塔在阿富汗问题上的作用。

2011 年 3 月，俄罗斯籍飞行员在飞往莫斯科的途中停留塔吉克境内的库尔千秋别机场遭到扣留，并被判刑，这引起俄罗斯的强烈不满。11 月 14 日，俄罗斯总统梅德韦杰夫就“飞行员事件”表示对塔方判决的公正性表示怀疑。[80]尽管判决结果释放了这位俄籍飞行员，维护了两国的“战略互信”，但在美国积极发展与塔吉克斯坦合作的背景之下，塔俄两国如何重新建立一个新的国家间关系模式，其前景依然有待观察。

五、结　论

塔吉克斯坦独立 20 年来的发展，包括 2011 年的内政外交均受到其长期目标和当下事件的影响。艰难的转型进程，内在的痛楚，部族集团与宗教的深重磨难，都决定了拉赫蒙政权需要将巩固国家认同与打击腐败作为自己的长期任务。而 2011 年西亚北非的动荡也引发了拉赫蒙政权的国内政治议程的调整，即更广泛意义上的消除国内抗议运动的风险。而在经济领域，资源禀赋、产业结构、外部援助以及债务规模等因素始终影响着塔吉克斯坦的经济表现。2001 年以来塔吉克斯坦保持了较为稳定的经济增长，金融危机的冲击逐渐处于消解过程中。在外交上，塔吉克斯坦表现得日益主动，能够利用主要大国的优势为己服务，外交手段日益丰富，但与主要盟国俄罗斯的关系出现波折。

2012 年，塔吉克斯坦的拉赫蒙政权的执政能力仍将面临诸多挑战。未来塔吉克斯坦政府能否经受过世界经济衰退的考验，能否充分开发本国资源发展经济，能否解决腐败问题，能否应对政权可能更迭的挑战，将拭目以待。处在中亚地缘政治和地缘经济变局中的塔吉克斯坦如何发挥其区位优势，如何将自己的独联体身份转化为一种实实在在的资源，如何依托崛起的中国实现自身的快速发展，如何利用其他大国的竞争与合作完成本国发展计划，是塔吉克斯坦执政高层当下需要考虑的关键问题。只有在对内“善治”，对外合作方面取得切实进展，塔吉克斯坦的社会、政治、经济才会顺利发展。

注释

① 刘启芸编著:《列国志:塔吉克斯坦》,社会科学文献出版社 2006 年,第 2 页。

② Shahram Akbarzadeh, "Why Did Nationalism Fail in Tajikistan?", *Europe-Asia Studies*, Vol. 48, No. 7, 1996, p. 1107.

③ Ibid.

④ 这里所说的塔吉克人指的是生活在塔吉克斯坦的各民族民众,而非仅仅特指塔吉克族人,下文中的取同样含义。

⑤ 详见 Alexander Bennigsen & Chantal Lemercier-Quelqejay, Islam In the Soviet Union, London: Pall Mall P. ,1967, pp. 184—186. 转引自 Shahram Akbarzadeh, "Why did nationalism fail in Tajikistan?", *Europe-Asia Studies*, Vol. 48, No. 7, 1996。

⑥ Saodat Olimova, "Political Islam and Conflict in Tajikistan", http://www. ca-c. org/dataeng/11. olimova. shtml.

⑦ 类似于中国的户籍制度。

⑧ Rafis Abazov, *Tajikistan*, NY: Marshall Cavendish Benchmark, 2006, p. 80.

⑨ clan politics 似乎翻译为"部族政治"更为合适。但由于塔吉克斯坦的这类组织并不是仅仅基于狭窄的地域和血缘形成,而其含义渗透到宗教、文化和政治的重要层面,这就形成了不同于西方利益集团(interest group)的更为紧密的组织团体,故本文将其译为"集团政治"。

⑩ 关于这一方面的精彩叙述可以参见 Tunçer-Kılavuz, Political and Social Networks in Tajikistan and Uzbekistan: 'Clan', Region and Beyond, *Central Asian Survey*, Vol. 28, Issue 3, 2009, pp. 323—334。

⑪ 关于这一点参见吴家多:《塔吉克人与塔吉克内战》,《民族论坛》1998 年第 5 期,第 41—42 页。

⑫ 伊斯玛仪派(al-Isma 'iliyyah),伊斯兰教什叶派主要支派之一,亦称七伊玛目派。在中世纪伊斯兰教史上,伊斯玛仪派在思想、政治、军事上均产生了广泛深刻的影响。

⑬ 邓浩:《地方主义与塔吉克斯坦冲突》,《东欧中亚研究》1999 年第 6 期,第 32 页。

⑭ 参见邓浩:《地方主义与塔吉克斯坦冲突》,第 32 页;吴家多:《塔吉克人与塔吉克内战》,第 41—42 页;Tunçer-Kılavuz, *Political and Social Networks in Tajikistan and Uzbekistan: 'Clan', Region and Beyond*, pp. 323—334.

⑮ 第三势力的代表人物包括胡多别尔德耶夫(前政府军旅长)与阿卜杜拉贾诺夫(前总理),而两者是在 1999 年发动列宁纳巴德州叛乱的始作俑者,前者逃亡乌兹别克斯坦,后者参与极端伊斯兰势力,一直从事反政府斗争。

⑯ Вишневский А. Г. Серп и рубль. Консервативная модернизация в СССР. М. : ОГИ. 1998. С. 281.

⑰ 刘靖华:《伊斯兰复兴运动的特点及其意识形态》,《世界经济与政治》1988 年第 11 期,第 45—46 页。

⑱ Mehrdad Haghayeghi, *Islam and Politics in Central Asia*, NY:St. Martin's Press, 1996 version, p. 136.

⑲ http://www. gallup. com/poll/128210/gallup-global-reports. aspx, last visited at 10:26 am, 11. 19, 2011.

⑳ Saodat Olimova, "Political Islam and Conflict in Tajikistan", http://www. ca-c. org/dataeng/11. olimova. shtml，last visited at 10:26 am，11. 19，2011.

㉑ Ibid.

㉒ 哈乃斐学派是伊斯兰教最早的教法学派，又名“意见派”，“理智派”。与马立克学派、罕百里学派、沙斐仪学派并称为伊斯兰教逊尼派的四大教法学派。

㉓ Ghonchen Tazmini，“The Islamic Revival in Central：A potent Force or A misconception?”，*Central Asia Survey*，2001，Vol. 20，No. 1，p. 66.

㉔《塔吉克斯坦政府担忧宗教机构数量超过学校数量》，人民网，http://www. chinadaily. com. c-n/hqgj/jryw/2012-02-21/content _ 5207575. html。

㉕ [美]萨缪尔・P. 亨廷顿：《变化社会中的政治秩序》，王冠华、刘为等译，沈宗美校，上海人民出版社 2008 年，第 1 页。

㉖ 赵乃斌主编：《东欧中亚国家政治制度》（第三册），中国社会科学出版社 1997 年。

㉗ Olivier Brenninkmeijer，“Tajikistan's Elusive Peace”，*The World Today*，1996，Vol. 52，No. 2，p. 43.

㉘ 赵常庆主编：《中亚五国概论》，经济日报出版社 1999 年版，第 121—126 页；张森主编：《1997 年俄罗斯东欧中亚国家年鉴》，当代世界出版社 1999 年版，第 238 页，转引自王举：《塔吉克斯坦内战分析》，兰州大学硕士论文，导师王尚达，2008 年 5 月，第 7 页。

㉙ Olivier Ray，*The New Central Asia*：*The Creation of Nations*，NY：NYU Press，2000，Reprinted in 2005，pp. 94—95.

㉚ Olivier Brenninkmeijer，“Tajikistan's Elusive Peace”，*The World Today*，Vol. 52，No. 2 (Fen.，1996)，p. 43.

㉛ Roy Allison，*Peacekeeping in the Soviet Successor States*，Institute for Security Studies，Western European Union，Chaillot Paper No. 18，Pairs，November 1994，pp. 9—14.

㉜ 1998 年 6 月 27 日，塔吉克斯坦政府总统拉赫莫诺夫与反政府武装在莫斯科签署了《关于在塔吉克斯坦建立和平与民族和睦总协定》，2000 年 3 月 31 日，历时两年半的塔吉克斯坦民族和解委员会在该国顺利举行总统大选后结束历史使命，并宣布停止活动。同年 5 月 12 日，联合国安理会发表主席声明，表示由于塔吉克斯坦已最终实现和平，安理会同意从塔吉克斯坦撤出联合国观察团的建议。

㉝ 这种思想可以参见 Lloyd A. Fallers，*The Social Anthropology of the Nation-State*，New Jersey：Transaction Publishers，second printing 2011.

㉞ William O. Beeman，“*Ferdowsi and Tajik National Identity*”，paper prepared for conference on “Ferdowis in the Realm of Culture and History，” under the sponsorship of the Center for the Great Islamic Encycloperdia，Tehran，August 21—28，2000.

㉟ William O. Beeman，“The Struggle for Identity in Post-Soviet Tajikistan”，*Middle East Review of International Affairs*，1999，Vol. 3，No. 4，p. 101.

㊱ Pulat Shozimov，“*Tajikistan's 'Year of Aryan Civilization' and the Competition of Ideologies*”，Central Asia—Caucasus Analyst，5 October 2005.

㊲ Shukurov，“Tadzhikistan”，p. 234. Quoted by Erica Marat，*National Ideology and State-building in Kyrgyzstan and Tajikistan*，Central Asia-Caucasus Institue & Silk Road Studies Program，Johns Hopkins University，p. 54.

㊳ Ibid，p. 249.

㊴ 阿拔斯王朝时中亚地区建立的伊斯兰教封建割据王朝(874—999)。

㊵ 琐罗亚斯德教是流行于古代波斯(今伊朗)及中亚等地的宗教,中国史称袄教、火袄教、拜火教。琐罗亚斯德教在基督教诞生之前中东最有影响的宗教,是古代波斯帝国的国教。

㊶ 塔吉克人起源于雅利安人,一种将印欧语系的古代民族,这将其与突厥后裔的其他中亚民族区分开来。

㊷ Erica Marat, "*National Ideology and State-building in Kyrgyzstan and Tajikistan*", Central Asia-Cauca-su s Institue & Silk Road Studies Program, Johns Hopkins University, p. 54.

㊸ Emomali Rakhonov, "Tajik People in the Reflection of the Hsitory," Dushanbe: Irfon, 1999, p. 109. Quoted by Erica Marat, *National Ideology and State-building in Kyrgyzstan and Tajikistan*, Central Asia-Caucasus Institue & Silk Road Studies Program, Johns Hopkins University, p. 55.

㊹ 参见 Аркадий Дубнов. Последний мираж несменяемости: Центральная Азия в ближневосточном антураже//Россия в глобальной политике. 2011. №2. СС. 134—137.

㊺ Малашенко А. Таджикистан: долгое эхо гражданской войны//Брифинг, Том 14, выпуск 3, апрель 2012, Московский центр Карнеги, СС. 5—6.

㊻ Liz Owerbach, Tajikistan, http://fccorn. people. wm. edu/russiasperiphery/03b5a4323eb 2d972614b5 7d004f d115c. html.

㊼ Ibid.

㊽ Малашенко А. Таджикистан: долгое эхо гражданской войны// Брифинг, Том 14, выпуск 3, апрель 2012, Московский центр Карнеги, С. 5.

㊾ "*Report on Corruption in the Republic of Tajikistan, A Public Opinion Survey*", UNDP and Strategic Research Centre, Dushanbe, 2006.

㊿ Ibid, p. 8.

51 Ibid, pp. 9—10.

52 [美]萨缪尔·P. 亨廷顿:《变化社会中的政治秩序》,第45—47页。

53 关于这一方面的详细论述,参见 Luigi De Martino, "Tajikistan at A Crossroad, the Politics of Decentralization", *Situation Report*, Cimera Publications, January 2004.

54 汪亮:《塔吉克斯坦腐败问题根深蒂固　民众苦不堪言》,亚心网,2010-12-10 17:56:00, http://ww w. xjjjb. com/html/news/2010/12/67074. html。

55 杨进:《塔吉克斯坦的现状与发展趋势》,刑广程主编:《上海合作组织发展报告(2009)》,社会科学文献出版社2010年版,第231页。

56 汪亮:《塔吉克总统认为没有必要加快民主化进程》,亚心网,http://www. xjjjb. com/html/news/716 38. html。

57 *The Economy*, Tajikistan, http://countrystudies. us/tajikistan/29. htm.

58 2011年12月与2010年12月的比例。

59 2011 IMF Country Report No. 11/130, June, p. 4.

60 Alexei Kireyev, "The Macroeconomics of Remittances: the Case of Tajikistan", *IMF Working Paper*, WP/06/02, p. 3.

61《日本援助塔吉克斯坦11万美元修复塔南部学校》,商务部网站,参见 http://msn. finance. sin a. co m. cn/gdxw/20110930/1347332479. html。

⑫《美国对塔吉克斯坦的援助可能增加一倍》,http://euroasia.cass.cn/news/464973.htm;《美国 2012 年将援助塔吉克斯坦 3 880 万美元》,http://www.xjjjb.co m/html/news/70084.htm;《美国援助塔吉克斯坦价值 3 500 万美元的药品》,http://www.xjjjb.com/htm l/news/70084.html。

⑬ Tajikistan's foreign debt jumps by 6.8 percent, 25 July 2011, http://en.trend.az/regions/casia/taj ikistan/1910032.html.

⑭ 关于塔吉克斯坦公共事业发展的详细论述参见:Ben Slay editor, Stephen Lam(author), "*Poverty and Social Impact Assessment: Communal Services in Tajikistan*", April 2011, http://km.undp.sk/uploads/public1/files/vulnerability/Senior%20Economist%20Web%20site/PSIA_Communal_Services_Tajikistan.pdf。

⑮《塔吉克斯坦物价飞涨,政府紧急应对》,http://gb.cri.cn/27824/2011/08/08/2625s333169 3.htm。

⑯ *The Economy*, Tajikistan, http://countrystudies.us/tajikistan/29.htm, last visited in 15:39, November 28, 2011.

⑰ 关于这一问题的深度思考,可参见杨成:《形成中的中亚地区格局:尚存的单极残余、不稳定的多极和其他选择》,《俄罗斯研究》2009 年第 6 期,第 15—42 页。

⑱ 波波·罗:《俄罗斯、中国及中亚的权力制衡:融合还是竞争》,《俄罗斯研究》2009 年第 6 期,第 43—48 页;彼得·莫吉亚斯:《中亚地区的俄中关系:合作还是竞争?》,《俄罗斯研究》2009 年第 6 期,第 49—52 页。

⑲ 具体内容可以参见 Ahmed Rashid, *Taliban: Islam, Oil and the New Great Game in Central Asia*, New York: I. B. Tauris& -Co Ltd, 2002; Ahmed Rashid, *Taliban: Militant Islam, Oil and Fundamentalism in Central Asia*, New Heaven: Yale University Press.

⑳ 塔吉克斯坦是一个极度依赖劳务输入的国家,大约有 1 500 万塔吉克人在俄罗斯和哈萨克斯坦务工,在 2010 年劳务输入流入占到塔吉克斯坦国内生产总值的 42%。The Country Brief 2011 of Tajikistan, World Bank Report 2011, http://web.worldbank.org/WBSITE/EXTERNAL/COUNTRIES/ECAEXT/TAJIKISTANEXTN/0, contentMDK:20630697~menuPK:287255~pagePK:141137~piPK:141127~theSitePK:2587 44,00.html#res。

㉑ Alexander M. Danzer and Oleksiy Ivaschenko, "Migration Patterns in a Remittances Dependent Economy: Evidence From Tajikistan during the Global Fiancial Crisis", *VW Foundation for the Research Project 'Migration and Remittances in Kazakhstan and Tajikistan'*, World Bank Group.

㉒ The Country Brief 2011 of Tajikistan.

㉓ 中国驻塔吉克斯坦商务参赞处:《塔欲考虑加入关税同盟》,http://www.shandongbusiness.gov.cn/in dex/content/sid/143818.html。

㉔《塔吉克斯坦同意俄罗斯驻塔军事基地协议方案》,http://news.ifeng.co m/mil/1/detail_201207/17/16_091933_0.shtml。

㉕ Victor Dubovitsky," The Tajik-Chinese Relations: the Period of Wariness over, the Era of Cooperation Begins", 2007, Central Asia news, http://enews.fergananews.com/article.php?id=1810, November 26, 2011.

㉖ 国际刑警组织(Interpol)已经证明了中亚极端势力乌伊运与毒品贸易的联系,并认为在其全盛时期,有 70%海洛因通过这一组织由塔吉克运入吉尔吉斯。参见 Johan Engvall, "The State under Siege: The Drug Trade and Organised Crime in Tajikistan", *Europe-Asia Studies*, 2006, Vol. 58, No. 6, p. 839。

⑦ 陈志新:《塔吉克斯坦今年已缴获近四吨阿富汗毒品》,人民网,http://world. people. com. cn/GB/10 29/42354/1619327. html。

⑱ Central Asia Drug Action Programme, Tajikistan, http://cadap. eu/en/node/11, last visited 13:50, November 26, 2011.

⑲《2011 年塔吉克斯坦形势分析预测》,新疆哲学社会科学网,http://www. xjass. com/zt/lps/2012-03/20/ content_225 580. htm。

⑳ 陈志新:《俄罗斯驻塔大使表示塔释放俄飞行员维护了两国战略关系》,人民网,http://world. peo ple. com. cn/GB/16381774. html。

第三部分　区域合作

报告九　独联体及中亚区域一体化研究

亚历山大·利伯曼*

［摘要］　本文首先回顾苏联解体以来的经济、政治一体化进程以及中亚一体化方面的既有文献。其次，作者在研读经济学、政治学、国际关系学、国际政治经济学、法学以及区域研究等领域的论文及著作的基础之上，尝试着对国际学界及俄语学界对于苏联时期区域一体化的研究进行总结。最后，文章分析指出：过去几十年来学界研究重点的主要变化、相关文献的重要贡献以及苏联解体以来的一体化研究与中亚一体化研究之间的差异、俄语文献与国际文献之间的差异。

［关键词］　后苏联时期的一体化　中亚一体化　文献综述

一、引　言

在某种意义上，苏联解体成为前苏联共和国，即现在的独立国家之间合作新框架的起点。过去20年里，该地区创举不断：比如，独立国家联合体(CIS)、欧亚经济共同体(EURASEC)、集体安全条约组织(CSTO)、俄白联盟(USRB)、从未付诸实施的单一经济空间(SES)和当前活跃的欧亚经济共同体的海关联盟，以及中亚的一些区域性联盟。以上创举中，尤其值得一提的是独联体，它拥有多个成员国、签署了多个协议。①此外，一些区域一体化组织，比如：上海合作组织(SCO)或中亚区域经济合作组织(CAREC)已不再局限于前苏联国家，同时还包括其他一些国家(尤其是中国)。②最后，尽管在微观层面上有一些实质性的互动，比如基于商业团体、家庭、贸易、投资和移民之间的互动以及思想和知识的传播，但前苏联(FSU)各加盟共和国之间的往来并不是建立在正式的一体化协议的基础之上。

---

* 亚历山大·利伯曼，俄罗斯科学院经济所高级研究员、德国法兰克福金融与管理学院教授、华东师范大学俄罗斯研究中心兼职研究员。

本文旨在提供全球③以及俄罗斯学界关于这一非常多样化的一体化进程的研究综述。在这里,将国际学界与俄罗斯学界区分开来是十分必要的。首先,无论是在全球抑或是俄罗斯学术圈,学者对于后苏联时期地区主义的关注以及对其发展所得出的结论,似乎都存在着明显的分歧。其次,国际学界与俄罗斯学界之间沟通甚少:在其他领域,至少有几位俄罗斯学者已很好地融入了国际社会的研究之中,在这个意义上,他们的沟通甚至比俄罗斯和欧亚国家许多其他领域研究的沟通更少。④正如其他综述一样,本文也很难一一述尽。但是,本文至少会关注主要的文献及其研究结论。然而,本文将不囿于汇总具体的实证研究结果(下文我们将发现这方面的研究也是少之又少),而是评估区域一体化发展及视角方面“非官方”的学术共识,这些共识似乎为大部分论文所认可。笔者亦会尝试追踪区域一体化研究旨趣的变化以及这一领域的主要研究重点,当然,笔者会尽量避免以偏概全的局限。

二、 俄罗斯关于后苏联一体化问题的研究

(一) 主要的研究中心及领域

俄罗斯学界十分关注苏联解体后的一体化进程。俄罗斯核心学术刊物陆续刊登了大量相关主题的论文。* 此外,其他一些期刊,比如《俄罗斯与新欧亚国家》(*Rossiya i Novye Gosudarstva Evrazii*)和《欧亚经济一体化》(*Evraziyskaya Ekonomicheskaya Integraciya*)——后者是在哈萨克斯坦出版的俄语期刊——开设专题讨论后苏联时期的地区主义。更有甚者,俄罗斯学术机构出版的地区期刊、大学学报中也可以发现更多的相关论文,尽管读者寥寥。

明确关注该论题的研究小组也为数不少。就俄罗斯科学院而言,其经济研究所的国际政治经济学部值得关注。最初,这个机构被称为世界社会主义体系的经济研究所,致力于对社会主义国家的研究;自华沙条约组织解散、经济互助委员会瓦解,该机构改变其初衷,开始涉足后苏联国家的研究。事实上,改革伊始的几年里,在俄罗斯学界,从分析社会主义国家转向苏联解体后地区的研究并不罕见。这也是对外经济研究转型的路径,该研究所已于 2005 年左右被并入经济研究所成为它的一个部——国际政治经济学部。截至目前,该系已成为独具特色的专业知识研究中心,拥有一支定期观察前苏联国家国际政治经济关系以及后苏联时期国家内部变迁的研究队伍。

* 比如《经济问题》(*Voprosy Ekonomiki*)、《世界经济与国际关系》(*Mirovaya Ekonomika i Mezhdunarodnye Otnosheniya*)、《社会与经济》(*Obshestvo i Ekonomika*)、《现代世界中的俄罗斯》(*Rossiya v Sovremennom Mire*)、《空间经济学》(*Prostranstvennaya Ekonomika*),《政治学研究》(*POLIS*)等等。

在俄罗斯科学院,其他机构的研究小组和研究中心也关注后苏联时期的一体化进程,这与一些大学中的情况一致(俄罗斯大学过去主要关注教学而非科研)。然而,就员工数量而言,他们的研究力量远不及经济研究所的国际政治经济学部的多。莫斯科国际关系学院拥有一个后苏联研究中心;俄罗斯科学院的欧洲研究所成立了后苏联空间进程研究中心以及地中海、黑海研究中心。最近,前苏联时期在政治转型研究领域中最有权威的专家之一——德米特里·福尔曼(Dmitriy Furman)开始担任后苏联空间进程研究中心的主任。地中海、黑海研究中心的研究旨趣则在黑海及里海地区。俄罗斯科学院的世界经济与国际关系研究所拥有期刊《俄罗斯及欧亚新国家》,旨在研究该地区国家的发展进程。俄罗斯国立人文大学(RGGU)拥有后苏联国家系,莫斯科国立大学历史系的教师们建立了致力于后苏联空间社会及政治进程的信息研究中心。莫斯科国立大学的亚洲、非洲研究所拥有中亚及高加索研究中心。东方学研究院的中亚研究中心也将后苏联一体化的进程列为其研究的议题。

最后,至少有四所非公立大学和研究机构的研究举措值得关注。独联体国家研究所成立于1996年,是研究该地区的智囊机构。该机构有着非常明显的党派喜好。与其说它是一个独立的研究中心,不如说是支持特定政治议程的分析团队。欧亚传统基金会成立于2004年,截至目前,它已成为后苏联国家及后苏联一体化区域研究领域中重要的支柱和项目实施中心。2011年,欧亚开发银行在圣彼得堡成立了一体化研究中心,该中心旨在成为后苏联时期经济一体化方面的研究堡垒。最后,"欧亚观察系统"(Eurasian Monitor)并非一个研究机构,而是在前苏联国家定期进行民意调查的一种制度。截至目前,它已成为前苏联民意变化及后苏联一体化民意情况的唯一信息来源。

(二) 平庸的后苏联一体化论文

总体上,就内容而言,截至目前,俄罗斯学术界对于前苏联区域一体化进程的理解的贡献还是相当有限的。首先,俄罗斯学术刊物的一个非常典型的特点是,大部分论文纯粹是描述性的:它们仅仅简单罗列区域一体化的协议,描述他们的设计,或者概括该区域所实施的主要投资项目,或者汇总政治家们关于前苏联区域主义的主要声明。因此,这种"后苏联时期一体化论文的水平比较平庸",理论基础非常薄弱;往往充斥着描述性的统计,但却几乎从未包含原始的研究(比如:访谈、详细的个案研究或经济计量分析)。此外,这种平庸论文还常常遵循非常相似的推理模式,有着很多标准的、不言自明的、很少受到辩驳的预设。

首先,后苏联时期的一体化有利于所有国家或者至少有益于俄罗斯的经济发展。学者给出的一个经典解释是:"国际经验"(即声称地区主义正在全球范围内兴起)或国家间之前经济联系的存在。重点显然是经济利益。

其次,后苏联时期地区主义的主要发展渠道应该是"模仿"欧洲联盟的项目,并遵循与欧盟相似的发展模式。在理想的情况下,后苏联空间应该形成"欧亚欧盟"的特别视角,拥有强大的超国家机构、发达的海关同盟甚至是统一的货币联盟。

第三,假设这一举措失败的主要原因是"缺乏政治意志力":前苏联政府无法实现增益并促进区域的一体化。有时,学者也会在新独立国家的国家建设以及俄罗斯和其他国家之间经济不对称的情况下讨论这种政治意志力的缺乏(尽管缺乏毅力也被归因于俄罗斯的政策)。

有时还会出现第四种说法,即,前苏联区域主义的失败是西方国家施加政治压力的结果;后苏联地区主义的扩张则被认为是俄罗斯区域霸主战略的一个表现。

俄罗斯科学院学者以及大学教师撰写并且发表了持这类观点的大量论文。这类论文大多比较规范,强调后苏联一体化的必要性。

如果我们对俄罗斯学界有所了解,则较易理解这些论文如此构思的原因。第一,俄罗斯学术界所掌握的现代研究工具和理论知识相对有限,这点无论是经济学总体⑤还是经济学下属分支领域均是如此。⑥第二,俄罗斯学术研究更加关注提供"规范性结论",这一点较国际学术界的研究特点更为典型。其中的原因可能要追溯到苏联时期,当时大部分俄罗斯学者与其说是研究者,毋宁说是政府的经济和政治顾问。第三,俄罗斯学术界更多关注的不是这样的学术研究,而是对自身身份的追寻(这一点,事实上,往往限制了他们对于现代理论和研究方法的学习)。⑦这三个条件为描述性、规范性研究提供了最佳土壤,这一点可以在后苏联一体化研究中得到证实。在某种意义上,这一方面的研究甚至比其他领域的研究更为糟糕。在俄罗斯学术界,大部分学者认为,就俄罗斯的经济和政治发展而言,后苏联时期的区域主义从一开始就是一个"死胡同"——无论是从规范的角度(即对全球经济一体化的关注,而非维系与苏联的旧纽带),还是从积极的角度(即后苏联地区主义的实际成效非常有限)。而且,巧合的是,这些研究者恰恰是积极地获取现代研究技巧和知识的学者。因此,后苏联时期的一体化研究大多在"传统"的俄罗斯学术领域中进行,带有前文所述的弱点。截至2004年乌克兰"橙色革命",当时只有少数俄罗斯研究人员在关注后苏联空间的发展情况,而"平庸的后苏联一体化研究"在俄罗斯学界占有绝对的主导地位。然而,2004年以来,对于前苏联空间的关注则明显增多。

"平庸的后苏联一体化研究"的关键问题是,它的四个假设使得研究者止步于可能涉足的、可能调查的、最有趣的领域:首先,评估后苏联区域主义的成效是十分有趣的(事实上,世界其他地区也出现了一体化趋势,或者,过去效率低下的经济纽带并没有自然而然地证明这种趋势);其次,认为前苏联地区主义的失败仅仅是因为政治赤字,这一假设过于简单。事实上,后苏联地区主义之所以失败和持久存在的原因是与后苏联区域一体化相关的、最有趣的研究问题。再次,声称类欧盟式的地区主义是前苏联地区区域一体化“必然”的方式，掩盖了全球范围内区域一体化的“另种”路径，这才是真正重要的问题。当前，人们可以将欧盟的独特性作为一个既定的事实，这已超越了区域一体化比较研究的领域。

事实上，“平庸的后苏联一体化研究”已遭到俄罗斯著名学者的批评，他们提供了很多颇有见地的思路。尤里·希什科夫(Yuri Shiskov)是区域经济一体化领域著名的俄罗斯学者，他在过去20年里发表了多篇论文。在他看来，囿于成员国较低的经济发展水平(具体而言，机械制造业的作用也十分有限)，任何形式的后苏联地区主义都是不可能的。⑧从政治学的角度看，德米特里·福尔曼(Dmitriy Furman)在其论文中，将后苏联的地区主义纳入俄罗斯帝国逐渐崩溃以及之后稳定的70年的背景之中；在这一前提下，后苏联的区域主义也似乎只是一次毫无意义的尝试。⑨斯维亚托斯拉夫·卡斯珀(Svyatoslav Kaspe)在其最近的一篇论文中甚至将后苏联空间与公元6—9世纪的后罗马欧洲的“野蛮”王国进行比较，将它们描述为寻求外部“合法性”的“帝国”。⑩

(三) 其他研究

然而，尽管平庸的后苏联一体化研究在俄语杂志期刊中占有主导地位，但它们并不能完全代表相关的学术研究领域。在经济学和政治学领域，有三个主要的方法。首先，关于后苏联一体化的实证及理论研究越来越多，它们主要关注于对微观层面互动的理解。其次，持续的争论主题仍然是后苏联一体化与俄罗斯外交政策之间的关系，这些远比“平庸的后苏联一体化研究”更为多元。第三，一些学者似乎越来越有兴趣于将后苏联一体化进程放在与欧亚和欧洲一体化进程进行比较的研究之中，同时还包括对“开放的地区主义”的探讨；还有一些论文尝试着做比“平庸研究”更为详细、方法更为成熟的规范分析。

1. 后苏联一体化和外交政策

与“平庸论文”相比，对后苏联一体化讨论的第一个不同之处在于运用了国际关系和政治学。在这种情况下，后苏联一体化被认为是俄罗斯外交政策的一个方面(包括国际经济关系)，而非一个独立的研究领域。这方面的讨论也很少根植于发达的理论，也很难得到明确的实证研究的支持，而且还受到意识形态偏好的强烈影响。然而，对于从事后苏联一体化研究的学生而言，在这一框架中做观察仍是颇有意思的。此外，“平庸的后苏联一体化论文”本质上并不是不得要领的；不言自明的主要假设推导出独特的结论。相反，将后苏联一体化放在俄罗斯外交政策中进行讨论却相当地不得要领并且矛盾重重。

也许，在齐甘科夫(Tsygankov)的论文中可以发现这类分析最好的方法⑪，他在“五个地缘政治学派”——扩张论者、文明论者、稳定论者、地缘经济学家和西化论者——中颇有特色。西化论者对于任何一种形式的后苏联一体化都抱有十分怀疑的态度,德米特里·特列宁(Dmitriy Trenin)的著作《欧亚的终结》⑫是这类分析的典型。后苏联空间被认为是一个"正在消失的现实",各个国家都有可能长期坚持自己的道路;在一些情况下,与俄罗斯的合作将得到保持,而在另一些情况下,这种合作将会终止。然而,与前苏联国家的关系并不及与西方国家之间的关系那么重要。无论是就地缘经济学家的经济联系而言,还是就稳定论者的相互安全平衡而言,他们并不坚信该地区的长期消失,而是指出俄罗斯必须延续前苏联的战略。事实上,这三个学派似乎涵括了整个辩论的学术谱系。如齐甘科夫所述,剩下的两个学派,都与非学术研究人员相关(但应该指出的是,他们在学术界也有着显著的影响)。文明论者将后苏联空间(在他们的心目中,很可能是与东斯拉夫国家相关联的)视为一个拥有共同、独特文明的地区,他们应该保护其历史、领土的完整和自身的独特性。扩张论者则认为前苏联空间是俄罗斯向全球扩张权力的第一步。

2. 微观层面上的一体化研究

论文的第二种方法不再从纯粹的规范视角来理解区域一体化,而是聚焦于后苏联国家在区域一体化进程中所取得的进展,例如:俄罗斯跨国公司的扩张、不断增多的国际移民。与"平庸论文"相比,这一研究方法有两个主要优点。首先,它更加证实:我们关于区域化进程的知识是有限的,因此,有必要对经验事实进行彻底的核实。定量数据少得可怜(如外国直接投资方面的信息完全不可靠),这使得运用定性指标成为一种必需,这方面的材料主要依靠媒体报道和公司网站的信息。其次,与"平庸论文"相比,这种研究不需要那么严格的规范;关键的问题不在于后苏联一体化的视角,而在于后苏联空间经济相关性的动态机制。然而,这种研究的大部分讨论不同于欧盟式的地区主义,而是讨论与前苏联区域化相关的机会;区域化,则被视为是后苏联具体方案的更为现实、更为充分的战略。就俄语学术文献而言,这一观点并不新颖。⑬20 世纪 90 年代中期,大量认为所谓的跨国金融工业集团的角色是后苏联一体化工具的文献逐渐淡出;但是,这些文献是纯粹规范性的(大量的跨国金融工业集团对于实践的一体化贡献甚微)。⑭

过去也曾发表过实证类的研究论文,它们关注实际的相互依赖,而非对自上而下的关联进行规范性的分析。⑮然而,过去几年中,该领域这一方面研究的大幅增加,反映出后苏联国家之间在微观层面上日益增多的联系。首先,涌现出大批对俄罗斯公司对外直接投资的调查研究(包括哈萨克斯坦),对前苏联"企业整合"模式中可能遇到的障碍和结果的研究⑯,也包括对特定部门互动的研究,例如:银行和金融市场⑰,核电⑱、农业、电信等领域的研究。⑲这一方面的研究不仅由学界而且由非学界的研究团体进行。⑳第二,苏联解体后的劳动力迁移研究也得到越来越多的关注,这也成为几个后苏联国家国内政治讨论的重要议题。㉑截至目前,从方法论的角度看,对移民的研究,也是后苏联一体化研究领域中最为“先进”的一个领域:由于数据的可信性不足,社会学家做了大量的工作来研究移民社区(这是与主要依靠二手数据的其他文献的一个实质性的区别)。第三,一个极为重要的研究领域关注于后苏联经济一体化以及次国家单元在一体化多变策略中作用的关系。[22]实证文献的贡献很可能在于它们对于“他者”而言,是最具吸引力和最有意义的。这些“他者”包括那些对后苏联一体化不感兴趣,而是从事区域主义的比较分析或研究后苏联国家外部经济的学者。

实证研究还必须辅之以一些大型项目,以便提供这方面的背景材料。一个是最近公布的欧亚开发银行发布的欧亚一体化指标体系(SIEI),在五个方面即:贸易、移民、农业、能源和教育服务,提供关于前苏联国家和国家集团一体化发展的全面的数据系统。此外,它涵盖了苏联解体后国家的经济趋同指标。第二个项目是前文提及的“欧亚观察系统”(Eurasian Monitor),它不仅在一系列国家中对后苏联一体化进程进行定期的调查,而且还对个别课题进行定期的详细研究,这些课题往往与区域一体化相关(如2008年欧亚传统基金会的一个关于前苏联俄语重要性的相关项目,或者是关于后苏联国家的社会融合项目)。[23]这里提及对于后苏联一体化的各个方面进行定量研究是十分合理的。这一类的论文比较少;正如前文所述,考虑到数据的可用性,关注的焦点始终是定性分析。不过,也有一些论文对前苏联的贸易进行了定量分析[24],比如外贸价格[25]以及后苏联国家体制的衔接[26]等等。

3. 开放的地区主义、欧亚一体化和地区主义的规范性分析

后苏联一体化的正规研究机构的弱点在于试图建立“欧亚欧盟”(如前所述,是“平庸论文”隐含的假设),要求也对后苏联地区主义的规范分析进行调整。事实上,在过去几年中,有大量论文研究这个问题,并试图提供可供选择的解决方案。在这一背景下大概有两条发展线索是相关的。第一个可以简称为“开放的地区主义”,不像东亚关注于贸易集团的“开放的地区主义”,而是在苏联解体背景之下的“开放的地区主义”,其目的旨在了解后苏联国家的抱负(在不产生强大的超国家机构的同时实现更现实的低层次合作);第二,指出采用多样的、但在成员国身份上部分重合的、多层次的区域一体化的结构,以便追求多主体的国际经济政策,这种经济政策会考虑后苏联地区国家的利益和异质性。鲍里斯·赫夫茨(Boris Kheyfets)的论文指出了区域经济一体化在微观层面上的优势,利迪娅·科希科娃(Lidiya Kosikova)的论文则论述了后苏联地区主义的最佳设计[27],他们的论文在这个方面是非常重要和有趣的。[28]

推理的第二种路径从苏联解体跳跃至欧亚一体化。迄今为止,学者已采用不同的方法、理论和视角来探讨这种路径。[29]主要论点是,后苏联时期的一体化,不应该被视为一个“独立的实体”,相反地,这种一体化是在多个区域一体化项目和欧亚大陆新型经济联系的背景之下发生的。值得一提的是,后苏联时期的一体化不应该被视为欧洲区域主义的“竞争对手”(如前所述,这是“平庸的区域一体化”论文中常常采用的

假设,事实上,这一假设也常常为俄罗斯政治家所采用);相反,这种一体化应该从欧洲一体化进程中汲取经验和教训。[30]另一方面,在亚洲,确保中国参与区域一体化的进程也是十分关键的;而且,事实上,中国在中亚的作用也在逐步增强。

然而,与“平庸的后苏联一体化研究”不同的另一类论文是建立在对后苏联地区主义进行更为详细的规范性分析的基础之上的。与“平庸”论文采用的方法不同的是,它们假设苏联解体后的一体化是必需的,最近的几篇论文试图证明前苏联的区域一体化在特定的环境中颇具吸引力。不同研究人员所采用的分析方法也不尽相同。在莱昂·泽文(Leon Zevin)的著作中,主要的论点与前苏联的经济空间而非个别国家的规模和密度相互关联。[31]俄罗斯科学院经济预测研究所的费里克斯·克罗茨沃克(Felix Klotsvog)小组试图评估苏联解体后地区主义的各种境况的经济影响,观察前苏联国家的投入产出矩阵。[32]在盖达尔经济政策研究所,很多论文则关注于前苏联货币联盟的潜力。[33]

4. 进一步的研究方法

最后要说明的是,俄罗斯的后苏联区域一体化研究获得了进一步的发展,试图从不同于“平庸的后苏联一体化论文”的角度,同时也不同于上述研究的三个路径的方式进行研究。在这里需要提及的是:玛丽娜·斯特尔茨涅娃(Marina Sterzhneva)关于独联体和欧盟[34]机构的比较分析以及弗拉基米尔·耶夫斯蒂克涅耶夫(Vladimir Evstigneev)关于后苏联一体化和作为准垄断保护工具的地区主义作用的语义分析。[35]与前苏联出版的关于这一主题的、建立在大量理论基础之上的论文不同,这两项研究似乎对于俄罗斯学者将后苏联一体化理论化的方式有着十分有限的影响。

总之,尽管“平庸的后苏联一体化论文”占有主导地位,但近来俄罗斯学术界已对后苏联一体化研究做出了重要、有趣的贡献。前苏联的区域一体化仍然是俄罗斯学者重要的研究领域。

三、 后苏联一体化的国际研究

(一) 后苏联一体化:机制及视角

如果我们关注国际学术界,则会发现一个全然不同的状况。首先,总体而言,对后苏联时期地区主义的关注相对有限。俄罗斯学者往往受到规范动机的驱动,而国际学者则更倾向于进行积极的分析,因此“根本不存在的”后苏联区域一体化显然吸引了有限的关注。即使是在西方兴起俄罗斯研究热的20世纪90年代,当时关于经济和政治转型的辩论吸引了著名经济学家和政治学家的极大关注,后苏联时期的一体化仍然是一个边缘的研究课题。其次,尽管在国际学术界也能找到带有明显规范动机的、非理论的、类似于“平庸的后苏联一体化论文”的论文,但就方法论尤其是理论基础而言，对于前苏联地区主义的研究则要深入得多，它们显然并不“平庸”，而只是处于“边缘”地位罢了。据我们所知，并不存在一个研究小组或中心，系统地把他们的注意力放在俄罗斯之外的主题和实践之上(虽然也有个别研究人员表现出明显的关心)。后苏联地区主义的研究可圈可点之处在于，在方法论基础和研究目标上，他们迥然不同，同时，它们还植根于不同的社会科学，诸如经济学、国际关系、政治学及区域研究。

在笔者讨论更具实质性和有趣的作品之前，介绍一下“平庸的后苏联一体化论文”的西方类型也许是有所裨益的。这一类型的作品并不真正代表该主题出版物的“平均”水平。与俄罗斯不同之处在于，由于国际期刊和出版商设置了更高的标准，理论或者实证方面比较薄弱的作品在西方世界是难以出版的；那些得以出版的作品往往对西方学者尤其是从事俄罗斯研究的学者的思想产生了深远的影响。在一定意义上，那些由于采纳标准降低而在西方出现的“平庸论文”是俄罗斯“平庸论文”的国际体现。首先，就成员国的经济和政治发展而言，人们认为后苏联时期的一体化是根本无效的；背后并不存在经济理性，只有有助于维护其与苏联之间低效的关系。第二，后苏联时期地区主义存在的唯一原因是俄罗斯的政治野心，企图恢复其帝国地位并重新确立其对前苏联国家的控制。第三，参与后苏联时期的一体化意味着任何加入欧盟的尝试都是不可行的(在一定意义上，正如后苏联和欧洲铁路的度量单位不同，区域项目亦是如此)。这三个假设忽略了对以下几个有趣问题的讨论。首先，后苏联时期地区主义的经济效果应该在切实的实践基础之上进行研究。因此，作为俄罗斯主导的唯一工具，后苏联地区主义的视角是有问题的。其次，事实上，俄罗斯始终是这种类型的一体化中最为活跃的推动者：通常地，白俄罗斯或者哈萨克斯坦一直积极主动，而俄罗斯只是对前苏联的变化做出反应。第三，“平庸论文”的方法并不能解释前苏联的日益区域化和微观层面上经济联系的日益密切。因此，就俄罗斯而言，最有趣的贡献是在“平庸论文”的框架之外。接下来笔者将要展开以下相关追问。

1. 后苏联时期的贸易

首先，在经济学中，相当多的文献通过重力模型分析(gravity equation analysis)的视角来审视后苏联时期的贸易，并试图找出该地区经济和政治碎片化的速度和范围。这些研究大多得出以下结论(几乎不足为奇地，如果人们对前殖民地和大都市的权力之间或原先为单一政治实体的国家之间的贸易流量进行分析[36])，后苏联国家之间仍然进行着大量的贸易。[37]此外，尽管贸易地理格局日益出现多样化趋势，但相对于中东欧转型经济体，前苏联国家的贸易结构仍有一些相似之处。[38]虽然这些文献通常不会做出任何明确的规范陈述，但对于前苏联的地区主义而言，结论是相当地悲观的：后苏联时期，国家的贸易结构十分落后；国家的贸易高度稳定，但却不能融入全球经济中，其中的原因可能是其低效的经济和政治结构。

2. 地区主义预期的经济效应

第二类文献明确着眼于前苏联地区主义可能产生的经济效应。这里,国际学术界远比俄罗斯研究人员更为多元,前者中不乏关注区域一体化的实证研究,他们通常认为后苏联时期的区域主义促进了增长,全球学术界非常怀疑于前苏联地区主义的可实现性。然而,这种情况的分析也仍然相对有限,很少有详细的实证研究。康斯坦丁・米哈耶洛普洛斯(Constantine Michailopulos)和大卫・塔尔(David Tarr)就独联体框架内的关税同盟的静态和动态效果进行了考察,并且得出消极的结论。㊴这也是卢西奥・维尼亚斯・德索萨(Lucio Vinhas de Sousa)最近专门分析俄白哈关税联盟所得出的研究结论。㊵另一方面,更深层次的前苏联国家一体化和欧盟一体化也并不一定对各方都有利。㊶不过,也有一些论文认为后苏联时期的一体化可能潜在地有利于其成员国,有利于促进其经济增长和发展。㊷总体而言,人们可能会得出结论,认为无论是前苏联国家还是区域一体化协定的结构及成员,都随着时间而发生着变化,因此进行更为详尽的分析是十分必要的。持这种观点的主要是经济学家,尽管为数不多。此外,还有大量研究认为前苏联的解体对于转型经济的衰退有着巨大的影响。㊸

3. 后苏联空间的异质性及其相互依存度

第三类文献审视了后苏联地区主义可能最为根本的问题:即使假设后苏联国家间的国际合作可能会产生有益的经济效果,人们仍然必须准确描绘出后苏联空间的边界。换而言之,为什么我们期望前苏联国家能形成一个统一的实体,以作为区域一体化的基础?问题并不简单,因为自苏联解体以来,后苏联国家的经济和政治制度存在着很大的分歧。㊹在这种情况下,这些论文也提供了对于这个问题的不同回答,这些回答往往取决于研究者的特定研究方法。从建构主义的视角看,后苏联空间及其次地区的地区性始终处于不断变化之中;例如,此类论文花大量精力关注于中亚的地区性。㊺

本质论㊻的观点则认为可以采用两个变量来分析后苏联空间。首先,可以关注前苏联的相互依赖性。这一类型的研究,大部分源自区域安全复合理论,常常得出结论,认为前苏联仍然具有非常高的相互依存度的特点。㊼其次,可以关注于前苏联时期国家的同质性,这再一次导致对苏联遗产(可能是地区的同质化)㊽和苏联之前遗产两类关注的分道扬镳,最终得出结论认为,前苏联空间是由高度异质的国家组成的㊾。这类文献很大程度上受到地区研究、政治学和国际关系研究的影响。

4. 前苏联正式一体化的实证分析

第四类文献最终从审视决定后苏联一体化进程的先决条件和可能因素转变为对后苏联体制一体化进程(如独联体或欧亚经济共同体正式一体化的动力机制)的考察。然而,在这种情况下,国际文献中的争论与俄罗斯学术刊物中的观点迥然不同。

这类文献关注的重点是后苏联地区主义的完全失败和部分成功的原因。通常,这类文献主要采用比较的视角,即:尝试着将前苏联纳入世界不同地方对于地区主义的讨论之中。因此,这类文献采用宽泛的理论框架(通常衍生自国际关系和国际政治经济学),能够辨别导致前苏联地区主义弱点的多重因素,而不仅仅囿于简单的"缺乏政治意志力"的解释。总体而言,尽管这些论文十分规范(对其研究结果的影响甚微),但它们却具有实证的倾向。很多论文探讨了一系列决定后苏联地区主义演变的因素。[50]其他的则研究特定的因素,如:历史遗留问题[51]、权力不对称[52]、经济意识形态[53]、与欧洲一体化的互动[54]、后苏联官僚[55]或前苏联国家的外交政策取向等等。[56]

法学家也做出了很大的努力,试图研究后苏联时期区域一体化的制度设计;[57]这些论文大部分比较陈旧,而且均撰写于后苏联一体化的初期(当时对一体化的期望值较高)。然而,最近里尔克・德拉格涅夫・卢尔斯(Rilka Dragneva-Lewers)也做出了一些有趣的尝试,从法律层面研究前苏联经济的一体化。[58]但是,经济学家并未撰写任何关于前苏联制度一体化的论文;而在苏联解体后的最初几年里,共和国之间的经济关系的确吸引了一些学者的关注,[59]前苏联地区主义的低下效率使得这些研究趋于沉寂。

5. 保护的一体化

不同于上述的四类文献,第五类文献逐渐趋于显学。上述四类文献的主要目的在于将前苏联国家(包括区域一体化协定)的正式和非正式的关系与该地区的民主化前景关联在一起。我们不难发现过去的学术文献关注于外部因素对于民主化的影响;然而,相关研究几乎都是从外部民主影响的角度来进行的。但是,后苏联空间似乎也是一个明显受到外部非民主影响的地区。从这个角度来看,后苏联地区主义得到了全新的诠释:其主要目标不是促进国家之间的经济和政治合作,而是为前苏联的专制政权创造一种"相互保护"。具体来说,区域主义可助于国内的政治运作,事实上俄罗斯和白俄罗斯一直擅于此。[60]此外,后苏联的非民主国家可以相互"交换"彼此象征性的、甚至是物质上的支持。俄罗斯[61]和国际学者已对这一问题进行了更为详细的研究:国际学者研究前苏联正式的区域一体化协议[62]、非正式的政府间关系[63]以及前苏联专制政体和社会之间的相互学习过程。[64]最近的一些工作也涉及区域化和跨境经济联系对于次国家的民主化进程的影响。[65]

显然,尽管受到国际关系研究的影响,但这些文献大多属于政治学的领域,特别是政体转型研究领域。我们应该注意到,"保护一体化"研究,尽管的确指出了后苏联一体化的消极方面,但却不同于"平庸论文"的方法。首先,它们并没有关注实际的国际层次和国际关系中的权力,而是关注象征性的行动和独裁的国内问题。其次,他们并不认为后苏联时期的区域主义仅仅是俄罗斯外交政策纯粹的"权力工具";事实上,"保护一体化"的分析清楚地表明缘何俄罗斯在很大程度上是后苏联地区主义的一个相当被动而非积极的参与者;缘何其他政体会对维护低效的一体化仪式颇感兴趣。此外,从另一个角度来看,“保护一体化”的研究是非常重要的:以前对后苏联时期一体化的制度做出总结的文献十分关注前苏联地区主义失败的原因,而对于理解缘何前苏联政府继续进行新一轮的“一体化仪式”则不是那么有用。“保护一体化”的逻辑是一个可能的解释路径。[66]

6. 区域化和软实力

第六类文献关注于后苏联时期的区域化。基本上,有两类这样的研究。第一类主要关注于前苏联的外国直接投资和贸易之中的“政治逻辑”,最终考虑扩大贸易关系这种“软实力”,而非传统的军事或政治施压工具。[67]与这些研究相关的一个很大的问题是,其关键的假设——俄罗斯公司国际化扩张中的政治优势——事实上是非常值得怀疑的(虽然政治优势肯定存在于某些环境中,但这种优势似乎并未完全掌控整个俄罗斯向外直接投资的决定[68])。

因此,第二组研究(类似于他们的俄罗斯同行)集中于理解前苏联国家之间新出现的经济联系的实际逻辑。在大多数情况下,这些研究属于国际商业和管理的范畴。[69]因此,他们并不尝试着提供关于后苏联空间区域化模式的解释,而是关注于俄罗斯跨国公司的出现和发展,并且意识到很多公司比较强的区域性。截至目前,有一些详细的个别论文,探讨俄罗斯在前苏联国家的投资和俄罗斯跨国公司根据他们的区域重点而进行的外国直接投资,[70]此外,图尔库的泛欧洲研究所(Pan-European Institute in Turku)也会定期出版关于俄罗斯公司海外扩张的报告。[71]这方面的大多数论文属于纯粹的描述,关注于个别的案例研究(同样,类似于他们的俄罗斯同行);但是,一些工作则采用了扎实的计量经济学方法。[72]因此,在国际学界及俄罗斯学界,这些文献的发展之间存在着明显的相似性。

有趣的是,这也是俄罗斯学界明确对国际学术界研究做出反应的领域(在其他大多数情况下,国际刊物上发表的论文几乎对俄罗斯学界的研究并没有产生任何影响)。具体来说,一些俄罗斯学者对于国际学界的研究十分挑剔,这首先是因为国际学界似乎忽略了俄语文献,其次则是因为数据的质量并非他们所考虑的全部内容。[73]至于第一个问题,如果两个学科审视同一个主题,则似乎是不可避免的:类似的问题曾出现在过去的德语和英语的经济学家的研究之中。唯一可行的解决方法(这也被用于德国经济界转型问题研究领域[74])是范围比较小的学术共同体的成员(即俄罗斯研究人员)尝试着在国际上出版他们的作品,并采取积极的策略融入全球学术圈之中。显然,这种整合也面临着重重困难;[75]但是,至少从长远来看,这是一个明确可行的方案。第二个问题,在某种意义上,代表着一种权衡:由俄罗斯学者撰写的论文可能在数据的把握上较有优势,但它们通常在理论和方法层面上处于劣势。这也是国外拒绝这些论文的主要原因之一:国际学术界非常注重实证研究方法的水平,而这恰恰是许多俄罗斯学者薄弱的地方。[76]

(二) 中亚的一体化

令人惊讶的是,国际学术界对于中亚一体化的重视远远要多于他们对后苏联地区主义的关注。事实上,在所有社会科学领域中,俄罗斯研究的质量都在呈下降趋势,但中亚研究却凸显出其重要性,这一方面反映了该地区在当代世界中的战略重要性,另一方面,也反映出理解中亚国家发展状况的难度。虽然许多研究人员将他们的注意力局限于所谓的"后苏联时期的中亚",即哈萨克斯坦、吉尔吉斯斯坦、乌兹别克斯坦、塔吉克斯坦和土库曼斯坦,但仍有很多学者尝试着将前苏联之外的很多国家,比如中国、阿富汗、巴基斯坦、印度和蒙古纳入他们的分析范围之中。另一个有趣的特点是这些关于中亚一体化的研究都非常注重规范。对于后苏联时期的一体化,学界的主导观点似乎是持相当怀疑的态度:而一些观察家则承认,前苏联的区域一体化促进了经济的良性发展,而其他观察家则预期到了一些负面的影响。然而,对于中亚而言,似乎大部分共识是积极的:大多数论文认为区域一体化可能会促进增长。[77]马丁・斯佩希勒(Martin Spechler)甚至将中亚合作的缺乏比喻为"一种病态"。[78]

关于后苏联一体化及中亚一体化的研究,可能有以下几个原因导致了它们之间的差异。首先,中亚由一些内陆国家构成,事实表明,它们在进入国际市场时遇到了巨大的困难。[79]因此,区域合作似乎是促进经济增长的、合理的解决方案。其次,在中亚并不存在更好的区域合作的方式:另一方面,在东欧,欧洲一体化似乎比前苏联地区主义更具吸引力。如前所述,欧洲一体化和前苏联地区主义常常被俄罗斯和国际学者理解为两种相互排斥的选择。第三,"西方式"的"平庸论文"对于中亚地区主义研究的影响要小得多,因此不太可能采用"权力主导"的范式进行分析。然而,有大量论文关注于中亚区域一体化的弱点。这些论文主要对那些类似或完全同于前苏联地区主义的议题进行了研究(虽然有些讨论聚焦于特定领域,比如中亚的水问题、能源问题研究,它们一方面使得区域合作更显重要,另一方面,又增加了区域合作的难度)。[80]就目前的发展而言,中亚的地区主义常常被理解为类似于后苏联空间的"保护一体化"(protective integration)的一个范例。[81]

显然,中亚的弹性边界引起了人们对另一个曾在后苏联一体化背景中得到讨论的问题的倍加关注,即:建立在不同的偏好以及迥异的相互依赖度基础之上的"最优"的一体化空间。如前所述,大量的研究尤其关注于中亚以及中亚五国之间的合作。然而,一些论文也指出,如果没有其他后苏联国家的参与,中亚的一体化将只能是一种空想。[82]更多的著作和论文则关注于"区域之外"的国家比如中国和俄罗斯在中亚政治和经济合作中的作用,同时也探讨了他们的权力相对平衡。[83]这类文献往往着眼于一国用以增强其在中亚地位的硬实力和软实力("软实力"比如能源贸易、稳定的贸易关系以及外商投资等)。具体来说,大量研究探讨了20世纪90年代俄罗斯权力的相对衰退和21世纪以来俄罗斯试图恢复其影响力的各种努力,以及中国在该地区日益增强的经济和政治作用。

最后一类文献关注于中亚的区域化。在这个方面,尤其鉴于非常强大的非正式贸易网络的作用,中亚确实迥异于前苏联的其他地区。一些学者通过官方统计来研究中亚贸易模式的变化[84],另外有一篇重要的论文则分析了中亚利用边界价格差的影响来强化其市场整合的现象。[85]最后,还有大量的研究关注于中亚的非正式贸易。在这种情况下,此类分析主要基于贸易保护的变化,但是,研究人员也特别重视特定的贸易渠道和区域外合作伙伴的作用;截至目前,通过吉尔吉斯斯坦和塔吉克斯坦进入中亚的中国消费品和转售给其他国家的进口商品似乎在区域一体化中发挥了特定的作用。[86]少数论文也关注于中亚地区,试图从后苏联一体化"跨越"到欧亚一体化(正式的区域主义和非正式的区域化)。[87]

四、结　语

本文旨在总结俄罗斯和国际学界对于后苏联时期的一体化以及中亚区域一体化研究的主要现状。事实上,俄罗斯学界和国际学界之间有着显著的差异。此外,俄罗斯和国际学者在后苏联地区主义研究方面所进行的沟通似乎是非常有限的:俄罗斯报纸很少被国际期刊引用,反之亦然。在俄罗斯,研究仍然遵循着非常简单的、内在规范的探讨路径;被笔者称为"平庸的后苏联一体化"的研究占据了主导地位,这种研究描述欧亚大陆自上而下一体化项目的光辉前景,抱怨缺乏政治意志力来实现这种一体化。然而,也有越来越多的研究,抛开后者不切实际的假设,开始关注于对后苏联国家之间经济联系的实证分析,特别是在外国直接投资、移民和次区域合作领域的分析。也有越来越多的规范性论文,逐渐远离"平庸的后苏联一体化论文"的"欧亚欧盟"观念,并试图为欧亚大陆的国际合作提供更为详细的框架。然而,后苏联时期的一体化研究仍然吸引着众多俄罗斯学者特别是经济学家、政治学家以及历史学家的学术兴趣。

相较而言,国际社会对于苏联解体后的区域主义和区域化的关注则要少得多。在国际学界,也不乏类似于"平庸论文"的研究,描述俄罗斯的权力野心、希图利用苏联解体后的一体化来恢复其在近邻的影响力,然而,这些研究的影响力并不大。具体来说,有六类各具特色的文献,包括:经济学家对苏联解体后贸易的研究;经济学家对前苏联地区主义可能造成的影响进行的定量分析;区域研究专家和国际关系学者将后苏联国家的同质性、相互依赖性视为一体化的关键前提的定量和定性评估;政治学家、国际关系学者和法学家对于后苏联一体化的正式制度和其弱点的原因及前景的分析；政治学家关于后苏联时期地区主义对成员国民主化的负面影响的研究；管理学家和国际商务研究专家对于后苏联国家之间新型跨界关系的研究以及政治学家和国际关系学家对这些关联在前苏联国家的“软实力”战略中的作用的研究。总体而言，对前苏联地区主义的规范评估似乎是含糊不清的。

随着时间的推移，后两种文献将受到越来越多的关注；而对前四类文献的关注则在日趋减少。对于前苏联地区主义的非民主因素的兴趣很可能会受到民主化比较研究的内在逻辑的驱动，同时，非民主外部势力的影响也会日益重要。对于软实力和俄罗斯跨国公司业务扩展的兴趣很可能受到该地区本身变化的驱动，吸引俄罗斯和国际研究人员的关注。但是，该地区更为重要的变化可能会影响学术共同体。苏联解体后的初期，地区主义尚停留在“纸上谈兵”的一体化阶段，而最近几年的一体化，尤其是 2010 年成立的关税联盟则是实际运作的一体化组织；探讨该联盟对于成员国经济的影响、该联盟成员国之间的潜在冲突是颇有意义的。此外，研究的一个有趣问题是缘何关税联盟成功而其之前的尝试却以失败告终。[88] 今后，这些问题可能会吸引更多的学术关注。

而国际学术界对于中亚的研究则完全不同。该地区吸引了大量关注，对于区域一体化和合作前景的评估十分积极。文献指出区域一体化的困难（往往与前苏联的困难一致），并讨论区域主义对于民主化的影响。此外，还有一些非常有趣的研究是关于中亚非正式的跨境联系的，这种联系事实上对该地区发挥了显著的作用。

张　红　译

注释

① 参见 Libman, A. (2011), “Commonwealth of Independent States and Eurasian Economic Community,” Paper prepared for: The Democratization of International Organizations. First International Democracy Report 2011, edited by G. Finizio, L. Levi and N. Vallinoto, Centre for Studies on Federalism。

② 参见 Libman, A. (2006), “Vzaimodeistvie Stran SNG s Aziatskimi Integracionnymi Gruppirovkami,” MPRA Working Paper, No. 16620。

③ 这里，“全球学者”是指那些主要使用英语、文章通常发表于国际期刊或者著作由国际出版社出版的学者。之所以不采用“西方学者”的说法，是因为这些学者具有真正的国际性；事实上，尽管俄罗斯融入国际社会的水平仍然十分有限，但当今的一些俄罗斯社会科学家对国际和国内的讨论仍是有所贡献的（如果读者希望对俄罗斯的转型研究形成一个总体印象，可以参阅 *Russian Analytical Digest*, No. 94, 28 March 2011）。同时，还应该指出的是，在很多领域，关于俄罗斯和前苏联的“俄罗斯”研究远不及“非俄罗斯”研究先进，也不及后者信息量大。在一些情况下，要对用俄语和英语发表论文的学者进行归类并非易事，这也是后文文献综述的一个难点。

④ 这里，笔者要指出的是，尽管后苏联国家譬如乌克兰、哈萨克斯坦和白俄罗斯刊发了大量相关主题的论文，但这些国家的学术研究并非本文所要涵括的内容。

⑤ 参见 Muravyev, A. (2011), "O Rossiyskoy Ekonomicheskoi Nauke Skvoz' Prizmu Publikaciy Rossiyskikh Uchenykh v Otechestvennykh i Zarubezhnykh Zhurnalakh za 2000—2009 gg," Graduate School of Management of the St. Petersburg State University Research Report No. 1 (R)—2011。

⑥ 参见 Lokshin, M. (2009), "A Survey of Poverty Research in Russia: Does it Follow the Scientific Method?" *Economic Systems* 33(3)。

⑦ 参见 Morozov, V. (2011), "Vezdesushchaya Identichnost: Rossiyskaya Politicheskaya Nauka Pered Litsom Zapadnoi Gegemonii," *Obshestvennye Nauki i Sovremennost'*(3)。

⑧ 参见 e. g. Shishkov, Yu. (2007), "SNG: Poltora Desyatiletiya Tshetnykh Usiliy," *Voprosy Ekonomiki*(4); Shishkov, Yu. (1996), "Sud'ba Britanskogo Sotrudnichestva Naciy: Vospominanie o Budushchem SNG," *Obshestvennye Nauki I Sovremennost'*(3); Shishkov, Yu. (2008), "Kooperirovanue v Mashinostroenii Stran SNG," *Evraziyskaya Ekonomicheskaya Integraciya*(1); Shishkov, Yu. (2001), "Rossiya i SNG: Neudavshiysya Brak po Raschyetu," *Pro et Contra* 6(1—2)。

⑨ 参见 Furman, D. (2005), "Ot Rossiyskoi Imperii do Padeniya SNG. Public Lecture at Polit. Ru;" Furman, D. (1996), "O Budushchem Postsovetskogo Prostranstva," *Svobodnaya Mysl*(6)。

⑩ 参见 Kaspe, S. (2008), "Sodruzhestvo Varvarskikh Korolevstv: Nezavisimye Gosudarstva v Poiskakh Imperii," *Politiya*(1). The importance of the Soviet heritage for the current regional integration projects in the FSU and relations between FSU countries has been pointed out by Fi Filippov, A. (1995), "Smysl Imperii: K Sociologii Politicheskogo Prostranstva," in Chernyshev, S. (ed), *Inoe: Hrestomatiya Novogo Rossiiskogo Samosoznaniya*. Moscow, and Blyakher, Leonid(2008), "Vozmozhen Li Postimperskiy Proekt: Ot Vsaimnykh Preternsiy k Obshemu Budushemu," *Politiya*(1)。

⑪ Tsygankov, A. P. (2003), "Mastering Space in Eurasia: Russia's Geopolitical Thinking after the Soviet Break-Up," *Communist and Post-Communist Studies* 36(1).

⑫ 参见 Trenin, D. (2002), *The End of Eurasia: Russia on the Border Between Geopolitics and Globalization*, Wash.: Carnegie Center。

⑬ 参见 Kheyfets, B. (1989), *Novaya Model' Integracionnogo Sotrudnichestva Stran SEV*, Moscow: SEV, for one of the first examples of this type of analysis。

⑭ 参见 Lenskiy, E. V., and V. A. Tsvetkov(1998), *Transnacional'nye Finansovo-Promyshlennye Gruppy i Mezhgosudarstvennaya Ekonomicheskaya Integraciya*, Moscow: Ekonomika i Zhizn。

⑮ 关于微观层面经济联系的早期研究以及"标准的后苏联一体化论文",可以参阅由国际经济政治研究所不定期编辑出版的 *Problemy Postsovetskikh Stran* 系列丛书。

⑯ 参见 Libman, A., and B. Kheyfets(2006), *Ekspansiya Rossiyskogo Kapitala v Strany SNG*, Moscow: Ekonomika; Kuzentsov, A. (2007), *Internaciolanizatsiya Rossiyskoy Ekonomiki: Investicionnyi Aspekt*, Moscow: URSS, Kheyfets, B., and A. Libman(2008), *Korporativnaya Integraciya: Al'ternativa Dlya Postsovetskogo Prostranstva*, Moscow: Librokom; Kheyfets, B. (2001), "Vzaimnye Investicii v SNG," *Ekonomist*(8); Barkovskiy, A., and N.

Ushakova（2001），"Vzaimodeistvie Predprinimatel'skikh Struktur Stran SNG," *Problemy Prognozirovaniya*（2）；Kuz'mina，E.（2008），"*Ekonomicheskie Pozitsii Rossii v Central'no-Aziatskom Regione*：*Puti Ukrepleniya v Usloviyakh Global'noi Konkurencii*，" Moscow：IE RAS；Kheyfets，B.（2011），*Rossiyskiy Biznes v Stranakh EvrAzES*：*Modernizatsionnyi Aspekt*，Moscow：Ekonomika（forthcoming）。对该领域做出主要贡献的是俄罗斯科学院经济学所的鲍里斯·赫夫茨（Boris Kheyfets）（他认为区域化是前苏联区域一体化的主要凭借）和俄罗斯科学院世界经济与国际关系研究所的阿列克谢·库兹涅佐夫（Aleksei Kuznetsov）（他研究的重点是俄罗斯跨国公司的动力机制）。

⑰ 参见 Golovnin，M.（ed.，2010），*Vzaimodeistvie Finansovykh Sistem Stran SNG*，St. Petersburg：Aleteya；Vinokurov，E.（2009），"Vzaimnye Investicii v Bankvskom Sektore SNG，" *Evraziyskaya Integraciya*（2）；Abalkina，A.（2008），"Predposylki i Perspektivy Bankovskoi Integracii v Stranakh EvrAzES，" *Evraziyskaya Ekonomicheskaya Integraciya*（1）。

⑱ Vinokurov，E.（2007），"Perspektivy Integracii Atomno-Energeticheskikh Kompleksov Rossii i Kazakhstana v Kontekste Processov Ekonomicheskoi Integracii，" *Atomnaya Strategiya*（6）.

⑲ 欧亚发展银行定期出版的报告为我们提供了详细的、关于特定地区动力机制的实证信息。

⑳ 参见 e. g. RUSAL（2006），"Russkie Idut：Zarozhdenie Razvivayushikhsya Rossiyskikh Trancional'nykh Korporaciy"，Moscow；SKOLKOVO（2008），"Rossiyskiy Biznes za Rubezhom：Dinamika Razvitiya，" Skolkovo。

㉑ 参见 Reznikova，O.（2009），"Postsovetskaya Trudovaya Migraciya，" *Mirovaya Ekonomika i Mezhdunarodnye Otnosheniya*（3）；Tyuryukanova，E.（2005），"Denezhnye Perevody Migrantov v Rossiyskom Kontekste，" *Pro et Contra* 9（1）；Ryazantsev，S.（2005），"Trudovaya Migraciya v SNG：Tendencii i Problemy Regulirovanya，" *Mirovaya Ekonomika i Mezhdunarodnye Otnosheniya*（11）；Ryazantsev S.（2008），"Trudovaya Migraciya v Rossii v Usloviyakh Integracii v EvrAzES，" *Vorposy Ekonomiki*（6）。

㉒ 参见 Vardomskiy，L.（2008），"Prigranichnoe Sotrudnichestvo na Novykh i Starykh Granitsakh Rossii，" Evraziyskaya Ekonomicheskaya Integraciya（1）；Vardomskiy，L.（2009），"Rossiyskoe Porubezhie v Usloviyakh Globalizatsii，" Moscow：Librokom；Zabello，Ya.，and A. Sobyanin（2001），"Regiony Rossii v Kazakhstane i Srednei Azii：Pravila Effektivnogo Sotrnudnichestva，" Mimeo。

㉓ 对于后苏联时期的地区主义公众视角及前苏联国家公众意见的分歧的分析可参阅一些论文，比如 Kertman，G. L.（2005），"SNG—Mezhdu Proshlym i Nastoyashim，" POLIS（6）；Balackiy，E.（2005），"Social'naya Geterogennost' Edinogo Ekonomicheskogo Prostranstva，" Monitoring Obshchestvennogo Mneniya（2）. Ekaterina Furman 在对民意、公众对欧盟和独联体支持度的比较研究中做出了一定的贡献，提供了一些有趣的视角。可参阅：Furman，E.（2007），"Ideya Integracii v ES i SNG：Social'naya Baza i Al'ternativy，" *Sovremennaya Evropa*（2）；Furman，E.（2006），"ES i SNG：Integraciya i Ee Podderzhka Naseleniem，" *Svobodnaya Mysl'*（7—8）。

㉔ 请参阅以下著作：Irina Gurova：See Gurova，I.（2009），"Regional'naia Torgovlya i Torgovaya Integraciya v SNG，" *Evraziyskaya Ekonomicheskaya Integraciya*（2）；Gurova，I.（2010），"Regional'naia Torgovlya SNG：Mekhanizm Tyagoteniya，" *Mezhdunarodnaya Ekonomika*（3）；

Gurova, I., and M. Efremova(2010), "Potentsial Regional'noi Torgovli Stran SNG," *Voprosy Ekonomiki*(7)。

㉕ 参见 Savin, V. A.(1999), "Eksportno-Importnye Tseny v Torgovle Rossii s Raznymi Gruppami Stran(SNG i Dal'nee Zarubezhye)," *Marketing v Rossii i za Rubezhom*(4)。

㉖ 参见 Libman, A.(2006), "Rol' Ekonomicheskoi Integracii i Dezintegracii na Postsovetskom Prostranstve: Kolichestvennyi Analiz," *Problemy Prognozirovaniya*(5)。

㉗ 参见 Kosikova, L.(2010), "Na Vsekh Parusakh," *Pryamye Investicii*(2) for an interesting typology of recent work on the post-Soviet regional integration, explicitly pointing out the "open regionalism" option。

㉘ 参见 e. g. Kosikova, L.(2008), "Integracionnye Proekty Rossii na Postsovetskom Prostranstve: Idei i Praktika," Moscow: IERAS; Kosikova, L.(2010), "Problemy Konsolidatsii Sodruzhestva vokrug Rossii v Usloviyakh Vnutrennei Neodnorodnosti Regiona SNG," in Grinberg, R.(ed.), Izbrannye Statyi 2005—2009 gg. Moscow: Ekonomika; Kosikova, L.(2010), "Ekonomicheskaya Politika Rossii na Postsovetskom Prostranstve: Evolyutsiya Podkhodov, Rezul'taty, Problemy," Moscow: IERAS. The work of Kosikova should be pointed out as an excellent reference for the surveys of the historical evolution of the post-Soviet regionalism, see e. g. Kosikova, L.(2008), "Itogi Pyatnadtsatiletnego Razvitiya Gosudarstv SNG i Ikh Vzaimnogo Sotrudnichestva," *Kontinent Partnerstva*(5); Kosikova, L.(2004), "Nesostoyavshaysya Integraciya, ili Pochemu Rossii ne Udalos' Ob edinit' Strany SNG," *Mir Peremen*(1); Kosikova, L.(2010), "Ekonomicheskaya Politika Rossii v Postsovetskom Regione(Retroanaliz, Otsenka Itogov, Predlozheniya)," *Rossiyskiy Ekonomicheskiy Zhurnal*(2) and(3)。此外,值得关注的是2005年第7期的《后苏联国家的问题》(*Problemy Postsovetskikh Stran*)期刊关注于前苏联空间的双边合作,认为这种双边合作可以替代不太成功的多边地区主义。

㉙ 参见 Vinokurov, E.(2010), "Ot Postsovetskoi k Evraziyskoy Integracii," *Evraziyskaya Ekonomicheskaya Integraciya*(3); Bykov, A.(2009), *Postsovetskoe Prostranstvo: Strategii Integrcii i Novye Vyzovy Globalizatsii*. St. Petersburg: Aleteya。

㉚ 参见 Chernyshov, S.(2010), "Na Puti k Edinoi Evrazii," *Rossiya v Global'noi Politike*(3)。

㉛ 参见 Zevin, L.(2009), "Vektory Vneshneekonomicheskoi Politik Rossii," *Voprosy Ekonomiki*(10)。

㉜ 参见 e. g. Klotsvog, F., Sukhotin, A., and L. Chernova(2008), "Modelirovanie i Prognozirovanie EEP Rossii, Belarusi, Kazakhstana i Ukrainy," *Problemy Prognozirovaniya*(2)。

㉝ 参见 Drobyshevskiy, S., and D. Polevoi(2004), "Problemy Sozdaniya Edinoy Valyutnoi Zony v Stranakh SNG," Moscow: IEPP。

㉞ 参见 Sterzhneva, M. V.(1999), "Evropeiskiy Soyuz i SNG: Sravnitel'nyi Analiz Institutov," Moscow: MONF。

㉟ 参见 Evstigneev, V.(1997), "Valyutno-Finansovaya Integraciya v ES i SNG: Sravnitel'nyi Semanticheskiy Analiz," Moscow: Nauka; Evstigneev, V.(1999), "Tamozhennaya Integraciya v SNG kak Primer Ekonomicheskogo Psevdomorfizma," *Voprosy ekonomiki*(12)。

㊱ 参见 a survey in: Frankel, J.(1997), *Regional Trading Blocs in the World Economic System*, Petersen Institute for International Economics。

㊲ 参见 Djankov, S., and C. Freund(2002), "Trade Flows in the Former Soviet Union," *Journal of Comparative Economics* 30(1); Fidrmuc, J., and J. Fidrmuc(2003), "Disintegration and Trade," *Review of International Economics* 11(5); De Sousa, J., and O. Lamotte(2007), "Does Political Disintegration Lead to Trade Disintegration: Evidence from Transition Countries," *Economics of Transition* 15(4); Babetskii, I., Babetskaia-Kukharchuk, O., and M. Raiser (2003), "How deep is your trade? Transition and international integration in Eastern Europe and the former Soviet Union," Mimeo; Elborgh-Woytek, K. (2003), "Of Openness and Distance: Trade Development in the Commonwealth of Independent States, 1993—2002," I MF Working Paper No. 03/207; Shelbume, R. C., and O. Pidufala(2006), "Evolving Trade Patterns in the CIS: The Role of Manufacturing," UNECE Discussion Paper No. 2006. 2; Shepotylo, O. (2009), "Gravity with Zeros: Estimating Trade Potential of CIS Countries," KSE Discussion Paper No. 16; Havrylyshin, O., and H. Al-Atrash(1998), "Opening Up and Geographic Diversification of Trade in Transition Economies," IMF Working Paper No. 98/22; Djankov, S., and C. Freund(2002), "New Borders: Evidence from the former Soviet Union," *Review of World Economics* 138(3)。

㊳ 参见 Broadman, H. G. (ed., 2005), *From Disintegration to Reintegration: Eastern Europe and the Former Soviet Union in International Trade*, World Bank。

㊴ Michailopulos, C., and D. Tarr(1997), "The Economics of the Customs Union in the Commonwealth of Independent States," World Bank Working Paper.

㊵ 参见 de Sousa, L. V. (2011), "An Initial Estimation of the Economic Effects of the EurAsEC Customs Union on Its Members," *Economic Premise*, No. 47。

㊶ 参见 Sulamaa, Pekka, and Mika Widgren(2003), "EU Enlargement and Beyond: A Simulation Study on EU and CIS Integration," CEPR Discussion Paper No. 2768。

㊷ Freinkman, L., Polyakov, E., and C. Revenco(2004), "Trade Performance and Regional Integration of the CIS Countries," World Bank Working Paper No. 38.

㊸ 参见 Linn, J. F. (2004), "Economic(Dis)organization Matters: The Soviet Collapse Revised," Mimeo; Bevan, A. A., Estrin, S., Hare, P. G., and J. Stern(2001), "Extending the Economics of Disorganization," *Economics of Transition* 9(1)。

㊹ 文献中包含了关于后苏联政治经济发展的一些类型分析。可参阅以下俄罗斯及国际学者的论文：Grigoriev, L., and M. Salikov(2006), "Virazhi Perekhodnogo Perioda," *Rossiya v Global'noi Politike*(6); Pistor, K., Raiser, M., and S. Gelfer(2000), "Law and Finance in Transition Economies," *Economics of Transition* 8(2); Barkovski, A. (ed., 2003), *Ekonomicheskie Strategii Stran SNG i Rossiya*. Moscow: RUDN; Furman, D. (2004), "Divergentsiya Politicheskikh Sistem na Postsovetskom Prostranstve," *Svobodnaya Mysl* (10); Stykow, P. (2010), "Die Wahl des Wahlsystems: Demokratische Regeln, undemokratische Wahlen," *Osteuropa* 60(9); Makarkin, A. (2007), "Nezavisimo ot Politicheskikh Reform v Stranakh SNG Prezident Prodolzhaet Ostavatsya Glavnoi Figuroi," *Nezavisimaya Gazeta*, Jan 22; Iwasaki, I. (2003), "Evolution of Government-Business Relationship and Economic Performance in the Former Soviet States," *Economics of Planning* 36(3); Gel'man, V. (2008), "Out of the Frying Pan, Into the Fire? Post-Soviet Regime Changes in Comparative Perspective," *International Po-*

litical Science Review 29(2); Frye, T. (1997), "Politics of Institutional Change: Post-Communist Presidencies," *Comparative Political Studies*; Makarenko, B. (2005), "Tsvetnye Revolyutsii v Kontekste Demokraticheskogo Tranzita," *Mir Peremen*(5)。

㊺ 参见 Quoraboyev, I. (2010), "Around the Names of Region: The Case of Central Asia," UNU-CRIS Working Paper No. 5; in the Russian-language literature, the idea of 'emerging' Central Asia is investigated in: Kazantsev, A. (2008), *Bol'shaya Igra s Neizvestnymi Peremennymi: Mirovaya Politika i Central'naya Aziya*. Moscow: Eurasian Heritage Foundation。

㊻ "本质论"假定某一团体具有特别的、区分于他者的本质性特征。——译者注。

㊼ 参见 Buzan, B., and O. Waever(2003), *Regions and Powers: The Structure of International Security*. Cambridge: Cambridge University Press。

㊽ 参见 Jones Luong, P. (2002), *Institutional Change and Political Continuity in Central Asia*. Cambridge: Cambridge University Press。

㊾ Gleason, A. (2010), "Eurasia: What Is It? Is It?" *Journal of Eurasian Studies* 1(1).

㊿ 参见 Kubicek, P. (2009), "The Commonwealth of Independent States: An Example of Failed Regionalism?" *Review of International Studies* 35; Olcott, M. B., Aslund, A., and S. Garnett(1999), *Getting It Wrong: Regional Cooperation and the Commonwealth of Independent States.* Wash.: Carnegie Endowment for International Peace; Obydenkova, A. (2011), "Multi-Level Governance in Post-Soviet Eurasia: Problems and Promises," in: Enderlein, H., Walti, S., and M. Zurn(eds.), *Handbook on Multi-Level Governance*, Cheltenham: Edward Elgar。

(51) 参见 Obydenkova. A. (2011), "Benefits and Deficits of Multilateralism: Conceptualizing the Lessons of the Commonwealth of Independent States," *Rivista Italiana di Scienza Politca* 41(1); Kux, S. (1996), "From the USSR to the Commonwealth of Independent States: Confederation or Civilized Divorce?" In *Federalizing Europe? The Costs, Benefits and Preconditions of Federal Political Systems*, eds. J. J. Hesse and V. Wright. Oxford: Oxford University Press; Bremmer, I., and A. Bailes(1998), "Sub-Regionalism in the New Independent States," *International Affairs* 74。

(52) 参见 Miller, E. A. (2006), *To Balance or Not to Balance? Alignment Theory and the Commonwealth of Independent States*, Aldershot: Ashgate; D'Anieri, P. (1997), "International Cooperation among Unequal Partners: The Emergence of Bilateralism in the Former Soviet Union," *International Politics* 34(4); Hancock, K. J. (2009), *Regional Integration: Choosing Plutocracy*, New York: Palgrave MacMillan。

(53) Darden, K. A. (2009), *Economic Liberalism and Its Rivals: The Formation of International Institutions among the Post-Soviet States*, Cambridge: Cambridge University Press.

(54) 参见 Malfliet, K., Verpoest, L., and E. Vinokurov(eds., 2007), *The CIS, the EU and Russia: Challenges of Integration*, London: Palgrave MacMillan。

(55) 参见 Libman, A., and A. Vinokurov(2012), "Post-Soviet Integration and the Interaction of Functional Bureaucracies," *Review of International Political Economy*, *forthcoming*。

(56) Jackson, N. (2003), *Russian Foreign Policy and the CIS: Theories, Debates, and Actions*, New York and London: Routledge.

(57) 参见 e. g. Voitovich, S. A. (1993), "The Commonwealth of Independent States: An

Emerging Institutional Model," *European Journal of International Law* 4; Balayan, O. M. (1999), *Institutionelle Struktur der Wirtschaftsintegration in der Gemeinschaft Unabhaengiger Staaten(GUS): Eine rechtliche Untersuchung der Organisation der GUS im Vergleich zur Europaeischen Gemeinschaft*, Berlin: Duncker & Humblott; Danilenko, G. M. (1999), "The Economic Court of the Commonwealth of Independent States," *International Law and Politics* 31。

(58) 参见 e. g. Dragneva, L. (2007), "CIS Model Legislation and Its Contributions to Company Law Reform and Harmonization," In: Dragneva, L. (ed.), *Investor Protection in the CIS*, Leiden: Martinus Nijhoff; Dragneva, R., and J. de Koort(2007), "The Legal Regime for Free Trade in the Commonwealth of Independent States," *International and Comparative Law Quarterly* 56(2); Dragneva, R. (2004), "Is 'Soft' Beautiful? Another Perspective on Law, Institutions, and Integration in the CIS," *Review of Central and East European Law* 29(3)。

(59) 参见 Orlowski L. T. (1994), "The Disintegration of the Ruble Zone: Driving Forces and Proposals for Policy Change," *Aussenwirtschaft* 49; Orlowski L. T. (1995), "Direct Transfers between the Former Soviet Union Central Budget and the Republics: Past Evidence and Current Implications," *Economics of Planning* 28; Dabrowski, M. (1995), "The Reasons of the Collapse of the Ruble Zone," Unpublished manuscript, CASE。

(60) 参见 Danilovich, Alex(2006), *Russian-Belarus Integration: Playing Games behind the Kremlin Wall*. Aldershot: Ashgate。

(61) Furman, D. (2004), "Rossiya, SNG i ES," *Mir Peremen*(3); Fel'dman, D. (2005), "Vzaiomdeistvie Elit Stran" SNG. *POLIS*(4); Furman, Dmitriy(2010), *Dvizhenie po Spirali: Politicheskaya Sistema Rossii v Ryadu Drugikh Stran*. Moscow: Ves' Mir.

(62) Allison, R. (2008), "Virtual Regionalism, Regional Structures and Regime Security in Central Asia," *Central Asian Survey* 27(2); Collins, Kathleen(2009), "Economic and Security Regionalism among Patrimonial Authoritarian Regimes: The Case of Central Asia," *Europe-Asia Studies* 61(2); Allison, R. (2007), "Blockaden und Anreize: Autoritarismus und regionale Kooperation," *Osteuropa* 58(8—9); Allison, R. (2010), "Virtual Regionalism and Protective Integration in Central Asia," in: Sengupta, A., and S. Chatterjee(2010), *Eurasian Perspectives: In Search for Alternatives*, Kolkata: Shipra Publications.

(63) Ambrosio, T. (2006), "The Political Success of Russia-Belarus Relations: Insulating Minsk from a Color Revolution," *Demokraizatsiya* 14(3); Silitski, Vitali(2006), "Contagion Deterred: Authoritarianism in the Former Soviet Union(The Case of Belarus)," CDDRL Working Paper No. 66; Tolstrup, J. (2009), "Studying a Negative External Actor: Russia's Management of Stability and Instability in the 'Near Abroad'," *Democratization* 16.

(64) 参见 Herd, G. P. (2005), "Colorful Revolutions and the CIS: 'Manufactured' versus 'Managed' Democracy," *Problems of Post-Communism* 52; Silitski, V. (2005), "Preempting Democracy: the Case of Belarus," *Journal of Democracy* 16; Hale, H. E. (2005), "Regime Cycles: Democracy, Autocracy, and Revolution in Post-Soviet Eurasia," *World Politics* 58; Hale, H. E. (2006), "Democracy or Autocracy on the March? The Colored Revolutions as Normal Dynamics of Patronal Presidentialism," *Communist and Post-Communist Studies* 39(3)。

(65) 参见 Obydenkova, A., and A. Libman(2011), "Rethinking the Nature and Impact of

External Factors on Regime Transition: Lessons for the Russian Regions," Mimeo。

㊱ 参见 Libman, A. (2007), "Regionalization and Regionalism in the Post-Soviet Space: Current Status and Implications for Institutional Development," *Europe-Asia Studies* 59(3)。

㊲ 参见 Nygren, B. (2008), "The Rebuilding of Greater Russia: Putin's Foreign Policy Towards the CIS Countries," Abingdon: Routledge; Nygren, B. (2008), "Russia's Use of Natural Gas to Reintegrate the CIS Region," *Problems of Post-Communism* 55; Tsygankov, A. (2006), "If Not By Tanks, Then By Banks? The Role of Soft Power in Putin's Foreign Policy," *Europe-Asia Studies* 58。

㊳ 参见 Hanson, P. (2010), "Russia's Inward and Outward Foreign Direct Investment: Insights into the Economy," *Eurasian Geography and Economics* 51(5); Kalotay, K. (2002), "Outward Foreign Direct Investments and Government in Central and Eastern Europe," *Journal of World Investment* 3(2)。

㊴ 尽管一些作品也关注前苏联的移民现象。See Korobkov, A. V. (2007), "Migration Trends in Central Eurasia: Politics versus Economics," *Communist and Post-Communist Studies* 40。

㊵ 参见 Crane, K. W., Peterson, D. J., and O. Oliker(2005), "Russian Investments in the Commonwealth of Independent States," *Eurasian Geography and Economics* 46; Filippov, S. (2010), "Russian Companies: The Rise of New Multinationals," *International Journal of Emerging Markets* 5(3/4); Sethi, D. (2009), "Are Multinational Enterprises from Emerging Markets Global, Local or Regional?" *European Management Journal* 27; Kalotay, K. (2010),"The Future of Russian Outward Foreign Direct Investment and the Eclectic Paradigm: What Changes after the Crisis of 2008—2009," *Competitio* 9(1), as well as multiple other papers by Kalmar Kalotay and co-authors。

㊶ 参见 e.g. Vahtra, P. (2005), "Russian Investments in the CIS—Scope, Motivation and Leverage," *Pan-European Institute*, *Turku School of Economics*, *Electronic Publication* No. 9; Vahtra, P. (2007), "Expansion or Exodus?—The New Leaders among the Russian TNCs," *Pan-European Institute*, *Turku School of Economics*, *Electronic Publication* No. 13。

㊷ Kalotay, K., and A. Sulstarova(2010), "Modeling Russian Outward FDI," *Journal of International Management* 16.

㊸ 参见 Kuznetsov, A. (ed., 2010), "Vliyanie Rossiyskoy Investicionnoy Ekspansii na Obraz Rossii v Evrope," Moscow: IMEMO。

㊹ 参见 Libman, A. (2011), "Nemetskaya Ekonomicheskaya Nauka: Mekhanizmy Transformatsii," *Zhurnal Novoi Ekonomicheskoi Assotiskacii*(8)。

㊺ 参见 for the Russian case, discussion in: Savelyeva, I. M., and A. V. Poletayev(2009), "Publikacii Rossiyskikh Avtorov v Zarubezhnykh Zhurnalakh po Obshchestvennym i Gumanitarnym Distsiplinam v 1993—2008 gg," HSE Working Paper No. WP6/2009/02。

㊻ 然而,值得一提的是,有一些俄罗斯学者的论文登载在国际刊物上。参见: Kuznetsov, A. (2010), "Urgent Tasks for Research on Russian TNCs," *Transnational Corporations* 19(3)。

㊼ 参见 Green, D. J. (2001), "Regional Co-operation Policies in Central Asia," *Journal of International Development* 13; Bartlett, D. L. (2001), "Economic Development in the Newly Independent States: The Case for Regionalism," *European Journal of Development Research* 13, Geyikdagi, N. V. (2005), "Regional Integration in Central Asia," *Journal of Asia Pacific Business* 6; Gleason, G. (2001), "Inter-State Cooperation in Central Asia: from the CIS to the Shanghai Forum," *Europe-Asia Studies* 53; UNDP(2005), *Central Asia Human Development Report: Bringing Down Barriers*. Bratislava, UNDP; Badykova, N. (2006), "Regional Cooperation in Central Asia: A View from Turkmenistan," *Problems of Economic Transition* 48(8); Olimova, S., Kurbonov, S., Petrov, G., and Z. Kahhorova(2006), "Regional Cooperation in Central Asia: A View from Tajikistan," *Problems of Economic Transition* 48(9)。

⑱ 参见 Spechler, M. C. (2001), "Regional Non-Cooperation in Central Asia: A Pathology," in Sutcliffe, P. (Ed) *NATO Economic Colloquium*, Brussels: NATO。

⑲ 参见 World Bank(2009), *World Development Report 2009: Reshaping Economic Geography*, Wash.: World Bank; Raballand, G., Kunth, A., and Richard A. (2005), "Central Asia's Transport Burden and Its Impact on Trade," *Economic Systems* 29。

⑳ Akiner, S. (2007), *Regional cooperation in Central Asia*, School of Oriental and African Studies, University of London; Pomfret, R. (2002), "National Borders and Disintegration of Market Area in Central Asia after 1991," in Mueller, U. and H. Schultz(eds.), *National Borders and Economic Disintegration in Modern East Central Europe*, Berlin: Anno Spitz; Pofmret, R. (2009), "Regional Integration in Central Asia," *Economic Change and Restructuring* 42; Spechler, M. C. (2002), "Regional Cooperation in Central Asia," *Problems of Post-Communism* 49; Kulipanova, E. (2010), "Functional Cooperation in Central Asia: The Case of Asymmetrical Interdependence?" Mimeo; Melvin N. L. (2008), *Engaging Central Asia*, Brussels, CEPS; Olcott, M. B. (1996), *Central Asia's New States: Independence, Foreign policy, and Regional Security*, Wash.: US Institute of Peace Press; Rall, T. (2006) *Silk Road to Ruin: Is Central Asia the New Middle East?* New York: NBM Publishing; Spechler, M. C. (2000), "Regional Cooperation in Central Asia: Promises and More Promises," *PRAXIS—The Fletcher Journal of Development Studies* 16.

㉑ 上文已述及相关的论文。

㉒ 参见 Qoraboyev, I. (2010), "From Central Asian Regional Integration to Eurasian Integration Space? Changing Dynamics of the Post-Soviet Regionalism," *EDB Eurasian Integration Yearbook 2010*, Almaty: EDB; Libman, A., and E. Vinokurov(2012), "Is It Really Different? Patterns of Regionalization in the Post-Soviet Central Asia," *Post-Communist Economies*, forthcoming。

㉓ 参见如 Spechler M. C., and D. R. Spechler(2010), "Is Russia Succeeding in Central Asia," *Orbis* 54; Allison, R. (2004), "Regionalism, Regional Structures and Security Management in Central Asia," *International Affairs* 80; Blank, S. (1995), "Energy, economics and security in Central Asia: Russia and its rivals," *Central Asian Survey* 14; Bohr, A. (2004), "Regionalism in Central Asia: New Geopolitics, Old Regional Order," *International Affairs* 80; Allison, R., and L. Johnson(eds., 2001), *Central Asian Security: The New International Context*. Royal Institute of International Affairs, London; Kavalski, E. (ed., 2010), *The New Central Asia: The Regional Impacts of International Actors*, New Scientific Publishing, Singapore;

Li, H. Y. and Z. Wang(2009), "Assessing China's Influence in Central Asia: A Dominant Regional Power?" University of Nottingham China Policy Institute Briefing No. 53; Niklasson, C. (2008), "Russian Leverage in Central Asia," Report No. FOI-R-2484-SE, FOI; Peyrouse, S. (2007), "The Economic Aspects of the Chinese-Central-Asia Rapprochement, Silk Road Papers, Central Asia and Caucasus Institute," Washington; Tang, S. (2000), "Economic Integration in Central Asia: The Russian and Chinese Relationship," *Asian Survey* 40; Wu, H.-L., and C.-H. Chen (2004), "The Prospects for Regional Economic Integration Between China and the Five Central Asian Countries," *Europe-Asia Studies* 56; Rumer, E., Trenin, D., and H. Zhao(2007) *Central Asia: Views from Washington, Moscow, and Beijing*, Armonk, M. E. Sharpe, among many other contributions。

㊹ Luecke, M., and J. Rothert(2006), "Central Asia's Comparative Advantages in International Trade," Kiel Economic Policy Paper No. 6; Myant, M., and J. Drahokoupil(2008), "International Integration and the Structure of Exports in Central Asian Republics," *Eurasian Geography and Economics* 49; Pomfrte, R. (2005), "Trade Policies in Central Asia after EU Enlargement and before Russian WTO Accession," *Economic Systems* 39.

㊺ Grafe, C., Raiser, M. and T. Sakatsume(2008), "Beyond Borders—Reconsidering Regional Trade in Central Asia," *Journal of Comparative Economics* 36.

㊻ Kaminski, B. and S. Mitra(2010), *Skeins of Silk: Borderless Bazaars and Border Trade in Central Asia*. World Bank, Washington; Kaminski, B. and G. Raballand(2009), "Entrepot for Chinese Consumer Goods in Central Asia: The Puzzle of Re-Export through Kyrgyz Bazaars," *Eurasian Geography and Economics* 50; Raballand, G., and A. Andresy(2007), "Why Should Trade Between Central Asia and China Continue to Expand?" *Asia Europe Journal* 5.

㊼ Evers, H. D., and M. Kaiser(2000), "Two Continents, One Arena: Eurasia," Bielefeld Sociology of Development Research Centre Working Paper No. 328; Linn, J. F., and D. Tiomkin (2006), "The New Impetus Towards Economic Integration between Europe and Asia," *Asia Europe Journal* 4(1).

㊽ 一个可能的解释是前苏联国家在危机时刻更倾向于合作,参见 Vinokurov, E. (2010), "The Evolution of Kazakhstan's Position in Relations with Russia in 1991—2010," MPRA Working Paper No. 22187。

报告十　上海合作组织范围的能源合作*

丁佩华**

［摘要］ 2010年以来上海合作组织范围的能源合作取得新的进展，其中，中国与俄罗斯原油供需合作、中国与中亚的天然气合作等都进入新的发展阶段，能源合作领域进一步扩大，合作基础进一步加强，形成自身鲜明的特点。

上海合作组织范围的能源合作还有一些不成熟和缺陷，合作机制尚处于形成过程之中，自发的双边能源合作和与此关联的多边合作继续循着自己的路径发展，但合作过程不会中断，作用会愈益显著，效应会愈趋扩大，现实和潜在意义会愈益展现。

上海合作组织内的能源合作在未来几年里具有这样的基本态势：一方面，能源合作继续得到推进和发展；另一方面，合作滞后的因素将继续存在并发生作用，而合作正是在这样的矛盾运动中趋于深入。

［关键词］ 上海合作组织　能源合作

进入2010年以来，上海合作组织成员国、观察员国、对话国、联系伙伴国和相邻国之间的能源合作取得新的进展。其中，中国与俄罗斯原油供需合作、中国与中亚史无前例的天然气合作都进入新的发展阶段。重要的是，上海合作组织内的能源合作领域趋向于新的扩大，不仅进一步加强传统能源领域（如石油天然气领域）的合作，而且积极探索新的能源领域的合作，从而使得合作的路越走越宽、合作的成果愈益显著、合作的关系愈益加强。虽然从历史的角度看，上海合作组织内的能源合作还只是开始，大部分的合作在双边范围内进行，合作还存在诸如价格、机制、结构和取向等一系列障碍性、制约性因素，有些能源领域的合作还处于酝酿阶段，但两年的合作实践表明，能源合作的发展势头不但保存着，而且趋向于新的加强和可持续发展。

---

* 华东师范大学国际关系与地区发展研究院韩冬涛博士生对本文补充了部分最新数据和论述，特此致谢。

** 上海社会科学院欧亚所俄罗斯—中亚研究室主任、研究员。

一、 能源合作成就高低互现

(一) 中国、俄罗斯能源合作取得新进展

近两年来,中俄能源合作无论在石油供需领域还是在核能建设领域,无论是煤炭、电力供应还是新能源开发,都取得了积极进展,这不仅开辟了两国新的能源合作前景,而且为两国在上海合作组织范围内扩大能源合作提供了新的可能性。

1. 中俄开通石油管道运输

2011年1月1日,来自俄罗斯东西伯利亚—太平洋第一期管道输送的原油在俄罗斯科沃罗季诺折向中国漠河边境输入中国从漠河到大庆的石油支线管道。其意义在于,从这一天起,俄罗斯出口中国的石油在未来20年里每年至少有1 500万吨将通过管道供应中国,不但进一步加强了俄罗斯原油向中国供应的稳定性和安全性,而且使两国石油合作关系更趋紧密,合作基础进一步加强。除此之外,石油管道运输的成功实现将为中俄天然气合作提供参照标准和经验,有助于促进双边天然气合作谈判,有助于进一步改善两国的能源安全形势,加强石油天然气领域的合作。

2. 核电合作签署新的合同

继俄罗斯参与建造田湾核电站第一期两个核电机组,提供相应出口贷款、设备、燃料和制造燃料技术后,中国江苏核能公司和俄罗斯核能建设公司又于2010年3月签署田湾核电站第二期3—4号两个核电机组建设的框架合同,并于当年9月签署建设机组的技术合同,当年11月签署建造两个核电机组及相应基础设施的总合同。中国田湾核电站建设继续保持同俄罗斯合作是因为:中俄在田湾核电站第一期工程中的两个机组建设获得成功,它们在2007年完成建设后的两年担保期内运转基本正常,并在2010年实现年发电150亿度的额定规模。与此同时,俄罗斯核能公司根据合同要求不但继续承担相应核燃料的供应义务,向中方公司提供燃料制造工艺,而且帮助中方建造生产富铀离心机的核工厂和建造实验性快中子反应堆。①

中俄核电合作具有重要意义。中国核电工业的加速发展需要加强和扩大核电领域的对外合作,中俄核电合作不仅有利于中国核电战略的顺利实施,而且有助于中国积累对外核电合作成功的经验,从而顺利扩大对外电能合作。

3. 煤炭、电力合作出现新的势头

2010年8月末,中国宣布准备向俄罗斯提供贷款60亿美元用于煤炭开采,用以换取俄罗斯煤炭出口中国。在未来五年里,俄罗斯每年将向中国出口1 500万吨煤炭,五年后,俄罗斯每年出口中国的煤炭将增加到2 000万吨。②2009年,俄罗斯西伯利亚煤炭能源公司向中国出口煤炭规模急剧扩大,达到1 178万吨,比上年增加1 450.6%,成为中国主要煤炭进口商之一。③从前景看,俄罗斯具有扩大向中国出口

煤炭的资源基础和合作基础，但其问题是缺乏资金，在中国提供开发资金的条件下，俄罗斯可以将长期稳定供应中国煤炭资源的潜力变为现实。

目前俄罗斯向中国出口电力的合作主要在俄罗斯的阿穆尔州和中国黑龙江黑河地区之间进行。根据俄罗斯能源公司发展方案，至2020年俄罗斯东部能源公司将以每年增加35—46亿度的规模扩大对中国黑河地区的电力供应。2010年，俄供应中国电力9.833亿度，比上年增长15.2%。此外，俄罗斯能源公司将在远东新增发电能力108万千瓦，架设总长3 000公里的电线网和500千伏跨越黑龙江上空的输变电高压线，从而极大增加电力出口，使之到2020年达到年出口中国600亿度电力的规模。④虽然中俄在电力供需合作领域曾经出现反复，但有了最初两国公司在电力合作领域的磨合过程和经验，从2009年俄罗斯恢复出口中国电力以来，双边合作具备了新的动力，呈现积极扩大之势，更具积极的前景。

(二) 中亚—中国能源合作积极推进

1. 中亚—中国天然气供需合作进一步扩大

中亚—中国天然气管道正式开通仪式于2009年12月14日在土库曼斯坦举行，此后土库曼斯坦的天然气开始进入中国。这是具有历史意义的重要事件，标志着土库曼斯坦、乌兹别克斯坦和哈萨克斯坦等中亚油气输出国家的对外能源合作取向发生了新的转变。它们对外能源合作的方向更趋多元，增强了能源多元合作的能力，改写了同中国天然气合作的历史，并为中亚能源国家发展同其他方向的天然气合作展示新的希望和前景。统计表明，在中亚—中国天然气管道已经部分开通后的近十二个月里，土库曼斯坦出口中国天然气39.7亿立方米。⑤2011年，中国从中亚获得的天然气增加到170亿立方米。⑥这一进程的积极意义在于，虽然中亚—中国天然气合作的时间表有所改变，但合作预定目标未变，而且在最初谈妥规模的基础上大幅度增加。2011年3月1日，中国发展和改革委员会主任张平、国家能源局局长刘铁男会见了来访的土库曼斯坦总统特别代表、第一副总理巴伊穆拉特·霍扎穆哈梅多夫，达成土库曼斯坦每年向中国增加出口200亿立方米天然气的供应合作意向，框架协议于2011年下半年签署。⑦

2010年6月，乌兹别克斯坦石油天然气公司和中国石油天然气集团公司签署框架协议约定“每年买卖100亿立方米天然气合同”。2011年4月19—20日，乌兹别克总统卡里莫夫在中国签署建设乌兹别克斯坦—中国第三条天然气管道的协议。方案总投资22亿美元，计划于2011—2013年实施，每年增加运输能力250亿立方米。这既是为土库曼斯坦扩大供应中国天然气建造的补充天然气管道，也为乌兹别克斯坦将来向中国进一步扩大出口天然气到中国建立基础。⑧在此之前，哈萨克斯坦于2011年1月开始对建造第三条中亚—中国在哈境内的天然气管道进行技术论证,运能250亿立方米,投资10亿多美元,由中国贷款担保。⑨除此之外,中国与哈萨克斯坦于2010年底开始联合建造保证土库曼斯坦对哈南部地区供应天然气的波佐格—什姆宾特—贝涅乌管道,管道全长1 470多公里,与中亚—中国天然气管道相连接。⑩

2. 中国—哈萨克斯坦石油合作积极推进

继第一期哈—中石油管道开通之后,第二期管道亦完工在即。第一期管道从阿塔苏到哈中边境的阿拉山口,第二期管道是第一期管道的续建,从阿特劳—里海沿岸中经肯基亚克和齐姆肯特与第一期阿塔苏—阿拉山口管道连接。这意味着,在哈—中全长2 798公里的石油运输线贯通之后,两国的石油供需合作很快将进入一个新的阶段,哈萨克斯坦经过哈中管道供应中国的石油最终每年将达2 000万吨,意味着哈中借助石油管道的延伸和管道运能的扩大将会把两国石油供需合作不断推向新的高度。中哈油气开采领域新的进展还在于,中国石油天然气集团公司和哈萨克斯坦石油天然气公司建立的合资企业将共同开发哈西部的“乌里赫套”天然气凝析气田(该矿田拥有400亿立方米天然气和800万吨凝析气的资源储量)。除此之外,中国进出口银行为发展哈萨克斯坦能源提供50亿美元贷款,其中10亿用于建设在阿纠劳的石油加工厂,另外40亿美元用于改造哈萨克斯坦的三家石油加工厂,中国将获得其中20%的份额。此外,两国还制定和实施在哈萨克斯坦建造生产磷酸盐的石油化工厂的方案。⑪

3. 积极开展中国在中亚的核能、电能合作

最近一两年,中国同中亚能源国家核能合作有了长足发展。在铀资源利用方面,中国公司同哈萨克斯坦、乌兹别克斯坦等国家的公司签署了一系列相关合同,进入新的发展阶段。2010年10月,哈萨克斯坦同中国签署了由哈萨克斯坦在未来十年里供应中国5.5万吨铀氧化物的协议,2011年2月,该供应协议改为五年实现。2011年哈萨克斯坦供应中国1.1万吨铀氧化物,超过前十年的总量。⑫纳扎尔巴耶夫对此予以积极评价,认为哈中在核能领域的合作正顺利开展,两国扩大从铀资源开发到核燃料生产的合作,两国成立建设中国核电站并保障它们正常运转的合资企业具有巨大潜力。⑬他指出,在中国的核能市场,哈萨克斯坦可以提供中国核发电需要的40%的燃料,“这是数百亿美元的利润,这个数目甚至比哈萨克斯坦同中国油气合作的收益还多”。⑭

中国同中亚其他国家的铀合作也有新的发展。中广核铀公司和乌兹别克斯坦地质矿产国家委员会于2009年8月以对等份额建立了“乌兹别克斯坦—中国铀业公司”,该公司已取得新的阶段性成果。它是乌兹别克斯坦国内第一家乌外铀业合资公司,该合资企业在对乌兹别克斯坦博兹套铀矿地块进行勘探的基础上将于2014年进入铀矿开采,并将所开采的铀矿石优先供应中国。中国至2020年的核电站发展纲领

也在吉尔吉斯斯坦和塔吉克斯坦等国引起对铀矿开发新的关注。除此之外，中国同塔吉克斯坦在电能领域的合作也取得重要成果，中国公司援建的500千伏输变电高压线建设工程已胜利完成，成为中塔近期能源领域合作的典范工程。

(三) 俄罗斯、中亚国家能源合作关系发生变化

20世纪90年代的大部分时间，俄罗斯同中亚国家的能源合作一直占据着地缘、人文优势和主导地位。不过，这种状况正在改变，中亚能源国家对外油气合作正由同俄罗斯的双边合作转向多边、全方位合作，在保持同俄罗斯的油气合作关系的同时开辟了同中国、伊朗、阿富汗、印度以及西方国家的新的合作关系和通道。在2008年国际金融危机影响下，俄罗斯同中亚(主要同土库曼斯坦)的能源合作一度降温，这是因为，受危机影响，俄罗斯无法承揽中亚能源国家的全部天然气出口。与此同时，外部对于中亚天然气资源诉求的加大使得中亚国家对外能源合作的选择方向进一步拓宽；这样，就出现了以下的情况：一方面，中亚—俄罗斯油气管道的新建和扩建方案曾推进不快(如临里海天然气管道)，另一方面，中亚向其他方向出口油气的一系列管道建设方案加速进行。

尽管俄罗斯同中亚国家的能源合作发生一系列变化，但依然保持十分紧密的关系，并且，在国际金融危机之后，俄罗斯开始努力恢复同中亚能源国家(主要是土库曼斯坦)的合作关系。至2010年初，俄罗斯对中亚国家油气领域投资达110亿美元，其中投资哈萨克斯坦85亿美元，乌兹别克斯坦13亿美元，土库曼斯坦8亿多美元，吉尔吉斯斯坦5亿多美元。[15]除此之外，俄罗斯对中亚国家的能源投资和合作还包括同哈萨克斯坦的煤炭、电力和核能合作，同吉尔吉斯的天然气、水电和铀资源勘探合作以及同塔吉克斯坦天然气和铀资源勘探合作等一系列方案和项目。此外，俄罗斯与塔、吉等国家保持着长期的油气产品供需合作关系。

二、能源合作特点鲜明

近两年来，上海合作组织范围的能源合作无论在领域的扩大还是发展速度，无论在规模还是质量等方面，都有着新的提升，具有自身鲜明的特点。

(一) 合作愈益深入，内容丰富多样

在传统的油气合作领域，一方面，油气供需合作总的规模持续扩大，其中中国和中亚国家的天然气供需合作在短短的一两年时间里，长期合作规模就从每年400亿立方米增加至700亿立方米。与此相应，天然气管道等基础设施建设亦迅速扩大。另一方面，油气合作已经不是简单的供需方关系，而是在供需基础上扩大至开采、加工、投

资等其他经济领域并力求促进油气供应国经济社会的平稳发展。

在其他能源合作领域,铀资源的供需和开采合作成为新的亮点。受中国对核发电燃料需求急剧扩大前景的影响,中国与中亚铀开采合作在最近一两年开始进入勘探实施阶段,中亚国家向中国提供的铀资源有所增加,中国已经与之进行铀合作或打算进行铀合作的国家涉及上海合作组织大部分成员国。合作伴随大规模的投资和贷款,涉及建立合资企业,提高铀矿所在国家的铀加工和出口能力等综合性建设。除此之外,尽管存在水资源利用方面的矛盾和纠纷,中亚各国利用水能发电的水电站建设方案仍在积极筹划和制定之中。除此之外,俄罗斯西伯利亚丰富的水能资源利用问题开始进入专家的视线。

(二) 合作形式双、多边并举

在能源基础设施(尤其在管道运输设施)领域,一项大的管道方案往往就是一个大的多国跨境运输的从建设到利用的多边合作方案。2007 年 5 月俄罗斯与乌兹别克斯坦、土库曼斯坦和哈萨克斯坦四国达成建设临里海管道方案,这就是一项准备由四国合作实施的将里海天然气资源输往俄罗斯的多边合作方案。尽管这个方案未能实施,但协议的签署成为天然气运输领域多边合作的重要案例。多边合作成功的项目案例是中亚—中国天然气管道方案。该管道第一期工程于 2008 年 7 月在各国动工建设,于 2009 年 12 月 14 日投入运营。第一期工程的建成促进了第二期工程的加速实施,并衍生出第三期天然气管道建设方案。属于上海合作组织范围的另一多边天然气管道合作项目是土库曼斯坦—阿富汗—巴基斯坦和印度方案,框架协议由四国于 2010 年 12 月 11 日在阿什哈巴德签署,管道全长 1 640 公里,造价 76 亿美元,由亚洲开发银行投资,年输送天然气 330 亿立方米,参照中亚—中国天然气管道建设的成功经验,计划 2014 年完成建设并输气。⑯

不过,就目前而言,上海合作组织范围的能源合作主要以双边形式进行,即使在天然气运输管道建设和运行的多边合作框架下,各国的合作关系也仍然以双边为主。换言之,多边合作是双边合作的需要和补充,多边合作围绕双边合作展开,为双边合作服务。此外,其中也包含多边和双边合作的相互交织和交叉。多边合作的成功需要许多条件,除了互利,还需要一个有影响力的组织者或牵头方,在上海合作组织内,中国和俄罗斯显然都具有多边合作组织者和牵头方的角色和地位。

(三) 合作发展呈相对不平衡状态

合作的不平衡在于以下几点:首先,不同能源领域的合作规模、成就相差很大。目前各国主要合作依然集中在油气供需领域,主要的投资集中在油气勘探、开采和加工领域,其他能源领域的合作仍然相对薄弱。例如,虽然上海合作组织内铀矿开采和铀资源供需合作发展迅速，但尚处于合作的前期阶段。电力合作具有很大潜力，但实际合作进展较慢。除此之外，新能源领域的合作还处于起步阶段。其次，同一能源领域不同合作对象之间的合作进程、趋势具有差异。例如，当两年前中国同土库曼斯坦的天然气合作取得迅速进展的同时，俄罗斯同土库曼斯坦的天然气合作则显然需寻找新的动力。再次，能源合作潜力和利益诉求的差别。一方面，俄罗斯、伊朗和中亚能源国家之间的能源资源储量和开发、开采潜力具有很大差别，另一方面，这些国家对外能源合作的条件、要求和潜力不同。原因之一在于，能源资源的开采、生产和运输需要巨额资金投入，在不同程度受到资金投入限制条件下，这些国家扩大资源再生产能力和出口、运输潜力会受到相应的制约，从而形成对外能源合作的不平衡和差异。原因还在于，各国对地缘政治利益和实际利益的不同追求形成它们对外能源合作的不同要求和目标，因而产生不同成效。

(四) 互补合作和同构竞争并行

供需互补合作在于：一方面，油气供应方的出口和销售得到满足，它们不再受制于地理条件和管道设施的局限，也不会因出口受阻而影响再生产，相反，它们正面临油气供应不能满足消费需求的困惑；另一方面，油气需求方能够从中亚和俄罗斯获得相对可靠的油气资源供应，一定程度上减少自身能源资源缺乏的风险。

与此同时，油气资源供应和需求的同构竞争并存，客观上形成供和需两类泾渭分明的竞争类型。供应国竞争主要表现为主导和自主之争，即俄罗斯能源地缘主导意图同中亚能源国家争取能源自主出口意愿在战略目标上存在反差。致力于主导是因为俄罗斯具有能源地缘控制的条件(例如拥有成熟的油气资源过境渠道和运输基础设施)，致力于自主或独立是因为中亚能源国家向境外输出能源资源的条件受到限制。为了得到可观的市场份额、收益和地位，俄罗斯会努力维护自身的地缘优势，中亚能源国家则会利用一切可能的机会开拓自己的合作渠道和方向。2008 年国际金融危机和市场萧条一度改变了双方关系的态势，俄罗斯的主导意愿有所减弱(但没有放弃)。消费竞争表现为上海合作组织内能源消费大国及其上海合作组织之外其他能源消费地区、国家争取俄罗斯和中亚能源资源的竞争，而消费方之间对资源诉求的加强使实际消费竞争加剧。

(五) 能源合作机制建设滞后

严格地说，至目前为止的上海合作组织能源合作只是成员国、观察员国和其他伙伴关系国之间自然形成的双边和多边合作行为，而不是上海合作组织内完备的能源合作机制职能的发挥或反映。虽然上海合作组织曾经讨论过建立能源俱乐部，并积极研究相应的章程和对话机制，但这一机构的具体形态并未被确定，也即，究竟是能源对话、发布相关信息和从事相应科研活动并存的机构;还是像一个讲台,致力于促进能源交易方案的实施,也致力于加强法律基础。总之,多边能源合作机制要在上合组织近期的能源合作中发挥决策和主导作用尚有待时日。

能源合作机制建设同现实不相适应,与上海合作组织内部供应和消费竞争,以及各方利益的不对等和非一致有密切的关系。换言之,在上海合作组织范围内各国尚未找到满足自身基本利益的平衡点。分歧在于,有的想把能源俱乐部建成范围狭隘的能源利益集团,在综合合作中主要关注核能领域的合作;有的想把能源俱乐部建成一个促进对外能源合作的平台,因而趋向于建立更为开放的,自主化程度更高的泛能源合作机构;有的认为俱乐部是狭义的能源机构和纯咨询职能的机构。显然,上海合作组织能源合作机制需要经历磨合过程,能源合作的方向有待把握,合作职能和目标需要进一步调整。

三、 能源合作的意义

2011 年 11 月温家宝总理参加在圣彼得堡举行的上海合作组织成员国总理会议时表示:建议成员国在经贸、能源等多个领域加强合作。[17]从过程看,上海合作组织内的能源合作还处于最初阶段,其中夹杂着种种的不成熟和缺陷,某种意义上,上海合作组织能源俱乐部合作机制尚处于形成过程之中,产生的作用和效应有限,自发的双边能源合作以及与此关联的多边合作继续循着自己的路径发展。即使如此,上海合作组织内已经开启的能源合作为合作的进一步发展和深入开辟了前景。这个过程不会中断,作用会愈益显著,效应会愈趋扩大,现实和潜在意义会愈益展露。

(一) 有利于合作各国能源安全、能源互补和经济发展

就目前而言,对于能源供应国,上海合作组织内庞大的能源消费市场满足它们能源输出的一定规模。能源国家保证能源资源的稳定开采和输出是自身经济发展和社会稳定的重要基础,换言之,能源资源能够换取这些国家必需的外汇、财政收入和社会经济稳定发展的形势,没有稳定的能源开采和能源输出市场,这些国家有可能陷入危机局面。对于能源消费国,稳定获得能源资源同样具有重要的安全意义。它们需要有稳定的能源供应源,需要保证国内经济社会对于能源的需求。重要的是,上海合作组织内的能源合作并不是单纯的供需合作形态,而是一个综合的合作过程,其中既包含能源需求方对于供应方的勘探、开采和运输投资,也包括对新知识、新技术的投入;既包含需求方对供应方经济、社会发展的关注和物质支持,也包括对其他合作领域的积极开拓和深化。显然,这样的合作已经远远超出能源互补合作的范围,合作的

意义已经提升到国家政治、经济安全的高度，上海合作组织内能源合作越是发展，上海合作组织内各国的安全系数就越大。

(二) 有利于各国能源合作潜力的进一步发掘

较之其他地区组织和形式的能源合作，上海合作组织内的能源合作具有更大潜力和前景。上海合作组织内的大宗能源合作领域是石油和天然气，以油气供需为主轴的合作带动油气勘探、开采、加工、运输和市场销售等一系列油气领域合作枝节的展开，而每一个油气项目的成功实施或开展则为下一阶段油气合作新的进展建立基础，使得油气领域合作的雪球越滚越大，使得合作的潜力进一步发挥。如上所述，由于有着广泛的政治、安全、文化交流关系，上海合作组织内的能源合作具有较为深厚的底蕴和背景，虽然在具体的合作谈判过程中，合作各方可能会存在一系列对具体利益的考虑和分歧，但这不影响合作的大局和长期合作战略，不影响合作的稳定性和合作扩大的可持续性。

重要的是，借助油气合作的成功经验和合作的深入，上海合作组织内其他能源领域的合作也得到相应的拓展和扩大，虽然至目前为止，这些领域的合作规模较小，但其中有些合作领域（如核领域的合作）具有能源替代意义和积极发展前景，合作的重要性也日趋增强。除此之外，水电站建设项目合作不仅有助于促进中亚国家在水资源利用方面的协调和合作，增强本国的电力供应和电力资源输出能力，而且有助于这些国家整体经济的健康发展。这是另一种类型的能源供需合作，是投资、技术和受援国扩大能源产品的综合合作，不是纯粹供需形式的合作，这是富有凝聚力的合作工程，不是单个偶然的合作项目。这样的合作项目越多，上海合作组织就愈益壮大，而这又将反过来促进能源合作潜力的进一步发掘、能源合作的深入。

(三) 有利于加强成员国之间战略互信关系

能源资源是战略资源，能源合作是战略合作，一旦启动，将经历长期的合作过程，因而，能源合作关系是战略互信的合作伙伴关系，能源合作一般都具有较为深远的经济和政治意义。能源合作和战略互信是一个互为因果的关系，一方面，合作以一定的互信为基础，没有最初的互信，不可能成功启动重要的能源合作项目；另一方面，随着能源合作的深入和扩大，合作各方将会进一步加强战略互信。

重要的是，能源领域已经开启的多边合作为形成多边框架内的战略互信关系开辟了前景。较之建立和加强双边战略互信关系，多边战略互信关系的形成更为困难，但更具有意义。首先，多边互信伙伴关系和互信伙伴范围是更高的互信关系形态，具有更高的质量；其次，多边互信关系的建立标志在这一范围内有多个双边互信关系的共存和加强；再次，多边互信关系具有进一步拓展和加强的必然性；最后，多边能源合作有可能与其他双多边合作形成交叉的、混合的战略互信关系。多边能源合作确立的互信伙伴关系将在上海合作组织范围内产生积极效应,有助于促进上海合作组织内互信关系的稳定、持续发展,增强上海合作组织的凝聚力和影响力。

(四)有利于加强上海合作组织对外能源合作的地位和影响

上海合作组织内能源合作的稳步、健康发展将在很大程度上提高该组织在世界上的能源地位和影响力,一方面,上海合作组织内拥有丰富的能源资源和具有开展能源合作的巨大潜力,另一方面,上海合作组织内的能源合作尚处于开启阶段,有着巨大的拓展潜力;一方面,上海合作组织范围的能源合作是自由组合、相互依存的,也是开放的、紧密与世界接轨的,另一方面,上海合作组织内的能源合作具有独特的经济、地理和社会人文联系等优势,理应获得较之与外部世界能源合作更好的成果。

重要的是,上海合作组织内的能源合作及其取得的积极成果将成为上海合作组织实现对外能源合作的基础,而上海合作组织内能源合作的不断发展将不断提升上海合作组织对外能源合作的地位和影响,有利于上海合作组织加速参与和扩大世界各能源领域的合作过程。

四、近期能源合作趋势

如上所述,从近两年的发展过程看,上海合作组织内能源合作取得了重要进展,取得了新的成就,同时,上海合作组织内各能源合作领域、能源合作进程以及能源合作结果呈现发展的不平衡状态。

(一)中国、俄罗斯能源合作范围趋于扩大

2011年1月1日俄罗斯向中国出口大宗石油采用管道运输方式之后,中俄石油供需合作实际上进入一个新的阶段,虽然较之往年俄罗斯石油出口中国在数量上的增长并不显著,但它保证了向中国长期输出石油的稳定性,提高了运输的安全性。一定程度上为俄罗斯今后向中国扩大出口石油规模建立了较好的基础。同样,虽然中俄在天然气供需合作领域尚未取得突破性进展,但双方对于合作的巨大兴趣使得合作前景依然保持。重要的是,俄罗斯在中断向中国输出电力三年之后重新开始出口电力,并为扩大对华电力输出新增发电能力,因此,近期俄罗斯将不会重复2006年中断对华电力供应的先例,而会对华实施不间断供应并扩大供应电力的方针。中俄能源合作的另一领域是在中国实施新一期的田湾核电站机组建设并在今后一定时期内保证田湾核电站的燃料供应,等等。

这使之可以对中俄近期能源合作趋势得出这样一些判断：首先，互利的双边能源合作立场不会减弱，只会加强；其次，两国能源合作领域将不断增加、扩大并发展；再次，中俄之间在能源合作领域会有许多具体利益方面的差异和分歧，但它只会影响双边扩大能源合作的具体进度，不会影响两国能源合作的战略进程。由于中俄双方对于各自与对方能源战略状况的理解深化，因此，普京当政，包括中国共产党第十八次全国代表大会的举行，都将为两国全方位能源合作注入动力。

(二) 中国、中亚国家能源合作加速发展

中国与中亚的能源合作已经进入快速发展阶段。这是因为，中国和中亚能源国家正在建立起愈益加强的互信关系，已经具备能源合作进一步扩大的物质基础，并且将能源合作与各方之间的其他合作紧密关联。换言之，中国与中亚能源国家的合作不仅使得中国从中亚获得能源资源，而且使得中亚能源国家在能源合作过程中能够为自身经济的发展带来其他附加利益。并且，能源合作不仅是经济行为，而且具有促进合作国家社会政治稳定的催化剂功能。主要表现为合作各方对能源合作的共同意愿、相互吸引、合作信心和迫切需求，因此，当一方提出新的合作目标、方案或意向时，合作的另一方或几方会积极响应，争取新的方案或附加方案的落实和实施，较少受到内外不利因素的干扰和阻碍。

能源合作发展的可持续性在于，首先，中国和中亚能源国家的供需合作是合作方之间直接的利益诉求。因而具有很好的持久性、稳定性和延展性，使合作具备加速发展的良好基础。其次，合作条件相对优越。目前中亚国家能源资源（尤其是油气资源）输出渠道和对外能源合作的物质基础具有局限，相比之下，中亚同中国的能源合作无论在规模、投资和支付能力、输送安全还是资源吸纳的可靠性等方面都具有较好的保障，从而使中国成为中亚国家对外能源合作先行选择。再次，中国和中亚的能源合作还处于开启阶段，无论是单一能源领域合作的深化还是能源合作领域的扩大，中国和中亚的合作存在远未释放的巨大潜力。显然，在这些潜力未充分挖掘之前，中国和中亚的能源合作至少在近期将保持积极推进的势头。

(三) 俄罗斯、中亚国家能源合作具有广阔空间

俄罗斯和中亚国家的能源合作既保持着传统的历史联系，同时，也显示出利益差异，因而表现出多样化合作的态势。首先，随着国际油气行情的高涨，俄罗斯在保持和加强同乌兹别克斯坦和哈萨克斯坦的油气供需合作的同时，将逐渐恢复同土库曼斯坦的天然气供需合作，在艰难中寻求新的突破。其次，俄罗斯同中亚国家能源领域的合作处于逐步深化的状态。俄罗斯同土库曼斯坦、乌兹别克斯坦和哈萨克斯坦有着长期油气合作关系，也向吉尔吉斯斯坦和塔吉克斯坦提供石油产品并参与两国的油气勘探活

动;俄罗斯也同哈萨克斯坦在核能领域和电力煤炭领域积极合作,并于2006—2009年帮助塔吉克斯坦建成苏联时期的水电站桑格杜特(Сангтуд)项目等,但如俄罗斯专家认为的,俄罗斯继续发展同中亚的能源合作并非不存在问题,俄罗斯缺乏对中亚能源合作的综合立场。⑱

(四) 中亚将愈益关注对外油气合作

21世纪以来,中亚能源国家在关注发展同亚洲国家的能源合作的同时,也始终关注同西方的能源合作,继哈萨克斯坦的一部分原油经巴库—杰伊汉石油管道输往西方之后,欧洲筹划的"南部天然气走廊"方案虽然推进并不顺利,但希望加强对欧洲能源合作的中亚能源国家立场没有改变。显然,只要条件成熟,中亚将会扩大向西方输出石油和天然气,并加强吸收西方对中亚能源领域的投资和技术,深入挖掘自身潜力,藉此加速实现自身经济、政治和社会发展目标。

(五) 未来能源合作的新领域

在油价持续保持高位的背景下,节能和寻找替代能源成为当下世界各国应对可能发生的能源危机的主要政策。美国开启的"页岩气革命"有可能在未来改变国际能源格局。页岩气生产成本较低,美国能源大公司纷纷加入页岩气生产,至2010年,美国已取代俄罗斯成为全球最大天然气生产国。美国能源信息局报告预计,本土页岩气产量将由2010年的5万亿立方呎,增至2035年的13.6万亿立方呎;占美国天然气产量则由2010年的23%暴增至49%。页岩气带动天然气产量增加,加上美国天然气价格较其他市场低,预料美国2021年将成为天然气净出口国。⑲面对美国在能源市场的"强劲出击",2012年4月11日,时任俄罗斯总理的普京在国家杜马发表演讲,要求俄罗斯经济学界应该尽快加强研究页岩气革命,因为这一事件已经显著改变了世界能源市场结构。"我们的基本任务是发展新经济。我们必须时刻准备应对来自外部的任何变动。如我们所知,历史总是重复再现。世界已经进入漩涡。除此之外,新一波的技术进步也在发生。世界市场的轮廓正在改变。"美国在近些年积极发展开采页岩气的技术,这种技术也是俄罗斯感兴趣并且同样致力于发展的。"当然,这一趋势已经深刻地改变了世界能源市场的结构。俄罗斯的能源企业现在必须能够应对这些挑战。"⑳

这并不是普京总理第一次提出页岩气革命的问题,之前他曾经几次提及开发俄罗斯的页岩气技术。普京之后再三在重要场合着重指出这一问题,在一方面也是向国内的油气产业巨头施加压力,迫使这些油气巨头提高效率。2010年普京接受《自由思想》专访时专门谈到了关于开采页岩气的问题。普京坦言,尽管当时俄罗斯天然气工业公司已经掌握相关的技术,但是对于勘探页岩产地的研究却仍然没有任何进展,以至于俄罗斯无论是从页岩中，还是从煤中提取天然气的前景十分黯淡。[21]

可以看到，普京已经意识到页岩气革命对于世界能源市场结构的冲击以及对于俄罗斯天然气产业的不利影响。虽然到目前为止并没有提出明确的、详细的、可操作的发展该领域的具体方案，但俄罗斯以及中亚国家丰富的页岩气储量，为上合组织成员国未来的能源合作提供了新的领域。

(六) 继续构建能源合作机制

2006 年普京在上海合作组织峰会上提出的建立上海合作组织能源俱乐部的倡议得到各成员国的积极响应。2011 年 9 月，中国、吉尔吉斯斯坦、俄罗斯、塔吉克斯坦四国能源部长在西安举行的欧亚国家能源部长会议上，通过了《西安宣言》，宣言表示：秉承“互信、互利、平等、协商、尊重多样文明、谋求共同发展”的精神，开展能源领域合作；加快启动上合组织能源俱乐部工作，扩大上合组织成员国能源战略、政策、安全问题交流，发展能源技术合作，培养能源专业人才；能源俱乐部为政府组织的开放性、多边能源商议平台，面向政府部门、科研机构和商业团体代表；成立上合组织能源俱乐部高级工作组。[22]数年里，有关上海合作组织能源俱乐部职能和机制的讨论持续进行，但至目前为止上海合作组织成员国尚未最后统一自身能源合作机构的职能和机制，能源俱乐部作为实体机构尚不存在。一方面，建立能源俱乐部是上海合作组织成员国的共同需要，另一方面，上海合作组织成员国在能源俱乐部的职能和机制建设上存在较多分歧。

未来数年最可能出现的趋势是能源俱乐部建设分阶段实施，即实现由低到高，由简单到复杂的能源俱乐部职能扩充和机制完善的发展步骤。例如，最初的能源俱乐部可以仅是一个学者、官员的论坛，一个有关能源合作信息交流的场所，进而增加研究内外能源合作项目的职能，然后逐步增加主导和决策的相关职能。尽管能源合作面临着诸多困难，但可以预计，上合组织成员国出于现实的利益需求和更大范围内未来发展前景的数量，会努力争取在差异中寻求发展能源合作的共同空间。

注释

① Реактор для Китая，http://www. chinapro. ru/rubrics/3/5097/，11. 10. 2010.

② СУЭК поставит China Datang 1 млн т угля，http://www. chinapro. ru/rubrics/1/5041/，30. 09. 2010.

③ В 2010 г. Россия будет одним из главных импортеров угля в Китай，http://www. vg-news. ru/news-v-2010-g-rossiya-budet-odnim-iz-glavnykh-importerov-uglya-v-kitai，_3，16，2010.

④ “Интер РАО ЕЭС” планирует к 2020 г увеличить экспорт электроэнергии в Китай до 60 млрд кВт ч в год，http://www. zerich. ru/news/prime-tass/fr/40155/，13. 10. 2009.

⑤ Газопровод “Центральная Азия-Китай” транспортировал в КНР 5，824 млрд куб м природного газа，http://www. kursiv. kz，17 февраля 2011.

⑥ Принят план поставок газа по трубопроводу Туркмения-Китай в 2011г. http://www. mineral. ru/News/42240. html，23. 09. 2010.

⑦ Туркмения увеличит ежегодный объем поставок природного газа в Китай на 20 млрд кубометров，http://tribuna. com. ua/news/265572. htm，03. 03. 2011.

⑧ Абу-Али Ниязматов: Узбекистан и КНР договорились о строительстве третьей очереди газопровода в Китай，http://mfd. ru/news/view/?id=1613793，21. 04. 2011.

⑨ Третий газопровод Казахстан-Китай начнет работу до конца 2012 года，http://www. automan. kz/219875-tretijj-gazoprovod-kazakhstan-kitajj-nachnet. html，12. 01. 11.

⑩ Казахстан сближается с Китаем，http://www. rosbalt. ru/business/2011/03/04/825557. html，04/03/2011.

⑪ Казахстан сближается с Китаем，http://www. rosbalt. ru/business/2011/03/04/825557. html，04/03/2011.

⑫ АрдакБукеева: Урановаяфантастика，http://www. kursiv. kz/1195208433-uranovaya-fantastika. html，03. 03. 2011.

⑬ Сергей Гунеев: Назарбаев намерен развивать экономическое сотрудничество с Китаем，http://ria. ru/economy/20110222/337304181. html.

⑭ ДамирАйдаров: Бөлімдегіөзгедебейнематериалдар，http://gz. kazakstan. kz/kaz/news/apta-kz/Sovmestnij_rezuljtat. html，2011，3，22.

⑮ В. Парамонов，А. Строков: Энергетическое взаимодействие России со странами Центральной Азии: современное состояние и «перспективы» развития，http://www. ceasia. ru/energetika/energeticheskoe-vzaimodeystvie-rossii-so-stranami-tsentralnoy-zii-sovremennoe-sostoyanie-i-perspektivi-razvitiya. html，11. 08. 2010.

⑯ Н. А. Замараева: К подписанию Договора о строительстве газопровода Туркменистан—Афганистан-Пакистан—Индия，http://www. imperiya. by/economics3-8959. html，16 декабря 2010.

⑰ 第一金融网 2011 年 11 月 8 日电，http://www. afinance. cn/new/gjcj/201111/394052. html。

⑱ В. Парамонов，А. Строков: Энергетическое Взаимодействие России со странами Центральной Азии: современное состояние и «перспективы» развития，http://www. ceasia. ru/energetika/energeticheskoe-vzaimodeystvie-rossii-so-stranami-tsentralnoy-azii-sovremennoe-sostoyanie-i-perspektivi-razvitiya. html，11. 08. 2010.

⑲《页岩气革命，美国经济新希望》，腾讯网，2012 年 5 月 7 日电，http://economy. caixun. com/content/20120507/NE036tma. html。

⑳ Перед лицом революции，Владимир Путин предупредил об угрозах со стороны добытчиков сланцевого газа，http://vz. ru/economy/2012/4/11/573943. html，11 апреля 2012.

㉑ Путин агитирует за добычу сланцевого газа，http://svpressa. ru/economy/article/26909/，24 июня 2010.

㉒ 人民网，2011 年 9 月 25 日电，http://energy. people. com. cn/GB/15746717. html。

报告十一　上海合作组织成员国的金融合作

姜　睿*

[摘要]　近年来上海合作组织成员国在金融领域的合作与交流主要从两方面得到了拓展：项目融资渠道拓宽；本币结算合作扩大，推动中俄本币国际化。然而，目前金融合作仍然是上海合作组织区域经济发展中的短板，各成员国经济发展水平差异大、经济结构互补性差、资金不足等不利因素，为上合组织成员国金融合作提出了诸多挑战。从中短期来看，上海合作组织应尽快探求多渠道资金来源，突破内向化的局限，与外部世界建立更为广泛的联系。与此同时，也要着力扭转双边和次区域合作占主导的局面，逐步推进多边金融合作。

[关键词]　上海合作组织　金融合作　银联体　本币结算

经济合作是上海合作组织的主要方向和重要基础。经过十年的努力，上海合作组织在经济合作方面取得了许多共识与明显进展，签署了一系列合作文件，确定了经济合作的目标、原则和方式。①2003 年 9 月《上海合作组织成员国多边经贸合作纲要》正式出台，对区域内经济合作的具体目标和方向作了明确说明，这一纲要的发布标志着上合区域经济合作走向实质性发展阶段。在上海合作组织框架内，多项议题都与经济相关。经济合作一直是年度总理会晤的主要议题。

然而，金融领域目前仍然是上海合作组织成员国经济合作的短板。2009 年 10 月 14 日达成的《上海合作组织成员国政府首脑（总理）理事会会议联合公报》，针对全球金融危机新形势，强调了提高成员国经济竞争力和共同防范风险能力的迫切性。金融危机发生以来，世界各国面临经济转型的紧迫任务，离开金融系统的支持则无法顺利实现经济转型。当前上海合作组织各成员国有待进一步深化金融合作，以支持区域内各国的经济转型和发展。如何扩大上海合作组织银联体合作范围、扩大各国本

---

* 姜睿，华东师范大学教育部人文社会科学重点研究基地俄罗斯研究中心讲师，博士。

币结算和贷款业务，提升金融合作水平，促成上海合作组织多主体、多领域、多层次、多方式的经济合作，是中短期迫切需要考虑和解决的问题。

一、上合组织成员国金融合作的新进展

近两年来上海合作组织成员国在金融领域的合作与交流主要从以下两方面得到了拓展。

(一) 项目融资渠道的拓宽

资金投入是区域与国际组织的合作项目能够得以落实的关键性要素。由于资金问题的制约，上合框架内某些多边合作项目，尤其是大型能源草案在执行过程中遇到了阻碍，进展速度不容乐观。根据初步推算，上海合作组织《〈多边经贸合作纲要〉落实措施计划》中包含的127项合作项目的落实需要超过100亿美元的资金。

上海合作组织框架内现在可选择的融资途径有以下几个方面：一是国家优惠贷款；二是上海合作组织银行间联合体，由成员国具备一定实力的大型银行组成，采取灵活的市场化方式提供融资服务；三是发展基金和开发银行，吸引对项目感兴趣的各类投资者投资，各方共同出资并受益。

1. 优惠贷款

上海合作组织成立至今，在对成员国信贷支持，进而改善各国经济体系，促进基础设施建设、优化投资环境方面，中国的贡献不容忽视。可以说，该区域的国家优惠贷款目前主要有赖于中国的投入。然而，尽管近年来中国经济实力日渐增强，但仅凭中国的投入而带动整个区域经济还是不够的。

近年来，中国持续为上合框架内的多边和双边项目合作提供资金支持，如2004年和2007年分别曾向组织成员国提供9亿美元和12亿美元的优惠贷款。为了帮助上合组织成员国应对金融危机冲击，中国政府在2009年叶卡捷琳堡峰会期间宣布提供100亿美元的信贷支持。中国进出口银行是中国政府向上合组织成员国提供援外优惠贷款和优惠出口买方信贷贷款的唯一承办行，在中国政府对上合成员国提供信贷方面做出了成绩，已经完全落实了9亿、12亿美元优惠出口买方信贷贷款，也基本实现了100亿美元信贷的落实工作。在上述资金的支持下，一系列与各成员国优先发展领域相关，有助于各成员国经济结构调整，增进各成员国引资吸引力的重大项目得以落实，例如中—吉—乌公路、塔吉克斯坦南北输变电、吉尔吉斯斯坦南部电网改造等项目。除为上述合作项目直接提供金融支持和服务外，中国进出口银行还与来自上合组织成员国的20多家银行建立了代理行关系，与多家银行建立了授信关系，为多个经济、社会效益俱佳的项目提供了联合融资。②

2. 银联体

上海合作组织银联体于2005年10月在莫斯科成立，旨在按照市场化原则，依托成员国政府的推动和企业的广泛参与，创建适合本地区特点的多领域、多样化融资合作模式，共同为上合组织框架内的合作项目提供融资支持和金融服务。自成立以来，银联体在项目投融资、机制建设和人员交流培训等方面开展了务实合作，以市场化融资支持上合区域经济社会发展。③银联体为区域内合作性项目的落实和进一步推进上合金融合作提供了重要的依托。以中国国家开发银行为例，该行在对成员国的优惠信贷方面有不少积极举措。中国国家开发银行是银联体中资产规模最大的成员行，擅长运用开发性金融方法，在推进中国政府优惠贷款方面发挥着重要作用。2009年3月15日，中国国家开发银行和哈萨克斯坦发展银行联合签署了贷款协议，向哈萨克斯坦提供了1亿美元的贷款，用于哈萨克斯坦工业各领域项目和基础设施建设项目融资。中国国家开发银行此前还向哈萨克斯坦发展银行提供了两次1亿美元的贷款。④截至2011年6月底，中国国家开发银行在上合地区的贷款余额达280亿美元。这些贷款支持了能源、基建等多产业领域，在促进各个成员国经济发展、增进福利、推动上合地区各国的贸易往来等方面发挥了重要作用。近几年银联体的新举措包括：

(1) 自2008年以来，银联体与欧亚开发银行在《伙伴关系基础备忘录》的基础上开始投资项目合作。

(2) 2009年，银联体成员行采取本币结算和本币贷款措施，以应对全球金融危机的威胁。

(3) 2010年6月3日，上合银联体理事会第六次会议召开，建议进一步加强多边金融合作，推进区域内的公路、铁路、能源、通信等重大网络型项目建设以及农业合作，同时建议以香港资本市场为依托，促进筹资渠道向多元化发展。会议上，中国国家开发银行董事长陈元指出，银联体成立以来，以“推动上合组织区域经济合作、促进成员国经济社会发展”为目标，着力落实各层次经贸合作项目，优先为上合区域内发展重点项目提供融资支持，已发展成为上海合作组织框架下最为重要的投融资合作机制和平台，有力推动了上合成员国的金融合作。此次会议还推举哈萨克开发银行行长伊斯加利耶夫为上合组织银联体新任主席，各成员行签署了上合组织银联体理事会会议纪要。⑤

(4) 2010年10月26日，上合银联体成立满五周年之际，银联体的六家成员行(哈萨克斯坦开发银行、中国国家开发银行、吉尔吉斯斯坦结算储蓄银行、俄罗斯开发与外经银行、塔吉克斯坦国家储蓄银行和乌兹别克斯坦对外经济活动银行)表示，就进一步加强多边金融合作达成共识，将大力推动银联体重点工作、完善银联体制度基础，更广泛地发挥银联体作为上海合作组织框架下支持经济增长和创新的金融投资合作机制的潜力。⑥

(5) 2011年6月14日在阿斯塔纳举行的上合组织跨银行联合体理事会第七次会议上,通过了中国国家发展银行董事长陈元接任哈萨克斯坦共和国银行行长库萨伊诺夫为上海合作组织跨银行联合体下一任主席的决定。陈元自2011年10月25日至2012年12月25日领导上合组织跨银行联合体。在会议上,与会者就"有关同上海合作组织观察员国金融组织的合作和上海合作组织跨银行联合体观察国银行的地位条款"进行修正签署了议定书。⑦

3. 发展基金与开发银行

与政府贷款相较而言,银联体主要来源于私有资金,在投资规模、关注程度等方面都居于相对弱势。经济合作是该组织内各类合作中最为薄弱的领域,在经济合作方面缺少多边项目的融资机制。上海合作组织预算不足,而且不能作为大型多边合作项目的资金来源。为解决这一难题,中国政府建议成立上海合作组织发展基金,各成员国按一定比例出资,中国总理温家宝2010年10月25日在杜尚别出席上海合作组织成员国第九次总理会议时,建议上海合作组织深化财政金融合作,研究成立上海合作组织开发银行,探讨共同出资、共同受益的新方式。⑧然而俄罗斯更倾向于借助其主导的欧亚经济共同体来展开与该地区国家的经济合作从双方立场来看,虽然都认为,随着上海合作组织规模的扩大,其拥有不可限量的发展前景,而且在这一框架内还可以强化俄罗斯与中国的合作关系;但是关于金融合作的具体途径和方式尚需形成共识。

(二) 扩大本币结算合作,推动中俄本币区域化

推进贸易伙伴间的本币结算是人民币和卢布区域化战略的重点。当前,上合组织区域经济合作已经获得了重要的阶段性成果。各成员国本国外贸总量中越来越大的份额归属于成员国之间的贸易行为。21世纪最初的十年间,中国与上合成员国之间的贸易额增长了近六倍,成为了俄罗斯和哈萨克斯坦的最大的贸易伙伴国和乌克兰、塔吉克斯坦以及吉尔吉斯斯坦的第二大贸易伙伴国。

上海合作组织框架内签署的一系列本币互换协议,是各成员国推进以本币为结算货币进行跨国贸易投资的重要举措,将促进区域内成员国间的本币贸易往来。

1. 中俄双边贸易本币结算由试点转为全面开展

2008年之前,中俄两国一直以美元作为双边贸易中的主要结算货币。在2008年国际金融危机爆发后美元地位面临危机,美元主导的单一结算方式的弊端日益显现,中国和俄罗斯都发出声音,力求改变现有国际货币体系,促成发展中国家具有更多发言权的新货币体系的形成,以期降低贸易结算中美元主导所催生的风险。基于此,中国和俄罗斯两国政府多次协商沟通,以期对本币结算达成共识。2008年8月,中国东北边境与俄罗斯开始试点实施人民币贸易结算。俄罗斯总理普京在2009年参加中俄

总理第14次定期会晤时也明确表示，中俄贸易结算中应争取使用本国货币结算。

2010年11月23日，两国最终决定取消对用人民币和卢布进行贸易结算的限制，至此，中俄双边贸易本币结算由试点转为全面开展。⑨2010年12月，俄罗斯启动了卢布对美元和人民币的直接交易。2011年4月，卢布作为中国银行间外汇交易市场的第7种外币在中国开始挂牌交易。2011年6月23日，俄罗斯联邦中央银行与中国人民银行在俄罗斯签署了新的双边本币结算协定，根据该协定，中俄本币结算范围从边境贸易扩大到了一般贸易，所应用的地域范围也得到相应扩大。协定规定两国经济活动主体可自行决定用自由兑换货币、人民币和卢布进行贸易结算与支付。该协定进一步加深了两国间的金融合作，促进中俄双边贸易和投资的增长。⑩新双边本币结算协定的签署既维护了中俄两国的经济安全，也将对以美元为主导的国际货币体系产生不可忽视的影响。

2. 人民币与卢布的区域化

一国货币的国际化进程往往要经历贸易结算货币、投资货币以及全球储备货币这几个不同角色的转换。在跨境贸易中推进更多地以本币结算是人民币和卢布得以区域化和国际化的前提。

2008年国际金融危机引起了中国对国际货币体系的重新思考。中国加快推进跨境贸易人民币结算，进而推动人民币国际化进程。自2008年底开始，中国先后与韩国、马来西亚等六国家签署了总额超过8 000亿美元的货币互换协议。2009年7月，国务院正式启动跨境贸易人民币结算试点，上海、广州、深圳、珠海、东莞等5个城市率先进行试点工作，境外试点地域范围暂定为港澳地区和东盟国家。2010年6月开始，试点地区范围大幅度扩大，扩展到中国20个省区市，同时试点业务范围得到大幅度放松，包括跨境货物贸易、服务贸易和其他经常项目人民币结算，而参与跨境贸易人民币结算的境外地域不再受限制，扩展到所有国家和地区。目前，对用人民币进行跨境贸易结算的需求不断增长，然而，人民币结算规模与中国贸易结算总规模相比仍显偏小，可以预见，未来人民币跨国境贸易结算仍有较大的发展空间。

2010年12月，人民币对卢布交易在莫斯科银行间外汇交易所挂牌上市，进一步推动了人民币结算迈向自由化。中国除了与俄罗斯间本币结算取得了大的突破之外，与上合组织其他成员国间的货币结算关系也取得了进展。例如，2011年6月13日，中国人民银行与哈萨克斯坦国家银行在阿斯塔纳签署了双边货币互换协议，金额达70亿元人民币，该协议的有效期是三年，期满后如果中哈双方同意可以进行延长，这一协议将加强中哈之间的双边金融合作，为两国的贸易投资提供便利。至此，国际金融危机以来，中国人民银行已经与韩国、中国香港、马来西亚、白俄罗斯、印度尼西亚、阿根廷、冰岛、新加坡、新西兰、乌兹别克斯坦、蒙古、哈萨克斯坦等国家和地区货币当局签署了12个双边本币互换协议，总金额已达8 412亿元人民币。⑪

目前,卢布在俄罗斯与中亚各国贸易结算中占据日益重要的位置。2009 年,俄罗斯与中亚各国贸易结算中约一半的份额是使用卢布进行支付结算的。美元在贸易结算币种中已经退居第二位。2008 年 12 月库德林表示,未来欧亚经济联盟中某成员国的货币由于已经基本具有结算能力,有可能在未来被引入俄罗斯的外汇储备系统,目前,俄白之间以及俄哈之间已经就此展开了一系列协议,俄罗斯卢布与哈萨克斯坦的坚戈相互结算,已经成为欧亚经济联盟各国间货币结算的先河。⑫俄罗斯、哈萨克斯坦、白俄罗斯于 2011 年 11 月共同签署了《欧亚经济委员会条约》。其后,白俄罗斯总统卢卡申科表明,俄罗斯卢布应该成为欧亚经济联盟的统一货币,他强调说,用美元从俄罗斯购买能源对白俄罗斯经济来说极为不利。而哈萨克斯坦因国内经济环境较好,则不愿意轻易放弃本国货币坚戈,纳扎尔巴耶夫指出目前不应该急于实行统一货币,单一货币将减少哈萨克斯坦货币的独立性,剥夺其通过货币贬值来解决国际收支问题的能力。纳扎尔巴耶夫还表示,即便将来这一问题进入讨论的日程,也不建议俄罗斯卢布作为该地区的统一货币。⑬可见,卢布在中亚地区贸易结算中的重要性是否能足以支撑起卢布的区域化,甚至进一步的国际化进程,尚无定论。

3. 中亚国家的货币互换

目前,中俄双边之外的上合组织国家间的货币结算仍以美元为主导。哈白之间的货币结算份额中,美元占 58%,卢布约占 1/4;在哈吉以及哈塔之间的货币结算份额中,美元占了绝对的优势,超过 4/5,而卢布所占份额不足 3%。中亚各国的对外贸易结算中,使用本币的比例很低。哈萨克斯坦坚戈、白俄罗斯卢布、乌克兰格里夫纳在对俄贸易结算中所占比例都低于 2%。⑭

独联体成员国近年来开始考虑如何采取有效措施来进一步扩大双边贸易本币结算。2009 年 11 月 23 日,独联体国家政府首脑理事会在雅尔塔召开,会议详细讨论了成员国之间的本币结算问题,各国政府都表示支持贸易结算币种多样化,在相互之间的贸易中不仅使用美元结算,还可用本币、卢布或其他货币进行结算。⑮

总之,上合成员国之间的货币结算合作是区域内金融合作的重要内容,有助于减少各成员国金融经济中对美元的依赖,从而更具有自主性,并且将大幅度降低汇率风险。经过十年的经济合作,上合各成员国取得了不容忽视的成绩,建立了良好的合作伙伴关系。可以预见,未来上海合作组织成员国间的金融合作拥有很大的发展潜力,这既有赖于十年来所奠定的较好的合作基础,也是基于全球经济困顿状态下需要增进相互支持的现实需要。未来有必要积极推进区域内的本币贸易结算业务,为上合国家贸易与投资便利化的进一步发展奠定坚实基础。

二、 上合组织成员国金融合作中存在的问题

上合组织区域金融合作具有广阔前景,区域内各国经济持续发展和对外开放程

度不断提高，为各国相互间金融贸易合作奠定了良好的基础。然而，上海合作组织作为在不同发展水平、不同宗教文明、不同国力大小和不同国内体制的复杂背景之下建立起来的一个区域性国际组织，⑯现实中也存在种种不利因素，为上合组织成员国金融合作提出了诸多挑战。

(一) 金融支持存在缺口，项目配套资金不足

十年来，上合组织成员国间经贸关系日益紧密，双边贸易额所占份额逐年提升。2010年，中国与上合组织成员国间的贸易额为840亿美元，相对于2001年的121亿美元，增长了近六倍，超过了同期中国外贸总额的增长速度。与此同时，上合各成员国间的贸易结构也得到进一步改善。中国机电产品出口成为对中亚、俄罗斯出口快速增长的主要推动力，所占份额超过30%。在中国从中亚、俄罗斯进口贸易中，资源性商品及原材料超过进口总额的70%。⑰近两年，上合各成员国的经济进入稳步发展时期，中国与上合组织成员国间经贸合作拥有巨大的发展潜力。

可见，在上合组织的多边框架下，各成员国的区域经济合作已经进入实质性发展阶段，区域内的贸易投资便利化和大项目合作将得到进一步推进。然而，资金投入不足成为影响上合区域经济合作面临的主要问题之一。2008年国际金融危机也给上海合作组织框架下的区域经济合作带来了压力，伴随外资的大量退出，区域内项目投资资金出现缺口。上海合作组织的成员国在金融危机后大多实施了刺激消费、提振经济的政策，而各国的经济发展都需要资金投入，因此大多数成员国都面临资金短缺问题。如何为贸易投资便利化和大型合作项目提供稳定充足的资金来源，是各成员亟待解决的问题。仅实现《多边经贸纲要落实措施计划》所列项目就需要超过100亿美元资金，资金的筹措对于上海合作组织来说是个考验。

2011年9月23日于西安召开的欧亚经济论坛金融合作论坛上，中国国家开发银行董事长陈元指出："无论是发达经济体，还是新兴经济体，在当前形势下都面临着经济转型的紧迫任务，如何衡量并约束全球经济失衡，推动结构转型，是当前各国关注的焦点问题。"而经济转型的过程中，金融支持是非常重要的一环，在各国经济转型的过程中，产生的金融需求具有融资需求量大、中长期融资多、融资服务层次多、机制灵活性要求高等特点，需要强健的金融体系提供有力的支持。有专家指出，当前欧亚各国急需进一步深化金融合作，为经济转型和发展提供支撑。⑱

(二) 双边及次区域合作占主导，内部利益协调因素掣肘多边金融合作

地缘关系、市场发育程度以及经济结构互补性是实现区域经济合作的几大重要影响因素。目前，上合组织各成员国间的合作大多是以邻国间的双边形式开展，而各国市场发育程度差别大、经济结构互补性不足则阻碍经济合作由双边向多边的发展。

具体表现为:首先,由于转型方式和各国资源禀赋的差异,导致了上合各成员国的市场发育程度差别很大。其次,尽管该组织中,中国与其他成员国的经济结构互补性强,但是中亚国家之间的结构同构性强,经济实力有限,在一定程度上导致了相互间贸易投资需求不足。

(三) 上合框架下的金融体系不完善,缺乏面对金融危机的自救机制

如前文所述,上海合作组织框架下的银联体、发展基金、开发银行等重要机制由于种种原因还需要进一步完善,金融资金的支持缺口还较大。另外,近年来,中国、俄罗斯、哈萨克斯坦等国积累了大量外汇储备,尽管从理论上看,外汇储备的强大是支持经济稳定的重要因素,但是外汇储备不恰当地过快增加,也同样会无形中增加金融风险。此外,上海合作组织还未建立起从容面对金融危机的自救机制。这次国际金融危机对中亚各国影响巨大,平均经济增长率在 2009 年下降了 5%。金融危机背景下,尽管其他国际经济组织可以提供相应的援助,但往往条件比较苛刻,接受这些条款有可能导致更多的负面影响。[19]如何在区域内、在成员国之间建立风险预警和风险分担机制是上合组织未来发展所面临的重要问题。

(四) 上合组织发展定位偏于内向化,缺乏长远战略规划

上海合作组织为中国、俄罗斯以及中亚各国提供了一个解决区域安全、经济、能源等合作的共同平台,是一个新型多边区域合作组织。但从长远战略来看,上合组织未来的发展定位和角色设定还面临许多需要思考的问题。例如,该组织偏于内向化,其功能过分集中于中亚地区事务,而应该跨越中亚的区域界限,与外部世界建立更广泛、更深入的联系,毕竟上海合作组织是一个横跨欧亚大陆的国际组织,如何促进该组织更多参与到亚太、欧洲和中东国际合作体系中来,是上海合作组织在制定发展战略时需要考虑的问题。[20]作为一个已经在较短时期内处理了众多复杂的国际与区域事务的地区国际组织,上海合作组织的影响力是完全可以在今后的发展进程中进一步体现出来的。[21]

从长远的战略制定上来,未来应该把眼光放远,上合组织内部的区域金融合作不仅要为区域内的经济合作提供资金基础,也要为进一步推动国际金融体系的改革和创新作出努力。

三、 上合组织成员国金融合作发展前景

基于上面几个部分的分析,我们认为上合组织成员国间的金融合作可以沿着以下几个大的方向不断加强:

(一) 深化和完善多渠道资金来源体系

上海合作组织框架内融资包括国家优惠贷款、银联体以及上合开发银行等手段,尽管近年来这些融资手段获得了发展,但仍有较大的发展空间。例如,就国家优惠贷款而言,中国的投资诚然重要,但还需要以中国作为先导,带动其他国家、其他区域机构提供资金支持。

例如,在 10 个国家和 6 个国际机构(亚行、欧洲复兴开发银行、国际货币基金组织、伊斯兰开发银行、联合国开发计划署和世界银行)的广泛伙伴关系基础上形成的中亚区域经济合作计划在中亚区域合作方面起到了推动作用,已经批准了 100 多个总价值约 170 亿美元的经济合作项目。目前,亚行已经拨款 47 亿美元,支持中亚国家未来三年该区域的经济合作。上合组织区域内的合作项目可以寻求从国际机构和其他合作计划机制中获取更广泛的资金来源。

此外,经过 30 多年的发展,中国香港已经成为一个成熟和高效率的金融市场,从市场成交量占有率可以看出香港证券市场能成功吸引到来自全球各地的资金,上合组织成员国银行和企业在未来可以重视对于香港资本市场的依托,以实现筹资渠道的多元化。

因目前成员国对于具体的使用、管理等问题上的一些分歧未能发挥其应有的作用。未来的发展中,成员国有必要在考虑共同利益的基础上进一步协调沟通。鉴于资金缺乏是上海合作组织经济金融合作中的制约因素,各成员国亟待合力构建资金来源渠道体系。可考虑扩大上合组织银联体合作范围,并扩大欧亚各国本币结算和贷款业务,提升金融合作水平。

(二) 协调区域内政策博弈,促进各成员国在共同利益空间下的金融合作

上海合作组织内部的利益分配与协调是影响区域经济合作实际效果的关键因素,需要在不同层面上加以协调,化竞争为合作。[22]区域内成员国应本着“利益共享,风险分担”的基点,将各自的认知建立在自身是上合组织有机组成部分的基础上,尽量减少政策博弈的摩擦成本,实现区域内利益的最大化。同时,对现有的意见分歧不要过分夸大其背后和政治和经济含义,应将其看作实现合作的必经途径,切实采取有效的措施来减少分歧、扩大共识、推进合作。

中国在上海合作组织中日益增强的作用,自然会引起俄罗斯对自身在中亚地区角色的关切。对于中俄两国来说,更为明智的选择是从分歧更少的发展领域做起,逐步推进区域内的金融合作。例如,中俄两国无疑是区域内的大国,其自身的金融发展以及相互间金融合作的深化必将为上合内部的合作奠定更为坚实的基础。2011 年 4 月,梅德韦杰夫访问香港,明确表示俄罗斯希望借鉴香港的经验,大力发展金融服务业,并预期会有更多俄罗斯企业在香港上市,相应地俄罗斯金融服务业也会为香港以

及中国内地企业的发展提供便利。

(三) 采取切实措施维护区域内金融稳定

近年来,国际货币金融体系的稳定性日渐降低。欧美主权债务危机背景下,上海合作组织成员国面临共同抵御外部金融风险、摆脱对美元和欧元过度依赖局面的难题,因此,有必要考虑建立一个独立于原有欧美主导的货币体系之外的金融机制。2010 年 10 月上合成员国总理第九次会议上,温家宝总理首次提议建设上海合作组织开发银行的构想,2011 年 11 月在上合成员国总理第十次会议上,温家宝总理就加强上合组织务实合作提出了九点建议,其中很重要的一块就是重申建立上海合作组织开发银行。上海合作组织开发银行的建立将有助推动建立独立于欧元和美元的新的结算体系,并进一步推动人民币和卢布的区域化发展。

加强上合在项目融资、金融服务与投资等方面合作的规范化与制度化,也是维护区域内金融稳定的必要举措。在国际金融危机波动的背景下,上海合作组织成员国在建立救助、融资基金、构建双边货币结算机制等方面达成了广泛共识。这些应对金融危机的应急性项目或措施,以及实体机构的落实成立应该逐渐发展为常态性合作项目和机制,使中亚区域合作的可持续发展具有更为强劲的动力。[23]

此外,还需要继续发掘中俄货币互换的发展潜力。货币互换协议是国家之间的相互援助,对于维护国家经济金融的稳定,促进经济增长起到重大作用。[24]中俄之间的双边货币互换在一定程度上将降低两国交易成本,也有益于规避汇率风险,促进双边贸易和金融合作发展。不过,鉴于中国向俄罗斯出口的商品集中于机电与纺织等门类,中国从俄罗斯进口的主要商品主要集中于资源类产品,本币结算名单中尚未把大宗能源类商品这一占两国贸易份额最大的门类涵盖进来,可以预见中俄两国的本币结算在未来仍有较大的发展空间。

(四) 突破内向化局限,与外部世界建立更为广泛的联系

随着上合各成员经济实力的提升,该组织在国际货币金融体系中的发言权将有所增加。国际金融体系的重新构建、全球性经济问题的解决,都离不开新兴市场国家的参与。金融危机之后,构建国际货币金融新秩序的呼声中,新兴市场国家凭借自身日益增强的经济实力,拥有了更多地参与和决策权。上海合作组织区域内的两个大国中国和俄罗斯在国际中的经济地位日渐提升,将为上海合作组织发挥其在国际金融领域合作的功能提供重要的前提和途径。此外,完善银联体、开发银行、发展基金等金融合作机制,借以加强上海合作组织在国际金融体系中发言的分量。

四、结　　语

在全球经济减速的背景之下，上海合作组织需要继续加强金融合作。尽管上合组织区域经济合作前景广阔，但当前仍面临一些挑战，包括各成员国的差异性、多渠道融资体系的构建等。

2011 年 6 月 15 日在阿斯塔纳签署的《上海合作组织十周年阿斯塔纳宣言》指出，在安全、经济和改善民生领域进行合作仍将是今后上海合作组织的优先方向。金融合作将为上合组织区域经济一体化的全面实现提供重要支持。目前，银行间联合体活动已步入务实阶段，但上合组织尚仍然缺乏完善有效的商业融资机制，建立上合组织开发银行的目标也尚未实现，同时，人民币汇率问题以及愈演愈烈的美欧主权债务危机为上合组织各成员国外汇的货币资源配置提出了更多的难题。如何促进中俄协调为基础的上合区域金融合作，为上合经济发展提供稳定和充足的资金支持，将是上合组织未来的重要议题。

注释

① 孙壮志、张宁:《上海合作组织的经济合作:成就与前景》,《国际观察》2011 年第 3 期,第 10 页。

②《中国对上合组织成员国信贷支持取得重要阶段性成果》,http://finance. sina. com. cn/g/20110903/160710428801. shtml。

③《多边金融合作实现多方共赢》,国家开发银行网站,http://www. cdb. com. cn/web/NewsInfo. asp?NewsId=3342。

④《中国向哈发展银行提供一亿美元的贷款》,http://infoshos. ru/cn/?idn=4059。

⑤《上合组织银联体理事会第六次会议在京召开》,人民网,http://finance. people. com. cn/GB/11777719. html。

⑥《加强合作互利共赢》,http://www. qstheory. cn/jj/qyzh/201104/t20110420_77658. htm。

⑦《上合组织跨银行联合体新任主席》,http://chinese. ruvr. ru/2011/06/15/51732928. html。

⑧《中国倡建上合组织开发银行》,http://realtime. zaobao. com/2010/11/101126_04。

⑨ 许文鸿:《中俄贸易本币结算:应对"货币战争"的新选择》,《中国财经报》2010 年 12 月 9 日第 4 版。

⑩《中俄签署双边本币结算协定,人民币国际化进程继续推进》,http://www. shidaichao. cn/zhanlue/27759. html。

⑪《中哈签 70 亿双边本币互换协议,助人民币国际化》,http://www. chinareviewnews. com. 2011-06-14。

⑫ 李新:《人民币国际化:上海合作组织的金融合作》,《学习与探索》2011 年第 1 期,第 150 页。

⑬ Не рубль единый, http://www. kursiv. kz/1195216394-ne-rubl-edinyj. html。

⑭ 李中海:《卢布国际化战略评析——兼论中俄贸易本币结算》,《俄罗斯研究》2011 年第 4 期,第 94 页。

⑮ 李中海:《卢布国际化战略评析——兼论中俄贸易本币结算》,《俄罗斯研究》2011 年第 4 期,第 95 页。

⑯ 冯绍雷:《十年后的展望——关于上海合作组织未来定位与空间的思考》,《俄罗斯研究》2011 年第 2 期,第 3 页。

⑰《上海合作组织十年结硕果》,http://news.hexun.com/2011-07-07/131238098.html。

⑱《转型时期欧亚各国应提升金融合作水平》,http://www.cdb.com.cn/web/NewsInfo.asp?NewsId=3860。

⑲ 李新:《人民币国际化:上海合作组织的金融合作》,《学习与探索》2011 年第 1 期,第 151 页。

⑳ 邢广程:《上海合作组织自身的作用》,《东方早报》2010 年 12 月 29 日。

㉑ 冯绍雷:《十年后的展望——关于上海合作组织未来定位与空间的思考》,《俄罗斯研究》2011 年第 2 期,第 5 页。

㉒ 陈小沁:《关于深化上海合作组织区域经济合作的思考》,《国际论坛》2010 年第 2 期,第 15 页。

㉓ 潘光:《走向第三个十年的中国—中亚—俄罗斯关系——兼论上合组织面临的挑战和机遇》,http://www.coscos.org.cn/201109191.htm。

㉔ 李新:《人民币国际化:上海合作组织的金融合作》,《学习与探索》2011 年第 1 期,第 150 页。

报告十二　上海合作组织成员国的农业发展与合作

肖辉忠*

［摘要］ 上海合作组织中的俄罗斯、哈萨克斯坦、乌兹别克斯坦、吉尔吉斯斯坦、塔吉克斯坦，自苏联解体以来的农业转型与发展，是值得关注的问题，其中大的方面包括农业的组织形式、农业土地法律、国家支持、市场化，以及生产绩效等。狭义农业中的种植业与养殖业生产以及食品价格、供需等，也是与社会生活密切相关的方面。上海合作组织成员国之间在农业方面的合作，也是一个非常值得研究的内容。

［关键词］ 上海合作组织　种植业　养殖业　供需　价格　合作

一、 农业转型与发展的路径

作为上海合作组织成员国的俄罗斯、哈萨克斯坦、乌兹别克斯坦、吉尔吉斯斯坦和塔吉克斯坦，原来都是苏联的成员国。1991年之前的农业生产结构，特别是组织形式很相近，即农业土地归国家所有，并通过国营农场和集体农场的形式组织生产，规模庞大。在不同的成员国之间，农业生产的品种不同，俄罗斯、哈萨克斯坦主要是粮食生产，特别是小麦，与乌克兰一起供应其他成员国的需求；乌兹别克斯坦的优势在棉花生产上，但粮食需要进口；吉尔吉斯斯坦和塔吉克斯坦以畜牧业为主，粮食需要大量进口。在苏联后期，苏联政府加大了对农业的补贴，特别是对畜牧业和养殖业，补贴的环节集中在流通领域，即保证城市消费者基本食品的供应充足，同时价格低廉。

苏联的解体，对各成员国的农业一个巨大的打击和挑战。一方面原有的补贴骤减，另一方面成员国之间分配体系瓦解。独立伊始，各成员国即面临转型问题，不仅在政治领域，也包括农业领域。

* 肖辉忠，华东师范大学俄罗斯研究中心，讲师。

(一) 农业转型

就上合组织内前苏联地区的农业转型而言,大致包括以下几个方面:

1. 农业生产组织改革

即对原国营农场、集体农场进行改革,改革后成立的公司通常称为“农业企业”(agricultural enterprise, сельскохозяйственные организации),但是大多数仍保持原有的经营层,与国家密切相关。同时允许建立新的农业经营模式,包括私人农场(peasant farm, крестьянские(фермерские) хозяйства)等。在苏联时期就存在的家庭农户(household plot, подсобные хозяйства)的生产形式也得以保存和发展。目前,在吉尔吉斯斯坦和乌兹别克斯坦,中小型的私人农场发挥着重要的作用。哈萨克斯坦、乌兹别克斯坦、塔吉克斯坦和俄罗斯,则以大中型的农业企业生产为主,同时家庭农户的生产也很重要。一般而言,中亚国家和俄罗斯的粮食生产由农业企业(或私人农场)主导,而畜牧养殖业的生产,则是家庭农户占主导地位。

2. 农业土地改革

与农业生产组织改革相配合的是农业土地改革。即将部分原国营农场和集体农场的土地,通过一定的形式(使用权或所有权),分配给农民使用。这也是农业转型的关键点。吉尔吉斯斯坦的农业土地改革最为激进,建立了比较充分的农业土地私人所有权的制度,在全国形成了为数众多的、拥有土地的农民。但是对于土地的分配有很多不满,特别是在南部人口密集的地区。哈萨克斯坦、塔吉克斯坦和乌兹别克斯坦①在农业改革方面,按照世界银行的标准,落后于吉尔吉斯斯坦。在最近的世界银行农业改革评估中②,吉尔吉斯斯坦属于先进的改革者集团,平均得分为7.2,比其他中亚国家高很多(哈萨克斯坦6.2;乌兹别克斯坦4.8;塔吉克斯坦4.4)。在哈萨克斯坦,原则上是国家拥有土地,私人使用土地,并将租赁使用权延长(最高为99年),但政府仍然倾向于扶持大型的农业企业,只有很少的土地(小于10%)是由私人农民耕种的。在塔吉克斯坦,个人在理论上是可以从国家和集体农场中退出并开办私人农场,但为此必须得到农场主席和地区政府的同意,而且要带走一部分原国家或集体农场的债务。③但是私人农场在塔吉克斯坦仍得到了迅速的发展,使用的农业土地和耕地面积均在60%以上。④在乌兹别克斯坦,国家将农用土地分配给使用者,使用者有继承权,但是没有任何销售、转让和交换的权利。俄罗斯在土地改革方面也走过了近20年的历程,目前基本上形成了以农业企业(原国营和集体农场)的生产为主体的模式。虽然俄罗斯在法律制度上允许农业土地的流通,但是其制度设计的目的和结果,仍然是国家有最后的发言权和决定权,农业土地流通的市场化远未形成,私人农场在俄罗斯的发展十分有限,家庭农户的生产仍占重要的地位,特别是在养殖业方面(养鸡业除外)。⑤

3. 农业配套服务体系

苏联的支持体系瓦解之后,各国由于政治方面的优先任务和经济能力的有限,长期忽略了农业配套服务体系的建设，成为农业发展的严重障碍。待各国经济有所恢复之后，特别是2000年之后，随着世界能源产品价格的上涨，俄罗斯、哈萨克斯坦等国经济迅速回升，开始注重对农业的投入。而吉尔吉斯斯坦和塔吉克斯坦在农业投入方面仍十分滞后。乌兹别克斯坦相对较为稳定，与其渐进式改革路径有关。相比欧美等国，上合成员国由于财力有限，对农业支持力度远远不够，特别是在财政金融方面，不仅导致了生产上的困难，也影响了长期的农业科研、创新等。农业基础设施落后、抗自然风险能力弱、农机设备陈旧、动植物病虫害频发、农业科研与成果转化落后等，是这些国家普遍存在的问题。塔吉克斯坦、吉尔吉斯斯坦政局的不稳，使得这两个国家的困难尤为突出。

从农业转型的绩效来看，乌兹别克斯坦农业的波动最小，受转型冲击较小，几乎保持着、并超过了1991年的生产水平，并一度实现了粮食的自给自足，但是近年来需要进口相当数量的小麦；其他国家都经历了农业的大幅度下降的过程，虽然从20世纪90年代末开始，农业生产呈恢复上升的趋势，但是大部分还没有达到1991年的水平(吉尔吉斯斯坦除外)。俄罗斯、哈萨克斯坦仍需要进口大量肉类产品。吉尔吉斯斯坦、塔吉克斯坦和乌兹别克斯坦需要进口相当大比例的粮食。

从农业的进一步发展潜力来看，乌兹别克斯坦、吉尔吉斯斯坦、塔吉克斯坦属于人口多、耕地面积少的国家，在种植业上很难有大的突破，除非有大规模的投入；吉尔吉斯斯坦、塔吉克斯坦拥有良好的畜牧业条件，但是其畜牧业都是家庭农业小规模饲养的，商业化价值不大。俄罗斯、哈萨克斯坦(加上乌克兰)，拥有较大的粮食生产潜能。这三个国家自20世纪90年代初期以来，闲置了约2 400万公顷的耕地，其中大约有1 300万公顷的土地可以恢复生产，而且没有大的环境上的损失。⑥但是恢复这部分土地的生产需要巨大的投入。

在经历了2008年的粮价剧烈上涨之后，中亚部分国家进一步强化了粮食自给自足的长期发展战略，重点是加大粮食作物，主要是小麦的种植面积，相应地减少其他作物，如棉花的种植面积，以保证粮食供应安全，特别是在吉尔吉斯斯坦、塔吉克斯坦、乌兹别克斯坦这样粮食不足的国家。对哈萨克斯坦而言，粮价的上升，也促进了其增加粮食生产的动力，因为哈萨克有大量的小麦可以出口，但是在出口方面存在着运输上的瓶颈，哈萨克斯坦也在有意改变种植结构。俄罗斯制定了粮食出口和主要畜牧产品自给的战略。总体而言，这些国家均致力于食品的国内供应，保护和发展国内生产。

二、 种植业发展有升有降

由于地理位置上相近，俄、哈、乌、吉、塔在2009年和2010年的种植业生产大致经历了相同的轨迹:2009年(俄罗斯是2008年)是大丰收的年景,纷纷创下了粮食生产的纪录。俄罗斯和哈萨克斯坦在国内粮食,特别是小麦产量大增的情况下,动用各种渠道大力推动小麦的出口。但是2010年的大旱,造成俄罗斯和哈萨克粮食产量的大幅下降,并采取限制出口的措施;吉尔吉斯斯坦2010年4月和6月的社会动乱也部分影响了其农业生产。

2011年的情况有所不同。哈萨克斯坦和俄罗斯取得了粮食丰收。哈萨克斯坦由于良好的气候条件,其粮食总产量比2010年增加了一倍,小麦的产量也达到了2 400万吨的高水平。俄罗斯2011年的粮食产量超过9 200万吨,比2010年的产量提高了47%。2011年中亚的其他国家,由于灌溉不足,造成了粮食产量的下降,特别是塔吉克斯坦和乌兹别克斯坦。

在联合国粮农组织公布的2012年全世界66个低收入缺粮国的名单中⑦,上合组织的乌兹别克斯坦、吉尔吉斯斯坦和塔吉克斯坦榜上有名,可见问题的严重性。

表12.1 2009—2011年上海合作组织成员国的粮食产量(百万吨)

	小麦			其他谷物(小麦和大米之外的)			粮食总产量(包括小麦、大米、和其他谷物)			变化,%	变化,%
	2009	2010(估算)	2011(预测)	2009	2010(估算)	2011(预测)	2009	2010(估算)	2011(预测)	2010/2009	2011/2010
俄罗斯	61.7	41.5	58.0	33.1	20.2	33.2	95.7	62.8	92.4	−37.8	47.2
哈萨克斯坦	17.1	9.6	24.0	3.3	1.9	3.7	20.7	11.9	28.1	−40.8	135.3
乌兹别克斯坦	6.6	6.7	6.3	0.3	0.2	0.2	7.1	7.1	6.7	0.0	−5.6
吉尔吉斯斯坦	1.1	0.8	0.9	0.8	0.7	0.7	1.9	1.5	1.6	−21.1	3.4
塔吉克斯坦	0.8	0.8	0.7	0.2	0.2	0.2	1.1	1.1	1.0	0.0	−12.2
中国	115.1	115.2	116.8	172.8	186.6	193.9	484.6	498.9	513.8	2.6	3.0

资料来源:"Crop Prospects and Food Situation", GIEWS(Global Information and Early Warning System on Food and Agriculture), No. 1, March, 2011; No. 4, December, 2011, FAO.

(一) 俄罗斯的粮食生产

2008年俄罗斯的粮食产量突破了1亿吨,创独立以来的纪录。2009年虽然俄罗斯也发生了比较严重的干旱,还是收获了9 600万吨的粮食⑧,也是一个很高的水平。2010年由于火灾和严重的干旱,导致俄罗斯粮食产量大幅下降,只有6 000万吨的水平。2011年产量基本恢复到2009年的水平,为9 240万吨,其中小麦和大麦的产量比2010年分别提高了40%和64%。

俄罗斯最主要的粮食作物是小麦。俄罗斯小麦的产量在过去20年间增长了38.1%,从1992年的4 620万吨提高到2009年的6 380万吨。种植面积在这期间增加了200多万公顷，从1992年的2 430万公顷增加到2009年的2 660万公顷。小麦品种也从春小麦转向了产量更高的冬小麦。俄罗斯的小麦生产主要集中在气候优越的地区：俄罗斯的欧洲部分和西西伯利亚。

俄罗斯种植业的薄弱，特别是灌溉耕地数量不多的问题，在2010年的干旱面前表露了出来，也反映了一些研究人员的看法，即俄罗斯农业近年来的成就主要是由相对良好的气候条件所决定的。⑨2010年，俄罗斯有43个省份、占粮食种植面积30%的地区遭遇大旱。干旱造成了俄罗斯所有主要农作物的减产，如小麦、向日葵、马铃薯、蔬菜和饲料牧草等。⑩到2010年夏末，受干旱影响地区的直接和间接的农业损失为1 600亿卢布(53亿美元)。2010年8月15日，俄罗斯政府禁止所有的粮食和面粉出口，部分造成了世界市场小麦价格的上涨。由于2011年的粮食丰收，俄罗斯重新返回世界粮食的出口市场。

表12.2　俄罗斯近年来的粮食产量(万吨)

	2006—2010年平均	2010年	2011年(估算)	2011/2010(%)
小　麦	5 230	4 150	5 623	35
大　麦	1 706.9	1 050	1 693.5	61
燕　麦	493.6	320	533.4	67
其　他	1 005.3	757.3	1 256.2	66
总　计	8 435.8	6 277.3	9 106.1	45

资料来源：GIEWS Country Brief：Russian Federation，Reference Date：17 January. 2012，FAO.

(二) 哈萨克斯坦的粮食生产

哈萨克斯坦2009年的粮食产量达到了创纪录的水平，远远高于此前五年的平均水平，粮食产量(加工前)为2 080万吨，是哈萨克斯坦独立以来的最高产量，比2008年增加了33.7%。大米的总产量也提高了20.5%，达到30.7万吨，马铃薯产量提高了17%，水果、葡萄产量上升了25.3%和66.5%，油籽作物(向日葵，大豆，红花等)收获了70.36万吨，比2008年增长了70%以上。⑪

2010年哈萨克斯坦的农业受干旱影响，产量骤降41%。2010年的减产也与种植面积的下降有关。2009年哈萨克斯坦粮食产量高，但是价格低，需求不旺盛，导致了库存和销售的压力。因此，在2010年生产者大幅度减少了对粮食的投资，降低了播种的面积。2010年哈政府决定对荞麦、油料作物、植物油等实行为期6个月的出口限制。⑫小麦出口没有限制。虽然种植面积有小幅下降，但由于良好的气候条件，特别是北部主产区的充沛降雨，使得哈萨克斯坦2011年的粮食总产量达到2 800万吨，是

2010年的两倍，其中850万吨小麦可用于出口。2012年哈萨克斯坦面临的问题，是如何实现粮食的顺利出口。

表12.3 哈萨克斯坦近年来的粮食产量(万吨)

	2006—2010年平均	2009年	2010年	2011年(估算)	2010/2009(%)	2011/2010(%)
小麦	1 383.1	1 700	963.8	2 400	−41	149
大麦	206.1	260	133	280	−50	111
玉米	39.8	42	33.6	47	−24	40
其他	60.6	58.6	62.1	78.5	−5	26
总计	1 689.6	2 060.6	1 192.5	2 805.5	−41	135

资料来源：GIEWS Country Brief：Kazakhstan，Reference Date：12 Apr. 2011，01 December，2011，FAO.

(三) 乌兹别克斯坦的粮食生产

棉花是乌兹别克斯坦重要的农作物，被称作“战略作物”。棉花在乌兹别克全国的灌溉地区都有种植，占40%左右的耕地，40%的出口创汇。乌兹别克斯坦是第五大棉花生产国和第二大出口国。独立以后，乌兹别克斯坦提出了自给自足的粮食安全政策，小麦成为第二大“战略作物”，约占30%的种植面积。其余的种植面积分配给水果和蔬菜(乌兹别克是中亚地区主要的新鲜/加工水果和蔬菜的供应者)，以及马铃薯和饲料作物等。[13]乌兹别克政府对棉花和小麦的生产、收购、定价、和市场等方面进行国家控制。

2009年乌兹别克斯坦粮食获得了丰收，2010年在2009年的基础上小幅增长，与俄、哈、吉、塔等的大幅下降不同。粮农组织对乌兹别克斯坦2011年粮食产量的预测是650万吨，比2010年下降3%，主要原因是灌溉不足。

表12.4 乌兹别克斯坦近年来的粮食产量(千吨)

	2006—2010年平均	2009年	2010年	2011年(预测)	2010/2009(%)	2011/2010(%)
小麦	6 335	6 637	6 700	6 500	0.9	−3
玉米	195	230	170	180	−26	6
水稻	172	190	170	154	−10.5	−9
其他	31	86	10	9	−88	−10
总计	6 811	7 143	7 100	6 893	0.6	−3

资料来源：GIEWS country briefs，Uzbekistan，26Aug. 2010，FAO.

(四) 吉尔吉斯斯坦粮食生产

2009 年人口普查的结果是，吉尔吉斯斯坦共有 530 万人口，其中 65%人口居住在农村，是一个农民占主体的国家。吉尔吉斯斯坦的耕地面积相对较小，仅占整个国土的 6.6%。吉尔吉斯斯坦的一个重要禀赋是充足的水资源，灌溉农业在 100 万公顷以上，82%的耕地可以接受灌溉(大约 75%的粮食和几乎所有的马铃薯和蔬菜接受灌溉)。⑭

小麦是吉尔吉斯斯坦主要的粮食作物。从 2002 年到 2010 年，小麦种植面积下降了 27%(减少了 23.6 万公顷)，产量减少了 29.2 万吨。这与种植结构的变化有关：农民倾向于种植经济效益更高的饲料作物。从 2003 年到 2010 年，饲料农作物的种植面积增加了 43%(9 万公顷)。随着 2008 年以来小麦价格的上升，客观上也鼓励农民更多地选择种植小麦。

吉尔吉斯斯坦 2010 年的粮食产量为 157 万吨，比 2009 年的大丰收减少 16%，其中小麦产量为 86 万吨，降低 16%，玉米、大麦和马铃薯分别比 2009 年降低 14%、12%和 5%。⑮2011 年的小麦产量，根据粮农组织的估计，为 83 万吨，略低于 2010 年的水平。⑯

表 12.5　吉尔吉斯斯坦农业生产状况

	2008—2009 年			2009—2010 年			2010/2009(%)(产量的总体差别)
	面积(公顷)	单产(吨/公顷)	产量(吨)	面积(公顷)	单产(吨/公顷)	产量(吨)	
小　麦	402 002	2.63	1 056 655	369 283	2.35	866 331	−16
大　麦	123 598	2.34	289 671	125 046	2.03	254 250	−12
玉　米	78 800	6.18	486 638	71 584	5.86	419 474	−14
水　稻	6 268	3.30	20 710	6 468	3.11	20 094	−3
马铃薯	87 075	16.00	1 393 137	83 562	15.90	1 329 049	−5

资料来源：http://www.stat.kg/stat.files/express/agri/TAB5-1.xls.

(五) 塔吉克斯坦的粮食生产

农业是塔吉克斯坦最重要的经济领域之一，67%的劳动力集中在农业，农业产值占 GDP 的 22%，但是耕地的面积相对较小，仅占国土总面积的 7%。

2009 年农业的整体情况远远好于往年，农作物播种面积增加，单产提高。主要是得益于良好的气候条件。2009 年 3 月的春雨遍及全国，在 7 月份之前，全国所有地区都有充分的降雨，几乎所有的地区都不需要人工灌溉。农民抓住这样的机会把粮食的种植面积提高了 25%，同时把棉花的种植面积减少 30%。并且将粮食种植在山坡以及平时不能灌溉的地区。2009 年塔吉克斯坦农业取得了丰收,达到了创纪录的水平。⑰ 2010 年的粮食产量从 2009 年的高峰滑跌下来,主要是由于洪水和地震的原因。由于降雨量不足,2011 年塔吉克斯坦的粮食产量继续下降,其小麦产量按照粮农组织的估算为 73 万吨,同比下降 15%。

表 12.6 塔吉克斯坦近年来的粮食产量(千吨)

	2006—2010 年平均	2009 年	2010 年	2011 年(估算)	2010/2009(%)	2011/2010(%)
小麦	686	864	860	730	−0.4	−15
玉米	103	87	90	75	3.4	−17
大麦	63	81	90	85	11	−6
其他	64	69	73		6	
总计	916	1 101	1 043	964	−5	−13

资料来源:GIEWS Country Briefs, Tajikistan, 9 Nov. 2010; 22 May, 2011, FAO.

三、 畜牧业、养殖业发展呈上升态势

上海合作组织成员国的畜牧业、养殖业的一个突出特点是,大部分产品是由家庭农户生产的(俄罗斯的养鸡业除外),饲养规模小,质量低,商品程度低。很多关于俄罗斯需要大量进口食品的说法,确切地说指的是俄罗斯大量进口肉类产品的事实。实际上,上海合作组织成员国的一个优势,特别是中亚国家,就是拥有大面积的天然牧场和草场。但是这样的优势并没有通过采用类似原产地标识(Geographical indications)⑱ 等欧洲国家(主要是意大利、法国、西班牙、葡萄牙、希腊等欧洲南部国家)的做法加以体现,即通过突出地方特色质量(独特的养殖环境等),来提高价格。畜牧养殖业较之种植业,受气候影响相对较小,2009 年、2010 年,上海合作组织成员国的禽畜生产呈上升的态势。

(一) 俄罗斯畜牧养殖业

禽畜生产是俄罗斯农业发展的重中之重。俄罗斯对农业投入中的相当大部分给了畜牧业和养殖业。2010 年俄罗斯禁止粮食出口的一个重要目的是保证养殖业的饲料供应。俄罗斯的战略目标是降低肉类产品的进口。在其食品安全学说中,规定 2020 年前国内产品的占比:肉和肉制品(不少于 85%),奶和奶制品(不少于 90%),渔产品(不少于 80%)。⑲

表 12.7　俄罗斯禽畜肉生产(屠宰重量千吨)

年份	共计	其中			
		牛	猪	羊	鸡
1992	8 260	3 632	2 784	329	1 428
1995	5 796	2 734	1 865	261	859
2000	4 446	1 898	1 578	140	768
2001	4 477	1 879	1 515	134	886
2002	4 733	1 967	1 608	136	956
2003	4 993	2 002	1 743	134	1 048
2004	5 046	1 954	1 686	145	1 192
2005	4 990	1 809	1 569	154	1 388
2006	5 278	1 722	1 699	156	1 632
2007	5 790	1 699	1 930	168	1 925
2008	6 268	1 769	2 042	174	2 217
2009	6 700	1 729	2 219	178	2 542
2010	6 968	1 720	2 328	188	2 796

资料来源：http://www.gks.ru/bgd/regl/b10_11/IssWWW.exe/Stg/d2/15-20.htm；2010年数据：美国农业部(USDA)。

自2007年以来，俄罗斯加大了对养殖业的投入，共有2 000多个项目在肉、奶生产领域上马。到2009年年底，肉类的产量增长了6.6%，其中鸡肉增长15%，猪肉增长8%，牛奶和奶制品产量提高了0.7%，但牛肉产量持续下降。[20]

俄罗斯养殖业中表现最为突出的是鸡肉生产。俄罗斯鸡肉的生产和增长集中在大型的、现代化的农业企业中。2008年这些农业企业生产了全国86.1%的鸡肉，而家庭农户和私人农场的产量分别为13.1%和6.7%。这与整个养殖业的情况截然不同。[21]61.2%—75.5%的牛肉是由家庭农户生产的(除西北联邦区外)，猪肉的情况也十分类似，家庭农户生产的份额为57.5%—65.8%。[22]2010年俄罗斯的鸡肉产量是280万吨，比2009年增加25万吨。这极大地影响着俄罗斯国内的肉类市场格局。如果说1990年鸡肉在所有的肉类中只占18%，到2010年，这个比重达到了40%。鸡肉主要是在俄罗斯的欧洲地区生产的，特别是中央联邦区。但受到粮食价格的影响。根据俄罗斯鸡肉协会的估计，2011年上半年，由于粮价的上升，养鸡企业的损失在170亿卢布左右。该协会认为未来的发展仍将取决于政府的粮食政策。[23]

(二) 哈萨克斯坦畜牧养殖业

畜牧业是哈萨克斯坦的传统行业，但是近90%的禽畜是家庭饲养的，这种饲养模式是哈萨克斯坦养殖业中的一大问题。哈萨克斯坦40%的奶制品，29%的肉制品以及67%的鸡肉需要进口。[24]据哈萨克斯坦国际文传电讯社2011年1月12日阿拉木图报道，纳扎尔巴耶夫就进一步发展哈畜牧业问题召开了工作会议。会议确定今后哈萨克畜牧业发展的主要目标,是提高种畜存栏数和畜牧产品质量,在完全保障哈萨克斯坦国内市场对高品质牛肉需求的同时,逐步发展牛肉出口潜力。㉕牛肉生产是哈萨克斯坦政府农业政策中的优先方向,获得了政府的大部分农业补贴。哈萨克斯坦牛肉出口主要是面向俄罗斯。2010 年哈萨克斯坦畜牧业产值为 7 876 亿坚戈,约合 53.45亿美元,同比增长 2.9%。到 2010 年年底,哈萨克斯坦牛的存栏数为 616 万头,同比增长 0.2%;绵羊1 517万只,增 2.5%;鸡 3 304 万只,增 0.9%;山羊 329 万只,同比下降 1.4%;猪 135.6 万头,下降 0.2%;马 148.3 万匹,下降 0.4%。㉖

(三) 乌兹别克斯坦畜牧养殖业

养殖业占乌兹别克斯坦农业产值的 40%左右。乌兹别克独立以来,几乎所有的养殖业都是由家庭农户生产的,占比在 90%以上(90%的牛,72%的羊,64%的鸡)。㉗大型的农业企业生产量很少,不足 10%。养殖业的饲料来源主要是棉籽饼粕。近年来,政府采取措施鼓励养牛业和整个养殖业的发展。2010 年乌兹别克斯坦的牛的数量比 2009 年增加 2.1%,根据美国农业部的预测,牛的数量在 2011 年继续增加,比 2010 年上升 4.6%。㉘乌兹别克斯坦养殖业和畜牧业中的问题是,饲料不足、土地不足,缺少信贷来源和服务支持。

表 12.8 乌兹别克斯坦禽畜的头数(千头)

	2000 年	2005 年	2009 年	2010 年	2011 年(估测)
牛	5 353	6 571	8 046	8 210	8 416
羊	8 932	11 351	13 523	14 432	14 600
鸡	14 510	20 540	31 447	32 500	33 000
马	146	158	175	180	185
猪	85	87	99	100	102

资料来源:"Uzbekistan Livestock Report 2011", USDA GAIN Report Number: uz1101, 27 April, 2011.

(四) 吉尔吉斯斯坦和塔吉克斯坦的畜牧养殖业

畜牧、养殖业占吉尔吉斯斯坦农业总产值的一半,是吉尔吉斯斯坦农村经济中具有发展潜力的一个领域。禽畜产品也是吉尔吉斯斯坦人饮食结构中的一个重要的部分。到 2009 年底,吉尔吉斯斯坦共有 480 万只羊、130 万头牛、40 万匹马和 450 万只鸡。目前 90%以上的禽畜为是私人农场和家庭农户生产的。

养殖业在塔吉克斯坦农业中处于比较次要的地位,自 2000 年以来,占农业产值的 25%左右,远低于其他中亚国家。在哈萨克斯坦和吉尔吉斯斯坦的农业生产中,养殖业的比重稍重于种植业。即便是乌兹别克斯坦这样高度依赖棉花种植的国家,养殖业生产也占农业产出的 40%—45%以上。在养殖业私有化之后,塔吉克斯坦禽畜生产主要是由家庭农户生产的(88%的牛、76%的羊、100%的马)。㉙大型的农业企业的生产比例不断缩水。

四、食品价格大幅上升

自2008年以来,国际食品价格急剧上升,虽然在2009年有所缓和,但仍高于2008年价格上升以前的水平。自2010年夏以来,食品价格再次大幅上升,并一直持续上升到2011年5月。㉚一些重要金融部门的分析报告认为,2007—2008年、2010—2011年粮食市场价格的剧烈波动不是一个短期趋势。㉛上合成员国的食品价格走势也大体相符。

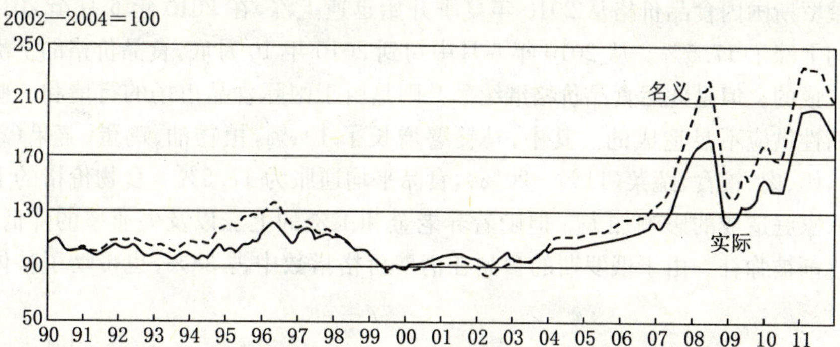

注:实际价格指数为名义价格指数扣除"世界银行制成品单位价值指数"因素计算得出。
资料来源:FAO. http://www.fao.org/worldfoodsituation/wfs-home/foodpricesindex/zh/.

图12.1　粮农组织食品价格指数(1990—2011年)

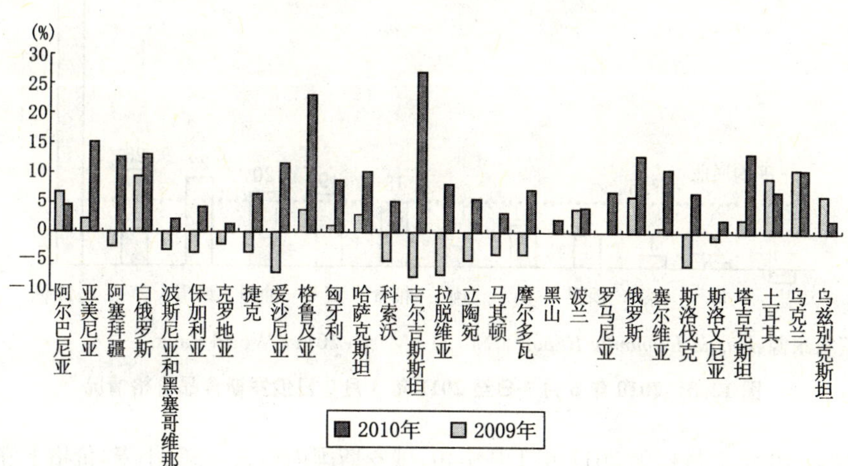

资料来源:Food Price Watch, World Bank, http://www.worldbank.org/foodcrisis/foodpricewatch/april_2011.html.

图12.2　东欧和中亚国家的食品价格通胀率

从图 12.2 可以看出,2009 年哈萨克斯坦、吉尔吉斯斯坦、塔吉克斯坦的食品通胀率很低,主要是因为 2009 年这些国家农业均获得了好的收成;俄罗斯和乌兹别克斯坦的食品通胀率也在 10%以内。而 2010 年吉尔吉斯斯坦由于社会动乱,食品通胀率高居东欧和原苏联成员国之首,哈萨克斯坦、俄罗斯和塔吉克斯塔也由于国内生产的下降和国际市场价格上升,食品通胀率大增。乌兹别克斯坦由于国家严格的管制,食品通胀率水平较低。

(一) 俄罗斯的食品价格

俄罗斯国内食品价格从 2010 年夏季开始迅速上涨,在 2010 年 6 月至 2011 年 2 月之间上涨了 17.5%。从 2010 年 6 月中旬到 2010 年 10 月底,食品价格的上涨是由干旱造成的。但是此后食品价格继续攀升则是由于国际食品市场的行情和一些地区的间断性供应不足造成的。其中,马铃薯增长了 104%,植物油、鸡蛋、苹果(20%—25%),奶、肉、粮食、蔬菜(11%—20%),食品平均通胀为 17.5%。食物价格的上涨对低收入家庭造成的影响加大。但随着养老金和工资的上涨以及失业率的降低,这些影响逐渐被弥补。由于俄罗斯的食品在消费价格指数中占 38%,也带动了整体经济的通胀。

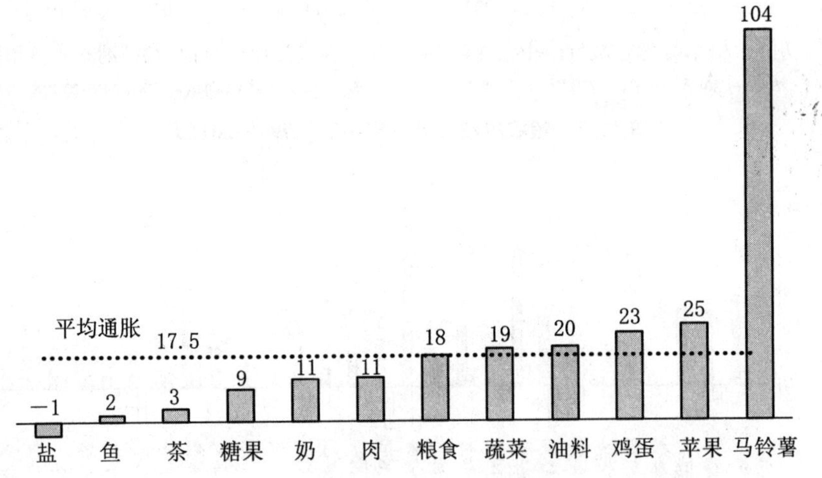

资料来源:*Russia Economic Report*, No. 24, March 2011, World Bank.

图 12.3　2010 年 6 月 7 日至 2011 年 3 月 7 日俄罗斯食品价格情况

从 2010 年 7 月初到 2011 年 1 月中旬,俄罗斯国内粮食(三等小麦)价格上涨情况为:南部联邦区(6 400 卢布/吨,213 美元/吨,上涨了 50%);中央联邦区(7 750 卢布,258 美元,上涨了 100%);伏尔加联邦区(8 000 卢布,266 美元,上涨 120%);南乌拉尔(8 500 卢布,283 美元,上涨 160%);西伯利亚(7 700 卢布,243 美元,上涨 185%)。饲料小麦价格的上升幅度更大，五等饲料小麦在中央联邦区上涨 115%（7 300 卢布，243 美元），在乌拉尔联邦区上涨 200%以上（7 900 卢布，263 美元）。[32]

俄罗斯政府为了控制国内市场的粮食价格采取了一系列措施，包括向市场投放粮食，以及鼓励粮食生产者与加工者之间签署最低价格协议。2011 年 2 月 15 日，俄罗斯面粉厂联合会、俄罗斯面包师联合会和粮食生产者全国联合会签署了 2011 年 7 月 1 日之前的制粉小麦的最低价格协议。签署方同意，其成员将遵守最低的价格。

表 12.9　俄罗斯 2011 年 7 月 1 日之前的制粉小麦最低价格协议

联邦区	市场价（卢布/吨，美元/吨）		最低协议价（卢布/吨，美元/吨）	
	3 级制粉小麦	4 级制粉小麦	3 级制粉小麦	4 级制粉小麦
中央联邦区	7 700 卢布（257 美元）	7 450 卢布（248 美元）	6 000 卢布（200 美元）	5 700 卢布（190 美元）
西北联邦区			6 500 卢布（217 美元）	6 200 卢布（207 美元）
北高加索联邦区	6 630 卢布（220 美元）	6 275 卢布（209 美元）	4 900 卢布（163 美元）	4 500 卢布（150 美元）
南部联邦区	6 630 卢布（220 美元）	6 275 卢布（209 美元）	5 000 卢布（167 美元）	4 500 卢布（150 美元）
伏尔加联邦区	7 930 卢布（264 美元）	7 715 卢布（257 美元）	5 800 卢布（193 美元）	5 500 卢布（183 美元）
乌拉尔联邦区	8 590 卢布（286 美元）	8 340 卢布（278 美元）	5 500 卢布（183 美元）	5 000 卢布（166 美元）
西伯利亚联邦区	7 485 卢布（250 美元）	6 785 卢布（226 美元）	5 000 卢布（166 美元）	4 500 卢布（150 美元）

资料来源：根据“Farmers and Flour Millers Agreed on Indicative Minimum Wheat Prices”（USDA，GAIN Report Number：RS1110，22 Feb，2010）一文中的数据整理。

2011 年的丰收，使得俄罗斯市场面粉价格在 2011 年保持平稳，但也维持在较高的水平，面包的价格也持续平稳走高。马铃薯的价格自 2011 年 8 月以来大幅下降。

(二) 哈萨克斯坦的食品价格

哈萨克斯坦 2010 年全年的通胀率为 7.1%，在哈萨克国家银行的控制目标之内（6%—8%）。但是 2011 年 1 月的通胀率达到了 8.1%，很大程度是由于食品价格的上升。整体而言,哈萨克斯坦国内食品价格较为稳定,这与其粮食需求量不大有关。而且哈政府针对一度供应紧张的荞麦、油料作物、植物油等,规定了6个月的出口限制,以保证国内的产品需求和合理的价位。[33]

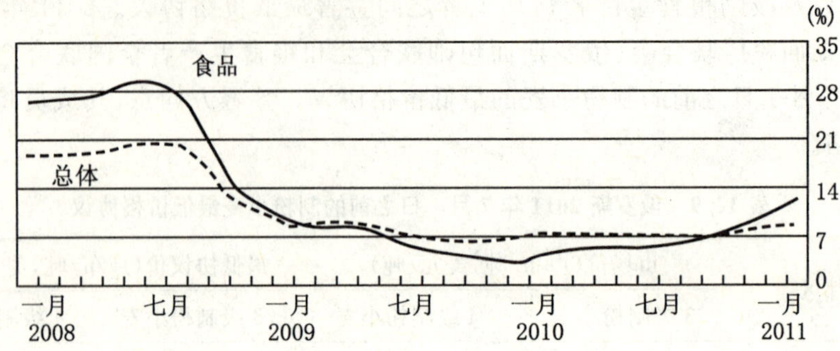

资料来源:National Bank of Kazakhstan. http://www. nationalbank. kz(accessed 15 March 2011)。转引自:"Economic Trends and Prospects in Developing Asia: Central Asia, Kazakhstan, "*Asian Development Outlook 2011*, Asian Development Bank, 2011。

图12.4 哈萨克斯坦2008年1月至2011年1月的通胀率

(三) 乌、吉、塔食品价格

由于政府的严格管制,乌兹别克斯坦国内食品价格保持在较为稳定的低水平。乌兹别克斯坦自1994年就不允许粮食(包括面粉、大米)的出口,只是偶尔政府会允许临时出口一些粮食和面粉。国产的食用植物油也限制出口。

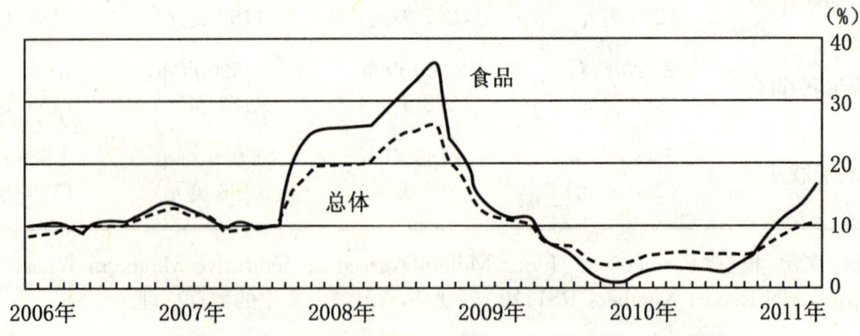

资料来源:Tajikistan State Statistics Agency, http://www. stat. tj, 转引自"Economic trends and prospects in developing Asia: Central Asia-Tajikistan", *Asian Development Outlook 2011*, p. 201。

图12.5 塔吉克斯坦2006年1月至2011年1月的通胀率

吉尔吉斯斯坦对基本的大宗商品高度依赖进口,如小麦、燃料、肥料和机械。由于吉尔吉斯斯坦2010年4、6月的动乱,哈萨克斯坦和乌兹别克斯坦关闭边境,马上引起了吉尔吉斯斯坦农业投入品，如肥料等价格的飞涨。基本食品的价格自2010年7月初以来快速上涨。面粉在全国范围内的价格到9月份达到了24.66索姆/公斤，比6月份的价格上涨了35%。面包的价格也随之上涨。[34] 2011年2月价格进一步上涨，比什凯克的小麦粉和面包的价格分别比去年同期上涨65%和26%。[35]吉尔吉斯斯坦国内食品价格飞涨的重要原因之一是，吉尔吉斯斯坦政府对食品价格的管控薄弱。

2010年夏秋以来，塔吉克斯坦国内食品价格上升。面粉上涨近30%，其他的食品，如糖、牛肉、马铃薯等，也都大幅上涨。价格上涨主要是由外部因素引发的，特别是俄罗斯的小麦禁运和哈萨克斯坦粮食产量的下降，以及燃料价格的上升。[36]进入2011年以来，食品价格仍呈上涨的趋势。

五、粮食供需平衡与贸易

上合成员国的粮食供需平衡情况差别很大，俄罗斯、哈萨克斯坦供大于求，是粮食的净出口国；乌兹别克斯坦、吉尔吉斯斯坦和塔吉克斯坦需要大量的粮食进口。虽然俄、哈都是粮食出口大国，但传统上俄罗斯粮食出口主要是面向北非、中东等地，哈萨克斯坦主要的出口对象是中亚国家。对于中亚粮食安全而言，哈萨克斯坦的地位至关重要。表12.10也反映出吉尔吉斯斯坦、塔吉克斯坦和乌兹别克斯坦主要的粮食缺口，是通过商业购买的形式完成的，外部援助所占的比例很小。

表12.10 中亚国家需要进口的粮食量(千吨)

	2010年实际进口量			2011年预计进口需求			
	商业购买	接受援助	商业购买与援助合计	总进口需求	商业购买	援助	商业购买与援助合计
吉尔吉斯斯坦	352	13	365	445.6	400.9	44.7	445.6
塔吉克斯坦	870	30.3	900.3	969.5	961.7	7.8	969.5
乌兹别克斯坦	1 838.0	0.0	1 838.0	1 774.0	1 774.0	0	1 774.0

资料来源："Crop Prospects and Food Situation", GIEWS, No.4, December, 2011, FAO.

(一) 俄罗斯粮食进出口情况

俄罗斯联合粮食公司(OAO, Объединенная Зерновая Компания)成立之后，很快制定了该公司的发展战略。其基本的判断是俄罗斯未来将有大量的粮食可供出口，因此其主要的工作是推动粮食出口。这基本上代表了俄罗斯官方的看法。

表 12.11 俄罗斯联合粮食公司对俄罗斯粮食市场平衡的预测(百万吨)

	2009/2010	2010/2011	2011/2012	2012/2013	2013/2014	2014/2015	2015/2016
转入的粮食库存	23.8	22.3	18.0	17.0	16.0	15.0	15.0
生产	93.0	95.0	100.0	105.0	110.0	115.0	120.0
消费	75.5	77.8	78.6	80.2	80.9	81.7	82.2
出口	19.0	21.5	22.4	25.8	30.1	33.3	37.8
结转库存粮食	22.3	18.0	17.0	16.0	15.0	15.0	15.0

资料来源：Стратегия Развития ОАО «Объединенная Зерновая Компания» На 2009-2012 Годы И На Период До 2015 Года，Москва 2009.

根据表 12.11 的预测，在俄罗斯国内需求稳定的情况下，粮食生产的大幅度增加，将有大量的粮食用于出口。同时联合粮食公司预测国际市场的需求将持续增长，俄罗斯的出口占全世界出口量的比重将不断增加，到 2015 年，将占有 1/5 左右的市场份额。

表 12.12 俄罗斯联合粮食公司对世界市场粮食出口增长预测(百万吨)

	2008/2009(实际)	2009/2010	2010/2011	2011/2012	2012/2013	2013/2014	2014/2015	2015/2016
全世界出口量	160	139	149	153	156	162	166	170
俄罗斯出口量	23	19	21.5	22.4	25.8	30.1	33.3	37.8
俄罗斯占比	14%	14%	14%	15%	17%	19%	20%	22%

资料来源：Стратегия Развития ОАО «Объединенная Зерновая Компания» На 2009-2012 Годы И На Период До 2015 Года，Москва 2009.

2009 年 7 月至 2010 年 4 月，俄罗斯的小麦出口到 40 余个国家，主要的市场是埃及(515 万吨)、土耳其(212 万吨)、叙利亚(99 万吨)、伊朗(70 万吨)、利比亚(58 万吨)、约旦(49 万)、格鲁吉亚(47 万吨)、以色列(47 万吨)、也门(40 万吨)、孟加拉国(37 万吨)。此间推动俄罗斯小麦出口的有利因素是：国内市场需求小，存货大，卢布对美元贬值，使得俄罗斯在地中海市场上与欧洲和美国小麦相比提高了竞争力。俄罗斯在地缘上接近地中海和中东市场，其主产区，即欧洲南部地区的运费相对较低。[37]

2010 年的干旱导致俄罗斯粮食产量大幅下降，俄罗斯政府从 2010 年 8 月起禁止粮食出口。俄罗斯 2010 年市场年[38](主要是在 2010 年 7—8 月进行的)，主要的出口目的地是埃及(160 万吨)和土耳其(60 万吨)。对沙特、以色列、亚美尼亚、利比亚、也门、阿塞拜疆和格鲁吉亚的进口规模平均在10—20万吨。2010年8月以后，粮食出口受禁令影响而骤减(大米除外)。

表12.13　俄罗斯2010年7月至2011年1月粮食出口情况(吨)

	2010年7月	8月	9月	10月	11月	12月	2011年1月	总　计
总量	1 938 580	1 700 046	6 362	36 384	37 996	67 571	19 220	3 806 159
小麦	1 717 792	1 584 384	2 510	5 000	12 295	11 153	0	3 333 134
大麦	166 703	99 656	0	0	0	0	0	266 359
燕麦	0	0	442	189	94	425	127	1 277
玉米	44 278	9 711	0	0	0	0	0	53 989
大米	9 807	2 574	1 850	30 242	25 608	55 914	19 093	145 088
面粉	14 359	3 665	2 290	1 077	2 892	1 560	10 430	36 210
麦芽	4 739	4 695	1 028	503	493	746	730	12 934

资料来源：Global Trade Atlas。转引自“Russian Federation. Grain and Feed Annual”，USDA，GAIN Report Number：RS1113，24 March，2011。

2010年，俄罗斯也进口了部分粮食。从2010年7月到2011年1月，俄罗斯进口了5 000吨小麦和相当于5 000吨小麦的面粉。同期进口的大麦数量较多，为19万吨(其中包括相当于6.8万吨大麦的麦芽)。随着俄罗斯在2011年的粮食丰收，其出口量在2011/2012年市场年将攀升到2 300万吨的水平，包括2 000万吨小麦、220万吨大麦和110万吨玉米。㊴

(二) 哈萨克斯坦粮食出口情况

哈萨克斯坦粮食由于产量高、国内需求量低，所以出口量大(主要是小麦和面粉)。根据哈萨克斯坦海关的数据，2009年1月1日至2009年12月31日，共出口670万吨粮食。哈萨克斯坦2009年粮食出口目的地主要是独联体国家，共向这些国家出口220万吨(占粮食总出口的60.5%)。其中，塔吉克斯坦从哈萨克斯坦进口38.15万吨，吉尔吉斯斯坦33.84万吨，阿塞拜疆25.66万吨，土库曼斯坦17.31万吨，俄罗斯14.37万吨。其他国家，伊朗98.88万吨，土耳其44万吨，阿富汗33.8万吨，英国9.06万吨，格鲁吉亚7.96万吨，希腊7.46万吨。㊵

2010年哈萨克斯坦没有对粮食实行禁运，而是一直保持高价格的出口。2010/2011年市场年出口粮食580万吨；随着2011年的粮食产量大幅回升，哈萨克斯坦在2011/2012年市场年有望出口880万吨。㊶

里海是哈萨克斯坦唯一的出海口，为此哈萨克斯坦政府积极拓展出口通道。目前哈萨克斯坦正在阿克图(哈)、巴库(阿塞拜疆)、阿米拉巴德(伊朗)建立粮食中转港口。哈萨克斯坦政府也正考虑建设从哈萨克斯坦经土库曼斯坦、伊朗直到印度洋的铁路。以及在中国边界建立粮食仓库和铁路,经中国(包括出口到中国)出口粮食到东亚和东南亚。

(三) 乌、吉、塔粮食进口情况

得益于乌兹别克斯坦政府过去数年对农业生产的支持,小麦的平均单产在过去五年提高了12%。目前的粮食的总产量与10年前相比增加了一倍,但仍需要进口三分之一的小麦。2010/2011 年乌兹别克斯坦的粮食进口量为 146 万吨,预计 2011/2012 年进口量在 170 万吨左右。吉尔吉斯斯坦通常进口小麦占消费总量的 25%—30%,大多数来自于哈萨克斯坦(占总进口的 95%左右)。2010/2011 年进口 36 万吨左右的粮食,2011/2012 年预计需要进口 44 万吨的粮食。塔吉克斯坦粮食进口量占国内消费的一半左右。2008/2009 年小麦和面粉的进口是 99.5 万吨,2009/2010 年的进口量为 90 万吨,2011/2012 年估计为 96 万吨。

六、 上海合作组织框架内的农业合作

近年来极端的气候现象频繁发生,已经严重影响上海合作组织各国的农业生产。加之,这个地区在转型期的动荡,更加大了农业的困难。市场化的农业改革,并未取得预期的效果。还有其他一些不利的因素也影响着农业。关于如何在上海合作组织框架内展开农业合作,也是上海合作组织各成员国逐渐重视的一个领域,同时也需要大量扎实的前期研究。

中国在保障粮食安全方面的许多措施取得了显著的成效,值得中亚国家和俄罗斯学习,但对粮食的刚性需求将长期存在,而且形势日趋严重,因此发展与上合成员国之间的农业合作,有利于保障中国粮食安全的外部供给,是一个值得发展的方向。此外,对于中国新疆农产品出口到中亚,以及国内与农业相关的产业链(如农机、农产品加工、种子、化肥)拓展在上合内的业务,也是符合"走出去"战略的一个方面。第三,中国在农业科研技术、农业机械方面已经取得了很大的进步,在一些领域(基因、转基因),甚至是世界领先的水平,使得中国有机会和实力参与到中亚的农业合作中。总体而言,中国无论是在种植业、养殖业,还是在农业现代化方面,均取得了巨大的成就,在上合国家内处于领先的地位。同时,在 2012 年的中央一号文件中(关于农业),特别突出了农业科技创新的工作重点,中国政府对农业的关注、扶持和引导的力度也不断加大。

俄罗斯政府自 2007 年以来对农业的持续支持,使得农业已经成了俄罗斯国内经

济发展的"亮点"。在普京 2012 年初发表的系列文章中,专门提到了农业问题,主要是表示政府对农业支持的决心。[42]普京提及,所有发达国家都在某种形式上支持着农业,补贴自己的农业生产者,在这方面,俄罗斯也不能例外,因为国际粮食市场价格波动巨大,威胁着农业安全,而粮食的安全是一个事关经济和社会稳定的大事。这充分表明了俄罗斯政府仍将继续对农业的扶持。在 2012 年 1 月 11 日的政府令中,对政府各副总理的分工做出了重新调整,值得注意的是,分管农业的仍是第一副总理祖布科夫;祖布科夫主张对农业实行国家扶持。对俄罗斯农业的关注,不仅仅是政府部门。自由主义经济学家亚辛甚至提出要把发展农业作为今后对能源经济的可替代性产业;当然,俄罗斯学者也非常清楚俄罗斯农业离欧美式的现代农业,还有很大的差距,需要大量的投入。[43]俄罗斯方面也发出了信息,希望邀请亚太资本投资俄罗斯远东农业。在农业贸易方面,俄罗斯的战略目标是扩大粮食的出口(特别是拓展新的出口渠道,如亚太),限制肉类的进口。俄罗斯方面在一些重要的会议期间,也发出了向中国出口小麦的信号。[44]但在畜牧产品方面,俄罗斯则通过各种措施,对来自中国的产品有所限制。

哈萨克斯坦是传统的粮食生产和出口大国,虽然生产总量不高,但是出口量大,主要是面向中亚和中东这些与哈萨克斯坦毗邻的地区。运输上的瓶颈,严重制约着哈萨克斯坦的小麦出口。目前,哈萨克斯坦正积极推动在中哈边境建立粮食中转设施,希望推动面向中国,或途经中国面向东亚、东南亚的出口通道。由于出口市场的限制,哈萨克斯坦已经做出决定,降低小麦的种植比例,增加其他附加值更高的经济作物、饲料作物和果蔬的种植,同时实现对这些农产品的进口替代。

乌兹别克斯坦的一项重要的战略是逐步降低棉花的种植,提高棉花的质量和加工;加大粮食作物的比例,降低粮食进口依赖。但是成效不大,乌兹别克斯坦依然有很大的粮食缺口。同样需要大量进口粮食的还有吉尔吉斯斯坦和塔吉克斯坦。这两个国家也把粮食安全置于政府工作日程的重点,先后成立了粮食安全国家委员会,但是受到政局形势、资金技术,甚至是自然条件等诸多方面的约束,短期内改变被动局面的可能性很小,粮食消费依然高度依赖从哈萨克斯坦的进口。同时,粮食价格的波动,也对吉尔吉斯斯坦和塔吉克斯坦居民的生活产生直接的影响。整体而言,中亚国家的农业,还没有完全从传统的以畜牧业为主的生产方式过渡到现代农业阶段;同时,这些国家的畜牧业也大多以家庭农户生产为主,尚未形成大规模生产,在数量和质量上,都没有保障。

可以看出,上合成员国之间在农业方面,存在着非常大的差异性,影响着上合组织在农业领域内合作的展开。但是上合农业合作也存在着一些内在的动力。首先,这些国家是邻国,面临着许多共同的问题,如动物疫情、植物害虫等,都是跨境的问题,需要协同解决。其次,上合国家都把农业放在优先关注的地位。虽然目前各国对粮食安全和发展农业、养殖业的战略,仍是立足于国内,但是显然,在全球化的时代,这些国家在农业问题上,也不会排斥国际合作的机会。第三,金融危机使得中国企业更加主动关注俄罗斯、中亚市场。金融危机,也使得中国资金的影响力相对上升。第四,上合平台的存在,也是推动农业合作的重要因素。无论如何,有了这个平台,工作的展开就相对容易。实际上,目前已经有了一些比较重要的双边和多边的合作的行动,其中,中国的推动作用非常明显,特别是中国有很大的意愿,推动在农业领域内互利互惠的务实合作。

在中国农业部的倡议下,上海合作组织成员国农业高官会于 2007 年 11 月 27—29 日在北京举行,讨论并启动上海合作组织成员国农业合作,并就成立上合组织农业专家组、定期举行成员国农业高官会、农业部长会议、农业人员交流与培训、作物育种栽培、灌溉与土壤改良、跨境动植物病虫害防治及农产品贸易促进等方面的交流与合作,交换了意见。[45] 2009 年 10 月 14 日,上合组织成员国政府首脑(总理)理事会例行会议在北京举行。总理们强调,开展农业合作意义重大,责成加快首次农业部长会议的筹备工作,尽快研究《上海合作组织成员国农业合作协定》草案。[46] 2010 年 6 月在塔什干举行的上海合作组织成员国元首理事会第十次会议上签署了《上海合作组织成员国政府间农业合作协定》。2010 年 10 月 26 日,首届上海合作组织成员国农业部长会议在北京举行,会上,成员国交流了各自农业生产及政策信息,通过了《上海合作组织成员国常设农业工作组工作条例》。[47] 2010 年 11 月 25 日,在上合组织成员国第九次总理会议上,温家宝总理就加强上合组织务实合作提出的建议,包括了农业合作:研究建立上合组织粮食安全合作机制,中国愿意帮助成员国建立农业技术示范园。[48] 2011 年 8 月 31 日,上合组织农业经济合作研讨会在乌鲁木齐召开。来自上合组织各成员国农业部、上合组织秘书处、国内 18 个省(自治区、直辖市)农业外事外经部门及企业共百余名代表与会。研讨会以深化上海合作组织各成员国间的农业投资贸易合作为主题,旨在通过各国农业部门和外向型农业企业面对面的交流,搭建各方相互了解投资贸易政策和交流合作信息的平台。[49]

仅就上合组织近年就农业问题的一系列会议来看,也可以看出上合组织农业合作的发展轨迹。从农业高官会议,到农业部长会议,从交换意见,到农业工作组的设立,虽然很多还没有完全落实,但是应该考虑到,对于如此多样的上合各国的农业而言,已经是不小的成就了。特别是中俄之间的农业合作领域和深度不断拓展,下面仅以 2011 年以来的部分举措为例说明。

2011 年 10 月,在俄罗斯总理普京访华期间,中俄两国农业部签署了加强农业领域合作及疫情监督方面的协作拟定的两项备忘录。并决定成立中俄农业问题工作小组,负责双边的农业合作,经验交流,以及推动双方在农业领域内的合作,提出具体的措施。中俄农业部长也表示,要在多边机制中保持协调和配合,对涉及双方重大利益的问题上，协调立场。[50]此间，俄罗斯农业部长与中国质检总局局长就动植物卫生监控问题，签署了合作备忘录。双方同意，在动植物卫生方面，通过信息交换、会议磋商、专家见面等方式，解决面临的威胁。为此，双方决定建立具体的联络制度。2012年4月18—19日，中国质检总局与来访的俄罗斯联邦兽医与植物卫生监督局，就中俄粮食、水果等农产品质量安全、疫情防控、法规标准及强化合作机制等议题交换了意见，最终就《中俄互供粮食及其制品检验检疫合作备忘录》达成一致，并草签了文本。[51]此外，一些具体的合作项目也得到了推进。2011年10月，在第六届中俄经济工商界高峰论坛上，俄罗斯利佩茨克州"经济特区"与中资新世纪农业科技股份有限公司就该经济特区投资生产农业灌溉系统第二轮投资(2012—2014年)达成合作意向，如果项目进展顺利，该公司有望成为俄罗斯规模最大的农业灌溉系统生产商及农业科技服务提供商。[52]2009年、2010年的干旱不仅导致了俄罗斯粮食产量的下降，同时也暴露了俄罗斯农业灌溉技术和设施的薄弱，特别是在俄罗斯的产粮地区——中央黑土区，滴灌设备有很大的市场。2012年3月，中俄(佳木斯)农机产品展销洽谈会顺利举办，共签订农机贸易与项目合同近百项，总金额达11.5亿美元。[53]不仅是中国方面对俄罗斯市场有兴趣，俄罗斯也看到了中国的需求。2012年年初，俄罗斯滨海边疆区立法和行政部门，决定实施长期的支持私人农业的计划，特别是在水稻的生产方面。该区议会主席说，滨海边疆区的水稻足够自身的消费，我们支持私人农业的生产，扩大对中国的水稻出口。[54]此外，还有大量的中俄边境地区的农业合作项目。

中国与其他上合组织成员国之间的农业合作内容也不断丰富，但主要是在农产品贸易领域。除了乌兹别克斯坦之外，中国在与上合成员国之间的农产品贸易关系中，都处于顺差。上合组织农业合作的焦点是贸易，但这也是容易引发摩擦和争论的环节，特别是容易引起对于中国因素的担忧(中国处于优势地位)，这在其他上合成员国的媒体舆论中屡见不鲜。

表12.14　2011年1—12月中国出口农产品情况(万美元)

国　别	2011年1—12月	2010年1—12月	同比(%)
俄罗斯	194 743.7	153 698.8	26.7
哈萨克斯坦	17 919.7	14 158.9	26.6
乌兹别克斯坦	5 742.1	3 989.5	43.9
吉尔吉斯斯坦	12 125.4	12 754.3	−4.9
塔吉克斯坦	1 363.9	1 346.2	1.3

资料来源：《中国进出口月度统计报告——农产品》，2011年12月，中华人民共和国商务部对外贸易司。

表 12.15　2011 年 1—12 月中国进口农产品情况(万美元)

国　别	2011 年 1—12 月金额	2010 年 1—12 月金额	同期比(%)
俄罗斯	169 291.4	138 717.1	22.0
哈萨克斯坦	2 910.7	3 396.9	−14.3
乌兹别克斯坦	53 453.6	71 664.1	−25.4
吉尔吉斯斯坦	1 471.4	1 406.9	4.6
塔吉克斯坦	161.7	581.9	−72.2

资料来源:《中国进出口月度统计报告——农产品》,2011 年 12 月,中华人民共和国商务部对外贸易司。

上合组织成员国之间的农业合作,实际上有很多层面的工作可以推进。首先是法律法规等基本信息的相互通报和介绍,很多的会议都提及过这方面的合作,但具体的工作刚刚展开,各成员国之间,特别是中国与其他成员国之间,在相互之间农业问题上的熟悉程度和研究水平,还刚起步。其次,科学技术层面的合作也还处于商讨阶段,联合科研项目、农业领域内的科技创新合作等还需要大大加强。第三,与前两点相关的人员交流和培训,虽然有过一些项目和活动,但是涉及的范围有限,没有形成规模和明显的成效。最后,上合农业合作中,倾向于关注和突出农业合作的贸易方面,即农产品、食品,以及农业机械等的进出口,这容易引起关于贸易逆差、粮食安全等敏感话题的争论;事实上,一些中亚国家政府,以及俄罗斯对于从中国进口的果蔬产品、肉类、鱼类等产品,有诸多的限制,其最终的目标是实现进口替代,但是很多中方建议仍然集中在如何拓展对这些地区的出口。贸易可以进行下去,但是需要改变做法,如寻找当地的合资伙伴共同经营(美国农业部对美国企业拓展俄罗斯业务的建议也是如此),共同投资,生产,销售(或者返销国内)等。另外,需要在上合框架内就贸易问题(或农业贸易问题)设立相应的争端解决机制和机构,这是保障长期良性合作不可或缺的环节。

注释

① 哈萨克斯坦的土地私有产权仅限于小型的农户地块(平均规模为 0.2 公顷),而乌兹别克斯坦和塔吉克斯坦基本上是所有的土地都归国有。

② 从 1997 年开始,世界银行每年对东欧和原苏联的转型国家农业改革绩效进行评估,包括五个领域:价格和市场,土地改革,农产—食品加工和投入供应,农业融资,制度。得分从 1—10,分数高代表改革的成效好。Csaki, C., Kray, H. and S. Zorya, *The Agrarian Economies of Central-Eastern Europe and the Commonwealth of Independent States: An Update on Status and Progress in 2005*, World Bank ECSSD Working Paper 46, 2006, Washington, D. C.: World Bank. 转引自:Kamiljon T. Akramov, Nurbek Omuraliev, “Institutional Change, Rural Services, and Agricultural Performance in Kyrgyzstan”, IFPRI Discussion Paper 00904, October 2009。

③ USAID, *Land Reform and Farm Reorganization in Tajikistan*, Policy Issue Paper, 2004, Washington, D. C. : USAID. 转引自:Kamiljon T. Akramov, Nurbek Omuraliev, "Institutional Change, Rural Services, and Agricultural Performance in Kyrgyzstan", IFPRI Discussion Paper 00904, October 2009。

④ Zvi Lerman, David Sedik, "Sources of Agricultural Productivity Growth in Central Asia: The Case of Tajikistan and Uzbekistan", *Policy Studies on Rural Transition*, No. 2009-5, FAO Regional Office for Europe and Central Asia, Sep. 2009.

⑤ 参见 Stephen K. Wegren, *Land Reform in Russia-Institutional Design and Behavioral Responses*, Yale University Press, 2009。

⑥ "Grain markets in Kazakhstan, the Russian Federation and Ukraine", May, 2009, EBRD, FAO.

⑦《低收入缺粮国——2012 年低收入缺粮国名单》,联合国粮农组织网站资料,http://www. fao. org/countryprofiles/lifdc. asp?lang=zh。

⑧ 俄罗斯农业部长叶连娜·斯克雷尼克指出,2009 年的干旱是近十年来波及面最大的一次干旱,造成 15 个重灾区进入紧急状态。受灾地区共歉收 1 300 万吨粮食,参见俄罗斯新闻网 RUSNEWS. CN,2009 年 9 月 8 日。

⑨ Алтухов А. (Зам. директор ВНИИЭСХ, чл-корр. РАСХН). Зерновое хозяйство России: Рост без развития//ЭКОНОМИСТ. 2009. 4. 这位俄罗斯农业问题专家认为俄罗斯近年来粮食生产的 75%—80%,是由相对良好的气候所决定的。该作者还认为,俄罗斯的粮食经济,直到 2006—2007 年,在许多指标上还没有超过改革前的水平。虽然近年来俄罗斯粮食生产平稳上升,在 7 800—8 000 万吨之间,2008 年达到了近 18 年来的最高水平,但是占世界粮食的比重,1986—1990 年是 5. 7%,而 2006—2007 年是 3. 5%。

⑩ "Effects of the Summer Drought and Fires on Russian Agriculture", USDA GAIN Report Number: RS1061, 26 Oct, 2010.

⑪ "Strategy of Steppe Plant Cultivation," http://www. minagri. kz/index. php? option=com_content&view=article&id=308% 3 Asostzemledel&catid=120% 3Aapkkz&Itemid= 112&lang =en,哈萨克斯坦农业部网站信息。

⑫ "Custom Union Reported Oilseed and Oils Export Ban from Kazakhstan", USDA GAIN Report, 5 Nov, 2010.

⑬ "Poverty and Food insecurity in Uzbekistan", WEP (World Food Programme), April, 2008.

⑭ Special Report: "FAO/WEP Crop and Food Security Assessment Mission to Kyrgyzstan", 7 December, 2010, FAO, World Food Programme, Rome.

⑮ Special Report: "FAO/WEP Crop and Food Security Assessment Mission to Kyrgyzstan", 7 December, 2010, FAO, World Food Programme, Rome.

⑯ GIEWS country briefs, Kyrgyzstan, 13 Sep, 2011, FAO.

⑰ "Special Report: FAO Crop and Food Security Assessment Mission to Tajikistan", 22 Oct, 2009, http://www. fao. org/giews/.

⑱ Filippo Arfini, Maria giacinta Capelli, "The resilient character of PDO/PGI products in dynamic food markets", paper prepared for presentation at the 113th EAAE Seminar "A resilient

European food industry and food chain in a challenging world", Chania, Crete, Greece, September 3—6, 2009.

⑲ Доктрина продовольственной безопасности Российской Федерации. Министерство Сельского Хозяйства Российской Федерации, www. mcx. ru. 30. 01. 2010.

⑳ "Agriculture Development Program in 2010 and Priorities for 2011", USDA, GAIN Report Number: RS1106, 26 Jan, 2011.

㉑ "Poultry and Products Semi-annual Big Moves to Self-Sufficiency", USDA, GAIN Report Number: RS1020, 6 Apr, 2010.

㉒ "Livestock Primary Processing Development for 2010—2012", USDA, GAIN Report Number: RS1069, 29, Nov, 2010.

㉓ В 2012 году-полное замещение импорта//Животноводство России. Февраль. 2011.

㉔ 邢金刚:《哈强调粮食安全并准备加大本国农业支持力度》,中华人民共和国驻哈萨克斯坦共和国大使馆经济商务参赞处,2009 年 5 月 1 日。

㉕ 中华人民共和国驻哈萨克斯坦共和国大使馆经济商务参赞处,2011 年 1 月 14 日。

㉖ 中华人民共和国驻哈萨克斯坦共和国大使馆经济商务参赞处,2011 年 1 月 17 日。

㉗ "Poverty and Food insecurity in Uzbekistan", WEP (World Food Programme), April, 2008.

㉘ "Uzbekistan Livestock Report 2011", USDA, GAIN Report Number: uz1101, 27 April, 2011.

㉙ Special Report: FAO Crop and Food Security Assessment Mission to Tajikistan, 22 Oct, 2009. http://www. fao. org/giews/.

㉚《粮农组织食品价格指数和农产品价格指数》,发布日期:2012 年 1 月 12 日。联合国粮食及农业组织官方网站:http://www. fao. org/worldfoodsituation/wfs-home/foodpricesindex/zh/。

㉛ "Promoting food security", European Bank for Reconstruction and Development, February, 2011.

㉜ "Russia Begins Selling Intervention Grain", USDA, GAIN Report Number: RS1107, 2 Feb, 2011.

㉝ "Custom Union Reported Oilseed and Oils Export Ban from Kazakhstan", USDA, GAIN Report, 5 Nov. 2010.

㉞ Special Report: "FAO/WEP Crop and Food Security Assessment Mission to Kyrgyzstan", 7 December, 2010, FAO, World Food Programme, Rome.

㉟ "GIEWS Country Briefs, Kyrgyzstan", 21 March 2011, FAO. http://www. fao. org/giews/countrybrief/country. jsp?code=KGZ.

㊱ "GIEWS Country Briefs, Tajikistan", 9 Nov, 2010, FAO.

㊲ "Russian Wheat Exports Potential", USDA, GAIN Report Number: RS1028, 15 June, 2010.

㊳ 市场年(Market year),对于俄罗斯和中亚国家而言,指的是上一年的 6 月到下一年的 7 月。

㊴ GIEWS Country Briefs: Russian Federation, 17 January, 2012, FAO.

㊵ Strategy of Steppe Plant Cultivation, http://www. minagri. kz/index. php?option=com_ content&view＝article&id＝308％ 3 Asostzemledel&catid＝120％ 3 Aapkkz&Itemid＝112&lang＝en，哈萨克斯坦农业部网站信息。

㊶ GIEWS Country Briefs：Kazakhstan，01，December，2011，FAO.

㊷ В. В. Путин. О наших экономических задачах. //Ведомости» от 30. 01. 2012，№15（3029）.

㊸ 冯绍雷：《俄罗斯经济转型靠农业》，《东方早报》2011 年 8 月 4 日。

㊹ 2010 年 11 月 25 日，在上海举行的瓦尔代会议中俄分组会议上的俄方提纲建议。

㊺《上合组织成员国农业高官会举行　达成系列共识》，中国政府网，2007 年 11 月 28 日。http：//www. gov. cn/zwjw/2007-11/28/content_819436. htm。

㊻《上合成员国首脑（总理）理事会会议联合公报（全文）》，2009 年 10 月 14 日于北京。

㊼《上合组织首届农业部长会召开　回良玉出席并致辞》，中国政府网，2010 年 10 月 26 日。http：//www. gov. cn/ldhd/2010-10/26/content_1730713. htm。

㊽《温家宝出席上合组织成员国第九次总理会议并讲话》，新华社杜尚别 2010 年 11 月 25 日电。http：//www. gov. cn/ldhd/2010-11/26/content_1753763. htm。

㊾《上合组织农业经济合作研讨会在乌鲁木齐成功召开》，中国政府网，2011 年 8 月 31 日。http：//www. gov. cn/gzdt/2011-09/01/content_1938422. htm。

㊿ Министры сельского хозяйства РФ и КНР Елена Скрынник и Хань Чанфу подписали Меморандум об укреплении сотрудничества в сфере сельского хозяйства. Министерство Сельского Хозяйства Российской Федерации. 11. 10. 2011 http：//www. mcx. ru/news/news/show/4991. 285. htm.

51 国家质量监督检验检疫总局动植物检疫监管司网站信息，2012 年 4 月 23 日，http：//dzwjyjgs. aqsiq. gov. cn/tpxw/201204/t20120423_215920. htm。

52《新世纪农业投资俄罗斯》，《中国企业报》，2012 年第 4477 期。

53《中俄农机展举行新闻发布会》，黑龙江农业信息网，2012 年 3 月 27 日。

54 Сельское хозяйство Приморья получит новую программу поддержки. Министерство Сельского Хозяйства Российской Федерации. 06. 02. 2012. http：//www. mcx. ru/news/news/show_print/5267. 285. htm。

报告十三　上海合作组织成员国的法制建设与法律合作[*]

黄　翔[**]

［摘要］　本文分析了2010—2011年上海合作组织签署的一系列应对政治与安全形势、经济与社会形势、人文与教育形势等方面问题的法律文件；评价和总结了每个成员国（俄罗斯、哈萨克斯坦、吉尔吉斯斯坦、塔吉克斯坦、乌兹别克斯坦）2010—2011年度的法制发展的总体形势，并对其未来发展走向进行预测与展望；对区域热点问题，如上海合作组织能源、金融、农业等领域合作、中亚跨境水资源问题、大国与上海合作组织国家的关系、俄白哈关税同盟等问题进行概括性法律研究。

［关键词］　上海合作组织　法制建设　法制合作

一、上海合作组织成员国内部的法制建设

（一）俄罗斯

1. 俄罗斯国内的法制建设情况

2010年俄罗斯一共颁布450部法律，其中联邦宪法性法律8部。2011年1月至12月颁布432部法律，其中包括4部联邦宪法性法律。

从颁布法律的内容看涉及国家结构和公民宪法权利、经济政策、社会政策、教育科学文化卫生、国防安全、国际合作等各个方面。

2010年初通过预算修正案，划拨出超过3 000亿卢布额外的收入。用于支持养老基金，用于改善卫国战争老战士和现役军人的住房条件（具体规定见2010年4月、5月、6月联邦法律《老战士法》修正案），用于城市道路建设，用于支持循环再造计划，并支持购买国产汽车。

---

[*] 本文参考法律资料较多，主要来自各国议会、政府部门网站，以及我国驻外使馆和经商处官方网站、俄罗斯东欧中亚研究所、新疆社科网等，特此说明。

[**] 黄翔，华东师范大学法律系，俄罗斯研究中心研究人员，莫斯科大学法学博士。

为了解决住房问题,2010 年 1 月通过了《住宅法》修正案,延长对住宅私有化的时间至 2013 年 3 月 1 日,以及增加按揭贷款供应的措施。扩大危旧房动迁使用基金的范围。扩大了使用大修基金解决家庭住房问题的可能性。保障基金股东权益。为了遏制住宅公用事业领域的价格上涨,交叉补贴时间延长到了 2012 年。提高住宅公用事业领域企业、组织和工作人员的服务质量标准组织的透明度。

2010 年 3 月通过了《药品流通法》,规定了流通过程的各个阶段,控制对生活重要和必需药品的价格。特别关注改善农村居民用药的普及性。通过了强制性的医疗保险法案,加强对免费医疗的保障,并给予财政预算的特别支持。

2010 年 3 月通过了俄罗斯联邦总统倡议的支持社会非营利性组织的一系列法律的修正案。包括非商业组织法、俄罗斯联邦主体立法和执法机关组织基本原则法、俄罗斯联邦地方自治组织基本原则法,以及保护竞争法等。这些法律的修订的目的在于支持非商业组织发展,实现其社会公益行为,规定了这些组织的活动应该围绕解决社会问题、发展公民社会进行,进而改善公民的生活质量。

为实施反危机措施、加强了对劳动移民监管,2010 年 2 月修正了《俄罗斯联邦出入境程序法》、2010 年 5 月修正了《俄罗斯联邦外国公民法律地位法》。目的在于首先保护本国的劳动力市场,其次鼓励吸引高技术水平的工作人员来俄罗斯。

通过联邦法律形式,批准了一系列国际条约和协议:俄罗斯、白俄罗斯和哈萨克斯坦关税同盟运行所需合同和协议;2010 年 3 月批准了与阿布哈兹和南奥塞梯共同努力保护国家边界的协议;加强上海合作组织和独联体内部合作的协议(2010 年 2 月通过了联邦法律《关于批准俄罗斯联邦政府签署的〈上合成员国紧急状态防控互助协议〉》);批准了 2006 年 5 月俄罗斯联邦签署的《保护人权与基本自由公约》第 14 号议定书。[①] 2010 年 4 月批准了俄罗斯与乌克兰签署的《乌克兰境内俄罗斯黑海舰队停泊的条件和地位》协议,俄罗斯黑海舰队在乌克兰境内塞瓦斯托波尔港口驻扎的期限从 2017 年延长 25 年至 2042 年,之后以 5 年为期限自动延长。

2010 年下半年法制工作的重点之一是安全问题:人身安全、社会安全和俄罗斯安全。与此相关颁布了联邦法律《安全法》(2010 年 12 月)。它取代了 1992 年的同名法律。在新的《安全法》里包含了保障国家安全活动的内容和依据、该领域国家机关的职权以及联邦安全委员会的地位。明确了保障国家安全、公众安全、环境安全、人身安全和其他安全的基本原则,规定了俄罗斯联邦总统、俄罗斯联邦议会、政府和执行权力机构在安全领域职能。规定俄罗斯联邦安全委员会是宪法的咨询机构,开展针对有关安全问题,组织国防,军队建设,国防工业,军事技术合作,宪法秩序,主权,独立和俄罗斯联邦的领土完整,以及对国际安全领域的合作保护的其他事项,为俄罗斯联邦总统决策起草文件。

法制工作强调了执法现代化理念,2010 年 12 月通过了《俄罗斯联邦侦查委员会法》,以期建立一个新的司法和侦查体系来对抗日益上升的刑事案件,措施之一就是建立俄罗斯联邦侦查委员会。另外一项重要法律是通过了《刑法》修正案,加强针对恐怖主义性质犯罪的惩罚,并且,帮助恐怖分子犯罪也成为独立的罪行。这为防止恐怖主义提供新的机遇。

针对在莫斯科和全国其他城市出现极端主义的危险,修正了《俄罗斯联邦集会、游行示威、静坐法》。

为了保护和发展农业,促进耕地的合理使用,制止耕地的闲置以及转作他用的现象,颁布了《关于没收懈怠业主农田可能性》的法律。针对夏季干旱、粮食价格被抬高,颁布了联邦法律《关于国家调整商业活动的原则》。法律中规定了一系列在贸易领域的要求,以及违反这些要求所要承担的责任。

为维护儿童权利,颁布了法律限定了未成年人收养人和监护人的范围。保护儿童不受虐待和从事犯罪活动,不受对儿童的发展健康有害的信息、毒品、酒精、香烟的影响。

通过了《强制性医疗保险法》。从法律角度增加了强制性医疗保险的保险费,但针对在社会和生产部门经营的小企业作了必要的例外规定。

颁布了一系列法律用于加强创新中心“斯科尔科沃”的优惠政策。以法律形式确定了“斯科尔科沃”住民的地位及所有优待,包括较低的社会税率、零利润税、在进出口手续方面费用的补偿。对外国参加者提供简化的签证制度等等。

通过了对税法的修正案。其中针对增值税,部分适用零税率,这是国家应对促进商业发展的重要举措,税法另一个修正案的目的是刺激机场、港口等交通基础设施的建设和升级的资金投入。

为发展海关联盟的法律框架,俄罗斯通过了俄罗斯联邦的新海关调整法,并批准了一系列与海关联盟相关的协议。批准了上海合作组织和集体安全条约组织的协议。

为建立和创造国家发展,保障俄罗斯公民的生活水平提高的法律条件,保障人的安全,俄罗斯通过了新的《警察法》。这是在法律上对内政部有关改革工作的继续。俄罗斯新《警察法》从 2011 年 3 月 1 日起正式生效,出台该法目的是为了恢复社会公众对警察的信任。总统梅德韦杰夫签署了关于俄内务机构编制人数上限的命令。目前俄罗斯内务机构的编制人数为 128 万人左右,2012 年 1 月 1 日之前将裁减至 110 余万人。梅德韦杰夫责成俄罗斯联邦政府和地方政府制定一整套措施,帮助在俄武装力量和法律保护机构的重组中被裁减的人员安置新工作。

从 3 月 1 日起,民警将改称为警察,恢复俄罗斯革命以前使用的称谓。这并非简单的更换名称,而是道德净化和提高工作质量的象征。与外国人有直接关系的内容是禁止警察主动检查外国人的证件。即仅仅基于怀疑非法移民,警察是不能在大街上拦住外国人并要求出示证件。法律明确规定，警察不能“实施监察”，而只能是“参与实施监察”外国移民在俄罗斯遵守移民规范的情况。有关移民的工作由俄罗斯移民局完成。不仅避免了这些部门的职能重叠，而且还消除了腐败产生的根源。

2008 年俄罗斯联邦法律《反腐败法》生效成为一个起点。其中在俄罗斯历史上首次从法律上给出了腐败的定义——即滥用职权以达到个人或团伙的利益。据 2010 年的统计，腐败现象出现最多的是在法律保护机关，包括内务部、检察院、侦查委员会等等。2011 年涉及腐败的刑事案件，它们占到了 34%。总共调查了 8 600 多起有关腐败的刑事案件，涉案近一万人，宣布了近 8 000 个有罪判决。其中被定罪的有 720 个国家和地方的政府工作人员以及近 1 300 个法律保护机关的工作人员。2011 年 5 月颁布了《关于受贿违法行为领域完善国家管理》的刑法和行政违法法修正案。贪污受贿分子面临缴纳 5 亿卢布以下的罚款。如果按照新的法律，贿赂金额分为四种情况：一般数额、较大数额、巨大数额和特别巨大数额。这与罚款紧密相连。在数额巨大的情况下，罚款是贿赂金的 40—70 倍，而在数额特别巨大的情况下，罚款是贿赂金的 100 倍，但不超过 5 亿卢布。另外还有一项新的内容，就是惩罚的不仅仅是行贿和受贿的人，还包括那些中间人、转交钱款的人或者协调洽谈的人。受贿越多，向国家交的罚款就越多。在惩罚的机制中加入了经济成分，从而给受贿行为以负面的经济影响。②

针对多莫杰多沃机场的恐怖主义行为以及国内反恐形势的需要，2011 年 5 月颁布了《俄罗斯联邦法恐怖法》修正案。总统有权决定恐怖危险预警等级。该体系分为三级。分别是威胁提高级（用蓝色标注）、高威胁级（用黄色标注）、极高威胁级（用红色标注），威胁提高级要在得到恐怖事件在谋划的情报信息之后确定；高威胁级是在获知恐怖事件计划实施的情报后，但其时间地点不详的情况下确定；最高级则是在恐怖事件的发生时间与地点情况确定，或者是已经发生之后实施。并且总统有权采取相应的反恐措施，以确保个人、社会和国家免受恐怖威胁。该法规定联邦政府机构、联邦主体和地方政府机关参与打击恐怖主义的行动，同时对原法律的实施反恐行动的决策、组织及程序等作了修改。

教育法作出了新的修订。针对完善国家统一考试的内容以及提供给年满 18 周岁中学毕业生由于考人大学而缓征入伍的可能性作出了相应的规定。为改善中小学教师待遇，4 月政府颁布了《支持（中、小）学新方案》，尤其强调将给地方中小学教师增加 30%劳动报酬总额。

2011 年 10 月通过了联邦法律《俄罗斯联邦联邦会议联邦委员会产生办法》修正案。法律赋予联邦主体国家权力立法（代表）机关和联邦主体最高行政长官从杜马议员中任命自己在联邦委员会代表的权力。

2011 年 10 月修订了《环境保护法》。明确了国家生态监测体系的组织和概念，保障不同机关不同形式的监测活动在法律框架内收集和交换信息,形成统一的方法、计量、信息体系。所有环保领域现存的监测形式都将纳入国家生态监测体系。法律还规定通过建立统一的生态监测数据基金以保障该系统运作。值得一提的是,法律修订了在使用核能领域的规定,以完善对俄罗斯联邦领土上辐射情况监测的管理,并且作为一个子系统纳入整个环境监测系统。

2011年11月通过了《俄罗斯联邦无偿法律援助法》。以法律形式确保俄罗斯公民获得无偿优质的法律援助,并且为俄罗斯官方和非官方法律援助组织的构建提供了组织—法律基础。法律明确规定了在无偿提供法律援助领域国家政策的内容,给予无偿法律援助的基本原则、主体以及职业水平要求。

2. 法制建设特点及发展趋势

第一,与西方以市民社会为介质的自发调节不同,俄罗斯走的是政府推进型的法治发展之路。这具有很多优势,如政府作为法治化的主要动力,可以借助和利用所掌握的本土政治资源,极大地节约社会成本和缩短国家法治化的时间进程,并且能够发挥政府对社会的掌控力,在国家法治化社会变动中,最大限度地减少冲突,维护社会稳定。③每年年底俄罗斯总统在议会的咨文确定了第二年俄罗斯法制的基本方针和方向。随着法治进程的深入,非自发型政府推进模式也遇到了发展瓶颈,如没有成功经验借鉴,缺乏市民社会基础法治发展会有停滞的危险,并且如何使政府推动的法制工作真正符合社会的需求,以及在市民社会发展后如何还政于民也是俄罗斯政府亟待解决的问题。

第二,2010—2011年,法制工作出现的新特点是鼓励公民和社会组织积极参与立法和国家管理,其中包括提交一系列法律修正案并监督各项法案的落实情况,提出许多建设性的意见和建议,积极参与国家计划的实施。这对俄罗斯公民社会的建设和法治目标的推进具有十分重要的指导作用。从而增强公民的社会责任感和主动参与的积极性以及立足于公益的公共精神和自律意识。例如针对《警察法》草案,150万俄罗斯人有机会发表自己的意见,仅通过互联网就收到2万多条建议和修正意见。根据社会讨论的结果,提出的修正意见几乎涵盖了所有条款,有10项条款被全部修改。例如,法律草案的初稿规定了警察行为合法推定的条款,这就意味着警察在任何时候任何情况下都是正确合法的。议员们听取了公民的意见,将这一条公民在与警察争议中总是处于劣势的规范从法律中取消。

第三,梅德韦杰夫更倾向于自由主义经济,力图通过经济私有化,提高俄罗斯经济中的竞争性成分,减少国有企业在特定行业中的垄断。而普京执政时期一直奉行通过发展国家资本主义来振兴俄罗斯经济的思路。2010年底政府通过了加大公司私有化的庞大计划。私有化的主要目的是提高这些公司的效率,为俄罗斯经济吸引更多的投资,而私有化的收入首先用于国家经济的现代化。各地也应通过相应的决定。

有关俄联邦各主体的国家管理机构组织基本原则的法律规定，地方政府为行使其职能所必需的财产可以为地方权力机构所有。按照俄罗斯《2011 年至 2013 年联邦财产私有化计划》，未来三年俄罗斯政府通过减持 10 余家大型国企和国家银行国有股权比例（即“私有化”）至 50%加 1 股以上，换取 1 万亿卢布财政收入（约合 359 亿美元），以平衡财政预算。有鉴于俄罗斯经济结构不合理的现状，如何保障通过私有化来降低国有企业在国民经济中的比重，推动俄罗斯经济结构的调整，如何营造更加具有竞争性的投资环境来推动中小企业的发展，也成为 2011 年下半年以后法制工作的一项重要内容。

第四，由于毒品泛滥形势。俄罗斯国家杜马主席鲍里斯·格雷兹洛夫认为对毒品全面开战势在必行，为完善对麻醉药品和精神药品流通领域的监管，2011 年 6 月修正了《麻醉药品和精神药品法》。阿富汗毒品正通过中亚进入欧洲，导致毒品泛滥。俄罗斯大约有 600 万名“瘾君子”（约占总人口 4%），每年超过 10 万人因吸毒而死。俄罗斯总统梅德韦杰夫甚至表示，毒品导致国家经济增长下降 3 个百分点，毒品也加剧了俄罗斯的艾滋病危机，俄罗斯艾滋病患者可能已经达到该国总人口的 1%。杜马正在审议新禁毒法。根据该法案，“瘾君子”将被强制戒毒或者被送入监狱，而毒贩则被视为“连环杀人犯”，被判以重刑。毒贩送进劳教所，强迫他们伐木、修铁路以及建设矿场。法律还包括，提高对麻醉药品流通的要求，销毁缴获的作为物证的毒品，建立国家间的协调以打击贩毒。

第五，俄政府从 2011 年 7 月 1 日起取消 2010 年出台的粮食出口禁令。俄罗斯农业部长斯克伦尼克预计，在天气良好的情况下，2012 年俄粮食收成将达 8 500 万吨，有能力满足国内需求，并具备出口潜力。但是俄罗斯迄今为止所有的甜菜和玉米的种子全部依赖进口，农业领域生产和增值能力非常低下，美国和欧洲各类农产品收获量要比俄高数倍，迄今为止，俄罗斯农业投入仍然不足，加之气候条件恶劣，西伯利亚和远东地区发展农业更加困难。尽管已经颁布了很多促进农业生产和保护农业发展的法律与政策，但是促进农业转型、农业发展方面的立法仍是法制工作的重点。

(二) 哈萨克斯坦

1. 哈萨克斯坦国内的法制建设情况

从 2010 年 1 月至 2011 年 12 月底，哈萨克斯坦第四届议会共颁布了超过 290 部法律。归纳起来主要有以下一些法律：

为改进国家许可证制度，减少对企业的行政负担，简化行政许可程序，包括发证，认证和评定程序，2010 年 1 月颁布了法人国家注册以及分公司、办事处登记简化程序问题的法律文件的修正案。2010 年 3 月颁布了《统计法》，旨在规范国家统计活动，满足社会需求，并修正了《自然垄断和调控市场法》。2010 年 5 月颁布了《消费者权益保障法》,确立了消费者广泛的权利和生产者、销售商的义务,旨在给消费者提供安全优质的商品、劳务。

2010年4月颁布了《预防犯罪法》,目的在于打击和预防犯罪,建立统一的预防犯罪领域的国家政策,保障公民合法权益免受犯罪行为侵害,降低犯罪率以及完善预防犯罪体系。

2010年6月颁布了新的《地下资源及其使用法》,体现了最大限度保护哈萨克国家利益的理念,包括资源、生态环境和生产力。主要特点有:考虑到勘探和开发混成一个合同签署时,无法客观地评估其工程量、工期和费用,取消"勘探和开发统一合同";取消"产品分成协议"、特许经营合同等合作方式,之前签署的"产品分成协议"的可履行至完毕;凡依据勘探合同、在勘探阶段发现并勘测出有价值矿藏的企业,可无需竞标而获得签署该矿藏开采合同的优先权;政府有权设定地下资源勘探开发过程中使用哈国产品和服务的比例;禁止在油气田开采作业中未经处理放空燃烧伴生气和天然气,规定必须进行有效利用。

2010年6月颁布了《海关法》。随着俄、白、哈关税同盟的建立,国内海关法需适应三国共同签订的同盟关税法的相关规定。新《哈萨克海关法》确定了统一境内的法律规范、建立了贸易便利化环境,如简化报关手续、建立各国海关工作协调和处置标准、取消海关各项强制性收费等措施。该法案还规定,从2010年7月1日起,关税同盟国税部门负责对关境内往来贸易征收间接税、增值税和消费税。

2010年11月颁布了《生物燃料生产流通国家调控法》以及修正案。该法案旨在发展哈萨克斯坦生物燃料生产和流通,确保国家粮食安全,保护生态环境。根据法案规定,为保障哈国家生物燃料市场稳定,国家将对生物燃料生产和流通进行扶持,主要方式为:为发展生物燃料市场提供科研经费,为参与者提供技术设备租赁服务。

2010年11月颁布了《税法》修正案。税法修正案旨在提高对黄金投资的吸引力,修改了企业所得税、矿物开采税、交通工具税、烟草消费税的税率,确定了对第三代和第四代移动通讯频段使用的收费标准。该修正案将2011—2013年的烟草消费税提高了25%,征收标准为800坚戈/1 000只香烟。此外,对经营3G和4G的移动通讯运营商每年征收2 200月核算单位(1个月核算单位等于1 413坚戈,1美元=147.37坚戈)的频段使用费。

2010年11月颁布了哈萨克斯坦《2011—2013年国家预算法》,该法规定,2011年的政府债务额不得超过3.2万亿坚戈(约合217亿美元),约占当年预计国内生产总值的15%。而2011年的国内生产总值预计为21.213 3亿坚戈(约合1 438亿美元)。

2011年1月颁布了《哈萨克斯坦共和国国家检查和监督法》。该法规定,对涉及国家机关实施的监督检查行动进行统一立法并确立其基本原则,主要目的是解决一些政府部门以检查的名义干扰企业正常经营活动的行为。该法律文件是根据总统在

2008年11月召开的反腐败论坛指示精神而制定的。政府部门对经营主体的检查行动存在许多问题，因此法律确定了完整的检查项目表、检查依据以及检查机关和被检查者的权利和义务。

2011年2月颁布新的《科学法》，重新确立了国家科学体系发展的基本原则和作用机制。鼓励科研工作者在新的科研经费管理模式下积极参与科研项目竞标，对在能源、原料和产品深加工、信息和通讯技术、生命科学、国家智力潜能等优先发展领域的科研项目将给予最大限度的经费支持。根据《哈萨克斯坦2010—2014年创新与促进技术现代化发展纲要》，到2015年政府对科研与开发的投入将占国内生产总值的1%，增加四倍。《科学法》规定，资助经费和重大专项经费都将采取竞标的方式，由国家科学技术鉴定委员会组织评审项目，并将评审结果提交给相关专业国家科学委员会审查，由授权机构批准拨款，以保证项目研究质量和实用性，改革学位授予体制过渡到符合"博洛尼亚进程"要求的哲学博士体系(PhD)及建设研究型大学培养科技创新人才等问题。

2011年7月颁布了新的《经济特区法》旨在提高特区管理水平，为投资者提供稳定的法律保障，扩大区内生产类型。新特区法修订增补的主要内容有：(1)撤销原有的特区管理机构，组建由国家、地方政府和企业共同参与的股份制管理公司；(2)在特区内实行"一个窗口"办公制度，有效利用更多的资源为区内企业提供多种服务；(3)提供税收优惠，包括：区内企业免公司所得税、土地税和财产税，区内销售的完全用于生产活动的产品免增值税，产品目录由国家制定，阿拉套"信息技术园"内的企业免交社会税。

2011年7月颁布了《哈萨克斯坦文件审批制度完善法》修正案，旨在优化许可文件审批制度，减轻企业行政负担。该修正案规定，哈萨克斯坦国家机关将普及"一窗式"服务工作原则，同时，通过规定审批时限、免除申请人文件公证手续等简化办事程序，缩短办理时间。根据该修正案，现行的1 015个审批文件将减少331个。

2011年7月，颁布了《关于国家调控部分种类石油产品的生产与流通法》。颁布该法的目的旨在保障哈萨克斯坦的经济安全，满足消费者需求，提供优质和对环境和居民安全无害的石油产品。在石油生产和流通领域国家的任务是：(1)保护人的生命和健康，保护环境；(2)保护哈萨克斯坦的经济利益，包括创造条件取缔非法生产和流通石油产品；(3)提高哈萨克斯坦产石油的质量；(4)创造条件保障石油再加工生产的现代化。赋予政府，包括制定在生产流通领域相关政策、制定调控产品价格目录、制定批发商遴选评定规则等13项权力，并且规定国家检查等手段作为国家监督的方式。

2011年11月颁布了哈萨克斯坦2012年的预算。2012年整体收入预计为46 260亿坚戈，其中包括税收部分32 210亿，非税收部分约为585亿，固定资产出售为30亿等。规定自2012年1月1日起最低工资标准为17 439坚戈，国家部分退休金为8 720

坚戈,最低退休金为17 491坚戈。

2. 法制建设特点及发展趋势

第一,尽管在世界银行发布的2010年报告中,哈萨克斯坦被看作保护商业利益改革的领先国家。在世界营商环境排行榜中,在全球183个国家里,哈萨克斯坦位于第59位。但是英国风险评估公司"Maplecroft"公布的"2010年法律和法规环境地图",哈萨克斯坦被列为法律环境差的高风险国家。④如2009年新《税法》还提高了超额利润税征收办法,将超额利润税税率由原来的4%—30%提高到15%—60%;取消原石油合同税收稳定条款,石油公司综合税赋由49%上涨到62%(国际油价按60美元测算),这造成了石油公司经济效益大幅度下滑。还有就是哈萨克斯坦对外资企业的管控程度日益严格。政府部门检查名目繁多。哈萨克斯坦对外企的管理在企业税收、安全和环保要求等方面越来越严格。在环保方面,提高环境排污费和无坑钻井费用等环保收费。⑤所以如何改善投资环境,吸引外来投资,树立哈萨克斯坦的良好形象,成为立法工作的首要任务。

第二,在法律保护体系改革框架内已经通过了16项法律。产权保护的法律机制开始运行,不造成严重公共安全威胁犯罪的量刑人文化措施也已实施,同时,非监禁刑罚、替代逮捕的其他强制措施的适用范围也有所扩大。得益于法制改革,仅2011年就将有2 000多名罪行较轻的罪犯被释放。此外,执法部门的人数缩减了15%,结构也得到优化,一些非执法部门特属的职能则移交给私营机构。接下来司法领域的法制工作重点将放在简化诉讼程序,维护其公正性、稳定性和案件审判的及时性;加强公民在诉讼程序范围内和审判结果执行过程中的权利保障;保证审判系统的独立性,使之确保依法办案;提高法官的业务能力,使哈萨克斯坦的审判系统适应21世纪的经济、投资和贸易的要求以及保护和提高律师在刑事案件诉讼和审判工作中的作用。

第三,司法体系正在发生明显变化,对腐败零妥协的斗争有序展开。当前哈萨克斯坦反腐败法是全世界最有效的反腐败法案之一。最近两年共有40多位部级干部,250多名州、市级干部被追究刑事责任,其中包括39位州长和副州长。被追究刑事责任的有环保部部长、卫生部部长、国家统计机构主席、紧急事务部和国防部副部长等高级官员。尽管在世界反腐败排名榜上的名次上升了45名,反腐败指数在独联体国家中也是位于前列的,但是反腐败方面的立法和保障反腐败政策执行方面的立法仍是法制工作面临的重要问题。⑥

第四,2011年1月14日哈萨克斯坦议会两院召开联席会议,一致通过了关于可用全民公决的方式延长总统纳扎尔巴耶夫任期的宪法修正案,为举行全民公决延长纳扎尔巴耶夫总统任期提供了宪法基础。1月31日,哈萨克斯坦宪法委员会主席罗戈夫表示通过的关于以全民公决方式延长总统任期的宪法修正案不符合宪法基本原则。议会通过的宪法修正案第一款没有明确指出总统任期可延长的期限,也没有指出延长任期仅一次有效还是长期适用。此外,宪法修正案没有说明关于延长总统任期的全民公决是否完全取代总统选举。宪法修正案的模糊表述将给国家法制带来混乱。尽管纳扎尔巴耶夫总统没有在该修正案上签字,使问题得以解决,但是立法工作的合宪性问题,以及立法机关和宪法审查机关相互协调问题仍是哈萨克斯坦法制工作中亟待解决的问题。

第五,纳扎尔巴耶夫在大选前发言中指出,哈萨克斯坦正在逐渐发展为连接中西方的桥梁。民间团体不断增加,在民主改革的道路上稳步前进。⑦与此相关的另一个立法重点是如何推进民主改革增加公民的参与意识,保障哈萨克斯坦公民言论、结社和政治信仰自由。依照《进一步强化宪法权力与加强公民人身自由》的法令,放宽了言论自由,这是保障哈萨克斯坦进步和发扬民主的重要条件之一。所以创造一些合适的条件和营造一个法律环境来保护言论、获取和传播信息的自由以及反对滥用言论自由权利也是哈萨克斯坦法制工作的重点。

第六,目前哈萨克斯坦境内约有100万非法移民。每年被哈萨克斯坦驱逐出境的非法外国移民约有1.8万至2万人。哈萨克斯坦输入外国劳动力的限额为国内有劳动能力人口数量的0.85%。哈萨克斯坦和以前一样仍是继俄罗斯之后接收中亚和南高加索国家移民的第二大国。这是国际劳工组织在阿斯塔纳召开的劳务移民管理问题研讨会上发布的调查报告中得出的结论。国家行政部门在2007—2015年移民政策方案框架下所采取的措施并未明确在哈萨克斯坦未受监管的劳务移民居留和就业的条件,而且与雇主和雇员组织也未就这一问题进行协商。哈萨克斯坦劳动和社会保障部计划从法律上解决这一问题。⑧新《移民法》在2011年7月获得通过。法律规定,哈萨克斯坦对不受监管的劳务移民采取使其合法化的措施每5年不少于1次,而且新法还明确界定了移民的类型。进入哈萨克斯坦的移民应该有明确的目的:或者是为了留学,或者是为了工作,或者是回归故乡。非法移民通常都是持因私签证进入哈萨克斯坦的,还有一部分是来自免签证国家。他们以旅游、探亲访友或其他理由进入哈萨克斯坦,然后就开始在这里务工。这些都触犯了哈萨克斯坦的法律。接下来哈萨克斯坦打算简化相关法律,使哈萨克斯坦的雇主无需在两国间签订双边协议即可使用外国劳动力。同时,雇主应当严格遵守相关规定,其中包括向务工人员提供各种必需的条件并为他们办理医疗保险。这些立法工作的开展不仅关系到哈萨克斯坦和中亚周边国家以及高加索国家的关系,也关系到哈萨克斯坦国内的稳定。

(三) 吉尔吉斯斯坦

1. 吉尔吉斯斯坦国内的法制建设情况

吉尔吉斯斯坦临时政府自2010年4月7日颁布的第一道法令《关于吉尔吉斯共和国临时政府》至2011年底,一共通过了700多部法令。从2010年至2011年底,议会一共颁布了240多部法律。

2010年4月,吉尔吉斯斯坦临时政府成立了制宪会议,起草新宪法草案。按照公民人权、总统议会和政府权力、地方自治及司法系统等内容进行草拟。5月21日,公布新宪法草案,6月27日举行全民公决,全民公决的选票上只有一个问题:是否赞成通过临时政府提出的新宪法草案和宪法生效有关规定法,还涉及是否支持实施新宪法的有关法律、支持临时政府的合法性、同意奥通巴耶娃出任过渡时期总统等,而选择是排他性的:同意或反对。全民公决投票正式结果显示,超过90%的选民支持新宪法草案和奥通巴耶娃出任吉尔吉斯斯坦过渡时期总统。

2010年7月2日,新宪法正式生效,共分9章114条。与以前通过的宪法版本相比,新宪法对有关总统和议会职权的章节作出了改变,明确地对国家立法、行政、司法三权进行划分和制衡,规定总统只是国家权力的象征,在国家政治生活中起仲裁作用,议会为一院制,不仅拥有立法权、组阁权,还有财政大权。新宪法核心内容就是政体将由总统制过渡到议会制,吉尔吉斯斯坦由此成为中亚第一个议会制国家。吉尔吉斯斯坦在其独立的19年中总共出台了九部宪法,其中运用全民公决法律形式通过了五部宪法。新宪法是吉尔吉斯斯坦独立以来的第九部宪法,此前的历次修宪也都是围绕着总统和议会职权分配而进行的。

2011年6月16日议会通过了《地方自治法》,明确了国家机关和地方自治机关的权限、相互关系的基本原则、国家保障地方自治权利的相关内容。规定了国家机关和地方自治机关分权原则、公开和对地方选区负责原则、合法性和社会公正性原则、社会意见公示原则、自治机关在职权范围内独立原则等。国家机关应该创造必要的法律、组织、物质财政条件形成和发展地方自治并给居民提供实现自治权利必要的协助。在作出涉及自治地方利益的决定时,国家机关应依法定程序和地方自治机关、当地协会、社团进行协商。国家机关依法对地方自治机关的活动的合法性进行监督。

2011年5月议会通过了《吉尔吉斯共和国国有财产私有化法》修正案。明确了私有化大纲由吉尔吉斯共和国政府制定,并由议会批准的程序。并且作出新的规定:大纲有效期满后,应在当年5月1日前由政府把相应期间的国有资产私有化的业绩报告提交议会审议。其他一些关键性程序也补充了须经议会同意的表述。政府制定相关规范性法律文件也必须遵循该法。这样就加强了议会在这些事项上的监督和决策权力。

2011年5月议会通过了《吉尔吉斯共和国总统和议会议员选举法》,根据该法由中央选举委员会确定选民名单和对选举进行监督。针对选举过程中宣传机会不均等的情况,法律规定在选举宣传期间,所有大众传媒都必须严格按照授权机关确定的价格和范围提供直播时间和版面。对总统选举作出了明确规定,总统选举在现任总统到任的11月的第三个周日,并且由议会最迟在选举前4个月决定。总统候选人数量不限，只要能够征集3万名选民签名即可登记。个人和政党都可以在最迟选举开始前75天推选候选人。总统任期6年，一人不能两次当选。候选人不能拥有外国国籍，年龄为35—70周岁，掌握本国语言并在国内居住不少于15年。语言掌握情况由中央选举委员会根据语言委员会鉴定结论作出。在议会选举中，法律明确规定必须考虑到代表性：代表名单里任何性别比例不应该超过70%，不低于15%的35岁以下的代表，不低于15%的不同民族的代表，不少于2名残疾人员。

2011年7月19日颁布了《吉尔吉斯共和国独立20年大赦法》，该法基于人道主义，旨在彰显对人身自由和社会权利的尊重。规定七类人可以免除刑事责任、剥夺人身自由的刑罚以及其他刑罚：未成年人；女性55周岁以上；男性60周岁以上；单亲供养2个以上子女或者子女有1、2级残疾的父母，或者供养1级残疾的父母的人；孕妇或者哺乳1周岁以下儿童的妇女；1、2级残疾人员；初犯并且所犯非重罪者。

2011年8月，通过了《婚姻家庭法》修正案，提高最低结婚年龄。根据该法，吉尔吉斯斯坦允许年满18周岁的人结婚，即便有特殊原因，如未婚先孕，也只能在满17周岁后结婚。此前吉尔吉斯斯坦最低结婚年龄定为16周岁。提高最低结婚年龄是为了保护未成年少女。吉尔吉斯斯坦早婚现象严重。据统计数据显示，在吉尔吉斯斯坦14%的婚姻中，新娘是14—17岁的未成年少女。

2011年10月，通过了《国家安全法》修正案。法律修正的目的在于使其内容符合吉尔吉斯新宪法，修正案带有校正和明晰的特点。主要内容是依照《宪法》和《国防委员会法》，清晰划分了总统、议会和政府在国家安全领域的权限。

2011年10月，总统签署了《吉尔吉斯共和国议会章程》、《地方国家行政机关法》修正案、宪法性法律文件《吉尔吉斯总统和议会议员选举法》修正案。《议会章程》主要涉及总统、议会、政府权限划分。《地方国家行政机关法》修正案主要涉及的是区行政长官任免的程序。根据新法，区行政长官由总理根据区议会提名其推荐的（至少三名）候选人中选择一名任命。在这种情况下，区议会应当在15个工作日里遴选一名候选人，以便总理任命。提名的候选人由区议会议员秘密投票产生。《吉尔吉斯总统和议会议员选举法》修正案主要的内容是当选总统应在议会议员出席的情况下向人民宣誓，法律规定总统宣誓应用官方语言，并且宣誓仪式应当由国家电视台和广播电台转播。

2. *法制建设特点及发展趋势*

第一，吉尔吉斯斯坦共和国已经确立议会制，接下来法制工作最主要的方向是以新宪法为基础，制定一系列与之配套的法律体系，主要体现在三个方面：

（1）法制保障总统选举。建立必要条件把临时政府开始的宪法改革进行到底。改革的最后阶段就是总统选举。当务之急就是颁布针对组织和进行2011年总统选举和细化选举过程以及选举委员会活动的法律。

(2) 保障行政机关的执行权力。依据新宪法,政府的本质发生了变化,它的宪法地位变化体现在已经颁布的《吉尔吉斯共和国政府法》、《地方国家行政机关和地方自治法》等。需要进一步创造法律条件保障政府履行自己的职权。

(3) 新宪法为建立独立、诚信、公正的司法体系创造了可能性。为实现在2012年重建司法体系的目标,已经颁布了《吉尔吉斯共和国法官遴选委员会法》、《吉尔吉斯共和国法官地位法》、《吉尔吉斯共和国最高院宪法院法》等。这些只是基础性法律文件,仍需要按照新宪法的精神进一步充实和完善相关法律。

第二,如何通过立法和依据法律打击恐怖主义,来实现政治局势和社会环境的稳定是吉尔吉斯斯坦法制工作的主要重点。在2010年吉尔吉斯斯坦提交给联合国人权委员会的该国人权报告中指出,2010年11月30日,比什凯克一体育场外发生爆炸事件,造成两人受伤。12月25日,一辆满载炸药的汽车在比什凯克市内务部大楼附近被截获。2011年1月4日晚三名警察在吉首都比什凯克一处住宅区检查居民护照时,遭到自动武器袭击身亡。在复杂的局势下,要避免发生社会秩序动荡,就必须进一步加强有关社会治安保障方面的法律建设以及司法部门的打击力度。

第三,政治稳定能为解决经济问题创造条件。重建家园、恢复发展经济,吉资源比较贫乏,经济基础薄弱,工农业生产长期低迷。吉尔吉斯斯坦作为中亚五国当中第一个加入世界贸易组织的国家,如何完全实现经济对外开放,尤其是完全取消出口限制,仍有很多工作要做。吉尔吉斯加入世贸组织的主要目的是,一方面开放本国市场,利用自身比较优势,增强经济实力,尤其是农产品的竞争力,扩大出口。也需要开展立法保障外国投资者利益,尤其是采矿业在内的各领域投资。此外,保证煤和粮食供应,为在2010年6月份南部骚乱中的受害者建设住房,以及大力支持中小企业等方面也是吉尔吉斯法制工作的重点。

第四,如何维护全国局势的稳定,改善南部地区吉尔吉斯族居民和乌兹别克族群关系,消除恐怖势力和分裂势力的威胁,也是法制工作的另一个重点。奥什事件后出现的一些变化:奥什市长麦里斯·米尔扎合马托夫被复职。同时乌兹别克人不相信奥什事件国家调查组的调查,要求国际社会干预调查,但遭到奥什市长的反对。乌兹别克人从2011年6月以来一直呼吁维和部队进入奥什,但是遭到吉尔吉斯人的强烈反对。关于奥什事件,国际危机组织2010年8月23日公布了名为《亚洲报告——吉尔吉斯斯坦大屠杀》的专门报告。该报告详细介绍和分析了事件起因和相关问题。有一点很重要,该报告谴责吉尔吉斯斯坦屠杀了乌兹别克人。但是吉尔吉斯人认为这是一份片面的报告,需要全面调查做出公正认定。目前只有9名国际调查小组成员在南部进行调查。临时政府能否有效平衡南部地区的民族冲突及消除其影响,关系到国内局势的稳定和民族的团结。奥什州卡拉苏区法院判处奥什事件罪犯乌兹别克族青年23年监禁,检察机关已经证实在6月他打死吉尔吉斯族青年。⑨所以,如何运用法律的手段重建国家政权结构，在社会稳定、人心稳定的前提下，平衡不同政治团体的利益，协调各方立场，是摆在吉尔吉斯新政府面前的一个重要难题。

(四) 塔吉克斯坦

1. 塔吉克斯坦国内的法制建设情况

2009 年 11 月 16 日塔吉克斯坦议会通过了 2010 年国家预算，该预算是在政府反危机规划的基础上研究的，支持国家经济—社会的发展，其中包括罗贡水电站的修建。总金额约是 65.37 亿索莫尼，支出规定是 67.82 亿索莫尼。赤字相对于 2009 年有所增加。主要的财政来源是皮棉和初级铝销售的税收、加工品税收、海关税、增值税和消费税等。税收主要来自国内的一些大型公司。实施国家图书馆、酒店和教育领域项目的客户和总承包商可以获得以下一些优惠：免除增值税、公路使用税、法人所得税、收入最低税以及国外公民的社会税。同时还免除进口天然气和电能的增值税，免除进口商品的增值税，商品清单和数量由塔吉克斯坦政府确立。2010 年进口小麦的增值税是 10%，还有其他一些应纳税的商品。免除进口机械设备和市政客运的增值税，清单和数量由政府确认。免除拖拉机、农业机械组装的部分备件和家禽饲料的增值税和海关税。

2010 年 2 月 24 日，塔吉克斯坦议会下院通过了《2010—2012 年减贫战略》。塔吉克斯坦的贫困水平从 2003 年的 72.4%降低到了 2009 年 50%。塔吉克斯坦政府认为，在减贫战略得到有效落实的情况下，到 2012 年，塔吉克斯坦的贫困水平将下降到 40%。塔吉克斯坦计划开展专项调查活动以确定国内居民的贫困水平。新的减贫战略包括改革国家管理体制，发展私营经济和吸引投资。此前一些战略规划的实施推动了国家经济的发展，改善了居民的生活水平。塔吉克斯坦在实施 2007—2009 年减贫战略时投入了 50 亿美元。新减贫战略实施的方法和机制将得到极大改善，投入的资金将增加到 53 亿美元。

2010 年 11 月塔吉克斯坦通过了 2011 年度《塔吉克斯坦共和国国家预算法》。确定 2011 年塔吉克斯坦国家财政收入预算为 82.92 亿索莫尼，支出部分为 85 亿索莫尼，国家预算赤字约为 2 亿索莫尼。2011 年塔吉克斯坦国家预算仍然具有社会性质，预计总支出的 48%(40 多亿索莫尼)将用于社会领域的支出，用于社会领域的支出比 2010 年超出 31.2%(8.576 亿索莫尼)。2011 年做出了两个修正案，针对养老制度改革，提高教师工资，一次性帮助贫困居民等问题做出了补充。

为保护与外国公民联姻的塔吉克斯坦公民权益，减轻国家负担，避免外国丈夫抛弃塔吉克斯坦妻子和孩子后国家不得不承担这些被遗弃女子的生活费和孩子的抚养费的局面，2011 年 1 月，塔吉克斯坦议会通过《家庭法》修正案，规定任何想和塔吉克斯坦公民结婚的外国人，必须在结婚登记前签订结婚协议，并且先给塔籍配偶购买房子,而且外国人只有在塔吉克斯坦已经居住至少一年才能获准结婚。这种情况是针对过去五年里登记结婚的2 696对涉外婚姻里有超过600对离异,很多婚姻未在国家登记,只是完成民事婚礼仪式,导致离异后这些带着孩子的妇女没有任何财产和生活来源,成为了国家的负担。[10]

2011年3月,塔吉克斯坦议会下院通过新的《国家安全法》。制定该法是为了完善塔安全法规、明确相关机构职责并与独联体国家议会大会的安全法律保持一致。与之前的1993年《国家安全法》相比,新法除包括国家安全、军事安全、对外安全和社会安全等内容外,还包括经济安全、粮食安全、生态安全和信息安全等内容。

2011年6月议会上院批准了有关使用俄语作为塔吉克斯坦官方沟通和立法语言的现行法律修正案。主要原因是塔吉克地方方言较多很难用统一的术语进行阐述,而俄语表达较为规范。但是同时批准了《检察机关法》、《宪法法院法》、《国家安全机关法》、《国家公务员法》、《税法》等法律的修正案规定,在这些机关工作必须要求国家语言知识,即塔吉克语。所有希望进入国家公务员队伍的人将必须通过塔吉克语的测试,考试方式由政府来确定。

之前2004年塔吉克斯坦议会通过了《法律行为规范》修正案,在塔吉克斯坦,俄语在官方活动中可以重新被使用。但在2009年实行了新的《国语法》,根据该法,塔吉克斯坦每个公民都必须掌握国语——塔吉克语,正式信函只能用塔吉克语书写。2010年3月,通过了《规范性法律文件法》,规定所有法律文件、总统令、政府决议都只允许使用塔吉克语。在宪法中俄语只是族际交往语言被保留下来。

为了防范宗教极端倾向,避免年轻人参加极端宗教组织以及加强父母对子女学业的责任心,培养青少年对世价值、遵守道德和伦理,2011年6月塔吉克斯坦下议院通过了《关于父母教育子女责任法》。该法是塔吉克斯坦的总统拉赫蒙在2010年12月提出制定的,8月初,拉赫蒙正式签署了这项法律。[11]该法规定,培养和教育孩子是父母、教师、国家和社会的任务。父母的任务是为孩子的教育创造良好的物质和心理条件。国家的任务是关注儿童的教育、维护孤儿和残疾儿童的权益,并为他们创造学习条件。6岁以下儿童出入公共场所必须有年满14岁的亲属或朋友陪伴;20岁以下的未成年人不能在特定时间段进入娱乐场所,比如说,4月1日到9月30日期间,晚上10点到第二天早上6点不许进入娱乐场所。法律禁止非宗教学校未成年人参加宗教活动,以及非宗教学校的学生在非寒暑假和宗教节日期间不许进入清真寺这一内容。如有违反,父母将被课以罚金直至剥夺父母监护权。

为纪念9月9日塔吉克斯坦独立20周年,化解国家祸乱,促进国内和解以及缓和国内外矛盾,以及缓解财政压力,体现国家尊重人权理念,2011年8月总统拉赫蒙签署了关于《大赦令》的法案,本次大赦是塔吉克斯坦1991年独立20年来的第13次大赦。此次大赦所涉及的罪犯数量之多在塔吉克斯坦历史上还是首次。根据法律,此次将有超过 4 000 名正在服刑的罪犯会重获自由，还有大约 11 000 名犯罪嫌疑人将被免于刑事处罚。除判无期徒刑、以及犯故意杀人、恐怖主义罪行、间谍罪、危害国家安全罪等特别严重的罪行外，对被判 5 年以下刑期的罪犯，以及被判 5 年以上刑期但实际已经执行的刑罚超过总刑期四分之三的服刑罪犯，都将被赦，年龄超过 55 岁的男性罪犯，妇女、未成年人，患严重疾病的服刑人员、曾服过兵役、曾获得苏联以及塔吉克斯坦国家奖章的服刑人员以及外国公民不论刑期长短均能获得赦免。

2011 年 11 月颁布了 2012 年度《塔吉克斯坦共和国国家预算法》。确定 2012 年塔吉克国家财政收入预算为 101.6 亿索莫尼，其中税收、非税部分 77.9 亿索莫尼，国际投资 22 亿。支出部分为 85 亿索莫尼，总支出 103.4 亿索莫尼，国家预算赤字约 2 亿索莫尼。批准预算赤字上限为占到国内生产总值的 0.5%或者 1.8 亿索莫尼。

2011 年 12 月颁布了《反腐败法》修正案。修正了“腐败”的定义：由履行国家职能的授权主体或者类似主体，利用自己的职务和可能性非法获得物质或者非物质财富、特权、其他利己或者利他的优惠，所作出的行为（作为或者不作为）；以及许诺、建议或者提供这些对象财富、特权或者优惠旨在引诱或奖励其完成有利于自然人或法人的行为（作为不作为）。增加了塔吉克斯坦在反腐败领域进行国际合作的内容：塔吉克斯坦共和国根据塔吉克斯坦签署的国际法律文件，在国际法律合作的基础上，与外国和国际组织实现合作预防腐败和反腐败。

2. 法制建设特点及发展趋势

第一，保障经济稳步发展是塔吉克斯坦自独立之初就确立的既定目标，2010 年国内生产总值比 1997 年增长了 2.6 倍，年均增长 7.1%。工业生产增长了 2.5 倍，农业生产增长 2.8 倍，零售业的增长 3.2 倍，服务业增长 7.8 倍，对国家预算额已经增长 75 倍，人均国内生产总值增加 36.3 倍，人口的货币收入增加 38 倍。国家贫困人口数量获得了稳步的下降，从 2003 年的 72.0%下降到 2010 年的 45.0%。⑫尽管取得许多成绩，但是如何保障进一步加快现行的改革政策实现和经济稳固发展，持续稳定发展工业，增加产品竞争力，需要制定一系列配套法律，这个领域的立法工作仍是塔吉克斯坦立法部门面临最主要的任务。

第二，塔吉克斯坦经济的进一步发展，在很大程度上取决于有效利用其丰富的自然资源和扩大工业生产。由于在这一领域的现行法律法规并没有完全符合现实需求，应加以改进，保护国家在矿产资源使用过程中的利益。这个过程需要大量的立法和监管政策的重大改革，需要理顺利益相关者关系，增加透明度，减少行政壁垒，保障矿产开采的可持续发展，以及简化开采自然资源手续。因而接下来的立法工作的重点，除了由专门部委制定开采和勘探矿产资源的政府计划和方案外，还要制定相关的吸引外国投资者来塔投资矿产开发的优惠政策的法律，并且保监督这些法律能够贯彻实施。

第三,塔吉克斯坦进口农业生产物资增值税为18%,这个指数不仅仅在独联体国家算高,即使在欧洲国家也属中等水平。每年塔吉克斯坦进口价值1 360万美元的矿物肥料,支付增值税240万美元。塔吉克斯坦农业中的主要问题是:矿物肥料紧缺及其价格过高。由于近几年国家没有采取农业技术措施,各种细菌病毒、害虫量增加成为塔吉克斯坦果园和葡萄园产量下降的直接原因。农业病虫害的结果导致农业经济每年损失50%的产量。究其原因,由于矿物肥料价格过高,农民选择劣质肥料,从而导致产量下降。缺乏高质量种子,同样成为塔吉克斯坦农民苦恼的问题。同时还有缺乏农业专业技术、供水不足等各种原因。如何保障农业发展,修改相关法律,尤其是税法和鼓励保护农业发展的配套措施的法律,是塔吉克斯坦的一个立法重点。

第四,国际货币基金组织中东与中亚国家副总经理戴维·奥恩建议包括塔吉克斯坦在内的高加索和中亚国家寻找其他财富增长点。戴维·奥恩认为该地区受全球金融危机危害较深,2011年经济迅速恢复,其增长率平均达到6.5%,但为了保持高加索和中亚地区的经济增长速度,需要寻找其他的经济增长手段,而不是仅仅停留在矿物、石油和天然气的开采方面。他给出的七种手段是:减少国家干预、提高经济对本国和外国公司开放程度、创造更具竞争力和有效的银行体系、加强管理和完善制度、其他改善投资环境的措施(如降低商业运营过程的费用、缩短许可发放的期限和支付税收的多样化)、提高交通和通讯质量、改善该地区贸易和投资关系。⑬

第五,塔吉克斯坦2010年9月21日开始进行新一轮的全国人口普查。塔吉克斯坦国家统计局公布了此次人口普查的结果。根据调查,自上一次全国人口普查(2000年)以来,10年间塔吉克斯坦全国总人口增长了23%,新增人口超过140万。塔吉克斯坦正在面临人口爆炸危机,人口增长居独联体国家之首。直接后果就是导致了大量的塔吉克斯坦公民涌向俄罗斯去打工。根据保守统计,目前在俄罗斯打工的塔吉克斯坦公民约有100万。他们汇回塔吉克斯坦的打工收入占到了塔国GDP的40%。这些在俄罗斯打工的塔吉克斯坦公民多来自农村,接受的是传统穆斯林教育。文化上的差异,使这些人很难融入俄罗斯当地社会。而俄罗斯专家认为,大量外国移民的涌入将改变俄罗斯地区民族的构成,破坏俄罗斯人口和文化平衡。如何从法律角度保障本国在外打工人员的利益并且与俄罗斯相关部门磋商,签订相应的双边协议,是塔吉克斯坦立法部门和移民部门接下来的工作重点。

(五) 乌兹别克斯坦

1. 乌兹别克斯坦国内的法制建设情况

乌兹别克斯坦经济改革的重点方向之一是落实多方面、长期综合的措施,旨在改善农村的生活质量和面貌,加快社会和生产基础设施的发展,重新审查私营业主、企业家和小企业的地位、作用和意义，全力支持农场的发展。

2010年，乌兹别克斯坦继续就更新农村的房屋、社会和公共设施以及农村地区的通信开展大规模的工作。乌兹别克斯坦总统于2010年6月17日签署的《有关采取附加措施，根据基本计划扩大农村地区个人住房建设数量》是这个方向进一步开展工作的新动力。该文件已获得通过，以便进一步扩大按已被批准的、符合农村居民点总体规划和建筑—规划单位设计的示范项目计划而建设的个人住房建筑。按照该决定，将提供给单个开发商0.06公顷的农村土地来实施个人住房建设。此外，在国内所有地区都将增拨土地，但这些土地不包括农业用地和森林用地。

国家国土资源、测量、绘图和地质委员会同执行机构一起，于2010年10月1日开展了土地资源全面盘点的工作，这里所说的土地资源不包括农业用地和森林用地，随后利用已查明的、已进入工程—市政基础设施的闲置用地，来用作个人居住建设使用。

另外，在159个农村地区计划兴建超过7 600栋房屋，总价值超过4 700亿索姆。这些资金也将促进住房市场的发展，以及农村地区相关的基础设施建设，包括幼儿园、中学和音乐学校、体育设施、医疗设施、服务设施和道路基础设施。

根据乌兹别克斯坦共和国总统2011年1月14日的第P-3557号指令，以及为了使海关监管有法可依，2011年7月1日乌兹别克斯坦共和国海关法草案颁布了新的版本并且直接生效。[14]该法可以确保海关的有效监管和对乌兹别克斯坦共和国海关边境商品交换的控制，促进对外贸易，为实现外贸活动创造最为有利的条件。还计划在海关法法规的形式和内容上直接进行改革，加强对外经济活动的参与者遵守法规和保证一致性的措施。

该法令需符合国际公认的标准和国际协议：关于暂准进口的国际公约（1990年伊斯坦布尔公约），欧盟和独联体成员国的海关法，以及现行的海关法规。为了使《海关法》的使用更规范和更简化，新的草案结合了现行的《海关法》和乌兹别克斯坦《海关关税法》。

海关法草案中包括乌兹别克斯坦共和国政府个别决议和各部门法规、内阁规定的司法制度、清关办理程序规定的问题，以及关税支付；共有35条法规随着海关法的通过被取消。

根据2011年2月16日乌兹别克斯坦财政部、国家税务委员会联合颁发的第2195号令，为出口创汇型商品享受相应优惠政策，乌兹别克斯坦决定自4月1日起正式出台自产商品、工程、服务认定规则。第一，根据乌兹别克斯坦总统2010年12月24日第1449号《关于2011年国家预算主要宏观经济指标和数据预测》的命令，降低出口自产商品企业应缴纳的利润税、财产税和统一税税率：如出口成分在15%—30%之间，所确定的利润税、财产税和统一税税率降低30%；如出口成分大于等于30%，则上述税率降低50%。第二,根据2000年6月29日乌兹别克斯坦内阁《关于进一步发展和加强交易所外汇市场的措施》的第245号命令,微型公司、小企业通过出口商品(工程、服务)获得的外汇收入免予强行结汇(出售给国家)。第三,根据乌兹别克斯坦《外国投资法》第12条规定,外资企业出口自产产品不受许可证和配额管理。第四,根据1997年8月26日乌兹别克斯坦总统第1831号命令规定,对外资生产型企业取消出口关税,可在不提供预付款的情况下出口自产产品。

乌兹别克斯坦对《税法典》第208条第12款进行修改,取消贵金属出口免税政策,决定自2011年4月1日起对贵金属出口征收20%增值税。乌税务部门解释说,此举在于为乌采矿企业技术改造增加资金来源。

2011年3月乌兹别克斯坦议会上院通过宪法修正案,扩大了议会权力范围。根据这一修正案,乌兹别克斯坦未来总理人选将不再由总统推举,而改由议会中占有席位最多的政党或多个政党联合推举产生。议会可对总理提出不信任案,在议会上下两院分别有不少于三分之二议席支持不信任案的情况下,总统应解除总理职位,并解散政府。此外,修正案还赋予议会要求总理就国家经济社会发展的重大问题参与议会听证的权力。2010年11月12日,乌兹别克斯坦总统卡里莫夫在议会上下两院联席会议上,正式建议对宪法进行修改,扩大议会权力范围。乌兹别克斯坦从2005年开始实行议会两院制,其中下院共有150个议席、4个政党。

2011年5月,乌兹别克斯坦对《行政责任法》进行了修订,其中规定醉酒驾驶车辆的司机将被拘留。乌兹别克斯坦内务部道路交通安全管理总局新闻办公室宣布,修订后的行政责任法加大了对违犯交通规则行为的处罚力度,延长了禁止驾驶机动车的时间,提高了一些个别违法行为所应承担的责任。

修订后的《行政责任法》规定,对存在第131条(醉酒驾车)、136条(逃避医学检查)和137条(肇事逃逸)行为的将进行行政处罚及拘留。新的行政责任法取消了对醉酒驾驶机动车或逃避医学检查的罚款处罚,但保留了剥夺驾驶资格的处罚。

此外,新《行政责任法》第138条增补了第4款,规定了在醉酒状态下驾驶轻便摩托车、骑自行车和赶畜力车的行为人所应承担的责任。在第136条中也相应地规定了这类人在逃避医学检查时所应承担的责任。

根据乌兹别克斯坦官方的统计数据,最近三年发生道路交通事故约4万起,造成约8 000人死亡,约4.1万人受伤。目前,乌兹别克斯坦上路的机动车约有300万辆,其中一半以上属于私人所有。

2011年7月,乌兹别克斯坦议会下院通过了《限制销售和使用酒精及烟草产品法》,法律针对保护公民健康,尤其未满20周岁的人群,使其远离使用酒精及烟草制品的危害,避免社会负面后果,以及为形成和树立健康生活方式创造良好的法律组织条件。其主要内容包括:

(1) 禁止进口对人生命和健康有害物质含量超标的酒精和烟草产品；

(2) 在距学校、火车站、汽车站、医院、文化体育活动场所半径500米之内禁止销售酒精和烟草产品；

(3) 禁止销售过期、无消费商标(啤酒除外)、因唛头不清晰而无法辨认生产厂家的酒精及烟草产品；

(4) 禁止在工作和休息场所、体育馆、博物馆、文化机构、公共交通车站等场所饮酒和吸烟，设有专门吸烟区的公共场所除外；

(5) 禁止向未满20周岁的青少年出售烟酒产品，销售人员有义务要求购买者出示身份证件。

2011年11月颁布了《关于提高工资、退休金、津贴、社会补贴》的总统令。根据法令，自2011年12月1日起，财政事业单位工作人员工资、退休金、津贴、社会补贴平均上涨为原来的1.1倍。确定了最低薪酬：月工资为62 920苏姆(1美元约合1 850苏姆，参照2012年5月12日汇率)，月退休金为123 060苏姆。

2. 法制建设特点及发展趋势

第一，2010年12月，卡里莫夫总统签署“2011—2015年乌兹别克斯坦工业发展纲要”生效。根据该纲要，未来五年，乌计划投资超过300亿美元，实施259个项目发展工业，包括新项目建设、老项目改造和企业工艺设备的更新，同时将对工业行业结构进行调整。上述300亿美元的投资总额中约205亿美元计划通过吸引外国投资和贷款获得。纲要涉及的主要领域包括能源、化工、冶金、食品、轻工、建材和机械制造。纲要制定的工业增长速度将从2010年的8.3%提高到2015年的11.8%。为实施纳入该纲要项目而进口的本国不能生产的设备、材料及组件到2016年1月1日前将免缴除海关手续费以外的一切海关税费。如何保障这一纲要实施，需要一系列配套法律法规的制定和颁布，尤其是如何吸引外来投资，制定相应的优惠政策是接下来五年里立法机关的立法重点。

第二，乌兹别克斯坦一直致力于建设多元化和有活力的经济体系，并积极努力争取早日加入世界贸易组织。2002年8月29日，乌兹别克斯坦总统在议会发言中强调指出，要保证进一步融入世界经济一体化进程，为加入世界贸易组织创造条件。1994年6月乌兹别克斯坦获得关贸总协定/世界贸易组织观察员地位，同年12月，乌兹别克斯坦政府提交关于乌兹别克斯坦加入关贸总协定/世界贸易组织成为其成员的申请，并得到世界贸易组织成员国认可；1995年12月，世贸组织总理事会通过了成立乌兹别克斯坦入世工作组的决议；1998年9月，乌兹别克斯坦向世贸组织秘书处正式提交了关于乌兹别克斯坦外贸制度的备忘录，同年12月，乌兹别克斯坦国内成立了入世工作部门间委员会。近年来，乌兹别克斯坦入世工作组已召开数次会议。并且得到包括中国在内的很多国家的支持，2012年是乌兹别克斯坦入世关键的一年，从立法角度,修订国内不匹配的法律是乌兹别克斯坦立法机关正在着手和将要花大力气进行的重要工作。

第三,2010 年 11 月 12 日乌兹别克斯坦总统卡里莫夫在议会上提出了进一步深化民主改革,建立公民社会的构想。2011 年 4 月 22 日至 23 日,乌兹别克斯坦在塔什干举行“进一步深化民主改革、建立公民社会的构想”国际会议,深入研讨进一步深化改革、建立公民社会的问题。乌兹别克斯坦制定的进一步深化民主改革和建立公民社会的构想是国家独立之初实行改革的自然延续。乌兹别克斯坦选择了建立面向社会的市场经济、民主法制国家和公民社会的发展道路,形成了以五项原则为基础的“乌兹别克斯坦模式”。这五项原则是:经济非意识形态化和经济发展优先于政治;国家发挥改革主导者的作用;法律高于一切;执行广泛的社会政策;渐近式地推进改革。乌兹别克斯坦的市场改革和经济自由化必须同政治体制民主化、保障司法独立、言论和新闻自由、选举自由联系起来,同时还要健全公民社会制度,提高公民的政治意识和法制文化水准。如何采取渐进式改革,保持社会稳定、经济发展的良好局面,实现卡里莫夫总统提出的进一步深化改革的构想,进一步推动乌兹别克斯坦社会经济的更大发展,促进乌兹别克斯坦与国际社会的有效合作将是乌兹别克斯坦法制工作的重要课题。

第四,2010 年在乌兹别克斯坦的国民生产总值中,小商业份额已经过半,全国约 74%的劳动力就业于私有领域,而 2000 年该指标为不到 30%。乌兹别克斯坦宣布 2011 年为中小贸易和企业年。小商业与私有企业主要集中在商业与服务业,以及农产品加工业。在塔什干“乌兹别克斯坦”国际论坛宫的讲话中,总统称贪污为乌兹别克斯坦私有领域发展道路上的障碍,“再也不能忍受官员不但不扶持私有企业主,而且要为那些想要创建哪怕很小、但却是自己生意的人设立各种障碍的情况”。[15] 乌兹别克斯坦总统认为,所有部门都存在贪污、受贿、勒索和公职人员渎职的现象。因此,如何通过提供更大的权利与金融便利的体制,限制官员权力,来推动保障小商业的法律法规改革也提到了议事日程上来。

第五,根据独立专家的意见,乌兹别克斯坦每年现金私下流通的金额为 33.6 亿美元,这相当于这个国家的国家预算量。也就是说,乌兹别克斯坦的经济“灰色”量与公开宣布的国家预算量相当。造成这种局面的主要原因是,在现行经济实体活动的法律框架内,实际上是有利于增加官员索取受贿的金额,但合法生产、合法贸易和合法社会补给却令人窒息。在大规模进口下,根本不可能兑换本国货币,这会使经济崩溃。唯一解决途径就是切实可行和有效的改革。从法律方面讲,根据专家的意见,至少要在 5 年内对小企业和私营企业只收取单一税(对于所有工业企业和贸易批发企业来说,其交易额的 0.5%)来代替所有的税费。[16] 另外从银行业来看,银行收取客户周转资金 2.5%的手续费,发放工资收取高达 6%的服务费。这是一个掠夺性的比例,专家们说，这个费用必须减少到0.15%—0.2%。并且应当在以下几个方面加强立法的保障工作：实行资本大赦（贩毒货币、贩毒、贩运武器和类似产品除外）；降低关税至10%；减少增值税和简化会计凭证传递程序。

二、上海合作组织成员国的法律合作及评价

(一) 2010—2011年上合组织成员国法律合作取得了丰硕的成果

1.《上海合作组织反恐怖主义公约》批准

上合组织各成员国积极批准上合组织公约，以国内法形式确立公约的效力。《上海合作组织反恐怖主义公约》是在上海合作组织2009年6月叶卡捷琳堡峰会时由各成员国元首共同签署的，旨在进一步加强上海合作组织框架内反恐合作的法律基础，提高各成员国打击恐怖主义的协调能力和效率。公约规定，任何公开支持和煽动恐怖活动、招募人员筹划恐怖袭击、参加恐怖主义组织、资助恐怖主义势力等行为，一律被视为恐怖主义行径。该公约在各国议会的相继通过(见表13.1)，为上海合作组织成员国执行该公约提供了国内法律的支持，也为各个成员国奠定了良好的法律合作模式。

表13.1　上合组织成员国批准《上海合作组织反恐怖主义公约》情况

	议会批准时间	法律是否生效
俄罗斯	2010年6月	已生效
哈萨克斯坦	2010年12月	已生效
塔吉克斯坦	2011年2月	已生效
吉尔吉斯斯坦	2011年6月	已生效
乌兹别克斯坦	2011年底	已生效

2. 组织运作的法律基础进一步完善

2010年6月10日至11日，上海合作组织成员国元首理事会第十次会议在乌兹别克斯坦共和国首都塔什干市举行。会议批准了《上海合作组织接收新成员条例》和《上海合作组织程序规则》，进一步完善了组织运作的法律基础，听取并批准了秘书长关于过去一年工作的报告和地区反恐怖机构理事会关于地区反恐怖机构2009年工作的报告。成员国授权代表签署了《上海合作组织成员国政府间农业合作协定》和《上海合作组织成员国政府间合作打击犯罪协定》，继续共同打击一切形式的恐怖主义、分裂主义和极端主义，打击非法贩运毒品、武器和其他跨国犯罪活动，以及非法移民。将继续深化合作与协调，共同落实好《上海合作组织反恐怖主义公约》、《打击恐怖主义、分裂主义和极端主义2010年至2012年合作纲要》等框架内签署的相关文件。将

加快落实《上海合作组织成员国保障国际信息安全政府间合作协定》。

3. 采取措施深化务实合作

2011 年 3 月 17 日，在哈萨克斯坦首都阿斯塔纳举行上海合作组织成员国国防部长会议。批准了《上海合作组织成员国国防部 2012 年至 2013 年合作计划》，并签署了联合公报。2011 年 3 月 30 日，在阿斯塔纳举行了上海合作组织成员国禁毒部门领导人会议。通过了《2011—2016 年上海合作组织成员国禁毒战略》草案及其落实计划。决定通过完善法律基础、缉毒执法、易制毒化学品管制、减少毒品需求四个专家工作组进一步开展工作，采取措施深化务实合作。

4. 完善上合组织未来扩员及其他领域的法律基础

2011 年 6 月 14 日至 15 日，在阿斯塔纳举行上海合作组织成员国元首理事会会议，庆祝上合组织成立十周年。哈萨克斯坦共和国总统纳扎尔巴耶夫、中华人民共和国主席胡锦涛、吉尔吉斯斯坦共和国总统奥通巴耶娃、俄罗斯联邦总统梅德韦杰夫、塔吉克斯坦共和国总统拉赫蒙、乌兹别克斯坦共和国总统卡里莫夫与会。成员国对本组织工作的评价，对进一步完善其务实合作机制和方式的立场，以及近期合作的方向已写入《上海合作组织十周年阿斯塔纳宣言》。批准了《2011—2016 年上海合作组织成员国禁毒战略》及其《落实行动计划》。文件将有助于提高成员国在上合组织区域内共同应对毒品威胁的能力。根据《上海合作组织接收新成员条例》制定的《关于申请国加入上海合作组织义务的备忘录范本》，进一步完善了上合组织未来扩员的法律基础。国家协调员理事会和专家工作组将继续研究上合组织扩员的所有问题，包括为接收新成员商定必要的法律、行政和财务条件。成员国授权代表签署了《上海合作组织成员国政府间卫生合作协定》。上合组织秘书长与联合国毒品和犯罪问题办公室执行主任签署了《上海合作组织秘书处与联合国毒品和犯罪问题办公室谅解备忘录》。会议听取并批准了秘书长关于过去一年本组织工作的报告和地区反恐怖机构理事会关于地区反恐怖机构 2010 年工作的报告。成员国重申，将继续共同打击一切形式的恐怖主义、分裂主义和极端主义，打击非法贩运毒品、武器和其他形式的跨国犯罪，以及非法移民。

(二) 上合组织成员国法律合作特点

上合组织成员国 2010—2011 年法律合作的主要特点如下：

1. 成员国合作的领域不断扩大，上合组织合作的法律基础不断夯实

除了将继续共同打击一切形式的恐怖主义、分裂主义和极端主义，打击非法贩运毒品、武器和其他形式的跨国犯罪，以及非法移民。拓展了经贸、电力、交通、矿产及口岸经济领域合作，还有教育、文化、卫生等社会文化领域的合作，并且签署了一系列友好合作的法律文件。在 2010 年 6 月上海合作组织成员国元首理事会第十次会议和

2011年6月上海合作组织成员国元首理事会会议取得了丰硕的法律成果。几乎在各个领域都签署了相应的法律文件，也可以从一个侧面反映出上合组织从法律保障建设方面已经成为了一个有效的深化成员国睦邻友好伙伴关系的重要机制，并为本地区维护安全和推动社会经济发展繁荣的有效多边机制、开展文明间对话的典范，是全球推动国际关系民主化的积极因素。

2. 成员国之间的双边法律合作加强

除了成员国之间的共同宣言等形式的法律合作之外，还有成员国之间的双边法律合作。如2011年6月13日，中国人民银行与哈萨克斯坦共和国国家银行在哈萨克斯坦首都阿斯塔纳签署了金额为70亿元人民币的《双边本币互换协议》，有效期三年，为加强双边金融合作，便利两国贸易和投资了有效的法律保障。2011年9月14日，中国国家知识产权局与吉尔吉斯斯坦共和国国家知识产权局在大连签署知识产权领域合作协议。从法律角度保障双方在平等互利的基础上，实施并发展在知识产权保护领域的合作。合作领域涵盖知识产权保护和利用问题的探讨、立法信息、出版物以及知识产权保护经验和人员的交流，专业人员培训、在世界知识产权组织以及世界贸易组织框架下的合作等内容。

3. 扩大国际法律合作与交往

上合组织扩大了与观察员国印度、伊朗、蒙古国、巴基斯坦，以及对话伙伴国白俄罗斯、斯里兰卡的合作。观察员国和对话伙伴国拥有的潜力将为进一步加强上合组织工作提供很大的动力。2010年12月13日第65届联合国大会通过的《关于联合国和上海合作组织合作的决议》，从法律的角度确立了将进一步加强两组织在维护安全稳定、经济社会、人文及其他共同感兴趣领域的合作。并且上合组织与独联体、集体安全条约组织、欧亚经济共同体、东盟、经济合作组织和联合国亚太经社会在已有的谅解备忘录的法律基础上开展交流出现积极趋势。此外，上海合作组织还派代表参加了欧安组织的一些活动。成员国正在研究和商谈上海合作组织与联合国开发计划署、亚太经合组织、集体安全条约组织、亚欧经济共同体、欧洲联盟、世界海关组织和经济合作组织建立联系，积极开展以法律合作为基础的国际交往。

总之，从2010年至2011年上合组织成员国法制建设以及成员国之间的法律合作发展情况可以看出，上合组织已成为公认的具有重要影响的多边组织，积极促进了本地区和平与发展，有效应对了当代各种威胁与挑战。上合组织成员国在21世纪初为深化本地区内的睦邻友好伙伴关系而作出选择，在共同发展方面取得了实实在在的成果，已成为国际社会的典范。上合组织成员国恪守《上海合作组织宪章》和《上海合作组织成员国长期睦邻友好合作条约》的原则和规定，在共同维护和平、安全和稳定，以及在上合组织区域内开展政治、经济、人文和其他领域多边合作方面为本组织有效运作奠定了坚实的基础。

但是同样存在诸多问题需要解决。如长期以来,中亚五国有四国是上合组织成员国,但是中亚国家长期以来没有足够重视共同的历史文化传统和彼此之间紧密的经济、人文联系。反倒是安全的困境,各自经济实力和国际地位的消长,在领土、水资源、跨境民族、环境、贸易等领域的分歧与矛盾,领导人之间的复杂关系以及他们对于内外形势的不同判断和所采用的不同治理方式,导致中亚国家关系趋于复杂,矛盾逐渐突出,有些国家之间关系比较紧张。短期内很难看到中亚地区一体化的前景,地区合力难以形成。中亚国家都在寻求与地区以外经济体的一体化。⑰上合组织如何协调各方利益,就重大国际和地区问题保持密切沟通,继续加强在国际社会和联合国、亚信等多边框架内的配合和协作,共同应对区域性及全球性挑战,共同促进世界和平、稳定、繁荣,从法律方面建立有效的机制是亟待解决的课题。

注释

①《人权和基本自由欧洲公约》,即《欧洲人权公约》,又称《保护人权与基本自由公约》。1950年11月4日在欧洲理事会主持下于罗马签署。第14号议定书旨在进一步改善欧洲人权法院的效率。本号议定书试着设定一个"过滤器",若对于同一个国家,先前已审理过大致类似的案件,则后面提出的相似案件将可能被过滤掉,而不使其有机会进入法院中。

② 可参见 http://www.russia-online.cn/Overview/detail_%E6%8A%95%E8%B5%84%E4%B8%8E%E6%B3%95%E5%BE%8B_12_553.shtml。

③ 刘洪岩:《内省与契合:当代俄罗斯法治秩序的变塑》,《俄罗斯学刊》2011年第3期。

④ 英国"Maplecroft"风险评估公司以研究和出版各类风险报告和地图集著称,其主题极为广泛,包括政治风险、商业风险、人权风险、气候变化、温室气体排放量、职业健康与安全风险等100多个,此次发布的"法律法规地图"是根据对被考察国家对是否认同法律至上原则、司法效率如何、有无司法腐败等21个风险考核指标进行综合评定,并进行排名的结果,目的是帮助企业,投资者和国际组织评估和比较不同国家的法律和监管风险。可参见 http://www.chinaruslaw.com/CN/USSRLaw/liaoicls/2011222220500_242168.htm。

⑤ 哈萨克斯坦投资经营障碍简介,http://www.yeyacn.net/show.php?contentid=196。

⑥ 可参见 http://www.rosbalt.ru/exussr/2011/04/08/837175.html。

⑦ 可参见 http://www.washingtonpost.com/opinions/kazakhstans-steady-progress-toward-democracy/2011/03/28/AF1XPKCC_story.html。

⑧ 可参见 http://www.enbek.gov.kz/node/241707。

⑨ 艾莱提·托洪巴依(Қайрат Токонбай Уулу):《奥什事件后吉尔吉斯斯坦政局走向》,http://www.xjass.com/zy/content/2010-11/30/content_178068.htm。

⑩ 可参见 http://www.bbc.co.uk/russian/international/2011/01/110126_tajikistan_curtails_foreign_marriages_anora.shtml。

⑪ 评论可参见 http://www.newsru.com/religy/15jun2011/tajikistan.html。

⑫ Послание президента республики Таджикистана Эмомали Рахмона в Маджлиси Оли об основных направлениях внутренней и внешней политики республики Таджикистан.

⑬ 可参见 http://tj.mofcom.gov.cn/aarticle/jmxw/201105/20110507548528.html。

⑭ Узбекистан примет новый Таможенный кодекс，http://www. uzinform. com/ru/news/20110701/07554. html.

⑮ В Узбекистане 2011 год будет «Годом малого бизнеса и предпринимательства»，http://www. uzdaily. uz/articles-id-4972. htm.

⑯ Коррупция в Узбекистане: теневая экономика практически эквивалентена государственному бюджету，http://www. report. kg/ussr/8566/.

⑰ 详细可参见赵会荣:《2010 年中亚五国外交新变化》,《新疆师范大学学报(哲学社会科学版)》2011 年第 2 期。

第四部分　大国与中亚关系

报告十四 俄罗斯对上海合作组织的政策及前景

石 泽*

[摘要] 上海合作组织在俄罗斯对外战略中占有重要地位，被俄视为在欧亚地区巩固和拓展国家利益的主要抓手之一。俄罗斯对上海合作组织的政策是一个不断调整的动态演变过程。俄罗斯拥有运作上海合作组织得天独厚的资源优势，但也面临诸多的挑战。俄罗斯正处在国家发展的上升期，需要国际地位和威望都在日益提高的上海合作组织为其创造良好的国际环境。俄与上海合作组织成员国的共同利益远远多于歧见，推进上海合作组织的合作和发展今后仍将是俄政策的主流。

[关键词] 俄罗斯 上海合作组织 利益 政策 趋势

上海合作组织成立十年来，弘扬和践行“上海精神”，以其新的形象和愈益提升的影响力在国际舞台上发挥着越来越重要的作用。上海合作组织已成为当今国际社会最具潜力和发展前景的国际组织。在牵引和推动上合组织发展的诸多因素中，俄罗斯作为上合组织的发起者和核心成员，始终扮演着难以替代的独特作用。俄罗斯的上合政策在相当大的程度上决定着该组织的未来，这一说法并不为过。但是国际社会在评议俄罗斯政策时，侧重点大都集中在俄罗斯对中亚地区政策和中俄关系，对俄罗斯的上合组织政策却研究不够，或者以俄罗斯对中亚政策来泛论和替代俄罗斯的上合组织政策。固然，研究俄罗斯对中亚地区的政策是把握俄罗斯外交走向的基础，况且俄罗斯中亚政策与对上合组织的政策吻合面甚多，二者相辅相成，但混淆二者的差异，无疑将影响对俄罗斯政策的准确把握和判断。应当看到，欧亚地区的传统大国俄罗斯影响上合组织的资源和手段是多方位的，俄罗斯在该组织内占有的重要分量和发挥的主导作用表明，俄罗斯对上合组织的政策目标及走势，不仅事关上合组织建设和发展前景，而且对中俄战略协作伙伴关系和地区形势的发展都将产生深远的影

* 石泽，中国国际问题研究所欧亚地区安全与发展研究中心主任、研究员。

响。鉴于俄罗斯在上合组织内影响广泛,地位举足轻重,其政策的走向将主导和影响着该组织的日程和前景,因此,研究俄罗斯对上合组织的政策也就不可或缺地成为我们观察和把握上合组织发展脉络的重要视角。本文拟对此做一些梳理和探讨。

一、 俄罗斯对上海合作组织的战略诉求

由中国、俄罗斯、哈萨克斯坦、吉尔吉斯斯坦、塔吉克斯坦、乌兹别克斯坦六个欧亚国家21世纪初创建的上合组织,是在全球地缘政治形势发生深刻变化,成员国基于共同利益的基础上,为应对新挑战和新威胁,以相互信任、平等、尊重文化多样性和追求共同发展为宗旨,开展政治、经济、安全、人文合作的新的地区合作组织。十年来伴随着上合组织的成长,上合组织在俄罗斯对外战略中的重要地位也在逐渐提升。俄罗斯作为上海合作组织的创始国和积极推动者之所以始终看重和推动该组织的发展,并且视该组织为推进俄国家利益的重要平台,是基于其战略判断和国家利益的考量。

上合组织覆盖的中亚地区对俄具有特殊的意义。从地缘政治的角度看,俄罗斯大部分领土位于亚洲,在这里与其相邻的中亚各国与俄罗斯在近200年的时间内生活在同一个国度。长期以来中亚国家的政治、经济、社会、文化都处在俄罗斯的影响之下,它们的发展都借助于俄罗斯并以俄罗斯的发展为导向。苏联解体后中亚国家还是与俄罗斯共同构建的许多军事、政治和经济组织的参与者。俄罗斯在中亚地区具有重要的经济利益。该地区丰富的油气和矿产资源是俄罗斯传统产业链的重要组成部分,中亚的能源和资源也以俄为主要的出口方向。俄罗斯和中亚双方早已互为主要的产品市场。与此同时,中亚地区生活着为数众多、心仪俄罗斯的俄族群体。从地缘战略的角度讲,中亚地区还是俄罗斯赖以重新崛起的独联体外交的重点方向和俄推行大国战略的重要立足点。如果俄罗斯失去在中亚的主导权和参与权,势必将失去重新崛起的基本战略依托,将会大大削弱俄罗斯的国际地位,制约俄未来的发展。因此俄罗斯在中亚的成败将决定国家的走向和前景。由于中亚同俄罗斯这种同源同根的特殊背景,即便是在苏联解体后,俄罗斯也难以改变视中亚为自己传统势力范围的理念。中亚与俄罗斯关系的特殊性甚至被许多俄精英称为“内政中的外交和外交中的内政”。

推动上合组织在打击“三股势力”方面开展合作是俄罗斯维护安全利益的需要。上合组织处在全球面临的新挑战和新威胁的前沿,它是最早将打击“三股势力”等非传统和跨国性挑战列入行动议程的国际组织。苏联解体后,处在全球不稳定弧中的欧亚结合部,极端势力和国际恐怖活动猖獗,对毗邻地区构成现实的威胁。俄罗斯的车臣、达吉斯坦等地区已成为阿富汗、中亚极端势力渗透的重灾区。这里政局动荡,宗教和民族矛盾尖锐,恐怖活动频繁,内乱不止,因而被俄罗斯称为安全的“软腹部”。

由此可见，中亚动荡形势的外溢已实质性地影响到俄罗斯内部的稳定和安全。多年来俄罗斯与中亚国家建立区内安全体系的种种努力，因受到多种因素干扰效果甚微。严酷的现实使俄罗斯意识到“三股势力”具有跨国活动的特点，单凭其主导的安全机制难以应对，只有建立联合阵线，与同样深受其害的地区国家形成合力，构建反恐网络，才能有效打击和防范其蔓延。因此，俄罗斯积极推动上合组织在安全领域的合作，既可弥补自身和盟友力量的不足，又可以借助中国、印度等成员国及观察员国的力量，联合打击“三股势力”的滋扰和破坏。梅德韦杰夫曾指出“建立上海合作组织的主要动机之一是意识到必须要协调努力，以巩固地区安全和地区稳定。今天，这个问题的紧迫性只会增加”[①]。中亚及其周边地区“三股势力”存在的长期性，与俄南部地区复杂政治生态的相互关联，今后仍将是俄关注和推动上合组织安全合作的重要动因。

阿富汗事态的变故和日益加剧的毒品威胁已引起俄罗斯高度关注，成为近年来俄罗斯推动上合组织开展安全合作新的关注点。北约联军在阿富汗一再受挫，奥巴马政府出于美大选前国内的强大压力，已决定从阿富汗分阶段撤军。美国的撤军前景直接关系到阿富汗政局的走向。与卡尔扎伊政权日渐削弱的地位相比，塔利班等阿境内的敌对势力活动频繁，不断制造暴力事件，恐怖活动已波及中亚等周边地区。阿富汗问题久拖不决，甚至在美及北约联军的强大打击下也未能如愿，阿富汗政局可能的变故使处在反恐前沿的地区国家和俄罗斯深感不安。伴随着阿富汗事态发展，该国的毒品扩散问题更见突出。美及北约联军在阿打恐十年，阿毒品竟疯长了近40倍，每年仅海洛因产量就高达800吨，其中35％经中亚国家进入俄罗斯。目前俄罗斯吸毒者已达到500万之多，而且这一数量还在增长。[②]俄罗斯已成为阿富汗毒品扩散的最大受害者。国内安全和正常的社会秩序因毒品增长而面临诸多挑战。在今年阿斯塔纳举行的上合峰会上，俄罗斯总统梅德韦杰夫强调“加强我们国家和人民的安全是主要方向”，[③]俄罗斯积极推动上合组织通过2011—2016年禁毒战略，可见应对阿富汗问题及相关的毒品威胁已被俄罗斯总统提到空前的高度。由此可见，应对阿富汗形势的变化，引导上合组织进一步加强反恐和禁毒合作，在俄罗斯的上合组织政策中将会日渐突出。

上合组织是俄罗斯加强并整合与地区国家关系的重要渠道。苏联解体后，作为苏联继承者的俄罗斯，与中国、新独立的中亚国家的关系都发生了深刻变化，双方经过多年的磨合逐渐走上健康发展的轨道。上合组织的建立进一步巩固和发展了冷战后俄与中国、中亚国家业已形成的新型关系。互信、互利、平等、协商、尊重多样文明、谋求共同发展的“上海精神”，为成员国之间确立新的合作模式奠定了政治基础。在上合组织框架内俄与哈、吉、塔、乌四个中亚国家早先已建立起集体安全条约组织、欧亚经济联盟、独联体等多边机制，与上述国家保持着密切的合作与磋商。而中国则是首次参加与俄罗斯和中亚国家组成的多边合作机制，这更加彰显了在该组织内的合作对俄中关系的重要性。上合组织在内部建设上建立起的涵盖各个层面和领域的工作机制,成员国之间在各个级别和领域的及时沟通和磋商,对于各方协调立场,磨合歧见,达成共识,发挥了机制性保障的重要作用。成员国在平等的基础上定期会晤和磋商,在达成共识的基础上开展合作是上合组织的一个鲜明特点。上合组织在俄中关系中还发挥着其他机制难以替代的黏合作用。俄罗斯和中国在上合组织内利益的共同点远远多于差异,开展全面的合作是双边关系的主流。由于历史背景和所处的地位不同,有时双方利益和立场也表现出差异,但坚持对话和沟通有助于化解和舒缓矛盾,了解彼此的立场,找到利益的切合点。即便是在俄罗斯与中国存在竞争的领域,双方也能够将其纳入良性对话的轨道,协调立场,相互尊重,不激化矛盾,使其得到"软处理"。除此,上合组织也为俄罗斯与观察员国印度、巴基斯坦、伊朗敞开对话渠道,协调立场,推动双边和多边合作发挥了积极作用。

二、 俄罗斯对上海合作组织政策的演变

上海合作组织成立十年来,俄罗斯对上合组织的政策大致经历了三个重要发展阶段。

(一) 第一阶段:2001—2004 年

该阶段俄罗斯在积极推动该组织建章立制的同时,将打击"三股势力",维护地区稳定,启动安全合作作为政策的侧重点。

苏联解体后,由于俄罗斯对地区国家奉行"甩包袱"政策,与中亚各国经济政治关系几近中断,地区国家社会经济状况急剧恶化。美国及西方势力趁机加快对中亚的渗透。同时"三股势力"兴风作浪,中亚安全受到威胁,已危及俄罗斯自身安全利益。俄罗斯在中亚的战略利益被严重削弱之后,叶利钦执政后期已开始调整对中亚国家的政策。在俄罗斯外交中中亚地区的地位开始提高,俄罗斯逐步加大对中亚的投入,与中亚国家关系有所改观。但是俄罗斯在受到苏联解体的重挫后,自身经济状况不佳,政治和经济资源有限,对中亚的投入捉襟见肘,严重制约对中亚的外交成效。普京执政成为俄罗斯对中亚及独联体政策的重要转折点。外部势力的介入,中亚安全和社会状况的恶化迫使普京加大调整对中亚政策的力度。此后俄罗斯与中亚国家关系快速回升,双方呈现良好的发展势头。积极推动"上海五国"演变为上合组织是普京执政后俄罗斯外交的重大举措,从此也拉开了俄罗斯对上合组织政策的序幕。俄罗斯在上合组织的日程上力推安全合作,将打击恐怖主义、分裂主义和极端主义视为主要方向。2001 年 6 月成员国签订打击三股势力的《上海公约》,2002 年上合组织设立地区反恐机构并在当年峰会上成员国领导人签署了关于成立地区反恐机构的协

定，在这一进程中俄罗斯都是积极的推动者。2003 年 6 月中、俄、哈、吉、塔五国首次联合举行反恐军事演习。2004 年该组织在塔什干签署了打击毒品协定。可以说上合组织初创时期在安全领域取得的合作成果是与俄罗斯的积极态度和支持分不开的。值得注意的是，与开展安全合作相比，在该阶段俄罗斯在推进上合组织务实经济合作方面则显得迟疑。最明显的表现在不仅对成员国提出建立自贸区的建议持异议，甚至对开展多边经济合作也未表现出积极性。俄罗斯重视安全合作忽视经济合作的原因是：首先，俄罗斯是苏联军事遗产的主要继承者，拥有强大的军备力量和资源，同时俄罗斯主导着独联体框架内的军事和防务体系，开展安全合作是俄罗斯的优势和所能主导的领域。其次当时俄美关系正处在调整和改善的上升期，俄罗斯对改善与美关系抱有比较乐观的预期，为迎合美双方在反恐和核不扩散等领域开始合作。尤其在“9・11 事件”后，美国借机在阿富汗打恐锲入中亚，俄罗斯迅速做出策应，对美国在中亚排兵布阵打开绿灯，俄美关系一度进入蜜月期。在打恐问题上迎合美国是这一阶段俄外交的一个重要特征。

(二) 第二阶段：2004—2007 年

完善和健全上合组织的机制和各项职能，在维护地区稳定问题上重视加强与成员国的协调配合，提高其行动能力，在政策的运用上俄更看重上合组织制衡美的地缘政治效应。

进入阿富汗打恐使美国得到公开影响中亚政局的难得机遇。美国兜售西方价值观，支持政治反对派，干预中亚国家的内部事务，引发改变现政权的“颜色革命”。美国相继在吉尔吉斯斯坦的玛纳斯和乌兹别克斯坦的汉阿巴德开设军事基地，与乌兹别克斯坦签订《战略伙伴关系条约》。美国伸手中亚的能源领域，积极拉拢里海沿岸的阿塞拜疆、哈萨克斯坦、土库曼斯坦修建绕过俄境的输油管线。在独联体范围内美国及西方在乌克兰策动“橙色革命”，加快北约东扩的步伐，对俄罗斯采取全面围堵政策。俄美在独联体的博弈加剧。与此同时俄罗斯国内政策亦引起西方非议，普京在治国理念上提出的主权民主原则，意味着国家主权已毫无争议地处于优先地位，俄开始放弃追随西方的政策导向，俄罗斯内政问题成为俄美关系的恶化的另一个引爆点。独联体国家离俄倾美的政策取向，地区力量配置出现不利于俄罗斯主导地位的变化，迫使俄罗斯愈加重视在尚未失手的中亚地区构筑战略依托。俄罗斯外交正是在这一阶段确定了由联美到抗美战略的转折性变化。在新的地缘政治环境中，俄罗斯在进一步强化“集体安全条约组织”职能的同时，对上合组织的认识和借重进一步加强，将其视为“欧亚大陆特别是中亚地区确立和平、安全、合作的重要手段和未来建设以国际法为基础的多极世界的基本因素之一”④。因此，扎实地推动上合组织的建设，提高其行动能力，发挥上合组织维护地区稳定和制衡美国的地缘政治效应，成为这一时期俄罗斯对上合组织外交的优先内容。2005年俄罗斯顶住强大压力，力挺在安集延恐怖事件后被西方打压的乌兹别克斯坦并将其接纳为“欧亚经济联盟”的成员。2005年7月在上合组织塔什干峰会上，俄罗斯与上合组织成员国共同发表宣言，要求美国确定从中亚撤军期限。该次峰会还就强化上合秘书处工作和将秘书长俄文职务名称改为上海合作组织秘书长通过决议。2005年8月中俄首次举行代号为“和平使命”的军事演习。在俄方倡议下2007年成员国在俄罗斯境内举行多兵种联合实兵演练。俄罗斯对上合组织重视程度的提高也反映在该组织经济合作取得成果上。2004年成员国总理会议通过了落实《多边经贸合作纲要》的措施计划，确定了包括能源、交通、电讯、农业等127个项目。2006年普京总统提出建立上合组织能源俱乐部的倡议，随后上合组织实业家委员会和银行联合体也相继成立。

(三) 第三阶段：2008年至今

俄罗斯对上合组织的态度更趋积极和务实，对外努力提升上合组织的国际影响力，视其为“创新的国际结构和多极化国际格局的重要因素”，⑤对内则注重均衡推动政治、安全、经贸、人文领域的合作。出于自身地缘战略利益的考虑，俄罗斯加重了对组织内力量失衡的担忧，防范俄罗斯主导地位被削弱的举措增多。

金融危机后，国际格局加快了演变和重组。俄罗斯积极利用地位日益上升的上合组织的地缘政治潜力，力图使其成为推动多极化和塑造国际格局的新因素。2008年梅德韦杰夫总统在国情咨文中指出：“自负和强力已经不能像过去那样令人信服和有效。世界不可能以一个首都来管理。多数国家转向务实的多方位政策说明了巩固国际制度的迫切性。我们正是从这一立场看待俄罗斯参与多边机制，例如八国集团、上合组织、金砖四国、亚太经合组织等”。⑥可以看出，构建新的国际秩序和国际治理已成为俄罗斯看待上合组织的重要视野。

在这一阶段，安全合作依然是俄罗斯始终如一坚持推动的合作方向。俄罗斯更是利用担任上合组织主席国的地位推动在安全合作方面采取实际步骤。针对来自阿富汗日益增加的威胁，2009年俄罗斯倡议并主持在莫斯科召开阿富汗问题特别会议，通过了《会议特别宣言》和《上合组织成员国与阿富汗伊斯兰共和国打击恐怖主义、毒品走私和有组织犯罪行动计划》。2010年4月吉尔吉斯斯坦再度爆发推翻现政权的街头革命，接着又相继爆发种族冲突。维护地区安全问题成为当年峰会的中心议题。此次峰会签署的《上合组织成员国政府间合作打击犯罪协定》，《打击恐怖主义、分裂主义和极端主义2010—2012年合作纲要》等文件，俄罗斯都曾是积极的推动者和支持者。俄罗斯还积极参与上合组织先后召开的安全会议秘书、外长、内务和国防部长会议以及2010年9月上合组织举行的联合反恐演习。上合组织国际威望的提高，已将扩员问题提上日程，印度、巴基斯坦、伊朗、蒙古成为观察员国并吸纳白俄罗斯、斯里兰卡为对话伙伴国。继2010年峰会通过《上合组织接受新成员条例》后，2011年在阿斯塔纳峰会上又通过《关于申请国加入上海合作组织义务的备忘录范本》。

三、对俄罗斯上合组织政策的评析

(一) 俄罗斯对上合组织功能定位及政策特点

俄罗斯横跨欧亚两大洲，历史文化遗产独特且丰富，从苏联传承的大国禀赋和外交实践的积淀，使其形成了具有全球视野的对外战略思维和大国的利益取向。综观上合组织的发展历程，可以大致看出俄罗斯对上合组织的定位和政策特点。

俄罗斯对上合组织的功能定位涵盖三个层面。在全球层面，将非西方国家组成的上合组织视为维系国际战略平衡和战略稳定的重要力量，借助上合组织的巨大潜力推动多极世界进程和国际关系的民主化，为维护和拓展俄罗斯的大国利益服务。在地区层面，把覆盖中亚及其周边地区承担维护安全与发展功能的上合组织纳入俄罗斯中亚和独联体政策的轨道，将其作为集体安全条约组织和欧亚经济联盟这两个俄罗斯据主导地位的地区机制的重要补充和策应，利用上合组织在安全和多边合作中的效应，共同应对外部势力的渗透，抵御“三股势力”等非传统安全威胁和挑战，维护地区形势的稳定。同时在推动多边合作的进程中，确保俄罗斯在该组织的主导地位和既得利益。在双边层面，视该机制为磨合和推动与中国关系的重要途径。重视与中国的磋商和协调，及时对表，求同存异。近年来俄罗斯利用该机制制衡中国发展的举措逐渐增多。

俄罗斯对上合组织的政策是一个不断调整的动态演变过程。大国关系，地区形势，俄罗斯国内形势和需求等则是其政策形成的主要参照物。从十年来俄罗斯参与上合组织的实践看，俄罗斯对上合组织的政策主要具有以下特点：(1)高度重视组织的机制化建设，将参与、建立和健全各层次和领域的工作机制视为发挥主导作用，维护地区安全和实现自身利益的重要举措和制度性保障。(2)俄对上合组织的的合作方向采取有选择参与的做法，突出上合组织的政治和安全功能，始终如一地将推进和深化安全合作置于首要地位，而对多边经济合作缺乏热情。(3)上合组织在俄罗斯的外交布局中排在俄倾力推进的集体安全条约组织和欧亚经济联盟之后。近来俄罗斯更是表现出加快经营这两个地区机制发展的趋势。俄罗斯推进集体安全条约组织和欧亚经济联盟以务实合作为主。俄罗斯更多的是运用上合组织的地缘政治潜力和日益提升的国际影响力，来补充和策应集体安全条约组织和欧亚经济联盟的功能。(4)把上合组织视为对话和磋商机制的色彩较为浓重。尤其是对中国和哈萨克斯坦这两个上合组织核心俱乐部成员，俄罗斯更是注意加强磋商与协调，形成合力，与俄罗斯共同发挥领头羊的作用。

(二) 俄罗斯运作上合组织的资源优势与不足

俄罗斯拥有运作上合组织得天独厚的资源优势。首先,俄罗斯与中亚国家历史联系久远,苏联因素至今在它们之间仍产生着难以摆脱的向心力作用。中亚国家虽然已独立多年,但在经济、社会和安全等方面仍然无法完全摆脱对俄罗斯的依赖。俄罗斯与中亚国家这种历史上形成的"血缘"关系赋予俄罗斯影响地区形势有力的杠杆。其次,俄罗斯拥有支配和操控地区安全形势的军事力量和资源。苏联强大的军事遗产不仅体现在武器装备和军队的数量上,俄罗斯也继承了至今仍在运转的独联体国家空间防务、边防等军事指挥中心的地位。俄至今依然是中亚军事装备的主要供应者并且在中亚地区保留着可观的军事基地。复次,俄罗斯是上合组织成员国中唯一具有主导多边合作经验的国家。俄罗斯还是该地区自己倾心打造的集体安全条约组织和欧亚经济联盟等地区多边机制的主导者。最后,厚重的人文情结是俄罗斯与地区国家保持紧密往来的重要纽带。历史文化的相通性便于它们相互间的认知和沟通,俄罗斯的教育制度和科技水平并未减弱地区国家对俄的向往,俄语作为独联体国家交流和往来重要工具的地位依然无法替代。另外,地区国家中为数众多的俄族居民也是黏合俄罗斯与地区国家紧密关系的重要环节。

但是俄罗斯在实施上合组织政策的过程中,也有其困难之处。俄罗斯有限的对外投入严重拖累着其对外战略的实施。金融危机打乱了俄罗斯经济恢复的进程和节奏,俄罗斯经济能源属性的弊端在此进程中愈加凸显。不仅推行现代化战略急需的资金捉襟见肘,更是无法满足急需俄罗斯投入的独联体国家的期盼。经济状况似日益成为俄罗斯立足于强国之列的短板。在这种情况之下,是通过上合组织的共同努力来克服困难,还是恪守固有立场,一味地考虑眼前自身地位的变化,过分强调俄罗斯被边缘化的担忧。看来,这后一种心态既有损俄罗斯的根本利益,也无益于成员国求发展的共同利益。

(三) 俄罗斯对上合组织政策存在的提升空间

上合组织成立十年来,俄罗斯作为上合组织的核心成员,积极参与该组织所有的重大活动并且就上合组织的机制化建设、维稳、打恐、阿富汗问题、能源合作以及人文合作等问题提出多项为成员国接受的重要倡议,为上合组织的发展做出重要的贡献。事实证明,在上合组织的发展历程中,经俄罗斯认可和推动的合作方向都是该组织合作成果最多、成效最为显著的领域。可见离开俄罗斯的支持和推动,上合组织的发展难以取得今天的成就。但是我们着眼上合组织的未来发展,在评价俄罗斯因素时,既要看到俄罗斯政策的主流和积极面,也要看到俄罗斯上合组织政策面临着一系列挑战。

1. 中亚地缘政治格局的变化为俄罗斯的上合政策提出了新的要求

冷战结束后,中亚地区已不再是苏联的组成部分,成为当今世界新的政治板块。

出于建设新国家的需要，中亚国家都奉行独立自主和对外开放政策，希望借助外部力量的支持带动社会经济的发展。中亚国家在选择对外合作伙伴时，乐见在地区事务中形成多种力量制衡的均势局面，避免沦为任何大国的势力范围。可见对外部世界开放的中亚各国正在获得真正独立的主权国家的身份，不再仅有依附别国的属性。然而，多年来俄罗斯与中亚国家关系却屡次出现危机和波折，双方关系时有不睦，已造成一定的负面影响。其原因之一与俄罗斯固有的“势力范围”理念有关。应当看到，中亚国家走向世界已是大势所趋，开放和繁荣的中亚是国际社会共同的期盼。同时俄罗斯面对的合作伙伴已不同以往，其政策和利益诉求有别于俄罗斯。如何顺应时代潮流和现实，理顺相互关系，在新的环境中与主权国家构建相互关系的新模式，已成为俄罗斯上合组织政策必须面对的课题。

2. 安全合作与经济合作等内容的理性匹配有利于上合组织成员国共同利益的实现

说俄罗斯反对上合组织内的经济合作有失公允。俄罗斯毕竟是该组织制定经济合作纲要和重大经济活动的主要参与者。但俄罗斯对上合组织经济合作热情明显低于其优势更明显的安全合作也是事实。区域经济一体化是地区国家加快发展，摆脱贫困，实现互利共赢的有效途径。经济合作更是上合组织宪章确定的重要内容和优先合作方向，人为的忽视、拖延乃至有意无意地矛盾将使该领域的合作错失发展机遇，拉大地区间的差异。尤其是对相对落后的中亚地区而言，如不能改变社会经济面貌还会引发严重的社会动荡。因此，加快推动经济和社会发展对中亚及其周边地区具有特殊的意义。对上合组织的发展而言，如果在经济领域的合作长期无所作为，不仅制约上合组织的整体发展，削弱组织的凝聚力，对其国际影响的提升也会产生消极和负面影响。俄罗斯所持立场与其维护既得的经济利益及对中国凭借自身经济实力在中亚的影响提升以及所谓“俄在中亚地区边缘化”的担忧有关。但平等是市场经济公认的法则。中国与中亚国家的经济合作有其自我生成和扩展的双边机制，不受任何国家的意识左右。积极参与多边合作才是俄罗斯与中亚和中国共同发展的真正有效的措施。俄罗斯能否调整对经济合作的立场，中俄能否形成平等合作、良性竞争的格局，不仅关系到上合组织成员国的共同发展共同繁荣共同利益，也事关上合组织的发展前景。

3. 上合组织与集体安全条约组织、欧亚经济联盟应形成良性互动

相对于这两个组织，上合组织的开放程度和国际影响力更高，但内部的结合程度却不如前者。二者可以优势互补，它们之间安全和经济功能的重叠也是开展合作的重要前提。上合组织早在几年前就同集体安全条约组织、欧亚经济联盟签署备忘录，确定了合作领域和方向。但双方始终未找到进一步合作的方式和途径，优势互补的潜力至今未能得到释放。俄罗斯有意将上合组织纳入其地区政策的轨道，对上合组

织的关注程度也逊于集体安全条约组织和欧亚经济联盟。近几年俄罗斯更是加快打造集体安全条约组织和欧亚经济联盟,在推动上合组织与两组织合理分工与有效合作方面作为有限。俄罗斯积极推动集体安全条约组织和欧亚经济联盟深化合作,对于独联体和中亚地区都具有积极意义,也有助于俄罗斯在国际舞台发挥其大国作用,但如果其被过于赋予对上合组织竞争和制约的内涵,势必将影响它们之间合作的基础。俄罗斯是集体安全条约组织和欧亚经济联盟领头雁,也是上合组织的核心成员,俄罗斯在几个组织中都处在关键地位,更有责任与义务引导上述机制化解猜疑,避免竞争,发掘合作潜力,形成良性互动共同发展的局面。包括中国在内的所有成员国愿与俄罗斯一起来发展互信和推动合作,巩固上海合作组织已有的成就。

俄罗斯正处在国家发展的上升期,需要由国际地位和威望都在日益提高的上合组织为其推进现代化战略创造良好的国际环境。在共同的挑战面前,俄罗斯与上合组织成员国共同利益远远多于歧见,在谋求发展和维护地区稳定方面具有广泛的一致性。上合组织经过十年来的有效合作,机制逐渐健全,成员国之间利益的契合点不断增多,在 2011 年举行的阿斯塔纳峰会上,各方进一步就深化政治、安全、经济及人文领域的合作达成新的共识。尤其值得关注的是,在此次峰会上俄方已就开展安全、经济和人文合作提出新的建议,[⑧]这表明俄罗斯已较前重视和关注上合组织框架内各领域的均衡发展问题。因此,推进上合组织的合作和发展今后仍将是俄罗斯政策的主流。但是俄罗斯面临的挑战也表明,俄罗斯在上合组织内大国作用的发挥,要保持其政策的有效性,对上合组织的政策还存在着较大的调整空间。

注释

① [俄]梅德韦杰夫:《2008 年 8 月 28 日在上合组织成员国元首理事会上的发言》,http://www.president.Kremlin.ru/appears/2008/08/1418-type63377-205835.shtml。

② [俄]卢金:《俄罗斯对外战略中的中亚和阿富汗》,《国际生活》杂志 2011 年第 7 期。

③ [俄]萨扎耶夫:《梅德韦杰夫赋予上合组织新的思想》,http://www.lifenews.ru/news/61268。

④《2004 年 10 月 14 日中俄联合声明》,www.xinhuanet.com。

⑤《俄罗斯联邦 2008—2009 年任上合组织主席国的优先方向》,http://sco2009.ru/docs/2009/prioritet.html。

⑥ 转引自赵华胜:《透析俄罗斯与上海合作组织关系》,《国际问题研究》2011 年第 1 期,第 8 页。

⑦ 巴尔斯基:《上海合作组织:世界政治中的新词》,《国际生活》2011 年第 8 期。

报告十五　美俄关系在中亚

刘佳琪　冯绍雷*

［摘要］ 金融危机爆发以来，美俄自身实力的变化在其中亚战略上得到体现。受阿富汗撤军影响，美国的中亚战略正在从服务于军事行动过渡到服务于秩序维系，将安全、能源作为大中亚战略的优先目标。俄罗斯则在多项国家发展战略中视中亚为“优先利益区”，推动中亚的各项区域一体化进程。在这样的调整下，美国在中亚的扩张势头得到遏制，俄罗斯则有望重新占据中亚的主导地位。与此同时，美俄关系的“重启”推动了两国在多个领域的合作，但缓和的背后仍然存在着战略冲突因素，两国关系动态的反复性将会对其中亚战略未来的发展产生影响。

［关键词］ 美国　俄罗斯　中亚战略

中亚五国位于欧亚大陆中部，位于“大陆的心脏地带”①，其地缘政治意义上的重要性非常明显。一方面，苏联解体后，俄罗斯虽已难再启其世界政治大设想，但却因国际政治格局的地缘性和历史的部分同质性，仍将中亚视作“天然的特殊利益中心地带”和“后院”。另一方面，基于中亚在欧亚大陆的全球权力结构意义，美国亦将中亚视作打开欧亚大陆的又一突破口。作为美俄两大国均有权力欲望的政治地带，中亚五国的国内政治与国际形势的演变折射出美俄两大国的权力博弈与世界政治考虑。

金融危机后两年多以来，美俄自身实力的变化在其中亚战略上也得到了体现。阿富汗撤军后，美国的中亚战略正在从服务于军事行动过渡到服务于秩序维系。俄罗斯则在各项国家发展战略中均把中亚视作“优先利益”，积极地通过区域一体化措施巩固在中亚的传统地位。在这样的调整下，美国自“9・11事件”后在中亚的扩张势头得到遏制，俄罗斯开始重新占据中亚的主导地位。与此同时，美俄两国关系也出现了新的变化，“重启”推动了两国在多个领域的合作，但在2010年发生的吉尔吉斯斯坦

---

* 刘佳琪，华东师范大学国际关系与地区发展研究院2010级硕士研究生；冯绍雷，华东师范大学国际关系与地区发展研究院院长、教授、博士生导师；教育部人文社会科学重点研究基地俄罗斯研究中心主任。

政变过程中,美俄的回应却都十分谨慎。美俄关系动态的反复性将会对中亚五国乃至上合组织的发展产生一定影响。

本文以金融危机后中亚的大国关系变迁和内部政治经济变化为背景,分别探讨美俄两国在中亚战略的调整、收效及其局限性,引入美俄关系重启与在中亚地区合作的国际政治分析,进而指出其国际政治结构性问题,正是这种结构性问题使得美俄关系的重启在中亚地区存在局限性。本文试图以此管窥美俄关系在中亚的未来基本走势,进而为洞悉上合组织的发展提供若干侧影。

一、金融危机后美国“大中亚计划”的调整

早在2005年,美国国内就出现“大中亚计划”的设想,主要是以美国为主导,以阿富汗为中心,构建将中亚与南亚联成一片的合作与发展伙伴计划。金融危机后,美国的“大中亚计划”开始有所调整。

(一) 战略意图

“9·11事件”扭转了小布什政府的战略方向,新保守主义在美国大行其道。[②]与此相应,“大中亚计划”得以出台,美国试图以阿富汗为中心,在赢得反恐战争之外,对中亚与南亚地区进行整合,打造一个“大中亚”,这一中亚地缘政治设计隶属于美国的全球战略部署。该计划追求的目标至少包括安全、能源、民主和一体化四个方面,虽计划庞大,但收效甚微。直至奥巴马上台,“大中亚计划”已受到内在于全球政治格局和美国国内情境这两方面的约束。

一方面,在美国首发进而波及全球市场体系的虚拟经济和实体经济危机,美国本土需要经济重振,作为世界经济担纲者,亦不能自外于世界经济重启的责任。[③]美国财政赤字令人堪忧,为减少军费开支,奥巴马政府迫切地需要全球收缩,中亚自在其中。

表15.1 2008—2011财年美国财政赤字情况

年份	金额(亿美元)
2008	4 550
2009	14 200
2010	13 000
2011	12 990

资料来源:根据美国财政部网站的相关数据整理。

另一方面,美国被拖入以反恐名义展开的阿富汗战争泥潭,如当年越南掣肘美国全球部署一般,战争拖延近十年,耗资数千亿美元(美国在2008年金融危机后整体军费收

缩，而阿富汗战争的开支却仍不断增加），伤亡人数超过1 500人，经费与人员伤亡问题如此凸显，抽身诉求相当紧迫。2011年3月，美国一项民意调查结果显示，64%的受访民众认为阿富汗战争不值得继续，创下了阿富汗战争民意支持率的历史新低。④

表15.2　2008—2012财年美国战争资金（亿美元）

资金用途	2008财年	2009财年	2010财年	2011财年	2012财年（计划）
伊拉克战争	1 421	955	713	493	177
阿富汗战争	435	595	938	1 186	1 137
强化安全	1	1	1	1	1
未分配	0	0	0	0	0
总计	1 857	1 551	1 652	1 680	1 315
年度增幅	9%	−16%	7%	2%	−22%

资料来源：根据美国国会研究机构（CRS）2011年3月29日发布的报告"The Cost of Iraq, Afghanistan, and other Global War on Terror Operations since 9/11"整理。

在此兼具本土属性与全球属性的困境下，奥巴马政府调整中亚战略，一方面改变了以往全面推进安全、能源、民主与一体化四重目标的做法，将安全、能源作为大中亚战略的优先目标；另一方面，美国政府同中亚五国开展更务实的广泛合作，以期配合美军从阿富汗撤军后权力真空下的秩序维系。

1．构建服务于全球需要的战略基地

如上所述，"二战"后美国的地区战略总是服从于它的全球部署。为早日摆脱美国所遭遇的全球性危机，奥巴马政府希冀将中亚转化为服务于美国全球需要的一个战略基地。

第一，中亚五国可以并曾经作为美国全球反恐的军事基地和空中通道而存在。在阿富汗战争进行过程中，中亚国家纷纷为美国运送作战物资和人员提供通道。2010年11月，美国助理国务卿罗伯特·布莱克（负责南亚和中亚事务）指出："中亚在美国的阿富汗战略中地位重要，阿富汗和中亚五国彼此存在复合型相互依赖。一方面，中亚五国对美国中亚战略的持续支持决定着阿富汗的未来走向。另一方面，中亚五国的秩序与发展同样取决于阿富汗。"⑤

第二，中亚能源丰富，作为世界能源消费大国的美国，对中东能源依赖的敏感性突出。⑥目前，中亚拥有几处突出的能源产地。美国能源署（EIA）报告指出，"9·11事件"后，美国"从中东进口的原油数量及其占总进口的比重总体均呈现下降的趋势，2010年的比重比2001年下降了10.1个百分点，而来自独联体国家的石油进口所占比重则不断小幅度上升。"⑦

第三，中亚可以协助美国实现战后从"反恐"到权力真空下的秩序维系的战略转变。2011年4月，布莱克表示："阿富汗局势正在逐步好转，但秩序仍是脆弱的。美军在撤军后仍将为阿富汗的安全提供保障,中亚五国,尤其是塔吉克斯坦,在阿富汗秩序重建进程中将发挥重要作用。"⑧"大中亚持续性秩序重建战略意在推动中亚五国与阿富汗最终走向民主、自由市场和政府善治。"⑨

2. 在大国博弈中维持和扩大对中亚事务的影响力

"9·11"事件后,中亚渐愈成为多方国际政治角逐带,美国为防止在该地区出现领导性大国,⑩不得不继续维系乃至扩大对中亚的介入。

第一,美国以军事和经济双重介入来约束俄罗斯对中亚的影响。一方面,美国不断扩大在中亚的军事存在,与北约东扩遥相呼应,以压缩俄罗斯的战略空间并监视与牵制中国;另一方面,美国利用贸易、投资、援助等多种手段与中亚五国建立广泛联系,削弱俄罗斯的传统地位,力争把中亚五国纳入西方主导的全球市场经济体系。

第二,美国一面表示与上合组织沟通的期许,⑪一面又在国际政治实际运作中制约上合组织在中亚影响力的发挥,这一首鼠两端的国际行径,在于美国和上合组织在理念和利益上存在着根本差异。美国担心中亚五国向中俄靠拢,即以上合组织的方式实现中俄联合,从而形成在中亚可与美国相抗衡的地区性力量。因此,美国一方面不断以开放性逼迫上合组织,使其不可能向紧密型国际组织方向发展,从而削弱其成为地区性主导力量的可能性,这一主张的具体表现是美国一直试图成为上合组织观察员;另一方面又大力推动由美国主导的南亚和中亚融合,与上合组织相抗衡。而上合组织亦明晓美国的言行不一,2011 年 6 月的阿斯塔纳峰会就曾谴责美国单方面在欧洲扩大导弹防御系统的设想,认为这将破坏全球安全体系。

第三,美国继续尝试以外交方式在中亚推广民主进程。2010 年 7 月,布莱克否认"本届政府过于关注同中亚五国的安全关系而忽略了人权",他指出,"人权与公民社会的问题仍是美国与中亚对话的重要内容,这与双方安全关系的讨论同等重要"。⑫由此可见,美国仍希望促进中亚五国向民主政治与市场经济转型,推进中亚五国自由人权事业的发展,从而在意识形态和价值观上影响中亚,以期持续性左右中亚政局。

(二) 战略部署

为实现上述修正后的战略目标,奥巴马在 2009 年底曾明确指出,美国今后在中亚的五个工作方向:"第一,维护中亚稳定,消解恐怖主义,维系中亚秩序。第二,进一步开发中亚能源,拓展出口渠道。第三,推进基础设施项目:在阿富汗、巴基斯坦和印度境内新建天然气管道,将吉尔吉斯斯坦和塔吉克斯坦的电力输往阿富汗和巴基斯坦。第四,支持中亚五国的自由人权运动。第五,防止中亚个别国家彻底解体。"⑬与此相应,美国在中亚做出如下战略部署。

1. 巩固撤出阿富汗后在中亚的军事存在

2011 年 6 月,奥巴马宣布从阿富汗撤军的"三步走"计划,驻阿美军的任务从作战转为提供支持，撤军行动将在2014年结束，完成向阿富汗方面的防务移交。尽管美军已逐渐撤离阿富汗，但这并不意味着美国在中亚军事存在的消失。吉尔吉斯斯坦政变后，美国积极与新政府签订玛纳斯军事基地使用权延长的租约。2010年，美国国防部宣布在吉尔吉斯斯坦和塔吉克斯坦建立新的军事训练中心，用以训练军事人员来从事反毒品战争和反恐，进而促进地区安全。此外，在土库曼斯坦、乌兹别克斯坦和吉尔吉斯斯坦，美国都建有边防检查站和训练中心，派遣美军在此培训当地安全部队。总而言之，对美国来讲，军事存在的政治作用远大于其军事意义，美军逐渐撤离是军事意义的削弱，却不能以此得出其政治意义同步丧失的结论。2010年11月，美国国防部助理部长大卫·塞德尼表示："国防部目前在中亚的焦点是，短期内经由中亚地面和空中联系通道运送物资、设备和人员……但美国在中亚还有长期的安全援助目标，其核心是军队专业化、边防建设、反麻醉药力量和反恐力量这几个方面。"⑭ 由此可见，撤军计划表明，美国在中亚问题上采取更为实用性的策略，逐步从军事方面的战术布局过渡到全面深入的政治性战略部署，并借助中亚五国的当地力量实现撤军后阿富汗秩序的维系。

2. 加强基础设施建设投入以提升经济竞争力

中亚五国在全球金融危机背景下受到重创，美国的经济外交在此刻发挥了作用。

第一，美国积极推动与中亚五国在贸易、能源和边界安全项目等一系列问题上的合作，建立多元的对话与合作机制。美国倡导建立了美国—中亚贸易和投资框架协定机制（TIFA），通过合作克服中亚自由贸易的障碍，使中亚国家进一步融入世界贸易体系。

第二，美国继续向中亚国家提供经济援助。奥巴马政府"对中亚的经济援助由2009财年的1.495亿美元上涨到2010财年的2.5亿美元，并在2011财年提出了1.569亿美元经济援助的申请，还在2010—2011财年优先考虑了对塔吉克斯坦和吉尔吉斯斯坦的援助"⑮。吉尔吉斯斯坦4月政变和6月种族冲突后，奥巴马政府在常规援助之外，又向其"提供了7 760万美元的额外援助，用以维系经济、组织选举、训练警察和提供应急食物和避难所"⑯。

第三，美国加大对中亚基础设施建设的投入。美国贸易发展署（USTDA）"向哈萨克斯坦提供了64万美元，用以资助重建两条地下天然气存储设备可行性的研究；向吉尔吉斯斯坦提供了53.76万美元，用以资助达特卡—凯明传送线计划可行性的研究；向塔吉克斯坦提供了87.54万美元，用以资助在方亚诺布地区整合煤矿和能源形成计划中煤矿组成可行性的研究；向土库曼斯坦提供了78.54万美元，用以资助石油天然气部门的官员学习国际标准、法律规章以及生产共享协议"⑰。

此外，美国国家开发署（USAID）在中亚国家也开展了多个促进该地区基础设施建设的项目（见表15.3）。

表 15.3　美国国家开发署促进中亚基础设施建设项目表

项目名称、时间	项目内容	目标国家	预算(万美元)
商务环境改善计划(BEI) 9/2006—9/2010	为政府和私人提供技术支持,加强自由市场的商业法律架构,推动相关法律改革。	哈萨克斯坦 吉尔吉斯斯坦 塔吉克斯坦	1 700
加强竞争的经济改革(EREC) 6/2008—6/2011	为财政部、国家税务稽查局和地方政府机构提供支持:促成符合国际标准的公共审计,解说新版税法,建立中央信息系统统计财产税的收集、管理和跟踪。	哈萨克斯坦 吉尔吉斯斯坦 塔吉克斯坦 土库曼斯坦	1 828.95
地区能源市场援助计划(REMAP-II) 9/2009—9/2012	将在中亚国家中建立一个以市场为主导、以价格为基础的电力贸易系统,发展并实施一个用来建立与水灾控制和灌溉有关的规范水资源服务经济价值的机制,以及支持面向南亚的可靠电力供给。	哈萨克斯坦 吉尔吉斯斯坦 塔吉克斯坦 土库曼斯坦 乌兹别克斯坦 阿富汗	1 650
地区贸易自由化和关税计划(RTLC) 7/2007—7/2011	支持国家发展并实施符合世贸组织的政策,帮助改善关税程序以降低开支,支持市场信息数据共享和渠道扩展。	哈萨克斯坦 吉尔吉斯斯坦 塔吉克斯坦	550

资料来源:根据美国国家开发署网站上的中亚项目整理。

3. 开展多边合作以推动中亚和南亚区域整合

美国在推进中亚战略过程中,不仅充分发挥西方诸国、军事安全组织以及国家联盟的协同作用,利用北约、欧盟、欧安组织等的策应和配合,协同推进中亚战略,还在该地区借助亚洲开发银行的力量,实现中亚和南亚的区域整合。"2010 年 12 月 11 日,土库曼斯坦、阿富汗、巴基斯坦和印度以及亚洲开发银行签署了修建 TAPI(土库曼斯坦—阿富汗—巴基斯坦—印度)天然气管道的框架协议,这条管道从土库曼斯坦出发经由阿富汗和巴基斯坦抵达印度,可以方便印度从土库曼斯坦购买天然气。"⑱印度签署这份协议是因为受到了美国的压力。由于美国的反对,2008 年初,印度正式退出 IPI 管道三方谈判(伊朗—巴基斯坦—印度),而 TAPI 天然气管道得到了亚洲开发银行的大力支持。总而言之,美国在中亚和南亚的区域合作中影响重大。

但是,中亚的能源总量和目前开发能力有限,而且很大一部分被控制在俄罗斯手中,美国整合中亚和南亚的战略推进得并不顺利。中亚能源大国哈萨克斯坦因不想破坏俄哈密切的战略盟友关系,对美国的设想并不热心。塔吉克斯坦未来的水力资源也已基本由俄罗斯的铝业公司和统一电力公司控制。至于土、阿、巴天然气管道,以土库曼斯坦目前的天然气生产能力,完成俄中两国的合同已经十分困难,再向南输送恐怕力不从心。

4. 以文化教育和社会服务投入作战略铺垫

和美国其他任何形式的援助相比，教育项目为中亚的发展提供了必需和最主要的人力资本，同时也为美国对中亚社会的长期渗透做了铺陈。美国在中亚国家开展了多项学生交流项目：未来领导人项目(FLEX)将优秀高中学生送到美国各州进行学习；本科生项目(UNGRAD)把大学生送到美国社区大学和研究性大学学习；富布莱特项目(Fulbright)[19]为中亚的专业研究人员和教育工作者提供了赴美进修的机会。美国还支持中亚国家教学方法和课程的发展，包括根据西方课程和标准进行教育培训、英语培训、科技培训以及针对农村地区的培训。在美国的支持下，吉尔吉斯斯坦大学成立了授予优秀学生的奖学金，土库曼斯坦推动了理工科部门的整改，中亚美国大学的发展也得到了美国政府的支持。

在医疗卫生方面，美国2010年以来在中亚不断推进根除小儿麻痹计划，同时发展艾滋病防治项目。2011年起美国在中亚开展了一个针对中亚心血管疾病的防治计划。总之，美国透过文化教育和社会服务的国际拓展，为美国在中亚实现战略目标、中亚和美国价值观的一致以及政治方向的同向性提供了基本条件。

总的来看，美国在中亚地区战略的实施取得了一定的绩效。首先，美国在吉尔吉斯斯坦、乌兹别克斯坦军事基地的运作为其中亚战略及阿富汗事务的解决提供了便利，但中亚国家反对美国在中亚建立新的军事基地，并强烈要求从玛纳斯空军基地撤出，表明美国在中亚的军事存在和影响受到很大的限制。其次，从2006年以来，美国对中亚和南亚实行区域整合，在中亚地区推出一系列的经贸方面的举措取得了一定的效果，尤其是在基础设施建设方面投入较大，如美国国际开发署帮助巴基斯坦和阿富汗建设电力传输线，美国政府出资建造从阿拉木图到卡拉奇的全天候公路等。第三，从反恐方面看，击毙本·拉登作为一个突出的标志反映了美国反恐战争的重大胜利，但随着美国从阿富汗的逐步撤出，该地区的安全形势仍有可能出现一定程度的恶化，这对上合组织未来的发展也增添了新的不确定性。

二、 金融危机后俄罗斯对中亚的政策调整

苏联及俄罗斯的地缘政治战略有明显的一致性，大致可分为三个层次：“第一个层次是通过在苏联的外围建立一系列的安全地带而进一步保障自身的国家安全；第二个层次则是在可能的情况下冲出西方的遏制圈，在欧亚大陆的边缘获得新的突破口；第三个层次就是通过在世界各地建立苏联的军事基地、扶持亲苏政权以及进行经济和军事援助等方式在全球范围内扩展自己的影响，与美国争夺世界霸权。”[20]这一地缘政治战略成为俄罗斯外交的一项传统，后苏联时代的俄罗斯虽然已丧失布局世界政治的能力，却依然在这三个层次上发挥作用。金融危机便成为了俄罗斯转变地缘

政治战略的一个契机。

(一) 战略意图

如上所述,美国等西方国家在"9·11事件"后以军事、经贸合作等形式深入对中亚的渗透,俄罗斯仅仅依靠传统联系维持在中亚的主导地位显得力不从心,一直在寻求更强大的影响能力。全球金融危机爆发以来,世界各国经济进入增长低谷,美国及其他西方国家自顾不暇,俄罗斯重振在中亚影响力的机遇似乎已经到来。

1. 维持对中亚的传统影响,推动国际社会对俄在中亚主导地位的尊重

尽管在大国外交中,开放自己独有的政治资源是难以避免的,但是无论出于地缘战略利益的考虑还是传统影响力的惯性思维,俄罗斯始终坚守着在中亚占据主导地位的底线。在近十年间发布的国家战略报告中,俄罗斯都把中亚称为"在俄罗斯外交中具有重要意义的地区"。随着国内经济逐步从危机中复苏,俄罗斯越来越将独联体尤其是中亚视为其"优先利益区"。

安全方面,俄罗斯始终力图确保中亚地区的缓冲带功能,以保证其切身利益不受损害。俄罗斯一方面密切关注来自中亚和阿富汗的"三股势力"对俄本土的威胁,另一方面还非常重视该地区跨境毒品贸易的发展情况。另外,俄罗斯还在中亚五国境内建设了多个航天发射场、反导靶场、雷达站和军事基地,其战略意义不容忽视。

经济方面,透过俄罗斯与中亚五国近几年的经济增长情况,中亚五国的经济基础相当薄弱、经济总量水平较低,金融危机后的国内生产总值增速都经历了大幅下降后震荡回升的过程(见表15.4),这给了俄罗斯以经济合作和对外援助为筹码逐渐回归中亚的主导地位的良好机遇。

表15.4 俄罗斯及中亚五国2009—2011年国内生产总值增长情况(亿美元)

国别	2008年	同比增幅	2009年	同比增幅	2010年	同比增幅	2011年(估)	同比增幅
俄罗斯	22 760	7.5%	21 180	−6.9%	22 230	5.0%	23 560	6.0%
哈萨克斯坦	1 780.59	5.5%	1 818.14	2.1%	1 963.99	8.0%	2 103.41	2.5%
乌兹别克斯坦	718.42	11.4%	783.73	9.1%	858.47	9.5%	928.62	8.2%
塔吉克斯坦	130.78	10.3%	137.13	4.9%	147.44	7.5%	157.62	6.9%
吉尔吉斯斯坦	116.19	9.9%	120.66	3.8%	120.16	−0.4%	127.55	6.2%
土库曼斯坦	312.61	17.3%	334.68	7.1%	369.03	10.3%	406.59	10.2 %

资料来源:国际货币基金组织2011年4月世界经济展望(International Monetary Fund, April 2011 World Economic Outlook), http://www.google.com/publicdata/overview?ds=k3s92bru78li6_&ctype=l&strail=false&nselm=h&hl=en&dl=en。

此外，俄罗斯还与中亚五国建立了涉及军事安全、经济贸易等内容的多个区域组织，推动后苏联空间(权力真空情境下)的一体化进程。俄罗斯希望通过一系列由它主导的区域组织的运作，与该地区其他国家组成稳定的伙伴关系，从而使其在中亚的至关重要的利益得到国际社会尊重，以实现俄罗斯对中亚五国的主导性影响。

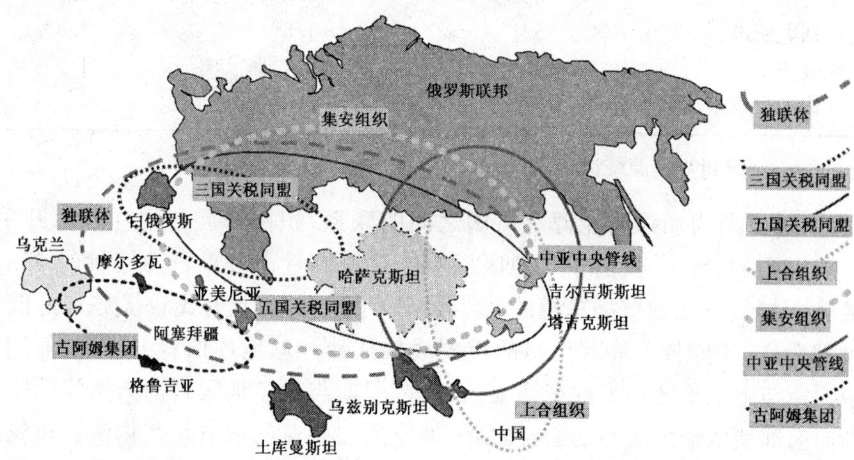

资料来源：亚历山大·利伯曼(Alexander Libman)于2011年3月在华东师范大学国际关系与地区发展研究院授课时使用的PPT

图15.1　俄罗斯与中亚国家间的区域组织

2. 在大国博弈中确保获得能源、物流通道等战略利益

俄罗斯具有丰富的石油和天然气资源，是能源输出大国，掌握欧洲天然气供应命脉。中亚五国也具有一定的石油储量，是俄罗斯提升区域能源合作水平、增强在国际能源领域话语权的潜在伙伴。双方在该领域对世界其他大国具有绝对优势。一方面，虽然在石油总产量上，俄罗斯与中亚五国在世界总产量中比重不大，但其潜能不容忽视(见表15.5)，在资源总量加速耗竭的形势下具有上升势头。另一方面，在天然气总产量上，俄罗斯及独联体国家在世界处于较领先的地位(见表15.6)，尤其是输向欧洲的天然气管道，成为俄罗斯与欧盟开展外交不可或缺的谈判筹码。

表15.5　俄罗斯及中亚主要产油国已探明的石油储量(截至2010年底)

国　别	亿吨	亿桶	占总产量比例	储产比
俄罗斯	106	774	5.5%	20.6
哈萨克斯坦	55	398	2.9%	62.1
乌兹别克斯坦	1	60	低于0.05%	18.7
土库曼斯坦	1	60	低于0.05%	7.6
独联体国家总量	173	1 261	9.1%	25.6
石油输出国组织	1 460	10 684	77.2%	85.3

资料来源：《BP世界能源统计年鉴——2011年6月》。

表 15.6　俄罗斯及中亚主要产气国已探明的天然气储量(截至 2010 年底)

国　别	亿立方米	同比增加	占总产量比例
俄罗斯	5 889	11.6%	18.4%
哈萨克斯坦	336	3.3%	1.1%
乌兹别克斯坦	591	−1.5%	1.8%
土库曼斯坦	424	16.4%	1.3%
独联体国家总量	7 579	9.7%	23.7%

资料来源:《BP 世界能源统计年鉴——2011 年 6 月》。

另外,俄罗斯为加强同能源出口国之间的联系,积极开展与之在能源开采、物流输送等方面的合作。目前中东地区探明的石油储量占世界石油储量的 65.4%,出口液化天然气占全球贸易总量的 23%(相较于俄罗斯,具有比较优势),是俄罗斯扩展外部合作、协同控制能源价格的重要战略伙伴。从地理位置上看,中亚国家占据了俄罗斯与中东地区往来的交通要道,是俄罗斯与中东地区石油天然气运输以及俄罗斯向南部地区输出能源的必经之路,俄罗斯在中亚的权益是其物流通道畅通安全的保证。

(二) 战略部署

金融危机后,俄罗斯为进一步巩固在中亚这一特殊利益地带的主导地位,争取更多的战略资源和政治支持,外交政策呈现出异常积极的态势,在中亚以攻为守,不仅进一步加强军事、经济、文化方面的传统发展战略,还在既有国家安全战略以及对外政策上进行调整,推动在中亚的各项区域一体化进程。

1. 继续推进传统发展战略

(1) 保持俄罗斯军事力量在中亚的领先地位。

俄罗斯为了对抗美国的军事力量染指中亚,采取了加大区域军事一体化进程、加强军事安全合作、调整军事部署、建立军事基地等主要战略部署。具体的措施主要有:成立同盟性质的区域性组织、积极开展联合军演、加大对中亚的武器支持力度、新增在中亚的军事基地等。俄罗斯以独联体集体安全条约组织的形式,强化了与独联体国家尤其是中亚五国的军事伙伴关系。在集体安全条约组织框架下,俄罗斯获得了驻军哈萨克斯坦、塔吉克斯坦、吉尔吉斯斯坦等国并建立军事基地的许可,先前建设的哈萨克斯坦拜科努尔航天发射中心、吉尔吉斯斯坦坎特空军基地以及塔吉克斯坦与阿富汗边境地带的俄罗斯驻防部队等军事基地得到巩固。为了干预吉尔吉斯斯坦暴乱及遏制贩毒活动,俄罗斯还计划在吉尔吉斯斯坦南部的奥什或贾拉拉巴德新建军事基地。此外,俄罗斯在中亚开展的军事人员培训、军事理论输入等交流也日益深入。

(2) 加强对于中亚五国的贸易投资关系和经济援助。

贸易方面,从 2011 年俄罗斯与中亚五国的贸易规模来看,前 6 个月与中亚五国的贸易总量就已超过 140 亿美元(见表 15.7),五国之和位居俄罗斯主要贸易伙伴的第九位,保持了近年来持续增长的态势,该贸易额在与中亚开展贸易的几个大国中也占据绝对优势地位。可以看出,中亚五国在外贸领域对俄罗斯依赖的脆弱性和敏感性十分明显。

表 15.7 俄罗斯 2011 年 1—6 月与中亚五国贸易量(亿美元)

国别	贸易额
哈萨克斯坦	112.14
乌兹别克斯坦	18.07
吉尔吉斯斯坦	5.79
塔吉克斯坦	3.97
土库曼斯坦	4.58

资料来源:俄罗斯联邦海关总署 2011 年统计数据。

投资方面,俄罗斯对中亚五国的投资主要集中在石油和天然气的开发和贸易上。俄罗斯与中亚主要产油国哈萨克斯坦、乌兹别克斯坦、土库曼斯坦都保持着密切的能源开发合作,诸如俄罗斯石油公司、卢克石油公司与哈萨克斯坦国家油气集团的合作开发油田勘探;卢克石油公司、天然气工业集团同乌兹别克斯坦油气集团的油气合作;俄罗斯企业参与承接的"中土"、里海、"中亚—中央 3 号"等天然气管道的建设工程。从表 15.8 的 2012 年计划数据可以看出,俄罗斯为在中亚全面建设起由其主导的能源产业,对中亚油气的投资力度在五年内几乎翻了四倍。

表 15.8 俄对中亚五国投资总额与计划投资额比较(亿美元)

国别	2007 年投资额	2012 年计划投资额
哈萨克斯坦	34—41	67—75
乌兹别克斯坦	5.2—10.5	47—62
吉尔吉斯斯坦和塔吉克斯坦	0.5	23—26
土库曼斯坦	0.25	20

资料来源:《俄罗斯与中亚国家的能源合作现状》,《国土资源情报》2009 年第 5 期。

经济援助方面,2009 年 2 月 4 日,俄罗斯、白俄罗斯、哈萨克斯坦、吉尔吉斯斯坦、塔吉克斯坦五国元首在欧亚经济共同体峰会上共同签署了建立反危机基金的相关文件,基金用于帮助各国克服金融危机造成的不利影响。2009 年 2 月至 3 月,俄哈双方签署了《俄对外经济银行参加哈俄投资项目外贸合同融资备忘录》,规定“俄对外经济银行向哈‘萨姆鲁克—卡泽纳’国家福利基金提供 30 亿美元贷款,用于哈实施国内大型投资项目”㉑。2010 年 4 月吉尔吉斯斯坦发生社会暴乱时,俄罗斯财政部向吉提供“总额为 2 000 万美元的人道主义援助,农业经济银行提供了总额为 3 000 万美元的优惠贷款,其他政府部门也提供了实物援助及优惠政策”㉒。

(3) 深化向中亚的文化输出以确保俄罗斯传统优势。

俄罗斯透过教育输出实现意识形态的渗透,进而实现在中亚的软实力。俄罗斯每年接受一万多名来自中亚的留学生,同时不断降低入学和入境门槛,为优秀学生提供奖学金,吸引中亚学生赴俄求学,从年轻一代身上重塑俄罗斯的传统优势。同时,俄罗斯各大高等研究机构也在中亚五国的主要城市设立分校,便于更多中亚学生在本国接受俄语和俄罗斯文化的教育。2010 年,俄罗斯教育部制定了《2010—2020 年俄罗斯教育输出计划》,开放西伯利亚六所大学,招收部分免费的外国学生。中亚国家留学生 2010 年参与该计划的人数可见表 15.9。

表 15.9　2010 年中亚参与俄罗斯教育输出计划人数

国　　别	总　计	付费学生
哈萨克斯坦	3 164	1 257
乌兹别克斯坦	452	237
土库曼斯坦	40	15
塔吉克斯坦	34	1
吉尔吉斯斯坦	90	17

资料来源:Казахские студенты завоевали Сибирь, http://www.strf.ru/.

2. 调整既定方针

由于金融危机后国际政治权力格局的不断变化,俄罗斯对中亚的战略尚在重新形成。一方面,要继续维系上述传统战略政策,另一方面可以看出俄罗斯正在灵活地调整既定方针,明显缓和其对西方的态度,重视与其他区域和全球组织在地区的合作,并进一步推动中亚五国的区域一体化。

(1)《2020 年前国家安全战略》:中亚相关区域和全球组织被视为优先发展对象。

2010 年 5 月 12 日,《2020 年前俄罗斯国家安全战略》出台,该文件对与中亚相关的各个区域和全球组织进行了不同的定位。㉓首先,与北约对立的态度有所缓和,《战略》一方面强调与北约的“战略平衡”,但另一方面对北约的强势介入仍怀有抵触,认为“北约向俄边界推进军事基础设施的计划、赋予自身有悖于国际法准则的全球职能的意图，不能为俄罗斯接受，而这正是俄罗斯与北约关系的决定性因素”。其次，在与欧盟的合作关系上，《战略》摆出了另一种态度：“俄罗斯主张大力强化与欧盟的协作机制，包括稳步建立经济、内外部安全、教育、科学和文化领域的共同空间。在欧洲—大西洋地区建立开放的、以明确的法律条约为基础的集体安全体系，符合俄罗斯的长远国家利益。”最后，对于中亚的区域性组织，《战略》指出，集安组织是解决“国家间对抗地区军事政治和军事战略性挑战与威胁的主要手段”；欧亚经济共同体则是“经济一体化的核心”；而对于上合组织，《战略》则认为，“巩固上合组织的政治潜力、推动其框架内有利于加强中亚互信和伙伴关系的实际举措对俄具有特殊的意义”。由此可见，俄罗斯希望在中亚与北约保持对抗与合作并存的状态，同时积极推进与欧盟的区域安全战略合作，从而达到各方势力的均衡。另外，俄罗斯非常重视集安组织和欧共体在推进区域一体化进程中发挥的作用，并强调上合组织按照俄方意图进一步深化其影响力。

(2) 调整与美国和西方关系。

全球金融危机使俄罗斯经济发展受到沉重打击。2009 年 11 月，梅德韦杰夫在国情咨文中正式提出“将以实现现代化作为国家未来十年的任务与目标，其中经济现代化是极其重要的内容。”㉔为此，俄罗斯积极改善与西方的关系，加大同美国、欧盟、亚太以及其他经济体的合作力度。《2020 年前俄罗斯联邦社会经济长期发展构想》中提出：“争取每年吸引外国直接投资 600—700 亿美元的目标，2010 年进入俄罗斯的外国直接投资达到 405 亿美元。”㉕

2010 年 6 月，美俄双方就反恐合作、削减战略核武器、对伊朗实施制裁等问题在一定层面上达成了共识，推动了美俄关系的重启。在俄罗斯的“入世”谈判问题上，2011 年 12 月，世界贸易组织部长级会议批准了关于俄罗斯入世的决定，奥巴马也随即对俄入世表示欢迎。这说明俄罗斯在“入世”的努力中，已基本上同西方主要国家达成一致，一些区域的合作准入、利益妥协则成为“入世”谈判的筹码。

(3)《2030 年前能源战略》：渡过危机挖掘上升潜力。

2009 年，《2030 年前能源战略》指出：“2030 年前俄罗斯能源战略第一阶段的目标是克服金融危机对能源领域的影响，为后危机时期加速发展创造条件，并对燃料能源行业进行现代化改造。”㉖面对金融危机冲击下的国际石油贸易困境，俄罗斯认为处理能源问题，各方不仅应从能源消费国的角度思考，而且还应从能源生产和负责运输国的角度考虑。俄罗斯希望与同样作为世界石油主要出口地区的中亚国家加强联系，组成某种能源供应国的“俱乐部”，通过一个类似欧佩克的石油输出国组织，进一步增强其在国际石油贸易领域的话语权。

表 15.10 2010 年独联体国家石油出口流向(百万吨)

国 别	出口量	国 别	出口量
美 国	36.9	中 国	33.3
加拿大	1.6	印 度	0.8
墨西哥	0.4	日 本	14.5
中南美洲	0.7	新加坡	9.2
欧 洲	295.2	亚太其他地区	15.8
非 洲	1.3	世界其他地区	10.4
澳大利亚	1.0	合 计	421.2

资料来源:《BP 世界能源统计年鉴——2011 年 6 月》。

(三) 实施绩效

俄罗斯在 2010 年以来采取的各项推动区域一体化措施在中亚地区取得了较为显著的效果。集安组织和欧亚经济共同体积极发挥作用,分别从军事和经济两个方面推动中亚国家开展合作。其中,俄白哈关税同盟的建立更是俄罗斯在区域一体化进程中的重大成果。

1. 促进集体安全条约组织开展军事合作

集体安全条约组织(集安组织)是以俄罗斯为主导、覆盖中亚的区域安全一体化组织。2009 年 2 月,集安组织各成员国一致同意组建集体快速反应部队。同年 7 月,各成员国决定在俄罗斯建立信息安全技术中心,以方便该组织成员国交流信息安全领域经验。同年 10 月,集安组织快速反应部队第三阶段军事演习在哈萨克斯坦南部江布尔州的一个军用训练场举行。2010 年吉尔吉斯斯坦出现政变后,集安组织也紧急对承担地区安全防卫合作的功能问题进行商讨。在集安组织的框架下,俄罗斯与中亚国家的军事合作不断深入,区域安全一体化局势正在形成。

但是,随着 2012 年 6 月乌兹别克斯坦申请退出集安组织,表明这一组织的凝聚力受到挑战。

2. 加强欧亚经济共同体的合作

欧亚经济共同体是俄罗斯在中亚推进经济区域一体化的重要措施。2010 年俄罗斯与欧亚经济共同体的贸易伙伴关系位居对外贸易地区伙伴的第四位。金融危机爆发后,在俄罗斯的主导和倡议下,各成员国积极合作,通过设立危机基金、成员国间经济援助等方式,谋求共同渡过危机的有效途径。在建设项目方面,欧亚经济共同体于 2011 年 7 月制定了成员国公路和铁路建设一揽子计划,计划在 2020 年之前“建设 7 条公路和 7 条铁路线路,其中包括 142 个物流中心等其他各项建设,以实现东西方向和南北方向的客货运输网络构架”[27]。

表 15.11　2010 年俄罗斯主要贸易伙伴地区分布

地　区	占比(%)
欧　盟	49
亚太经合组织	23.3
独联体	14.6
欧亚经济共同体	7.8

资料来源:中国驻俄使馆经商参赞处所援引的俄罗斯海关数据。

3. 俄白哈关税同盟的建立

在欧亚经济共同体的框架下,俄罗斯、白俄罗斯和哈萨克斯坦三国关税同盟于 2010 年正式建立。同年 7 月,俄白哈关税同盟正式取消海关。普京表示:“2011 年上半年,俄白哈关税同盟贸易额为 293 亿美元,较去年同期的 208 亿美元增长 41%,并预计三国同盟取消海关后,下半年同盟内贸易仍将保持良好态势。”[28]俄方初步估计,取消同盟内海关设置会将三国的 GDP 水平提高至年均 15%,各国间贸易额每年平均可增长 40%,原来贸易量较少的哈萨克斯坦和白俄罗斯贸易量将会增加两倍。三国总理在 2011 年 8 月举行的首脑会议上共同确立了到 2013 年把这个同盟打造成“欧亚经济联盟”的目标,旨在进一步推进区域经济一体化,并将同盟范围向欧亚邻国扩张。普京在会上表示:“这的确是一个拥有重要国际和地缘政治意义的事件。自苏联解体以来,第一次朝着恢复后苏联地区固有的经济和贸易关系迈出了真正的第一步。”[29]

4. 就次区域合作评价仍有歧义

为改善中亚国家政府管理能力脆弱对其经济发展的影响,俄罗斯不仅推进了该地区超国家层面的合作,即区域一体化措施,还在次国家层面加深与中亚五国地方政府的联系,其中最明显的是俄罗斯与哈萨克斯坦边界地区所展开的平行外交。2011 年 1 月,俄罗斯库尔干州和哈萨克斯坦的科斯塔奈州、北哈萨克斯坦州共同举办了区域间斯拉夫人传统文化的庆典。[30]2011 年 5 月,在北哈萨克斯坦州代表团对俄罗斯秋明州的访问期间,双方州政府共同签订了一系列关于加强双边工业、农业、社会发展合作的协议,秋明州立农业研究院和耶希尔农业技术学院也签订了合作协议。[31]哈萨克斯坦的彼得罗巴甫洛夫斯克州和巴浦洛达尔州与俄罗斯的鄂木斯克州是友好城市,地区间拥有一系列经贸、科技、文化合作的协议。鄂木斯克州州长波利扎耶夫 2010 年表示:“俄白哈关税同盟的建立使跨境贸易更加便利,双边贸易额将会进一步提升。”[32]由此可见,次国家区域合作从地方实际情况出发,不仅能够加深边境地区的文化交流,还有助于双边经贸发展,而俄白哈关税同盟更是为其提供了新的契机。

但是,由于俄罗斯与中亚五国都是高度中央集权的国家,地方政府拥有的权力有限,目前该地区的次国家区域合作仍然受到限制。哈萨克斯坦的次国家政府虽然拥有超过80%的包括能源、石油在内的国有企业,但没有明确划分各级政府之间的所有权,法律还限制了地方政府对税率的掌控,次国家区域合作只能在有限的范围展开。吉尔吉斯斯坦和塔吉克斯坦受国内政局不稳定所影响,在政权更迭后出现再集权的现象,即使是在相对高度自治的地区,也不鼓励开展次国家区域合作。乌兹别克斯坦和土库曼斯坦都是高度中央集权的国家,几乎不存在次国家区域合作。此外,由于俄罗斯与中亚国家之间边防十分薄弱,跨境贸易的展开还可能引发非法毒品交易的泛滥以及宗教极端主义和恐怖主义势力的流入。因此,俄罗斯和中亚国家次国家政府之间展开的正式区域合作受到限制,并呈现不断衰落的趋势,但民间非正式的经贸、文化合作则存在较大发展空间。

三、美俄关系重启对中亚事务的影响

虽然美俄两国在金融危机后分别对中亚战略做出调整,并取得如上一些绩效,但因某种结构性因素,两国在中亚仍然遭遇一些困境,主要表现在:

(一) 金融危机后美俄在中亚面临的多重困境

金融危机后美俄所面临的国际环境发生着前所未有的变化。在从欧洲到亚太的权力结构重组中,亚洲地区性领导势力突起,而世界权力中心美国却出现了全面衰退。在这一情境下,新兴的非西方权力中心并不愿意和传统霸主美国一同参与全球治理,也不愿意从属于美国领导下的全球秩序。国际体系中权力的分散化导致越来越多的国家渴望在全球治理中扮演更为重要的角色,如巴西和土耳其都制定了对伊朗核问题的解决方案。美国在国际事务中遭受的挑战不仅来自新兴国家,还来自一些结盟国家。后金融危机时代,国际体系权力的分散化和碎片化愈发明显。因此,美国和俄罗斯必须尽早确定国际战略,以把握未来世界整体格局。美俄两国在中亚面临的现实困境具有一致性。

第一,金融危机导致双方国内经济遭受重创,两国都需要构建融洽的外交环境,以尽早摆脱危机和解决经济问题。金融危机对美国的影响仍在蔓延,2011年前两个季度美国国内生产总值再度表现疲软(见图15.2),不仅如此,美国6月个人消费开支环比下降0.2%,两项主要数据都低于此前经济学家预计的增长0.1%,显示美国经济复苏乏力。

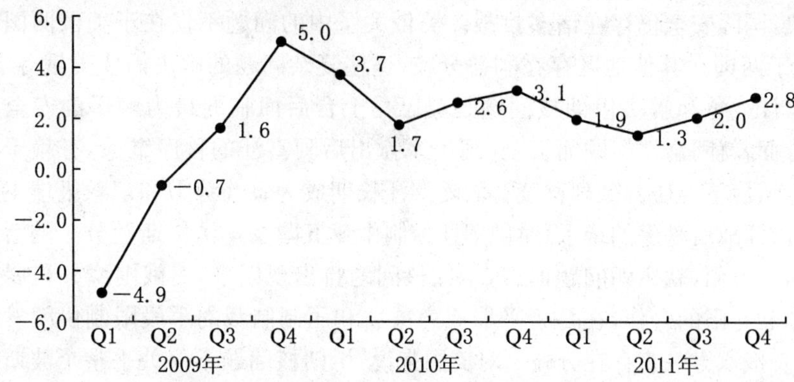

资料来源：根据美国商务部经济分析局（BEA）的数据整理。

图 15.2　美国 2001—2011 年国内生产总值增长率

美国还面临着严重的债务危机。2011 年 8 月，标准普尔下调美国信用评级 AAA 至 AA+，这是美国首次失去 3A 的信用评级。面对一系列糟糕的经济数据，美国消费者信心指数也跌至两年最低点。在这种形势下，救市成为重中之重，包括外交在内的各项政策都要为之服务。

就俄罗斯而言，由于金融危机导致国际油价大幅下跌，俄罗斯经济在 2009 年遭受重创，突出表现为经济增长大幅下降，国内生产总值首度出现负增长，政府同样面临着重振经济的挑战。这就要求俄罗斯尽可能避免与美国的矛盾升级，构建融洽的外交环境。但俄罗斯在金融危机后期的表现也呈现出相对乐观的一面，其银行系统和卢布币值不仅保持了基本稳定，经济发展与世界经济的整体复苏也保持了同步，通胀率、失业率和国际收支等重要的宏观经济指标表现较好。2011 年，俄罗斯国内生产总值增长率达到 4.3%。可以看出，俄罗斯整体经济情况在可控的情况下，正在逐步回暖。

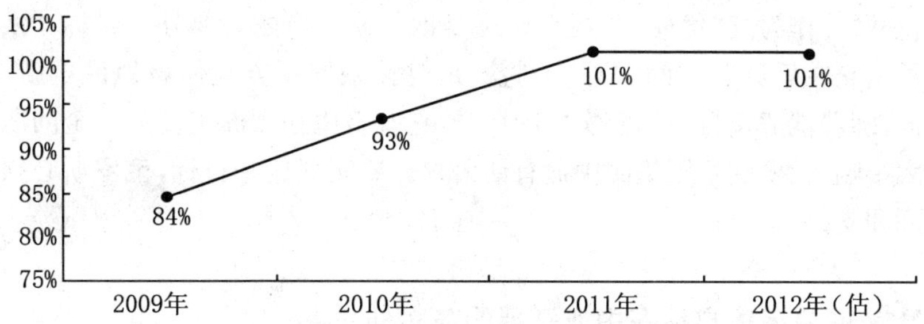

资料来源：根据美国商务部经济分析局（BEA）的数据整理。

图 15.3　奥巴马时期美国国债占国内生产总值比例

第二,国际安全仍存在诸多挑战。美俄关系中的问题不仅在于美俄两国本土之间,还在于两国在其他地区存在利益分歧,这些复杂问题的解决需要美俄寻求合作。撤出阿富汗战争和解决伊朗核问题是奥巴马上台后面临的最为棘手的安全战略问题。一方面,就阿富汗问题而言,驻阿美军撤出后阿富汗的秩序维系,有赖于美俄在权力真空情境下的协调处理程度。而阿富汗长期成为恐怖势力和宗教极端主义的根据地,阿富汗战后秩序的维系,对俄罗斯控制中亚五国及本国伊斯兰分子的活动不无裨益。另一方面,就伊朗问题而言,伊朗核问题自出现以来,美俄围绕弃核展开了激烈的竞争和有限的合作,在是否采取武力威胁和压制制裁的手段限制伊朗发展核武器方面,美俄双方一直存在分歧。对美国来说,伊朗核问题不仅关乎整个波斯湾和伊拉克的秩序维系,也关系到美军全球战略的部署。而该问题则会影响到俄罗斯的国家安全以及石油经济的发展。伊朗及中东局势的不稳定,将会威胁到俄罗斯高度重视的区域安全形势以及其本国的石油经济发展。2010 年,美国驻俄大使约翰·贝尔曾表示,美俄对核威胁的态度是相似的,双方都试图劝说伊朗弃核。2011 年 7 月,美国国务卿希拉里称,愿与俄方一道探索伊朗问题更为有效的沟通方式。而俄罗斯也在积极促进美伊重回谈判桌。俄罗斯外长拉夫罗夫也提到,伊朗将会在俄罗斯的逐步安排下对针对其核计划的提问进行回答。可以看出,美俄两国要想在以上国际事务中实现本国外交政策的目标,就必须用合作取代对抗,通过接触和对话来寻求共同利益。

第三,面对不断变化的国际形势,美俄双方都需要稳定和改善中亚的大国关系。美国希望通过“巧实力”的运用,打开新的外交局面,改善美国形象,建立“多伙伴世界”。希拉里曾指出,现有的安全威胁要求美国政府必须动用一切可以动用的手段,团结一切可以团结的力量,巩固原有联盟,形成新的联盟。奥巴马呼吁国会增加对阿富汗和巴基斯坦的经济援助,积极与塔利班温和派接触,提出在联合国建立阿巴事务联络组,将北约盟国、中亚国家、海湾国家和中国、俄罗斯、印度等国拉入其中,以国际合作的方式来解决中亚和南亚的问题,缓解自身面临的压力。对俄罗斯而言,一方面,保持独联体作为其“优先利益区”始终是俄罗斯政府的首要外交目标。俄罗斯要求西方承认它在后苏联空间的独特利益,最终按俄罗斯方式使该地区重新一体化。另一方面,随着俄罗斯自身国家实力的提升,它既希望在欧洲主要的安全问题上能够发挥重大影响,又要在八国集团中拥有话语权。要实现这些目标,俄罗斯必须得到美国的认同和支持。

(二) 美俄关系重启后在中亚开展的务实外交

在这样的情境下,从双方的全球战略利益出发,美俄关系在 2009 年成功“重启”。美俄关系重启后,两国高层领导频繁会晤,2010 年至 2011 年 7 月,美俄高层共进行了八次重要的会晤。(详见表15.12)在两国利益重合度较高的议题上,双方通过务实外交,积极有效地推进合作,制定具体的行动计划,最终力争实现确凿的成果。

表15.12　2010—2011年7月美俄高层会晤及其议程

时　间	高层会晤	议　程
2010年3月	外长会晤 (莫斯科)	伊朗核制裁的立场 中东形势 美俄削减进攻性战略武器条约谈判进展
2010年4月	总统会晤 (布拉格)	签署《新削减战略武器条约》
2010年6月	总统会晤 (华盛顿)	限制战略进攻性武器条约的批准问题 吉尔吉斯和中东局势问题 伊朗和阿富汗问题 美俄经济贸易与高新技术产业合作
2011年2月	外长会晤 (慕尼黑)	交换新《削减和限制进攻性战略武器条约》签署文本
2011年3月	副总统访俄 (莫斯科)	从经济领域巩固重启的美俄关系 重申美国支持俄罗斯加入世贸组织的立场 计划就反导系统问题同俄方签署新协议
2011年3月	国防部长会晤 (慕尼黑)	中东局势、导弹防御系统
2011年6月	国防部长会晤 (布鲁塞尔)	美俄在军事领域合作的发展问题
2011年7月	外长会晤 (华盛顿)	美欧洲导弹计划 俄罗斯入世 协调利比亚发展局势

资料来源:根据美国白宫网站(www.whitehouse.gov)和俄罗斯克里姆林宫网站(http://eng.state.kremlin.ru/)相关新闻整理。

削减进攻性战略武器谈判是美俄两国战略共同利益的最大结合点,"重启"首先就在这一领域取得进展。在奥巴马2009年底宣布放弃在中欧部署反导系统这一威胁俄罗斯国家安全的计划后,2010年4月,美俄签署了新的战略武器削减条约,即《美国与俄罗斯关于进一步裁减和限制进攻性战略武器措施的条约》,取代了2009年到期的《第一阶段削减战略武器条约》。此外,美国还换取了俄罗斯在联合国决议中对制裁伊朗的全面支持,使伊朗陷入外交孤立。俄罗斯外长拉夫罗夫对该条约在美俄关系重启过程中的地位做出评价:"考虑到我们为世界命运担负的共同责任,基本上我们处在美俄关系正常化的初期,其中最复杂和最重要的是一个新的削减战略武器条约的谈判。"㉝

此外,美俄在阿富汗反恐问题上也加深了合作。由于途经巴基斯坦的通道频频遭受塔利班袭击,美军试图开辟其他物资运输通道。2009 年 7 月,美俄总统签署了《关于美国运往阿富汗的军事物资和武装人员过境俄罗斯的协议》,为美国的后勤运输提供过境走廊。目前,俄罗斯—中亚运输通道已经成为驻阿联军的重要补给线,每月运力约为 1 400 个集装箱,占美军向阿富汗输送货物总量的 15%,极大地改善了驻阿联军的补给状况,减轻了美国对巴基斯坦开伯尔通道的严重依赖,而俄罗斯也从中获得了巨大经济利益。俄罗斯还积极参与阿富汗的和平重建行动,向阿富汗政府提供人道主义援助和武器装备,这不仅有助于提高俄罗斯在阿富汗局势中发挥的作用,也对美军在阿富汗的行动形成一定的牵制。

美俄还通过"机制化"推动双边外交长期、全面的战略发展。美俄双边总统委员会这一通过多种渠道推进美俄合作的机制到 2011 年已创建两年。目前,总统委员会内设 20 余个工作组,涉及核能、核安全、武器控制、国际安全、外交政策、反恐、打击毒品贩运、商贸关系、能源、环境保护、科学技术、教育、文化、卫生、救灾合作等议题。在该机制的推动下,美俄合作开始朝政治、经济、文化等多领域方向发展。其中围绕中亚展开的议程,主要是在毒品控制方面的合作。2010 年 5 月,美俄总统委员会缉毒工作组的俄方负责人伊万诺夫曾透露,俄罗斯方面在美俄总统委员会框架内将居住在阿富汗和中亚的 9 名大毒枭的资料转交给美国缉毒部门。[34] 从长远看,美俄双边总统委员会在两国高层的直接领导下,将两国关系在各领域全方位推进,为美俄中亚问题的发展提供了平台。

(三) 美俄关系在中亚"重启"却有所保留——吉尔吉斯斯坦的实例

美俄关系重启后,吉尔吉斯斯坦政变成为两国在中亚面临的最为严重的一次危机。2010 年 4 月,吉尔吉斯斯坦发生政变,反对派接管国家;同年 6 月,吉尔吉斯举行全民公决通过新宪法草案,使该国暂时摆脱了当前的政治危机。吉尔吉斯斯坦政变不仅是由金融危机导致的经济恶化以及巴基耶夫的贪污腐败造成的,还在很大程度上受到美俄两国在驻吉军事基地问题上较量的影响。

在吉尔吉斯斯坦政变后,美俄两国分别做出回应,从中可以看出重启后两国关系的微妙变化。2010 年 4 月,吉尔吉斯斯坦反对派建立临时政府后,普京率先承认吉临时政府。俄罗斯政府决定,向吉尔吉斯斯坦提供 1 000 万美元的额外援助,以及 2 万吨柴油和 1 500 吨小麦种子作为人道主义援助物资。[35] 此外,双方还达成取消燃料供应税的初步协议,以降低吉国内汽油和柴油的价格。吉尔吉斯斯坦总统奥通巴耶娃表示,俄罗斯是吉尔吉斯斯坦最大的盟友和最重要的战略伙伴。总体上看,俄罗斯在该过程中的表现相对主动,它不希望以美国和北约为代表的任何势力影响吉尔吉斯斯坦乃至整个中亚,力图通过积极的外交手段,加强对该地区的控制。

而美国则更关注玛纳斯空军基地的未来，希望通过与俄罗斯和吉尔吉斯斯坦的合作，保住其在玛纳斯中转中心的长期军事存在。奥巴马在2010年4月10日对吉尔吉斯斯坦新政府给予承认，并坚决否认此次事件是俄罗斯策划的反美军事政变。对于俄罗斯试图趁机将美军从玛纳斯中转中心赶走的言论，美国政府也出面为俄罗斯进行辩护。美俄双方就两国在向吉尔吉斯斯坦临时政府提供人道主义援助进行了讨论，还表示支持吉临时政府举行全民公决并与吉临时政府保持畅通的信息沟通，并将密切跟踪事件的进展。

但美俄两国对于军事介入吉尔吉斯斯坦内部事务却表现得相当谨慎。2010年6月，当吉尔吉斯斯坦南部发生民族冲突时，吉尔吉斯斯坦临时政府曾经两次呼吁要求俄罗斯派兵进驻吉尔吉斯斯坦，但俄罗斯却始终按兵不动。与此同时，深陷伊拉克和阿富汗战争的美国也拒绝了吉尔吉斯斯坦临时政府关于派兵帮助平息骚乱的请求。美国表示不打算在出兵问题上单独行动，理想的解决办法是美国、俄罗斯和其他国家合作。这是美俄近年来在中亚的较量中，第一次出现协调一致的态度。

美俄态度的空前一致，主要有两方面原因。一方面，美俄在吉尔吉斯斯坦事件上存在共同利益。吉尔吉斯斯坦和中亚的稳定符合美俄双方利益，它们都希望吉尔吉斯斯坦南部的骚乱早日平息。同时，由于巴基耶夫在军事基地问题上失信于美俄，两国也乐于看到吉尔吉斯斯坦建立新政权，以保证本国在其境内的军事基地安全不受影响。另一方面，美俄两国都尽力避免自身卷入吉尔吉斯斯坦的内部冲突。重启后的美俄关系总体上处于蜜月期，两国彼此示好，谁都不愿意节外生枝，破坏双方向好的大局。因此在此次事件中，美俄出现了相互协调的做法。

四、结　　语

美俄对2010年吉尔吉斯斯坦政变的表现，是中亚地缘政治形态的未来缩影，而美俄关系在中亚的变化也对上合组织的发展产生了一定影响。受金融危机的打击，奥巴马被迫采取了适度收缩的全球战略，减少了在中亚的军事争夺和民主渗透，寻求与其他新兴大国通过合作来共同处理国际事务，尤其希望改善与俄罗斯的关系。同时，美国对上合的政策也出现转好迹象，尤其是在阿富汗问题上，美国曾在2009年邀请上合组织参加海牙阿富汗问题国际大会。美国学术界也有声音指出奥巴马政府应在中亚与上合组织合作，从而实现美国的战略目标。日本学者岩下明裕还提出了“上合＋3”模式，也就是上合加上美国、日本和欧盟。虽然长期以来美国的中亚战略给上合组织造成了一定压力，但未来美国有望对上合组织采取更为务实的政策。

俄罗斯在格鲁吉亚战争以来，对中亚采取了进攻性的战略。随着国内经济逐步走出金融危机的阴影，俄罗斯越来越将独联体视为自己的“优先利益”，利用金融危机的机会,加强对中亚的经济援助,推行区域一体化,使各国出现了亲俄的倾向。中亚自苏联解体以来美攻俄守的局面正在发生转变,俄罗斯将采取更为积极主动的外交政策,捍卫其在该地区的根本利益,追求与美国更加平等的双边关系。俄罗斯以本国在中亚的利益作为出发点,在对待上合组织的政策方面,俄罗斯试图通过上合来实现其国际影响,积极利用上合的各项机制巩固其在中亚的战略地位、制约美国对中亚的不断渗入、维系与中国在中亚的合作。

在这种情况下,尽管美俄关系的重启为两国在中亚的合作提供了可能,但缓和的背后仍然存在着战略冲突因素。美国防范俄罗斯在中亚掌控主导地位、阻止俄罗斯帝国复活的核心目标从未改变,始终拒绝承认中亚是俄罗斯的势力范围,并向独联体国家保证,不会牺牲它们的主权和独立来改善对俄关系。而俄罗斯虽然接受了奥巴马提出的美俄关系重启,但面对美俄利益交织的中亚,它仍致力于维护本国的“优先利益”,试图将该地区重新一体化,纳入俄罗斯主导的集体安全条约组织和欧亚经济共同体。由此可见,短期内美俄在中亚的妥协是双方当前利益和实力比较后的结果,但两国在该地区的战略目标对立仍会长期存在。

注释

① 20世纪的英国历史地理学家麦金德提出“大陆心脏地带”说,即认为谁统治了大陆的心脏地带,就统治了整个世界。详见其著作《历史的地理枢纽》,商务印书馆2007年版。

② 周琪:《“布什主义”与美国新保守主义》,《美国研究》2007年第2期。

③ [美]查尔斯·金德尔伯格:《世界经济霸权:1500—1990》,商务印书馆2003年版。

④ “CNN Politics, Americans Wary about War in Afghanistan,” March 28, 2009, http://articles.cnn.com/2009-03-28/politics/afghanistan.polls_1_afghanistan-iraq-war-iraq-experience?_s=PM:POLITICS.

⑤ 可参阅 Robert O. Blake, Jr., “Testimony before the House Foreign Affairs Committee, Subcommittee on Asia, the Pacific, and the Global Environment”, October 15, 2010, http://www.state.gov/p/sca/rls/rmks/2010/151079.htm。

⑥ 可参阅[美]约瑟夫·奈《理解国际冲突:理论与历史》,上海人民出版社2005年版,第259—314页。

⑦ US EIA, “Annual Energy Outlook 2011”, April 2011.

⑧ 可参阅 Robert O. Blake, Jr., “Press Conference: Second Annual Bilateral Consultations with Tajikistan”, June 16, 2011: http://www.state.gov/p/sca/rls/rmks/2011/160667.htm。

⑨ 可参阅“Strengthening Fragile Partnerships: An Agenda for the Future of US-Central Asia Relations”, A Report of the Central Asia Group, published by project 2049 institute, February, 2011。

⑩ [美]约翰·米尔斯海默:《大国政治的悲剧》,上海人民出版社2003年版第340—386页。

⑪ 哈贝马斯提出公共交往理性,这将成为未来全球政治的基本原则之一。然而,在美国当前的全球外交部署中,公共交往理性往往成为其国际政治辞令,而非国际政治实际作为。相关内

容参阅[德]哈贝马斯:《在事实与规范之间:关于法律和民主法治国的商谈理论》,北京:生活·读书·新知三联书店 2003 年版。

⑫ 可参阅 Robert O. Blake, Jr., "US Policy towards Central Asia," http://www.state.gov/p/sca/rls/rmks/2010/145463.htm。

⑬ Jim Nichol, "Central Asia: Regional Developments and Implications for U.S. Interests," January 12, 2011.

⑭ "Strengthening Fragile Partnerships: An Agenda for the Future of US-Central Asia Relations."

⑮ 可参阅 Jim Nichol, "Central Asia: Regional Developments and Implications for U.S. Interests," p. 16.

⑯ Ibid., p. 16.

⑰ "USTDA-East Asia and Euroasia," http://www.ustda.gov/program/regions/eastasia&eurasia/.

⑱ "Kabul Rider on TAPI Gas Pipeline Shocks Delhi," *Hindustan Times*, June 18, 2011, http://www.hindustantimes.com/Kabul-rider-on-TAPI-gas-pipeline-shocks-Delhi/Article1-711066.aspx.

⑲ 富布莱特项目是美国参议员富布莱特提出的面向全世界的国际教育交流资助项目,获得美国国会批准,中国也从中受益很多,美国透过文化教育对全球的渗透可见一斑。

⑳ 叶自成等:《地缘政治与中国外交》,北京出版社 1998 年版,第 124 页。

㉑ 中国驻俄使馆经商参赞处,2010 年 4 月 9 日,http://ru.mofcom.gov.cn/aarticle/ztdy/201004/20100406860917.html。

㉒ 中国驻俄使馆经商参赞处,2010 年 4 月 16 日,http://ru.mofcom.gov.cn/aarticle/jmxw/201004/20100406871802.html。

㉓ 下文中对于各组织的评价均参阅:《2020 年前国家安全战略》,钟忠、马茹、熊伊眉、胡丽雯译,http://www.cetin.net.cn/cetin2/servlet/cetin/action/HtmlDocumentAction; jsessionid=1F4722315907EEA9E164388800816842?baseid=1&docno=385648。

㉔ 李新:《俄罗斯经济现代化战略评析》,《俄罗斯中亚东欧研究》2011 年第 1 期。

㉕ 李新:《普京 2020 年战略与梅德韦杰夫经济现代化战略的"微妙碰撞"——俄不需要未经证实的自由主义》,《文汇报》2011 年 4 月 23 日。

㉖ 相关内容参阅"Energy Strategy of Russia for the Period up to 2030", Moscow, 2010。

㉗ Tajikistan republican press center, July 5, 2011: http://presscenter.tj/en/index.php?option=com_content&view=article&id=98:142-projects-on-transportation-infrastructure-to-be-implemented-by-2020&catid=7:society&Itemid=2.

㉘ 凤凰网,援引中国商务部网站,2011 年 8 月 24 日,http://finance.ifeng.com/roll/20110824/4456256.shtml。

㉙ "Putin Sets Sights on Eurasian Economic Union," August 17, 2011, http://www.infowars.com/putin-sets-sights-on-eurasian-economic-union/.

㉚ Kurgan Culture Festival, January 20, 2011, http://www.bakutoday.net/in-the-kurgan-culture-festival-kicked-off-the-slavic-peoples.html.

㉛ "Agreements on Cooperation of Neighboring North Kazakhstan and Tyumen Regions Signed in

Tyumen," May 18, 2011, http://en. sko. kz/news/?nid=d376c5ed66610247d80cd06d6a97e710.

㉜ *Kazakhstan Today*, May 13, 2010, www. kazpravda. kz/print/1273743250.

㉝ "ИнтервьюМинистраиностранныхделРоссииС. В. Лавроваагентству,"《Интерфакс》, December 25, 2009, http: //www. mid. ru/brp_4. nsf/0/7BE5A090E0830F41C325769700490788.

㉞ 俄新网《俄罗斯将关于 9 名毒枭的资料交给美国》,2010 年 5 月 24 日,http://rusnews.cn/eguoxinwen/eluosi_duiwai/20100524/42793756-print. html。

㉟ 中亚亚心网《俄决定向吉尔吉斯提供 1 000 万美元的额外援助》,2010 年 7 月 13 日,http://218. 31. 74. 105/content/2010-07/13/content_1963857. html。

报告十六　欧盟的中亚战略

罗甘本　冯绍雷*

［摘要］　自20世纪90年代初中亚国家独立以来，欧盟就积极与之发展双边和多边关系。从最初的《伙伴关系与合作协定》到2007年《欧盟与中亚：新伙伴关系的战略》的出台，欧盟对中亚的战略经历了一个漫长而复杂的演变过程。本文从能源、安全、反毒品、政治关系、水资源问题、援助等方面，全面分析并评估欧盟对中亚战略在这些方面的形成与执行情况。欧盟对中亚战略的能源方面现阶段面临着纳布科管道供气来源的问题；而欧盟对中亚的安全战略又受制于美俄等周边大国的地区政策的影响；作为欧盟介入中亚社会经济事务的方式，水资源问题的解决凸显了欧盟与中俄等国介入中亚的不同之处；欧盟的援助变化也显示出欧盟介入中亚的重点变化；里斯本条约带来的变化还未波及中亚。但从长远来看，欧盟对中亚战略中的教育援助的长期效果不容忽视。和水资源问题一样，欧盟选择以一种"软"的切入点介入中亚事务，模糊了中亚国家政府的敏感区域，这种介入方式与俄罗斯和中国不同。

［关键词］　欧盟　中亚　战略　能源　安全　人权　水资源

一、欧盟对中亚战略形成的背景与过程

(一) 前言

20世纪90年代初苏联解体时，中亚五国相继独立。欧盟各成员国也在1992年迅速承认了这五个国家。在中亚国家独立初期，欧盟与中亚国家双边关系的主要依据还是与苏联政府签订的《1989年贸易与合作协定》。在这些国家独立后，欧盟开始与中亚各国进行伙伴关系与合作协定(Partnership and Cooperation Agreements,

* 罗甘本，华东师范大学国际关系与地区发展研究院2010级硕士研究生；冯绍雷，华东师范大学国际关系与地区发展研究院院长、教授、博士生导师；教育部人文社会科学重点研究基地俄罗斯研究中心主任。

PCAs)谈判，以期“为政治对话提供一个合适的框架，支持这些国家为增强民主和发展经济，伴随它们向市场经济转型，并增加贸易和投资”①。自1991年起欧盟开始实施“对独联体国家的技术援助”项目(Tacis Program)，向包括中亚五国在内的12个国家提供技术援助，“其主要目标是增强这些国家的转型过程”②。此外，欧盟还向中亚国家提供食品援助(ECHO)和贷款，以提升欧盟在中亚的形象，并为后来的行动打下基础。欧盟在20世纪90年代初还没有一个清晰的中亚战略，其行动都以整个中亚地区为目标，这些措施只不过是其共同外交与安全政策的目标之一，即发展并巩固中亚的民主化和对人权的尊重，以及维护中亚的和平与稳定。

随着PCA谈判的进行，1994年欧盟在阿拉木图设立大使级代表处，并开始发展与中亚国家的双边关系。1995年6月欧盟委员会发表《与中亚国家的关系——欧盟的战略》报告，欧盟认为：“俄罗斯此时将会继续在中亚占有主导地位……在经济方面，从长期来看，取得资源可能是一个更加重要的因素；在地缘政治方面，种族、部族和地区集团之间裂痕的出现可能导致冲突……同时带来外部干预的风险，最终可能导致有俄罗斯和第三国卷入的冲突……欧盟的安全利益还包括该地区核材料的市场化和日益增多的毒品问题。”③其目标的优先顺序为，确保中亚国家的独立和防止第三国填补权力真空，减少中亚内部冲突，推进中亚经济改革，确保欧盟的经济安全。由此欧盟对与中亚的战略趋于明朗与统一，这是为应对俄罗斯在中亚能源、安全和贸易中日益增长的影响力，维护欧盟的地缘政治和能源利益。1995年时“欧盟50%的天然气进口来自俄罗斯，欧盟所消费的铀全部来自中亚……欧盟利益在于确保在开采，管道路线和里海管辖权方面自己的声音能被听到”④。中亚国家的转型过程需要大量投资，“欧盟作为一个公正的捐助者和投资与贸易伙伴的重要性，使其比他国更有能力在这一地区施加政治影响力”⑤。通过谈判，欧盟陆续与哈萨克斯坦(1995)，吉尔吉斯斯坦(1995)，乌兹别克斯坦(1996)和土库曼斯坦(1998)签订了伙伴关系与合作协议。“欧洲的石油公司也开始进入中亚，1995年3月2日，英国不列颠天然气公司、意大利阿及普公司与哈萨克斯坦政府签署联合开采卡拉恰加纳克油田的协议。”⑥虽然欧盟在中亚的战略和经济利益已经表现得非常清晰，但还没有形成一个统一的中亚战略。

到2000年，欧盟已经对来自中亚地区的一系列问题高度关注，包括毒品贸易、非法移民、社会不满的增长、经济衰退、特别是军事化的宗教极端主义的崛起，以及欧盟政治家所认为的“民主政治的蜕变”等等。这些问题促使欧盟进一步思考它的中亚战略。而且东欧国家提出加入欧盟的要求，欧盟也不得不考虑未来的周边安全形势。“9·11事件”发生后，中亚地区变成了反恐战争的前沿，欧盟内部对于阿富汗战争的态度也存在着严重的分歧。2001年10月哈萨克斯坦总统纳扎尔巴耶夫对德国的访问是欧盟与中亚关系得到发展的一个关节点。欧盟领导人和纳扎尔巴耶夫总统共同强调对于美国的支持，哈萨克斯坦还决意向北约同盟和美国参战的空军提供空间通道。德国和哈萨克斯坦还签署文件，强调双方在人道援助、解决难民问题、特别是在紧密的军事合作方面的双边努力。2002 年 10 月，欧盟发表了《2002—2006 战略报告》，该报告认为欧盟对中亚政策的核心是人权原则的实施和向市场经济的转型。报告对该地区共同面临的排序是，第一为民主转型，第二才是恐怖主义、宗教极端主义和安全事务，第三是人口压力，第四是社会经济发展和贫困问题。但是值得注意的是，这份战略报告把"推动中亚国家的稳定与地区安全以及帮助实现经济可持续发展和降低贫困状态"作为一个相当重要的目标。欧盟计划以每年 5 000 万欧元的方式对中亚实施援助，并且强调通过安全和冲突干预，通过排除政治和社会紧张的根源，通过改善贸易、投资和管道建设的环境这样几种方式来实施这一项经济合作计划。"9·11"事件对于欧盟与中亚关系产生了实质性的影响，欧盟开始在民主和人权目标和地区安全和发展之间寻求平衡。

"9·11 事件"之后中亚地区在欧盟对外关系中的地位持续得到提升，"由于稳定，安全，发展和能源安全的原因，欧盟必须在中亚变得更加有效并更加可见"⑦。2005 年 7 月欧盟任命中亚事务特别代表。2007 年 6 月欧盟批准了《欧盟与中亚：新伙伴关系的战略》，这是第一份全面阐述欧盟中亚战略的文件。该文件包括七个主题：人权、法治、善治和民主化，教育，经济发展，强化能源和交通联系，环境的可持续与水资源，应对共同挑战与威胁，不同文化间的交流。其中法治、环境与教育作为加强政策对话与合作的三个主要领域。而影响欧盟批准这个战略的是三个完全独立的因素："阿富汗战争的后勤补给，2005 年乌兹别克斯坦的安集延事件，2006 年 1 月俄罗斯乌克兰天然气危机以来的欧盟对能源供给多元化的关注"。⑧这个战略的根本思想是"人权、法治、善治和民主化有助于政治长久稳定和经济发展"⑨。除了能源，民主，贸易问题，欧盟开始在更为技术性的层面上介入中亚事务，例如水资源问题，这种介入既解决中亚国家面临的现实问题，又凸显欧盟在这一地区的重要作用。此外，"青年与教育"项目作为一项长远工程，既推广欧洲的价值观，又不触及中亚政治的敏感区域。自该战略实施以来，欧盟已经于 2008 年和 2010 年两次发表进度报告，全面评估其中亚战略的实施情况。⑩

(二) 欧盟对于中亚问题的认知与判断

1. 民主问题

欧盟认为，"在苏联体制，苏联式的教育和糟糕的经济发展水平形成的改革背景下，中亚的民主转型过程非常缓慢"⑪。苏联时代的领导人仍然掌握着权力，民主的反对派不被允许参与政治。表 16.1 充分表现出欧盟对于中亚国家民主转型的看法，其中 7 为最低分，1 为最高分。

表 16.1 2009 年国家民主指数

	选举过程	公民社会	媒体独立性	中央政府	地方政府	司法独立	腐败	整体统计
哈萨克斯坦	6.75	5.50	6.50	6.75	6.25	7.00	6.32	6.32
吉尔吉斯斯坦	6.00	4.75	6.25	6.50	6.50	7.00	6.25	6.04
塔吉克斯坦	6.50	5.75	6.00	6.25	6.00	6.25	6.25	6.14
土库曼斯坦	7.00	7.00	7.00	7.00	6.75	7.00	6.75	6.93
乌兹别克斯坦	7.00	7.00	7.00	7.00	6.75	7.00	6.50	6.89

资料来源:Freedom House.

2. 恐怖主义、极端主义和安全问题

在 2002—2006 战略报告中,欧盟认为宗教极端主义的范围包括中亚国家内部和整个地区,其国际网络的目标是以多元化政治结构为代价建立宗教共同体。⑫在 2003 年 10 月发表的欧洲安全战略报告,将打击包括毒品和大规模杀伤性武器走私在内的有组织犯罪方面直接提到了中亚地区。⑬欧盟认为,不断增加的经济匮乏、缺乏合法的表达渠道和对合法政治利益的追求,是宗教政治化的主要原因。在中亚,恐怖主义和跨国犯罪网络的联系非常紧密。此外,欧盟还关注苏联遗留在该地区的大规模杀伤性武器和技术,欧盟认为中亚国家存在着大规模杀伤性武器和技术扩散的风险。

3. 人口压力

欧盟认为人口压力使得政府预算提供的社会服务变得紧张,特别是医疗和教育。中亚国家的技术工人移民到俄罗斯已经使当地人才资源枯竭。而大量没有相关技能的年轻人进入劳动力市场,促使失业率进一步升高。欧盟认为中亚需要改革其社会保障与教育体制,并且使更多人受到高等和职业教育。⑭

4. 社会经济发展与贫困

欧盟认为中亚国家领导人还缺乏实施经济改革的意愿,这直接影响了中亚地区经济的发展和融入世界经济。沉重的债务负担,缺乏外国投资,不发达的金融与私营机构,虚弱的财政与预算政策是中亚地区经济的共同特征。而国内收入差距扩大,公共收入未能有效分配与使用,公共投资选择不善,公共服务与基础设施不断恶化。人们的生活水平不断下降,特别是农业缺乏改革,生产效率低下,导致广大农村地区普遍性的贫困。普遍的贫困加剧了不同族群和社会冲突的风险,其中包括跨边界的水资源问题。解决这种不平等对于打击族群和宗教极端主义具有重要意义。欧盟认为,中亚地区的宏观经济背景,特别是国家预算和行政能力的严格限制,预示着要通过经济发展减少贫困,只能更有效地利用当地的人口资本,并且在局部为私营经济的发展创造合适的条件。⑮

(三) 金融危机之后欧盟对于中亚政策的调整

2007 年的《欧盟与中亚——新伙伴关系战略》可以看到，欧盟这份地区战略文件的政治目标包括促进中亚经济增长、良治、人权、法治、民主和能源合作，这些目标的核心是中亚的安全与稳定。2008 年的全球金融危机总体上使得中亚国家的贫困问题更加严重。此外，中亚国家担心北非“郁金香革命”蔓延至自身，对政治反对派采取更加严厉的政策。这些变化使得欧盟推动中亚政治经济转型的政策变得更加困难。另一方面，吉尔吉斯斯坦和塔吉克斯坦不断恶化的经济状况和人道主义危机，更加凸显了欧盟援助的重要性。

表 16.2　金融危机前后中亚各国国内生产总值增长率(%)

	2002	2003	2004	2005	2006	2007	2008	2009	2010
哈萨克斯坦	9.5	9.2	9.6	9.7	10.7	8.5	3.2	1.2	7.0
吉尔吉斯斯坦	0.0	7.0	7.1	−0.6	3.1	8.5	7.6	2.9	−1.4
塔吉克斯坦	9.5	10.2	10.6	6.7	7.0	7.8	7.9	3.9	6.5
乌兹别克斯坦	5.2	4.0	4.1	7.7	7.3	9.5	9.0	8.1	9.2
土库曼斯坦	19.8	23.0	21.0	10.0	11.4	11.6	14.7	6.1	8.5

资料来源：2002—2005 年的数据来源于 ADB，参见 http://www.silkroadstudies.org/new/docs/Silkroadpapers/0607Wignaraja.pdf. p. 19；2006—2007 年数据来源于 IMF，参见 http://www.imf.org/external/pubs/ft/reo/2009/mcd/eng/mreo0509.pdf. p. 25；2008—2010 数据来源于 CIA World Factbook。

欧盟 2007—2013 年对中亚的援助总额为 7.19 亿欧元，其中的 40%—45%将用于减少中亚国家的贫困人口和改善当地民众生活水平。虽然这种资金分配并非由于金融危机，但是也恰好针对了金融危机对中亚国家影响最为深刻的问题。金融危机之后，欧盟加大了对中亚地区的介入。2009 年 2 月中亚贫困问题最为严重的塔吉克斯坦得到了欧盟 2 000 万欧元的紧急援助。“对于经济状况较好的其他中亚国家，欧盟的政策集中于投资和改善经济环境方面。与土库曼斯坦签订的临时贸易协定就是朝这个方向努力的一个重要步骤。”⑯

二、欧盟的能源政策与中亚

(一) 欧盟的能源安全战略形成背景

2006 年 1 月俄罗斯与乌克兰的天然气争端，使得欧盟意识到能源安全的极端重要性。欧盟外交事务专员贝妮塔·费雷罗·瓦尔德纳在 2006 年 2 月 20 日接受《金融时报》采访时说：“这是一个警钟，我们不得不使用一切手段，将对内政策与对外政策结合起来，为我们的产业和公民提供安全、负担得起的、持续的能源供应。”⑰紧接着在

2006年3月,欧盟发表了新的欧盟能源战略绿皮书,列举了欧盟面临的挑战,包括超过50%的能源需要进口而且比例还会升高,而欧盟自己的能源储备下降,能源价格上升等等,欧盟必须继续推进能源类型,来源和运输的多元化。⑱2006年11月召开的欧盟能源会议强调将内部政策与对外政策相结合,从建设单一欧洲能源市场、开发新能源与节能技术等方面应对面临的能源状况,建议欧洲在能源问题上用一个声音说话。⑲2010年出台的欧盟"能源2020"战略呼吁欧盟各国意识到未来紧张的天然气供应,强调了能源安全是欧盟对外关系和安全政策的优先方向,能源供应的多元化对于欧盟的安全至关重要。⑳另外,根据国际能源署的报告,"从2009年到2030年,欧盟的天然气需求将从4 890亿立方米增加到6 940亿立方米,欧盟自身的产量在自身消费中的比重从59%下降到25%"㉑。

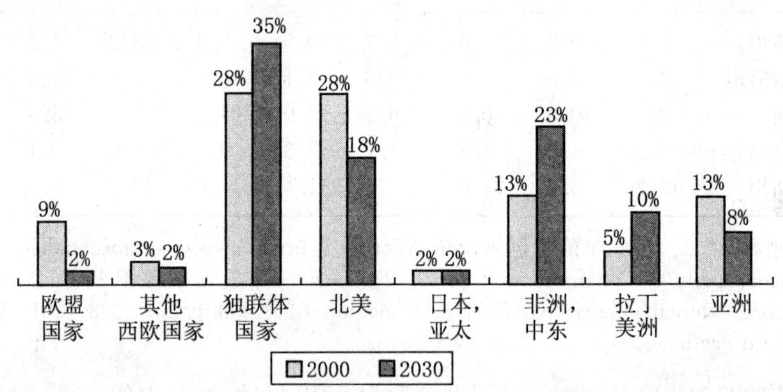

资料来源:http://ec.europa.eu/research/energy/pdf/weto-chapter5.pdf, p. 89.

图16.1 世界天然气生产比重

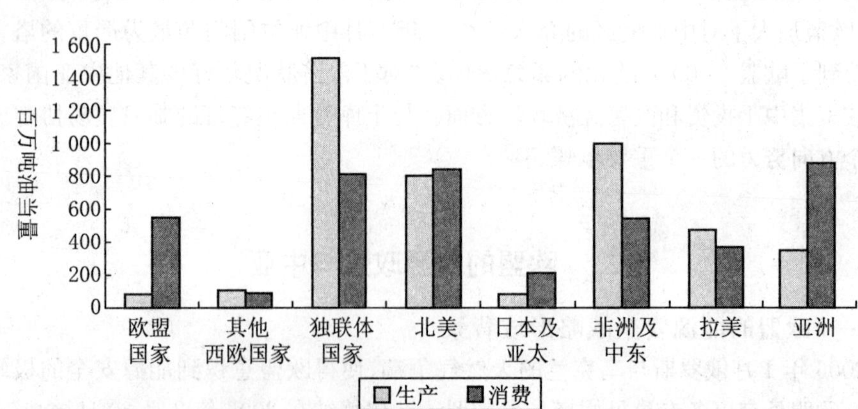

资料来源:http://ec.europa.eu/research/energy/pdf/weto-chapter5.pdf, p. 90.

图16.2 2030年世界天然气消费与生产

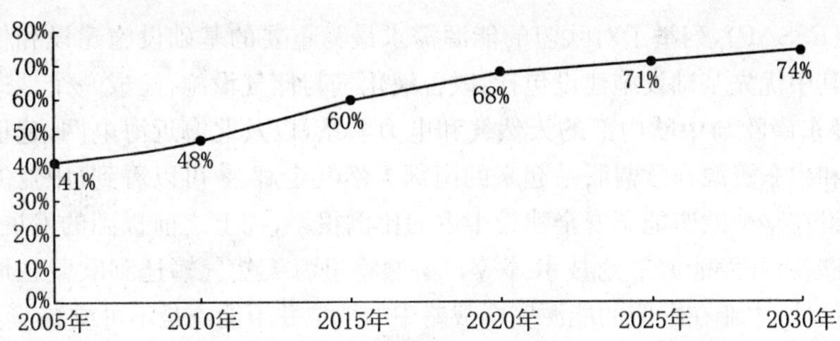

资料来源：http://www.eurogas.org/uploaded/Eurogas%20long%20term%20outlook%20to%202030%20-%20final.pdf，p. 6.

图 16.3　欧盟能源进口依存比例

以上图表可以看出，欧盟自身产量占消费的比例将会逐渐下降，而对外依存会升高至 74%。国际能源署预计欧盟的天然气需求到 2030 年将达到 7 710 亿立方米，[22]届时欧盟的天然气进口依存将达到 84%，石油进口依存将达到 93%。[23]而目前俄罗斯是欧盟进口天然气的最大来源。占欧盟天然气进口的 40%。[24]因此，欧盟将会在未来研究节能技术，开发新能源之外，继续推动能源多元化，减少对俄罗斯的依赖。欧盟认为发展节能技术和开发新能源虽有潜力，但欧盟还是在很大程度上依赖传统能源，确保未来能源安全主要还是依靠供给多元化。

(二) 欧盟对中亚的能源政策

2007 年的《欧盟与中亚：新伙伴关系的战略》认为"来自该地区的天然气对于欧盟具有特殊的重要性"。《2007—2013 年欧盟对中亚援助的地区战略文件》认为："该地区以其可观的油气资源和通向欧洲市场的输送路线的有利地理位置，将对确保欧盟的能源供应起到重要作用。"[25] 2007 年的《欧盟与中亚：新伙伴关系的战略》文件认为，开发中亚的能源资源需要大量并且持续的投资，以及针对中亚国家能源产业各个环节并使其进入发达国家市场的综合政策。由于历史原因，中亚国家的油气管道大部分是在苏联时期修建的，而且都通过俄罗斯境内。中亚国家无力单独进行能源开发，它们有必要摆脱在油气运输上对俄罗斯的过度依赖，以获得更高的油气出口价格。欧盟对于中亚国家来说，是一个可以用来平衡俄罗斯运输优势的重要对象。2008 年 4 月欧盟与土库曼斯坦签订了预计向欧盟输送 100 亿立方米天然气的谅解备忘录。哈萨克斯坦已经增加跨里海的油轮运输，将原油运往巴库，并且逐渐增加在格鲁吉亚的运输基础设施建设投资，目前为止已成为继英国和美国之后，该地区的第三大投资国。[26]

但是，2008 年的《第二次欧盟委员会战略能源评估》提出的欧盟能源安全与团结行动计划(ESSAP),列举了对欧盟的能源需求最为重要的基础设施建设和供应多元化举措。其中优先基础设施建设包括:改善液化气与储气设施,建成一个地中海天然气环,发展东南欧与中欧内部的天然气和电力联系,以及北海近海电网,建设一个将里海盆地和中东资源与欧盟联系起来的南部天然气走廊。[27]可以看到,中亚的能源基础设施建设在整个欧盟能源安全建设中占的比例很小,加上之前提到的发展新能源,增加油气储备,开发能源节约技术等等,“虽然将里海天然气输送到欧盟在地缘政治上最具争议性,中亚在欧盟的能源安全战略中的地位并不能说是不可或缺”[28]。

欧盟对中亚的能源政策工具是INOGATE计划,政策框架是“巴库倡议”。INOGATE计划是1995年开始的欧盟与亚美尼亚、阿塞拜疆、格鲁吉亚、白俄罗斯、摩尔多瓦、乌克兰和中亚五国之间的能源合作项目,其主要目标是凝聚能源市场,加强能源安全,支持可持续能源发展和吸引能源项目投资。[29]“巴库倡议”是2004年11月在巴库召开的由欧盟和黑海、里海沿岸共15个国家参加的能源部长级会议上发起的,目标是促进这一地区能源市场与欧盟市场的一体化,改善里海油气资源向欧洲的运输。具体合作领域包括:促进建立一个统一的油气和电力市场,满足能源生产、运输、供应的安全,通过能源效率、节能等追求可持续发展政策,促进有着共同利益的能源项目的投资。[30]

(三) 欧盟在中亚的重要油气管线

2008年的《第二次欧盟委员会战略能源评估》的优先项目中包括建设将里海油气输送到欧洲的南部走廊,这个战略在巴库会议之后的阿斯塔纳会议宣言中也得到了支持。南部走廊的核心是纳布科管道(Nabucco Pipeline)。建设纳布科管道由奥地利和土耳其的能源公司于2002年提出,总跨度为3 300公里,穿越土耳其、保加利亚、罗马尼亚和匈牙利,最后到达奥地利,设计年输送能力为310亿立方米。项目官方网站表示管道建设将在2013年开工。[31]欧盟在2003年就给予这个项目500万欧元的种子基金。欧洲投资银行(EIB),欧洲重建与发展银行(EBRD)表示愿意为该项目提供贷款。欧盟能源专员安德里斯·皮耶巴尔格斯(Andris Piebalgs)也访问了纳布科管道的主要供给国家,以说服它们向纳布科项目供气。[32]

另两条重要的油气管道分别是已经建成的巴库—第比利斯—杰伊汉管道(BTC Pipeline)和巴库—第比利斯—埃尔祖鲁姆管道(BTE Pipeline)。BTC管道从巴库出发,途经格鲁吉亚,最后到土耳其的黑海港口杰伊汉,全长1 768公里,年设计输油能力5 000万吨。[33]该管道主要将阿塞拜疆和哈萨克斯坦的石油绕过俄罗斯,在到达土耳其境内后,通过另外的管线或港口运往欧洲。BTE管道也是从巴库出发,途经格鲁吉亚,最后到达土耳其的埃尔祖鲁姆。这是一条天然气管道,原始设计年输送能力72亿立方米,现在年输送能力已达到210亿立方米。[34]

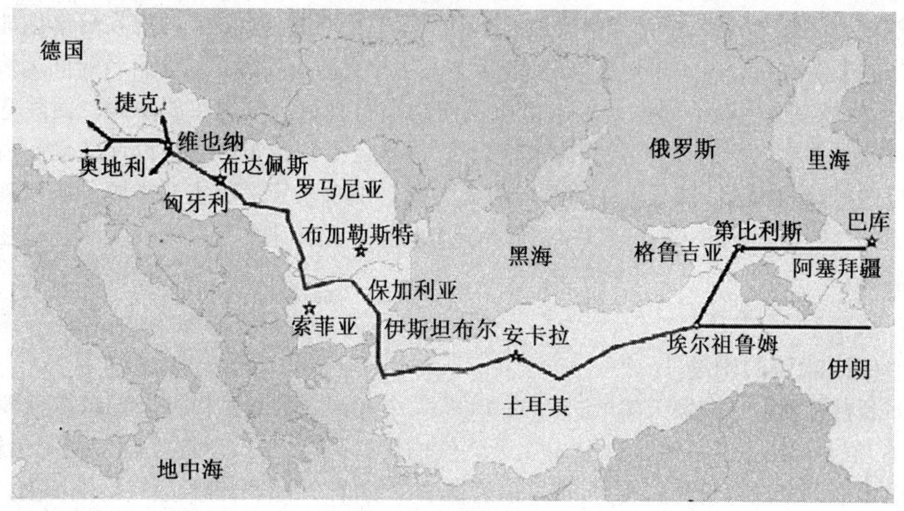

资料来源：http://commons.wikimedia.org/wiki/File:Nabucco_Gas_Pipeline-en.svg.

图 16.4　纳布科管道路线

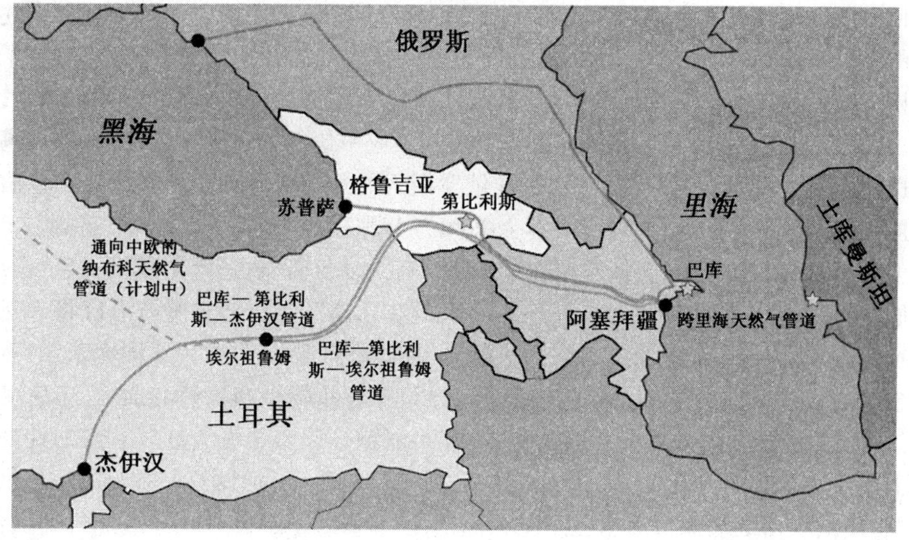

资料来源：http://commons.wikimedia.org/wiki/File:Baku_pipelines.svg#filehistory.

图 16.5　跨里海天然气管道

伊朗本可向纳布科管道供应天然气，但美国对伊朗的制裁使得欧盟不得不考虑美国的态度。2009 年 5 月纳布科管道投资方中的两家公司与伊拉克的库尔德地区政府签订了开发库尔德境内一座大型气田的协议。“它们能抽取多达 30 亿立方英尺的天然气,其中一半将供给纳布科管道。”[35]但是库尔德地区与伊拉克政府在分享该地区油气收益上存在分歧。虽然后来2009年7月伊拉克政府签署了纳布科政府间运输协议,但伊拉克国内政治因素是影响伊拉克向纳布科管道供气的主要障碍。而阿塞拜疆每年最多出口不超过80亿立方米的天然气,这还不到纳布科管道设计运输能力的三分之一。[36]中亚,特别是土库曼斯坦的天然气是纳布科管道的主要来源。所以跨里海天然气管道(Trans-Caspian Gas Pipeline)的建设,是未来实现将中亚天然气输往欧洲的最后一环。

(四)欧盟的困境

目前俄罗斯占欧盟天然气进口的40%。[37]中亚国家的石油出口全部依赖俄罗斯管道,俄罗斯还垄断了绝大部分中亚天然气的出口。“由于俄罗斯控制了能源运输,所以中亚国家没有谈判的实力,被迫以远低于市场价的价格出售天然气给俄罗斯。”[38]“俄罗斯天然气工业股份公司通过购买更多的中亚天然气来增加对欧洲市场的天然气出口,而俄罗斯政府也帮助俄天然气公司控制来自土库曼斯坦、哈萨克斯坦和乌兹别克斯坦等中亚国家的天然气供应。多年来,俄天然气公司能够将其出口价保持远远低于欧洲天然气价格加上运输费用的水平,因而获得了大量的套利租金。”[39]上述管线的建设对俄罗斯的影响是巨大的。因为三条管线都绕开了俄罗斯领土,打破了俄罗斯对中亚天然气出口运输的垄断,其战略价值不可低估。而如果中亚的天然气对俄出口下降,俄罗斯要么忍受其在欧盟天然气供应中比例的下降,要么就必须以高昂的代价开发俄罗斯国内的油气田,这样俄罗斯天然气的成本和价格必然升高。假如中亚出现动荡,就难以保证俄罗斯不会像2006年那样切断向欧洲的天然气供应。

为了对抗纳布科管道,俄罗斯除了扩建现有的油气管线,还计划建设一条“蓝溪”管线(跨越黑海将俄罗斯与土耳其连接起来)和“南溪”管道(通过黑海海底将天然气输往保加利亚,再通过保加利亚输往意大利,希腊和奥地利)。对中亚国家来说,俄罗斯控制的管线仍然是油气出口的主要通道。2007年俄罗斯与哈萨克斯坦、土库曼斯坦签订了修建沿里海天然气管道的协议,使得欧盟修建跨里海天然气管道的计划几乎失败。这条沿里海天然气管道只经过三个国家,即哈萨克斯坦、土库曼斯坦和俄罗斯,将使俄罗斯继续保持对欧盟主要天然气出口国的地位,并且控制天然气的价格。因此,俄罗斯将从哈萨克斯坦进口天然气每千立方米的价格从60美元提高到145美元,哈萨克斯坦也将从过境的天然气管道上获得不菲的收益,并获得土库曼斯坦的油气田的开采权。而哈萨克斯坦和俄罗斯也将为土库曼斯坦提供发展其天然气产业所急需投资和技术。[40]俄罗斯意图通过经济利益来拉拢中亚国家、中南欧国家和土耳其,抵制欧盟主导的油气管线,保持其作为欧盟主要能源进口国的地位。

中亚地区拥有最大石油储量的哈萨克斯坦则追求一种平衡的能源政策。连接哈萨克斯坦的田吉兹油田和俄罗斯的诺沃罗西斯克的中央管线(CPC)是哈萨克斯坦石油出口的最大管线。哈萨克斯坦希望与俄罗斯保持密切的伙伴关系以增加其石油出口,并支持俄罗斯修建沿里海石油管线的计划。另一方面,哈萨克斯坦也追求石油出口多元化。中哈石油管线已经建成并开始运作。哈萨克斯坦总统"重申哈萨克斯坦寻求出口线路多元化,是作为俄罗斯的伙伴而非竞争者,他表示愿意考虑任何对哈萨克斯坦有利的石油管线"㊶。哈萨克斯坦出口天然气到欧洲需要经过俄罗斯的同意,目前通过俄罗斯领土的石油管线对哈萨克斯坦来说是政治上和经济上最可靠的,哈萨克斯坦进一步参与欧盟的能源项目,必须以欧盟与俄罗斯关系的进一步改善为前提。

土库曼斯坦作为中亚天然气储量最丰富的国家,也是纳布科管道潜在的最大供气国,也面临着与哈萨克斯坦同样的问题。俄罗斯控制着中亚的管线设施,并且握有几乎涵盖土库曼斯坦现在天然气出口能力的一份为期25年的合同。土库曼斯坦还受到来自哈萨克斯坦和吉尔吉斯斯坦的竞争,所以土库曼斯坦的天然气出口多元化只能面向印度、巴基斯坦和中国等国家。与包括俄罗斯在内的这些国家合作,既可以获得开发天然气产业的资金和技术,还有稳定的外汇收入,而不用接受人权,民主化等附带条件,土库曼斯坦寻找其他合作伙伴的空间很小。㊷

对欧盟来说,纳布科管道的气源面临着诸多问题。第一,阿塞拜疆的沙赫杰尼兹(Shah Deniz)气田的每年100亿立方米天然气的合同还没有最后确定,纳布科管道面临着ITGI和TAP项目的竞争。㊸即使这100亿立方米的天然气全部供给纳布科管道,也只是其年运输能力的三分之一。纳布科管道还面临着极大的商业风险,阿塞拜疆国家天然气公司(SOCAR)决定只有在纳布科管道全负荷运营的时候才愿意支付运输关税,而在固定运输关税和只有三分之一运力的情况下,纳布科管道的运输成本将比全负荷时高得多。㊹第二,考虑到成本问题,通过跨里海的油轮运输土库曼斯坦的天然气到纳布科管道不太现实。土阿两国关于里海塞尔达尔(Serdar)气田的主权争端使得土库曼斯坦向纳布科管道供气的来源只能是其国内的南伊奥洛坦(South Lolatan)气田,这又面临着来自中国的竞争。中国与土库曼斯坦从2006年4月签订天然气合作框架条约到2009年12月中亚天然气管道开始向中国输气只用了三年半时间,截至2011年6月已累计向中国输气100.2亿立方米。㊺而纳布科管道从9年前提出建设至今还未动工。与中国相比,欧盟存在着一个很大的劣势,就是欧盟的制定政策与执行政策的主体不一致。中国能够以国家名义建设中土天然气管道,与土库曼斯坦签订长期的供气协议,并且解决在乌兹别克斯坦和哈萨克斯坦的过境问题。而欧盟落实其能源政策的责任只能委托于私有的石油公司,两者的差距可想而知。这些石油公司都以盈利为主要目的,它们在中亚投资所产出的油气大部分都通过俄罗斯控制的管线运往市场,商业风险是它们投资的主要顾虑。考虑到建设跨里海天然气管线所面临的困难,土库曼斯坦与中国关于南伊奥洛坦气田的协议,还有纳布科管道的商业风险,土库曼斯坦向纳布科管道供气短期内将难以实现。

表 16.3 欧洲石油公司在中亚的主要能源项目中的股份(%)

	卡什干海上油田	卡拉恰干纳克	切列肯(Cheleken)	涅比特达格(Nebit Dag)	乌特卡尔(Ustyurt)中部和吉萨尔(Gissar)西南部的油气田	BTC	CPC
Shell(荷兰)	18.52						3.68
ENI(意大利)	18.52	32.50				5	2
Total(法国)	18.52					5	
BG(英国)		32.50					
Dragon Oil(爱尔兰—阿联酋)			100				
Burren(英国)				100			
UZPEC(英国)					100		
BP(英国)						30.10	5.75
Statoil(挪威)						8.71	

资料来源:根据各项目网站整理而成。

三、欧盟的中亚安全战略

(一) 欧盟的反恐战略与中亚

恐怖主义一直是欧盟的关注对象。在"9·11事件"之前,欧盟就通过了一系列反对恐怖主义的声明和报告,如1994年《关于恐怖主义及其对欧洲安全影响的决议》,1995年《关于恐怖主义的宣言》,1997年《关于欧盟打击恐怖主义的协定》,1999年《关于在打击恐怖组织中合作的建议案》。但是总体来说,由于成员国间缺少对恐怖主义危害的共同认识,也没有一个正式反恐战略和完整的反恐机制。这些决议并没有起到应有的作用。"自20世纪90年代以来,一些从事宣传、资助、策划恐怖活动的恐怖分子开始选择伦敦作为基地,到中东从事恐怖活动,而英国政府一度对此视而不见。"㊻

"9·11事件"以后,欧盟各成员国开始重视反恐问题。2001年12月,欧盟通过了《打击恐怖主义共同立场》文件。2002年6月13日,又通过了《关于打击恐怖主义框架决定》。2004年3月25日,欧洲理事会发表《打击恐怖主义宣言》。2005年正式发表《欧盟反恐战略》。欧盟认为:"恐怖主义对欧盟的安全,价值观念和其公民的权利与自由构成了严重威胁。欧盟内部日益相互依赖,其内部的人员、观念、技术和资源的自由移动给恐怖主义提供了可乘之机。欧盟的内部安全与外部安全密不可分,欧盟的集体行动对于打击恐怖主义不可或缺。”[47]欧盟的反恐战略包含四个部分:预防、保护、追查和反应,即预防新的恐怖袭击,对潜在的恐怖袭击对象实行更好的保护,追查现有恐怖网络,增强对恐怖袭击的反应和处理能力。此外,欧盟愿意与联合国、其他国际组织和国家合作,以建立反恐的国际共识与标准。2005 年的《欧盟反恐战略》中,欧盟把北非、中东与东南亚列为重点援助地区,中亚并未在其中。欧盟在中亚的反恐战略主要以预防为主。

中亚地区的宗教极端运动可以追溯到 20 世纪 90 年代。自 2009 年春季以来,新一轮的宗教极端运动爆发,主要位于历史上伊斯兰民兵集中的地区,如乌兹别克斯坦与吉尔吉斯斯坦边境,吉尔吉斯斯坦的部分地区(Batken, Gharm)和塔吉克斯坦的直辖地区谷地(Karategin)。这与阿富汗和巴基斯坦的局势有关,也于中亚国家内部问题有关。中亚地区紧邻阿富汗和巴基斯坦,目前虽没有像巴基斯坦那样出现塔利班分支,但存在着宗教极端势力向恐怖主义过渡的危险。

中亚最主要的伊斯兰运动组织是“伊斯兰解放党”(Hizb ut-Tahirir),它在中亚各个国家都有成员,主要通过传播教育和道德教规,并向弱势群体提供慈善来招募成员,其主张通过非暴力手段获得政权,要求在民族和政策问题上全面伊斯兰化。[48]“没有任何证据表明该组织成员参与了恐怖主义活动。”[49]“其行为模式更像一种温和的伊斯兰国家主义,而非激进的圣战运动。”[50]更加激进的“乌兹别克斯坦伊斯兰运动”则有着暴力倾向,该组织在 20 世纪 90 年代被镇压后,参加了阿富汗的塔利班政权。

“中亚国家面临的转轨困惑(包括民主、人权问题)、贫困、人口(包括移民)、生态、疾病、腐败、边界和水资源、投资及进入国际市场等共同的挑战导致地区安全问题错综复杂。”[51]欧盟的反恐战略中的预防措施除了协调成员国的行动,推动情报共享,加强对冲突地区的监控,限制激进主义分子的行动等等,更加重视从思想观念上防止宗教极端主义。例如在塔吉克斯坦,“当局对世俗反对派的清洗使得宗教极端主义似乎成为唯一可以求助的对象。商人阶级中的一些人认为对经济体制的‘净化’,建立宗教道义规则……似乎是一条可行之道”[52]。这种观念给宗教极端主义以可乘之机。2005 年《欧盟反恐战略》认为,“欧盟必须在外部持续推动良治、人权、民主,将目标对准存在不平等的地区,并且在合适的时间推动文化间对话”。这在 2007 年的《欧盟与中亚——新伙伴关系战略》中得到延续,对中亚进行各种层次的教育援助,“使中亚国家的教育体制适应全球化的世界”,使得中亚国家的下一代更熟悉也更接受欧盟的价值观。欧盟的教育体制非常发达,这刚好符合中亚地区人民学习欧盟的愿望。欧盟在中亚的反恐战略更加重视长期介入的效果,即通过政治对话,援助和教育,逐渐消除宗教极端主义产生的条件。

(二) 英国等国在阿富汗的参战

美国对阿富汗塔利班发动军事攻击后,欧盟发表了一系列声明,支持美国的行动。在2001年9月21日的欧盟理事会特别会议声明中,欧盟认为"恐怖袭击是对世界和欧盟的威胁,是对公开、民主、宽容和多元文化社会的袭击,欧盟支持美国将这种野蛮行为的策划者,赞助者和同谋绳之以法"[53]。欧盟认为恐怖袭击亦是对自身的严重威胁。欧盟国家也纷纷表示支持美国。由于北约《华盛顿条约》规定"对任何北约成员国的攻击,应被视作对所有成员国的攻击",英国一开始就直接派兵参战,其最初投入了2.2万名地面部队和一个海军编队的兵力。法国虽未像英国派出地面部队,也出动了两艘军舰参与战斗。"德国总理施罗德已宣布,如果接到请求,德不排除做出军事贡献。德主要政党均表态支持政府,因此如果德政府认为'有必要参战'的话,在程序上应该没有障碍。"[54]虽然欧盟国家中参与阿富汗战争的主要是英国,但欧盟及成员国的一致支持美国,其政治意义大于军事意义。

此外,欧盟还推动中亚国家支持美国的反恐战争,"欧盟领导人和纳扎尔巴耶夫总统共同强调对于美国的支持,哈萨克斯坦还决意向北约同盟和美国参战的空军提供空间通道。德国和哈萨克斯坦还签署文件表示,双方在人道援助、解决难民问题、特别是在紧密的军事合作方面的双边努力,是哈萨克斯坦与欧盟之间正式合作的一部分。"[55]中亚是阿富汗战争的前线,对于保证北约军队在后勤补给线至关重要。"欧盟倾向于与温和派的伊斯兰运动组织对话,并将其纳入到中亚的政治进程中。"[56]这对于防止在巴基斯坦出现的塔利班分支机构,防止伊斯兰极端化向中亚扩散特别重要。

四、欧盟的中亚反毒品政策

(一) 欧盟对中亚毒品问题的认知

根据联合国2005年《世界毒品报告》,全世界90%的罂粟产于阿富汗,这些罂粟多加工为海洛因,平均每年从阿富汗流出的400吨海洛因和吗啡。[57]欧盟地区每年消费的海洛因大约是135吨,其中的90%来源于阿富汗,而30%的阿富汗海洛因经过中亚地区流向俄罗斯。[58]毒品经过中亚的路径一般是先进入塔吉克斯坦、土库曼斯坦和乌兹别克斯坦,再由那里经过吉尔吉斯斯坦和哈萨克斯坦运往欧洲。毒品贸易给中亚国家带来诸多问题。第一,与毒品走私相关的有组织犯罪活动与腐败问题。第二,中亚国家的吸毒人口激增。"从1990年到2002年中亚地区的吸毒人数增加了7倍,大约1%的人口在吸毒——大约是55万人。"[59]由此导致的艾滋病问题,这不仅对于中亚国家的卫生医疗系统是沉重的负担,对于欧盟是一个严重的威胁。第三,猖獗的毒品贸易使得阿富汗国内形势更加复杂。一方面,毒品是恐怖主义的资金来源之一;另一方面,使得毒枭有更多资金用于行贿和扩大毒品生产,并且组织力量反抗政府的禁毒工作,形成恶性循环。“中亚五国都有种族罂粟的传统,中亚地区有可能成为新的罂粟种植区,因为犯罪组织正在寻求永久种植罂粟的途径,其中一种方法是将毒品低价卖给当地居民。”[60]毒品走私猖獗的原因除了阿富汗自身的原因之外,另一个原因就是中亚国家边境管理水平很低,官僚腐败现象严重。“中亚各国的边界……包括它们与中国、伊朗和阿富汗的边界——缺乏现代技术,中亚各国面临的禁毒斗争更为严峻……大部分边界,特别是塔吉克斯坦与吉尔吉斯斯坦和阿富汗的边界,除了浮光掠影式的监控之外,基本上没有任何控制手段,因此根本不可能有效地禁止毒品流通。”[61]在面对该地区的毒品走私所带来的安全隐患时,“中亚国家随意开放或关闭边境,只求暂时安宁,而无长效配合机制,这就在边境地区形成了很多管理上的‘灰色区域’”[62]。

2007年的《欧盟的中亚战略——新伙伴关系》中,欧盟将中亚地区的安全和稳定列为其主要战略利益。2008年由法国主持召开的“欧盟—中亚安全论坛”集中讨论了阿富汗局势、毒品走私和恐怖主义问题,呼吁双方在打击恐怖主义和毒品走私方面加强合作。2009年9月召开的欧盟部长级会议上地区安全问题被列为首要议题,其中自然包括中亚地区的安全问题。目前欧盟在中亚的反毒品行动包含在两个主要项目中:中亚边境管理(BOMCA)和中亚毒品行动项目(CADAP)。

中亚边境管理项目主要旨在提高中亚国家的边境,海关和移民管理水平,其目标是打击跨境犯罪活动,武器和毒品走私,以及贩卖人口等行为。其具体措施包括,向中亚国家提供现代边境管理设备,在边境站点进行大型基础设施建设,修正过时的边境管理法律,对边境管理人员进行培训等等。中亚毒品行动项目旨在通过制度建设,从长远角度减少中亚地区的毒品走私活动。其具体措施包括:向中亚国家的机场和出入境站点提供毒品检测设备,依照欧盟标准改革中亚国家毒品法,对禁毒执法人员进行培训,通过媒体宣传毒品危害等等。

(二)政策的执行评估

中亚边境管理项目自2002年实施以来,共完成了7期行动计划,第8期还在进行当中,总投资额为大约3 400万欧元。[63]项目主要成果包括:在制度建设方面,中亚国家都建立了统一的边境管理机构,“在哈萨克斯坦建立了由全部边界交汇站管辖机构组成的‘部长级委员会’;在吉尔吉斯斯坦和乌兹别克斯坦建立了边界部门间领导工作小组;在塔吉克斯坦成立了边界管理部长级委员会,直接向总统负责;在土库曼斯坦,关于毒品问题的国家合作委员会成为欧盟的合作对象”[64]。在人员培训方面,中亚边境管理已经组织十多次地区性培训,并组织中亚边境管理人员赴欧洲考察。这些培训极大的提高了中亚国家边境管理人员的执法水平。特别是针对塔吉克斯坦和吉尔吉斯斯坦的人员培训,不仅参与人数众多,并且涵盖了边防部队的士兵。对于反毒品行动具有特殊意义。这两个国家南部全部与阿富汗接壤,并且边境管理也最为薄弱。随着这两个国家边境管理人员执法水平的提高,那么通向阿富汗的毒品贸易通道也将被切断,毒品贸易对这两个脆弱国家的影响也将被降低。

在边境基础设施建设方面,相关成果可见表16.4和表16.5。

表16.4 BOMCA项目援建的边境交汇站和哨所

边境交汇站	哨　所
哈吉边境的塔拉兹(Talaz)、莫克(Merke) 哈乌边境的阿塔曼肯(Atameken)、瑟里尼(Celini) 萨里—阿干什(Sary-Agansh) 斯尔—达莉亚(Syr-Dariya)、萨拉古什—科代(Saryagash-Korday)	
乌哈边境的达特—欧塔(Daut-ota)	乌吉边境的提契克(Tinchlik)
乌塔边境的萨里奥思约(Sariosiyo)	
乌吉边境的卡拉苏(Karasuu),安达汗—阿托(Andarkhan-Avto)(建设中)	
吉乌边境的卡拉苏(KaraSuu) 吉哈边境的AK乔(AK-Jol)	吉塔边境的阿克尔(Aikol),库伦都(Kulundu),卡拉什巴克(Karashybak),卡拉米克(Karamyk)
土乌边境的库尼亚—乌艮克(Kunia-Urgench)	
塔阿边境的鲁兹威(Ruzvai)、伊斯卡什曼(Ishkarshime)、塔姆(Tem)	塔阿边境的达拉桑(Darai-Sang),纽然(Nulvand),什迪兹(Shidz),苏克查里(Sokhcharv)
塔乌边境的福特哈巴德(Fotekhabad)、帕塔尔(Patar)	帕斯克夫(Pastkhuf),波士纳夫(Porshnev)

资料来源:从中亚边境管理项目第4期—第7期进展报告中摘出,参见刘继业:《欧盟援助下的中亚边境管理合作》。

表16.5 中亚边境管理项目和中亚毒品行动项目援建的培训基地和警犬训练基地汇总

	边境工作人员培训基地	警犬训练基地
哈萨克斯坦	萨拉古什—科代(Saryagash-Korday)的技术培训和跨界工作站;阿拉木图边界培训中心	卡拉奥(Kara-Oi)的警犬训练基地
乌兹别克斯坦	乌—阿边境特美兹(Termez)的培训中心及集体宿舍;塔什干机构间专家会议中心	塔什干国家警犬训练中心
吉尔吉斯斯坦	诺瓦帕科若卡(Novopokrovka)的培训中心和集体宿舍;比什凯克的6个电脑培训基地(CBT)	奥什(Osh)的警犬训练基地;比什凯克的警犬训练基地
土库曼斯坦	阿什哈巴德的培训基地	阿什哈巴德的警犬训练及医治基地
塔吉克斯坦	杜尚别的边界军官学校	杜尚别的警犬训练基地

资料来源:同上。

中亚边境管理项目和中亚毒品行动项目实施第一年，中亚地区截获的毒品数量就有很大提升。根据2005年《世界毒品报告》，中亚国家2003年缴获的海洛因总量相比2002年提高了33%，达到7.1吨。[65]但从2002年至2010年主要经过中亚地区走私的毒品、鸦片、大麻和海洛因，被缴获的总数变化趋势来看，中亚边境管理项目和中亚毒品行动项目的禁毒效果并不明显。

根据国际危机组织的采访，一些欧盟官员私下认为中亚边境管理项目和中亚毒品行动项目"并不成功"，他们认为中亚边境管理项目没有考虑中亚边境管理的两个关键问题：大量的非官方过境点，以及边境守卫的艰苦处境和低薪。一位吉尔吉斯官员私下透露："中亚边境管理项目花大量资金来请专家和召开座谈会，而我们需要与边境对面的同行进行真实的会谈，以解决真正的，紧迫的问题。"[66]

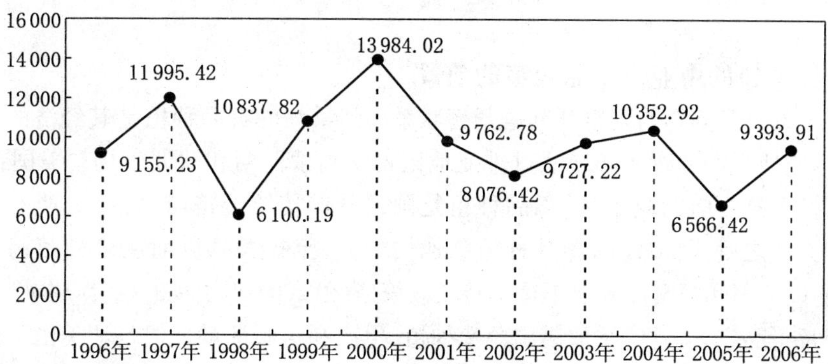

资料来源：http://www.unodc.org/documents/regional/central-asia/Illicit%20Drug%20Trends_Central%20Asia-final.pdf. p. 10.

图 16.6　1996—2006 年中亚国家缴获的鸦片总数变化(千克)

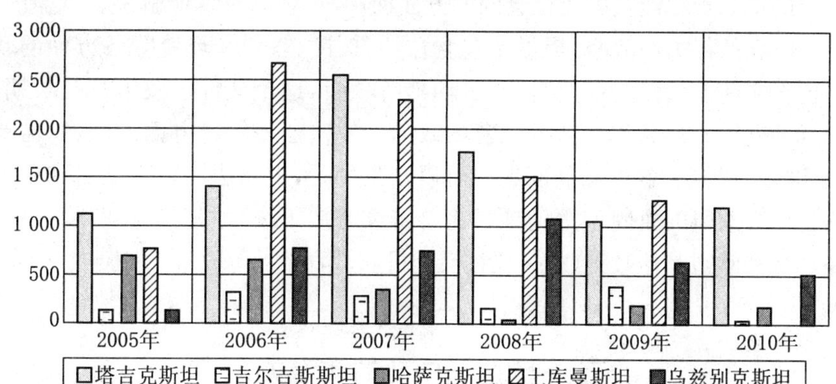

资料来源：http://dbroca.uz/?act=seiz_chart&drug_type=15.

图 16.7　中亚国家 2005—2010 年缴获的鸦片总数(千克)

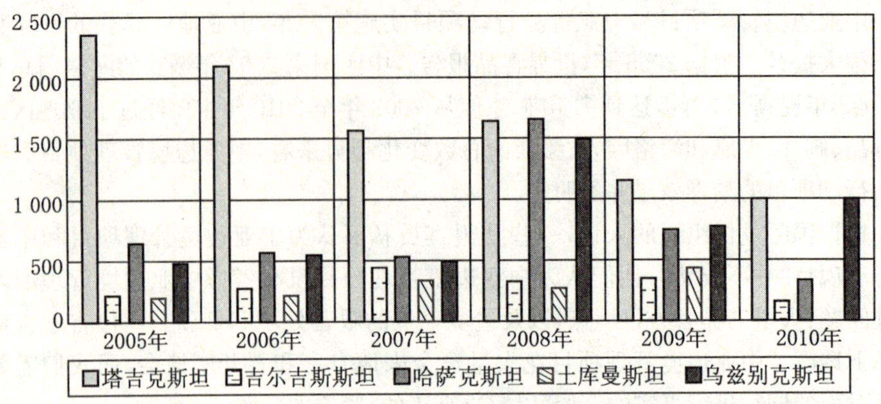

图 16.8 中亚国家 2005—2010 年缴获的海洛因总数(千克)

(三) 欧盟的中亚反毒品政策的前景

中亚的毒品问题与阿富汗问题紧密联系。阿富汗的毒品种植是其经济的一个主要部分,它所生产的毒品必须通过中亚地区走私到俄罗斯和欧洲市场。美国在 2004 年阿富汗大选之前的政策是,毒品种植是阿富汗的传统经济,在转型时期不应被破坏。但大选之后,阿富汗的毒品种植急速增长,甚至扩大到以前从未种植鸦片的地区。[67]所以美国和阿富汗政府不得不转变政策。[68]在 2004 年 4 月的柏林认捐会议通过了一个反毒品宣言,呼吁采取措施鸦片种植、生产和走私活动。但是,“美国不相信它的欧洲伙伴有能力利用国际力量为这些项目筹款,也不相信它们有管理这些项目的能力”[69]。所以欧盟被排除在阿富汗反毒品行动之外,欧盟在中亚的反毒品行动只能随着阿富汗毒品问题的解决而解决,并且只能以在中亚地区减少毒品走私为立足点。

中亚的毒品走私涉及中亚社会的方方面面,非一朝一夕就能解决。欧盟的《欧盟与中亚——新伙伴关系战略》提供了包含法治、援助、教育和环境等各方面的政策框架。相比于之前的伙伴关系与合作、塔西斯等项目,这个文件里政策都是长期性的,注重长远的效果。毒品问题涉及中亚的政治、经济、法治等各方面的问题,需要长期的介入才能从根本上解决毒品问题。可以预见的是,中亚边境管理项目和中亚毒品行动项目作为欧盟的旗舰型援助项目将会继续开展下去,但其禁毒效果将受到阿富汗毒品种植和欧盟其他政策(如公民社会建设和教育援助等政策)的影响。

五、 欧盟与中亚的政治关系

(一) 欧盟的人权问题政策与中亚的公民社会建设

独立以后,中亚国家都依照西方标准制定了宪法,都宣布尊重人权、公民自由和民主选举,但后来都走上了威权主义式的治理路线。

在与中亚国家签订的PCA协议中,尊重人权也是作为协议的一个基本前提。在不同的场合中,欧盟国家驻中亚各国大使也多次提及人权问题。安集延事件发生后,欧盟对此进行谴责,禁止对与此有关的乌兹别克斯坦官员发放签证,并对出逃的乌兹别克难民进行安置。2006年,欧盟宣布通过Tacis项目向哈萨克斯坦提供70万欧元支持其建设人权巡视员办公楼。

2007年《欧盟与中亚:新伙伴关系战略》文件指出:"欧盟打算加大对人权保护和建立独立司法体制的支持,对建立一个基于法治和国际人权标准的体制做出持久贡献。"这份战略文件的一个直接举措就是建立欧盟——中亚国家之间的人权对话(HRDs)。人权对话"旨在通过例如联合国和欧安组织这样的多边舞台,讨论共同利益问题;增强人权合作;引起对欧盟所感受到的相关国家人权状况的关切;收集信息并提出改善人权状况的举措"[70]。截至2010年底,欧盟已经与乌兹别克斯坦展开了四轮正式的人权对话,分别与哈萨克斯坦、土库曼斯坦举行了三轮对话,分别与塔吉克斯坦和吉尔吉斯斯坦举行了两轮对话。

欧盟与中亚国家的人权对话中设立有公民社会研讨会,由欧盟和中亚国家的人权积极分子、非政府组织和学者代表参与。公民社会研讨会最初打算每年分别以双边形式进行,但在实施过程中出现了变化。2008年欧盟与乌兹别克斯坦举行首次公民社会研讨会后,2009年却没有如期举行,与土库曼斯坦的研讨会在2008年和2009年都没有举行。原因是2008年的研讨会上与会的欧盟人权组织严厉批评乌兹别克斯坦的人权状况,导致2009年与乌兹别克斯坦公民社会研讨会的取消。鉴于此,由于土库曼斯坦国内不存在独立的公民社会团体,欧盟决定也不组织与土库曼斯坦公民社会研讨会。

虽然欧盟对与中亚国家的人权对话有一个总体的目标要求,但多轮人权对话并没有就任何具体目标达成一致。欧盟担心会重蹈2004年欧盟—伊朗人权对话的覆辙,导致与中亚的人权对话陷入僵局。而欧盟自身对人权对话的要求是"评估有关国家人权状况与欧盟目标之间的关系,并检查人权对话对欧盟目标的实施起到了何种作用"。迄今为止,欧盟并未组织任何对欧盟—中亚人权对话实施效果的研究。

由于有了与乌兹别克斯坦人权对话失败的教训,欧盟倾向于在不公开的、正式的人权对话会议上向中亚国家提出尖锐而具有争议性的议题。在公民社会研讨会这样较为公开的场合,欧盟倾向于一些温和的议题。人权对话作为一个专门讨论人权问题的平台,其本身会导致欧盟对中亚政策之间的脱节。中亚国家政府不愿以其他形式讨论人权问题,欧盟本身在与中亚国家进行安全或贸易会谈时也会避免人权问题。[71]

(二) 欧盟与中亚的高层政治交往

在 PCA 框架下,欧盟每年举行与中亚国家的外交部长级双边会议。2007 年《欧盟与中亚——新伙伴关系战略》出台后,欧盟开始举行与中亚国家举行外交部长级的地区性多边会议,2008 年 9 月在巴黎举行首次欧盟——中亚国家安全论坛,2009 年 9 月在布鲁塞尔举行欧盟——中亚国家部长级会议。欧盟中亚事务特别代表皮埃尔·莫雷(Pierre Morel)定期访问中亚国家,直接负责与中亚高层的沟通。他在处理中亚敏感事务上,例如欧盟对乌兹别克斯坦的制裁、中亚水电开发问题上的工作备受称赞。欧盟议会定期举行关于中亚各国发展状况的听证会,邀请中亚各国的代表以及有关中亚问题的专家参加。2007 年《欧盟与中亚——新伙伴关系战略》提出推动文化间对话,在这方面至今还未有进展。

六、 欧盟对与中亚社会经济领域的政策介入——以水资源问题为例

(一) 欧盟介入的背景

中亚地区的水资源基本上来自咸海,自苏联时期以来,这里就是集中的棉花种植区。大量使用的化肥严重破坏了咸海的生态,污染了咸海水系,使得原本就存在的游牧民和农民之间水资源之争更加急剧。民众的水资源之争产生的潜在安全威胁是中亚国家面临的共同问题。

更重要的是,在国家层面,中亚的主要河流,锡尔河和阿姆河的水资源分配是中亚水资源问题的核心,即上游的山地国家(塔吉克斯坦和吉尔吉斯斯坦)水力发电和下游资源丰富的国家农业灌溉的矛盾。在苏联时期,所有地区性的水资源分配由莫斯科做出决策。独立后,中亚国家各自为政,水资源问题导致中亚国家间数次出现紧张关系。上游国家以允许河水流向下游和维护上游水体为由,要求下游国家补偿,受到下游国家的强烈反对。2001 年吉尔吉斯斯坦议会通过法律规定该国水资源将在有偿的基础上提供给下游国家。塔吉克斯坦威胁如果乌兹别克斯坦不恢复向其的能源出口,就切断乌兹别克斯坦的水源。2009 年 2 月,乌兹别克斯坦总统卡里莫夫警告说该国的水源“受到威胁,需要为下一代保护水源”,吉尔吉斯斯坦总统巴基耶夫认为“水资源问题对该地区的安全构成了严重威胁,并呼吁双方妥协”。[72]

在 2008 年 6 月的《欧盟中亚战略实施进展报告》中,欧盟认为“水资源问题如果不得到有效解决,可能在中期发展成为对整个地区安全的严重威胁”[73]。联合国欧洲经济委员会 2008 年 11 月发布消息称:“中亚必须马上解决水资源相关的挑战:咸海萎缩,上下游国家关于水资源分配和放水机制的矛盾,资源和灌溉产业的竞争,不断恶化的水资源生态和可以预见的气候变化带来的消极影响。”[74] 考虑到乌兹别克斯坦对

于保障北约在阿富汗的行动的后勤供应至关重要，所以欧盟的介入，包括加强水资源管理的援助，协调中亚国家之间因水资源产生的紧张关系，就刻不容缓了。

(二) 欧盟调介的构想及其政策演进

欧盟意在推动中亚国家在水资源问题上的合作以带动它们之间的政治信任和合作。首先，作为欧盟的中亚战略的一部分，欧盟已经建立“欧盟—中亚环境对话”，主要目的是推动中亚的环境保护和水资源管理水平。这个对话机制由意大利主导，其负责协调欧盟的行动。2009 年 11 月在罗马召开的第三次欧盟——中亚高级别会议的一个重要议程就是环境治理与水资源。这次会议决定建立一个环境治理和气候变化的工作组，重新启动一个欧盟—东欧—高加索—中亚工作组(EECCA)以及一个环境与水资源合作的联合平台。

在具体项目上，欧盟在中亚开展了一个“中亚水资源治理”项目，由欧盟驻阿拉木图代表团负责协调，总投资 180 万欧元。该项目主要目标是减少中亚地区的跨国河流污染，通过类似于欧盟标准的水资源立法来改善跨国河流的水质。此外，欧盟还通过与其他国际组织和国家在中亚的水资源项目的合作来促进中亚国家的水资源合作。除欧盟之外，向中亚国家提供水资源相关的援助和组织和国家主要包括世界银行、德国(“柏林水资源进程”)和联合国。“这些援助项目中专家通过主要在阿拉木图举办的工作组会议上碰面，至少确保了合理分工方面的信息共享。”[75]欧盟中亚事务特别代表在 2010 年 7 月 20 号的中亚水资源高级别对话会议上表示，强调欧盟支持咸海国际基金(IFAS)成为中亚水资源合作的一个稳定、有效的地区性组织。[76]

总的来看，欧盟在中亚水资源问题上采取中立态度，以避免陷入被一国利用来对付另一国的局面。欧盟的政策在于促进中亚国家在水资源问题上的合作意愿，强调中亚国家是解决地区水资源问题的主要力量，而非自己提出任何实质性的对策。这样的政策势必限制其在中亚水资源问题上发挥更大的作用。

七、 欧盟对中亚的援助及变化

在 2007 年以前，欧盟对于中亚国家的援助主要是通过塔西斯(Tacis)项目，2007 年欧盟委员会发表了《2007—2013 年对中亚援助的地区战略文件》和《2007—2010 年中亚指导计划》文件之后，塔西斯计划被“发展合作文件”(DCI)代替，从表 16.6 和表 16.7 的对比来看，“发展合作文件”的援助项目和塔西斯相比项目有了很大变化。塔西斯项目下对中亚国家的援助主要是帮助这些国家向市场经济和民主的方向转型，“发展合作文件”项目的援助则是在兼顾民主、人权、法治这些欧盟基本价值要求的同时，帮助中亚国家减少贫困人口和实现可持续发展。

表 16.6 《对中亚技术援助的指导计划》(2011—2013 年)

优先领域	主要优先	相关国家
减少贫困,提高生活水平	地区与局部社区发展	哈萨克斯坦,土库曼斯坦,乌兹别克斯坦
	特定领域改革,农业与土地改革	土库曼斯坦
	社会部门改革	塔吉克斯坦
	医疗	塔吉克斯坦
	能源发展	土库曼斯坦
对良治和经济改革的支持	民主发展与良治	所有中亚国家
	法治,司法改革	吉尔吉斯斯坦,哈萨克斯坦,乌兹别克斯坦
	公共管理与公共财政管理	吉尔吉斯斯坦
	私有经济改革	塔吉克斯坦
	人力资源发展的改善	土库曼斯坦
	改善贸易环境,加强中小企业发展	乌兹别克斯坦
推动地区合作	地区可持续发展(能源,环境和水资源)	所有中亚国家
	边境管理和打击走私	
	教育,科学和人员合作	

资料来源:EUCAM。

表 16.7 2000—2006 年塔西斯项目概况

优先领域	主要优先	相关国家
制度,司法和行政改革援助	发展法治,支持有效决策,支持公正和家庭事务活动	所有中亚国家
支持私有经济,经济发展援助	扶持中小企业,银行与金融系统发展,推动私有企业发展	
应对转型所带来的后果的援助	医疗,养老金,社会保障与保险体系改革,社会重建于再培训援助	
基础设施网络发展	交通网,电信网络,油气管道与边界管理	
更好的环境保护与自然资源管理	社区标准一致化,自然资源的可持续管理	
农村经济发展	土地私有化,分配体制的改善,向市场靠拢	

资料来源:欧盟委员会。

"发展合作文件"的援助项目可以分为两类:主题类和地区类。主题类项目包括"食品安全项目"和"非国家行为体/地方当局项目"。地区类项目按照不同方面可以分为：商业方面的“中亚投资”项目，能源和运输方面（INOGATE，TRACECA），教育方面（TEMPUS，ERASMUS MUNDUS），以及地区安全方面（BOMCA，CADAP）等。

表 16.8　2007—2010 年欧盟对中亚援助分配

地区合作：项目预算总额的 30%，单位：百万欧元	
集中领域	预算
教　育	65
能　源	29
交　通	12
环　境	10
边境管理	13
所有中亚地区项目	136
双边合作：项目预算总额的 70%	
国别项目	预算
哈萨克斯坦	44
吉尔吉斯斯坦	55
塔吉克斯坦	66
土库曼斯坦	22
乌兹别克斯坦	33
所有中亚双边合作项目	220

资料来源：欧盟委员会。

此外欧盟还通过“欧盟民主和人权文件”（EIDHR）推动中亚地区的民主、人权保护，以及资助当地的公民社会建设。该项目 2007 年开始实施。2009 年哈萨克斯坦和塔吉克斯坦通过“行动计划”（EIDHR2009）各得到 60 万欧元的援助，该项目暂时还未在土库曼斯坦和乌兹别克斯坦开展。由于“欧盟民主与人权文件”是一个全球性项目，并将对中亚的援助作为其在亚洲整体工作的一部分，所以无法得到“欧盟民主与人权文件”将中亚作为一个整体进行援助的具体数字。“欧盟民主与人权文件”的资金分配给 5 个优先领域，其中三个是全球性的，另外两个则分不同地区给予不同数目的援助，其中包括亚洲。2007—2010 年“欧盟民主与人权文件”对包括中亚在内的亚洲的援助总额为 4 353.5 万欧元，[77] 2011—2003 年则是 2 954 万欧元。[78]

表 16.9　欧盟民主与人权文件 2005—2011 年对中亚援助

"欧盟民主与人权文件"正在进行中的项目（截至 2009 年 5 月）	项目总数	经费总额(欧元)
地区性项目	3	1 020 686
哈萨克斯坦	16	1 743 552
吉尔吉斯斯坦	16	2 895 763
塔吉克斯坦	19	3 481 018
总　计	54	9 141 019

资料来源:EUCAM.

欧盟的援助项目纷繁复杂,分布于各个领域。这或许并没有与 2007 年欧盟对中亚战略直接相关。对中亚的地区性援助和双边援助相结合是"发展合作文件"项目的主要特点。从表 16.8 的援助经费分配来看,对中亚的教育援助成为现在最大地区性援助项目,表明欧盟将教育作为改善中亚地区人权、民主状况的重要手段,这是欧盟与中国、俄罗斯的最大不同。

八、结　　语

2009 年 12 月《里斯本条约》正式生效,欧盟决策机构也发生了重大变化。第一,欧洲理事会主席一职的设立,任期两年半,负责主持理事会会议。第二,调整了外交与安全政策高级代表一职,新的高级代表同时兼任欧盟委员会副主席,管理新设立的"欧洲对外行动署"(EEAS)。原先的欧盟委员会驻外使团升级为欧盟代表团。欧洲对外行动署由欧盟的机构代表和各成员国外长组成,取代轮值主席而负责协调当地的成员国使馆的活动。这一安排的初衷是减少欧盟委员会使团与成员国使馆之间的纠纷,改变欧盟与成员国在当地各自为政的局面,减少对象国的疑惑,使欧盟成为一个更加一致的国际行为体。[79]

然而,在中亚这些安排是否会起到应有的效果还需要时间的检验。相比于欧盟对中亚大量的援助,它的政治活动的规模则小得多。[80]考虑到中亚在欧盟对外战略中的地位,欧盟外交与安全政策高级代表不可能将主要精力投入到中亚事务中。所以欧盟对中亚政策的决策权从轮值主席国转到高级代表手中,并不会对欧盟的中亚政策产生很大影响。

此外,建立"欧洲对外行动署"的技术细节的实施还需要时间。要使欧盟对外行动署在中亚能够协调成员国的对外行动,需要全面升级欧盟驻比什凯克和杜尚别的代表团，可至今为止大使的人选还未确定。2011 年 3 月，欧盟决定不向乌兹别克斯坦派驻代表团，其在乌兹别克斯坦的援助项目工作人员甚至还没有外交人员身份。至于增加驻中亚代表团人数与经费，实现成员国使馆与欧盟代表团政策的充分一致等问题，则受到欧盟一如既往的“低效率”，成员国与联盟之间的“拔河”等因素的制约。里斯本条约所带来的变化，还未在中亚发生。

总之，新中亚战略实施以来，欧盟在七个优先方向全面介入中亚。2011—2013 年“发展合作文件”援助总额达 3.21 亿欧元。欧盟与中亚的政治对话也达到了前所未有的水平。但这个战略的实施也遇到了诸多障碍。欧盟并没能很好地将其价值观利益、技术援助和能源利益统一起来。欧盟内部就价值观与能源的争论还在继续，与中亚的人权对话越来越独立于其他政策的讨论。2010 年 4 月发生在吉尔吉斯斯坦的动荡显示出欧盟不愿直接介入中亚的突发事件中。在中东和北非的事件中，即便是比中亚更持久的威权主义政府也难以抵御突然的政治动荡，这使得欧盟在能源利益和价值观之间面前更加难以选择。此外，欧盟在推进中亚地区合作方面的进展不大，中亚国家的经济虽在很多方面是相互依赖的，但在资源利用和更广阔的经济发展方面缺乏合作。[81]

但从长远来看，欧盟对中亚战略中的教育援助的长期效果不容忽视。和水资源问题一样，欧盟选择以一种“软”的切入点介入中亚事务，这样巧妙地避开了中亚国家政府的敏感区域，这种介入方式以一种隐形的方式推动中亚向民主和市场经济转变。但是，这种方式也存在着弱点，这种方式使得欧盟内部在决定援助优先顺序的时候，会将优先顺序取决于中亚政府的意愿，而忽略了中亚国家的真正发展需要。

在安全领域，欧盟的中亚战略所追求的安全与中亚政府所希望的安全不尽相同。比如，欧盟推进公民社会建设和民主问题，就可能被中亚政府视作一种对自身的安全威胁。而中亚政府面对政治反对派所采取镇压政策造成的社会不满，又反过来被欧盟视作对中亚稳定的威胁。两者安全观念的差异，在欧盟中亚战略中还未得到很好的解决。

当然，里斯本条约所带来的变化还未波及中亚。一旦欧盟与成员国就欧盟驻中亚使团与成员国使馆的权力分配达成一致，欧盟作为一个更加统一的整体在中亚出现，其中亚战略的实施前景是可期的。

注释

① http://europa.eu/legislation_summaries/external_relations/relations_with_third_countries/eastern_europe_and_central_asia/r17002_en.htm.

② http://collections-r. europarchive. org/dnb/20070702132831/http://ec. europa. eu/external_relations/ceeca/tacis/index. htm.

③ Ibid.

④ 参见 Communication from the Commission of 10 October 1995—Towards a European Union Strategy for Relations with the Independent States of Central Asia [COM(1995)206 final], pp. 7—8.

⑤ Ibid. , p. 9。

⑥ 赵会荣:《欧盟的中亚政策》,《俄罗斯中亚东欧研究》2008 年第 6 期,第 61 页。

⑦ http://www. consilium. europa. eu/showpage. aspx?id=1153&lang=EN.

⑧ *Into EurAsia*: *Monitoring the EU's Central Asia Strategy*, p. 6, 64. www. fride. org/download/EUCAM_Final_Report. pdf.

⑨ 托马斯·伦克:《欧盟的中亚新战略》,《俄罗斯研究》2009 年第 6 期,第 55 页。

⑩ http://eeas. europa. eu/central_asia/docs/index_en. htm.

⑪ European Commission, *Strategy Paper 2002—2006*, p. 9. http://collection. europarchive. org/dnb/20070702132253/http://ec. europa. eu/external _ relations/ceeca/rsp2/02 _ 06 _ en. pdf.

⑫ European Commission, *Strategy Paper 2002—2006*, p. 9. http://collection. europarchive. org/dnb/20070702132253/http://ec. europa. eu/external _ relations/ceeca/rsp2/02 _ 06 _ en. pdf.

⑬ European Community, *Regional Strategy Paper for Assistance to Central Asia for the period 2007—2013*, p. 5. http://eeas. europa. eu/central_asia/rsp/07_13_en. pdf.

⑭ European Commission, *Strategy Paper 2002—2006*, p. 9.

⑮ Ibid.

⑯ Nargis Kassenova, "The Impact of the Global Economic Crisis on Central Asia and its Implications for the EU Engagement," EUCAM Working paper 5, October 2009, p. 13.

⑰ "Call for EU to boost energy security", Financial Times, February 20, 2006, http://www. ft. com/intl/cms/s/0/ec6fbdf4-a1b4-11da-9ca4-0000779e2340. html#axzz1PPTm9ibk.

⑱ "Green Paper, A European Strategy for Sustainable, Competitive and Secure Energy", p. 4. http://eur-lex. europa. eu/LexUriServ/LexUriServ. do?uri=COM:2006:0105:FIN:EN:PDF.

⑲ "Towards an EU External Energy Policy, The 2006 Brussels Conference", pp. 9—10. http://eeas. europa. eu/library/publications/2006_energypolicy_en. pdf.

⑳ "Energy 2020, A Strategy for Competitive, Sustainable and Secure Energy", p. 21. http://ec. europa. eu/energy/publications/doc/2011_energy2020_en. pdf.

㉑ Michael Denison: "the EU and Central Asia: Commercialising the Energy Relationship", *EUCAM Working Paper 2*, July 2009. p. 12.

㉒ International Energy Agency, *World Energy Outlook 2007*, p. 85. http://www.iea.org/textbase/nppdf/free/2007/weo_2007. pdf.

㉓ European Commission, *An Energy Policy for Europe*, *2007*, p. 3. http://ec. europa. eu/energy/energy_policy/doc/01_energy_policy_for_europe_en. pdf.

㉔ http://www. energy. eu/#dependency.

㉕ 哈萨克斯坦的石油储量是北海的两倍(官方数字估计是三倍多)，而土库曼斯坦和乌兹别克斯坦的天然气储量位列世界第五位和第八位，哈萨克斯坦和乌兹别克斯坦还拥有丰富的铀，哈萨克斯坦是世界第三大产铀国，也是欧盟的主要铀供应国。参见 European Community，Regional Strategy Paper for Assistance to Central Asia for the period 2007—2013，p. 5。http://eeas. europa. eu/central_asia/rsp/07_13_en. pdf。

㉖ Into EurAsia Monitoring the EU's Central Asia Strategy，p. 55.

㉗ 参见 EU Energy Security and Solidarity Action Plan：2nd Strategic Energy Review，Brussels，November 13，2008，http://europa. eu/rapid/pressReleasesAction. do?reference＝MEMO/08/703&format＝HTML&aged ＝0&language＝en&guiLanguage＝en。

㉘ Michael Denison："the EU and Central Asia：Commercialising the Energy Relationship，" *EUCAM Working Paper* 2，July 2009，p. 5.

㉙ 关于 INOGATE 计划，可参见该计划网站：http://www. inogate. org/。

㉚ 关于"巴库倡议"，可参见 http://ec. europa. eu/dgs/energy_transport/international/regional/caspian/energy_en. htm。

㉛ http://www. nabucco-pipeline. com/portal/page/portal/en/pipeline/timeline_steps.

㉜ Quaker Council of European Affairs，The Nabucco Gas Pipeline：A Chance for the EU to Push for Change in Turkmenistan，pp. 6—7，http://www. quaker. org/qcea/energysecurity/The_Nabucco_Gas_Pipeline. pdf.

㉝ http://www. kommersant. com/page. asp?id＝580345.

㉞ http://www. eia. gov/countries/cab. cfm?fips＝AJ.

㉟ "Nabucco Hopes Grow after ＄8bn Iraqi Gas Deal"，*Financial Times*，May 18，2009，http://www. ft. com/intl/cms/s/0/f19c0f76-4341-11de-b793-00144feabdc0. html＃axzz1PzMLtE5a.

㊱ "The Nabucco Gas Pipeline：A Chance for the EU to Push for Change in Turkmenistan，" p. 9.

㊲ http://www. energy. eu/＃dependency.

㊳ "Central Asia：What Role for the European Union?" Asia Report N°113—10 April 2006，International Crisis Group，pp. 3—4. http://www. crisisgroup. org/～/media/Files/asia/central-asia/113_central_asia_what_role_for_the_eu. pdf.

㊴ Russia After the Global Economic Crisis，Peterson Institute for International Economics，Washington DC，June 2010，p. 156.

㊵ http://www. neurope. eu/articles/73862. php.

㊶ "Engaging Central Asia：the European Union's New Strategy in the Heart of Eurasia，" p. 61，http://www. ceps. be/ceps/download/1491.

㊷ Ibid.，p. 99.

㊸ http://www. neurope. eu/articles/103085. php.

㊹ *Central Asia and the EU's Drive towards Energy Diversification*，Working Paper No. 64，June 2011，Leuven Centre for Global Governance Studies，Katholieke University，p. 30.

㊺ http://business. sohu. com/20070520/n250117928. shtml；http://politics. people. com. cn/GB/1024/10577619. html；http://news. sina. com. cn/c/2011-06-03/013322578510. shtml.

㊻ 马勇：《欧盟的反恐机制》，《国际资料信息》2010 年第 2 期，第 26 页。

㊼ The European Union Counter Terrorism Strategy, November 30, 2005, p. 6, http://register. consilium. eu. int/pdf/en/05/st14/st14469-re04. en05. pdf.

㊽ http://www. globalsecurity. org/military/world/para/hizb-ut-tahrir. htm.

㊾ "Central Asia: What Role for the European Union?" p. 7.

㊿ Into EurAsia Monitoring the EU's Central Asia Strategy, p. 30.

51 赵会荣:《欧盟的中亚政策》,《俄罗斯中亚东欧研究》2008 年第 6 期,第 63 页。

52 Into EurAsia Monitoring the EU's Central Asia Strategy, p. 30.

53 http://www. consilium. europa. eu/uedocs/cms_data/docs/pressdata/en/ec/140. en. pdf, p. 1.

54 冯仲平:《欧洲立场与欧美关系》,《现代国际关系》2001 年第 10 期,第 19 页。

55 冯绍雷:《欧盟与上海合作组织:竞争对手或合作伙伴》,《国际问题研究》2007 年第 6 期,第 49 页。

56 Into EurAsia Monitoring the EU's Central Asia Strategy, p. 119。

57 *World Drug Report 2005*, p. 40. http://www. unodc. org/pdf/WDR_2005/volume_1_web. pdf.

58 "*Central Asia: What Role for the European Union*?" pp. 8—9.

59 United Nations Office on Drugs and Crimes, "Central Asia Strategic Program Framework, 2004—2007," p. 2.

60 玛莎·布瑞尔·奥卡特:《中亚的第二次机会》,李维建译,时事出版社 2007 年版,第 258 页。

61 同上书,第 256—257 页。

62 刘继业:《欧盟援助下的中亚边境管理合作》,《俄罗斯研究》2009 年第 6 期,第 74 页。

63 第一期到第八期预算分别为,15.5 万欧元,66.32 万欧元,83.68 万欧元,858 万欧元,462 万欧元,600 万欧元,600 万欧元,800 万欧元,参见 http://www. developmentandtransition. net/Article. 35+M5976a29ab2c. 0. html。

64 刘继业,《欧盟援助下的中亚边境管理合作》,第 76—77 页。

65 *World Drug Report 2005*, p. 49.

66 Crisis Group interview, Bishkek, April 2006.

67 World Drug Report 2006, p. 51.

68 http://www. washingtonpost. com/wp-dyn/articles/A52402-2004Dec9. html.

69 玛莎·布瑞尔·奥卡特:《中亚的第二次机会》,第 256 页。

70 http://www. eeas. europa. eu/central_asia/docs/factsheet_hr_dialogue_en. pdf.

71 参见 Vera Axyonova, "The EU-Central Asia Human Rights Dialogues: Making a Difference?" EUCAM, April 2011。

72 http://www. eurasianet. org/departments/news/articles/eav021309. shtml.

73 Joint Progress Report by the Council and the European Commission to the European Council on the implementation of the EU Central Asia Strategy, p. 10, www. eeas. europa. eu/central_asia/docs/progress_report_0608_en. pdf.

74 http://www. unece. org/press/pr2008/08env_p18e. htm.

75 *Into EurAsia Monitoring the EU's Central Asia Strategy*, p. 97.

⑯ 参见 http://www. consilium. europa. eu/uedocs/cmsUpload/Statement-UNRCCA-Ashgabat-10. 07. 20. pdf。

⑰ 根据 EIDHR 2007—2010 Strategic Paper 提供的数字算出。

⑱ 根据 EIDHR 2011—2013 Strategic Paper 提出的数字算出。

⑲ Crisis Group interview，March 2006.

⑳ http://www. fride. org/publication/698/eucam-project-newsletter-7.

㉑ "Is the EU—Central Asia Strategy Running out of Steam?" http://www. fride. org/publication/908/policy-brief.

报告十七　日本对上海合作组织的战略构想

阎德学*

［摘要］ 对于上海合作组织，日本政府尚未形成一种明晰的外交战略。不过，根据日本相关研究机构以及研究者的论述，仍可初步归纳出其基本战略构想。日本对于上合组织的战略构想，具有明显的分层构架特征：一是对中亚地区注重夯实基础，稳步介入；二是与上合组织观察员国保持良好的关系；三是重视同俄罗斯和中国展开战略对话；四是作为美国的盟友，力求在日美同盟与中俄战略伙伴之间起到独特的桥梁作用。日本由此将上合组织的战略构想置于其整个欧亚大战略之中，谋求将"自由与繁荣之弧"战略与周边外交战略进行有效的链接，并使"自由与繁荣之弧"战略能服务于周边外交战略。然而，日本对上合组织的战略目前只是一种构想，虽然在若干层面有所行动，但是距离形成完整的战略构想以及将其转化为具体的政策措施还有一段路要走。

［关键词］ 日本　上海合作组织　战略构想

根据日本外务省的当前资料分析，日本政府对于上海合作组织尚未形成一种独立的外交战略，日本政府更看重与上海合作组织成员国的双边交往。导致日本尚未形成对上海合作组织的外交战略有三个主要因素：第一，中国和俄罗斯可谓上海合作组织的核心主导国，而日本提出的"自由与繁荣之弧"外交战略，并未涉及中国和俄罗斯，由此也就不难理解日本为何迟迟没有提出对于上海合作组织的外交战略；第二，美国对上海合作组织抱有较强的敌视与怀疑态度，作为盟友的日本自然不能忽视美国的态度，也就轻易不会提出对上海合作组织的外交战略；第三，上海合作组织成立以来，与美欧等国的态度不同，日本对其不太关注，也就没有落实到具体的外交举措了。

可是，通过观察分析近年来日本国际问题研究所、防卫研究所、北海道大学斯拉夫研究中心等政府与民间研究机构发表的研究报告，以及相关学者的个人论述，仍可

---

* 阎德学，华东师范大学俄罗斯研究中心研究员，历史学博士后。

感受到日本政界和学界正在形成一种调研气氛，根据上海合作组织的发展变迁，逐步酝酿对于上海合作组织的战略构想，试图构建一种全方位的、综合的对上海合作组织的外交战略，并将其纳入日本整体的欧亚大战略之中，谋求将“自由与繁荣之弧”战略与周边外交战略进行有效的链接。

一、日本对于上合组织的认知

(一) 日本防卫研究所的观点

日本防卫研究所是日本防卫厅最为重要的官方智库机构。在上海合作组织成立之际，日本防卫研究所的研究人员认为，上海合作组织是中国通过加强同俄罗斯以及中亚国家在政治和经济上的联系，既可以实现中国追求的世界多极化目标，同时又能维护地区的安全与稳定。但问题是，“9·11”事件之际，以中俄为轴心的欧亚国家合作，没能在国际反恐方面起到实质效果；中俄之间没有因反恐而加强合作关系，两国甚至一度表现出对美关系的高度重视。据此，他们初步判断：上海合作组织的确是中俄完善伙伴关系的地区框架，但在应对“9·11”事件及其后的中亚局势中没能发挥出其效果，因此包括制度化在内，上海合作组织的真正价值令人怀疑。①

然而，随着国际局势的变化，特别是美军扩大在中亚的存在以及美国大力推行民主化，使得中亚国家、俄罗斯和中国共同感到一种威胁。据此，防卫研究所研究人员对上海合作组织的最初看法发生了变化。他们认为，上述形势使得上海合作组织作为有效牵制美国的一个组织而受到关注。他们看到，上海合作组织从最初的边境管理、反恐等安全领域扩展到经济领域，正向地区一体化的组织转变。他们注意到，2006 年在上海召开的上海合作组织成立五周年元首理事会，发表了推进安全合作的共同宣言，强调了上海合作组织对地区稳定的建设性作用，并呼吁要强化在安全和经济领域方面的合作，提高机构的国际地位。

他们还注意到，中俄两国关系的深化对上海合作组织的功能扩大有着巨大贡献，同时也增强了在中亚地区对美国的牵制功能。譬如，第四次上海合作组织元首理事会发表的共同宣言中，就要求美国等西方国家的军队明确在中亚的驻留期限。而乌兹别克斯坦响应宣言，从美军手中收回空军基地，使得西方国家特别是美国提高了警惕，怀疑俄中两国利用上海合作组织结成反西方集团，将美国排挤出中亚。他们还举出一个理由，在上海合作组织成立五周年纪念峰会上，无论是中国国家主席胡锦涛的发言，还是上海合作组织五周年纪念峰会的宣言，都强调尊重文明和发展模式的多样性，呼吁国际社会应该尊重和理解中亚地区独特的历史和文化传统，支持中亚国家政府对维护国内安定、发展社会经济、提高人民生活水平所做出的努力。这明显意味着上海合作组织对于美国的单边主义行动、外来的强制民主行为的牵制。而美国在中亚地区影响力的相对降低和上海合作组织对西方国家的牵制作用急速提高，与中俄合作关系的迅速发展有着直接关系。②

据此，他们的判断是，由于经济复苏而信心十足的俄罗斯同正在崛起的中国，借助上海合作组织这一地区多边框架组织，降低了美国在中亚的影响力，对抗着美国的单边主义行为。然而，中亚国家并非清一色的反美，上海合作组织成员国与美国有着复杂的利害关系，成员国之间也存在利益冲突。此外，中俄两国都不希望僵化与美国的合作关系。③他们认为，由于上海合作组织根据成员国和观察员国的想法和利益不断变换议题，因此，很难设想上海合作组织将来会发展成为反美联合体。俄罗斯甚至一度将自身处于优势的军事和能源问题作为讨论议题，如果相关国家有着不同的想法和利益并通过借助上海合作组织来实现，那么，上海合作组织就会偏离原来目的，最终流于形式。④

日本方面始终关注中俄两国对于上海合作组织的态度。对于俄罗斯希望加强集安组织(CSTO)与上海合作组织的合作动向，他们认为，中国对此不会欢迎。因为在上海合作组织框架内，中国更重视加强各国间的经济合作，并不积极推进军事合作。⑤他们观察到，对于 2008 年 8 月俄罗斯出兵格鲁吉亚，中国外交部表示出一定的忧虑，强调要通过对话与协商解决问题，这是对俄罗斯军事行动的牵制。而同年 8 月底在杜尚别召开的上海合作组织元首理事会，胡锦涛主席虽谈到上海合作组织的团结，但并未提及承认南奥塞梯的独立。在他们看来，对于俄罗斯不惜与西方国家展开决斗架势的“大国外交”，中国保持着警惕，不得不慎重处理与俄罗斯的战略合作。⑥他们还注意到，自从俄格冲突之后，中俄关系出现了微妙变化。无论是近年来的上海合作组织元首理事会，还是在上海合作组织框架内的中印战略合作，中国始终强调多极化趋势不可逆转，而俄罗斯似乎在安全方面加深了忧虑。⑦

他们认为，作为军事合作的框架，中国与中亚国家对于上海合作组织重要性的认识，同俄罗斯未必一致。对于中国来说，更为重视同资源丰富的中亚国家开展经济合作，而非强化军事合作；而对于中亚国家来说，由于同北约的军事合作取得了进展，因此谋求摆脱在军事上一味对俄罗斯的依赖。⑧自 2003 年至 2011 年，哈萨克斯坦在其境内同美、英等国连续 9 年开展“草原之鹰”联合军事演习，可以说是摆脱对于俄罗斯安全依赖的表现。而俄罗斯却在谋求通过双边军事合作来维持和强化军事方面的影响力，这种动向在高加索地区表现得尤为显著。⑨

(二) 日本国际问题研究所的观点

有着日本外务省背景、定位介于学界与政府之间的日本国际问题研究所，是亚洲最为出色的智囊机构。该机构最重要的研究特色是合理组织社会上的优势资源，集中力量开展专题研究，最终形成调研报告或政策建议，供给政府有关部门作决策参考。该机构与北海道大学斯拉夫研究中心合作完成了《我国的欧亚外交——以上海合作组织为线索》[10]这份调研报告，并提交给日本外务省，基本反映出日本国际问题研究所和斯拉夫研究中心学者的主流观点，是迄今为止日本学界关于上海合作组织问题研究非常重要的一份成果。

该报告对上海合作组织的认知有两点值得注意：

第一，上海合作组织诞生的出发点和发展的原动力是解决边境问题，有关国家正是为了稳定边境才获得了超出想象的利益。这种利益既有国家间或地区层面的利益，又有边境地区和地方层面的利益。该报告认为，无论是中俄两国"伙伴关系"的提高，还是两国间的军演，其前提都是边境地区的稳定。对于中俄两国来说，边境地区的政治力学超过了均势理论。换言之，正因为解决了边境问题，才产生了中俄联手与美国对抗这样的均势言论。中国与中亚国家正享受着边境稳定带来的利益。中国与哈、吉、塔在解决边境问题之后缔结了友好条约。对于中国来说，这意味着从俄罗斯远东地区，跨越西伯利亚直至中国西部，成为一片广大的和平地区，这对包括新疆在内的中国安全极为有利。中国加强了与中亚国家的伙伴关系，慢慢消除了彼此间的深层心理障碍，使得追求经济上的相互利益成为可能。报告指出，最近淡忘上海合作组织的出发点和原动力的议论很多，而上海合作组织的基础正是以边境为向心力的推动，这一点要牢牢记住。

第二，对于美国、俄罗斯以及中国来说，与受到边境政治力学作用的中亚国家交往，不是一场好玩的"大游戏"，而是有着若干制约的游戏。游戏的主动权掌握在中亚国家，而非美俄手中。报告认为，"9・11"事件之后，上海合作组织仅发表一份紧急声明，此外未采取任何措施。而中亚国家在美国提出要报复本・拉登以及打击阿富汗的塔利班，请求中亚国家接受美军驻留之际，如雪崩般地向美国靠拢。乌兹别克斯坦反应最快，当即决定接受美军驻留提案，还暂停参加上海合作组织的协商机制。由此可见俄罗斯对中亚影响力的低下，而中国也自此开始研究如何在中亚扮演美俄间的平衡角色。中国感到在中亚地区不能依靠俄罗斯，必须推进双边外交来加强影响力，特别是通过上海合作组织的框架，提高对吉尔吉斯斯坦和塔吉克斯坦的影响。俄罗斯虽然也通过经济援助，试图"重返"中亚，但这种"重返"，完全是中亚国家对美俄施加平衡外交的结果。

（三）民间人士的观点

日本学者对于上海合作组织问题研究较少，并未给予过多的关注，以下学者的观点具有一定的代表性。

金泽星稜大学稻原泰平教授从国际法角度对上海合作组织的机构设置，提出了他的认识：第一，作为一个国际机构，上海合作组织的机构特征在于政治局领导之下各级会议的序列化，也就是在国家元首理事会之下，设立了 9 个部长级会议机制。这是第一次按照国际法或国际惯例，从内容到形式，将一元化的国内机构和法律运用于国际机构的事例。第二，上海合作组织秘书处设在北京，而地区反恐机构则设在乌兹别克斯坦首都塔什干,表明该组织的基础是区域内反恐,上述两机构因此成为常设机构。第三,对于多变的国际政治经济环境,上海合作组织在体制上具有适应性、可变性和灵活性。最初是以共同应对反恐而发起的上海合作组织,并将活动重点转移到经济合作方面,可谓灵活多变,上海合作组织也因此对国际政治经济的影响和成效令人瞩目。⑪

日本外务省岛村智子研究员从四方面强调了上海合作组织存在的问题和今后的课题:一是成员国扩大问题。岛村认为,拥有克什米尔争端的印度和巴基斯坦加入上海合作组织,会引起组织内部分裂;伊朗战略地位重要,对于伊朗来说,加入上海合作组织是避免国际孤立的手段,但中国与俄罗斯都竭力避免与美国对立;不排除阿富汗加入的可能,但其国内形势与对美关系值得注意。二是美国对于上海合作组织的忧虑。由于迫使驻留美军明确撤离中亚期限、拒绝美国成为观察员国、成员国和观察员国在地理空间上的扩展、邀请在核问题上与欧美对立的伊朗参加首脑会议,以及以“反恐”为名进行的联合军演等举措,增加了美国的疑虑,致使美国怀疑上海合作组织是与其和北约对抗的军事组织。三是合作领域不断扩大,但实质性合作有限。四是决定上海合作组织今后方向的要素集中在中俄两国的关系上。岛村认为,俄罗斯担心中国在上海合作组织框架内增强军事实力和扩大对中亚地区影响力;中国不仅谋求多边合作,还在安全和经济上加强与上海合作组织中亚成员国的双边关系。如此发展,俄罗斯与中国在中亚地区达成的权力分担模式会出现问题。中国在希望与俄罗斯维持良好关系的时候,承认俄罗斯在中亚的优势地位,然而将来中国可能在中亚发挥重要的影响力。可是,中亚国家关心的是俄中两国之间的均衡。⑫

庆应义塾大学小岛朋之教授的教学研究项目小组,似乎在给上海合作组织做一番会诊。⑬他们认为,中国追求的国际关系是基于冷战后一贯提倡的“和平共处五项原则”,发展非军事型国际关系。中国期望上海合作组织作为一个地区组织,能够完全体现理想中的国际关系,希望上海合作组织在复杂的地区和国际形势下,紧密团结,应对各种威胁和挑战。经过研究,他们的结论是,上海合作组织至少存在两方面的问题:第一,中俄两国对于安全保障的认知不同。譬如,双方对美国的导弹防御系统构想的威胁认识程度不一样,俄罗斯认为它可以突破美国的导弹防御系统,而中国则强烈反对导弹防御系统;中国对俄罗斯一度想加入北约也提高了警惕。第二,中国与俄罗斯以及中国与一些中亚国家间存在着相互不信任和对立。因此,上海合作组织按照中国追求的模式发展下去是有一定限度的。

上智大学清水学讲师对上海合作组织的发展提出了自己的想法。他认为,上海合作组织作为地区合作组织存在发展的最低限度有三点:第一,必须是一种新型的集体安全保障体制;第二,尝试着追求国际关系的多极化;第三,在可能的领域进行经济合作。⑭对于第一条,上海合作组织不将任何国家设为假想敌,而是打击恐怖主义、极端宗教主义、分裂主义,这确实是在探索新型集体安全保障体制,各国领导人也对维护该组织起到了积极作用。对于追求多极化的第二条，将伊朗吸收为观察员国具有决定意义。虽不能表明该组织具有“反美”意志，但在国际关系规则上却反映出对美国干涉的戒心。俄中两国都避免与美国对抗，但却选择了通过上海合作组织来牵制美国。对于第三条，上海合作组织既不会发展成为北约那样的军事组织，当前也没有东盟那种经济一体化的动向，但是，东盟多元文化的背景值得上海合作组织借鉴。

二、日本对于上海合作组织的战略构想

(一) 注重夯实基础，稳步介入中亚地区

日本对外战略最为重视两大块，一是非常重视日本周边近邻国家的东亚地区，二是非常重视日本的盟友美国，也可以说，对华外交和对美外交称得上是日本外交战略的两大支柱。其次，日本对非传统安全领域的外交较为关注，积极参与全球领域内的包括环保、反恐、核扩散等事务，凸显其作为世界大国的存在。对于上海合作组织，日本尚未形成明确而连续的外交战略，虽然对上海合作组织成员国的中国和俄罗斯有着具体而明晰的外交战略，但对包括上海合作组织成员国在内的中亚国家多是双边的对外政策，虽然存在“中亚＋日本”对话机制，但总体尚未提升为外交战略。即便如此，不应忽视日本一度提出的“自由与繁荣之弧”战略对于中亚国家给予的关注，以及日本国际问题研究所等智库提出的将日本的外交战略与上海合作组织进行对接的战略构想，毕竟，这是开启观察和思考日本外交战略设计的一扇窗户。

1. 日本对中亚战略地位的基本认识

对于中亚地区的战略地位，日本政府的判断是：“从地缘政治上说，中亚国家被俄罗斯、中国等大国包围，容易受到中东、阿富汗、巴基斯坦等周边不稳定地区的局势影响。特别是‘9·11’事件之后，美军的驻扎、俄罗斯与中国的举动等，都给该地区的战略环境带来巨大变化。中亚地区的和平与稳定，对于日本以及整个欧亚大陆，甚至是国际社会的稳定与繁荣都极为重要。”⑮日本政府还认为：“中亚地区的石油、天然气的稳定供给，有助于国际能源市场的稳定。可以预想，中国、印度等亚洲国家能源的需求日益增大，从能源供给多元化的角度考虑，中亚地区能源的稳定供给较为重要。”⑯

日本政府进一步分析了中亚的形势，认为：“独立以来，中亚国家面临着政治与经济的困难，它们正在推进着民主化和市场经济的改革。当前，中亚地区在经济方面，国内能源的多寡造成经济差距拉大。中亚国家的改革进程，尤其在经济自由和开放方面，焦点集中于改革的速度上。除了传统的激进主义和渐进主义方式之外，自由主义的分权化进程和威权主义的再集权化进程这两种对立的方式也在跃跃欲试。中亚地区的经济转型以及对其援助方式，面临着重要的转机。”⑰

同时，日本政府还看到，中亚国家还存在着共同的地区性难题，譬如恐怖主义、毒

品、运输、水、能源的有效利用、贸易以及环境保护等课题。依靠个别国家难以解决。虽然以前采取过促进区域内合作的措施，然而，由于各国的政治、经济、社会等条件以及每个政府的战略取向差异等诸多因素，中亚国家的区域内合作较为有限。因此，为了实现中亚地区的和平与稳定以及挖掘经济潜力，实现繁荣发展，克服共同的难题，实现区域经济一体化，打造经济上有魅力、上规模的“共同市场”，中亚国家必须团结一致，共同推进经济一体化。⑱

综上所述，对于日本来说，中亚的重要战略地位有以下三点。第一，从地缘政治学的观点来看，中亚是连接欧亚大陆东西南北十字路口的开放地区，其稳定发展对于欧亚大陆的稳定极为重要。第二，中亚的石油，天然气、铀、稀土等丰富的天然资源对于日本非常重要。第三，中亚地区是当前国际社会所面临的紧要课题——包括阿富汗的稳定、防止恐怖主义和伊斯兰激进主义的扩大、取缔毒品交易等——的关键地区。⑲

2. “自由与繁荣之弧”战略的局限

日本近年来较为明确的外交战略，是前外相麻生太郎于2006年11月在日本国际问题研究所发表演说时提出的“自由与繁荣之弧”战略。所谓“自由与繁荣之弧”，就是“从东北亚，经由中亚的高加索、土耳其，一直延伸到中东欧和波罗的海国家”。在这一区域，“尊重自由和民主、市场经济和法律治理以及人权的国家，如同岩礁形成岛屿，进而形成山脉那样，连绵延伸下去”。日本扮演的是“助跑者”角色。⑳ 如果在世界地图上观察“自由与繁荣之弧”涵盖的区域，就会发现这个“弧”完全将欧亚大国中国和俄罗斯包围其中。然而，麻生太郎并未在演说中涉及中国和俄罗斯。2007年3月，麻生太郎在日本国际论坛成立20周年之际发表演说，再次提及“自由与繁荣之弧”战略，此时他也仅仅强调“在中亚，不仅要同欧洲国家，可能还会同俄罗斯和中国一道行动…… 俄罗斯和中国，再加上日美欧，是构建世界秩序强有力的大国”㉑。

日本前驻俄罗斯公使、驻乌克兰、塔吉克斯坦大使河东哲夫指出，麻生外相提出这一战略标志着日本由消极立场向积极立场转变。日本通过强化与中亚国家的关系，同时支持中亚国家的政治稳定和经济开发。日本当时提出这一构想的主要目的有三点：第一，日本不采取激进方式最终也会在该地区实现民主和自由；第二，将“不稳定之弧”变为“自由与繁荣之弧”，是与美国合作的成果；第三，凸显中国与日本的对比，因为中国尚欠缺自由和民主的价值观。㉒ 同时，他还指出，该战略虽然在安倍内阁之后不再提及，但日本对中亚外交的本质没有变化。

从地缘政治学角度考察，“自由与繁荣之弧”战略中最为紧迫的课题就是对中国和俄罗斯如何进行定位，以及如何处理与中俄两国的关系。如果对此不加明确，那么日本倡导的“自由与繁荣之弧”战略很容易被理解为对中俄两国的遏制。“自由与繁荣之弧”作为日本重要的外交战略，并不触及上海合作组织的核心成员国中国和俄罗斯(这不是说日本没有对华和对俄战略，中俄两国作为日本重要的周边大国，日本有着明确的对华和对俄外交战略)，只能做出如下推理。一方面说明，日本认同美国和欧洲国家的解读，认为上海合作组织有反美和抗衡北约的倾向；同时也说明，作为支持美国盟友的举措，日本确有意图集结所谓欧亚大陆的民主国家来遏制中俄之嫌。但是，对于战后一直以态度模糊为显著外交特征的日本来说，其“自由与繁荣之弧”外交战略尚不能明确对华和对俄定位，更不用说制定明确的对上海合作组织战略了。借此观察日本的“自由与繁荣之弧”战略，如果是对美国盟友的表面呼应，算是一种权宜之计；但如果作为一个国家的外交战略，则存在很大的局限性，缺乏整体和长远的谋划，需要对其内涵进行完善和充实。

日本国际问题研究所的研究人员看到了“自由与繁荣之弧”战略的局限性。他们指出：日本的欧亚外交特别是中亚外交，无法绕开中俄主导的上海合作组织。上海合作组织的成立进程，是在寻求解决边境地区的稳定与和平的过程中逐渐探索成功的。不过，上海合作组织排挤了美欧等区域外国家和地区的参与，致使美欧等对上海合作组织产生怀疑和不信任，认为上海合作组织是在欧美干预的空白中产生的。但与美国不同，日本向来对上海合作组织漠不关心，也不会采取真正的干预行动。对日本来说，如何构筑今后的欧亚外交，以及届时如何与中国和俄罗斯交往，从这种意义上说，上海合作组织与日本密切相关。㉓

3. 日本对中亚国家外交的三个阶段

第一阶段(1992—1997 年)是初创探索阶段。1991 年 12 月，日本宣布承认新独立的中亚国家，并于 1992 年分别与哈萨克斯坦、乌兹别克斯坦、吉尔吉斯斯坦、塔吉克斯坦以及土库曼斯坦建交。其后，日本通过政治对话和人员交流，提供政府开发援助，帮助中亚国家逐步实现政治民主化、经济市场化和发展经济，很快提高了日本在中亚国家中的正面形象。

第二阶段(1997—2004 年)是深化双边关系和试图确立战略目标阶段。1997 年 6 月至 7 月，小渊惠三首相出访俄罗斯及中亚四国(没有访问陷入内战的塔吉克斯坦)。紧接着，桥本龙太郎首相提出“欧亚外交”和“丝绸之路外交”。日本开始提升同中亚国家的关系，双方政要频繁互访，关系发展迅速。此时，日本政府强化了政府开发援助(ODA)的功能，并在乌兹别克斯坦和吉尔吉斯斯坦收到了良好效果。塔吉克斯坦认可担任联合国维和行动政务官的日本人秋野丰的贡献。哈萨克斯坦也积极对待与日本的合作。作为“没有色彩”的援助大国，日本成为中亚国家的外交资源。然而，一些研究人员认为，问题就出在第二阶段，即日本的外交行为没有紧密结合日本的外交战略而展开。当时，日本外务省内部出现了分裂：一派认为，“欧亚外交”依赖于记忆中的“丝绸之路”，有些情绪化；另一派则认为，此举是基于国家利益的战略考量。可是，当问及日本在中亚的国家利益到底是什么，就没有令人信服的答案了。虽然有人认为，中亚国家在国际舆论中支持日本，日本在该地区有着较强的存在感等，这些都符合日本的国家利益,然而被问及为何不是非洲而是中亚时,就不易回答了。[24]其实,桥本首相提出的"欧亚外交"战略,主要目的在于表明决心加强对俄关系,克服日俄双方在解决"北方领土"争端中的困难,最终却流于口号。"丝绸之路外交"战略的提出,表明日本在中亚政策上改变了诱导俄罗斯归还"北方领土"这种情绪化的因素,希望帮助中亚国家保持稳定和发展,这成为后来"中亚+日本"对话机制的理念来源。

第三阶段(2004年至今)是日本中亚外交走向机制化的阶段。2004年8月,日本前外相川口顺子访问哈、吉、塔、乌四国,出席在阿斯塔纳举行的首次"中亚+日本"外长会议,中亚国家与日本建立起外长级"中亚+日本"对话机制。该对话机制是日本模仿与东盟关系模式,将日本同中亚国家关系由双边层面提升至区域对话层面。此外,该机制还起着地区合作论坛的作用,它的建立标志着日本的中亚外交进入全面有序的机制化阶段。[25]2006年6月,第二届"中亚+日本"外长会议在东京召开,日、吉、塔、乌四国外长和特使出席会议,阿富汗外长列席。会议主要讨论协助中亚国家建设一条通过阿富汗连接中亚南北的能源运输通道,以及中亚四国支持日本成为联合国安理会常任理事国等议题。2006年8月,小泉纯一郎首相访问哈、乌两国,这是日本首相首次访问中亚。是年,日本外相麻生太郎于6月和11月分别发表了《将中亚建成"和平与安定的走廊"》和《"自由与繁荣之弧"——开创日本外交新天地》的演讲,提出了中亚政策构想。可以说,2006年是日本的中亚外交年,双方关系达到了一个高潮,其后进入一个稳定发展的阶段。日本对中亚国家的外交也基本形成固定的模式:第一,较为重视政治高层往来;第二,将政府开发援助作为重要的经济手段;第三,重视教育合作,加强人员交流。特别是后两种手段运用较多,得到了中亚国家的肯定。

4. "中亚+日本"对话机制及其效果

2004年8月,日本与中亚国家建立了对话与合作的框架——"中亚+日本"对话机制。2006年6月第二届"中亚+日本"外长会议之后,日本与中亚国家签署了"行动计划",决定在五方面加强具体的合作:(1)政治对话;(2)区域内合作;(3)振兴实业;(4)智囊对话;(5)文化交流和人员往来。经过几年的发展,在"中亚+日本"对话机制中,逐步形成了"中亚+日本"对话·外长会谈、"中亚+日本"对话·高级代表会谈、"中亚+日本"对话·东京对话、"中亚+日本"对话·日本与中亚经济论坛等四个重要的对话平台,大大充实了该机制的具体内涵,成为日本实施中亚政策的重要路径和战略框架。

"中亚+日本"对话·外长会谈是该机制的核心平台,迄今已于2004年、2006年和2010年召开了三次外长对话。第三次"中亚+日本"外长对话于2010年8月在塔什干召开,乌、日、哈、吉、塔五国外长与会,主要内容是确认第二次外长会议"行动计划"的进展情况。会后发表了8项内容的外交公报,每一项内容都体现出日本谋求在中亚地区有所作为的姿态。与会各国代表认为,为了中亚的稳定与繁荣,为共同应对地区共同课题,推进地区合作非常重要。同时,日本和中亚通过"中亚+日本"对话机制，在“尊重多样性”、“竞争与合作”以及“开放的合作”等基本方针指导下，在维护中亚的和平与稳定、加强民主、强化经济基础和促进改革和社会发展、强化中亚国家的区域内合作等方面具有意义。为应对区域外带来的各种威胁和地区共同课题，各国代表一致认为应该每年召开一次“中亚＋日本”高级代表会谈（SOM），经常交换意见。日本在其擅长的领域继续发挥着作用。日本表达了将继续在反恐和打击毒品走私、提高边境管理能力、培养和提高人才等方面支持中亚国家。日本还表示，日本在促进与中亚经济交流的同时，继续支持中亚国家的运输和物流基础建设，帮助提高中亚国家的区域内物流和区域外经济圈的联系。为促进日本与中亚国家的贸易和投资关系，日本倡议召开日本和中亚五国的“日本和中亚经济论坛”，同时研究中亚国家之间构筑投资环境的网络渠道。会议还在环境保护和气候变化及水资源等一些具体事项上达成了一致意见。㉖

“中亚＋日本”对话・高级代表会谈，是由中亚国家（哈、吉、塔、乌）副外长或局长、土库曼斯坦驻在国大使和日本外务省特别代表等参与召开的会议，该会谈可以说是为了“中亚＋日本”对话外长会谈的前期准备会议。自 2005 年至 2011 年，该会谈已召开过 6 次。2011 年 12 月在东京召开的第六次会谈，目的是为了 2012 年秋天在东京举行的第四次外长会议做准备。各国代表就环境问题、节能与可再生能源问题，稀土开发问题，谋求阿富汗稳定的地区合作问题，以及防灾减灾合作等议题进行了磋商，还就日本对于中亚地区实施的合作案例以及今后合作的方向等议题相互交换了意见。㉗

作为“中亚＋日本”对话机制支柱之一的“智囊对话”——“中亚＋日本”对话・东京对话，至今已在东京召开过四次，也称为“东京对话”。东京对话目的在于拓展日本与中亚有识之士交流的空间，同时为政府间对话提出建议。具体来说，就是将会议成果以“主席综述”的形式汇总为政策提议，向“中亚＋日本”外长会议报告，做到理论与实践相结合。作为双方有识之士参与的对话平台，受到日本和中亚国家的重视，起到了第二管道的作用。政府有关人士也以个人身份参与。四次东京对话分别是 2006 年 3 月的第一次东京对话，议题是“中亚地区一体化的展望”及“中亚与区域外国家的关系”；2007 年 1 月的第二次东京对话，议题是“中亚地区围绕水资源与电力合作的展望”和“中亚能源与资源供给途径多元化的展望”；2009 年 2 月的第三次东京对话，议题是“环境（中亚关于土壤问题的环境合作）”和“气候变化对中亚环境的影响与对策”；2010 年 2 月的第四次东京对话，主题是“中亚地区今后的物流基础建设”。

“中亚＋日本”对话・日本与中亚经济论坛，是对第二次“中亚＋日本”外长对话提出的“行动计划”第三项内容——“振兴实业”的具体落实。2010 年 8 月，冈田克也外相在第三次“中亚＋日本”外长对话中表示，为促进日本与中亚国家的贸易和投资，日本将召开经济论坛。㉘于是，2011 年 7 月 26 日，日本与中亚经济论坛在东京召开。中亚五国和日本负责经济事务的省厅负责人、有关企业以及相关智囊人士参与了论坛。本次论坛主要内容有三项。一是阐述了日本政府推动中亚国家共同繁荣的立场不变,今后仍将通过"中亚+日本"对话框架推进双方合作,并在双方扩大对话的影响。日本将根据各国的具体国情,提出发展中亚地区的经济、打造具有魅力的共同市场的方略。二是对于日本与中亚国家在贸易和投资合作方面的具体措施及成果,在各国代表评价的基础上,双方来讨论改进。双方还探讨了对于日本具有比较优势的技术和产业需求,并希望采取措施强化双方在信息方面的交流。三是讨论了日本企业在"行动计划"中提出合作领域的活动,希望为日本企业创造机会。本次经济论坛尝试通过多边框架来拓展日本同中亚国家经济交流的领域,并将讨论成果形成"议长总结"向政府对话提出,并向"中亚+日本"对话·高级代表会谈报告。㉙

日本国际问题研究所的研究人员认为,中亚地区长期以来是日本外交的"空白",川口外相访问中亚的一个理由是她任期较长,可以按照外交优先次序顺访一轮。小泉首相访问中亚也有着同样任期较长的理由。他们的分析确有可取之处,因为自小泉首相之后至今还没有日本首相访问中亚国家,日本首相走马灯似的交替成为不能出访的一个理由。反之,也说明中亚地区至今尚未升格为日本外交的优先考虑对象。当前,与20世纪90年代的"欧亚外交"是将对俄关系置于中亚外交的考虑不同,日本目前的中亚外交是将中亚地区视为一种独立的存在。"中亚+日本"对话机制是将中亚同俄罗斯剥离,作为独立的外交对象来接触。可是,由此引发的问题是,如何与俄罗斯构建一种并行关系,如何与在中亚地区有着影响力的中国相处,以及如何与中亚南部国家合作。作为一种战略谋划不可或缺,日本需要给予俄罗斯和中国明确的信息。

河东哲夫认为,对于中亚地区,日本应该有几项中期目标。第一,最重要的是不能玩"大游戏"。有关国家不能在中亚地区发挥过度的控制欲。只要中亚地区的独立与稳定得以维持,所有相关国家的利益都将得到满足。第二,需要切实致力于阿富汗的稳定。除非阿富汗的稳定得以实现,否则与其接壤的乌兹别克斯坦、塔吉克斯坦和土库曼斯坦依然必须依靠外部力量来保障自己的安全。日本与其他国家必须继续对中亚国家进行经济援助,因为经济发展是民主化和经济改革的基础。在促进该地区的独立与发展方面,中亚与日本的利益完全一致,日本在对中亚国家的历史和文化保持敬意的同时,应更加促进与其关系的发展,这也符合整个世界的利益。㉚

正如河东哲夫指出的那样,经援外交的确在日本的中亚外交中发挥着巨大作用。日本通过经济援助,为中亚国家公共服务的改善和人才的培养、基础设施的建设和医疗保健等方面做出了贡献,赢得了中亚国家的民心。日本今后还将继续运用经济援助这一得心应手的工具,根据既定的具体国别援助计划,按部就班地对中亚国家实施援助。㉛特别是在第二次"中亚+日本"外长会议签署了"行动计划"之后,日本在中亚区域内合作、文化交流等五大领域包括"反恐与打击毒品"、"环境保护"和"运输"等10余个具体方向上,开展了扎实有效的经济援助以及其他形式的援助,收到了理想的外交效果。㉜关于日本对中亚国家的政府开发援助(2009年)和"中亚+日本"行动计划

"区域内合作"的实施情况(2006—2010年),可参见表17.1和表17.2。

表17.1　2009年日本对中亚高加索地区国家的政府开发援助(百万美元)

排序	国家或地区	赠予				政府贷款			合计
		通过国际机构赠予	技术合作	小计	实际贷款	贷款回收	小计		
1	亚美尼亚	1.30		1.64	2.94	98.53	2.76	95.76	98.70
2	哈萨克斯坦	0.57		4.94	5.51	57.87	26.25	31.62	37.13
3	塔吉克斯坦	22.45	8.03	3.79	26.24				26.24
4	乌兹别克斯坦	3.34		11.66	14.99	26.93	21.51	5.41	20.41
5	吉尔吉斯斯坦	5.54		10.14	15.68	2.39	0.32	2.07	17.75
6	格鲁吉亚	14.06	0.55	1.03	15.09	0.00	2.78	−2.78	12.31
7	土库曼斯坦			1.15	1.15		2.34	−2.34	−1.19
8	阿塞拜疆	7.82		0.58	8.40	0.04	10.48	−10.43	−2.03
	对该地区多国			3.24	3.24				3.24
中亚与高加索合计		55.09	8.58	38.17	93.26	185.75	66.44	119.31	212.56

资料来源:日本《2010年版ODA白皮书:日本的国际合作》,第三部第2章第3节《中亚与高加索地区》。

表17.2　"中亚+日本"行动计划2006—2010年"区域内合作"的实施情况

<table>
<tr><th>对象国</th><th>反恐与反毒品</th><th>削减贫困保健医疗</th><th>环境保护</th><th>防　灾</th><th>能源/水</th><th>贸易和投资</th><th>运　输</th></tr>
<tr><td>中亚国家</td><td></td><td>9.15亿日元(2006—2009)</td><td></td><td rowspan="4">自2006年起,邀请中亚官员赴日进行防灾行政研修;2010年邀请中亚专家,召开中亚地区的地质滑坡会议</td><td>赴日研修城市供水</td><td rowspan="5">自2006年起,邀请中亚国家财政部青年公务员赴日进行为期1个月的夏季研讨;并对中亚五国实施海关政策与海关行政研修</td><td></td></tr>
<tr><td>乌兹别克斯坦</td><td>4.67亿日元</td><td>8.08亿日元</td><td>无偿援助植树造林用设备</td><td>274.23亿日元贷款</td><td></td></tr>
<tr><td>哈萨克斯坦</td><td>援助哈、吉、塔三国</td><td>203万美元</td><td>在咸海湖底沙漠植树造林</td><td></td><td>达成贷款意向</td></tr>
<tr><td>塔吉克斯坦</td><td>272万欧元,用于打击毒品走私和边境管理</td><td>130万美元</td><td>4.5亿美元</td><td></td><td>13.24亿日元</td></tr>
<tr><td>吉尔吉斯斯坦</td><td></td><td>50万美元</td><td>沼气技术合作</td><td></td><td></td><td>6.35亿日元</td></tr>
</table>

资料来源:笔者根据日本外务省"中亚+日本"行动计划"区域内合作"的实施情况报告(2006—2010年)自制。

(二) 与上合组织观察员国保持良好关系

1. 日本认同美国和印度从南部接近中亚的战略

作为美国的军事盟友,日本对美国的中亚地区战略和全球军事战略有着准确的把握,并在配合美国战略的前提下设计自身的安全战略。“9·11”事件之后,美国小布什政府和奥巴马政府采取军事打击和多种手段并用的方式,综合解决阿富汗和巴基斯坦的恐怖主义势力。为打击阿富汗的恐怖主义势力,美国更加突出巴基斯坦在反恐战争中的地位和作用,并以此为基础,尝试将对印关系作为撬动中亚的杠杆。日本认为,美国的战略考虑是,遏制与其断绝外交关系并在推进核研发的伊朗,关注乌兹别克斯坦和伊朗在上海合作组织中影响力的提高而使得上海合作组织“反美色彩”增强的倾向,由此需要对俄中两国进行牵制。对于能够与欧亚大陆任何一个国家自由构筑战略关系的美国来说,将阿富汗作为桥头堡,与中亚南部国家合作,尝试参与地区事务的做法,日本是可以理解的。

日本较为关注印度的地区战略。关于日印关系,印度战略学家切拉尼说过:“这两个国家是天然盟友。它们没有基本的利益冲突,只有利益的共性,即对亚洲力量失衡的关注。”[33]日本对印度地区战略的判断是,印度是在配合美国的战略,探索从南部接近中亚地区的战略。印度虽然与中亚并不接壤,但印度的战略考虑是保持地区力量均衡以及促进地区间合作,尤其关注能源和运输走廊问题。在印度讨论较多的议题是,建立从印度经由巴基斯坦再进入印度的东西走廊,以及从中亚通过阿富汗的南北走廊。两种方案都存在受阻于巴基斯坦或者中国的问题,很难在短期内实现。于是,印度决定援助面临阿拉伯海的伊朗港口城市恰赫巴哈尔,该港可从乌兹别克斯坦经由阿富汗西部,穿过伊朗到达。印度的目标是对抗中国和巴基斯坦共同开辟的从喀喇昆仑山到瓜达尔港的通道。印度寻求将俄罗斯拉入该地区,形成“三角形”的地区平衡力量。然而,伊朗对俄罗斯根本不信任,认为与中国合作更为有利,这样看来,印度从南部进入中亚也并非易事。不过,如果伊朗也担心瓜达尔港的发展,那么印度和俄罗斯就会出现机会。印度要做的是大力支持塔吉克斯坦等中亚国家,提高其在中亚地区的影响力。

日本同美国和印度一样,都存在从南部接近中亚的战略构想。然而,日本也认识到这一地区复杂的利益关系,认为以能源和经济途径来构筑南部通道并非易事。可是,从南部接近“自由与繁荣之弧”战略的关键地区,对日本来说也是情理之中的事情。理由之一,对于中亚、南亚、中东地区,日本同美国一样,都是按照自由阵线构建的、具有外交自由度的国家;理由之二,中东地区是日本能源的生命线,海洋安全事关日本生死大事。日本与波斯湾、阿拉伯海等印度洋沿岸国家有着友好的基础,还在阿富汗和平与复兴方面发挥着领导作用,因此,无论从政治逻辑上说,还是从包括能源在内的广义安全保障的观点来看,日本都表示出对南部战略的参与兴趣。近年来以边境为基轴的地区活力的增强和上海合作组织的扩大，意味着中亚的稳定与发展同南亚和西亚出现了某种结合点，这也意味着中亚地区对于日本的重要程度开始提高。

2. *日本拥有良好而稳定的阿拉伯海沿岸国家的外交资源*

与美国不同，日本与伊朗、巴基斯坦和印度有着长期友好而稳定的关系。

对于日本来说，印度不仅位于日本海上生命线的中心位置，还拥有民主和法治等共同价值观。2006 年 12 月印度总理访日之际，与日本缔结了“全球战略伙伴关系”。日本成为印度最大的援助国，印度也成为最大的日元贷款接受国。对于南亚区域合作联盟(SAARC)，日本于 2007 年 4 月应邀参与其第 14 次首脑会议㉞，最大的外交成果表现为，日本麻生外相向南盟国家阐述了有着民主主义传统的南亚地区是日本“自由与繁荣之弧”的支柱，日本较为重视，并将根据南亚国家的要求优先提供政府援助。㉟日印两国展开了充分的首脑外交。2007 年 8 月，安倍晋三首相访印，这是他就任首相后第一个出访的国家。日印两国决定将战略伙伴关系提升到一个新的层次。2009 年 12 月鸠山由纪夫首相访问印度。2010 年 10 月，印度首相辛格访日。2011 年 12 月，野田佳彦首相访印，进一步强化了日印首脑之间的信任关系，并期待了继续深化两国的战略伙伴关系。㊱其实，日本观察到，印度近年来加强了对于哈、乌等中亚国家的影响，其中既有能源政策因素，也有出于对抗中国经济包围的战略因素。而且，印度还在拉拢阿富汗，向阿提供了总计 13 亿美元的复兴援助，并为其修建道路，改善医疗条件以及提供人力支援。2011 年 5 月，辛格访问阿富汗，表示将提供 5 亿美元的援助。㊲

日本与巴基斯坦也有着良好的关系。直到 1998 年，日本一直是巴基斯坦最大的援助国，后因巴国核试验而中断。然而，“9·11”事件之后巴基斯坦宣布加入“反恐同盟”，日本立即宣布向其提供 4 000 万美元的紧急援助，一举恢复了两国关系。其后，日巴两国最高领导人实现了互访。2009 年 4 月，日本政府向巴方做出承诺，将在其后的两年内迅速提供最大约 10 亿美元的经济援助，帮助巴方改善电力、基础设施、消除贫困等，来改善当地的居民生活，㊳继续发挥经济外交的优势。

日本与伊朗一直保持着稳定的关系。日本的盟友美国自 1980 年与伊朗断交之后，美伊两国关系至今高度紧张。可是，日本自 1953 年与伊朗恢复邦交之后，没有受到伊朗革命的影响，双方构筑了稳定的关系。2000 年 10 月伊朗总统首次访日，其后，两国始终保持着高层往来。日本非常重视其独特的外交资源，力求使其得到灵活运用。

日本与处于“自由与繁荣之弧”关键战略位置的阿拉伯海沿岸所有国家都保持着良好关系，并同从南部通向中亚地区的“窗口”国家阿富汗也有着很好的关系。截至 2009 年 11 月，日本向阿富汗提供了总额约 20 亿美元的政府援助，使得日本有着较大的影响力。由此，阿富汗卡尔扎伊总统两次访日。日本注意到阿富汗与上海合作组织的关系。2004 年的塔什干元首理事会期间，卡里莫夫总统邀请卡尔扎伊总统作为主席国客人与会。由于俄总统普京较为重视阿富汗的和平重建以及中亚地区的稳定,提议构筑上海合作组织与阿富汗的联系机制,于是上海合作组织设置了主席国客人的席位。日本继续配合美国在阿富汗的战略,以其柔性的方式,向阿富汗提供经济援助,并计划在2014年前,提供最大约50亿美元的经济援助。[39]

(三) 重视同俄罗斯和中国展开战略对话

日本在关注中亚问题的同时,对美、俄、中、日等大国利益集中的东北亚更为关切。对于东北亚地区,日本的研究人员认为,在东北亚地区,日美的利益存在结构性差异,即日本不能像美国那样与俄罗斯和中国都保持一种自由关系。美国同日本、中国和俄罗斯的关系都是相对稳定的,而日俄和日中之间却存在海洋领土争端。也就是说,日本与欧亚大陆国家没有共同的边境,并处于美国和欧亚大陆国家非对称关系的夹缝之中。所谓非对称性,是指受到东北亚地缘政治的力学作用,如果中俄关系良好,譬如,中俄虽未发展到"同盟"关系的地步,但如果美俄或者是美中在东北亚发生冲突时,日本总是处于冲突的最前沿。美国可以从后方对冲突进行干预,但是冲突造成的危害对于日本却是生死大事。因此,日本虽然将日美同盟作为安全保障的关键,但必须主动探索与中俄之间安全上的信任关系。

日本今后的战略方向可能是:第一,与日俄边境问题不同,日中两国没有避免边境冲突升级的机制,很容易被国内的政局左右。为了构筑日本的安全保障体系,必须采取紧急措施。第二,在事关地区共同的战略、安全等问题上,日本要与中俄两国合作。无论是两国间还是多国间合作都有必要。两国间合作必须继续已经开始的战略对话,而多国间合作的重要平台就是围绕朝核问题的"六方会谈",期待在不久的将来,"六方会谈"发展成为东北亚安全保障论坛。对日本来说,需要下大力气与中俄两国构筑"全面伙伴关系",这一点尤为重要。日本不能因为同中国以及俄罗斯的个别争端而阻碍双边整体的关系。将来构建东北亚安全保障论坛,日本既有日美同盟的基础,又能依靠同中国及俄罗斯合作的杠杆,可在论坛中发挥主导作用。中俄是日本的邻国,不是像美国那样推行平衡外交的对象,为此,日本一面要取得美国的理解,同时也要站稳自己的立场。在东北亚安全保障论坛处于发展阶段的时期,应该向西开放,邀请蒙古加入。上海合作组织作为开放的组织,也应该向东开放,将东北亚的安全保障体制纳入其中,从而形成整个欧亚大陆的稳定与发展的基础。

(四) 作为美国盟友,在日美同盟与中俄战略伙伴之间起到桥梁作用

日本研究人员认为,在欧亚大陆,日本能够保持独特的双重战略立场,既不被美国所孤立,同时又不排挤中俄两国。不过,如果没有长谋远虑,既会被认为日本背叛了美国,同时又导致中俄怀疑日本是美国的"马前卒",结果很可能使得日本陷入孤立

境地。然而，日本置身于中亚和南亚这些以经济援助培养起来的“友好地区”，可以避免被孤立的风险。在此意义上，日本以“中亚＋日本”为基轴，一方面可以得到印度、巴基斯坦、伊朗和蒙古的支持，另一方面对加强与上海合作组织的关系也会产生效果。日本经常宣传它是亚洲的民主国家，以此来强调“自由与繁荣之弧”战略。日本认为，它的民主是制度上的民主，日本走的是在民主基础上发展市场经济的道路。如同“皇室外交”在发挥同东南亚友好关系中所起的作用，日本对中亚地区也希望采取独特的参与方式。

日本研究人员设想，日本一方面争取美国的理解，一方面积极参与上海合作组织，将来能够链接东北亚安全保障论坛，以此获得欧亚大陆安全体系主导者的美誉。他们判断，在欧亚大陆，日本与美国相互依赖的关键是日本的利益。当前国际形势表明，世界秩序依然是由美国主导的，日本在其中占有一席之地。如果日本能够得到周边国家的理解，将在国际社会上获得荣耀的地位(安理会常任理事国)；如果日本能为整个欧亚大陆的稳定与发展起到主导性贡献，将大大增强其在地区事务上的发言权，而且随着参与的加深还将获得经济上的利益。[40]

三、对于日本参与上合组织的战略评估及前景展望

(一)“中亚+日本”对话机制与“自由与繁荣之弧”战略的链接

日本将“中亚＋日本”对话机制与“自由与繁荣之弧”战略链接，是因为中亚地区是中俄两国有着直接影响力的地区，必须慎重考虑如何与日本的利益进行整合。日本面临着两种选择：一是做美国的“马前卒”或“支持者”的角色介入中亚地区，二是考虑清楚日本的国家利益和地区利益之后再行介入。如果不与中俄两国加强联系，贸然参与美国从南部地区的干预行动，就将给日本同俄罗斯和中国的关系带来麻烦。而且，日美两国在欧亚地区有着利益分歧，对于日本来说，能够调节分歧的场合就是上海合作组织了。日本的利益在于，它不能像美国那样既无视或敌视上海合作组织，同时又与中亚国家交往或构建平行的组织，而是应该重视上海合作组织在地区稳定与合作中的积极作用，促进上海合作组织与“中亚＋日本”对话机制的协调，提高上海合作组织的开放程度，使之发展成为欧亚大陆安全保障体系的重要组成部分，成为一种均势力量的存在，以此来体现日本在中亚的影响力和作用。如果日本在中亚地区构建与中俄接触以及合作的平台，将为日本在东北亚地区的对华和对俄关系起到积极作用。

日本研究人员认为，日本既然以欧亚大陆为外交对象，就必须既考虑到受到中俄边境政治力学作用的东北亚地区，同时还要考虑到完全受到均势力量作用的中亚地区。在此基础上，高度重视以下四个地区。第一是蒙古。蒙古谋求在中国和俄罗斯

之间寻求平衡,因此对日本来说是天然的伙伴。日本与蒙古建立伙伴关系,不仅对于在中俄之间的平衡游戏强劲有效,对于将来链接东北亚安全保障论坛与上海合作组织乃至构建整个欧亚大陆的安保体系也将起到积极作用。第二是中亚地区的吉尔吉斯斯坦和塔吉克斯坦。这两个国家位于中亚与中国、南亚与中国的东西南北走廊的结合处。政局不稳的吉尔吉斯斯坦和经历内战的塔吉克斯坦因为是"小国",经济援助效果更大。与其他中亚国家相比,两国的民主化倾向更为明显。而且,两国也有利于平衡乌兹别克斯坦和哈萨克斯坦。第三和第四个地区分别是越南、老挝和朝鲜半岛。越南、老挝是平衡中国与缅甸在海上合作的国家,朝鲜半岛是东北亚稳定最重要的地区。只要朝鲜半岛以平和方式实现稳定,东北亚地区或许就不会发生历史遗留的冲突和战争了。从地缘政治的角度,俄罗斯和中国可以对朝鲜产生影响,然而,除非双边问题严重的朝鲜和日本建立合作关系,否则日本将会尽快努力同韩国发展同盟关系。

(二) 东北亚与中亚的双轨战略

日本研究人员强调,虽然日本与中亚接近受到日美同盟这一地缘政治因素的影响,但在东北亚,日美之间确实存在利益的不一致。也就是说,对于中国和俄罗斯,日本没有像美国那种自由度,因此,与中国和俄罗斯构建独立的关系对于日本来说非常重要。甚至可以说,日本独立地与中俄构筑关系反而有利于东北亚的稳定。既可以减轻日美同盟在东北亚的负担,又有利于将日美同盟的资源在世界范围内展开,也有利于美国的全局利益。日本应该考虑避免成为美国与中俄战略对抗前沿的牺牲品(比如在台湾海峡或朝鲜半岛有事时),而增加保险的筹码就是与中俄构筑独立的关系。即使日美同盟是日本外交的关键,但与中俄两国建立和平与稳定的合作关系是日本将来的出路,其意义决不亚于海上生命线。这是由于当前邻国间的关系决定的,也是日本推行周边外交应该认真思考的问题。

日本近年来提出的一个重要外交理念是构建"东亚共同体",其中一个重要的背景就是强调日本在东亚与美国有着不完全一致的利益,而日美同盟不能完全保障日本的周边利益,日本必须有所作为,再次"入亚",与中国、韩国以及东盟等一道构建"东亚共同体",这样才能真正保障日本的国家利益。无论是2001年小泉纯一郎首相第一次提出的建设"东亚共同体"构想,还是时隔8年后的2009年,鸠山由纪夫首相在联合国再次提出建立"东亚共同体"的构想,其基本原则和最终目标基本相通,即在开放原则下最终建立一个统一市场、统一货币的东亚经济共同体和东亚安全共同体。需要指出的是,"东亚共同体"构想的实现在很大程度上取决于中国与日本。[41]日本提出该构想的基本出发点是谋求在中日共同建立东亚共同体的过程中,增进和积累文化认同和安全共识,在共同的事业牵引下,使得日中关系得到根本改善与发展。中日关系对于日本今后的外交来说是最为根本的一个方向。因此，日本对于发展与上海合作组织的关系，一个重要的基点就是中日关系。

对于整个欧亚大陆来说，日本参与上海合作组织的立场受美国影响较大。日本也在谋求像美国那样推行平衡外交。但是，日本认识到与中亚国家构筑独立的关系，提高对于该地区的参与度，必须顾及俄罗斯和中国的感受。日本认为，与邻国发展稳定地区的外交和与遥远国度发展自由的外交这种双重探索，有助于构建日本与中俄两国的关系。因此，日本将一面关注印度、巴基斯坦、伊朗南部走廊以及位于中俄腹部的蒙古，一面与中亚建立良好的关系。有了这些基础，日本在构筑与中俄两国的关系方面就将获得一定的外交自由度。而参与上海合作组织将为日本提供一个合适的机会，有助于提高日本在欧亚大陆的影响力，也将为日本与中俄两个邻国，在今后关于东北亚的谈判中增加一定的弹性空间。

注释

① [日]防卫研究所:《东亚战略概观(2002)》，防卫省防卫研究所 2002 年版，第 155 页。

② [日]防卫研究所:《东亚战略概观(2007)》，防卫省防卫研究所 2007 年版，第 49—51 页。

③ 同上文，第 49—51 页。

④ 同上文，第 186—187 页。

⑤ [日]防卫研究所:《东亚战略概观(2008)》，防卫省防卫研究所 2008 年版，第 143 页。

⑥ [日]防卫研究所:《东亚战略概观(2009)》，防卫省防卫研究所 2009 年版，第 125—126 页。

⑦ [日]防卫研究所:《东亚战略概观(2010)》，防卫省防卫研究所 2010 年版，第 173 页。

⑧ [日]防卫研究所:《东亚战略概观(2011)》，防卫省防卫研究所 2011 年版，第 179 页。

⑨ 同上文，第 180 页。

⑩ [日]国际问题研究所:《我国的欧亚外交——以上海合作组织为线索》，2007 年 3 月，第 13—26 页。

⑪ [日]稻原泰平:《上海合作组织国际法上的意义》，2007 年 3 月。

⑫ [日]岛村智子:《上海合作组织创建的经纬和课题》，《参考》2006 年 12 月。

⑬ [日]小岛朋之课堂研究项目小组:《中国追求的上海合作组织——上海合作组成能成为新型国际关系的典范吗》，《小组研究》2005 年 12 月 1 日。

⑭ [日]清水学:《上海合作组织与中亚重新整编》，为大阪外国语大学中国文化论坛宣读文章，2006 年 11 月 11 日。

⑮ [日]日本外务省:《对哈萨克斯坦的援助计划》，2006 年 9 月。

⑯ 同上文。

⑰ 同上文。

⑱ 同上文。

⑲ [日]日本外务省:《"日本・中亚经济论坛"伴野副外相的基调演说》，2011 年 7 月，引自 http://www.mofa.go.jp/mofaj/press/enzetsu/23/eban_0726.html。

⑳ [日]麻生太郎:《构建"自由与繁荣之弧"》，日本外务省网页"报道・宣传"栏目，http://

www. mofa. go. jp/mofaj/press/enzetsu/18/easo_1130. html。

㉑ [日]麻生太郎:《在日本国际论坛(JFIR)成立 20 周年之际,关于“自由与繁荣之弧”》,日本外务省网页“报道・宣传”栏目。

㉒ [日]河东哲夫:《日本对中亚的政策——其经纬及未来》,“东京财团”网页博客,2008 年 7 月 12 日。

㉓ [日]国际问题研究所:《我国的欧亚外交——以上海合作组织为线索》,2007 年 3 月,第 2 页。

㉔ 同上书,第 39 页。

㉕ 解晓东、赵青海:《解析日本的中亚外交》,《国际问题研究》2009 年第 3 期。

㉖ [日]日本外务省:《“中亚+日本”外长对话机制联合公报》,外务省网站,2010 年 8 月 7 日。

㉗ [日]日本外务省:《第六次“中亚+日本”对话・高级代表会谈(概要)》,2011 年 12 月 1 日,http://www. mofa. go. jp/mofaj/press/release/23/12/1201_11. html。

㉘ [日]日本外务省:《“中亚+日本”智囊对话:日本与中亚经济论坛——为了促进日本和中亚的经济交流》,2011 年 7 月 26 日,http://www. mofa. go. jp/mofaj/area/europe/caj/forum1107_csumarry_j. html。

㉙ 同上书。

㉚ [日]河东哲夫:《日本对中亚的政策——其经纬及未来》,“东京财团”网页博客,2008 年 7 月 12 日。

㉛ 日本外务省分别制定了《对哈萨克斯坦的援助计划》、《对吉尔吉斯斯坦的援助计划》、《对乌兹别克斯坦的援助计划》等,参见日本外务省网页“中亚高加索地区”。

㉜ 具体参见日本外务省网页的《关于“中亚+日本”对话行动计划的进展情况的报告》,2010 年 8 月。

㉝ 马加力:《日本与南亚国家的关系》,《现代日本》,1993 年第 4 期,第 23 页。

㉞ 2007 年 4 月 3 日,南亚区域合作联盟(SAARC)首脑会议第 14 次会议在新德里召开,本次会议首次邀请了美国、欧盟、中国、韩国和日本作为观察员国参加,阿富汗正式加入南盟。

㉟ [日]日本外务省:《麻生外相出席南亚区域合作联盟(SAARC)首脑会议(概要及评价)》,2007 年 4 月 9 日,http://www. mofa. go. jp/mofaj/kaidan/g_aso/saarc_07/saarc_gh. html。

㊱ [日]日本外务省:《野田首相访问印度》,2011 年 12 月 22 日,http://www. mofa. go. jp/mofaj/press/release/23/12/1222_07. html。

㊲ [日]森尻纯夫:《印度、巴基斯坦的外交战略》,引自东京财团“欧亚信息网”,2011 年 5 月 23 日。

㊳ [日]日本外务省:《第 16 次外务省政策会议(概要记录)》,2010 年 2 月 10 日,http://www. mofa. go. jp/mofaj/gaiko/seisakukaigi/index. html。

㊴ 同上书。

㊵ [日]国际问题研究所:《我国的欧亚外交——以上海合作组织为线索》,2007 年 3 月,第 42 页。

㊶ [日]星野昭吉、刘小林:《全球化与区域化视角下构建东亚共同体的思考》,《世界经济与政治》2011 年第 4 期。

报告十八　外国对塔吉克斯坦援助的比较分析

韩冬涛　覃黎娜*

［摘要］　塔吉克斯坦是中亚最贫穷的国家，国外援助是塔吉克斯坦经济发展的主要动力之一，对塔吉克斯坦外援流入量和领域的分析有利于对该国的经济发展现状和前景做出更准确的评估。塔吉克斯坦加入巴黎宣言后，对援助有效性的关注日益密切，将外援和塔吉克斯坦本国的发展战略计划联合起来是更有效促进该国的发展的重要措施。

［关键词］　塔吉克斯坦　援助　联合国家发展战略

塔吉克斯坦是位于中亚地区的高山、内陆国家，与阿富汗、中国、吉尔吉斯斯坦和乌兹别克斯坦接壤。国土面积 143 100 平方公里，拥有 700 万人口，以购买力平价计算的人均国民收入在 2009 年为 1 950 美元（哈萨克斯坦为 10 320 美元，吉尔吉斯斯坦为 2 200 美元，乌兹别克斯坦为 2 910 美元，土库曼斯坦为 6 980 美元）是中亚五国中最不发达的国家。①

苏联解体后塔吉克斯坦经济持续衰退，加之内战造成的巨大破坏，经济濒临崩溃。1997 年内战双方达成和平协议，塔吉克斯坦开始经济改革进程。塔吉克斯坦的经济近年来开始复苏，2000 年至 2008 年国内生产总值保持了 7%以上的增长速度，主要推力为商品价格的上涨、在国外工作的本国公民的汇款，以及贸易和产能利用率的提高。2008 年发生的全球金融危机对其影响较大，国内生产总值的增长速度下降到了 3.4%。

塔吉克斯坦的制度建设能力与政府管理指标均处于世界较低水平。1997 年和平协议达成之后，国际社会开始参与塔吉克斯坦重建进程，初始阶段以人道主义援助为主，随后，发展援助逐渐增多。2009 年，塔吉克斯坦获得的官方发展援助总额约 4.09

---

*　韩冬涛，华东师范大学国际关系与地区发展研究院 2010 级博士研究生；覃黎娜，华东师范大学国际关系与地区发展研究院 2009 级硕士研究生。

亿美元,人均获得官方发展援助约 58.81 美元,高于低收入国家的平均水平(约 47.08 美元),在中亚地区略低于吉尔吉斯斯坦(约 59.14 美元)。② 但是远远低于一些贫困的非洲国家所获得的人均官方发展援助。③ 以援助占国民生产总值(GNI)的比率作为一国对援助的依赖程度的标准,塔吉克斯坦的援助依赖率为 8.324 891%,其后依次是吉尔吉斯斯坦(7.135 392%)、乌兹别克斯坦(0.585 073%)、哈萨克斯坦(0.288 026%)、土库曼斯坦(0.207 294%)。④

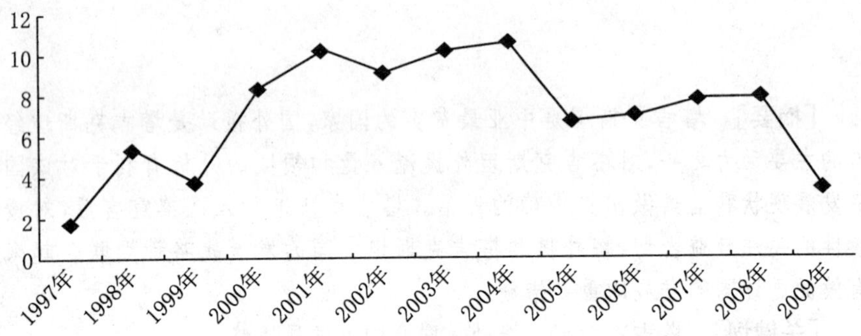

资料来源:世界银行 2010 年世界发展指标。

图 18.1 塔吉克斯坦国内生产总值增速(每年%)

将塔吉克斯坦选为分析的对象,主要基于以下四个方面的原因:(1)塔吉克斯坦受援具有典型性——国内的经济发展对国外援助的依赖性较大;(2)塔吉克斯坦的援助方呈较明显的分散性;(3)塔吉克斯坦受援数额及受援结构较为合理,既有官方援助者又有非官方援助者;(4)塔吉克斯坦为提高受援有效性,已逐步施行援助协调机制。

一、塔吉克斯坦的发展战略和关键的发展指标

(一) 与国家发展战略相联系

自 1997 年塔吉克斯坦着手改革以来,发展指标呈现总体上升势头,但产品产量和生活标准有一定程度的下降。前期改革为经济复苏打下基础,但经济形势与政治、制度环境仍不乐观,改革的进一步深化要求国外援助的支持,因此国外援助成为塔吉克斯坦经济复苏的必要条件之一。

作为《巴黎宣言》的成员国之一,塔吉克斯坦政府表现出了坚定的信念以及对《国家发展议程》的支持。巴黎宣言主要围绕五个原则:所有权、联盟、和谐、成果管理以及相互问责。以上五个原则都服务于一个总目标"一个实用的,以行动为目标的路线图,来提高援助的质量以及其对发展的影响。共有 12 个援助有效性的指标,这被用作

跟踪、鼓励建立更广泛的伙伴关系承诺的进步”。

根据《巴黎宣言》的要求，塔吉克斯坦必须完善本国的援助协调机制以提高援助有效性。⑤表 18.1 显示了正在进行中的和即将进行的塔吉克斯坦政策发展文件以及相互之间的关系，这些计划将制定、落实国家目标与《巴黎宣言》的发展目标置于同一层面，使两者能更好地结合。这些文件包括：(1)国家发展战略(National Development Strategy, NDS)；(2)减轻贫困战略(the Poverty Reduction Strategy, PRS)；(3)公共投资项目(the Public Investment Program, PIP)；(4)中期支出框架(the Mid-Term Expenditures Framework, MTEF)。另一需要参考的重要文件是从 2009 年至 2012 年的联合国家支持战略(Joint Country Support Strategy, JCSS)

2005—2015 年的《国家发展战略》以及《2010—2012 年减轻贫困战略》是近期指导塔吉克斯坦发展的两个重要文件。《国家发展战略》制定了塔吉克斯坦长期发展的优先项目和方向。《减轻贫困战略》是具体执行方案，作为《国家发展战略》每 3 年执行文件的大纲。这两个文件都强调塔吉克斯坦作为前苏联最贫穷的国家，离不开外国的人道主义援助和持续的贷款的帮助。因此这些文件都指出应将外国援助作为未来改革的重要部分，并为相关领域如健康、教育、公共行政等做出贡献。

表 18.1　塔吉克斯坦发展时间轴

2002	2003	2004	2005	2006	2007	2008	2009	2010	2011	2012	2013	2014	2015
正在进行的									计划进行的				
				国家发展战略									
PRSR Ⅰ					PRSR Ⅱ			PRSR Ⅲ			PRSR Ⅳ		
		PIP(2004—2006)			PIP(2007—2009)			PIP(2010—2012)			PIP(2011—2015)		
					MTEF 2007—2009								
						MTEF 2008—2010							
							MTEF 2009—2011						
								MTEF 2010—2012					
									MTEF 2011—2013				
										MTEF 2012—2014			
											MTEF 2013—2015		
							JCSS						

资料来源：Matin Kholmatov, *CAREC CAP Progress Report*.

2010 年出台的《2010—2012 年塔吉克斯坦减轻贫困战略》文件回顾了 2007—

2009年减轻贫困战略执行的结果,并为2010—2012年发展指明了方向、制订了计划和目标。考虑到国家发展战略、塔吉克斯坦现在政治经济发展的问题以及PRS2(即2007—2009年减轻贫困战略)实施的情况,该文件将以下几个领域作为主要的方向:(1)提高公共行政效率,增加(政府的)透明度、可信度以及政府机构在反腐败方面的有效性,为发展创造一个良好的宏观经济条件和以及制度、规章、法制的环境。(2)促进经济的可持续发展,通过发展私有经济和吸引投资,特别是能源、交通基础设施和棉花领域,来促进经济多样化发展。扩大经济自由度、加强所有权的保障、在政府和私人领域之间增加合作都会促进这些目标的实现。(3)拓宽穷人获得社会服务的渠道,提高他们的生活水平,促进他们在发展过程中的参与积极度。

该文件主要分为三个领域:功能领域(如公共行政改革、宏观经济的发展等等);生产领域(如食物安全和农业发展,基础建设、能源和工业的发展);社会领域(如教育系统的发展、医疗条件的改善、社会福利的提高以及环境的可持续发展等等)。

以公共行政改革为例,2010—2012年PRS优先发展的目标是:(1)提高国家发展管理的有效性;(2)以市场经济为原则提高公共行政管理水平;(3)提高政府财政管理的有效性;(4)建立现代化的专业公共服务;(5)促进行政管理和地方管理。

(二)与联合国千年发展目标相联系

《国家发展战略》和《减轻贫困战略2010—2012》都与联合国千年发展目标相联系。朝着这个目标的努力,"要求政府对政策改革和国内外财政来源的持续的承诺"⑥。与"千年发展目标"相关的有很大一部分的财政投资需要外部世界的帮助,"要求额外的资金,必须与管理现有外债沉重的负担相平衡"⑦。因此,重要的是继续执行全面的改革,"提高在社会部门的资源分配并加强公共服务的效率"⑧。

健康领域的重要作用已经在千年发展目标上做了强调。虽然,健康不被列为衡量千年发展目标结果的指标之一,但健康领域涵盖了8个目标(见表18.2)中的三个(目标4、目标5、目标6)。因此,健康也是发展的重要方面,而且这也被看作是实现其他目标的一个先决条件或关键因素。

表18.2 塔吉克斯坦千年发展目标

目标1:消除极端贫穷和饥饿
目标2:普及全民的基础教育
目标3:推进性别平等,赋予妇女能力
目标4:降低儿童死亡率
目标5:改善孕妇健康状况
目标6:防止HIV/艾滋病、疟疾和其他疾病
目标7:确保环境的可持续发展
目标8:开发全球伙伴

尽管塔吉克斯坦仍是中亚地区最贫困的国家，但是通过持续的政治、经济和社会改革，可以证明其能成为该地区政治平等、经济繁荣、民主不断发展的一个优秀案例。政府对实现千年发展目标的承诺提供了一个推动平等和持续发展的难得的机会。⑨如果塔吉克斯坦能够继续朝着改革以及更加优化国家资源分配的道路前行，那么国际社会应该继续为其提供更多的支持，确保其推进国家和人民的和谐。

二、对塔吉克斯坦援助的回顾

(一) 对塔吉克斯坦援助的整体回顾

在塔吉克斯坦的官方发展援助中，联合投资项目是较为重要的组成部分。通常情况下，大型的和长期的项目需要依靠吸引优惠贷款和赠款来实施，塔吉克斯坦政府也会参与此类项目的融资。表 18.3 提供了 2010 年塔吉克斯坦投资项目的来源总数(累加)。

表 18.3　2010 年对塔吉克斯坦的投资/援助项目

资　金　来　源	2010 年承诺的协议(USD　百万)	占总额的百分比
赠款	498.46	22.78
亚洲开发银行	219.56	10.04
德国/德国复兴开发银行	26.38	1.21
全球环境基金	8	0.37
世界银行	155.23	7.09
欧洲复兴开发银行	14.09	0.64
国际农业发展基金会	12.3	0.56
荷兰政府	2	0.09
伊朗伊斯兰共和国政府	10	0.46
瑞士政府	13.71	0.63
日本政府	11.56	0.53
瑞典国际开发合作署	10.59	0.48
瑞士合作署/驻塔吉克斯坦办事处	15.04	0.69
贷款	1 486.68	67.97
亚洲开发银行	252.68	11.55
德国/德国复兴开发银行	28.22	1.29
世界银行	71.44	3.27
欧洲复兴开发银行	12.06	0.55
伊斯兰开发银行	121.84	5.57

(续表)

资金来源	2010年承诺的协议(USD 百万)	占总额的百分比
科威特阿拉伯经济发展基金会	43.8	2
伊朗伊斯兰共和国政府	21.2	0.97
法国政府	23.46	1.07
沙特开发基金会	41.98	1.92
阿布扎比基金会	15	0.69
石油输出国组织国际发展基金会	36.35	1.66
中华人民共和国进出口银行	818.65	37.43
贷款和赠款总额	1 985.14	90.75
塔吉克斯坦政府的支出	170.17	7.77
其他	32.2	1.47
总额	2 187.51	100

资料来源:The State Committee on investment and State Property Management of the Republic of Tajikistan, *Government Investments Projects Portfolio Review for 2010*.

2010年,实施的联合投资的项目总数63个,涉及资金2 187.51万美元。其中1 985.14万美元来自外部(90.75%),170.17万美元来自塔吉克斯坦政府(7.78%),其他资金32.2万美元(1.47%)。

通过对塔吉克斯坦赠款文件的分析,亚洲开发银行和世界银行集团提供的援助最多。在2010年,这两个国际金融组织承诺的赠款达到了374.49万美元,占对塔投资总额的17.13%,赠款总额的75.2%。对塔吉克斯坦提供的无偿援助方面,以下几个机构的援助数额也是值得关注的:德国发展银行(26.38万美元,1.21%),欧洲复兴开发银行(14.09万美元,0.64%),瑞士政府(13.71万美元,0.63%),国际农业发展基金会(12.30万美元,0.56%),日本政府(11.56万美元,0.53%)。

2010年,对塔吉克斯坦提供最大贷款额的是中国进出口银行(8.186 5亿美元,占对塔吉克斯坦总投资金额的37.43%,占塔吉克斯坦总贷款总额的55.1%),其次为亚洲开发银行(2.526 8亿美元,占塔吉克斯坦总投资金额11.58%),随后是伊斯兰开发银行的贷款额为(1.218 3亿美元,占塔吉克斯坦总投资金额5.57%),世界银行集团的贷款总额为71.44万美元(占塔吉克斯坦总投资金额3.27%)。

援助方除世界性国际组之外,主要来源于欧洲与亚洲的地区性国际组织与国家。从赠款来源看,国际金融组织与发达国家发挥了重要作用,欧洲投入量高于亚洲。从贷款来源看,亚洲的国际金融组织与国家的积极性明显优于其他地区。

表 18.4　2002—2010 年援助国和国际金融机构对塔吉克斯坦援助最终发放金额的情况(百万美元)

资金来源	协议的总数	到款的金额总数									
		1997—2001	2002	2003	2004	2005	2006	2007	2008	2009	2010	总额
贷款	2 097.48	210.5	37.95	43.56	109.22	90.33	76.28	282.46	356.32	252.81	179.64	1 639.07
世界银行(IDA)	397.91	178.17	23.18	12.95	65.6	34.89	15.51	8.45	8.76	8.07	10.8	366.38
亚洲开发银行	401.37	24.26	8.39	14.9	19.56	29.46	36.33	38.64	47.92	67.64	40.66	327.76
伊斯兰发展银行	149.53	7.42	5.57	8.84	10.13	4.76	10.17	5.49	10.5	15.84	11.7	90.41
科威特阿拉伯经济发展基金会	60.05	0.65	0.72	3.33	4.87	6.65	0.51	3.21	6.65	5.29	0.61	32.49
石油输出国基金会	48.34		0.09	2.18	3.81	3.95	2.55	1.87	1.98	4.98	4.61	26.02
沙特开发基金会	56.86			1.36	5.25	2.66	4.49	2.94	0.13	0.4	0.3	17.53
中国进出口银行	882.51							216.74	277.25	146.94	105.82	746.75
伊朗	21.2					7.96	6.72	5.13	3.15			22.96
欧洲复兴开发银行	6									3.35	1.02	4.37
法国政府	23.46											
德国/德国复兴开发银行	35.25									0.3	4.12	4.42
阿布扎比基金会	15											
赠款	505.65	5.86	0.71	7.24	5.59	7.73	20.34	28.04	45.52	93.36	55.15	269.54
瑞士	27.57	3.12	0.27	1.17	2.76	2.59	1.3	5.06	4.08	3.05	3.94	27.34
日本	22.05	2.66	0.11	0.33	0.86	1.74	1.03	0.63	2.53	3.08	0.29	13.26
世界银行	157.25			0.01	0.73	2.21	6.91	11.57	22.93	29.23	27.57	101.16
亚洲开发银行	149		0.28	0.72	0	0.1	0.48	0.8	2.85	5.69	13.83	24.75
伊斯兰发展银行	0.24	0.08	0.05	0.04	0.06							0.23

（续表）

资金来源	协议的总数	到款的金额总数										
		1997—2001	2002	2003	2004	2005	2006	2007	2008	2009	2010	总额
德国/德国复兴开发银行	33.4						0.87	1.29	6.47	2.44	4.16	15.23
美国国际开发署—阿迦汗基金会	1.02			1.07			0.45					1.52
英国国际发展局	2.46				0.08	0.49	1.19	0.93				2.69
瑞典国际开发合作署	12.22						0.16	1.52	3.12	3.04	1.83	9.67
凯特里迪克基金(Catalytic Fund)	14.15						2.49	6.23	2.44			11.16
伊朗	10			3.9	1.1		5					10
阿迦汗基金会教育援助	1.6					0.6	0.45					1.05
世界卫生组织	1.5								0.33			0.33
欧洲复兴开发银行	8.23								0.08	0.65	2.1	2.83
科威特阿拉伯经济发展基金会	1								0.69	0.33		1.02
荷兰政府	2									1.7	0.3	2
国际农业发展基金	12.3									0.27	1.01	1.28
中华人民共和国政府	41.66									41.66		41.66
全球环境基金	8									2.22	0.12	2.34
贷款和赠款总额	2 603.13	216.36	38.66	50.8	114.81	98.06	96.62	310.5	401.84	346.17	234.79	1 908.61
塔吉克斯坦本国	191.91	4.71	3.42	5.58	10.55	10.44	15.31	19.12	13.68	11.94	21.07	115.82
其他	42.92	0.02	0.45	0.46	1.25	1.73	7.77	6.38	5.18	2.06	5.58	30.91
总额	2 837.96	221.09	42.53	56.84	126.61	110.23	119.7	336	420.7	360.17	261.44	2 055.34

资料来源：The State Committee on investment and State Property Management of the Republic of Tajikistan, *Government Investments Projects Portfolio Review for 2010*.

表 18.4 提供了相关投资和支付金额来源数据。这些数据包括有关投资项目在 1997—2010 年的实施情况(已经完成的和正在进行中的)。根据已经签署的协议,投资额资金总额为 28.379 6 亿美元,包括实施投资项目贷款 20.974 8 亿美元,占所有投资总额的 73.9%;以及赠款 5.056 5 亿美元,占总投资额度的 17.8%;塔吉克斯坦本国支出 1.919 1 亿美元,占总投资额的 6.8%。

从 1997 年到 2010 年,投资资金发放的总金额约为 20.553 4 亿美元,占协议承诺发放金额的 72.4%。其中贷款发放额 16.390 7 亿美元,赠款发放额 2.695 4 亿美元。塔吉克斯坦政府的资金发放额达 1.158 2 亿美元,其他来源的资金到位额是 3 091 万美元。

在考察时段内,世界银行集团承诺贷款的最终到位金额为 3.663 8 亿美元,占其与塔吉克斯坦签订承诺贷款总额的 92.1%;亚洲开发银行所承诺的贷款最终到位金额是 3.277 6 亿美元,占其承诺贷款总额的 81.7%;伊斯兰发展银行的资金到位总额是9 041万美元;占其承诺贷款总额的 60.5%。1997 年至 2010 年,中国进出口银行对塔吉克斯坦的最终资金投放额为 7.467 5 亿美元,占其承诺贷款总额的 84.6%,资金到位率仅次于世界银行。

从统计数据可以看出,贷款资金到位率明显高于赠款资金到位率,世界银行与中国进出口银行无论是贷款总额还是资金到位率方面都明显优于其他国际组织与国家。从整体情况来看,除世界银行外,亚洲地区的国际组织与国家在资金到位率方面优于欧洲地区的国际组织和国家。

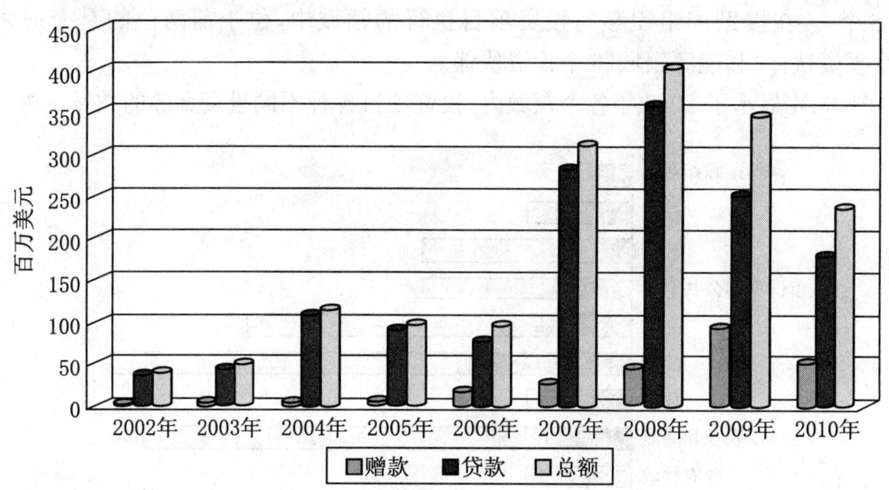

资料来源:*Government Investments Projects Portfolio Review for 2010*.

图 18.2　2002—2010 年各个援助国和国际援助机构对塔投资到位额的情况

如图 18.2 所示,2002—2008 年资金的到位额呈上升趋势,但是从 2009 年初开始,投资资金的到位额开始下降。2010 年,投资总额相比 2009 年下降了 1.113 8 亿美元,为 2.347 9 亿美元。主要是由于次贷危机所引起的全球性金融危机所导致的,国际组织与各国家注意力主要集中于应对金融危机。

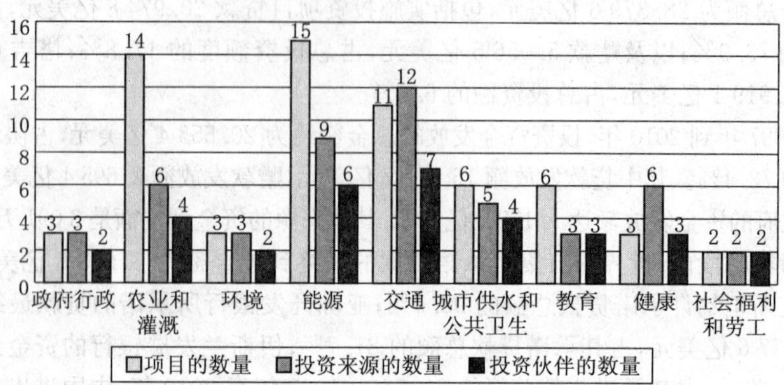

资料来源:*Government Investments Projects Portfolio Review for 2010*.

图 18.3　2010 年各领域不同投资领域的项目数量、投资来源和投资伙伴国

如图 18.3 所示,从各领域投资项目数量方面来看,2010 年较为活跃的投资领域有:能源领域(15 个投资项目),农业和灌溉领域(14 个投资项目),交通领域(11 个投资项目)。从各领域投资的国家或组织数量方面来看,2010 年比较活跃的投资领域是:交通领域(12 个投资来源),能源领域(9 个投资来源),农业和灌溉领域、健康领域(各 6 个)。在援助国组织参与投资项目执行的领域中,位于前两位的是交通领域(7 个投资伙伴)和能源领域(6 个投资伙伴)。

图 18.4 显示了 2010 年各个领域内,投资项目各种不同投资金额的数量。

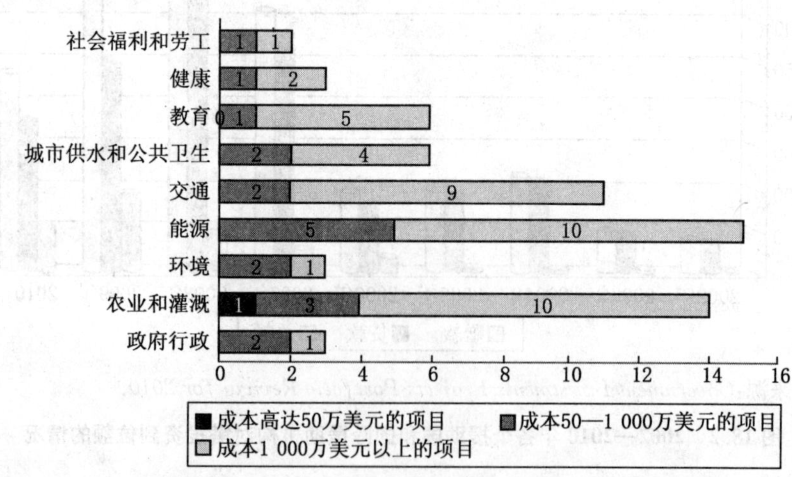

资料来源:*Government Investments Projects Portfolio Review for 2010*.

图 18.4　2010 年各个领域内,投资项目各种不同投资金额的数量

分析表明，在2010年期间，63个投资项目中，有43个项目（占项目总数的68.3%）耗资超过100万美元，有19个项目（占项目总数的30.2%）耗资在50—100万美元之间，1个项目（占项目总数的1.5%）耗资50万美元以下。

（二）各部门2010年接受外援情况

表18.5显示了2010年，各领域内官方发展援助的承诺资金额与到款额的具体情况。基础建设领域是投资承诺额最大的领域：交通领域（7.641 1亿美元，占总投资承诺额的38.5%），能源领域（7.316 9亿美元，占总投资承诺额的36.9%）。以上两个基础领域的资金发放的额度占总资金发放额的75%以上，主要是因为这两个领域在经济发展中所起的重要作用。对于基础设施建设的大量援助对塔吉克斯坦发展具有战略意义的项目，如杜尚别—吉尔吉斯斯坦边界道路的修复工程，公路（Shagon-Zigar）的建设，连接吉尔吉斯斯坦、塔吉克斯坦和中国之间的地区性道路和走廊升级的项目。考虑到这些项目需要大规模投资以及建设的长期性，仅依靠国家内部集资是较难实现的。如果这些基础建设性项目得到持续性贷款，会大大提高对这些项目援助的有效性。

表18.5 2010年塔吉克斯坦各领域投资项目指标

领 域	2010年各领域投资项目指标						
	活跃的项目的数量	捐款方数量	协议的承诺额		项目开始执行后的资金到位情况（累计）截至2010年12月31日		
			美元（百万）	总额的百分比	美元（百万）	总额的百分比	占承诺额的百分比
政府管理费用	3	3	20.67	1.04	17.39	1.37	84.13
农业和灌溉领域	14	6	204.77	10.31	121.18	9.55	59.18
环境领域	3	3	34.99	1.76	18.76	1.48	53.62
能源领域	1	9	731.69	36.86	471.16	37.13	64.39
交通领域	11	1	764.11	38.49	507.25	39.98	66.38
水和卫生设施	6	5	81.13	4.09	52.77	4.16	65.04
教育领域	6	3	75.26	3.79	45.83	3.61	60.9
健康领域	3	6	55.14	2.78	30.72	2.42	55.71
社会福利和劳工	2	2	17.5	0.88	3.72	0.29	21.26
总 数	49		1 985.28	100	1 268.8	100	63.91

资料来源：*Government Investments Projects Portfolio Review for 2010*.

除基础建设领域外,得到援助的领域以降序方式排列是:农业和灌溉领域(2.047 7亿美元,10.3%),水和卫生设施领域(811.3万美元,4.1%),教育领域(725.6万美元,3.8%),健康领域(551.4万美元,2.8%)以及其他领域。

表18.5右侧的数据显示了各领域中资金到位的绝对和相对情况。从项目开始截至2010年12月31日,现在正进行的所有投资项目资金的到账额是12.688亿美元。其中交通领域到账额是5.072 5亿美元,占据总额的40%。其他领域是:能源(4.711 6亿美元,37.1%),农业和灌溉(1.211 8亿美元,9.6%),水和卫生设施(527.7万美元,4.2%),教育(458.3万美元,3.6%),健康(307.2万美元,2.4%)。资金发放率以降序排列的领域是:公共管理(84.1%),交通(66.4%),供水和卫生设施(65%),能源(64.4%)。

(三) 对重要领域的援助情况的分析

1. 政府管理领域

表18.6是关于在政府管理领域的投资项目实行的情况。从中可以看出公共管理方面的援助主要由三个援助方提供,2010年在该领域的投资共206.8万美元。在公共行政部门实施的三个项目中有两个项目是在《减轻贫困战略》的框架下进行的。这些项目获得的援助总额为99.8万美元,占该领域内总受援金额48.3%。

表18.6 政府管理领域投资项目实行情况

资金的来源	项目名称	金额(美元,百万)	开始时间 结束时间	资金到位率(%)
世界银行	(1) 公共部门改革计划(H2450-TJ)*	5	27.06.2006 30.06.2011	90.5
	(2) 强化国家统计系统计划(H2270)*	1.04	26.06.2006	22.4
亚洲开发银行	(3) 地区海关还现代化及基础设施发展计划(2114 TAJ (SF))	10.7	31.01.2005 31.12.2010	82.0
瑞典国际开发署	(2) 强化国家统计系统计划(H2270)*	3.94	26.06.2006	59.9
总额/平均		20.68	5.3年	84.0

注:* 指该项目根据2010—2012年减轻贫困战略实施的。

资料来源:*Government Investments Projects Portfolio Review for 2010*.

图 18.5 显示了 2005—2010 年政府管理领域受援金额最终发放情况。在考察时段内，政府管理领域的资金到位率提高了 8 次，同时该领域持续的投资项目从 2005 年的 9 个项目下降到 2010 年的 3 个。值得注意的是 2005—2008 年，赠款是主要的受援形式，但是 2009—2010 年，贷款的比例明显高于赠款的比例。在 2010 年，该领域收到的赠款是 29.8 万美元，占该领域援助总额的 42.1%，所收到的贷款金额是 40.9 万美元，占 57.92%。在 2005—2010 年期间，政府管理领域最终到位的援助金额是 190.5 万美元，资金到位率是 87.1%。

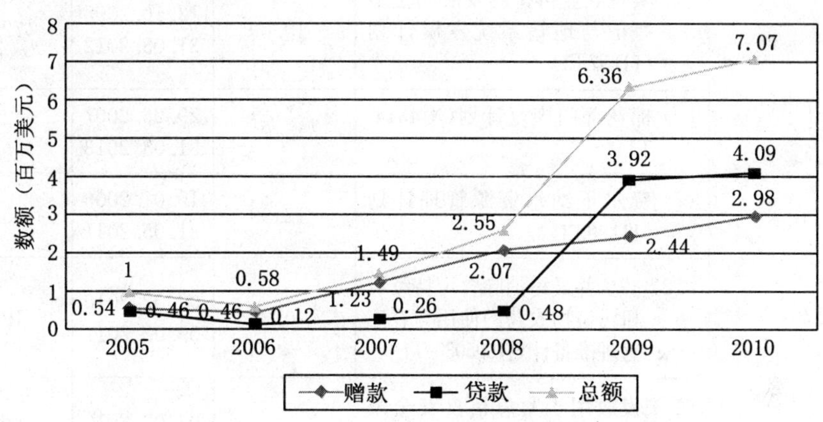

资料来源：*Government Investments Projects Portfolio Review for 2010*.

图 18.5　2005—2010 年政府管理领域援助金额最终发放情况

2010 年，在政府管理部门中，按照《减轻贫困战略》实施的两个项目最终发放的援助资金为 29.8 万美元，占该领域最终发放援助额的 42.1%。值得注意的是，尽管 2009 年爆发全球性经济危机，但是对该领域的援助并未下降，因为保持政府管理的效率是维护塔吉克斯坦稳定与发展的基础，所以本领域获得了较为稳定的援助。

2. 农业和灌溉领域

表 18.7 提供了在农业和灌溉领域中的投资项目和资金来源情况。在农业和灌溉领域，共有 14 个项目，其中有 9 个项目与《减轻贫困战略》是一致的，7 个国家与组织提供援助，总援助金额达到 2.047 7 亿美元。与《减轻贫困战略》一致的 9 个项目援助金额为 1.682 6 亿美元，占该领域援助总金额的 82.2%。2010 年在《减贫战略》框架下实施的项目中，付款 15.39 万元，占该部门的资金到位总额的 83.6%。

表 18.7　农业和灌溉领域投资项目实行情况

资金来源	项目名称	总额(百万美元)	开始时间 结束时间	资金到位率(%)
世界银行	(1) 公共农业发展与流域管理计划(9043-TAJ)*	10.8	14.10.2005 30.04.2011	92.4
	(2) 禽流感与人类流感预防计划(N. H-244 TJ)	6.5	27.07.2006 30.09.2010	100.1
	(4) 实现农业可持续发展的土地登记与地籍系统发展计划(H157TJ)	10.09	12.10.2005 31.03.2012	72.9
	(8) 棉花部门恢复计划(№4314-TJ)*	15.0	29.06.2007 31.03.2013	45.3
	(7) 费尔干纳水资源管理计划(H179TJ)*	12.99	19.01.2006 31.05.2011	85.9
	(12) 减少并最终消除含可持续有机污染物农药的使用与仓库管理准备计划(095085-TJ)	0.2	09.02.2010 09.02.2011	19.1
	(13) 发放用于紧急粮食安全及种子进口的额外资金计划(095317-TJ)*	4.44	03.03.2010 01.05.2013	6.9
	(14) 可持续农业与水资源管理的公共就业计划(P119690)	7.42	24.11.2010 31.12.2011	0
亚洲开发银行	(9) 棉花部门可持续发展计划(2217-TAJ)*	11.99	10.04.2007 30.09.2012	16.0
	(10) 农村发展计划*	17.1	14.09.2007 31.03.2014	15.2
	(3) 农业恢复计划(1980-TAJ(SF))*	35.0	14.08.2003 30.09.2010	114.57
	(6) 灌溉恢复计划(2124 TAJ(SF))*	23.34	06.09.2006 30.06.2011	97.69
全球环境基金	(1) 公共农业发展与流域管理计划(9043-TAJ)*	4.5	14.10.2005 31.03.2014	98.51
	(10) 农村发展计划*	3.5	14.09.2007 31.03.2014	2.77

（续表）

资金来源	项目名称	总额（百万美元）	开始时间 结束时间	资金到位率（%）
国际农业发展基金	（11）哈特隆营生计划（DSF-8026 TJ）	12.3	27.01.2009 31.12.2015	10.41
伊斯兰发展银行	（5）丹加拉流域灌溉计划第二阶段（TAD-0032；KF-743）*	15.8	26.07.2008 01.07.2013	18.62
科威特阿拉伯经济发展基金会	（5）丹加拉流域灌溉计划第二阶段（TAD-0032；KF-743*）	13.8	26.07.2008 01.07.2013	20.8
总额/平均/平均		204.77	4.98 年	59.18

注：* 是指该项目根据 2010—2012 年减轻贫困战略实施的。
资料来源：*Government Investments Projects Portfolio Review for 2010*.

图 18.6 显示了农业和灌溉部门在 2005—2010 年的援助情况。总体来看，2005—2010 年期间，共有 1.362 8 亿美元的资金流入该领域。值得注意的是，该领域内援助的项目数量有所增加，2005 年 9 个项目，2010 年 14 个项目。该领域的援助方也从 2005 年的 5 个增加到了 2010 年的 7 个。在该领域 2010 年的援助资金额出现明显下降趋势，也是自 2005 年以来首次下降，且下降幅度较大。

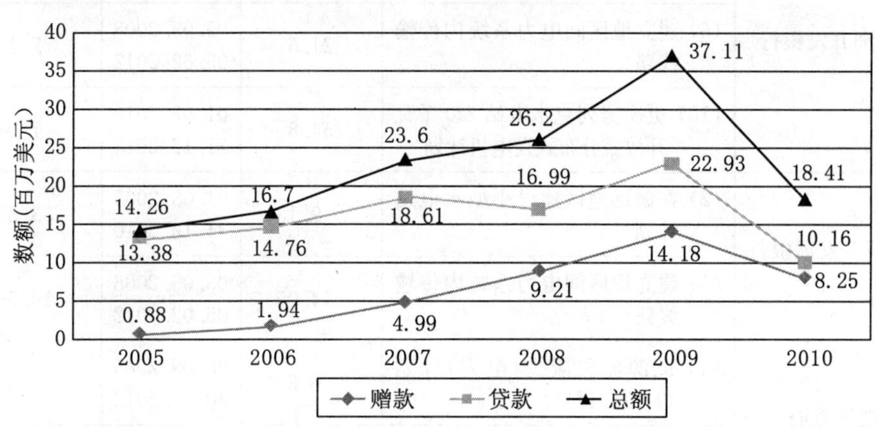

数据来源：*Government Investments Projects Portfolio Review for 2010*.

图 18.6　2005—2010 年农业和灌溉领域援助金额最终发放情况

3. 能源领域

表 18.7 提供了能源领域投资项目的情况以及资金来源。在能源领域，共 14 个项目，金额高达 6.628 5 亿美元，共有 8 个援助方提供资金援助。在 14 个项目中有 11 个项目与《减轻贫困战略》相联系，其援助金额为 5.351 9 亿美元，占该领域总援助金额

的 80.7%。2010 年该领域最终用于减轻贫困战略的发放资金是 7 255 万美元。

表 18.8 能源领域投资项目实行情况

资金来源	项目名称	总数(百万美元)	开始时间 结束时间	资金到位率(%)
世界银行	(4) 能源流失减少(电力)计划(H178-TJ)*	8.52	08.09.2005 30.06.2012	89.67
	(9) 能源紧急恢复(电力)援助计划(H372-TJ)*	4.35	17.07.2008 31.12.2010	94.2
	(5) 能源流失减少(天然气)计划*	7.44	08.09.2005 31.12.2011	74.5
	(11) 能源紧急恢复(电力)援助计划	2.16	17.04.2007 31.12.2011	68.4
	(12) 能源紧急恢复援助计划额外融资,(联合国)国际开发协会发放(H566-TJ*)	15.0	14.05.2010 31.12.2012	44.4
亚洲开发银行	(13) 地区电力传输计划[0213 TAJ(SF)]	112.5	16.09.2010 31.12.2014	0
	(6) 建立地区间电力系统内传输线路*	21.5	05.05.2008 05.02.2012	77.1
	(10) 更换努列克水电站 220 千瓦开放式分布式发电机计划*	54.8	01.02.2010 31.12.2013	1.04
伊斯兰发展银行	(2) 在偏远地区建设小型水电站计划*	9.18	01.08.2005 31.12.2010	53.3
	(6) 建立地区间电力系统内传输线路*	14.05	05.05.2008 05.02.2012	19.9
瑞士政府/瑞士合作署	(4) 能源流失减少(电力)计划(H178-TJ)*	6.6	08.09.2005 30.06.2012	24.0
	(5) 能源流失减少(天然气)计划*	1.4	08.09.2005 31.12.2011	60.5
科威特阿拉伯经济发展基金会	(1) 恢复杜尚别电网系统计划	13.0	06.03.2005 31.12.2010	97.3
中国进出口银行	(3) 建设南北 550 千伏高压架空线计划*	309.59	05.05.2006 05.11.2010	100.0

（续表）

资金来源	项目名称	总数（百万美元）	开始时间	资金到位率（%）
			结束时间	
中国进出口银行	(14) 建设库将德至艾尼的 220 千伏输电线路计划*	35.06	25.11.2010 05.05.2012	48.5
石油输出国组织国际发展基金会	(6) 建立地区间电力系统内传输线路*	8.5	05.05.2008 05.02.2012	68.8
德国/德国复兴开发银行	(8) 努列克 220 千伏变电站更新计划*	39.2	15.12.2008 30.08.2012	15.6
总数/平均		662.85	4.66 年	61.5

注：* 是指该项目根据 2010—2012 年减轻贫困战略实施的。
数据来源：*Government Investments Projects Portfolio Review for 2010*.

能源领域的大部分援助是由中华人民共和国进出口银行提供的，其提供的援助总额是 3.446 5 亿美元，占该领域援助总额的 52%。

2005—2010 年能源领域总共接受的援助是 5.345 亿美元，资金到位率是 83.7%。2010 年，能源领域的援助总额为 7 361 万美元，资金到位率是 82%。2005—2008 年，平均每年发放的援助额增加了约 13 倍。2009—2010 年，下降了约一半。贷款方式的援助趋势与整体趋势大致相同，但是赠款呈现出上升趋势。2005—2010 年能源领域的援助项目也从 2005 年的 8 个项目上升到 2010 年的 14 个项目。

4. 交通领域

表 18.9 提供了交通领域收到的援助的情况及资金来源。交通领域共有 8 个项目，受援金额为 4.096 6 亿美元，共 9 个援助方为该领域提供资金。8 个项目中有 6 个与《减轻贫困战略》相一致，这 8 个项目的受援金额为 3.382 亿美元，占该领域受援总额的 82.6%。2010 年，交通领域根据《减轻贫困战略》进行的项目金额达到 1.048 3 亿美元，项目平均耗时 4.3 年。与能源领域相同的是，交通领域最大的援助方也是中华人民共和国进出口银行，其援助总额为 1.92 亿美元，占该领域援助总额的 46.9%。

表 18.9　交通领域投资项目实行情况

资金来源	项目名称	总额（百万美元）	开始时间	资金到位率（%）
			结束时间	
亚洲开发银行	(1) 杜尚别至吉尔吉斯边境公路修复计划第二阶段[2196-TAJ(SF)]*	50.0	15.07.2006 31.12.2012	76.8

(续表)

资金来源	项目名称	总额(百万美元)	开始时间 结束时间	资金到位率(%)
亚洲开发银行	(5) 杜尚别至吉尔吉斯边境公路修复计划第三阶段(2359-TAJ)*	53.4	22.05.2008 30.09.2013	68.2
	(6) 相互孤立的农村地区间的通路计划(JFPR-9111-TAJ)*	2.0	30.11.2007 31.05.2010	99.4
伊斯兰发展银行	(2) 建设舍格煌至济格的汽车公路计划第二阶段(TAD-023)*	13.77	01.12.2007 31.01.2011	86.8
	(4) 建设库洛勃至卡拉依胡姆公路计划(KFTA. №0-264)*	20.0	10.11.2010 01.02.2013	0
石油输出国组织国际发展基金会	(4) 建设库洛勃至卡拉依胡姆公路计划(KFTA. №0-264)*	13.0	10.11.2010 01.02.2013	0
	(1) 杜尚别至吉尔吉斯边境公路修复计划第二阶段[2196-TAJ(SF)]*	3.5	15.07.2006 31.12.2012	95.0
欧洲复兴开发银行	(3) 改善塔吉克斯坦公路服务计划*	4.53	04.02.2008 31.08.2010	100.0
荷兰政府	(3) 改善塔吉克斯坦公路服务计划*	2.0	04.02.2008 31.08.2010	100.0
科威特阿拉伯经济发展基金会	(4) 建设库洛勃至卡拉依胡姆公路计划(KFTA. №0-264)*	17.0	10.11.2010 01.02.2013	0
中国进出口银行	(8) 建设杜尚别至科尔马公路计划 PBC№. 2009(022)*	192.0	29.09.2009 30.09.2013	46.6
法国政府	(7) 杜尚别国际机场航站楼建设计划	23.46	01.01.2009 31.12.2012	0
阿布扎比基金会	(4) 建设库洛勃至卡拉依胡姆公路计划(KFTA. №0-264)*	15.0	10.11.2010 01.02.2013	0
总额/平均		409.66	4.3 年	45.7

注:* 是指该项目根据 2010—2012 年减轻贫困战略实施的。
资料来源:*Government Investments Projects Portfolio Review for 2010*.

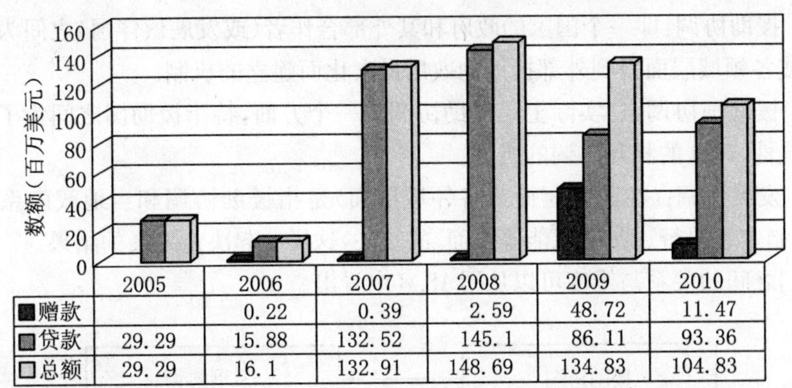

	2005	2006	2007	2008	2009	2010
赠款		0.22	0.39	2.59	48.72	11.47
贷款	29.29	15.88	132.52	145.1	86.11	93.36
总额	29.29	16.1	132.91	148.69	134.83	104.83

资料来源:*Government Investments Projects Portfolio Review for 2010*.

图18.7　2005—2010年交通领域援助金额发放情况

图18.7显示了2005—2010年交通领域资金到位额的情况。2005年至2010年,交通领域总共收到的援助金额是5.666 5亿美元,资金的到位率是88.8%。在图中可以看出,贷款资金要明显多于赠款资金,2007—2008年该领域受援金额大幅度增加,主要是中国进出口银行对两个项目"Dushanbe-Chanak Road Rehabilitation","Dushanbe-Kyrgyz Border Road Rehabilitation"的贷款。2007年以后,该领域援助金额较为稳定。2006—2008年,每年发放的援助金额持续增加,而在2009—2010年,由于金融危机的影响,援助的金额有所减少。

2005—2010年,交通领域的受援项目数量也从2005年的6个项目增加到2010年的8个项目。2010年的援助发放金额为1.048 3亿美元,相比2009年下降3 000万美元。该领域的所有的援助都是与减轻贫困战略相联系的。如前所述,对交通领域援助金额的减少同样是由于经济危机的影响,这也影响到了对塔吉克斯坦整个的对外援助的发放情况。

综上所述,塔吉克斯坦受援情况在全球性金融危机发生之前呈稳定增长的趋势,国外援助成为塔吉克斯坦经济、社会发展的主要来源,塔吉克斯坦政府投入相对较小。从重点领域及产业的受援情况来看,世界性和地区性国际组织发挥了重要作用,在援助领域方面更为全面,更加关注能够提高当地人民生活水平的基础领域。在国别方面,中国进出口银行援助额较多,但援助领域较为狭窄,集中在能源与交通领域。

三、塔吉克斯坦现有的发展协调机制

协调机制根据不同的环境和对象存在不同的含义,在本文的研究范围内,至少存在着以下三种相互联系的协调机制概念:

(1) 援助协调:即一个国家的政府和其外部合作者(或发展伙伴国)之间为了使国家层面或各领域层面得到外部援助的效用最大化而建立的机制。

(2) 援助国协调:这实际上是援助协调的一个方面,特指援助国之间为了促进援助的有效性,建立的相互协调的机制。

(3) 发展协调:(在国家层面或各领域层面)是指援助协调和当地政府系统之间(政策的制定和执行、管理、职能等方面)的统一,这样一起决定发展的结果。

它们之间的关系与维度可以从图 18.8 中看出。

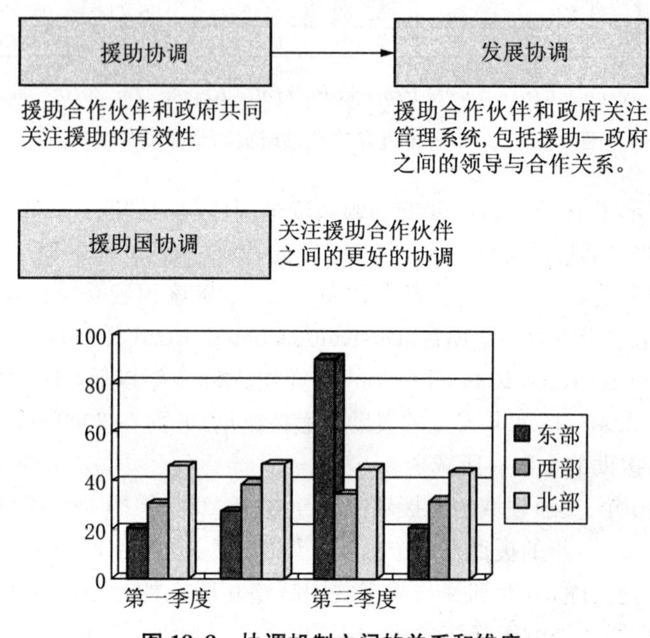

图 18.8 协调机制之间的关系和维度

塔吉克斯坦正处于从紧急援助向发展援助的转型阶段,20 世纪 90 年代的内战说明塔吉克斯坦与那些脆弱国家[10]有着相同的特点,这些特点都影响着援助的有效性,如治理不力、规划能力处于起步阶段、集中决策等,从而阻碍了与政府合作的发展合作伙伴积极参与的能力。事实上,在塔吉克斯坦经历了苏联解体以及国内内战之后,发展援助规划还是一个相对较新的领域,因此,塔吉克斯坦仍然处在发展援助的第一和第二个阶段(也就是援助国/援助协调阶段),在这个阶段致力于提高援助有效性的主要工作都来自与国际社会发展合作伙伴之间的协调,虽然还处于起步的阶段,但对提高援助的有效性较为重要。

从政府开始致力于向市场经济改革开始,外国援助从 1997 年大约 1 亿美元上升到 2010 年的 21.875 1 亿美元。这个发展的议程中还包括了在相对比较困难领域进行改革的计划，当然这要求有一定的物质基础，来自援助方的持续和有效的经济、技术援助将对支持这些改革将具有重要的作用。

近年来外国援助的增加，也带来新的挑战。在更加复杂的援助结构下，政府部门更难预测和有效地吸收额外的援助。越来越多的项目进入该地区，但是同时也带来了更多的项目管理成本，项目越多，项目管理单位(PIUs)设立也相应增多，塔吉克斯坦与援助方的交易成本相应增加。虽然对援助的预测性较低且援助的分散性较高，但在很多领域仍然没有重视该问题。有可能缘于对于这些领域的利益相关方来说没有一个可供选择的其他方式。

合作并非存在于真空中。只有围绕着某个事务进行合作，并且有一个为大家所共同认同的准则才能实现合作。因此本文假定合作应该围绕一个规划的框架，包括对相关的审查和报告机制，以及问责制框架。当然这些原则也是《巴黎宣言》关于援助合作的规定所在。

(一) 计划和策略

在2006年8月，塔吉克斯坦出台的《国家发展战略》(NDS)包含持续到2015年的整个时期。这个战略显示了该国长期发展的目标和任务，并包含一些雄心勃勃的目标。在这个发展战略的背景下，出台了更多的《减轻贫困战略》(PRS)。同时，2010年的PRS3开始实行(2010—2012年)。

国家发展战略被看作是“第一代”的规划工具，它已被发展合作伙伴大力推动，其目标都很广泛和雄心勃勃。但是监测系统还是含糊不清，策略并没有得到有效的审查。在现存的大环境之下是可以理解的，政府已经开始采取更好的规划和监测系统来应对这一挑战，虽然这个系统仅处于初级阶段，但仍是让人欣慰的迹象。

(二) 监督和审查

政府建立专门机构——国家发展委员会，监测《减轻贫困战略》的实施情况，但此机构从来没有完整的功能。亚洲开发银行已经在政府管理领域提供了减轻贫困战略的监测帮助，欧盟在健康和教育领域提供减轻贫困战略的监测帮助。同时，一些关于如何提高监测能力的讨论会相继召开，关注的重点在于如何在一个国家纷繁复杂的指标中选取一定数量的指标作为《减轻贫困战略》执行情况的监测对象。而随后对国家及其他领域的《减轻贫困战略》施行情况的监督、审查是至关重要的，但从现实情况来看，只能逐步实现。

政府正在发挥更积极的作用，2008年出台的《减轻贫困战略》年度进展报告标志着其向前迈进了一大步，对《减轻贫困战略》产生过程的主导权进一步增加。但是，到现在为止，还没有任何关于联合审查《减轻贫困战略》的相关文件出台。在发展合作伙伴方面,有较多统一审查联合援助项目的例子。包括亚洲开发银行、世界银行与政府所有部长一起参与的年度投资绩效评估。联合审查的目的是评估跨部门的投资项目的实施,发现任何有碍于项目执行的困难,并就解决的方法达成一致。此类会议一般都会形成亚洲开银、世界银行、政府联合行动计划,这些计划包含指标、时间框架以及承担责任的相关机构。行动计划的执行情况在每年度的投资审查报告中都有显示。

发展合作伙伴都致力于提供一个"联合国家伙伴战略"(Joint Country Partnership Strategy),以此建立与政府共同合作的框架,一起提高援助的有效性,包括与政府的减贫战略相结合,达到千年发展目标以及实现经济增长。

(三) 资源联盟

在实现协调和联盟的所有步骤里面,资源的联盟往往被认为是最具挑战性并最后才实现的。对国家发展战略/减轻贫困战略进程的赞同是作为资源联盟的第一步。考虑到塔吉克斯坦目前联合发展项目的进行情况,之后的步骤还没有开始进行。欧盟和世界银行正在支持一个中期发展框架来作为整体努力的重要一部分。

(四) 合作和对话

执行国家发展战略措施,最终需要在各种方案和计划中得到体现和整合,比如政府的中期项目、三个减轻贫困战略、中期支出框架、公共投资项目,以及发展合作伙伴所支持的外部资源的规划和实施。这个过程可能需要几年的时间,逐步按照既定计划来最终实现合作水平的提高。

这一过程的主要目标在于使得国际交流渠道更加畅通,并打造为政府和发展合作伙伴交流观念和想法的好的平台,来确保与国家发展战略、减轻贫困战略相关情况与问题能得到充分的关注和讨论。如果发展合作伙伴能够将提高塔吉克斯坦的建设能力作为发展援助的重点的话,政府的领导力则有可能加强。

已经建立的国家层面合作机制包括以下几个:

(1) 发展论坛(正式协商小组),高层次论坛,每两到三年召开一次。该论坛建立的目标是审查正在进行的改革,并预估改革所需的资金。本论坛由塔吉克斯坦总统主持,塔吉克斯坦和发展合作伙伴的最高级别代表参加,包括各国驻塔吉克斯坦大使馆主要官员、传统的以及非传统的援助方、金融机构和其他国际组织在塔吉克斯坦的代表。2011 年 12 月 3—4 日,塔吉克斯坦国际发展委员会框架下的发展论坛再次召开,主要讨论经济和社会问题。但此论坛并非固定协调机制,虽然由塔吉克斯坦主要政府官员和发展合作伙伴共同出席,但由于非经常性会议,不能充分发挥促进合作机制的作用。

(2) 负责人小组会议，由各国大使以及援助国和国际金融机构代表参加，每6个月举行一次，每次会议由各成员轮流担任主席。最初是由一些大使和某些机构负责人组成，但并未囊括所有驻塔使馆，中亚其他四国的大使并未参加。除此之外，还有一些国家具有双重代表(比如英国)，一个是代表外交事务办公室/使馆从事一些政治事宜，另一个是代表其他的部门(英国国际发展署)处理发展事宜。

(3) 联合国开发计划署为此机构提供秘书处服务。本固定为一月一次的会议周期，已改为在需要的前提下才开。会议纪要原本在联合国开发计划署的网站上可以查阅，但出于保密的原因，这种做法已经终止。机构经常通过信件、提议或者与特定的官员会面的方式来跟进特别的问题。然而，没有一个具体的制度渠道或论坛来确保与政府的沟通。

(4) 援助协调委员会于2006年初成立，主要工作是在《国家发展战略》、《减轻贫困战略》背景下协调关于发展的工作，以及实现在《巴黎宣言》所做的承诺。援助协调委员会是开放性的，目前包括在塔吉克斯坦开展工作的20个援助组织，其中包含多边组织、双边发展合作伙伴、联合国各机构与一些重要国际非政府组织。主席是以轮流的原则协商或每年选举产生。每两个月举行一次会议，商讨、制定和审查年度活动计划。目前一个核心小组已经成立，较为活跃的成员包括：亚洲开发银行、英国国际发展署、欧盟、瑞士国际开发合作署(SIDA)、瑞士发展合作署(SDC)、美国和世界银行。

援助协调委员会又进一步建立了具体部门的子机构，包括农业、健康、教育、商业环境、治理以及联合国家伙伴战略(Joint Country Partnership Strategy)。每个子部门下都由一个发展伙伴担任主席，并有其独立的会议议程。同时也与负责人小组建立了密切的合作关系，也有向联合国合作机构内提供秘书处服务的计划。

四、制约塔吉克斯坦援助有效性的制度性因素

国家是否能有效地发展，很大程度上取决于分工是否明确，以及政府各机构之间、外部参与者之间的合作。塔吉克斯坦政府对于每个部分都有明确的机构设置，比如国家预算的编制，制定三年期的公共投资计划和战略文件。但是，真正的挑战是如何将这些单独的部分连接起来，保证有效和高效的动员能力以及运用外援的能力。

国家优先发展的领域和外援支持发展的领域之间存在差异性的例子不胜枚举。在很大程度上是由于在各项援助领域的工作间，缺乏一个明确的协调的框架(机制)。这种情况不可避免地会导致更加低效率地利用稀缺的外援。因此，为了提高合作的有效性，并在国家层面简化规划过程，当务之急是要制定一个国家规划体系——一个正式的框架——来明确三个不同部分的合作机制：国家优先发展领域，国家预算和外国援助。加强国家协调能力，精简现有机构并建立更为需要、有效的部门，从现在的

情况看来是一个合乎逻辑的出路。从其他国家的经验上看,在某个单独部门和政府计划(也就是发展的优先次序)之间建立合作非常重要。同时也必须建立相应的监测和审查的机制。

注释

① 数据来源为 World Bank, *2010 World Development Indicators*, Washington, 2010。

② Ibid.

③ 人道主义援助是指基于人道主义而对受助者做出物资或物流上的支援,主要目的是拯救生命,舒缓不幸状况,以及维护人类尊严。发展援助则是指政府和经纪机构提供的援助,用以支持发展中国家经济、社会和政治的发展。两者的区别在于后者是致力于解决可能导致危机会紧急局势的潜在社会经济因素而发。

④ World Bank, *2010 World Development Indicators*.

⑤ 2005 年 3 月 2 日通过的巴黎宣言,是由 100 多个国家部长、国际组织代表以及其他高级官员签署的一份国际协议。协议要求这些签署国和组织继续促进援助在和谐和共同合作的道路上发展,并确保对援助结果以可监督的行为及指标来管理。

⑥ UNDP, *Investing in Sustainable Development*: *MDG Needs Assessment—Tajikistan*, Dushanbe, 2005.

⑦ Ibid.

⑧ Ibid.

⑨ Ibid.

⑩ 脆弱国家(fragile state),是指那些由于本国政府能力较弱或政权合法性较弱,而导致其公民极易受到各种国内或国际震荡影响的低收入国家。

报告十九　区域性国际安全组织在中亚
——以集安组织、北约及欧安组织为例

刘　军　张馨以*

［摘要］ 2010年以来国际局势错综复杂，各种新的问题给中亚的局势带来了众多不稳定因素。美国、俄罗斯等国家也在不断地影响中亚局势的变化。美国通过北约在建立物资转运基地，保持了美军在中亚的军事存在；俄罗斯主导下的集安组织加快军事一体化步伐，提升在中亚地区影响力；哈萨克斯坦作为首个欧安组织非欧洲轮值主席国，首次在中亚举办峰会；同时中亚问题与阿富汗问题密切相关，并涉及中国核心利益。面对变化莫测的局势，各种国际组织以及它们身后的各种力量在中亚的博弈，值得我们关注和重视。

［关键词］ 中亚　集体安全条约组织　北大西洋公约组织　欧洲安全与合作组织

中亚各国独立后，由于其地缘政治意义上的重要战略地位，主要大国相继制定其中亚战略，试图影响中亚事务。在此过程中，许多国际组织，包括地区性的国际组织也介入中亚事务，其在中亚各国的活动逐渐产生了一定的影响。从安全领域来看，北约、欧安组织和集安组织这三个区域性国际安全组织分别代表不同的国家或国家集团，与中亚各国展开了不同模式的合作，反映了不同的国家势力围绕中亚安全所带来的竞争和较量。

一、区域性国际安全组织介入中亚事务的背景分析

独立后的中亚，由于其重要的地缘战略位置而吸引了世界各大战略力量的关注。

* 刘军，华东师范大学国际关系与地区发展研究院俄罗斯研究中心副主任，教授；张馨以，华东师范大学国际关系与地区发展研究院2012届硕士研究生。

中亚地区的战略重要性体现在:中亚是地处亚欧大陆多种文明、多种体制之间的结合部;中亚是冷战后各大战略力量之间相互竞争、相互平衡、相互渗透的一个缓冲区;中亚是欧亚大陆上唯一一块资源丰富、战略地位重要,但是无论是制度建设还是市场开掘都尚不充分的相对而言的空白点;中亚地区还是各种战略力量竞争的一个大黑洞。①从世界各大战略力量来看,俄罗斯视中亚为传统的势力范围,在中亚地区有非常深厚的影响;而美国、欧盟也相继制定了自身的中亚战略,不断寻找介入中亚事务的机会,施展自己的影响力。除了主要大国对中亚事务的关注外,一大批国际组织也纷纷进入中亚,在中亚地区积极开展各种活动,构建与中亚各国的制度性联系,尤其是区域性的安全组织在中亚的活动非常突出,具有较大的影响,也牵动着主要大国之间关系的变化。这些主要的区域性安全组织主要包括:集体安全条约组织、北大西洋公约组织及欧洲安全与合作组织。

集体安全条约的宗旨是建立独联体国家集体防御空间,提高联合防御能力,防止并调解独联体国家内部及独联体地区性的争端。由于中亚五国中除土库曼斯坦外,其他四国均为集安组织成员国,因而,集安组织较多地介入了中亚事务。此外,从俄罗斯的角度看,俄罗斯在集安条约组织中处于主导地位,而且中亚长期以来被俄罗斯视为其传统的势力范围,即使是在中亚国家独立后,俄罗斯仍然坚持对这一地区事务首要的影响力。在西方国家开始试图染指中亚事务的背景下,俄罗斯通过集体安全条约组织来主导中亚地区的安全事务。

如果说集安组织是在俄罗斯的主导下介入中亚事务,那么,北大西洋公约组织介入中亚事务就是在美国的推动下进行的,北约在中亚地区的渗透与美国的战略是分不开的。20世纪90年代中期,美国想在中东之外寻找一个潜在的充足的能源来源,这样就开始重视里海地区能源,这是美国试图介入中亚事务的经济根源。随着北约扩大问题的提出,美国也积极推动北约和平伙伴关系计划及军事援助项目,鼓励建立中亚维和营,在中亚地区进行管理冲突,开展维和。中亚维和营从1997年起每年都与北约、美国进行军事演习。②中亚五国与北约的合作方式主要为中亚加入北约的国际合作机制“和平伙伴关系计划”。北约通过一系列援助,包括提供项目资金、人员培训、贷款等方式与中亚合作。

冷战后新的国际格局为欧安组织提供了新的发展机遇,尤其是中亚地区。中亚各国独立初就加入了欧安组织,在经济上、安全上迫切希望得到欧洲国家的援助与支持,因而,欧安组织开始向中亚提供贷款和培训课程,并协助中亚推进非传统安全领域的事务。欧安组织关注中亚经济社会事务的同时,另一战略重点就是推动中亚建立完整的民主制度,“其着眼点是将西方民主政治体制引入中亚社会,引导中亚国家走上市场经济的发展道路,最终使中亚国家脱离俄罗斯的传统影响,使西方国家在中亚地区的政治、经济、社会和能源等各方面的利益得到切实的维护与保障”③。

总之,从区域安全的角度看,中亚地区较为活跃的区域性安全组织包括集体安全条约组织、北大西洋公约组织,以及欧洲安全与合作组织。这三大组织的背景、介入中亚事务的方式、目的及其主导国家都不完全一样,如集安条约组织主要以军事合作为主,北约主要是建立伙伴关系网络,欧安组织主要是关注安全与社会发展。但是,它们都试图利用与中亚国家的合作建立制度性的联系,加大对中亚事务的影响,提升其在中亚地区的作用。因此,对于上海合作组织来说,其在中亚的战略及其实施不得不考虑到上述区域性安全组织的利益,不能不处理与这些组织相互之间的关系。

二、 集体安全条约组织在中亚的活动及影响

由于中亚五国中有四个国家都是集安条约组织成员国,因而中亚成为集安条约组织最重要的区域。根据条约,集安组织在中亚的任务是共同努力预防,并在必要的情况下消灭武装威胁,保证成员国的主权和领土完整。从实践上看,集安组织定期举行峰会、首脑会议和部长会议,成立快速反应部队,定期举行军事演习,相互进行军事援助等。

为防止内部的恐怖主义威胁及外在的安全威胁,进入21世纪以来,集安条约组织在中亚成立了快速反应部队,举行了一系列的军事演习。如2000年4月,俄罗斯在集体安全条约(CST)框架下发起成立了中亚快速反应部队(CRRF),以针对阿富汗恐怖主义形势的日益严峻。2001年,集体安全条约成员创立了反恐怖主义中心(ATC),反恐怖主义中心以打击恐怖主义为主题进行过多次军事演习和快速反应部队的训练。2003年4月,独联体集体安全条约组织首脑会议在塔吉克斯坦首都杜尚别举行。与会各国一致决定成立集体安全条约组织联合司令部和快速反应部队,以应对在中亚增长的安全威胁。从2004年起,集安组织举行一年一度的军事演习。2005年集体安全条约组织6个成员国元首在莫斯科举行年度峰会后通过一项声明,准备在独联体、上海合作组织和欧亚经济共同体框架内开展全面合作,希望同欧盟发展关系,并重申愿意同北约进行沟通和协调。2008年,俄格冲突后俄罗斯与美国剑拔弩张,俄罗斯甚至提出过在集安组织内部建立对抗北约的"中亚集团军"的构想。2009年,集安组织建立集体快速反应部队(KSOR)。2011年集安峰会上就其他国家在集安组织成员国内部署任何军事基础设施达成一致,要求必须经过该组织全体成员国的一致同意。集安组织还决定重新定位快速反应部队,利用这支部队应对政变,此举让俄罗斯能够将军事力量深入独联体地区内部。2012年集安组织峰会在莫斯科举行,庆祝集安组织成立10周年和集体安全条约签订20周年,本次峰会就欧洲反导条约、叙利亚、阿富汗及伊朗核问题等表达了共同立场。

集安组织是独联体地区唯一一个由俄罗斯领导的军事一体化组织,但是其行动

能力备受质疑。从2005年的安集延事件、2008年的俄格冲突到两次吉尔吉斯政变，集安组织都没有及时地控制住局势。2010年吉尔吉斯政变后出现骚乱，临时政府领导人奥通巴耶娃向集安组织和俄罗斯寻求帮助，但集安组织以不会插手成员国内部事务为由拒绝提供帮助。此外，俄罗斯尽管在集体安全条约组织里占据主导地位，但面对该组织一些成员国间的领土、资源和民族问题等争端，它也常常无力协调解决。加上以美国为首的北约对独联体地区不断紧逼渗透，集体安全条约组织往往不能以一个声音说话。2012年6月底，乌兹别克斯坦宣布再次退出集结安全条约组织就是复杂国际互动之下的一例。

三、北大西洋公约组织在中亚的活动及影响

冷战结束以后北约在中亚地区创建了一系列的制度性的合作框架，如"和平伙伴关系计划"、"计划与分析进程计划"、"单独伙伴行动计划"、"作战潜力构想计划"、"虚拟丝绸之路"等。

北约与中亚国家主要的合作基础是"和平伙伴关系计划"，该计划1994年由北约提出，允许北约与伙伴国之间建立独立的双边关系。除北约成员国外，北约不会直接向伙伴国提供军事保障。但是在"和平伙伴关系计划"的框架下则可以帮助伙伴国增进稳定，减小威胁，制定战略安全计划。它提供包括政治对话、联合防空、边防合作、防务合作、防止核武器和生化武器扩散、打击有组织犯罪、打击恐怖主义、打击人口、毒品和武器走私等多方面的合作。另外，北约还会为伙伴国提供紧急救灾、人道主义援助、维和、人员培训的等方面的协助。

"计划与分析进程计划"主要用于协助发展成员国的在行动中的军事能力。该项目主要针对有意愿与北约加深合作的伙伴国。乌兹别克斯坦与吉尔吉斯加入了该计划。

"单独伙伴行动计划"主要集中精力于伙伴国政治和安全事务，防务和军事安全，公共信息，科技和环境事务，能源计划，行政事务和资源问题。哈萨克斯坦加入了该计划。

"作战潜力构想计划"的目的是加强伙伴关系国自身的国防能力以及同北约的协同作战能力。北约为此制定了许多具体措施：组建多国协同部队，在和平时期加强训练和演习，建立情报分析和反馈机制，建立联络官机制等。

"虚拟丝绸之路"计划旨在加强中亚和高加索地区网络信息安全的项目，目的是建立"科研和教育宽带网络"，将中亚和高加索的计算机网络通过北约信息体系相互连接，以便实现信息的快速交流和共享。

当前，北约在中亚实施的主要任务包括：(1)在反恐斗争中继续提供支持；(2)运

用军事力量打击毒品和毒品贸易;(3)提供当地能源安全的保障,特别是欧洲国家正在迅速成为中亚石油与天然气的买主;(4)根据形势的变化提供当地所需要的政治支持,维持中亚政局的稳定;(5)支持军事防务改革,更好地与北约进行合作。对于中亚而言,打击恐怖主义、培训军官、各种经济援助,这些正是中亚国家想要的。中亚国家出于自身安全的考虑与北约打交道,为国家安全保留更大的活动空间,从而能够为地区稳定寻求更大的制约力量。

北约在20世纪90年代初的伦敦首脑会议后就推出了和平伙伴关系计划,重点与前苏联国家开展政治对话,并启动了和平伙伴关系计划,中亚国家成为北约的伙伴联系国,并希望能通过加入北约提升自己的地位,把北约作为平衡地区内大国关系的筹码。但是,北约的中亚战略引起了俄罗斯的反对。俄罗斯尽管建立了与北约的伙伴关系,但是90年代以来北约的扩大对俄罗斯战略空间的挤压使俄罗斯感到周边安全受到极大威胁,俄罗斯与北约之间缺乏真正的战略互信。而且,俄罗斯与北约之间早已建立常设联合理事会,定期举行会议进行对话,没有必要再通过第二渠道进行对话与合作。显而易见,俄罗斯不希望北约染指中亚事务,原因在于中亚长期是俄罗斯的战略后院。

但是,俄罗斯与美国及北约围绕玛纳斯空军基地进行了激烈的交锋。2001年美国通过北约在中亚共租用了6个机场为阿富汗战争服务。其中,美国向吉尔吉斯斯坦每年支付1 750万美元以租用玛纳斯机场作为空军基地。北约秘书长拉斯穆森将其形容为“国际反恐联盟的重要据点”。2009年,吉尔吉斯斯坦得到俄罗斯20亿美元的贷款和1.5亿美元的援助的承诺后,一度宣布向美军关闭玛纳斯机场。但俄罗斯在金融危机中无法兑现承诺的情况下,吉尔吉斯斯坦仍然在向美国寻求谈判的可能性。2010年美国同意将租金提高到6 000万美元后,吉尔吉斯斯坦表示玛纳斯基地将以“物资转运中心”的名义存在下去。④包括哈萨克斯坦和乌兹别克斯坦在内的中亚国家都与北约签订了此类协议。尽管吉尔吉斯斯坦总理在2011年11月表示,美军2014年必须关闭玛纳斯空军基地,但目前尚未有新的消息证实此番表态是屈服于俄罗斯的压力,还是在向美国要价。届时,美国放弃在中亚军事存在的可能性都非常小。2012年3月美国国防部长帕内塔突然访问吉尔吉斯吉斯坦,此行的主要目的是与吉政府就2014年协议到期后马纳斯过境转运中心的命运进行商谈。所以,美国及北约将寻求进一步加强在中亚的军事存在,同时也为北约撤出阿富汗作准备。2012年5月在美国召开的北约峰会上,哈萨克斯坦、吉尔吉斯斯坦和乌兹别克斯坦总统首次受邀参加北约峰会,表明中亚在北约的战略布局中占有重要的地位。

但是,对于一个多边的集体安全组织来说,北约所面临的问题也很复杂。目前各成员国的官员和战略家们讨论的问题涉及:(1)北约一度在中亚地区大幅度地将维护人权和推进民主作为其战略目标,那么,与其战略目标之间究竟是何关系,是互相推动,还是互相抵触?(2)北约到底是以中亚地区的政治稳定化作为目标,还是以推进民主作为第一要务?显然,由于政治不稳定而导致当地政权的垮台,同时也危及北约与当地的合作。(3)北约成员国之间关于经费的摊派始终是一个难以达成共识的问题,尽管德国和其他欧洲成员国对于美国在中亚的行动表示支持,但是,一讲到资金的分派就拒不让步。但总的来看,北约不会放弃其在中亚实施已久的"和平伙伴关系",虽然在乌兹别克斯坦的一度受挫使北约也大伤元气,但是北约加紧在哈萨克斯坦等国发展关系的举措不会停止。同时,与上述的战略调整相适应,北约的战略目标与社会发展和稳定目标相结合,发展中亚和发展南亚之间的战略协同性,势必将是北约在今后一个时期的战略目标。⑤

四、欧洲安全与合作组织在中亚的活动及影响

冷战结束后,欧安组织也开始加强对中亚地区的关注。1995 年前后,欧安组织在中亚各国都开设了办事机构。欧安组织在中亚地区主要致力于推进人文领域事务的发展,包括维护民主、人权和新闻自由。这不仅是《赫尔辛基最终法案》中规定的政治、经济和文化三部分纲领的精神之一,也是欧安组织转型后的工作中心。

近两年来,欧安组织在中亚的各个中心将大量的精力放在安全问题上。主要方式包括:加强边界安全、打击恐怖主义和有组织犯罪;加强武器控制和各国间政治互信;促进不同文化、民族和种族间的对话,在应对宗教极端主义等影响中亚乃至整个国际社会稳定的势力方面的合作。例如在阿斯塔纳中心,欧安组织成员国向哈萨克斯坦提供必需的边境管理设施,增强其控制边界和打击有组织国际犯罪的能力。为了打击日益猖獗的以中亚地区为通道的国际毒品犯罪,该中心积极向哈萨克斯坦政府建议加强海关工作,重点稽查毒品贩卖和走私活动,争取切断以阿富汗为源头、以欧洲为终端市场的毒品走私通道。

积极推进中亚的民主化进程也是欧安组织的工作重心之一。中亚各国在独立之后建立起三权分立、多党制和代议民主制等西方民主制度形式。但由于传统政治文化的影响以及制度惯性的存在,中亚各国的民主制的最大的缺陷是根本就不具备清晰、明确、坚定和成熟的民主精神。在欧安组织的中亚战略中,推进中亚国家政治体制向民主方向发展是其优先方面,同时也是欧安组织及其成员国在中亚地区利益得到稳步实现的重要途径和最终保证。从此原则出发,欧安组织在中亚各国积极开展政治领域内的各项活动,其中又以欧安组织派驻中亚各国首都的中心监督选举的工作最为突出。2012 年 1 月 15 日哈萨克斯坦举行了议会下院选举,欧安组织的观察员认为,此次选举不符合基本的民主准则,哈萨克斯坦总统努苏尔丹·纳扎尔巴耶夫对欧安组织的工作提出了批评,并宣布将来有可能拒绝欧安组织的观察团参与哈萨克

斯坦国内的选举活动。

欧安组织还积极推进中亚地区的人权活动，主要包括增进中亚地区的妇女权益。欧安组织民主制度和人权办公室通过哈萨克斯坦女性非政府组织在各地开展活动，鼓励妇女参与政治的活动，提高妇女的综合能力，确保女性在参政过程中享有与男性平等的待遇。欧安组织还在阿拉木图州为妇女建立了一所地区性政治领导学校。这些活动使越来越多的女性积极参政，提高了公众、媒体对女性的尊重和认可。

2010年底，欧安组织在“沉寂”11年后召开了阿斯塔纳峰会。这是欧安组织第一次由非欧洲国家——哈萨克斯坦担任轮值主席国并召开峰会，也是欧安组织历史上第一次由一个前苏联国家、一个欧亚地区国家和一个穆斯林国家来担任轮值主席国。欧安组织决定把主席国位置授予哈萨克斯坦，既是对该国在过去近20年里取得上述成果的肯定，也希望借此在中亚地区甚至更广泛的欧亚地区树立榜样，并为欧安组织注入新的动力，从而扭转欧安组织走下坡路的态势。对《阿斯塔纳宣言》的签署，哈总统纳扎尔巴耶夫予以高度评价，认为这是峰会“历史性的成就”，有助于把欧安组织打造成一个“更强大的跨越大西洋和欧亚大陆的安全共同体”。会议通过了纲领性文件《阿斯塔纳宣言》，但没能在行动计划签署方面取得任何成果。主要原因是在行动计划中涉及包含解决纳卡争端、格鲁吉亚边境问题和德涅斯特河沿岸问题的基本思路，引发了俄罗斯的强烈反感。⑥2010年阿斯塔纳峰会上欧安组织的行动计划无法达成一致，很重要的原因是俄罗斯觉得欧安组织“意识形态”作怪，不断质疑欧安组织的行动能力，呼吁“欧安组织需要尽快改革”。⑦

从目前来看，欧安组织重新在西方和俄罗斯之间为协调冲突和危机处理开辟一条新路，需要各成员国付出艰辛的努力。在充满各种势力斗争和博弈的中亚地区，欧安组织从人文领域处理中亚事务的立场得到了认同。但是欧安组织在国际事务中行动力的下降却是不可争议的事实。尽管欧安组织在中亚的积极作用得到了肯定，但是面对北约、集安组织，以及美国、俄罗斯都希望作为主导力量解决中亚问题的局势，欧安组织的未来仍然很难让人乐观。

五、区域性国际安全组织影响中亚事务的前景分析

鉴于中亚地区重要的地缘政治和经济地位，无论是集安组织、北约还是欧安组织，其在中亚的活动将越来越活跃，与中亚各国的联系将愈加紧密，影响力也将不断上升。但是，这三大组织介入中亚事务的方式将各自有侧重：集安条约组织主要以军事合作为主，北约主要是建立伙伴关系网络，欧安组织主要关注安全与社会发展。但是，它们都试图利用与中亚国家的合作建立制度性的联系，加大对中亚事务的影响，提升其中亚地区的作用。

除了中亚地区本身的安全外,周边地区安全环境的恶化也引起了集安组织的极大关注。目前,集安组织围绕阿富汗、叙利亚和伊朗局势的变化也进行积极应对,如集安组织秘书长博尔久扎表示集安组织不希望看到对伊朗的军事打击,并强调集安组织将采取必要措施应对可能的军事打击,包括接收难民的措施。在2012年5月的集安峰会上,成员国也讨论了这些地区热点问题。集安组织峰会发表声明,表达了对伊朗、叙利亚和阿富汗局势的担忧。因为阿富汗同集安组织国家直接相邻,阿富汗境内的毒品非法生产、流通和贸易也将对中亚各国的安全构成了不良影响。因此,集安组织在中亚未来发展的重点不仅是内部的军事合作,也将应对周边安全环境恶化作为未来战略的重点。从北约来看,未来在中亚的重点将是进一步巩固既有的伙伴关系网络,同时进一步加强军事存在。2012年北约峰会邀请中亚国家第一次参加,说明中亚在北约对外战略天平中的地位上升。当前北约扩大的进程已经告一段落,但是,北约将继续稳固其既定的伙伴关系网络,尤其是中亚地区的伙伴关系网络。在北约逐渐撤出阿富汗的背景下,加强与中亚地区伙伴关系将对维持阿富汗的稳定起到较大的作用。此外,北约也将继续加强在中亚的军事存在,就玛纳斯空军基地问题,北约与俄罗斯、中亚预计又将进行一场新的较量。欧安组织作为一个规模大、形式松散的组织,尽管其功能与作用日益下降,但是在中亚地区却具有较大的影响。这是因为欧安组织在中亚地区推行安全与社会工作,产生了积极的影响。此外,中亚国家尤其是哈萨克斯坦试图通过欧安组织提升其国际地位与影响,因而欧安组织既可作为中亚国家展示其地区形象的一个重要的工具,同时,也是其本身深化在中亚影响的一个重要渠道。

注释

① 冯绍雷:《上海五国:新型合作范例》,《世界知识》2001年第10期。

② S. Neil Macfarlane, "The United States and Regionalism in Central Asia," *International Affairs*, Vol. 80, 2004, pp. 447—461.

③ 杨恕、李欣:《论欧安组织的中亚战略——以阿拉木图中心为例》,《俄罗斯中亚东欧研究》2006年第6期。

④《吉尔吉斯斯坦新总统:2014年收回玛纳斯美军基地》,http://news.ifeng.com/mil/1/detail_2011_11/02/10347792_0.shtml。

⑤ 冯绍雷:《美国对中亚战略正在进行重大调整》,《专家建议》2006年4月。

⑥ CSIS-IND Task Force, Supporting Kazakhastan's OSCE Chairmanship Agenda Policy Brief Number Nine, "After the Astana Summit: More Questions than Answers," http://csis.org/files/publication/101217_CSIS-IND_PolicyBrief. Nr. 9. pdf.

⑦ [俄]梅德韦杰夫:《欧安组织丧失潜力,亟需现代化改革》,http://rusnews.cn/eguoxinwen/eluosi_duiwai/20101201/42936850.html。

第五部分　热点问题

报告二十　上海合作组织视角下的阿富汗重建问题

何　明*

［摘要］ 2001年至今，阿富汗重建历程走过了十多个年头，而这恰好也是上海合作组织成立和发展的年代。阿富汗重建的前景对于中亚地区的战略格局产生了深远的影响，上海合作组织也在一系列的合作与摩擦中不断成长。阿富汗重建的前景仍然扑朔迷离，这既给上海合作组织带来了机遇，也为其提出了挑战，上合组织应采取积极措施，更加有效、务实地参与阿富汗重建。在维护地区稳定的同时，也为自己再次创造一个安全、稳定的发展环境，进而促进自己成长为一个成熟的区域合作组织。

［关键词］ 阿富汗　重建　上海合作组织　前景

2002年1月7日，上海合作组织发表了《上海合作组织成员国外长联合声明》，其中有这样一段表述"阿富汗最近事态的发展有力地证明，上海合作组织将维护地区安全与稳定、打击恐怖主义、分裂主义和极端主义三股势力确定为各成员国的合作重点，是十分正确和具有远见的"①。这份声明发表于上海合作组织成立（2001年6月15日）后7个月，"9·11"事件发生后4个月，确定阿富汗重建路线图的阿富汗问题"波恩会议"（2001年12月2日）召开后1个多月。

此后，阿富汗重建形势的发展和上海合作组织之间，始终发生着相互影响。从上海合作组织的视角讨论阿富汗问题，显然是一个非常必要的角度。

一、阿富汗重建与上海合作组织发展相互影响

至2011年，阿富汗重建历程走过了10年，这个10年恰好也是上海合作组织成立的10年。在这10年里，上海合作组织致力于谋求地区的安全和稳定，一直关注着阿

* 何明，华东师范大学国际关系与地区发展研究院副院长、博士。

富汗重建形势的发展,同时也受到了阿富汗重建发展变化的各种影响。

第一,由于阿富汗重建本身对恐怖主义势力的打击和限制,使这一地区恐怖主义活动产生了两个重要变化。

1. 由于自身力量被严重削弱,塔利班和基地组织向上合组织区域渗透的势头减弱,给这一区域的极端势力提供援助和支持的能力也下降了很多。

在阿富汗内战和塔利班统治期间,阿富汗成为宗教极端分子的聚集地,也由于他们以此为基地向周边地区四处渗透,给周边地区和国家都带来了巨大的威胁和隐患,上海合作组织区域就深受其害。

中亚费尔干纳谷地长期难以消除的极端主义、恐怖主义和分裂主义势力同阿富汗的宗教极端势力有着千丝万缕的联系。例如长期肆虐乌兹别克斯坦的“乌伊运”(Islam Movement of Uzbelistan)不仅威胁着乌兹别克斯坦的国家安全与稳定,也直接和本·拉登的“基地”组织同流合污。②

经过反恐怖主义战争的涤荡,以及随后国际援助部队的清剿,“基地”组织的力量被极大地削弱。塔利班也只能隐匿于巴基斯坦阿富汗边境的山区,虽从 2006 年开始重新活跃,并严重威胁阿富汗民主重建进程,但是其角色已经成为“叛乱者”,主要目标是重新夺取政权,暂时无力再进行恐怖主义的“革命输出”。

2. 由于上海合作组织同包括以美国主导的国际援助部队在内的本地区各种反恐怖主义力量的合作,阿富汗的安全形势虽也时有恶化,但总体上是遏制了恐怖主义,这种态势显然有利于上海合作组织地区的稳定。

第二,阿富汗重建行动改变了上海合作组织打击恐怖主义的国际环境。

在阿富汗反恐怖主义战争之前的很长一段时间,美国对俄罗斯、中国、乌兹别克斯坦、塔吉克斯坦等上海合作组织区域成员国的反恐怖主义活动态度暧昧。

1996 年前后,乌兹别克斯坦和塔吉克斯坦先后遭到宗教极端主义势力的袭击,在俄罗斯与乌兹别克斯坦、塔吉克斯坦的共同努力下终于挫败了这些恐怖活动,根据这三国的情报机关披露,这些恐怖活动均有塔利班支持的影子,而美国对于这一系列事件反应冷淡,当时的塔吉克斯坦总统拉赫莫诺夫对此批评道:“在苏联进行的阿富汗战争期间,这个国家每一分钟都在被人们提及,现在却保持沉默”。③

这些情形在阿富汗反恐怖主义战争及其之后 10 年的阿富汗重建时期,有了很大的改观。

在车臣问题上,美国的态度也有所变化,尽管依然对俄罗斯在车臣问题中“破坏人权”的行为进行批评,但也将车臣的一些恐怖主义组织,如里亚杜斯—萨利欣车臣烈士侦察破坏营(Riyadus-Salikhin Reconnaissance and Sabotage Battalion of Chechen Martyrs, RSRSBCM)列入受关注组织。④ 卡耐基国际和平基金会高级研究员安纳托尔·列文(Antaol Lieven)曾对反恐战争之后的俄美车臣问题做了如是评价:“在俄美之间，车臣已经不再是大问题，美国在这一问题上比其在印巴问题和伊朗问题上要灵活得多。美国往往就是这样，即如果某个国家是它的好伙伴，那么对该国的其他问题就可以‘睁一只眼闭一只眼’”。⑤显然，由于在阿富汗反恐怖战争和其随后进行的阿富汗重建行动中，需要得到俄罗斯的大力支持，美国也改变了对车臣问题的立场。

二、上海合作组织积极参与阿富汗重建活动

上海合作组织成立不久，就遭遇“9·11”事件。反恐战争后，阿富汗重建形势的不断发展与变化使得该地区的地缘政治环境变得异常复杂、多变。作为一个新兴的区域合作组织，上海合作组织经受了这种考验，在不断地处理各类复杂的、突发的事件中，不断地成熟，逐渐成为维护地区和平、安全与稳定的一支重要力量。

一方面，上海合作组织在过去10年在阿富汗重建问题上做出了积极努力。

上海合作组织对于阿富汗重建问题，始终是予以高度关注的。2001—2011年，上海合作组织各类宣言、声明，都体现出了这种关注。我们不妨做一个简单梳理。

2002年1月7日，上海合作组织发表《成员国外长联合声明》，表达了对阿富汗重建的极度关注，对于伯恩会议及其成果给予了高度评价，提出了愿意积极参与到阿富汗重建进程之中。⑥

同年11月23日，《上海合作组织成员国元首宣言》强调了本地区的稳定与阿富汗局势休戚相关，支持阿富汗民主重建进程。⑦

同年11月23日，《上海合作组织外交部长会议联合公报》，对阿富汗正在进行的和平进程进行了积极评价，对于阿富汗重建中的恐怖主义、毒品种植与买卖表示了极大的担忧，同时表示愿意为阿富汗重建提供必要的人道主义援助。⑧

2003年5月29日，《上海合作组织成员国元首宣言》，又一次关注阿富汗毒品问题，并强调阿富汗形势出现的变化不应影响阿富汗和平重建进程的正常进展。⑨

同年9月5日，《上海合作组织外长非例行会议联合公报》提醒国际社会关注阿富汗选举、毒品问题，愿意在联合国框架下进行合作，支持国际社会对阿富汗重建的各种援助。⑩

2004年6月17日，《上海合作组织成员国元首塔什干宣言》欢迎阿富汗组建代表性广泛的政府，再次提出关注毒品和恐怖主义问题。⑪

2005年7月5日，《上海合作组织成员国元首宣言》再次提到阿富汗毒品问题，并对阿富汗形势作了较乐观的描述，同时要求美军撤出中亚军事基地。⑫

2005年11月4日，上海合作组织与阿富汗签订了《上海合作组织与阿富汗伊斯兰共和国关于建立上海合作组织—阿富汗联络小组的议定书》，建立了联系制度。

2007年8月16日,上海合作组织的《比什凯克宣言》,又一次提及了阿富汗的毒品问题,同时强调了上海合作组织—阿富汗联络小组工作的重要性。⑬

同日发表的《上海合作组织成员国元首理事会会议联合公报》,表示希望上海合作组织在阿富汗问题上发挥作用潜质。

值得注意的是,这一年的上海合作组织峰会邀请了阿富汗总统卡尔扎伊作为主席国客人出席了峰会。而阿富汗共和国第一副总理还作为东道国客人出席了上海合作组织成员国政府首脑会议。

2008年8月28日《上海合作组织成员国元首杜尚别宣言》将阿富汗局势的发展列为需要关注的安全形势问题之一。⑭同日发表的《上海合作组织成员国元首理事会会议联合公报》关注阿富汗毒品问题和上海合作组织—阿富汗联络小组的工作。⑮阿富汗总统卡尔扎伊再次作为主席国客人出席峰会。

2009年是上海合作组织参与阿富汗重建活动最为活跃的一年,从官方文件来看,上海合作组织发表了《上海合作组织阿富汗问题特别会议宣言》,《上海合作组织成员国和阿富汗伊斯兰共和国关于打击恐怖主义、毒品走私和有组织犯罪的声明》,签署了《上海合作组织成员国和阿富汗伊斯兰共和国打击恐怖主义、毒品走私和有组织犯罪行动计划》。

在当年发表的《上海合作组织成员国元首叶卡捷琳堡宣言》中,表达了对阿富汗局势恶化的担忧,同时强调本组织与其他机构以及与阿富汗合作的必要性。⑯在《上海合作组织成员国元首理事会会议联合公报》中则高度评价了此前与阿富汗进行的一系列合作。

2010年6月11日发表的《上海合作组织成员国元首理事会第十次会议宣言》再次提醒国际社会关注日益恶化的阿富汗局势,表示愿意支持阿富汗积极重建。⑰

2011年6月15日发表的《上海合作组织十周年阿斯塔纳宣言》中强调阿富汗和平对于地区安全的重要性。⑱

同日发表的《上海合作组织十周年成员国元首理事会会议新闻公报》再次强调阿富汗问题对于地区稳定的重要性,强调军事手段并非解决阿富汗问题的唯一途径,恢复阿富汗社会经济才是最为重要的手段。⑲

梳理上述文件我们可以看到,上海合作组织的官方宣言或声明中,除了2001年、2006年之外,都表现了对阿富汗重建问题的重视,大体上可以分为如下三类:

其一,将阿富汗重建问题列为上海合作组织关注的众多热点问题之一。这一立场表达了上海合作组织对于这一问题的官方关切。对于身处于复杂、困难形势中的阿富汗重建,上海合作组织的这种关切,不仅是一种积极的信号,也是一种道义的支持。

其二,是有关阿富汗重建问题的专门文件。主要包括2005年11月4日上海合作组织与阿富汗签订的《上海合作组织与阿富汗伊斯兰共和国关于建立上海合作组织—阿富汗联络小组的议定书》;2009 年发表的《上海合作组织阿富汗问题特别会议宣言》,《上海合作组织成员国和阿富汗伊斯兰共和国关于打击恐怖主义、毒品走私和有组织犯罪的声明》,以及签署的《上海合作组织成员国和阿富汗伊斯兰共和国打击恐怖主义、毒品走私和有组织犯罪行动计划》。这些文件标志着上海合作组织正式的参与阿富汗重建活动。

其三,表明了对阿富汗重建进程中各种具体问题的立场、态度,以及涉及具体工作进程的文件。这包括 2005 年的《上海合作组织成员国元首宣言》,2010 年的《上海合作组织成员国元首理事会第十次会议宣言》,2011 年的《上海合作组织十周年成员国元首理事会会议新闻公报等》。

另一方面,上海合作组织的努力对于阿富汗重建和地区安全形势产生了积极的影响。

第一,上海合作组织对于阿富汗重建进程的建议,充分估计了其复杂性与多变性,以冷静、客观和负责任的态度,探索解决阿富汗问题的各种可能性。

2010 年《上海合作组织成员国元首理事会第十次会议宣言》中对于阿富汗问题如是描述:"阿富汗伊斯兰共和国局势持续恶化及源自该国的恐怖主义、毒品走私和跨国有组织犯罪仍是地区面临的严重威胁。作为维护安全的决定性因素,实现阿富汗和平稳定有助于整个地区社会经济持久发展。成员国重申支持联合国在协调国际社会调解阿富汗局势的努力中发挥主导作用,认为单纯依靠军事手段并不能解决阿富汗问题。成员国支持推动由联合国主导并吸收阿富汗人民参与的谈判进程。上合组织支持阿富汗成为和平、稳定的国家,强调应完全尊重阿富汗各族人民的悠久历史、民族根源和传统宗教价值观。"[20]

2011 年《上海合作组织十周年成员国元首理事会会议新闻公报》指出,阿富汗国内形势旷日持久的紧张和对抗,仍然是本地区安全稳定的主要威胁来源之一。强调仅仅依靠军事手段无法解决阿富汗冲突,一致认为必须首先重视解决阿富汗社会经济问题,包括交通和社会基础设施重建。为此,本组织支持成员国同国际机构和其他有关方面一道共同参与实施阿富汗经济重建项目。[21]

这里突出反映的是这样几个观点:一是阿富汗旷日持久的战乱必须结束;二是阿富汗重建必须首先解决社会经济问题;三是单纯的军事手段是难以解决阿富汗问题的。

这三个问题显然是有所指向的。2009 年美国总统奥巴马首次提出将于 2011 年 7 月开始从阿富汗撤军,并提出解决阿富汗问题的新阿巴战略,意图在此之前彻底打垮塔利班等反叛势力。[22]在此背景下,针对塔利班等反叛组织的军事行动必然会增加。塔利班等反叛势力,以及其他一些恐怖主义长期难以根除的确影响着阿富汗的重建进程是不容忽视的,但是阿富汗重建10年,阿富汗政府本身出现了众多的问题;社会经济增长缓慢等等都为人们所深深关切也是客观事实。在这种背景下,用军事力量打击塔利班等势力必须同社会经济的综合援助、重建相结合,才有可能解决这一问题。由此而见,上海合作组织的很多建议,的确是看到了阿富汗重建的复杂性所在。而这种建议虽然不乏对美国一些做法的批判,但出发点是希望促进阿富汗重建向积极的方向发展。

第二,面对美国主导阿富汗重建活动所带来的复杂形势,上海合作组织在加强与各种力量合作,促进阿富汗问题和平解决的同时,始终致力于维护地区的安全与稳定,应对各类突发的、复杂的事件,不断地成熟,成为维护地区和平、安全与稳定的一支重要力量。

对于上海合作组织而言,美国在阿富汗所进行的反恐怖战争,以及其主导的阿富汗重建行动,始终有两方面的影响:一方面,这些活动有利于打击这一地区的恐怖主义和极端主义活动,有利于上海合作组织的发展;另一方面美国借机深入中亚腹地,寻求形成有利于己的战略布局。因此,如何在参与国际合作,促进阿富汗和平重建进程的同时,防止影响地区安全、稳定的态势出现,是上海合作组织在面对阿富汗问题时的新课题。

在"9·11"事件之后,美国反复强调"不会在中亚做永久性停留。"2001年11月19日,美国驻俄罗斯大使弗什博在莫斯科举行记者招待会,称美国不谋求在阿富汗和中亚国家的长期存在。[23]美国国家安全顾问赖斯在2001年10月13日明确指出,美国不会借对阿富汗的军事行动来削弱俄罗斯在中亚地区的势力影响。[24]但是一个不容忽视的事实是,美国的军事基地先后在乌兹别克斯坦和吉尔吉斯斯坦出现,这不仅是俄罗斯历史上从未遇到过的挑战,对于上海合作组织其他成员国而言,也感受到压力。如果说,美国此举,仅仅是出于反恐战争和其后阿富汗重建的需要,显然是不够全面的。

虽然10余年的各个时段,美国国内对于是否保留在中亚地区的军事存在一直有着争论,但是,2004年以后,在格鲁吉亚、乌克兰,特别是中亚的一些国家出现了被称之为"颜色革命"的政治动荡。这不仅恶化了地区形势,也对上海合作组织地区的稳定与安全形成压力。

在这样的背景下,2005年上海合作组织在阿斯塔纳峰会上发表了《上海合作组织成员国元首宣言》,其中对于阿富汗问题及美国在中亚的军事基地有这样的描述:

> 我们支持并将继续支持国际联盟在阿富汗进行反恐行动的努力。今天,我们看到阿富汗在国内局势稳定方面发生了积极变化。为开展反恐行动,上海合作组织一些成员国向联盟各国提供了地面基础设施以临时部署军队,还提供了地面及空中军事运输通道。

> 鉴于阿富汗反恐的大规模军事行动已经告一段落，上海合作组织成员国认为，反恐联盟有关各方有必要确定临时使用上海合作组织成员国上述基础设施及在这些国家驻军的最后期限。㉕

美国对此极为不满，2005年7月6日美国国务院发言人对上合组织撤出美国在中亚的军事力量的要求表示拒绝。7月23日国防部长拉姆斯菲尔德对塔吉克斯坦和吉尔吉斯斯坦进行了为期三天的访问，美国在中亚的军事部署是其访问中的重要话题。10月6日美国负责欧洲和欧亚事务的助理国务卿丹尼尔·弗莱德在访问中亚后，明确对媒体表示，上合组织关于阿富汗情况好转的说法是"奇怪的"，"让人不能支持的"，因此要求美军撤离也是错误的。㉖

不过同时，美国也意识到了无论是阿富汗重建活动，还是整个地区的安全、稳定，与上海合作组织的合作都是非常必要的。时任美国分管中亚、南亚事务的助理国务卿鲍彻在美国赫尔辛基委员会作证时，详细阐述了美国政府对上合组织的态度。首先，上合组织不应成为俄罗斯和中国主导中亚的工具；其次，上合组织应与美国的地区计划互补；再次，上合组织应更注重经济发展，而非地缘政治，美国对上合组织开始关注经济合作表示欢迎；最后，美国欢迎印度、巴基斯坦、蒙古成为上合组织观察员国，阿富汗与上合组织建立联络关系，但认为伊朗成为观察员国会带来很多问题。㉗

三、 2011年阿富汗形势的变化给上海合作组织带来了严峻的挑战

从2009年美国宣布实施"新阿巴战略"，到宣布2011年7月开始从阿富汗逐步撤军，再到2011年7月正式实施撤军计划，阿富汗重建形势的发展又一次成为人们关注的焦点。

一个令人担忧的问题是，2014年美国完全撤离之后，阿富汗重建是否会遭遇20世纪80年代末苏联从阿富汗撤军之后同样的覆辙：内战、宗教极端主义政权出现，国际恐怖主义泛滥。

事实上，"新阿巴战略"颁行以来，阿富汗安全形势依然难以乐观，塔利班以自杀性攻击等方式的"反攻"一直没有间断，肩负与各类反叛势力进行接触谈判的阿富汗高级和平委员会的高级官员不断遭刺杀，其中包括老牌政治家，阿富汗前总统，高级和平委员会主席拉巴尼。与此同时，上海合作组织成员国内部也发生了若干恐怖事件。

尽管，还没有充分的证据证明上述二者具有的关联性，但是在多个成员国出现安全形势恶化的背景下，上海合作组织有必要高度关注阿富汗重建形势的变化。

未来阿富汗安全形势的走势，尤其是2014年后的安全形势，很大程度上与阿富汗重建的最终结果结合在一起。然而，从2011年的情况来看，阿富汗重建的前景，依然

是复杂而多变的,以下几种可能性都是人们所关注的:

第一种可能性,塔利班重新掌权。自从2006年塔利班重新活跃以来,大有死灰复燃,东山再起之势。有西方观察家认为,在坎大哈等塔利班传统势力深厚的重镇,出现了塔利班控制郊区,阿富汗政府控制城市(而控制城市的也仅是地方军阀而已);白天是阿富汗政府控制,晚上是塔利班天下的局面。一些地区的民众,依然遵从、也更习惯遵从塔利班的伊斯兰法。㉘甚至,在阿富汗一些区域,塔利班已经建立起了平行于现政权的"影子"政权统治形式。㉙

如果,塔利班在国际援助部队撤离后用武力夺取政权,对于上海合作组织而言,则必然要重新面临20世纪90年代末的安全困境。

不过,这种局面出现的可能性并不大。

首先,塔利班自身变革的可能空间有限,尤其是,塔利班和很难完全割断和基地组织的联系。这一点不改变,就改变不了塔利班是一个恐怖主义组织的国际形象,这加大了其重新夺取政权的困难。

其次,塔利班能否击败所有的其他的阿富汗政治势力,也未可期。毕竟目前的局面与20世纪90年代中期有很大不同。塔利班政权经过2001年的重创,其实力已不可能与当年崛起之时同日而语,这使塔利班重新掌权变得极为不确定。

最后,塔利班不成功的执政经历,使其很难获得较多的国内支持。尽管塔利班曾经短暂地统一阿富汗大部分土地;尽管阿富汗民众曾经对于使国家变革与进步的政治变化寄予厚望,但是塔利班执政后留给阿富汗人的记忆更多的是严峻和保守,还有就是其卷入国际恐怖主义网络使国家再次遭受战争的摧残。2011年亚洲基金作了一个调查显示,尽管大多数的阿富汗人赞成和解,从全国来看,赞成和平谈判的阿富汗人占整个人口的四分之三,在一些省份人数可以高达90%。但是这其中只有四分之一的阿富汗人对塔利班抱有乐观的态度。㉚因此,塔利班的卷土重来和20世纪末有很大的区别,更多的是靠恐怖主义的手段使很多人屈服,而不是其特色鲜明的政治纲领。阿富汗伊斯兰共和国驻英国政务参赞亚辛·拉苏里先生在参加华东师范大学国际关系与地区发展研究院于2011年6月举办的"阿富汗问题前景及对周边和国际形势的影响"国际学术研讨会上对于塔利班的政治举措与诉求做了如下评价:"塔利班并没有对阿富汗的未来有一个清楚的想法,也没有一个纲领。比如他们是希望有一个民主选举建立的民主国家,还是他们希望女性们在家庭以外也发挥一点作用,再比如对于女童的教育有没有一个说法。现在阿富汗最大的挑战,就是缺乏一个清晰的和平议程,他们只是要求举行和谈,要求外军撤走,释放犯人,并且严格的实行伊斯兰教法。"㉛

第二种可能性,塔利班和地方军阀达成妥协,共同推翻卡尔扎伊政权,暂时分享政权的局面。

如果有这样一幕,它将很类似于20世纪80年代末的阿富汗局势。苏军的撤离,使纳吉布拉政权立刻风雨飘摇。本身矛盾重重的各游击队力量，摒弃了联合国《白沙瓦协议》，最终推翻了纳吉布拉政权，并且进行了短暂的权利分享阶段。

目前的阿富汗，卡尔扎伊政府的控制能力始终有限。在波恩会议确定的路线图中，卡尔扎伊虽然被确定了国家领导人的地位，但却是唯一一个不掌握自己武装力量的政治家，北方联盟、希克马蒂亚尔等旧军阀，哈拉扎人等部族势力从来没有对卡尔扎伊表示臣服。㉜卡尔扎伊政府内部出现的腐败、贪污丑闻，也极大地损害了政权在阿富汗各界中的威信。

因此，在美军撤离之后，塔利班和所有反叛力量达成妥协，共同推翻卡尔扎伊政权分享权力是有可能的。

问题的关键在于，这种局面将不是所谓阿富汗重建的终点，而是阿富汗迈向混乱、内战的新的轮回的开始。因为分赃者们本身就是貌合神离，稳定的局面仅是暂时的。阿富汗再次陷入内战对于上海合作组织的挑战显然是严峻的。

第三种可能性，美国所一直追求的"西方式"的"新"阿富汗诞生。

希拉里·克林顿在2010年5月这样对卡尔扎伊表述，在2001年9月11日纽约与华盛顿遭受恐怖袭击前，美国和其他国家并没有对阿富汗国内的局势给予足够的关注，当时阿富汗在塔利班的统治下遭受蹂躏，为"基地"组织提供了安全庇护所。希拉里承诺："我们吸取了过去的教训。奥巴马总统明确表明我们不会再允许发生这种疏离与疏忽。为此，他全面检视了我们的阿富汗政策，其结果是大幅提升了我国对阿富汗的承诺，这种承诺不仅包括军事，而且包括民事。"她还指出，美国的民事承诺"将持续到久远的将来"㉝。

如果真的出现这样一个"新"阿富汗，美国军事力量可能更加长久性的驻留于该地区，对上海合作组织而言，将面临着地缘政治发生变化的环境。

然而，"新"阿富汗要得以成功，除了持续压制塔利班，逐步消除军阀势力之外，恐怕还要有能力面对这样几个难题：其一，如何把西方式，或者美国式的民主和阿富汗的政治文化传统相结合，尤其是与阿富汗传统的，具有强大生命力的部落会议制度进行嫁接。这决定了阿富汗的民主必然不可能是纯美式的民主；㉞其二，如何处理国家与伊斯兰教的关系；其三，如何处理国家和民族的关系，也即完成一个多民族国家的现代国家认同；其四，如何保持几个大国和强权力量之间的平衡外交。

无论上述任何一种可能成为现实，都会给当地事务带来深重的影响，也都需要上海合作组织做出全面的考量与有效的应对。

四、上海合作组织面临的阿富汗形势：努力与挑战（2012）

2012年，对于上海合作组织处理阿富汗问题而言，是一个异常关键的年份：上海合作组织做出了迄今为止在阿富汗问题上最为努力的尝试,然而,阿富汗问题带给它的严峻挑战却没有结束。

(一) 阿富汗获得上海合作组织观察员国地位,上海合作组织在阿富汗问题上又迈出了一步

2012年6月6日至7日,上海合作组织成员国峰会在北京举行。此次峰会上,上海合作组织给予阿富汗上海合作组织观察员地位,这是上海合作组织在阿富汗问题上迈出的新一步。

在此次峰会上发表的《上海合作组织成员国元首关于构建持久和平、共同繁荣地区的宣言》中,进行了这样的描述:

> 成员国支持阿富汗建成独立、中立、和平、繁荣和没有恐怖主义、毒品犯罪的国家,认为阿民族和解进程应由阿人主导、阿人所有。成员国支持联合国在协调解决阿富汗问题的国际努力中发挥主导作用。成员国将协助阿富汗人民进行国家重建。成员国决定给予阿富汗上合组织观察员地位。[35]

这是上海合作组织官方文件中第一次明确表示协助阿富汗进行国家重建。这标志着上海合作组织将在阿富汗重建问题上发挥更为积极的作用。

中国和俄罗斯在此后的一系列表态,则勾勒出了上海合作组织进一步积极参与阿富汗重建的基本范围。

第一,上海合作组织将高度重视阿富汗的地位和作用。

不仅上海合作组织给以阿富汗观察员地位,上海合作组织重要成员国中国和阿富汗于2012年6月8日签署联合宣言,建立中阿战略合作伙伴关系。俄罗斯总统普京在上海合作组织峰会期间也单独与阿富汗领导人进行了会晤。这些都表明,上海合作组织将阿富汗置于一个非常重要的位置。

第二,上海合作组织不会军事介入阿富汗重建问题,但是上海合作组织成员国会向美国及北约提供相关帮助。

2012年6月7日,中国外交部副部长程国平在北京表示:"上合组织不会取代或填补所谓'联军'2014年从阿富汗撤军后留下的军事上的'空白'。"[36]

据2012年8月1日"俄罗斯之声"报道,俄罗斯总统弗拉基米尔·普京声明说,俄罗斯不打算参加阿富汗军事行动。但是俄方准备帮助北约整顿该国秩序,向北约提供过境运输。[37]他还表示,北约驻阿富汗国际援助部队应该在阿富汗局势稳定后再考虑撤离。

上述情况表明,上海合作组织,及其成员国都不会对阿富汗的重建进行军事介入,尤其不会在以北约为主的国际援助部队撤离阿富汗后,直接接管阿富汗国家重建的安全防务。

第三,上海合作组织将更多的以援助、经济合作、和其他双边、多边合作的方式参与阿富汗重建。

中国外交部副部长程国平在2012年6月7日表示:“此次峰会作出吸纳阿富汗成为观察员国的决定,旨在于上合组织框架内加强与阿富汗的政治、安全、经济合作,在联合国框架内进一步促进阿富汗战后重建、实现民族和解。上海合作组织各成员国在阿富汗问题上具有地缘优势,除与阿富汗开展双边合作之外,还将通过上合组织的平台向阿富汗提供友好帮助。”㊳

在中国与阿富汗签署的联合宣言中,明确指出:“政治、经济、人文、安全以及国际地区事务合作是构成中阿战略合作伙伴关系的五大支柱”,“双方同意继续在资源和能源开发、基础设施建设、工程和农业等领域加强务实合作。中方重申支持阿富汗和平重建进程,将一如既往地向阿富汗提供力所能及的帮助,继续鼓励有实力的中资企业赴阿参与建设和开发。中方宣布,2012年中国政府将向阿方提供1.5亿元人民币无偿援助。”㊴

这些都表明,经济援助,和带有援助性质的经济合作将是未来很长一段时间内,上海合作组织成员国参与阿富汗重建的主要方式。

(二) 美国给以阿富汗重要盟国地位,揭示了美国的阿富汗重建战略核心所在的同时,还预示着阿富汗问题正在形成上海合作组织所面临的新的地缘政治环境

北约芝加哥峰会之后,美国与阿富汗签订了战略伙伴关系条约。

2012年7月7日,美国国务卿希拉里·克林顿在访问喀布尔时宣布,阿富汗是美国的“北约国家之外的重要盟友”,而克林顿国务卿认为阿富汗从此加入了包括由以色列、日本、巴基斯坦和其他关系密切的亚洲和中东国家组成的盟友俱乐部。㊵

此前人们一直猜测的美阿战略伙伴关系的核心内容也开始逐步清晰了。这也反映出了美国对于阿富汗重建的主要战略意图。

第一,始终重视阿富汗在其地缘战略布局中的重要性。

奥巴马总统在2012年5月2日访问阿富汗时,在巴格拉姆空军基地发表演讲时指出:

> 我们正在建设一种持久的伙伴关系。我们今天签署的这份协议向阿富汗人民发出了一个明白无误的信息:当你们挺身而起时,你们并不是孤立的。该协议确立了我们在以后十年中相互合作的基础,包括对于打击恐怖主义和加强民主体制的共同承诺。它支持阿富汗为国内人民加快发展与增进尊严所作的努力;它包括阿富汗对于提高透明度、加强问责及保护全体阿富汗人民——男子和妇女,男孩和女孩——的人权的承诺。在这个架构下,我们将与阿富汗人民共同确

定他们为在2014年以后继续完成两项紧要的安全使命——抗击恐怖主义和继续进行训练——将需要何种支持。但是,我们将不会在这个国家建设永久性的基地,也不会在它的城市和山区巡逻,那将是阿富汗人民自己的职责。㊶

显然,美国对阿富汗的关注不会因为2014年美军和国际援助部队的撤离而改变,保持阿富汗的稳定,维护阿富汗重建的既有成果在美军撤离后将以美阿伙伴关系为框架进行。

第二,加强阿富汗安全部队与警察队伍的建设。

2012年5月21日结束的北约芝加哥峰会的一个重要议题就是阿富汗问题。在这个议题上,美国与其盟友们达成的一致是:必须结束阿富汗战争,而结束的方式是国际援助部队结束在阿富汗的战斗任务,在2013年将所有防务开始移交给阿富汗安全部队和警察,2014年北约全部撤离阿富汗。㊷

此后,阿富汗安全部队和警察能够完全承担起保卫阿富汗的职责才成为了关键。虽然,阿富汗安全部队从来没有独立承担过战斗任务,而最近一段时间,频频出现身着阿富汗军队和警察制服的袭击者向国际援助部队发动自杀性攻击的事件说明,阿富汗安全部队和警察的成分复杂,其防卫能力和态度与倾向还需要做进一步观察。但是,美国加强阿富汗安全部队和警察建设的计划看来是不会改变的,至2012年,阿富汗安全部队最高的人数将达到352 000人。㊸

第三,借2014年阿富汗大选促进阿富汗国内各政治势力的妥协。

2014年不仅是以美军为主体的国际援助部队撤离阿富汗的时间,同时也是阿富汗又一次总统大选的时间。2009年的阿富汗总统选举,舞弊问题被闹得沸沸扬扬,与其说卡尔扎伊的再次当选是各派力量妥协的结果,不如说是美国强力支持的结果。

2014年大选会是一种什么样的态势?

阿富汗目前的政治力量格局依旧复杂,喀布尔现有的政治力量、地方实力派和军阀都不容小觑。看来,通过公正的选举,达成一种各方妥协,这是阿富汗走向稳定与和平的基本前提。

有一种观点认为,阿富汗大选,美国态度的倾向性起着很重要的作用,任何人只有得到了美国的支持就能够当选。㊹

美国对未来阿富汗政治格局的确有其计划。从美国2009年以来对阿富汗政治生态的批评意见来看,主要出于两个考虑:其一,帮助鼓励年轻和受过教育的阿富汗人参与政治,成为新领导人;其二,建议阿富汗政府取消有腐败劣迹者参选资格,促进2014年后阿富汗的政治格局朝良性方向发展。㊺简而言之,美国希望未来的阿富汗政治构架由自己来安排和设计。但是,阿富汗政治生态变化是否依照美国的指挥棒而动?未来的形势还尚在未定之天。

第四,美国试图吸纳塔利班中的“温和派”进入未来的阿富汗政府,以增加阿富汗政府代表的广泛性，保证其稳定性。

同样在华东师范大学举行的国际会议上，拉苏里先生对于 2011 年 12 月 5 日的“第二次”波恩会议关于阿富汗和解的路线有过一个提前的解读，他指出这个路线图：“包括三个议程，一是阿富汗向民主政权的过渡，尤其是阿富汗民众逐步接受这种过渡；二是希望国际社会能够长期在阿富汗有所参与，包括参与营建一个安全、稳定的阿富汗周边环境；三是政府进程，包括阿富汗内部的和解，以及地区的和解进程。塔利班的领导人也会有机会重返和平的政治生活，比如说建立政党，或者在当地的政府上承担一定的责任，特别是在塔利班影响比较大的南部和西部的省份。希望和谈能够使塔利班逐渐结束其所声称的圣战，能够为他们适应社会、适应正常的政治生活创造条件”。[46]

就美国而言，一直以来就有将塔利班中的温和派纳入阿富汗政权的设计。

2001 年 9 月，时任美国国务卿的鲍威尔直言不讳地向塔利班发出信号，“只要塔利班交出拉登，我们并不打算推翻塔利班政权，不管它把阿富汗治理得好与坏”。[47]

2001 年 10 月，美国和巴基斯坦宣布允许温和的塔利班人士在未来阿富汗政权中占据位置。[48]

只是由于塔利班当时和拉登及基地组织死死捆绑在一起，美国的努力最终没有奏效。

而时至今日，美国依然没有放弃和塔利班进行谈判，吸纳其温和派进入阿富汗政府的努力。

2010 年 1 月 29 日，美国国务卿希拉里发表讲话，表示美国将继续推进在阿富汗打击塔利班的军事行动，同时支持阿富汗主导的一项行动，促使愿谴责暴力和基地组织并按国家法律和宪法生活的塔利班武装人员重新融入社会。[49]

2010 年 11 月，美国负责阿富汗和巴基斯坦事务的特使理查德·霍尔布鲁克(Richrd Holbrooke)说，开展阿富汗和平与回归社会计划(Afghan Peace and Reintegration Program)，说服塔利班武装分子放下武器，回归自己的社区，反映了奥巴马政府的观点，即不能以单纯的军事手段解决阿富汗的持续冲突。[50]

2012 年以来，美国先是允许塔利班在海湾国家设立代办处，以便进行谈判，接着又释放了一批塔利班战俘。

塔利班方面的态度也耐人寻味。其一直宣称进行谈判要满足一些基本的条件。2011 年 12 月，塔利班在其官方网站针对第二次波恩会议的声明中，除了抨击这次会议是一次无效的会议之外，再次重申了自己以谈判方式重返政治舞台的条件：1. 所有外国军队撤出阿富汗；2. 取缔“卡尔扎伊伪政权”，坚决不与这个政权进行谈判。[51]

如果，美国与塔利班成员的谈判能够成功，塔利班温和派进入阿富汗未来联合政府，将是有利于美国在阿富汗的政治安排。

完成了上述安排，美国所谓的撤离阿富汗，就仅仅变成是军事力量的撤出，甚至连军事力量的撤出也不是绝对的。尽管美国与阿富汗签订的战略伙伴关系条约中，明确表示不寻求在阿富汗保留永久性的军事基地，但条约本身是否也为其在一段时间内以军事基地的方式驻留阿富汗留下伏笔？此次，美国宣布阿富汗成为其北约之外的重要盟友，甚至将她的地位与以色列、日本这样的盟友并列，更是预示着美国的影响力将长期存在于阿富汗。

五、结　　语

距离以美军为主的国际援助部队全部撤出阿富汗，还有两年时间。看来在未来两年，上海合作组织在参与阿富汗重建的同时，还会面临一系列的挑战，这反过来说明，上海合作组织进一步成熟、发展自身的机遇依然存在。

首先，上海合作组织可以扎实发挥功能性的作用，在未来的阿富汗重建中进一步发挥作用。上海合作组织对于阿富汗重建问题涉及最多的是三个方面：第一是反恐怖主义；第二是反毒品合作；第三就是阿富汗重建中的社会、经济方面的工作。

从上海合作组织成员国和阿富汗政府在反恐领域的双边合作来看，还是有一定成效的。阿富汗驻英国政务参赞拉苏里先生在2011年透露："中国与阿富汗之间的关系没有直接参与到安全事务当中，但是中国和阿富汗关系非常密切，中国是唯一一个国家虽然没有参加到我们安全行动当中，但是对我们进行情报交换的国家。在奥运会之前我当时在北京，我们就开始交换情报，这样的情报交换对打击恐怖主义是非常有用的。所以对于巴基斯坦、阿富汗和中国之间的合作我持非常积极的态度。"[52]

未来上海合作组织与阿富汗之间在该领域的合作，应该着眼于建立更加有效和便于操作的机制，同时加强法律化建设，这不仅对于当下的反恐有所帮助，也会为今后的合作形成一种机制性的法律约束。

对于反毒品合作，上海合作组织还可以发挥更大的作用。根据联合国毒品与犯罪署的统计，阿富汗的鸦片产量从2002年开始，除了2005年、2008年和2009年之外，基本上呈现出逐年增加的态势，而且产量始终占世界鸦片产量的90%左右。同时上海合作组织成员国在这个时段遭受毒品侵害的程度也没有明显的降低。[53]反毒品合作，不仅是阿富汗和上海合作组织所关注的问题，也是全世界所关注的问题，这方面的合作，操作性和技术性都很强，而且容易成为进一步合作的切入点，也能很清楚地展示上海合作组织与阿富汗合作的成效。

而最新的上合组织峰会，以及中国等上合组织成员国的举措则表明，未来一段时间，上合组织及其成员国与阿富汗的经济合作将更为密切，这同样有利于阿富汗重建和上合组织自身发展。

其二,上海合作组织可以在内部为解决阿富汗问题提供一个机制性平台。

我们需要注意新一届上海合作组织峰会后一个比较有意思的现象,在上海合作组织内,目前有3个国家和阿富汗重建有着密切的关系:阿富汗、巴基斯坦、土耳其。前二者是观察员,后者是对话国。而巴基斯坦和土耳其一直都是在阿富汗重建问题上发挥着很大作用的国家。

阿富汗重建问题,巴基斯坦始终发挥着重要的作用。在美国与塔利班,阿富汗现政权与塔利班之间,巴基斯坦都存在着斡旋的空间,只是缺乏一种机制性的对话平台。土耳其在阿富汗问题上也一直发挥着比较重要的作用。

如果再加上与阿富汗重建同样有利益诉求和关联的印度、伊朗这两个观察员国,上海合作组织协调阿富汗重建问题的空间其实还是值得期待的:在这样一个国际组织内,集中了关于阿富汗重建问题的几个重要国家:阿富汗、巴基斯坦、土耳其、印度和伊朗。其中,土耳其是美国的北约盟友,巴基斯坦和阿富汗则是美国北约之外的重要盟友。这种结构,是有利于利用上海合作组织作为对话、协商的平台,协调各种力量的诉求,为推进阿富汗重建进程发展和地区安全、稳定创造良好的条件。

一个区域性国际组织的成长,是在不断应对挑战中完成的。过去10年的阿富汗重建的挑战一直磨砺着上海合作组织。未来,上海合作组织可以通过参与阿富汗重建,在维护地区稳定的同时,也为自己创造一个安全、稳定的发展环境,进而促进自己成长为一个成熟的区域合作组织。

注释

①《上海合作组织成员国外长联合声明(2002年1月7日)》,参见 http://www.sectsco.org/CN/show.asp?id=104。

② 例如2002年美国中央军区四邻不司令弗兰克斯就证实,阿富汗战争中的昆都士战役里,大批的"乌伊运"(IMU)就和基地分子,塔利班一同战斗,包括其领导人那曼加尼在内的"乌伊运"主力都在这场战役中被消灭。参见:HTB, 24.01, 200。这一消息的证实也证明俄罗斯、乌兹别克斯坦和塔吉克斯坦在1996年指责塔利班支持中亚恐怖主义力量的说法并非是空穴来风。

③ William Maley Editor: Fundamentalism Reborn? Afghanistan and The Taliban, p.109.

④ 参见《美国确定的外国恐怖主义组织名单》,http://iipdigital.usembassy.gov/st/chinese/article/2007/04/20070430180034idybeekcm0.8970911.html#axzz1w3LW2cTm。

⑤ 安纳托·列文先生在华东师范大学俄罗斯研究中心的演讲,华东师范大学俄罗斯研究中心,亚欧研究中心内部刊物《动态与分析》第55期。

⑥《上海合作组织成员国外长联合声明(2002年1月7日)》,http://www.sectsco.org/CN/show.asp?id=104。

⑦《上海合作组织成员国元首宣言(2002年11月)》,http://www.sectsco.org/CN/show.asp?id=103。

⑧《上海合作组织外交部长会议联合公报(2002年11月23日)》,http://www.sectsco.org/

CN/show. asp?id=102。

⑨《上海合作组织成员国元首宣言》,http://www. sectsco. org/CN/show. asp?id=163。

⑩《上海合作组织外长非例行会议联合公报》,http://www. sectsco. org/CN/show. asp?id=165。

⑪《上海合作组织成员国元首塔什干宣言》,http://www. sectsco. org/CN/show. asp?id=166。

⑫《上海合作组织成员国元首宣言》,http://www. sectsco. org/CN/show. asp?id=169。

⑬《比什凯克宣言》,http://www. sectsco. org/CN/show. asp?id=176。

⑭《上海合作组织成员国元首杜尚别宣言》,http://www. sectsco. org/CN/show. asp?id=180。

⑮《上海合作组织成员国元首理事会会议联合公报》,http://www. sectsco. org/CN/show. asp?id=179。

⑯《上海合作组织成员国元首叶卡捷琳堡宣言》,http://www. sectsco. org/CN/show. asp?id=231。

⑰《上海合作组织成员国元首理事会第十次会议宣言》,http://www. sectsco. org/CN/show. asp?id=380。

⑱《上海合作组织十周年阿斯塔纳宣言》,http://www. sectsco. org/CN/show. asp?id=450。

⑲《上海合作组织十周年成员国元首理事会会议新闻公报》,http://www. sectsco. org/CN/show. asp?id=449。

⑳ http://www. sectsco. org/CN/show. asp?id=380.

㉑ http://www. sectsco. org/CN/show. asp?id=449.

㉒ 这是奥巴马于 2009 年 12 月 1 日在美国西点军校发表演讲时提出的(参见《增兵有助于阿富汗人承担自身安全责任》)。尽管,被奥巴马总统提名为驻阿富汗美军与盟军司令的美国陆军上将彼得雷乌斯(David Petraeus)6 月 29 日在参议院军事委员会(Senate Armed Services Committee)作证时指出,这一日期,并不意味着不顾当时的具体安全状况快速从阿富汗撤军(参加《彼得雷乌斯将军谈美国在阿富汗的战略》,http://www. america. gov/st/peacesec-chinese/2010/June/20100630133033kkgnast0. 324226. html),希拉里·克林顿国务卿 2010 年 5 月 11 日在华盛顿与阿富汗高层双边会谈时也强调,美国对阿富汗人民的长期承诺在美军撤离阿富汗后还将长久持续(参见《克林顿国务卿重申美国对阿富汗的长期承诺》,http://www. america. gov/st/peacesec-chinese/2010/May/20100512144453esnamfuak7. 502383e-02. html)。但是,人们还是担忧,美军撤离阿富汗是迟早的问题,阿富汗的重建将随着美军的撤离走向什么样的轨迹。

㉓ 新华网 2001 年 11 月 20 日电。

㉔ 俄罗斯《消息报》,2001 年 10 月 13 日,新华网 2001 年 10 月 14 日电。

㉕《上海合作组织成员国元首宣言》,http://www. sectsco. org/CN/show. asp?id=169。

㉖ Robert McMahon, "Central Asia: Q&A with U. S. Assistant Secretary of State, Daniel Fr. ed." Oct. 6. 2005, RadioFreeEurope. available at http://wwwreferl. org/featuresarticle/200510/64ef4lae-494d-4a61-97e8-388f7297818. html.

㉗ Rlchard Boucber, "U S. Policy on Multllateral Organizations in Central Asla," Statentment before the U S. Helsinki Commlsslon, Sept. 26, 2006 available at http://www. usembassy. kZ/documents/boucher-statement-2006. html.

㉘ "*Some Afghans Live under Taliban Rule—and Prefer It*," http://www.csmonitor.com/World/Asia-South-Central/2008/1015/p01s01-wosc.html.

㉙ Antonio Giustozzi, "Hearts, Minds, and the Barrel of a Gun: The Taliban's Shadow Government", http://www.ndu.edu/press/talibans-shadow-government.html.

㉚ 参加亚洲基金 2011 年关于阿富汗形势展望报告，亚洲基金官方网站 www.asianfoundation.org。

㉛ 此为亚辛・拉苏里先生在"阿富汗问题前景及对周边和国际形势的影响"国际学术研讨会上主题发言的内容，该会议于 2011 年 6 月 25、26 日在华东师范大学举行。

㉜ "*Afghanistan Warlord Hekmatyar Shuns Peace Jirga But Offers Own Deal*," http://www.csmonitor.com/World/Asia-South-Central/2010/0602/Afghanistan-warlord-Hekmatyar-shuns-peace-jirga-but-offers-own-deal; Tom A. Peter, Correspondent: *A changing of the guard for Afghanistan's warlords*, http://www.csmonitor.com/World/Asia-South-Central/2010/1027/A-changing-of-the-guard-for-Afghanistan-s-warlords/.

㉝ "克林顿国务卿重申美国对阿富汗的长期承诺", http://www.america.gov/st/peacesec-chinese/2010/May/20100512144453esnamfuak7.502383e-02.html。

㉞ 有美国学者已经意识到，阿富汗重建中的民主化推进，必须关注阿富汗的历史传统。他们通过分析阿富汗历史，认为，在阿富汗历史上，中央权威、地区主义和部落大会制度，都产生过巨大作用。单纯地从美国角度为阿富汗设计民主制度是有局限的，必须在结合阿富汗传统的基础上推进民主政治，才有可能获得成功。参见 Thomas H. Johnson, M. Chris Mason: "Democracy in Afghanistan Is Wishful Thinking," http://www.csmonitor.com/Commentary/Opinion/2009/0820/p09s01-coop.html/; J Alexander Their: The Future of Afghanistan, 35—44, United States Institute of Peace。

㉟《上海合作组织成员国元首关于构建持久和平、共同繁荣地区的宣言》，参见新华网，http://news.xinhuanet.com/world/2012-06/08/c_112153618_3.htm。

㊱《上合组织不会取代或填补所谓"联军"2014 年从阿富汗撤军后留下的军事上的"空白"》，参见中国新闻网，http://www.chinanews.com/mil/2012/06-07/3947224.shtml。

㊲《普京称俄将提供过境运输　助北约整顿阿富汗秩序》，参见环球网，http://world.huanqiu.com/exclusive/2012-08/2980150.html。

㊳《上合组织将向阿富汗提供帮助　反对单边制裁伊朗》，参见中国新闻网，http://www.chinanews.com/gj/2012/06-08/3947888.shtml。

㊴《中国与阿富汗建立战略合作伙伴关系联合宣言（全文）》，参见中国新闻网，http://www.chinanews.com/gn/2012/06-08/3948964.shtml。

㊵ Matthew Rosenberg and Graham Bowley, "U.S. Grants Special Ally Status to Afghans, Easing Fears of Abandonment," http://www.nytimes.com/2012/07/08/world/asia/us-grants-special-ally-status-to-afghanistan.html?_r=2.

㊶ 奥巴马总统在喀布尔就阿富汗过渡进程发表讲话（全文），http://iipdigital.usembassy.gov/st/chinese/texttrans/2012/05/201205024925.html#axzz1uL5giU1y。

㊷ Matt Spetalnick and Missy Ryan, "WRAPUP 8-NATO Endorses Strategy to End Afghan War But Risks Remain", http://www.reuters.com/article/2012/05/22/nato-summit-idUSL1E8GL8920120522.

㊸ 奥巴马总统在喀布尔就阿富汗过渡进程发表讲话（全文），http://iipdigital.usembassy.

gov/st/chinese/texttrans/2012/05/201205024925. html#axzz1uL5giU1y。

㊹ Javid Ahmad, "Election 2014: Afghanistan's Chance to Get It Right?" http://afpak.foreignpolicy.com/posts/2012/05/10/election_2014_afghanistans_chance_to_get_it_right.

㊺ Javid Ahmad, "Election 2014: Afghanistan's Chance to Get it Right?" http://afpak.foreignpolicy.com/posts/2012/05/10/election_2014_afghanistans_chance_to_get_it_right.

㊻ 此为亚辛·拉苏里先生在"阿富汗问题前景及对周边和国际形势的影响"国际学术研讨会上主题发言的内容。

㊼ 美联社2001年9月25日电,中国新闻网站2001年9月26日。

㊽ 新华网2001年10月23日电。

㊾《美国支持建立基金帮助阿富汗塔利班人员重返社会》,美国国务院新闻局中文网页,http://iipdigital.usembassy.gov/st/chinese/article/2010/01/20100129165328esnamfuak0.6724774.html#ixzz1TwE5Ixd7。

㊿《前塔利班成员回归社会是阿富汗成功的一个关键因素》,美国国务院新闻局中文网页,http://iipdigital.usembassy.gov/st/chinese/article/2010/07/20100714140147kkgnast0.4130932.html#ixzz1TwLjLKJT。

(51) Statement of Islamic Emirate regarding the futile Bonn conference, http://shahamat-english.com/index.php?option=com_content&view=article&id=13425:statement-of-islamic-emirate-regarding-the-futile-bonn-conference&catid=4:statements&Itemid=4.

(52) 这是拉苏里先生在参加"阿富汗问题前景及对周边和国际形势的影响"国际学术研讨会时,针对华东师范大学国际关系与地区发展研究院地区安全研究中心主任,中国社会科学院亚太研究所学者叶海林的主题发言中内容。

(53) 参加联合国毒品犯罪署相关报告:http://www.unodc.org/documents/wdr/WDR_2010/1.2_The_global_heroin_market.pdf;及联合国毒品犯罪署关于阿富汗毒品调查报告2010年版,http://www.unodc.org/documents/crop-monitoring/Afghanistan/Afg_opium_survey_2010_exsum_web.pdf;联合国毒品犯罪署关于阿富汗毒品调查报告2011年版,http://www.unodc.org/documents/crop-monitoring/Afghanistan/ORAS_report_2011.pdf。

报告二十一　从俄哈视角分析海关同盟的发展

郑润宇*

［摘要］ 在后苏联空间，俄罗斯与哈萨克斯坦始终是重要的战略盟友。伴随俄哈两国国内发展的需要，以及全球化进程的催化，俄哈在次区域一体化进程中总是积极扮演着火车头的角色。在俄哈的联合推动下，次区域一体化的重要内容——海关同盟得以建立。它是俄哈所着力推动的欧亚一体化理念的重要尝试。海关同盟如何才能走上良性发展的轨道，充满着诸多不确定性。随着海关同盟的发展，将会对包括中国在内的上海合作组织所在区域的经济合作产生一定影响。

［关键词］ 俄罗斯　哈萨克斯坦　一体化　海关同盟

全球化时代一方面让国际事务打成一片，同时也使整个国际社会重新在一定程度上回到“由地区构成的世界”。东方和西方的事情密切联系在一起，不仅需要相互理解，更需要花费心思去寻找构建未来世界的共同路径。①

面对全球化的挑战，如何整合欧亚大陆，如何穿越欧亚大陆核心部位把欧亚大陆东西两头连接起来？在推动这种一体化的设想与努力中，俄罗斯与哈萨克斯坦一直有着自己独立的思路和操作。1994 年，哈萨克斯坦总统纳扎尔巴耶夫提出“欧亚联盟”构想。1995 年，俄白哈签署《三国海关联盟协议》。但在随后十几年中，海关同盟石沉大海，始终没有实质性的进展。在俄罗斯的积极推动下，2010 年俄白哈海关同盟又迅速重新启动，并以此为龙头加速欧亚经济一体化的进程。海关同盟的建立体现了俄哈两国对区域经济一体化的战略构想。

俄白哈海关同盟的复活，充满着复杂的背景与必然性，其发展前景也具有无限的变数。从俄哈视角分析海关同盟，不仅有助于对俄哈关系的深层理解，也有助于对欧亚一体化进程的解读。

---

* 郑润宇，华东师范大学国际关系与地区发展研究院，俄罗斯研究中心讲师，政治学博士。

一、俄哈推动“次区域一体化”的努力

苏联解体20年来,后苏联空间国家关系分分合合,扑朔迷离。后苏联空间一直是俄罗斯重振世界大国夙愿的一个重要基地。整合分散的后苏联空间力量,最大程度推动以俄罗斯为主导的次区域一体化是俄罗斯多年来一贯推行的方针政策:在多边层面组建欧亚经济共同体、集体安全条约组织等重要区域组织,在双边层面有选择地加强与后苏联空间中颇有影响力的国家关系。

在这过程中,哈萨克斯坦始终是后苏联空间中与俄罗斯关系最为密切的国家,逐渐形成以俄罗斯主导、哈萨克斯坦积极利用并配合俄罗斯的推进次区域一体化的局面。俄哈通过政治合作搭建经济合作平台,推行“政治关系先行、经济关系跟进”②的合作内容,从而使俄哈关系在政治安全上始终表现为一种牢固的盟友,在经济合作上成为松散的独联体一体化进程的火车头。

在俄哈之间牢固的国家关系背后,有着深层的经济原因。苏联时期形成的一体化经济结构使俄哈两国在经济上早就紧密地捆绑在一起。在苏联时期,哈萨克斯坦形成以重工业为主的单一经济结构,采掘工业为最基本经济部门。哈萨克斯坦向俄罗斯输出矿产原料,同时从俄罗斯进口工业制成品,始终需要中央为其提供巨额预算补助。这造成哈萨克斯坦长期以来对俄罗斯的严重依赖,其经济体系完全离不开俄罗斯。

在苏联解体后的最初几年(1991—1994年),俄罗斯经济的失控曾导致俄哈经济关系出现短暂裂痕。由于当时俄罗斯对中亚各国采取了“甩包袱”的政策,它无心也无力对哈萨克斯坦经济状况延续原先提供的支持。而哈萨克斯坦出于俄哈关系密不可分的关系考虑,在独立初期选择紧跟俄罗斯,选择留在卢布区中,并积极配合俄罗斯推行“休克疗法”,推动商品价格自由化。但在市场化急速调整的过程中,“休克疗法”给经济带来巨大冲击。俄罗斯为寻求自保,抑制自身通货膨胀,1993年单方面开始发行新货币。随后,哈萨克斯坦也被迫发行本国货币,从而导致卢布区解体,俄哈经济体系出现分裂。

这种分裂很快给俄哈经济发展带来消极影响。考虑到两国现实的诸多共同利益、短期内无法改变的经济依赖关系,从1994年起,俄哈又迅速开始一系列实质举措,寻求克服双边经济关系中出现的障碍。在共同努力下,两国经济合作迅速恢复并不断升温。独立之初俄哈间短暂的经济纠葛使双方都意识到,俄哈间的经济矛盾对双方而言都是有百害而无一益,只有在俄哈间务实合作,积极推动两国间的经济一体化才是俄哈共同发展“双赢”的必由之路。

1995年以来,俄哈之间的经济合作不断加强,虽然经历了20世纪90年代末俄罗斯金融危机及2008年以来全球金融危机的冲击,但俄哈之间一直没有停止过经济合

作的脚步。双方在经济合作中加强市场机制调节的作用,并尽可能消除双方经济合作中存在的障碍,为经济合作提供更大的活动空间。

俄哈两国不断探索以双边合作为核心,进一步促进整个区域经济一体化建设。正是在这种背景下,俄哈两国联合白俄罗斯共同组建了海关同盟。

二、海关同盟:俄哈促进的欧亚一体化的起点

俄哈之间的经济合作是两国自身发展的内在需要。从长远角度看,对哈萨克斯坦而言,俄罗斯在其对外经济关系中的重要地位始终无可替代。从地缘角度看,它也无法离开俄罗斯的过境运输。对俄罗斯而言,哈萨克斯坦是俄罗斯在独联体中最重要的商贸伙伴之一。

全球化的深入是构成俄哈经济合作升温的最重要外部因素。面对全球化的挑战,俄哈经济合作寻求加大市场调节作用,给予市场参与主体更多的权利,并通过加强双边合作,促进以"区域经济共同体"的身份参加国际交流。为此两国曾积极协作建立自由贸易区,在消除双边的行政壁垒、统一海关、统一市场方面不断做尝试性的努力。

早在1994年,纳扎尔巴耶夫总统在莫斯科大学演讲中就提出"欧亚联盟"的构想,在这一思想的推动下,1995年俄白哈签订《三国海关同盟协议》。2000年纳扎尔巴耶夫推出建立"欧亚经济共同体"的方案。在此基础上,当年的10月10日,俄哈白吉塔五国总统签署《成立欧亚经济共同体条约》。在其原有的关税合作意愿基础上将统一经济空间作为目标,通过建立成员国自由贸易区,取消成员国内部关税,建立关税联盟,统一成员国对外关税,最后统一货币和劳动力市场,并最终建立经济共同体。在欧亚经济共同体的设计、运作及发展走向上俄哈两国扮演着重要的角色,起着双引擎的作用,是欧亚经济共同体发挥功能的重要推动力。在这种情形下,欧亚经济共同体成为俄哈共同的事业,也正成为"俄哈关系的晴雨表"。③

此外,其他大国在此区域影响力的加强也促使着俄哈合作抱团取暖。多年以来,发展与西方发达国家的经济合作一直是俄哈两国对外经济发展的重要内容。通过从西方国家得到资金、技术、管理上的支持,俄哈两国都大有收获。但是,美国与俄罗斯在中亚是主要竞争对手。美国通过"大中亚计划"引导该地区走向新的亲西方发展道路,促进去俄化进程,美国加强与哈萨克斯坦的合作带有分化独联体、挤压俄罗斯政治空间的目的。但2005年美国支持的中亚"颜色革命"直接影响到哈萨克斯坦的政权稳定,哈萨克斯坦对其加以警惕。尽管哈萨克斯坦不会与美发生直接冲突,但不会听命于美国。面对来自美国的压力,俄哈的立场一致,并在重要国际舞台上互相积极支持。因此俄哈与西方的关系更多体现在具体项目的合作上。

俄哈并不希望因为自身发展与其他大国关系而影响俄哈之间重要的地缘战略合

作。为此,俄哈重视加强双边协作,并在对外经济中加强相互支持,例如在世界贸易组织问题上协调立场,在欧亚经济共同体内扩展更多的实质性经济合作内容,推进海关同盟的落实,从而争取俄哈共同利益的最大化。

正是在俄哈两国国内发展需要的促进、外部全球化等诸多因素的共同催化下,俄哈对推进两国主导的区域经济一体化有着一致的设想,积极推动在欧亚经济共同体框架下的区域经济一体化进程。

2008 年末以来,随着全球金融危机影响的扩张,俄哈根据以往经验意识到不可能得到来自西方世界的有效援助,而世界贸易组织也无法在当前危机时分发挥更大作用。在西方国家推行地区保护主义的背景下,俄哈需要做的是通过自身努力整合力量,加强区域经济一体化,从而维护自身利益。在这种危机背景下,俄哈依托传统的伙伴关系,并通过双方政治领袖意愿主导,重新启动了停滞数年的海关同盟方案,以此应对世界范围内新的经济挑战。海关同盟的建立体现了俄哈两国对区域经济一体化的战略构想。而通过对海关同盟这一新生事物的研究,也有助于我们把握俄哈经济关系的发展前景。

三、 起承转合:海关同盟的阶段发展分析

在对海关同盟这个新事物的研究中,有必要回顾一下海关同盟产生、变化、发展中几个起落阶段,可以用“起承转合”归纳为四个阶段。

(一) 第一阶段:“起”(1993—1999 年) 海关同盟设想的提出及实践的困境期

20 世纪 90 年代初,独联体经济功能日渐萎缩,重点国家间小规模的集团经济合作成为后苏联空间重要经济合作形式。“西面以俄白联盟为样板,东南以俄哈一体化带动,这构成俄罗斯独联体一体化战略的两个支点。”④

以统一海关作为切入点,构成俄白哈等国经济上深层合作重要内容。1993 年独联体国家曾签署《关于成立经济联盟的协议》,旨在促成各国海关同盟的成立,从而表达一种区域合作愿望。在哈萨克斯坦总统纳扎尔巴耶夫的积极推动下,此后相应地又签署了一系列相关协议,如 1995 年的海关同盟协议,而当时签署该协议的正是今天海关同盟的三个国家。1995 年的协议中规定了海关同盟实现步骤及建立新的机构。根据协议,第一阶段要取消所有成员国间的关税及国家间贸易的数量限制,第二阶段要建立统一的海关区域。

但实际上,1995 年的这个海关同盟基本上只停留在纸面上。对于后苏联空间刚刚独立不久的新兴国家,“他们极端重视的是主权完整与独立,即使因此损害经济发展也在所不惜”。在这种背景下,虽然他们理念上认同一体化,但他们把俄罗斯参与

的一体化视为对自身主权的威胁。[5]该时期的海关同盟采取"一国一票"的僵硬表决权，刻意回避俄罗斯在现实区域经济中的优势地位。因此俄罗斯也对这种合作缺乏兴趣。由于参与国缺乏共同的目标，并且相互间缺乏互利合作的有效手段，导致海关同盟无法真正发挥经济协调的作用，具体任务根本无法落实。结果造成了"我们不是达成了一体化，而是变得更加非一体化"的状态[6]，所谓的一体化在这个时期只是一个空转的概念。

而1998年吉尔吉斯斯坦加入世界贸易组织后，对本已空洞无物的海关同盟再一次形成重大的冲击。吉尔吉斯斯坦充分利用了原先海关同盟的法律漏洞，从他国进口商品，然后再二次出口到海关同盟成员国内，而其主要的销售路线就是向北销往俄罗斯与哈萨克斯坦。这条路线成为了一条"合法的"走私通道。当时吉对俄哈的关税极低(对俄低于6%，而上一年的对俄税率是53.8%)，这种态势使统一关税的追求更加变得不可能。而随后俄罗斯与哈萨克斯坦都降低自身的出口关税，大规模提高进口商品的附加税。海关同盟的裂痕也进一步扩大。2000年4月、2001年1月俄罗斯先后恢复对白俄罗斯、哈萨克斯坦与第三国商品进口的海关监管。

(二) 第二阶段："承" (2000—2007年)　海关同盟化身欧亚经济共同体

先前海关同盟操作中的失败，并不意味着海关同盟的完全终结。2000年10月，在原先海关同盟基础上建立了欧亚经济共同体，其目标之一仍然是建立关税联盟，最终目的是要建立统一经济空间，实现经济一体化。

欧亚经济共同体吸取之前的失败教训，建立了系统的机构，主要包括最高机构跨国委员会、常设机构一体化委员会、议会合作机构跨国议会大会、共同体法院。欧亚经济共同体在运行机制上做了重大改进，为确保机制的有效运行，参考了欧盟的运作机制，实行两套表决机制，一是在最高机构跨国委员会中实行"协商一致原则"，二是在执行机构一体化委员会中"按成员国认缴会费的比例计算表决权"。这样，俄罗斯就享有40%的表决权，占有绝对优势，而白俄罗斯占有20%表决权、哈萨克斯坦也占有20%的表决权。这样在具体的决议审核中，俄罗斯可以利用其表决权优势，比较容易通过符合其意志的决议。

通过这种新权力分配，在欧亚经济共同体制度的变迁中，俄罗斯取得实质性的主导国地位。俄罗斯利用该机制推行一体化政策，通过在中亚的贷款、技术援助资金等加强对中亚国家施加经济影响，并通过一体化政策控制中亚核心资源如水电和天然气管道系统等，从而扩展其地缘政治影响力，并以此建立并扩展了其在后苏联空间及世界范围内的影响力。

随着后苏联空间国家国内政治局势恢复稳定，很多区域重点国家在如何平衡与利用大国来维护自身利益上已积累了充分经验，他们认为利用俄罗斯推进区域一体化能够给本国带来益处，因此对俄罗斯主导的区域一体化也给予积极的配合。以哈萨克斯坦为例，一方面，它积极发展与美国、伊朗、中国的关系，另一方面，它与其他大国的合作以不威胁俄罗斯及其他独联体国家根本利益为底线。在经济上，俄罗斯是哈萨克斯坦重要贸易伙伴，也是哈萨克斯坦中小企业的主要投资来源，直接促进了哈萨克斯坦的经济发展。2005 年，哈萨克斯坦人均国民生产总值第一次超过在苏联时期的水平，经济的平稳发展为哈萨克斯坦稳定发展与周边大国关系提供了必要的条件。在俄哈两国经济状况良好，没有大起大落的情况下，俄哈间的传统国家关系显得更趋平稳。在政治上，2005 年哈萨克斯坦抵制了当时在中亚蔓延的“颜色革命”，维护了政治和社会的稳定，纳扎尔巴耶夫也在总统大选中成功连任，在这过程中俄罗斯给予积极的支持与援助，这让纳扎尔巴耶夫更加坚定与俄罗斯的密切关系。

俄哈强化经济双边关系的同时，也直接促进了以欧亚经济共同体为主的区域合作的发展，欧亚经济共同体更为俄哈的深层机制化合作提供了平台。在共同的需要下，普京在 2007 年欧亚经济共同体首脑峰会上正式建议建立海关同盟及超国家主权委员会进行管理，会议通过俄白哈组建海关同盟的决定。

(三) 第三阶段：“转”(2008 年至今)　新的海关同盟

在 2008 年开始的世界经济危机中，联合保护内部市场免受外部商品的冲击，成为很多后苏联国家的共同意愿，这也直接导致了多年毫无进展的海关同盟迅速开始实质性运转。在 2008 年 12 月 29 日的俄罗斯政府工作会议上，普京就特别强调“在这个非常时期，俄罗斯应当成为后苏联空间经济稳定的主要担保方”，俄罗斯应加快建立新市场机制的步伐，并将高度重视与白俄罗斯、哈萨克斯坦建立“欧亚空间名副其实的海关同盟”的工作。在俄罗斯的积极推动下，海关同盟开始真正运转。普京特别强调“海关同盟应成为克服危机的杠杆”。⑦ 2009 年底，在欧亚经济共同体范围内俄白哈首先签署海关同盟协议。从 2010 年 1 月 1 日起，三国海关同盟正式统一税率。2010 年 3 月 25 日，三国就海关同盟进口关税征收与分成机制达成一致。2010 年 7 月以俄罗斯海关法为蓝本的《海关同盟海关法典》正式生效。2010 年 9 月 1 日，三国开始实行新的进口关税。这些都表明了海关同盟正在取得实质性进展。纳扎尔巴耶夫在 2010 年 12 月 9 日的海关同盟高级委员会上说：“海关同盟已经运作的一年，以消除相互贸易间障碍为目的进行有效的努力，建立了合资企业，并大大提高成员国经济体的投资吸引力。”⑧

从表 20.1 的数据中我们也可以看到，2010 年与 2009 年相比，俄白哈三国在进出口方面都有巨大的增长。在新的海关同盟运作的一年中，海关同盟的贸易转移效应明显扩大了成员国间的贸易规模，促进成员国贸易往来、经济可持续发展和吸引外资。例如：2010 年哈萨克斯坦出口总额达 59 216.6 亿美元，比 2009 年的 43 195.8 亿美元增长了 37%；2010 年俄罗斯出口总额达 396 441.7 亿美元，比 2009 年的

301 666.5亿美元增长了31%。

表 21.1　海关同盟国家进出口状况统计(百万美元)

	2009年上半年				2010年上半年			
	总　计	具体构成 独联体国家	海关同盟国家	其他国家	总　计	具体构成 独联体国家	海关同盟国家	其他国家
白俄罗斯								
出口	21 304.2	9 316.3	7 031.9	11 987.9	25 225.9	13 499.3	10 279.6	11 726.6
进口	28 569.0	18 224.5	16 801.2	10 344.5	34 868.2	20 510.2	18 461.9	14 358.0
结余	−7 264.8	−8 908.2	−9 769.3	1 643.4	−9 642.3	−7 010.9	−8 182.3	−2 631.4
哈萨克斯坦								
出口	43 195.8	6 781.1	3 601.7	36 414.7	59 216.6	7 941.1	5 020.6	51 275.5
进口	28 408.7	12 067.8	9 263.7	16 340.9	29 760.0	13 622.2	11 463.2	16 137.8
结余	14 787.1	−5 286.7	−5 662.0	20 073.8	29 456.6	−5 681.1	−6 442.6	35 137.7
俄罗斯								
出口	301 666.5	46 660.5	25 873.5	255 006.0	396 441.7	59 657.4	28 854.1	336 784.3
进口	167 348.0	21 794.5	10 415.6	145 553.5	228 953.4	31 597.5	14 293.8	197 355.9
结余	134 318.5	24 866.0	15 457.9	109 452.5	167 488.3	28 059.9	14 560.3	139 428.4
海关同盟国家总计								
出口	366 166.5	62 757.9	36 507.1	303 408.6	480 884.2	81 097.8	44 154.3	399 786.4
进口	224 325.7	52 086.8	36 480.5	172 238.9	293 581.6	65 729.9	44 218.9	227 851.7
结余	141 840.8	10 671.1	26.6	131 169.7	187 302.6	15 367.9	−64.6	171 934.7

资料来源:Статистика СНГ. 2011, http://stat.ebiblioteka.ru/catalog/readbook.jsp?issue=1140581.

(四)第四阶段:“合”(2011年、2012年至未来)　未来发展:推动区域一体化,形成统一经济空间

2010年12月9日,俄白哈海关同盟最高机构会议通过联合声明决定,从2012年1月1日起在海关同盟的基础上建立的统一经济空间将全面运行,进而推动一体化最高形式的实现。⑨由此可见,俄白哈海关同盟是典型的海关同盟,它本身不是最终目标,而是推动区域一体化的一个核心环节,其他国家则与关税同盟“三驾马车”根据自由贸易协定进行合作并逐步加入关税同盟。按照海关同盟计划,2011年7月1日之前要完成所有海关同盟运转所必需的程序,从而能尽快统一关税,统一协调劳动力市场以及相关的宏观经济政策。

2012年1月1日,统一经济空间开始运作,筹备建立欧亚经济联盟的具体工作也随之展开。俄白哈三国海关机构逐步着手研究对关税同盟的主要文件《关税同盟海关法》进行修订,并通过相关决议组建由各国代表组成的专家组。

2012年5月,关税同盟成员国正式将本国实施反倾销、反补贴和保障措施调查的授权转交给欧亚经济委员会国内市场保护司,包括将各国正式实施调查的文件和材料转交给该国家机构进行下一步调查工作。同时,原本只在关税同盟成员国本国境内实施的关于保护本国市场的11项措施,也逐步扩展到整个同盟境内。

目前,白俄罗斯国家关税委员会、哈萨克财政部海关监管委员会和俄罗斯联邦海关局进行着务实的合作,加强相互协调,积极推动关税同盟的平稳发展,并以此促进了区域一体化进程的快速发展。相互协作的主要目的是协调三国海关法、海关手续的一致性,办理流程的自动化,以及货物和运输工具的海关监管协调一致。在保障“相互信任”机制框架内,三国签署了两个国际协议,分别是关税同盟成员国海关机构联合委员会条约和欧亚经济空间框架内关税同盟成员国海关机构代表处业务合作和相互援助协议。

根据2012年1月欧亚开发银行发布的研究报告称,2011年至2030年间经济一体化产生的效应可能将达到白俄罗斯国内生产总值的14%,哈萨克斯坦的3.5%,以及俄罗斯的2%。如折合成货币,上述三国在未来19年内的国内生产总值将增值9 000亿美元。同时,因关税同盟获益的将不仅是俄罗斯、白俄罗斯和哈萨克斯坦三国的企业,其中还包括很多在三国市场内寻求合作的国外企业。

随着三国在海关同盟基础上一体化的加强,三国将形成包括共同能源市场与统一关税的经济空间,实现商品、资本、人员的自由流动。届时三国将统一协调外汇政策、经济政策和产业扶持政策等,统一经济空间宏观经济政策协议、货币政策原则协议和金融市场资本自由流通协议⑩,从而寻求建立统一的金融空间,建立统一中央银行,实行统一货币。

通过对海关同盟“起承转合”四个阶段的简要归纳,我们可以发现其核心——推动一体化的理念是没有太大变化的,更多的是在如何具体落实一体化的方式方法上有着不断的调整与变动。从时间上看,“起”、“承”两个阶段非常漫长,而又缺乏有效进度;第三阶段的实际运行却又来得极为突然,并且直接提出第四阶段“合”——统一经济空间的目标,时间过于短促,显得操之过急。正如普京前不久强调,海关同盟未来还存在许多复杂和悬而未决的问题,仍需要认真研究。

四、新海关同盟的若干特点

与1995年的海关同盟相比,2010年的新海关同盟“个性十足”。由于两次海关同盟的主要倡导国不同,我们可以称1995年的海关同盟为“纳扎尔巴耶夫版本的海关同盟”,称2010年的为“俄罗斯版本的海关同盟”。两个同盟在设计理念、推动力量、追求目标以及与世界一体化进程等方面都发生了很大变化。

(一) 改“一国一票”为“市场机制”

在1995年纳扎尔巴耶夫版本的海关同盟中，哈萨克斯坦想通过“欧亚联盟”这个宏大理念将俄罗斯拉入其中，一个明显的目标就是让俄罗斯在新独立国家的经济发展中扮演更重要的角色，提供更多的援助。纳扎尔巴耶夫提议在海关同盟的行动表决中将“协商讨论”原则变为“一国一票”的原则，从而可以有更多机会通过选票数量优势利用俄罗斯资源。俄罗斯对此冷眼相待，它并不愿意承担过多的联盟义务，对于超主权国家的机制既不感兴趣也缺乏信任。

1995版本的海关同盟机制本身没能充分照顾各国国情与需要，当时的海关同盟没有相应的配套机构监管与裁决，在实际中决议往往难以生效和执行。正是有了这种失败的经历，2010年俄罗斯版的海关同盟抛弃了“一国一票”运作机制，延用了欧亚经济共同体中行之有效的按市场机制决定权益的方式。作为海关同盟经济主要动力及核心力量的俄罗斯在同盟中占有绝对主导性地位。在新的海关同盟中，俄哈、俄白的双边贸易占海关同盟贸易的98.95%，而哈白之间贸易只占1.05%；俄罗斯对白俄罗斯的投资占白俄罗斯全部外来直接投资的40%(来自哈萨克斯坦的直接投资只占0.05%)；俄罗斯对哈萨克斯坦的直接投资，占哈萨克斯坦全部外来直接投资的13%(来自白俄罗斯的直接投资只占0.01%)。三国所占表决权重不同，其中俄罗斯拥有56%的表决权，白俄罗斯和哈萨克斯坦各拥有22%的表决权，俄罗斯在海关同盟中的绝对优势极其明显。这在很大程度上区别于最初纳扎尔巴耶夫所提的联盟主张。俄罗斯因此享有更多的主动权，而不是被动地作为资助方。

(二) 改“貌合神离”为“全力以赴”

两次海关同盟中，俄哈面临的内外环境发生巨大的变化。第一次海关同盟期间，纯粹务虚成为主旋律，这有着成员国自身的内部原因。当时“地区政治精英过于片面强调自我权力的追逐”，例如1995年哈萨克斯坦内部政治局势发生重要变化，纳巴尔扎耶夫解散议会并修改宪法，内部权力稳固成为哈萨克斯坦当时的首要任务。此外，在后苏联空间中，各种力量对一体化的落实缺乏兴趣，例如当时俄罗斯“在选择国家间的一体化还是加强自己政府的权力上宁可选择后者”⑪，俄罗斯对于超主权的一体化机制并不“感冒”。

但在第二次海关同盟背景中，纳扎尔巴耶夫权力极其稳固，有充分的政治意愿推进经济发展，通过与大国的合作实现哈萨克斯坦成为中亚领袖国家是其重要的追求目标。此外，2013年即将卸任的纳扎尔巴耶夫对哈萨克斯坦的影响力必然还将持续，而这持续影响力的保持需要得到俄罗斯的充分支持。哈萨克斯坦通过配合俄罗斯建立海关同盟，最大限度刺激本国经济的发展，并配合俄罗斯推行一体化方案，借俄罗斯的力量扩大哈萨克斯坦在区域的影响力。对于俄罗斯而言，新的海关同盟无论是法律基础,还是权益分配都充分照顾了俄罗斯的利益,在一定程度上俄罗斯仿佛是扩展了自己的"经济疆土"。相对于第一次海关同盟中的消极应对,俄罗斯此次是同盟的积极推动因素,扮演领导者的角色。

(三) 改"短期利益瓜分"为效法长期"欧盟模式"

1995年版纳扎尔巴耶夫的海关同盟关注的是短期利益分配,俄罗斯版本的海关同盟则有更长远的战略追求,有效法"欧盟模式"的显著印记。

欧亚经济共同体秘书长曼苏罗夫(Мансуров)在评价海关同盟时说:"这是一体化的重大突破,是我们在后苏联空间一体化成功的第一步,如同1951年的'欧洲煤钢共同体'的意义一样……我们也将继续进一步去做,去建立共同市场、货币联盟。最终我们将不仅要实现欧亚经济共同体,而且要实现欧亚国家联盟。"⑫

2010年12月9日,在莫斯科克里姆林宫举行的海关同盟国家元首会议上,俄罗斯总统梅德维杰夫更是强调,欧洲一体化的实现给俄罗斯推行欧亚一体化树立了成功的榜样。他说:"欧洲最终实现了经济一体化,尽管一体化的推进不会一帆风顺……在应对世界经济危机中,欧盟的潜力显示出重要性。他们能够通过欧元为成员国提供必要的支持与援助。虽然现在他们存在困难,但是我敢肯定,他们能应付当前的问题。因为他们有实际有效的工作机制,可以直接影响在共同市场环境下人民的生活状况。"哈萨克斯坦总统纳扎尔巴耶夫也曾直接以欧盟为例评价海关同盟。他说:"欧盟早在35年前就做出联手一体化的决定。我们也已经花费十年做这样的努力。因为这样的努力最终是对国家有益处的。"⑬

五、各方评估

任何一个区域一体化进程都是一个渐进的过程,涉及立法、执法、司法、运行机制等综合内容,需要有共同的认识基础,共同的经济需要,以及充分的政治合作意愿。

新版海关同盟与1995年版的相比更有切实可操作性,并且正在发挥着实际作用,但作为后苏联空间众多区域经济合作组织的新成员,海关同盟能否发挥真正的效力,目前看来情况并不明朗,依然存在许多不确定因素。对此各方的看法也有着很大的分歧。

从俄罗斯方面而言,官方主体上表现出更为积极的观点。虽然在后苏联空间的经济一体化努力中曾多次出现失败,但俄罗斯政府方面对海关同盟仍然充满信心,给予很高评价。梅德维杰夫总统针对加强海关同盟、推进统一经济空间进展协议的执行状况时说:"虽然目前的合作协议中存在一些困难和争议,但是我们有足够的勇气去解决,虽然在短期内可能只能选择部分的协议内容去执行,但这只是战术上的困难，而在战略层面我们已经达到一个新的合作水准。”⑭俄罗斯非常重视这样的合作，今天的切实合作是将来实现“真正欧亚一体化的重要基础”。

普京在2010年与民众的电视对话中特别谈到了海关同盟的重要性，他强调“这将意味着一个深层次的一体化，这将使我们更具有竞争力。我们将拥有一个巨大市场，这个市场可以与欧盟市场相比。如果我们取消内部关税壁垒，我们将创造新的机会，只有最具竞争力的公司才能生存下去，这最终将给人民带来好处，人民可以得到真正价廉物美的商品。”⑮

但非官方学术界则认为海关同盟对俄罗斯可能带来的影响并不乐观。俄罗斯高等经济学校学者安德烈·苏兹达采夫(Andrei Suzdaltsev)认为，海关同盟是一把双刃剑，它既可以带来明显的利益，同时也可能带来沉重的政治和经济上的后果。如果该项目因为考虑不周最终失败，那对俄罗斯就意味着将最终失去在后苏联空间作为推动一体化主要力量的角色。而推动独联体区域一体化将由外部力量，如欧盟、中国等来设计和规划。⑯瑞典学者安德斯·阿斯兰德(Anders Aslund)对俄罗斯过分关注海关同盟而有意淡化世界贸易组织也表示了担忧。他认为在俄罗斯对一体化进程的理解中对世界贸易组织的重要性缺乏正确的认识，尤其是普京明显把海关同盟的作用置于世界贸易组织之上。安德斯认为，一种更值得担心的情况正在出现，那就是由于在世界贸易组织问题上俄执政力量方面存在分歧，是否加入世界贸易组织问题正成为梅普合作的一块试金石。当海关同盟与加入世界贸易组织构成俄罗斯最高权力博弈的筹码时，俄罗斯内政的走向将直接决定着海关同盟的成败。⑰俄罗斯高等经济学校学者阿列克谢·波尔坦斯基也提醒，我们有可能没有建立起关税联盟，反而因此失去了世界贸易组织。⑱虽然俄罗斯已经加入了世界贸易组织，也在积极推动海关同盟，但二者之间的张力仍然存在。

从哈萨克斯坦政府方面传出来的声音也颇为积极主动。纳扎尔巴耶夫表示，虽然海关同盟执行中存在具体的经济分歧，“但这些并不重要，最重要的是我们政治上的、战略上的一体化，正是因为有这种安全性的基础，才能对其他的经济活动，对市场提供有效的保障，一切才会顺利”。⑲纳扎尔巴耶夫认为，现在的努力正是为1994年他在莫斯科大学时提出的“欧亚联盟”的实现创造真正的条件。

然而，海关同盟的成立一定程度上直接刺激了哈萨克斯坦的反俄势力及民族主义情绪。因此，对于俄罗斯主导的海关同盟，哈萨克斯坦内部也有明确的反对声音。他们称哈萨克斯坦还没有做好进一步经济一体化的准备，哈萨克斯坦工业必须采取措施来抵御来自俄罗斯商人的强大压力。哈萨克斯坦学者多苏·萨特拉耶夫(Dosym Satpayev)认为：“俄罗斯凭借其巨大的资源、相对发达的工业和有竞争力的商品，在未来三至四年内将在哈萨克斯坦获取优势地位。”⑳另外，也有学者担心这样的冲击会刺激哈萨克斯坦通货膨胀的恶化，并直接对国内产业带来巨大损失，哈萨克斯坦也有可能将不再能够控制自己核心资源的出口,如煤炭、有色金属及木材等。2010年3月,哈萨克斯坦反对派还发表公开信表示“加入该同盟意味着哈萨克斯坦丧失独立的开始。将铁路、电力和燃气领域税率的制定交由海关同盟委员会这个超国家主权机构制定将导致经济主权的丧失。而经济主权的丧失将导致政治主权的丧失,也就意味着将政治决定权交给了莫斯科。”[21]如果过于将自己与俄罗斯主导的海关同盟捆绑在一起,将使哈萨克斯坦对加入世界贸易组织更加冷淡。哈萨克斯坦独立记者法克哈德·沙瑞普(Farkhad Sharip)担心“海关同盟未来的发展将一步一步使哈萨克斯坦更加远离国际经济社会”。[22]

此外,很多学者对海关同盟的推进持观望态度。美国世界安全研究所俄罗斯与欧亚项目主任尼古拉·兹洛宾(Nikolai Zlobin)的观点很有代表性,他认为对欧洲及美国而言,海关同盟作为一个整体的出现是他们愿意见到的。俄罗斯所主导的海关同盟计划,是促成俄白哈之间相互间的妥协与宽容,是振兴后苏联空间的一次重要努力。相对于以往后苏联空间诸多合作显示出的毫无目的的分散性,这次的海关同盟至少给各方带来共同的东西。即便海关同盟只是减少成员国间的离心力,仅从这一点来说,对西方而言已是积极的进步。[23]

综上而言,此次海关同盟来得突然,各方在充满疑虑的同时,确实又寄希望能有所突破。各方对目前已经运作中的海关同盟基本上是认可的。但对其未来发展方向和最终结果却存在着不同的判断。2012年俄白哈在海关同盟基础上是否能实现统一经济空间一体化,存在多种可能。我们也可以对海关同盟的未来做以下假设与预测:(1)理想运作。海关同盟能够按照一体化进程的预定计划执行。海关同盟有效促进了区域一体化的发展,俄哈都因此得到充分的经济实惠。俄罗斯在后苏联空间的战略利益将得到最大化,而哈萨克斯坦也将通过这个平台确立自己区域大国的位置。随着海关同盟、一体化空间的实现,将吸引更多的后苏联空间国家加入,一体化规模将更深化,有可能形成一个直接联接欧盟的“欧亚国家联盟”。(2)有限运作。海关同盟开始运作,但机制的实际运作及俄白哈之间利益划分无法让各方满意,从而限制和影响海关同盟预期作用的发挥。而俄白哈内部政局的变化、外部大国的影响、世界贸易组织的因素都有可能影响海关同盟的走向,预计的各项目标只能有限实现。(3)失效没落。不一定存在海关同盟解体的情况,但很有可能因为俄白哈内部或外部各种原因导致海关同盟的功能无法实现,从而海关同盟渐渐转变为众多后苏联空间名存实亡的区域经济合作组织。同时,对俄白哈的政治和经济都会带来巨大冲击,并且将对整个欧亚空间经济产生消极影响。

在笔者看来,以上几种前景都有可能出现。就目前现实而言,海关同盟可以在技术层面更多参照欧盟的历史经验,国家领袖层面也可以坦诚、公开、包容地应对以下一些具体现实问题,如:俄哈海关同盟的超主权国家性质权限与功能能否得到认可和实现？以俄罗斯海关法为基础的海关同盟法律体系是否经得起考验？能否有效推进市场机制的运作？成员国的重要经济利益(如农业、重要自然资源)能否在共同发展中得到保护？就俄哈而言，应该完全有能力也有意志解决这些现实的问题，并最大程度推动海关同盟向走上良性发展的轨道。

六、 海关同盟对中国意味着什么？

中国驻哈萨克斯坦使馆2010年的一份名为《俄白哈海关同盟利弊谈》的报告中，正面评估了海关同盟在促进区域经济增长方面的有效作用，同时也针对海关同盟的问题提出了有价值的判断，如海关同盟三国各种贸易和法律问题上往往相互纠结，统一各自的对外贸易政策遭遇对接困难；由于海关同盟成员国之间经济发展水平的差距，资本可能逐步向投资环境好的地区流动，如果不及时出台促进地区平衡发展的政策，成员国间的经济差异将会逐步拉大。㉔报告认为在目前阶段，海关同盟应集中精力处理的挑战包括：统一制定对第三国贸易政策、统一关税、关税分配比例等。对于海关同盟的发展前景，报告也采取了观望的态度，认为虽然海关同盟已经启动，但未来发展存在诸多不确定性。

随着海关同盟的发展，其在区域经济区的功能不断加强，这与上海合作组织的区域合作经济功能不可避免地会产生一些摩擦，进而对中国在此区域的经济合作状况产生一定的影响。

2011年，在华东师范大学举办的纪念上海合作组织成立十周年的学术研讨会上，中国国际问题研究所研究员石泽特别就海关同盟的发展可能对上海合作组织及中国产生的影响提出了自己的看法。石泽认为："俄白哈海关同盟去年取得了进步。2012年启动统一关税区将会是一个大的突破，俄罗斯在全力加快推动他所主导的几个地区组织的竞争。"海关同盟对中国及上海合作组织一定程度上已构成挑战和影响。海关同盟是俄罗斯对整个独联体区域政策考虑出发的，它影响其对上海合作组织经济合作的积极性。石泽认为，俄罗斯目前重视海关同盟的发展，也体现"俄罗斯对中国存在防范意识，这是我们不可回避的问题，我们通过上海合作组织推动经济合作的难度将更大。海关同盟对中国的压力是明显的，如关税方面，如果他们真正结成一体共同对付中国将增加我们的进出口压力。因此，我们需要有进一步开拓合作去应对困难。"㉕

七、结　　语

从我们对俄罗斯及欧亚地区研究的情况来看，很难对以俄罗斯主导的同盟发展方案做出准确的预测和判断。但是，基于目前俄白哈相对稳定的内部局势，比较稳定的内部权力运作,以及来自西方的直接压力相对较小的背景,海关同盟在短期内还有足够的发展空间,但长远发展之路却充满挑战。同时,白、哈目前没有加入世界贸易组织,在这种背景下以海关同盟为起点的一体化进程存在着矛盾的两面性。正如华东师范大学冯绍雷教授所说"海关同盟的建立,既是全球化进程的一种延伸,同时也可能是一种阻断"。

推动区域化进程应该是个循序渐进的过程。目前俄白哈海关同盟所推行的法律框架缺少充分的论证,是为了让海关同盟运转起来而"自上而下"仓促构建的,遵循的是政治意志优先。而欧盟在初期推行海关同盟时,从1959—1968通过九年稳步的准备与推进来实现,是一个先经济后政治的渐近一体化进程。欧盟成功的经验显示,经济一体化的构建不仅需要政府,更需要企业本身直接参与其中。对俄白哈海关同盟来说,需要充分促进企业与政府之间的有效互动,使俄白哈具体经济商业组织能真正加入到海关同盟的条约起草、利益协商、法律构建、机制设置中,才能让海关同盟的发展更具有"自下而上"的认同感。在此基础上逐步建立真正统一的合理法律体系。

同盟国家更需要建立真正的共同价值观与归属感。俄罗斯、哈萨克斯坦应真正能发挥当年欧盟一体化中德法的领头羊角色,构建一个有前景的共同远景目标,确立一个真正的"欧亚一体化精神",将"欧亚联盟"这个理想与后苏联国家的发展真正结合起来。

海关同盟的发展对中国的影响,更大程度上取决于其统一关税区成立后的运作情况及其对世界贸易组织的态度。如果海关同盟逐渐走向封闭和具有排他性,将直接影响中国与整个该区域的经贸关系。反之,如果海关同盟具有开放性与合作性,同时通过上海合作组织这个平台,中国更好地与海关同盟建立一种积极的互动性关系,那海关同盟对中国也许将意味着一个更大的市场和更多的机会。

但俄哈能否真正推动海关同盟取得实质性进展,不仅要关注短期的经济效益,更要追求长远的战略前景,这必将是一个漫长的征程。这种一体化发展的未来是生存还是毁灭,更多不是技术层面的成败,而是需要在最高层面上摆脱对短期利益的关注,立足长久性、可持续发展。

正如在涉及海关同盟的俄语文献中,对于它的未来发展用得非常多的一个词就是"命运"。同样,对于我们研究海关同盟的发展,也需要俄语里与"命运"常常并行的两个词:"耐心"与"希望"。

注释

① 冯绍雷:《欧盟:形成中的全球角色》,华东师范大学出版社2009年版,第2页。

② 杨雷:《俄哈关系论析》,世界知识出版社2007年版,第168—169页。

③ 杨雷:《俄哈关系论析》,世界知识出版社2007年版,第213页。

④ 杨雷:《俄哈关系论析》,世界知识出版社2007年版,第197页。

⑤ Andrei Suzdaltsev. Politics Ahead of the Economy, http://eng. globalaffairs. ru/number/n_14783.

⑥ Аджар Куртов. Таможенный союз России, Казахстана и Белоруссии: риски остаются, http://www. imperiya. by/economics2-8630. html.

⑦ 俄新网,2009年5月23日。

⑧ 资料来源:http://www. customsunion. kz/info/2610. html。

⑨《俄白哈签署协议组建统一经济空间》,http://news. ifeng. com/world/detail_ 2010_11/20/3173051_0. shtml。

⑩ 新华网,2010年12月10日。

⑪ Аджар Куртов. Таможенный союз России, Казахстана и Белоруссии: риски остаются, http://www. imperiya. by/economics2-8630. html.

⑫ Г. Рахматулина. Таможенный союз в рамках ЕврАзЭС: перспективы для, казахстана, http://dlib. eastview. com/browse/doc/22933756

⑬ http://www. tsouz. ru/news/Pages/10-12-2010-full. aspx.

⑭ http://www. tsouz. ru/news/Pages/10-12-2010-full. aspx.

⑮ Стенограмма программы «Разговор с Владимиром Путиным. Продолжение», 16 декабря 2010, http://premier. gov. ru/events/news/13427/.

⑯ Andrei Suzdaltsev, "Politics Ahead of the Economy," http://eng. globalaffairs. ru/number/n_14783.

⑰ Dosym Satpayev, "Why Doesn't Russia Join the WTO," http://www. twq. com/10april/docs/10apr_Aslund. pdf.

⑱《俄或弃海关同盟伙伴入世贸》,《中华工商时报》2010年4月20日,http://co. yabao365. com/article/557. html。

⑲ http://www. tsouz. ru/news/Pages/10-12-2010-full. aspx.

⑳ Andrei Suzdaltsev, "Politics Ahead of the Economy," http://eng. globalaffairs. ru/number/n_14783.

㉑《哈萨克斯坦出现反对海关同盟最强音》,http://gb. cri. cn/27824/2010/03/29/5025s2799494. htm。

㉒ Farkhad Sharip, "Customs Union with Russia and Belarus Raises Doubts in Kazakhstan," http://www. jamestown. org/single/? no_cache=1&tx_ttnews[tt_news]=35810&tx_ttnews[backPid]=7&cHash=e7ae6a3b12.

㉓ "Analyst: West to Hail Russia-Belarus-Kazakhstan Customs Union," http://www. kyivpost. com/news/russia/detail/70461/.

㉔《俄白哈海关同盟利弊谈》,http://www. sco-ec. gov. cn/crweb/scoc/upload/232481285040553530. pdf。

㉕ 根据石泽在"上海合作组织十年:回顾与展望"学术研讨会(2011年4月21日,中共中央对外联络部当代世界研究中心、华东师范大学俄罗斯研究中心联合举办)上的讲演速记内容整理。

报告二十二　中亚跨境水资源的现状及其合作前景

杨　恕　皋　媛*

［摘要］　中亚的水资源问题已经日益成为影响中亚国家关系的重要因素之一。由于中亚的水资源多为跨境河流，国家与国家之间在跨境水资源的利用、管理和开发上存在较大的分歧与矛盾，尤其是上游与下游国家在水电工程和农业灌溉等领域对水资源开发使用而产生的纠纷。本文首先介绍了中亚跨境水资源的概况以及中亚各国对跨境水资源的使用情况，然后分析了中亚国家针对跨境水资源纠纷所展开的一系列合作，最后对中亚国家今后的跨境水资源合作前景及解决途径做出展望。

［关键词］　中亚　跨境水资源　纠纷　合作

一、中亚地区水资源概况

中亚大部分地区属干旱、半干旱地区，其蒸发量远远大于降水量。中亚的地形基本呈现出东南高、西北低的状况。塔吉克斯坦和吉尔吉斯斯坦海拔较高，哈萨克斯坦、乌兹别克斯坦和土库曼斯坦地势较低。由于特殊的地理位置和气候等原因，中亚地区的水资源表现出一系列鲜明特征。

(一) 水资源总量较丰富，但分布不均

由于典型的内陆地理环境，中亚的河水资源要么用于灌溉，要么消失于荒漠，要么汇集于内陆湖泊。锡尔河(Syr Darya)与阿姆河(Amu Darya)是中亚最主要的两条河流。锡尔河全长 3 019 公里，是中亚最长的河流，流经乌兹别克斯坦、塔吉克斯坦和哈萨克斯坦三个中亚国家。由费尔干纳(Fergana)盆地东部的纳伦河(Naryn)、卡拉河(Karadarya)汇合而成，最终注入咸海。阿姆河是中亚流程最长、水量最大的内陆河，它与锡尔河构成

---

* 杨恕，兰州大学中亚研究所所长，教授，博士生导师；皋媛，华东师范大学国际关系与地区发展研究院硕士研究生。

咸海的两大水源。阿姆河源于帕米尔高原东南部海拔 4 900 米的高山冰川，支流较多，多集中在上游 180 公里之内。咸海位于哈萨克斯坦和乌兹别克斯坦两国交界处，面积约 6.4 万平方公里，曾经是世界第四大湖，但由于过度使用两条大河（锡尔河、阿姆河）的水，它们的水位已急剧下降，自 20 世纪 60 年代以来，其面积已经缩小了近 90%。

在中亚，地处锡尔河与阿姆河上游的塔吉克斯坦和吉尔吉斯斯坦有着非常丰富的水资源——塔吉克斯坦水资源蕴藏量居世界第八位，吉尔吉斯斯坦水资源也在独联体国家中位居第三位。此外，这两个上游国家河流补给充足，水质好、落差大，是建立水库和水电站的理想区域，同时水消耗少，污染也少。而地处下游的乌兹别克斯坦、哈萨克斯坦和土库曼斯坦三国盛产煤、石油、天然气和其他矿产资源，农牧业也占有相当大的比重，灌溉用水需求量巨大，但这些国家境内径流补给少、消耗大、污染严重。其中，土库曼斯坦和乌兹别克斯坦国家经济的 80%—90% 依靠发源于邻国的跨境水。① 从表 22.1 可见，在咸海流域上游国家塔吉克斯坦与吉尔吉斯斯坦境内产生的径流量分别占 43.4%和 25.1%；处于下游的乌兹别克斯坦、哈萨克斯坦和土库曼斯坦三国的地表水资源的总和才接近 1/3。

表 22.1　咸海流域各国境内多年平均径流量*（单位：亿立方米/年）

国　家	锡尔河		阿姆河		咸海流域合计	
	径流量	百分比(%)	径流量	百分比(%)	径流量	百分比(%)
哈萨克斯坦	24.26	6.5	—	—	24.26	2.1
吉尔吉斯斯坦	276.05	74.2	16.04	2.0	292.09	25.1
塔吉克斯坦	10.05	2.7	495.78	62.5	505.83	43.4
土库曼斯坦	—	—	15.49	1.9	15.49	1.2
乌兹别克斯坦	61.67	16.6	50.56	6.4	112.23	9.6
阿富汗和伊朗	—	—	215.93	27.2	215.93	18.6
咸海流域总水量	372.03	100	792.80	100	1 164.83	100

注：* 哈萨克斯坦北部和东部地区不在咸海流域范围内，所以在计算中亚水资源时这两个地区未包括在内。

资料来源：ICWC 科技信息中心。

（二）水资源供需矛盾日益尖锐

由于中亚水资源分布不均，跨境河流的使用问题成为中亚五个国家之间一直争论不休的议题，由此产生的纠纷与矛盾也日益恶化。

上游国家塔吉克斯坦与吉尔吉斯斯坦因油气资源匮乏、水利条件优越而采用水力发电的方式解决国家自身的能源问题。处于跨境河流下游的哈萨克斯坦、乌兹别克斯坦和土库曼斯坦则需要引水灌溉大量的农作物来维持其农业经济的发展。在苏联时期,出于全国和地区整体发展规划和经济布局的考虑,位于中亚河流上游地区的加盟共和国重点建设各类水利调节设施,下游地区的加盟共和国重点发展灌溉农业和工业并向上游地区提供能源和工业品与农产品,从而达到整个地区的平衡发展。然而苏联解体、五国各自独立之后,这种指令性的调配管理逐渐失去功能。在油气市场价格的驱使下,上游国家不再能享受到下游国家提供的补偿性能源供应或者是优惠价格,发电、取暖成为上游国家急需解决的问题。于是,上游国家水电站的建设对下游国家的农业造成了极大的影响。由于苏联解体后,中亚各国过分强调独立的对外政策,各国因民族矛盾、经济利益与地缘政治利益竞争,一直奉行“零和”争水思维,在水资源问题上缺乏协调与合作,从而在跨境河流水资源分配、跨境输水设施的维护和水质保护等问题上引发了一系列矛盾和纠纷。

(三) 中亚水资源的其他问题

1. 人均水资源量不断减少

中亚五国人均可更新水资源量排序依次为:塔吉克斯坦 10 431 立方米,吉尔吉斯斯坦 8 801 立方米,哈萨克斯坦 4 909 立方米,乌兹别克斯坦 608 立方米,土库曼斯坦 271 立方米,其中乌兹别克斯坦和土库曼斯坦的人均水资源量已远远低于水资源危机临界线——1 000 立方米。② 中亚地区人口自然增长率高,又使这一状况显著恶化。1960 年至 2000 年间,咸海流域内人均用水量从 4 270 立方米减少至 2 530 立方米,已低于 3 000 立方米/人的缺水上限,总体上属于轻度缺水地区。

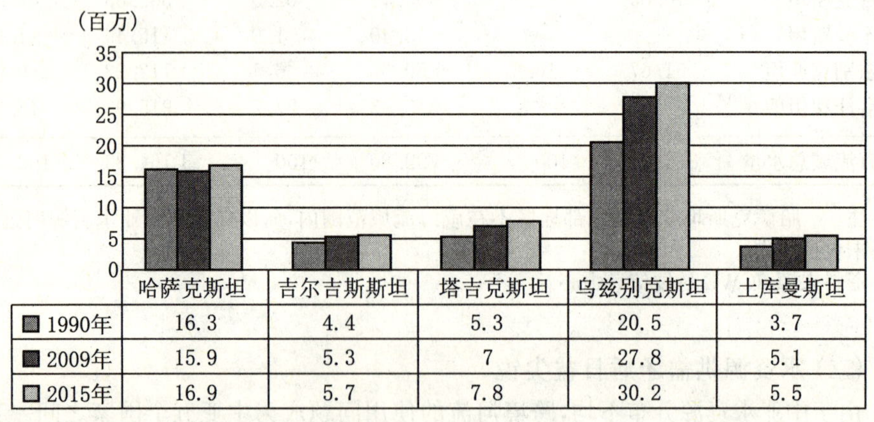

	哈萨克斯坦	吉尔吉斯斯坦	塔吉克斯坦	乌兹别克斯坦	土库曼斯坦
1990年	16.3	4.4	5.3	20.5	3.7
2009年	15.9	5.3	7	27.8	5.1
2015年	16.9	5.7	7.8	30.2	5.5

资料来源:世界银行:《世界发展报告 2011》。

图 22.1　中亚五国人口状况

从图 22.1 世界银行所给出的数据以及预测来看，中亚五国人口基本持不断增长的态势，若维持当前的人口增长速度，人均用水量可能在未来 20 年中减少到健康标准以下。③导致人均水资源量减少的因素除人口过快增长以外，还有人类对水资源不合理的利用、浪费和污染，而全球气候变暖也使得中亚各大河的水量和帕米尔高原的冰川数量锐减。

2. 水质状况不佳

中亚跨境河流水质自上游往下游递减。在阿姆河，山区（径流形成区）水矿化度为 0.4—0.5 克/升，而阿姆河三角洲达 2.0 克/升。④阿姆河与锡尔河自流出山区之后，其铜、锌、铝、铬的含量即超过了极限允许浓度。在几乎整个阿姆河中，都发现有苯酚超标的现象。⑤

表 22.2　中亚地区 2007 年工业排放水资源污染现状（占总量的百分比）

	主要金属	纸浆	化学物	食物饮料	纺织品
哈萨克斯坦	33.3	2.3	8.9	18.7	3.9
吉尔吉斯斯坦	9.8	6.3	8.5	24.2	9.8
塔吉克斯坦	28.2	2.7	2.0	18.0	38.4
乌兹别克斯坦	—	—	—	—	—
土库曼斯坦	—	—	—	—	—

资料来源：World Bank.

研究表明，在中亚被检测的水体中，虽然仅有 8%属于重度污染和极重度污染，但 25%的水体处在警示区——介于合格与不合格之间，约 44%的供水属于“中度污染”，仅有 23%属于清洁或轻度污染。在乌兹别克斯坦境内的阿姆河流域，70%以上的地区水质对健康有害，10%以上的地区水质极差。⑥在整个乌兹别克斯坦，水质优良的地区仅占国土总面积的 8.6%，水质合格的地区占 35.2%，水质较差的地区占 44%，水质有害身体健康的地区占 5.25%，水质严重有害的地区占 7.2%。而就饮用水的安全而言，仅有 2.3%的居民生活在水质良好的地区，超过 49%的居民生活在水质较差的地区，2.3%的居民生活在水质很差的地区，0.2%的居民生活在水质极差的地区。⑦

二、 中亚跨境水资源的开发利用与合作现状

(一) 水资源在农业领域的利用

农业是中亚五国的基础性产业，中亚五国中，农村人口占总人口的比例都比较高。中亚地区又以灌溉农业为主，土库曼斯坦和乌兹别克斯坦的全部、哈萨克斯坦的南部及北部的一部分，以及吉尔吉斯斯坦、塔吉克斯坦的一部分地区农业都必须依靠

引水灌溉。中亚地区灌溉农业产值占国内生产总值非常大的比重,而干旱区以水定地的农业发展模式说明水资源是干旱区农业发展的关键。表 22.3 反映的是中亚五国的农业灌溉面积和农业产量情况。

表 22.3　中亚国家灌溉面积

国　家	面积(1 000 公顷)		产量(1 000 吨)	
	灌溉面积***	棉花面积**	棉花	其他农作物*
哈萨克斯坦	3 450(16%)	200(6%)	180	5.3
乌兹别克斯坦	3 990(89%)	1 450(36%)	1.17	5.75
吉尔吉斯斯坦	1 050(77%)	<30(3%)	48	2.45
塔吉克斯塔	630(68%)	220(35%)	172	1.6
土库曼斯坦	1 750(94%)	540(31%)	219	1.2

注:* 水果、蔬菜、根茎类农作物。
　** 本列括号内为棉花灌溉占总灌溉土地面积的百分比。
　*** 本列括号内为耕地所占面积百分比。
资料来源:*Regional Water Intelligence Reports*.

由此可见,处于跨境河流上游的吉尔吉斯斯坦和塔吉克斯坦可耕地灌溉面积最少,乌兹别克斯坦和哈萨克斯坦的灌溉面积较大。这与中亚地区的地理环境有很大关系。上游国家吉、塔两国属于高海拔国家,地势多以高山为主,下游三个国家的地势则相对平坦,可耕地相对较多。从棉花的种植情况来看,乌兹别克斯坦的棉花种植在中亚五国中首屈一指,棉花产量和其他农作物的产量也是最高的。不难看出,如此广大的可耕地灌溉面积必定需要非常充足的水资源来保证其农作物的正常生长。

在农业出口方面,乌兹别克斯坦的棉花出口占全球总量的 10%,相较于 20 世纪 90 年代的 20%有所下降。造成棉花出口贸易下降的原因主要是由于耕地面积减少,产量降低,其他国家产量上升这几个因素。但是棉花出口仍然是乌兹别克斯坦出口贸易中的主要商品,大约占到其总出口量的 20%。虽然哈萨克斯坦和土库曼斯坦也生产大量的棉花,但它们占较大比重的石油、天然气出口使得棉花出口只占国家出口贸易的小部分。在吉、塔两国,棉花也是重要的出口产品。哈萨克斯坦的粮食出口贸易占到世界的第八位。2008 年,哈萨克斯坦出口小麦 1 500 万吨,面粉出口位居第一。目前,哈萨克斯坦的农产品出口中,60%是粮食,出口到世界大约 39 个国家。乌兹别克斯坦也在试图改变棉花出口占据主导的出口结构。近几年里,乌兹别克斯坦的粮食出口大于 50 万吨,同时也出口了一些其他的农产品,包括水果、蔬菜等等。土库曼斯坦的农产品出口主要是棉花,不过它也比较注重生产牲畜和蔬果类产品。而吉尔吉斯斯坦和塔吉克斯坦的牲畜及蔬果类农产品是重要的出口商品。表 22.4 反映的是中亚五国农业在国家国内生产总值里的比重及农业出口情况。

表 22.4　中亚国家农业占国内生产总值的比重

	农业占 GDP 的比重	主要出口农产品
哈萨克斯坦	<10%	粮食
乌兹别克斯坦	20%	棉花、粮食
吉尔吉斯斯坦	35%	棉花、蔬果类
塔吉克斯坦	25%	棉花
土库曼斯坦	30%	棉花

资料来源：*Regional Water Intelligence Reports*.

中亚五国除了吉尔吉斯斯坦生产棉花较少，其余四国都是生产棉花的大国，乌兹别克斯坦是中亚地区最大的棉花生产国，世界范围内第五大棉花生产国，虽然如上文提到的，自从 20 世纪 90 年代早期以来棉花产量有所下降，但仍然保持着每年超过 100 万吨棉绒的生产，相当于每公顷大约 700 公斤的产量，大于世界水平每公顷 620 公斤的产量。与其他一些国家相比，乌兹别克斯坦这种依赖灌溉方式的棉花产量明显较低。例如土耳其的棉花产量是每公顷 1 330 公斤，而澳大利亚则是每公顷1 560 公斤。⑧

美国农业部（USDA）在 2002 年对乌兹别克斯坦棉花的生产力进行评估，得出其潜在生产力几乎是现有生产力的两倍的结论。这个评估是基于乌兹别克斯坦与澳大利亚相似的种植气候相比得出。事实上，乌兹别克斯坦因为有赖于冰川雪山融解水的资源是比较有竞争优势的，虽然这些水资源面临着冰川水缩小的可持续问题。

虽然中亚的灌溉农业依赖于非常重要而极其宝贵的水资源，但该地区却一直存在不合理的农业用水。这在一定程度上加剧了水资源争议问题。简单来说，中亚地区农业用水体现出以下特点：

1. 灌溉面积、用水量迅速增加

咸海流域内灌溉面积增长迅速（见表 22.5）：1960 年为 451 万公顷，1980 年为 692 万公顷，2000 年为 799 万公顷。中亚地区灌溉农业用水量占总用水量的 90% 以上——多年以来，这个比例相当稳定。⑨

需要指出的是，尽管总灌溉面积增加了，但由于人口增长迅速，人均灌溉面积却在明显减少：1960 年至 2000 年间，人均灌溉面积从 0.32 公顷减少至 0.18 公顷。⑩这个数字已经低至警戒线，低于此，将不能种植生产出居民基本生活所需的面包量，即 120—130 千克/人·年。⑪

表 22.5　中亚地区咸海流域水资源利用的基本指标

指　　标	单　位	1960 年	1970 年	1980 年	1990 年	2000 年
人口	万　人	1 410	2 000	2 680	3 360	4 150
灌溉面积	万公顷	451	515	692	760	799
总用水量	亿立方米/年	606.1	945.6	1 206.9	1 162.7	1 050
灌溉用水量	亿立方米/年	561.5	868.4	1 067.9	1 064	946.6
每公顷灌溉用水量	万立方米/公顷	1.245	1.686	1.543	1.400	1.185
人均用水量	立方米/年	4 270	4 730	4 500	3 460	2 530

资料来源：ICWC 科技信息中心。

2. *以高耗水作物为主*

中亚地区的农业，在作物结构上，以粮食(小麦、玉米和水稻)、油料和棉花这三类作物为主(见图 22.2)。其中，棉花、水稻都是高耗水作物。

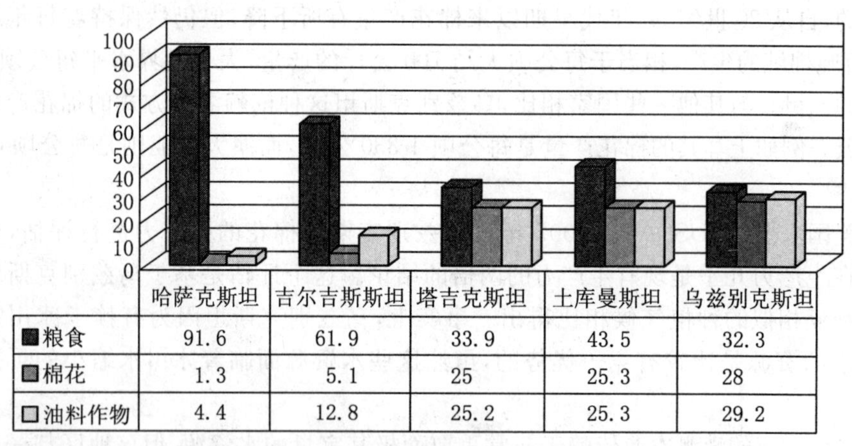

	哈萨克斯坦	吉尔吉斯斯坦	塔吉克斯坦	土库曼斯坦	乌兹别克斯坦
粮食	91.6	61.9	33.9	43.5	32.3
棉花	1.3	5.1	25	25.3	28
油料作物	4.4	12.8	25.2	25.3	29.2

资料来源：联合国粮农组织统计数据(FAOSTAT)。

图 22.2　中亚地区农作物结构

苏联时期，咸海地区变成了重要的棉花和水稻基地，1950 年该地区灌溉面积为 290 万公顷，1990 年增加到 700 万公顷，农作物产量增加了 4 倍。苏联 90%的棉花、40%的水稻、水果的 1/3、蔬菜的 1/4 由咸海地区提供。[12] 目前，中亚是世界重要的棉花产区之一，2004 年棉花播种面积占世界总播种面积的 7.21%，占世界棉花产量的 7.5%。棉花是乌兹别克斯坦、土库曼斯坦和塔吉克斯坦农业的支柱产业，占大田作物面积的 1/4 以上，分别列世界产棉量第 6、11 和 14 位。乌兹别克斯坦的棉花种植面积自 1992 年至今平均保持在 150 万公顷左右，播种面积占同期世界棉花播种总面积的 5%；棉花质量上乘，以中绒陆地棉和长绒棉为主；2004 年皮棉出口量居世界第 3

位，是当时世界上唯一生产棉花而无现代化纺织工业的国家。塔吉克斯坦的棉花产业与铝产业并列为国内两大支柱产业。棉花也是吉尔吉斯斯坦和土库曼斯坦的主要农产品和出口商品。⑬

在位于干旱、半干旱区的中亚发展这样的高耗水农业，原因主要在于片面追求经济效益。棉花是中亚最主要的经济作物，其价格为谷物价格的5—6倍，虽然目前棉价有所下跌，但棉花种植仍能带来较好收益。在乌兹别克斯坦，棉花是外汇主要来源之一。在利益驱动下所形成的这种与自然条件不相符的农业生产格局，导致了流入咸海水量的不断减少，甚至完全断流，引起了咸海水位的下降。

3. 农业用水效益差，水资源浪费严重

由于忽视灌溉系统的技术水平，中亚国家广泛存在大水漫灌现象，其灌溉设备陈旧落后、效率低下，加之农民用水又是免费的，因此浪费水的现象普遍存在。中亚地区每亩地用水达800立方米以上，是以色列（每亩仅20立方米）的40倍⑭，灌溉用水中约有一半损失在输往农田的过程中。在塔吉克斯坦，70%的灌溉用水蒸发或渗漏损失；在乌兹别克斯坦，只有69%—80%的灌溉用水能进入农田，而实际到达农作物的水量不足50%。在土库曼斯坦，每年约有150亿立方米的水从阿姆河输入卡拉库姆大运河，但由于流经疏松沙地的运河设计不完善，造成大量水资源浪费⑮，其引水总量的三分之一才能真正用于生产。从吉尔吉斯斯坦向乌兹别克斯坦和哈萨克斯坦输水的跨境渠道也因破损严重使大量水资源白白流失。中亚国家在扩大灌溉面积的同时，设备增加、更新未能配套，因此，从20世纪80年代到90年代末，农作物单位产量耗水量显著上升：谷物耗水量从3 000—4 000立方米/吨增至4 000—7 000立方米/吨，水稻耗水量从6 000—7 000立方米/吨增至10 000—17 000立方米/吨，棉花耗水量从6 000—7 000立方米/吨增至9 000—12 000立方米/吨。⑯

4. 环境保护不到位，造成水质性缺水

自20世纪60年代以来，由于滥用阿姆河和锡尔河的河水以及大量使用农药与化肥，对河水造成了严重污染。俄罗斯、中亚环保机构的资料显示，排入阿姆河的污水已占到其流量的35%；乌兹别克斯坦和塔吉克斯坦境内排向河流、湖泊和水库的污水也占到其流量的40%以上。⑰因水质变坏而导致可利用水资源的减少，这对中亚水资源匮乏起了推波助澜的作用。

除了农业方面外，在工业方面，不少冶金企业和采掘、选矿、火力发电等也都是高耗水行业。另外，水力发电也是中亚跨境河流利用的重要方面，尽管水力发电本身不消耗水资源，但与之相关的水库却增加了水蒸发量。

（二）水资源在水电工程领域的利用

苏联时期，中亚地区的水资源使用由苏联统一调度。下游国家为了补偿上游国家夏季放水给予下游农田灌溉的损失,每到冬季都会向上游国家免费提供天然气与煤炭以供其发电取暖。但苏联解体中亚各国独立之后,事先达成一致的维持苏联时期用水制度的共识很快瓦解。上游国家不再享有低价的天然气、煤炭,为保证用电和冬季取暖,吉尔吉斯斯坦和塔吉克斯坦这两个上游国家开始扩大水利设施。图 22.3 和图 22.4 分别反映了中亚五国电力来源的情况。

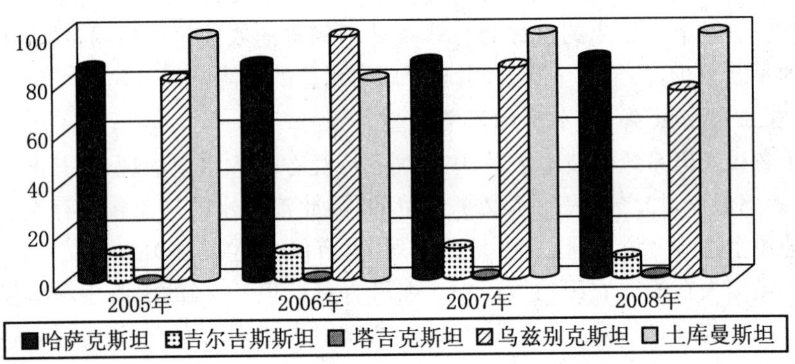

资料来源:World Bank.

图 22.3 石油、天然气和煤炭资源的电力生产情况对比(%总电量)

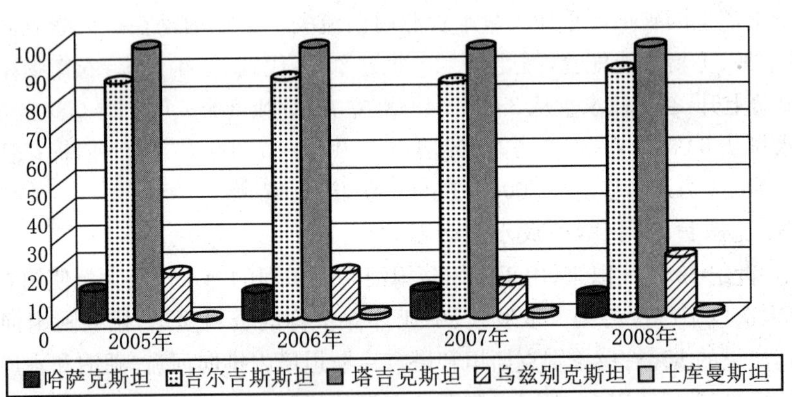

资料来源:Word Bank.

图 22.4 水力发电的电力生产情况对比(%总电量)

由于能源的不对称,可以说这是吉尔吉斯斯坦与塔吉克斯坦两国扩大开发水利资源的主要原因。虽然目前的装机容量相对于本身所具有的潜在发电量还只是很小的一部分,但这并不意味着吉、塔两国水利发电会停留在这个水平上。

表 22.6　中亚国家水力发电潜能

国　家	水力发电潜能(兆瓦)	装机容量(兆瓦)
哈萨克斯坦	27 000	8 861
吉尔吉斯斯坦	163 000	10 778
塔吉克斯坦	317 000	15 086
土库曼斯坦	2 000	—
乌兹别克斯坦	15 000	7 278
总　计	524 400	42 598

资料来源:"Hydropower Potential: IEA and Potential Water Resource Development in Northern Afghanistan and Its Implications for Amu Darya Basin", *Working Paper 36*, 2004.

实际上,吉、塔两国为保障本国用电以及发展本国经济都采取了扩大水力发电的措施和计划。例如,吉尔吉斯斯坦"进一步加大了水电开发力度,仅 2008 年 5 月该国能源工业部就对媒体透露即将或已经启动六个大型水电站建设项目(表 22.7),总投资约 40 亿美元,并陆续与俄罗斯、哈萨克斯坦等国及世界银行、亚洲发展银行等国际组织就水电开发项目融资问题积极接触,拟以公开竞标形式拓展融资渠道。"⑱

表 22.7　2008 年吉尔吉斯斯坦能源工业部宣布的水电站项目概况

电站名称	设计装机容量 兆瓦	投资 (亿美元)	建设周期 (年)
卡姆巴拉金 1 号	1 900	12	2010—2020
卡姆巴拉金 2 号	360	2.8	2007—2012
纳伦水电站	200	2.2	2007—2010
阿克布伦水电站	200	2	2010—2014
萨雷扎兹阶梯水电站	1 200	9	2010—2025
卡瓦克水电站	1 200	11	2008—2015

资料来源:中华人民共和国驻吉尔吉斯共和国大使馆经济商务参赞处。

当然,以上的图表数据也清晰地反映出了中亚各个国家,尤其是上游与下游国家之间在跨境水资源的利用问题上必然会产生的矛盾。这其中,许多既有的工程和拟建、在建的工程,都在水资源争议中扮演了重要的角色。

1. 现有水利水电工程

咸海流域的大型水利工程建设开始于 20 世纪 30 年代,当时开挖了以灌溉为目的的费尔干纳运河等。50 年代中期以来,由于棉花种植面积的不断扩大,中亚地区的灌溉用水需求量急剧攀升,促使这一地区灌溉网络密布,一批运河、灌渠⑲、水库相继建成投入使用。

阿姆河流域的水利工程施工是在20世纪50年代末和60年代初全面展开的。主要有以下工程将丰水区的水调到缺水地区:卡拉库姆运河——将阿姆河的水送往捷詹河、穆尔加布河流域等西部地区;吉萨尔水渠——将卡菲尔尼干河流域的水调配至苏尔汉河流域;赞水渠——将苏尔汉河下游的水调配至舍拉巴德河流域;伊斯卡-安加拉水渠——将泽拉夫尚河的水调配至卡什卡达里亚河。其中,土库曼斯坦境内的卡拉库姆运河是阿姆河上最大的一项引水工程。资料表明,1960年,阿姆河在凯尔基市的流量为630亿立方米/年,而卡拉库姆运河引水量约190亿立方米/年——近1/3的水量被调走了。该运河影响着土库曼斯坦全国人口的60%,被称为"生存的命脉"。此外,卡尔申灌渠每年从阿姆河引水33—52.5亿立方米。锡尔河干支流上兴建了13座库容在1.0亿立方米以上的水库,总库容达410亿立方米。在费尔干纳盆地,锡尔河的一些支流中引出了大约700条灌渠、锡尔河引出了约50条灌渠。比较大的运河、灌渠有:由纳伦河引出的费尔干纳运河(由卡拉河取水补充,运河长350公里)、安集延灌渠等。由于经年累月地使用,且缺少必要的维护,这些渠道上很多地方破损严重,极大地影响了额定水量的正常输送。咸海流域运河和灌渠分流的水量,有约1/3被蒸发和渗漏,造成巨大的浪费。而要修复这些渠道需要巨大的资金投入,但相关国家经济拮据使跨境渠道的维修计划无法真正得到落实。

在水库建设方面,为满足乌、土、哈、塔等国棉花灌溉的需要,苏联政府分别在吉、塔两国境内修建了多个大型水库和水电站,使得这两个国家水利资源的优势更加明显。咸海流域水库蓄水总量超过740亿立方米。最大的水库为位于吉尔吉斯斯坦境内纳伦河上的托克托古尔水库,库容为195亿立方米;其次为塔吉克斯坦境内瓦赫什河上的努列克水库,库容为105亿立方米。[20]

表22.8 中亚跨境河流上的主要水库

流　域	水库名称	库容(亿立方米)	所属国家
阿姆河			
瓦赫什河	努列克水库	105	塔
锡尔河	卡拉库姆水库	34	塔
	恰尔达拉水库	52	哈
纳伦河	托克托古尔水库	195	吉
卡拉河	安集延水库	19	乌
	奥古兹汉水库	7	土
奇尔奇克河	恰尔瓦克水库	20	乌
楚河	塔索特克尔水库	6.2	哈
	奥尔托托科伊水库	4.2	吉
塔拉斯河	基洛夫水库	5.5	吉

资料来源:联合国欧洲经济委员会(UNECE)。

中亚地区内所有的大型水库都是多用途的，用于灌溉的同时还用于发电。水力发电占整个中亚地区用电需求的27.3%。如前文所述，各个国家对水电的依赖程度不同。塔吉克斯坦全国电力的98%和吉尔吉斯斯坦用电总量的91%来自水力发电，而这个比例在土库曼斯坦只有1%。由于各类水库和电站的存在，锡尔河流域94%的水资源和阿姆河流域78%的水资源都得到了有效的调控。[21]在地区内大型水库上建设的45座水力发电站总装机容量为34.5吉瓦，其中最大的是努列克水电站，装机容量为2 700兆瓦；其次为托克托古尔水电站，装机容量为1 200兆瓦。[22]截至2010年末，一些在吉尔吉斯斯坦和塔吉克斯坦的水电站正在考虑或建设当中，如卡姆巴拉金(Kambaratinsk Dam)和罗贡(Rogun Dam)、桑格图达(Sangtuda Dam)工程。这些水电站一旦建成，中亚地区的水力发电有望增长3.5%。

2. 规划中有争议的工程

目前，由于一些国家规划或已经开始实施一些有争议的水利工程，导致了其他相关国家的担忧和反对，这些有争议的工程主要有：

(1) 罗贡水电站与桑格图达水电站。

瓦赫什河上尚未完工的巨型水电站——罗贡水电站始建于20世纪80年代，但在苏联解体、塔吉克斯坦内战爆发后中止建设，1993年的一场大洪水更是将已建部分几乎破坏殆尽。该水电站大坝设计高度为335米(世界最高)，发电能力达3 600兆瓦。为建造罗贡水电站，塔吉克斯坦需筹资7—10亿美元(占本国GDP的7%—10%)。2001年塔开始继续建设罗贡水电站，主要资金来源为国家预算内资金。此外，塔吉克斯坦还计划在努列克水库下游修建桑格图达水电站，发电能力为670兆瓦。

乌兹别克斯坦积极回应桑格图达水电站的建设，但坚决反对罗贡水电站。塔吉克斯坦已经通过努列克水电站控制了阿姆河近40%的径流，罗贡水电站的建成将使塔吉克斯坦牢牢控制阿姆河。塔吉克斯坦在增加国内灌溉面积的同时，也将控制河水流往乌兹别克斯坦的苏尔汉河州和卡什卡达里亚州。塔吉克斯坦官员表示，塔方认为罗贡水电站对整个区域有益：水库建成后，每年可为乌兹别克斯坦、土库曼斯坦和阿富汗提供稳定的水量(因为罗贡水电站水库库容大，可调节丰枯年份的水量)，该项目具有区域尺度，应得到大投资方(如世界银行、欧洲复兴开发银行)的支持。一些学者认为乌兹别克斯坦正在游说投资者不要支持罗贡水库的建设。但即便乌兹别克斯坦不游说，国际社会支持罗贡水电站的可能性也越来越小，这是因为他们认为投资该项目的成本远大于收益，并且也考虑到这将使乌、塔关系严重紧张化。不管怎样，塔方很难在未得到乌方同意的情况下完成罗贡水电站和桑格图达水电站的建设。由于争取不到外资，塔吉克斯坦政府决定以发行股票的方法在国内集资。2009年12月，拉赫蒙总统发表讲话，号召国民积极认购股票，解决罗贡水电站急需的6亿美元。这意味着平均每个家庭不少于690美元，对于塔吉克斯坦公民来说，这是一个很大的数目,能否能够凑够足够的钱还需要观察。如果罗工水电站能够建成,它将成为世界上最高的水电站,不仅为塔吉克斯坦提供丰富的电力,同时还会出口至阿富汗和巴基斯坦。[23]

(2) 黄金世纪湖。

2000年10月,土库曼斯坦开始在卡拉库姆沙漠中心地区的卡拉绍尔凹地建造一个名为"黄金世纪"的巨型人工湖,预计10年建成。土库曼斯坦称,该湖用于收集灌溉排水,而不取用阿姆河水。目前,农田灌溉排水已使大片土地变为沼泽,而该湖一旦建成,排水将被收集起来,部分湖水可能用于灌溉。但有传言称,该湖附近将建设核电厂,而湖将作为冷却池。

"黄金世纪湖"引起了乌方的担忧,因为担心土库曼斯坦会从阿姆河取水以维持该湖水量。乌方认为,仅仅收集灌溉排水并不足以维持该湖水量。因为土库曼斯坦的沙漠夏季极高温,蒸发量大,而排水的含盐度高,因此该湖将逐渐干涸,成为第二个咸海,除非从阿姆河引水补偿——仅仅是补偿蒸发、渗漏损失的水量就需100亿立方米。国际上多数学者较支持乌方观点,即:湖水来源不会仅仅是排水,该湖终将消失或是会依赖从阿姆河取水来维持。如果土库曼斯坦增加阿姆河用水量,乌兹别克斯坦将遭遇严重的后果:下游乌尔根奇州与卡拉卡尔帕克斯坦自治共和国的缺水状况将恶化,而咸海的命运将是灾难性的。

正如吉尔吉斯斯坦的托克托古尔水库关乎乌兹别克斯坦的安全问题,黄金世纪湖也可能成为乌、土冲突之源。

(三) 跨境水资源开发产生的纠纷

由于河流具有不可分割的特性,水利工程及其受益范围往往不可能按国界划分。流域内的整体拦洪蓄水工程需要在上游国修筑堤坝,会产生同一工程系统分布在不同国家领土上的问题,最终的工程受益分配也容易引起国家之间的争议。苏联时期实行了上下游国家之间的损失补偿制度——即上游通过其境内的水利设施为下游提供灌溉用水,而下游为上游提供能源作为补偿。苏联解体后,该制度不再由统一而强有力的中央政府来执行。上游国家即塔吉克斯坦和吉尔吉斯斯坦两国缺乏能源,电能需求在冬季达到最大值,这要求在枯水季加大水库的排水量,而灌溉所需水量最大值却出现在作物生长旺季,即春季和夏季,倘若冬季放水发电,春夏季便没有足量的水用于灌溉,这将严重冲击位于下游的乌、土、哈三国的农业,矛盾由此产生。此类型的水资源矛盾在很大程度上也是"能源"矛盾。

最具代表性的是吉、乌、哈三国关于托克托古尔水库冬季发电与灌溉冲突的问题:苏联时期,中亚各加盟共和国在莫斯科统一管理下进行水与能源的实物交易,矛盾并不突出。苏联解体后,乌、哈两国的天然气、煤、重油价格与国际接轨,吉尔吉斯斯坦难以负担;与此同时,吉尔吉斯斯坦国内能源需求增加。为满足需求,吉方于冬季在托克托古尔水库增加放水发电,影响了锡尔河径流量,使乌、哈春夏灌溉用水减少,加之1997年的旱灾更使国家间关系恶化,各国都意识到问题亟须解决,吉、乌、哈遂在1998年达成框架协议,此后协议每年更新。根据协议,吉尔吉斯斯坦的比什凯克与奥什热电厂将获得乌兹别克斯坦供应的天然气和哈萨克斯坦供应的煤,作为交换,吉尔吉斯斯坦应在春夏季向下游增加放水量。

然而由于种种原因,协议的执行遇到诸多问题,乌方未能正常向吉提供天然气,哈方也未正常提供煤。而且吉尔吉斯斯坦官员表示,乌方利用吉方对其天然气的依赖,在政治问题上向其施压。吉方于是开采本国现有煤矿并发掘新煤矿,以降低对乌、哈能源的依赖。然而,吉尔吉斯斯坦境内的煤矿品质差,并且开采成本高。因此,吉尔吉斯斯坦认为问题的解决方法仍是通过冬季增加放水发电以满足国内需求。但在吉方获得电能的同时,也给下游造成了严重的问题。

托克托古尔水库的大量泄水使下游许多湖泊的水溢出,淹没了乌兹别克斯坦纳沃伊州和吉扎克州多达35万公顷的土地,纳曼干州的农场受到威胁,道路、输电线路被洪水破坏。哈萨克斯坦也饱受托克托古尔水库冬季泄水之害。使吉尔吉斯斯坦冬季放水发电问题后果严重的原因还在于锡尔河的调蓄工程。苏联时期的工程师将锡尔河水引入若干地区,部分原有河床被变成了农业、居住、工业用地。因此现在只要托克托古尔水库泄水过量,下游就会出现洪灾(根据乌兹别克斯坦电视台报道,2001—2002年冬,该水库泄水达650—700立方米/秒),而冬季河水结冰又将此问题恶化。目前,托克托古尔水库下游的两个水库(卡拉库姆水库和恰尔达拉水库)只能接收部分多余泄水。直到2008年夏,哈萨克斯坦在奇姆肯特州阿雷斯市以西的地区修建了科克萨雷反季节水调节区(实际上是一个浅水水库),才得以拦蓄冬季吉尔吉斯斯坦所放的部分水,在一定程度上减少了损失。

乌兹别克斯坦与哈萨克斯坦均表示,它们要让吉尔吉斯斯坦赔偿损失。乌兹别克斯坦国际法联盟主席说,若问题得不到解决,将会在国际法庭起诉吉尔吉斯斯坦,但也可能为此类问题建立永久性的裁决委员会。而吉尔吉斯斯坦的态度是:乌、哈两国自作自受,若不是因为他们开发河床、改变河道,托克托古尔水库泄水不会引起洪灾。而且,下游受灾的原因是乌、哈未遵守水与能源交易协议,供能少于协议中所规定的量甚至是完全中断供应。

2001年6月29日,吉尔吉斯斯坦议会通过了《跨境使用水体、水资源与水管理设施法》。该法称,水具有自身的经济价值,由产生这些水的国家所有。吉尔吉斯斯坦境内产生的水是本国财产,邻国使用应该付费。从吉尔吉斯斯坦境内水库或灌渠获取水资源的国家应支付水利设施的维护费用。该法律一出台,立刻受到乌、哈两国的抨击。各方都援引国际法来支持自己的论点。有人认为,为了应对吉尔吉斯斯坦法律,乌方可以要求吉方为其冬季泄水所造成的损失进行补偿,而塔吉克斯坦对于该法律批评不多。在官方层面,塔方代表和水问题专家认为吉方违反了跨境河流国际法。然而在私下,塔方对于此事很谨慎——希望吉方能够成功获得水费,塔方则可效仿。不过塔方对于吉方胜利并不寄太大希望。

吉尔吉斯斯坦是小国,在地区中政治影响力小,其领导人自知其无力强迫乌、哈支付水费,也知道本国不可能长期大量减少锡尔河径流。因此,吉尔吉斯斯坦出台该法律被认为是为了推动与邻国谈判托克托古尔水库及其他水库的维护费用问题。值得注意的是,吉尔吉斯斯坦随后有所退让。最初要求乌、哈对其接收的所有水付费;但后来只要求对通过吉方水库或灌渠的水付费——即分担水利设施维护费用。哈萨克斯坦对于吉方态度的转变表示欢迎,并采取了积极的措施。2002 年 3 月 7 日,哈方向吉方支付了楚河、塔拉斯河水利设施部分维护费用。2009 年 10 月 3 日,在突厥语国家元首会议期间,纳扎尔巴耶夫与巴吉耶夫达成一致,哈将为冬季取暖和来年春夏季的电能向吉预付 2 500 万美元。㉔ 2009 年 12 月 2 日吉尔吉斯斯坦总理乌先诺夫在新闻发布会上总结了他访哈的成果,其中之一就是吉尔吉斯斯坦将限制托克托古尔水库冬季排水量,最大不超过 600 立方米/秒。同时,哈萨克斯坦向吉尔吉斯斯坦提供 580 万美元用以购买哈萨克斯坦的煤,用于冬季取暖,而且哈萨克斯坦将向吉尔吉斯斯坦提供电能。㉕若在锡尔河也达成类似协议,则阻碍锡尔河正常径流的一大障碍将被消除。乌兹别克斯坦与哈方不同,其最初是抵制态度,但 2002 年 3 月下旬,乌、吉两国就托克托古尔水库维护问题达成协议,乌方同意承担部分维护费用,吉方则须保证向乌方提供灌溉用水。遗憾的是,协议签字后并未能认真执行。这表明哈吉之间的水、能源争议已大大缓解,但乌吉之间的矛盾依然存在,乌塔之间、吉塔之间的争议也未消减。多年来,费尔干纳盆地边界附近的农民多次发生因争水而引发的械斗,被称为“坎土曼战争”。㉖

(四) 跨境水资源的合作现状

苏联时期对中亚的水资源管理其实代表了一种地区“利益分享”的观念,即地区整体的经济利益相对于单个“国家”的利益是占据主导地位,那种对于水资源统一分配安排的处理方式首要目的就是维持一个集中的基础设施体系。很显然,对咸海流域的环境与社会需求并没有凸显出这种安排管理的卓越之处。当这种曾经支配一切的经济利益瓦解之后,这一地区又因为国家之间的水资源分配问题回到了谈判桌上。关于上游—下游国家之间的重大议题基本包括三点内容:(1)下游富裕国家与上游贫穷国家的结构;(2)上游国家潜在的水力发电能力与下游国家对水资源灌溉和环境的需求;(3)五国相异的水资源治理结构。㉗

表 22.9　水资源分配中的重要事件

时　间	事　　件
1987 年	在分析了 1974—1975 年,尤其是 1982 年的水资源短缺之后,1987 年成立了两河流域组织(Basin Water Organization)。BWO 的阿姆河总部设在乌尔根奇,锡尔河总部则在塔什干
1992 年	阿姆河流域水资源的分配(1987 年苏联水利部地科学技术委员会第 566 号决议)
1996 年	吉尔吉斯斯坦、乌兹别克斯坦和哈萨克斯坦共同签署协议,对吉尔吉斯斯坦在夏季放水给下游国家而造成的冬季不能充分利用水力发电的损失给予补偿
1996 年	土库曼斯坦与乌兹别克斯坦两国首脑签署双边协议,基于相同比例调节径流,包括对卡拉库姆运河的疏导转移
1998 年	对于锡尔河管理利用的执行由于各方力量的冲突和灌溉供需的矛盾已经阻碍了对于之前决议地履行,也阻碍了在水资源分配问题上所需要的更进一步的对话
2000 年	吉尔吉斯斯坦与哈萨克斯坦在共享楚河、塔拉斯河的水资源问题上签署协议,协议双方同意共同承担跨境河流基础设施的管理维修费用。该协议被认为是中亚国家成功处理水资源政策的前进方向

在对待咸海流域的问题上,各个国家之间没有一个适用的使有关各方共同承担水利公共基础设施管理维护以及修复更新的决议,对水文信息交流也没有相应的规定。决议草案准备于 1999 年,但中亚国家没有实施。每年发生的纠纷往往超越了季节性供水时间表的重要性。这份协议草案被认为与公平权利和可持续发展原则不一致。但是对于共享咸海流域水资源的合作协议还是存在的。这些协议最大的特征就是它们所扮演的多边角色。

1. 签署协议

自独立伊始,中亚各国为解决水资源争议已经签署了大量的协议。

表 22.10　中亚五国签订的主要协议

日　期	签约国	协议名称	流　域
1992 年 2 月 18 日	哈、吉、塔、土、乌	《关于在共同管理与保护跨境水资源领域合作的协议》(即《阿拉木图协议》,成立了唯一的“国家间水利协调委员会”)	咸海、阿姆河、锡尔河
1993 年 3 月 26 日	哈、吉、塔、土、乌	《关于解决咸海及其周边地区危机并保障咸海地区社会经济发展的联合行动的协议》	咸海、阿姆河、锡尔河
1995 年 3 月 3 日	哈、吉、塔、土、乌	《中亚五国元首关于咸海流域问题跨国委员会执委会实施未来 3—5 年改善咸海流域生态状况兼顾地区社会经济发展的行动计划的决议》	咸海、阿姆河、锡尔河

(续表)

日　期	签约国	协议名称	流　域
1995年9月20日	哈、吉、塔、土、乌	《努库斯宣言》(即《咸海宣言》)	咸海、阿姆河、锡尔河
1997年2月28日	哈、吉、塔、土、乌	《阿拉木图宣言》	咸海、阿姆河、锡尔河
1998年3月17日	哈、吉、乌	《关于在环境保护与合理利用自然资源领域合作的协议》	
1998年3月17日	哈、吉、乌	《关于在锡尔河流域合理利用水资源与能源的合作协议》	锡尔河
1998年3月26日	哈、吉、塔、乌	《塔什干宣言》	
1999年4月9日	哈、吉、塔、土、乌	《关于认可拯救咸海国际基金会及其组织的地位的协议》	咸海、阿姆河、锡尔河
1999年4月9日	哈、吉、塔、土、乌	《阿什哈巴德宣言》	咸海、阿姆河、锡尔河
1999年5月7日	哈、吉、塔、乌	《对〈关于在锡尔河流域合理利用水资源与能源的合作协议〉进行修订并增加附录的协定》	锡尔河
1999年6月17日	哈、吉、塔、乌	《关于在水文气象领域合作的协议》	锡尔河
1999年6月17日	哈、吉、塔、乌	《关于中亚能源系统并联运行的协议》	锡尔河
2002年10月6日	哈、吉、塔、土、乌	《中亚国家元首关于2003—2010年就改善咸海流域生态和社会经济状况采取具体行动的决定》(《杜尚别宣言》)	咸海、阿姆河、锡尔河

除了多边协议,双边合作协议数量更多且内容更丰富,特别是国与国之间关于水资源分配和利用的协议每年都有签订。比如,吉尔吉斯斯坦和哈萨克斯坦每年都签署《关于利用楚河与塔拉斯河水利设施的协议》,塔吉克斯坦和乌兹别克斯坦每年都签署《关于在锡尔河流域合理利用水资源与能源的合作协议》(主要针对卡拉库姆水库),哈、吉、乌每年都签署双边或多边《关于纳伦河—锡尔河梯级水电站的水和电能综合利用协议》(主要针对托克托古尔水库)。哈萨克斯坦与乌兹别克斯坦还分别于2001年1月11日和2007年9月4日加入了《国际水道和国际湖泊保护与利用公约》。

2. 机构建设

除签署了大量协议外,中亚各国还为解决水资源争议而建立有多个委员会等机构。

表 22.11　中亚各国水资源管理机构情况

国家	水资源相关机构	国内相关法律法规与文件	资金来源
哈萨克斯坦	国家水资源委员会(隶属于农业部):包括中央办公室、流域水管理组织(BWO)及其在各州的分支机构——地方代表处、地方执行机构(分布于各州、地区、市、村镇)。其他相关国家机构有:国家水文气象局(隶属于自然保护部)、能源与矿产资源部、卫生与流行病研究所(隶属于公共卫生部)、紧急事务与民防部	《哈萨克斯坦共和国水法》(2003年)、《自然保护法》(1997年)、《土地法》(2003年)、《农村用水户合作法》、《哈萨克斯坦共和国总统令(代国土资源法)》(2001年)、《哈萨克斯坦共和国总统令(代地下资源利用与保护法)》(1996年)、《哈萨克斯坦共和国水利部门发展与水政策:2010年展望》(2002年)、《流域水资源整体利用与保护计划》(2002年)	国家及地方政府预算内资金、国际金融机构与外国政府投资或赠款、私人资金
吉尔吉斯斯坦	吉尔吉斯斯坦国民议会;农业、水资源与加工工业部,包括水资源局、农村供水局、渔业局;生态与紧急事务部,包括水文气象服务与紧急事务局;国家地质与矿产资源总局,包括水文地质调查队;公共卫生部,包括卫生与传染病服务机构;用水户协会	《吉尔吉斯斯坦共和国水法》(1994年)、《吉尔吉斯共和国1999年灌溉供水服务收费法》(1998年)、《用水户协会法》(2002年)	国家预算内资金、灌溉供水收费
塔吉克斯坦	土地开发与水资源部;农业部;用水户协会;部分流域管理局(注:塔对于水资源的管理主要按行政区域划分,而非按流域划分,目前正在往一体化管理方向改革,故开始设立流域管理局)	《塔吉克斯坦共和国宪法》、《塔吉克斯坦共和国水法》(2000年)、《自然保护法》、《地下资源法》、《能源法》、《土地法》、《私营农场法》、《国家卫生监督法》;《水资源合理利用与保护展望》(2001年)、《燃料与能源联合发展展望》	没有国家预算内资金,水资源部按市场化方式运作(其运行靠自筹资金,并向国家缴税)。2002年开始实行用水收费制度
土库曼斯坦	水资源部;国家水文气象委员会;地质部;自然保护部;农业部;公共卫生与制药工业部;国家渔业委员会;地方水管理机构	《土库曼斯坦共和国水法》,《关于对部分类型用水户以及灌溉超额用水实行收费的决议》	国家及地方政府预算内资金、水费(来自灌溉用水超额的农业用水户、工业企业以及其他用水户)、农场主协会预算
乌兹别克斯坦	农业与水资源部,包括水资源局,及其下设的研究院和设计院;国家水务理事会	《乌兹别克斯坦共和国宪法》(1992年)、《自然保护法》(1992年)、《限制用水法》、《乌兹别克斯坦共和国总统令:加快农业部门改革步伐》	国家预算内资金

资料来源:全球水伙伴(GWP)中亚与高加索地区办事处。

这些协议的签署和组织的建立,是中亚各国对水危机严重性所做出的制度性回应,然而,尽管这种制度安排对处理水问题能起到重要的作用,但是这些制度安排一直受到脆弱的政治承诺和合作的束缚,以及财政和法律限制。所签署的协议普遍缺乏国际法基础,其他条约基础上的河流流域委员会也不符合国际法的规范;同样,流域水利管理委员会没有得到国家立法机关的承认,因而缺少权威。[28]另外,资金短缺问题也阻碍着各国的合作行动,中亚国家在水资源的协调利用方面并没有取得多少进展,与水资源有关的冲突仍很明显。

3. 举行国际会议

除了水资源严重污染问题外,中亚水危机的核心问题是跨国水资源的分配和有效利用,这需要地区内国家共同行动才能解决,因此,有必要建立起水问题的协商合作机制。1999 年 12 月,中亚各国在哈萨克斯坦就咸海地区跨境水资源问题召开了第一次国际会议,协调中亚国家水量分配及出现的矛盾;2000 年在阿拉木图召开了跨国界的水资源讨论会,哈、吉、塔三国总统参加了会议;2001 年 9 月,上海合作组织六个成员国总理在阿拉木图会晤,期间,中亚各国总理就水资源利用问题进行了协商;2002 年,中亚合作组织先后五次召开会议,就跨国水利用等问题协调立场;2002 年 12 月,在塔吉克斯坦首都杜尚别召开了"水利问题及其解决途径"国际会议,会议集中讨论了中亚地区跨国界水资源管理、水与健康、水资源与区域合作等一系列迫切问题;2003 年 9 月,在杜尚别又召开了"国际淡水年"纪念会议,把如何扩大灌溉面积、冰川融化和咸海干涸变浅问题列为本次会议的议题之一,国际组织为这次会议提供了资金赞助。此外,2003 年,联合国还在塔吉克斯坦召开了国际水论坛。通过这些机制化措施,中亚水资源危机引起了国际社会尤其是联合国的极大关注,并吸引了一些建设水电站、修复农田水利设施、修复居民清洁饮用水供给设施的外资,有助于使中亚供水国和耗水国之间的供需关系制度化,加强了中亚地区水资源利用的国际合作。

4. 积极寻求区域外力量的参与,加强与国际组织在处理水危机方面的合作

日益严重的环境危机和水资源危机迫使中亚国家寻求外部力量在政治、经济、安全方面的支持和援助,尽力将本地区的水问题纳入国际机制框架,试图以多边的形式解决水争端和水危机。为此,中亚各国就跨国水利用问题与俄罗斯、中国、阿富汗、伊朗等国开展合作;在环境政策制定和技术工程方面与美国进行合作;在灌溉技术方面与以色列进行合作;并积极争取亚洲开发银行、世界银行、欧盟、欧安组织、北约、联合国等国际组织在技术、财政援助、地区立法、解决水争端等方面的支持和协调。这些合作有助于消除环境恶化与暴力行为之间的联系,促进中亚在水问题方面的协商、制度建设和一体化管理。

(1) 哈萨克斯坦与中国:中哈两国共享大大小小近 20 条跨境河流。其中两条发源于中国的河流——伊犁河与额尔齐斯河,是哈萨克斯坦的两条主要河流。哈萨克

斯坦方面非常关切中国在这两条河流上游使用水资源对哈萨克斯坦的农业和工业产生的影响问题。2009 年 4 月 16 日，哈总统纳扎尔巴耶夫访华期间就合理、相互接受使用和保护跨境水资源的问题在北京与胡锦涛主席进行了讨论。中方表示愿意尽快参与到解决跨境河流的水资源分配问题中去。㉙

(2) 伊朗和土库曼斯坦：两国计划建立一个共同水资源联营机构。在经济合作组织(ECO)的非正式会议期间，两国首脑就水资源合作问题进行了交流。㉚

(3) 塔吉克斯坦与中国：塔吉克斯坦政府背负有庞大的外债，它必须寻找外国投资助其兴建水坝。中国答应在 2008 年 8 月投资 3 亿美元修建一座水力发电站，容量可达到 160—220 兆瓦。㉛

(4) 乌兹别克斯坦、哈萨克斯坦与俄罗斯：一项工程提议主要是修建一条从西伯利亚开始经过哈萨克斯坦最后到乌兹别克斯坦的运河。从理论上讲，这项工程可以解决乌兹别克斯坦受制于大量水资源的使用问题。当然，这也使俄罗斯在中亚地区尤其是在乌兹别克斯坦扮演非常重要的角色。但令人担忧的是水流转移期间所发生的盐化，这是一个非常重要的技术问题。同时在中亚所付出的财力和地缘政治代价也会相当高。㉜但这一设想在苏联时期就提出了，在可预见的未来不可能实施。

1994 年 7 月，在世界银行、联合国开发署和环境规划署的倡议下，中亚五国和美国、英国、土耳其、德国、法国、日本、荷兰等国代表在巴黎召开咸海问题国际会议，西方国家同意提供 3 100 万美元用于咸海的环境研究；2001 年，联合国划拨了首批 175 万美元用于实施中亚地区能源和水资源项目；2002 年英国政府出资 150 万美元用于支持努拉河与伊希姆河水资源管理项目和吉尔吉斯斯坦对国际水法的研究；2003 年英国又为哈萨克斯坦和吉尔吉斯斯坦两国在水资源领域的合作项目划拨了 5 万美元。联合国经社理事会欧洲经济委员会、亚洲复兴开发银行、欧洲复兴开发银行、上海合作组织等在中亚实施的水资源开发利用、水利技术合作以及水利工程建设项目也使中亚国家开展水利技术合作成为可能。

世界各种战略力量进入中亚，无疑有助于从多边层面上解决中亚水危机问题，为协商解决中亚水利用问题提供更多的对话渠道，搭建综合性多边安全合作平台，也为解决中亚地区的环境危机和水危机提供了急需的资金援助，这在某种程度上有利于中亚地区的安全和稳定。但是，西方在该地区的利益，决定其“对中亚提供援助与其对该地区所附加的价值密切相关，援助是期望建立有利于援助者的一种长期的关系”㉝。在积极寻求区域外力量参与解决地区水问题的过程中，中亚国家也得到了这样的经验：组织各国谈判的机构一定要公认为中立，这样才能获得各方的信任。来自区域外第三方公正机构的支持可以帮助各国获取国际经验，并能提升谈判的可信度，但是流域各国必须不受干扰地独立完成决定。

(五) 合作困境

在中亚水资源利用和管理实践中主要存在三方面的问题,即观念问题、资金问题、机制问题。

1. 观念问题

(1) 重经济发展,轻环境保护。

中亚国家都处于经济转型阶段,相当部分精英认为只有迅速发展经济、提高人民生活水平才能稳定政权,才能有国际地位;较之生态和环境保护及发展水利各国精英更愿意将有限的资金投入到能产生巨大收益的部门。

(2) 重国家利益,轻区域协调。

中亚各国更注重国内水利工程的修复与建设,富有成效的地区性合作内容并不多见,特别是合理高效的地区性水资源配置、利用和保护没有取得突破,跨国水利工程的维护和水污染治理项目的实施还未见端倪。在需要区域合作的关键问题上各自为政,互相推诿。比如,面对"咸海生态危机",塔、吉两国认为,这是咸海周边国家的事情,谁受害谁治理;而哈、乌、土三国则认为,咸海危机给整个中亚地区都带来危害,其根源在于注入咸海的水量减少,所以应该由区域各国共同治理。总之,指责对方、推卸责任,谁都不愿积极投资治理"咸海生态危机"。此外,由于中亚国家之间缺乏信任,担心对方破坏协议,置本国于不利地位,因而各国都进行更多大规模的基础设施建设,以争夺跨境河流水资源。

2. 资金问题

苏联解体以前,整个苏联的经济就已陷入困境,财政状况也很糟,中亚各加盟共和国的情况也一样。苏联解体把已经处于困境的中亚各国经济推向崩溃的边缘,塔吉克斯坦更是多年战乱。在过渡时期,中亚国家经济状况显著恶化。哈萨克斯坦人均国民生产总值从 2 310 美元降至 1 493 美元,吉尔吉斯斯坦从 1 240 美元降至 365 美元,塔吉克斯坦从 910 美元降至 321 美元,土库曼斯坦从 1 490 美元降至 820 美元,乌兹别克斯坦从 1 700 美元降至 985 美元。各国的财政经济状况都使它们不可能拿出较多的资金用于跨境河流环境的治理和水利工程的维护。比如,水资源跨国协调委员会(ICWC)严重缺乏资金,仅乌、土两国缴纳了规定的费用。此后,虽各国经济有不同程度的增长,特别是哈萨克斯坦和土库曼斯坦增长很快,但它们在水问题方面的投入仍远远不足,更不愿拿出钱来用于跨境河流的流域改造,也就是把钱花在其他国家。实际上,就目前中亚国家经济总量来看,已经具备了集中资金进行区域内水资源协调管理的基本能力。

3. 机制问题

(1) 机构缺乏权威性、参与度、透明度,工作内容局限。

苏联解体后,中亚顿时失去了强有力的统合力量。中亚五国独立后成立的"拯救咸海国际基金会”(IFAS)及其下属机构“水资源跨国协调委员会”(ICWC)等虽然在跨境河流管理上进行了不少努力，但其权威性有限，其工作开展往往受制于地方政府。这些机构缺乏利益相关团体(如农业、工业、用水户协会等)代表的参与，故不能代表社会各方的利益。另外，拯救咸海国际基金会、水资源跨国协调委员会等缺乏透明度，其公正性也受到质疑：因为这两个组织的主要机构位于塔什干，被乌兹别克斯坦官员垄断，吉、塔、哈指责其偏向乌兹别克斯坦的国家利益。这种不信任也使得中亚其他国家不愿对其投入大量资金。此外，水资源跨国协调委员会以及西方的国际组织工作更注重技术层面(如维修水利设施，提高灌溉效率，保障水库安全，提供饮用水，减少咸海危机所造成的环境、社会、经济破坏等)，而较少考虑政治、经济关系变化，解决关键的政治阻碍(即中亚国家不愿合作的问题)。

(2) 协议存在缺陷，且执行不力。

中亚国家跨境河流管理的许多行动是非正式的，没有形成法律文件、公开协议。已签订的协议内容不够完善，协议缺乏普遍的约束机制和对河道生态和其他环境因素的考虑。目前中亚跨境河流协议以双边协议为主。虽然双边解决和单一规范可以便利和加速国家之间就特定事项达成协议，但可能只是对有关问题的暂时解决和权宜之计，污染、当前利用与潜在利用之间的冲突等一系列问题会引发新的矛盾，因此更好的途径是通过多边谈判达成全流域的、多目的的协议。除协议本身的缺陷以外，更为重要的问题是绝大多数协议签订后并没有得到执行。即便是最好的计划，其执行也受阻于国家利益。

(3) 缺乏市场机制的推动。

中亚大多数地区水价尚未市场化，在征收水费的国家中，其收费制度都不完善。例如：吉尔吉斯斯坦的水费非常低，每立方米水费仅 1—3 提因(吉尔吉斯斯坦货币单位，1 苏姆＝100 提因)，只占运营管理费用的很小一部分；土库曼斯坦只对灌溉用水超额的农业用水户、工业企业等用水户收费；塔吉克斯坦水资源部虽然按市场化方式运作，但目前所收水费依然过低，少于输水实际费用。这导致用水者缺乏节水动力，水利设施也不能得到正常维护，因而大量浪费宝贵的水资源。

4. 缺乏解决水资源争议的国际法律基础

当前中亚水资源争议的焦点是如何对跨境河流的水量进行分配。问题之所以难以解决，除了双方的重大利益冲突外，缺乏解决国际水资源争议的法律，也即没有国际水法与国际河流条约可以直接引用，也是重要原因之一。

国际水法是对现代跨境水域管理的国际惯例和规则的总称，跨境河流管理的相关国际公约是国际水法的最主要组成部分，这些公约规定了在跨境河流管理方面普遍适用的原则和规则。

国际社会目前正在实施的流域水条约大约有 286 个，其中 2/3 在欧洲和北美洲，在全球263条国际河流和湖泊中,有158条没有任何条约规范其利用,流域国处于各自为政的状态。即使签订了水条约的105条国际河流和湖泊,情况也不理想。这些河流和湖泊中近70%流经3个或以上国家,但是所签订的条约中只有20%属于多边条约。就这些条约规范的事项来说,也较为单一,绝大部分集中于水能开发或水量分配,仅有少部分关于防洪、防治污染或者航行。从目前现状和发展趋向来说,位于西欧、北美等地区,沿岸多为发达国家的国际河流流域国家签订的条约中相当比例是为了解决流域污染问题,或者水质保护与水量分配并重,比如莱茵河流域、多瑙河流域和科罗拉多河流域,位于亚洲和非洲等不发达地区的国际流域,水条约多为处理水量分配问题,比如印度河、恒河流域。

从目前的实践可以看到,谈判达成全流域的、多目的的条约是实现跨国水资源最佳和有效利用、防止跨国水污染、预防和解决国际水争端的理想途径,也应当是未来的发展方向。双边协议多不能较好地解决问题,如尼罗河流域与约旦河流域,南亚的恒河流域与印度河流域,尽管有双边协议的存在,新的冲突却层出不穷。

因此,未来中亚水资源争议的解决,达成多边条约已成为必需。当然,这些条约必须遵守一定的原则。在国际法学会、国际法律协会、国际法律委员会这三个国际机构制定的原则的基础上,国际社会形成了一些被普遍接受的水资源开发利用原则:(1)公平合理利用;(2)不对河流造成重大危害的义务;(3)一般合作的义务;(4)互通信息与资料的义务;(5)维护与保护水资源及其生态系统的义务;(6)互利发展。㉞

三、 解决中亚水资源纠纷的途径及前景

对于中亚地区来说,水资源已日益上升为一种非常重要的战略资源。水资源争端已经深深地影响到了中亚地区的其他问题,如食物的生产、能源的开采、环境的可持续发展以及当地人生产生活的安全保障。

中亚国家之间缺乏必要的相互信任是其开展和深化地区合作的最大障碍。这也可以解释为何中亚会有多个职能重叠的多边组织。尽管在中亚已经存在有一些地区合作组织,但在水资源共享问题上还是无法开展和促进中亚国家之间的对话。国际危机组织(International Crisis Group)㉟认为这主要包括以下几点原因:(1)中亚地区的水资源管理体系是苏联时期设计的,而目前该体系却是被五个不同的国家来管理;(2)中亚的经济主要依赖灌溉农业,农业的产出实际上维系了精英阶层对权力的控制;(3)中亚国家在水资源问题上采取零和博弈的方式,这增加了不可持续的消耗;(4)下游国家在军事和经济实力上都要优于上游国家,在水资源问题的争端中明显地反映出力量的不对称性。

经济发展是中亚国家的首要利益。由于水资源的使用导致的矛盾纠纷威胁到了

中亚五国的经济发展与社会稳定。因此,对于解决水资源问题的支持是非常关键的。各中亚国家的领导人也曾不止一次地强调过希望尽快解决水资源引发的一系列争端,他们对此在一定程度上是有过共识的。对灌溉方式进行改良提高农作物的产量和粮食安全,通过改进水利设施和管理技术增加发电量保证能源供应,同时共同管理水资源以解决气候变暖等问题。

在这个问题的解决过程中存在许多积极的助推因素和不可避免的消极因素。积极因素主要是经济发展使人力资本得到有效地利用,良好的水资源和能源资源,有助于地区经济合作,农业部门出现改革。消极因素主要是政治不稳定,苏联时期残留的遗产,脆弱的管理和制度结构,国家间不信任和边界冲突,暴力犯罪以及贫困等。

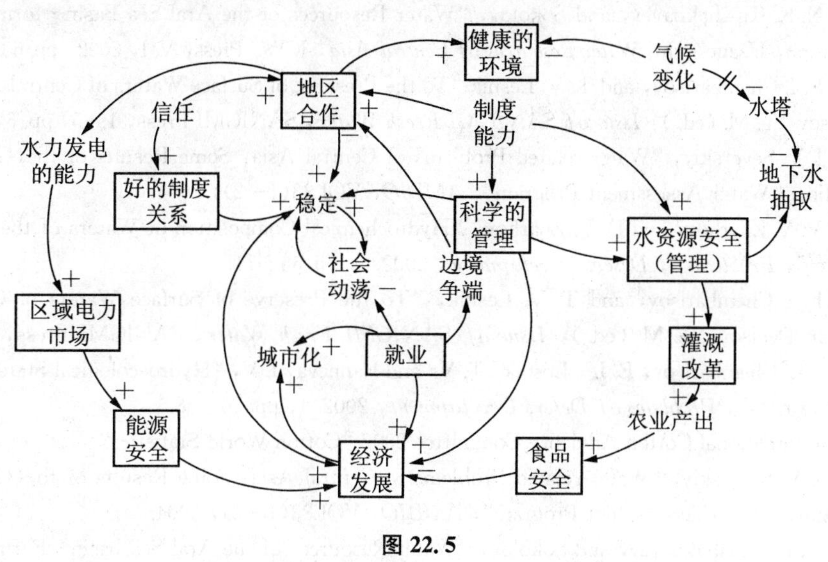

图 22.5

图 22.5 显示了影响中亚地区水资源问题潜在的因素和各种动因,以及它们之间的联系。“+”号表示解决该问题强化关系,“—”表示制约关系。由此分析可以明显看出,中亚各国在解决水资源问题上的共同利益绝对数量上多于分歧。

但是要看到,中亚跨境河流问题的解决有相当难度,不可能在近期内解决。目前,中亚国家已经签订了多个协议,说明各方有基本的共识和互信,具备了一定的法律基础。然而,问题的解决需要的不仅是原则和道理,更需要具体的措施和行动。上合应该用促进其他领域的合作来推动水资源合作,提倡增加互信、避免冲突、互利共赢、共同发展的精神。

此外,由于大部分中亚国家均为上合组织的成员国,因此中亚也有将水资源合作作为上合的重要议题的呼声,希望通过上合组织这个平台解决这一问题。而美国今后将会以某种方式参与中亚水资源争议问题的解决,这对上合组织的影响尽管还有待于观察,但无疑会在一定程度上对上合形成冲击。因此,上合组织在这一问题上不能置身事外,而且如果能通过上合组织的努力使得水资源合作在中亚顺利开展下去,促进中亚地区水资源争议问题以和平、合作的方式加以解决,对于上合的成长与发展是有着重要意义的。

注释

① I. V. Severskiy, "Water-related Problems of Central Asia: Some Results of the(GIWA) International Water Assessment Program", *AMBIO*, VOL33(1—2), 2004.

② 联合国粮食与农业组织统计数据库,http://faostat. fao. org。

③ N. K. Kipshakbayev, and Sokolov, "Water Resources of the Aral Sea Basin—formation, Distribution, Usage", In: *Water Resources of Central Asia*, ICWC Press, V. I, 2002, pp. 63—67.

④ E. I. Chembarisov, and T. V. Lesnik "To the Preserve of Surface Waters of Central Asia", In Denisov Yu. M. (ed.): *Issue of SANIGMI Fresh Water*, SANIGMI Press, 1995, pp. 64—71.

⑤ I. V. Severskiy, "Water-related Problems of Central Asia: Some Results of the(GIWA) International Water Assessment Program", *AMBIO*, VOL33(1—2), 2004.

⑥ V. V. Zharkov, and D. V. Zharkov, "Hydrochemical Composition of Waters of the Karakum-river", *Problems of Desert Development*, 2002. 4, pp. 66—71.

⑦ E. I. Chembarisov, and T. V. Lesnik, "To the Preserve of Surface Waters of Central Asia", In Denisov Yu. M. (ed.): *Issue of SANIGMI Fresh Water*, SANIGMI Press, 1995, pp. 64—71. Chembarisov, E. I. , Lesnik, T. V. and Ranneva, I. V, "Hydroecological State of the Amudarya river", *Problems of Desert Development*, 2002. 4, pp. 56—58.

⑧ International Cotton Advisory Committee 2002 "Cotton World Statistics".

⑨ I. V. Severskiy, "Water-related Problems of Central Asia: Some Results of the(GIWA) International Water Assessment Program", *AMBIO*, VOL33(1—2), 2004.

⑩ N. K. Kipshakbayev, and Sokolov, "Water Resources of the Aral Sea basin—Formation, Distribution, Usage", In: *Water Resources of Central Asia*, ICWC Press, V. I, 2002.

⑪ A. Yu. Reteyum, "The Factors and Results of Desertification of Central Asia", *Desertification problems in Central Asia and Its Regional Strategic Development*, Abstracts, NATO Advanced Research Workshop, Samarkand 11—14 June, pp. 69—70.

⑫ 吐尔逊·哈斯木、哈斯穆·阿皮孜:《咸海的变迁及其对周围环境的影响》,《新疆大学学报(自然科学版)》2002 年第 4 期。

⑬ 布娲鹣·阿布拉:《中亚五国农业及与中国农业的互补性分析》,《农业经济问题》2008 年第 3 期。

⑭ 蒲开夫、王雅静:《中亚地区的生态环境问题及其出路》,《新疆大学学报(哲社版)》2008 年第 1 期。

⑮ 张渝:《中亚地区水资源问题》,《中亚信息》2005 年第 10 期。

⑯ R. A. Ginijatulin, "Regional Cooperation on Rational Usage of Water Resources in the Aral Sea Basin", Proc. Scientific-practical Conference Water Resources of Central Asia, Tashkent, pp. 8—19.

⑰ 张渝:《中亚地区水资源问题》,《中亚信息》2005 年第 10 期。

⑱ 李湘权、邓铭江、龙爱华等:《吉尔吉斯斯坦水资源及其开发利用》,《地球科学进展》2010 年第 12 期。

⑲ 俄语中运河、灌渠是同一个词——канал,一般把有航运功能者译为运河,否则译为灌渠。

⑳ N. K. Kipshakbayev, and Sokolov, "Water Resources of the Aral Sea Basin—Formation, Distribution, Usage", In: *Water Resources of Central Asia*, ICWC Press, V. I, 2002.

㉑ 张宁:《中亚国家的水资源合作》,《俄罗斯中亚东欧市场》2005 年第 10 期。

㉒ N. K. Kipshakbayev, and Sokolov, "Water Resources of the Aral Sea Basin—Formation, Distribution, Usage", In: *Water Resources of Central Asia*, ICWC Press, V. I, 2002.

㉓ Avoiding Water Wars Water Scarcity and Central Asia Afgahnistan and Pakistan, p. 14.

㉔ Қазахстан выплатит Қыргызстану предоплату в $25 млн за электроэнергию в зимний период, http://www. ca-news. org/print/232771,2009/10/5.

㉕ Қыргызстан будет придерживаться принципа ограничения сброса воды в зимний период,-премьер-министр ҚР, http://www. ca-news. org/print/270191,2009/12/02.

㉖ Бакыт Ибраимов, Водные проблемы-индикатор зкологических проблем, http://advocacy. kg/analitika/17. htm, 2008/11/17.

㉗ World Lakes: Lake Basin Management Initiative: Experience and Lessons Learned Brief: Aral Sea(2004).

㉘ S. O'Hara, "Managing Central Asia's Water Resources: Prospects for the 21st Century", ICREES Seminar on Environmental Issues in Central Asia, University of Nottingham, 9 December 1998, p. 15.

㉙ Peyrouse, 2007 and Kazakhstan, China presidents discussed trans-border rivers usage, CAWater, 16 April 2009(http://www. cawaterinfo. net/news/04-2009/16_e. htm).

㉚ www. zawya. com/Story. cfm/sidZAWYA20090412061155/Iran-Turkmenistan%20water%20consortium%20.

㉛ Tajikistan Hopes Water Will Power Its Ambitions, http://www. nytimes. com/2008/09/01/world/asia/01tajikistan. html, September 1, 2008.

㉜ The governance of Central Asian waters: national interests versus regional cooperation, Jeremy Allouche, four, 2007, www. unidir. org/pdf/articles/pdf-art2687. pdf.

㉝ G. Gleason, "Uzbekistan: From Statehood to Nationhood", In: *Nations and Politics in the Soviet Successor States*, Bremmer I. and Taras R. (eds), Cambridge, Cambridge University Press. pp. 351—353.

㉞ 柴方营:《国际河流概况及开发利用模式》,《水利天地》2007 年第 5 期。

㉟ ICG Asia Report No 4, May 2002.

报告二十三　中亚国家的社会福利政策

张　红　纪媛楠*

［摘要］　解决社会福利问题是实现上合组织中亚成员国安全、稳定的重要领域，同时也是上合组织中亚成员国应对欧亚空间所遇到的挑战及风险的重要凭籍。本文首先对中亚国家社会福利政策进行界定，并结合政策对中亚成员国居民和社会的影响程度大小的排名，尝试以养老保障、医疗保障、就业与薪酬水平以及住房建设为考察视角，力图对上合组织中亚成员国近年来的社会福利政策进行分析。最后，对于当前上合组织中亚成员国在社会福利方面所面临的问题与困境予以阐述。

［关键词］　养老保障制度　医疗保障制度　就业与薪酬　住房建设体系　问题与困境

一、社会福利政策界定

社会福利是实现上合组织国家安全、稳定的重要因素，同时也是上合组织成员国应对欧亚空间所遇到的挑战及风险的重要凭籍。所谓“社会福利政策”，它是现代社会广泛使用的一个概念：狭义上来说，社会福利政策是指国家对社会中有需要的特殊群体提供一定的帮助，包括相关津贴资助、社会服务和物质实物；广义上则认为，社会福利政策是国家为全体公民提供的一种旨在保障公民基本生活需要、提高公民生活水平和精神追求的政策。①

关于社会福利政策所包含的内容，也是仁者见仁智者见智。列宁曾提出社会保险方案的构想以及社会保险的四项主要原则，即“最好的工人保险形式是工人的国家保险，它是根据下列原则建立的：(一)在工人丧失劳动力的一切情况下(伤残、疾病、

---

* 张红，华东师范大学国际关系与地区发展研究院俄罗斯研究中心讲师，博士；纪媛楠，华东师范大学国际关系与地区发展研究院，2010级硕士研究生。

年老、残疾；还有女工的怀孕和生育；供养人死亡后所遗寡妇和孤儿的抚恤；或在他们因失业而失去工资的情况下），国家保险都应给工人以保障；（二）保险应包括一切雇佣劳动者及家属；（三）对一切被保险人都应按照偿付全部工资的原则给予补偿，同时一切保险费应由企业主和国家负担；（四）各种保险应由统一的保险组织办理，这种组织应按区域和按被保险人完全自行管理的原则建立”。② 进入社会转型期以后，由国家、企业和市场所提供的各类社会福利安排乃是中亚各国社会福利制度的主要内容。

衡量一国养老保障水平，需要从以下几个方面来考察，即国家制定的退休年龄、退休人口所占总人口的比例（老龄人口比）以及养老金标准或基本养老金数额的多少，此外，公共养老金支出占国内生产总值比例的高低，也是考察一国养老保障制度的一个重要侧面。

在医疗保障制度方面，从整体上看，我们将考察一国医疗保障水平的高低（即国家在哪些医疗卫生领域实施医疗保障制度、所发放的医疗津贴额，或者是否实施国家公费医疗），以及医保制度所覆盖的人群范围，以此来观察该国在该领域的发展情况。此外，从宏观上看，国家投入医疗卫生事业的金额及其所占国内生产总值的百分比，以及微观上的个人用于医疗卫生的支出情况，这些都是值得借鉴的数据材料。从另一个角度看，一国死亡率的高低、人民的平均寿命及预期寿命值，这些也反映了一国医保政策的质量。

在考察就业与工资水平方面，相关的影响因素较多，首先便是国家的失业率水平；其次，该国在某一年或某段时间内是否有新增岗位，新增岗位的数量；当然，人民平均工资水平也是考察的一个重要方面。

在住房方面，国家总住房面积及主要城市的房价高低或全国住房均价的高低，是观察一国住房福利的两个主要方面。

从以上各项考量出发，本文试图对中亚各国的社会福利政策及其实施状况作出阐述。

二、中亚成员国近两年的社会福利政策

（一）中亚成员国的社会福利体系及其与苏联时期的差别和发展

中亚国家在独立以前，实行的都是苏联统一的社会福利政策体系。就属性而言，苏联的社会福利体系属于单一的全民所有制，其内容主要包括退休养老制度、工人职员和军人的残疾抚恤、公费医疗及疗养、对妇女儿童及低收入家庭的援助、普及义务教育以及住房和房租补贴这几个方面。③ 按照意识形态来说，苏联的社会福利制度属于社会主义性质。

苏联自卫国战争以来，其国家福利政策的发展大致经历了以下四个时期：最初在

卫国战争胜利后,苏联提高军人的各种福利待遇;到1956年,《苏联社会保障法》实施,开始涉及养老金、抚恤金等社会福利政策;1965年,苏联对集体农庄庄员实行养老金、社会保险等政策;到1977年,《苏维埃社会主义共和国联盟宪法》通过,该宪法中写入了医疗保险、保护妇女权益等社会福利和保险政策,苏联的公民"有享受保健的权利","在年老、患病、全部或部分丧失劳动能力以及失去赡养者的情况下,有享受物质保证的权利"等,④此时,苏联社会福利政策所涵盖的内容及所涉及的人群范围有了进一步的延伸。

在具体福利政策的覆盖面方面,在苏联时期,由于大多数苏联公民是国家的雇员,不存在失业问题;所有公民几乎均能享受政府资助的养老金;此外,全体公民还充分享有免费的医疗、教育及其他各种社会福利政策;同时由于苏联特殊的计划经济体制,所以通货膨胀亦不会出现,公民的基本生活水平得以维持。

总的来说,苏联的社会福利政策有三个主要特点,即国家统一实施并集中管理、享受福利的人员范围广、福利水平低,这样的特点是与苏联时期的计划经济政策密切相关的。

苏联解体以后,中亚国家获得独立,开始探寻新的国家发展道路:经济上,各国均实施"市场经济"和"自由贸易"的改革;在社会福利制度上,各国政府的重视程度依旧很高,都对苏联时期的社会福利政策体系做了大部分保留,包括以低退休年龄为特征的量入为出的养老金制度(男性为60岁,女性为55岁),并且为诸如矿工、农民工、军人等较早退休的群体提供相对优厚的机会;同时也进行了相应的调整和改善。保留和继承旧有制度,一方面是为了维护政局的稳定,是执政党和非执政党之间博弈的筹码;另一方面也是对苏联传统的延续;同时还是社会稳定和发展的需要。在继承的同时,在过去的20年里,上合组织中亚成员国也根据本国国情和经济发展水平,对各国自身的社会保障制度进行了改革。一些国家仅仅对特定的项目进行了调整,而另一些国家则对整个的体制进行了改革⑤,这些都加快了这些国家建设本国福利体系的步伐。

哈萨克斯坦在建国之初,由于经济上脱离了原有的计划经济体制,因而陷入了经济困难之中,经济发展缓慢,社会亦产生动荡。但得益于其丰富的石油和矿产资源,政府得以引入大量外资,渡过难关,经济得到恢复,政府收入得以增加,人民所享受的社会福利水平也随之提高。⑥在其后的发展过程中,为了防止社会动荡,纳扎尔巴耶夫总统作为经验丰富的政治家,深知社会福利政策的重要性,在其领导之下,哈萨克斯坦的社会福利体系逐步趋于完善,包括改革其养老金制度、高等教育制度,以及对苏联时期单一的社会福利体制进行改革等等,使其符合本国经济转型的发展需要,同时又能稳定社会情绪、推动政治经济发展。

吉尔吉斯斯坦独立以来,继承了苏联的社会福利政策体系,国家承担了主要的社会福利责任,对养老、医疗、失业等福利政策的制定和实施实行统一的集中管理。但是,在实际运行过程中,由于养老金赤字较大等问题的存在,政府也对传统的社会福利制度进行了一定程度的改革,较为成功的便是"名义账户制"改革。⑦

乌兹别克斯坦政府也继承了苏联时期的重视居民社会福利的传统,在本国实行强有力的社会福利和社会保障政策,以政府为主导,使人民享有医疗、就业、养老等方面的社会福利。乌兹别克斯坦颁布的《公民国家退休金保障法》、《居民就业法》、《乌兹别克斯坦共和国残疾人社会保障法》以及《乌兹别克斯坦共和国宪法》第39条等,都体现了其在社会福利政策发展方面的成就。⑧

塔吉克斯坦与其他成员国一样,都保留了几乎全部的苏联社会福利体系,但是其在独立以后的经济转轨过程中,遇到了较多的社会问题,诸如贫富差距大、地区发展不平衡等,这些问题都考验着该国的社会福利体系。⑨

(二) 中亚成员国的社会福利政策现状

1. 中亚成员国养老保障制度现状

(1) 成员国近两年的养老保障制度体系。

养老保障制度是非常重要的社会福利政策之一。近两年来,上合组织中亚四成员国在该领域取得了一定的成就。

吉尔吉斯斯坦自1998年名义账户制改革以来,建立了可持续发展的长期养老保障体系。吉尔吉斯斯坦的养老金体制由三个支柱组成,即基本部分、转型部分和名义账户部分,其中,基本部分为全民享受的养老金福利制度,也即过去的苏联式养老金体制,但是水平较苏联时期有所下降;转型部分为从旧体制转到新体制的养老金;第三部分即名义账户养老金。谈到养老保障,自然不能不提到退休年龄,目前吉尔吉斯斯坦所规定的退休年龄标准,是其在1998年议会修正案中所规定的,即男性63岁退休,女性58岁退休。⑩在吉尔吉斯斯坦,年龄为55—60岁的符合条件的老人方可领取养老金,这些居民总数约为52.64万人,约占总人口的10%,而65岁以上的老人约占总人口的5%。吉尔吉斯斯坦的养老金标准从2008年至今,有过两次提高。2008年,吉尔吉斯斯坦的劳动保障部负责人表示:养老金将增加两倍。2009年在总统巴基耶夫和总理秋季诺夫会晤时,又宣布从7月1日起将养老金标准提高,其中,基本养老金从630索姆提高到800索姆,养老保险金也从之前的811索姆涨到了1 253索姆,其平均养老金金额约为50美元。⑪此外,从表23.1的统计数据中可以看到,公共养老金开支占其国内生产总值的百分比约为4.8%。

由表23.1可知,乌兹别克斯坦的法定退休年龄为男性60岁,女性55岁。乌兹别克斯坦近几年在养老保障方面也取得了较快的发展。2007年,卡里莫夫总统下令自2007年8月1日起,将机关和组织工作人员的养老金平均上调1.25倍,该国国内平均养老金的最低数目为30 750索姆/月。2009年,乌兹别克斯坦的养老金又平均上涨了40%。⑫按2009年的标准,公共养老金开支在乌兹别克斯坦国内生产总值中所占的份额为6.5%,是四个中亚成员国中比例最高的国家。

塔吉克斯坦在2004年调整了其养老金水平,由总统拉赫莫诺夫签署的第1403号总统令,宣布从次年(2005年)起普调包括退休金在内的工资水平。退休金的调整幅度则是按照工作人员的退休时间划分为两种,即在1994年以前退休的人员能拿到86.5%工资水平的退休金,而1995—2004年退休的人员,其退休金为工资水平的79.8%—103%不等。⑬2011年8月,塔吉克斯坦总统再次签署命令,宣布将从2011年9月1日起,大幅提高国家预算单位人员工资、退休金及学生奖学金标准,根据此项命令,塔吉克斯坦各类退休金标准将提高25%。⑭

表23.1　2009年中亚老龄人口比、退休年龄及公共养老金占本国国内生产总值比例

		哈萨克斯坦	吉尔吉斯斯坦	乌兹别克斯坦	塔吉克斯坦
退休年龄	男	63岁	63岁	60岁	—
	女	58岁	58岁	55岁	—
65岁以上人口(%)		7	5	5	4
公共养老金占国内生产总值(%)		2.2	4.8	6.5	2.4

资料来源:根据BBC资料整理。

2. 哈萨克斯坦养老金制度

哈萨克斯坦的养老金制度是四国中发展较为典型的。自1998年实行养老金改革以来,哈萨克斯坦的养老金体制便一直向个人积累性养老金体系转轨,新的养老金体系由积累制和现收现付制养老金两方面构成,积累性养老金主要面向的群体是青年人以及中年人,而后一种养老金则是为中老年人群设置的。新的制度对于动员国民储蓄起了很大的作用,同时,世界银行的相关报告指出,在实行改革的所有国家中,哈萨克斯坦是唯一一个由国家来管理养老基金的。

由表23.1可知,哈萨克斯坦的退休年龄与吉尔吉斯斯坦的相同,即男性63岁、女性58岁,哈萨克斯坦65岁以上的老人占总人口的7%。如果根据联合国老龄化国家标准(65周岁以上人口达到总人口的7%),哈萨克斯坦已进入人口老龄化时代。但是其公共养老金开支所占国内生产总值的百分比却是四国中最低的,为2.2%。

在新的养老金体系的支持下,哈萨克斯坦近年来在养老体制上又取得了更进一步的发展。从国家战略方面来看,哈国总统纳扎尔巴耶夫在2007年度的国情咨文中,就曾提到要"提高退休金标准","退休金指数和数额每年增加","退休金的增长数额与工龄挂钩","领取退休金的人数超过一百万",以及"所有退休金和社会保障金足额按月发放"等。自金融危机席卷全球,哈国政府于2008年年底出台了一系列政策措施纲领，其中便包括提高退休金等福利水平的条款，该条款指出“大幅提高工资和退休金以及助学金水平，于2009年、2010年两年中将工资、退休金和助学金提高25%，至2011年退休金水平达到最低生活标准的50%以上”。⑮ 2009年，题为《克服危机，走向复苏和发展》的国情咨文中，纳扎尔巴耶夫总统不仅表明了其应对金融危机的信心，同时又再一次将养老等社会福利政策推向新高度，他表示“2010年退休金将上调25%，2011年再上调30%”，同时“2011年退休金基础额度将上调至最低生活保障费的50%”。⑯

表23.2　2011—2015年哈萨克斯坦社会经济发展宏观指标

序号	宏观指标	2009年	2010年预测	未来五年预测				
				2011年	2012年	2013年	2014年	2015年
1	养老金发放基础数值（坚戈）	5 487	5 981	8 000	8 560	9 159	9 800	12 583
2	最低养老金（坚戈）	9 875	12 344	16 047	17 491	19 066	20 782	22 652

资料来源：驻哈萨克使馆经济商务参赞处，2010年9月。

由表23.2可知，哈萨克斯坦的最低养老金（即退休金基数）从2009年时的9 875坚戈上涨到2010年的12 344坚戈，涨幅为25%，且根据预测，自2011年至2015年间其最低养老金还将持续增长，预计到2015年达到22 652坚戈的水平。另一项指标——即养老金发放基础数值，在2009年至2010年间也发生了变化：由2009年的5 487坚戈上涨到2010年的5 981坚戈，上涨幅度约为10%。与前一项指标一样，此项指标在未来五年也将继续增长，预计到2015年时达到12 583坚戈的水平。

三、成员国当前的医疗保障水平

医疗保障是由国家立法强制实行的非营利的社会事业，其最根本的目的是提高人们的健康水平，最终提高劳动生产率，促进经济和社会的发展。⑰

中亚国家的医疗保健制度基本沿袭苏联时期的原有制度，即国家医疗保障制度，国家对医疗（包括治疗、住院、手术及用药）以及休养和疗养均免费，苏联规定职员和农庄庄员都享有免费医疗的待遇。⑱ 这种公费医疗体系，尽管存在诸多弊端，但中亚成员国继承了其中的合理部分。

哈萨克斯坦的医疗保障体系建立在苏联哈萨克斯坦社会主义加盟共和国时期的医疗保障体系基础之上，经过逐步的调整和改善，旧体系中的不合理部分被去除，现有的医疗保障体系逐渐形成。近年来，哈萨克斯坦政府为了更好地完善其医疗保障体系，采取了大量的管理措施。总统纳扎尔巴耶夫在2007年国情咨文中就曾提到：为了吸引和巩固医疗保健、社会保障等干部队伍，提高他们的社会地位，有必要从 2008 年 1 月 1 日起发放保健津贴，数额相当于职务工资，2008 年此项预算金额为 306 亿坚戈。此外，根据哈萨克斯坦批准的公共卫生改革与发展计划，其 2008 年在公共卫生方面的支出将增长到国内生产总值的 4%。到 2009 年，这一数值又有所增加，达到了4.5%(表 23.3)，虽然从表 23.3 数据来看，这一数字仍然是中亚四个成员国中最低的，但是哈萨克斯坦的人均卫生总支出已达到 554 美元，远远高于其他三个成员国的水平。另外，根据表 23.3，哈萨克斯坦 5 岁以下儿童死亡率是四国中最低的，这也在一定程度上说明了其在基础卫生保健领域上要优于其他三国。2010 年，尽管由于国内经济发展减缓，其卫生总支出占国内生产总值的比例下降为 3.7%，但哈国已在全国范围内建立了 150 个与国外医疗机构联网的远程医疗中心，可以进行各种复杂手术。跟独立之初相比，哈萨克斯坦人口出生率提高了 25%，死亡率下降了 11%，自然增长率提高了 70%。[19]

表 23.3　中亚成员国 2009 年国内基本卫生状况

	哈萨克斯坦	吉尔吉斯斯坦	乌兹别克斯坦	塔吉克斯坦
人口总数	15 637 000	5 482 000	27 488 000	6 952 000
人均国民总收入(PPP 国际美元)	9 720	2 150	2 660	1 870
男/女出生预期寿命(岁)	59/70	63/70	66/71	66/69
5 岁以下儿童死亡率(每千名活产儿)	29	37	36	61
15 岁至 60 岁男/女死亡率(每千人)	432/185	327/162	220/139	183/160
人均卫生总支出(PPP 国际美元)	554	152	152	105
卫生总支出占国内生产总值的百分比	4.5	6.8	5.2	5.3

资料来源：世界卫生组织全球卫生观察站。

吉尔吉斯斯坦的医疗保障制度在近两年也取得了一定程度的发展。2009 年 8 月，吉尔吉斯斯坦总统巴基耶夫签署了一项有关“国家公共健康保障方案”的法令。该法令规定，吉尔吉斯斯坦将通过改善整个公共医疗保障系统，提高广大人民的健康医疗保障，从而加强和改善人民的健康水平。[20]根据表 23.3，吉尔吉斯斯坦 2009 年的卫生总支出占其国内生产总值的 6.8%，是四国中比例最高的；2010 年该数值为 6.5%，也在四国中位居首位。即使按照国际排名，这一比例也比较高，但由于其国内生产总值水平不高，所以平均到个人的卫生支出也是相对较低的，如其 2009 年的人均卫生总支出为 152 美元(按 PPP[21]计算，参见表 23.3)。此外，吉尔吉斯斯坦政府在整个医疗卫生事业中也扮演着重要的角色：2010 年其政府总体卫生支出占其卫生总费用的50%以上,占政府总支出约10%(表23.4)。

表23.4　中亚成员国2010年卫生费用比

国　家	卫生总费用占国内生产总值的百分比(%)	政府总体卫生支出占卫生总费用的百分比(%)	私人卫生支出占卫生总费用的百分比(%)	政府总体卫生支出占政府总支出的百分比(%)	外部卫生投入占卫生总费用的百分比(%)
哈萨克斯坦	3.7	66.1	33.9	11.2	0.4
吉尔吉斯斯坦	6.5	54.0	46.0	9.8	11.3
乌兹别克斯坦	5.7	46.1	53.9	7.9	1.6
塔吉克斯坦	5.3	21.5	78.5	3.6	7.8

资料来源:《2010年世界卫生统计》,世界卫生组织。

相较于其他三个成员国而言,塔吉克斯坦的国内医疗卫生情况有所不同。2009年塔吉克斯坦的卫生总支出占其国内生产总值的5.3%,与乌兹别克斯坦水平相当,但其人均卫生总支出要低于乌兹别克斯坦的水平,约为乌兹别克斯坦的70%。此外,2009年塔吉克斯坦5岁以下儿童的死亡率为6.1%(表23.3),是四国中死亡率最高的,这说明其国内基础医疗保障的某些不足和缺失。另外,根据表23.4,塔吉克斯坦政府在整个医疗卫生体系中扮演的角色远远小于其他三国,其政府总体卫生支出只占其卫生总费用的21.5%,不到哈萨克斯坦的三分之一;政府卫生支出占其政府总支出的比例仅为3.6%。

乌兹别克斯坦的医疗保障制度属于社会保险制度类[22],覆盖全国所有家庭和居民。由于乌兹别克斯坦大量的居民都生活在农村(约70%),而农村地区又环境恶劣,再加上其他因素的影响,直接导致乌兹别克斯坦存在大量的医疗问题;又因为其经济不发达,医疗保障水平长期以来都较低,因此医疗保障也成为其社会生活中一个重要的问题。乌兹别克斯坦近年来一直出台各种措施以改变这种局面,如增加保健卫生的预算资金,这一资金的金额从1999年至2007年增加了7.4倍,达到了4 808亿苏姆。[23]

此外,来自于其他国家、国际机构和集团个人的投资和援助,也成为乌兹别克斯坦改善其国内落后的医疗卫生状况的重要手段。如世界银行向乌兹别克斯坦医疗保健行业提供的4 000万美元的长期贷款;中国提供362万美元的长期贷款,为乌兹别克斯坦医疗机构、门诊配备医疗诊断和培训设备等。[24]

2009年乌兹别克斯坦政府出台政策,乌兹别克斯坦总理批准了"2009—2013年进一步加强居民健康工作纲要",计划于2009年—2013年吸引9 000万美元外资用于实施卫生医疗保健项目,这些外资主要用于医疗卫生机构的设备采购方面。此外,还计划在此期间投入1.3亿美元,实施39个医疗保健项目以改善本国的医疗卫生状况。[25]

在具体的医疗卫生情况方面,根据表23.3:乌兹别克斯坦2009年的卫生总支出占国内生产总值的百分比为5.2%,与塔吉克斯坦相近,低于吉尔吉斯斯坦。在人均方面,其人均卫生总支出与吉尔吉斯斯坦相同,都为152美元(PPP算法),但是远低于哈萨克斯坦的554美元。2010年,其卫生总费用占GDP的份额略有上升,为5.7%。在政府投入与非政府投入方面,政府总体卫生支出占卫生总费用的46.1%,低于哈萨克斯坦和吉尔吉斯斯坦;私人卫生支出所占比例最高,为53.9%;外部卫生投入占1.6%。

四、 中亚国家其他社会福利制度现状

(一)就业与工资

就业率与工资水平的高低是一国社会稳定与否的重要因素。

由于社会的动荡和经济发展问题,吉尔吉斯斯坦在2010年1—9月间,新增工作岗位8.8万个,与同期相比减少了1.7万个。[26]在失业率方面,根据吉尔吉斯斯坦国家移民和就业委员会的数据显示,截至2009年9月1日,吉尔吉斯斯坦全国共登记失业人数6.58万人,失业人数较去年同期减少5.8%,失业人数占有劳动能力人口的2.8%。[27]在工资水平方面,吉尔吉斯斯坦2009年1—2月的月平均工资统计数据为5 422索姆,较2008年同期增长23.4%,若将消费价格考虑进来,其实际涨幅则为5%。[28]

哈萨克斯坦在就业方面,其2010年全年失业率为5.5%,[29]此外,哈萨克斯坦还计划在2014年之前,实施294个创新项目,这些项目的总额为8.1万亿坚戈,这一举措将创造约16万个固定工作岗位和20万个临时工作岗位。[30]2011年7月,哈萨克斯坦又出台新的国家就业计划,这一就业计划将涵盖150万人,哈萨克斯坦政府当时预计将在2011年为这一计划的实施拨款400亿坚戈(1美元约等于145.5坚戈)。[31]工资水平方面,在2007年,哈萨克斯坦居民实际收入上涨24%,当时根据哈国政府估计,2008年的平均工资将上涨到55 000坚戈。到2010年,根据哈萨克斯坦劳动与社会保障部的统计,哈萨克斯坦平均月工资66 674坚戈(约合450美元),同比增长8.6%,按可比价格计算增长1.2%。[32]

2008年,乌兹别克斯坦登记的失业人数为2.29万人,同比下降了16.5%,若按照乌兹别克斯坦官方公布的劳动人口数计算,其2008年失业率仅为0.15%。2009年1—6月间,失业率为0.21%。到2010年,这一数值基本保持不变,为0.2%,是独联体中失业率最低的国家。[33]在工资水平上,乌兹别克斯坦的平均工资、养老金、助学金及救济金在2009年平均上涨了40%;此外,根据乌兹别克斯坦总统卡里莫夫在2011

年新年讲话中所透露的，乌兹别克斯坦工资、退休金等在2010年又增长了32%[34]，根据统计，其2010年9月的平均工资为340美元。[35]

(二) 住房建设

近年来，中亚成员国在住房建设方面也取得了一定的进步。

哈萨克斯坦自2000年以来，国内住房总面积增长了3 000万平方米，在2009—2010年，年增640万平方住房，人均居住面积达到18.3平方米。[36]但房价过高，远远高于其他三个中亚成员国，成为困扰哈萨克斯坦政府的问题，目前阿拉木图的房价已经与一些欧洲国家的首都相近，甚至超过了纽约和瑞士。[37]为了解决这一问题，哈萨克斯坦政府也从国家政策方面出台相关措施。2011年2月，哈萨克斯坦政府在工作会议上通过了《住房建设国家扶持计划》，这一计划包括三个板块，即：地方政府机构按照住房公积金政策贷款建房、统一安排二级银行向住房建设和居民抵押贷款提供资金，以及建设公共基础设施，据此来改善哈萨克斯坦居民的住房情况。[38]

乌兹别克斯坦在住房建设方面，在2010年1—9月，乌兹别克斯坦住宅建设共使用资金1.83万亿苏姆(11.22亿美元)，占全部投资的51.9%；有6万套总面积达715万平方米的住宅交付使用，增长12.4%。[39]

五、面临的问题与困境

从以上内容来看，近两年，中亚成员国在社会福利方面取得了一定的成就和发展，但同时也面临着诸多的问题。

首先，各国的经济发展水平参差不齐，直接导致各国的社会福利水平悬殊。从表23.5可知，哈萨克斯坦在近两年里，一直是中亚成员国中经济发展最为迅速的国家，其国内生产总值水平是乌兹别克斯坦的3倍多，2009年达到了1 077亿美元，2010年又较2009年增长7%，达到1 460亿美元。在人均方面，哈萨克斯坦2010年人均国内生产总值超过9 000美元，这与俄罗斯2010年的水平相比，仅相差1 348美元，而俄罗斯2009年的人均国内生产总值是8 604美元，可见哈萨克斯坦经济发展的速度。[40]正如哈萨克斯坦总统纳扎尔巴耶夫所说的：“全世界的经验表明，没有一个国家能在独立后头20年内取得这样的成就。”[41]

哈萨克斯坦的经济状况，决定了其长期以来“中亚老大”的地位。经济的较好发展，使得哈萨克斯坦无论是在养老金水平，还是在医疗保障投入方面，都较其他三国要高。而经济相对较为落后的乌兹别克斯坦和塔吉克斯坦,在社会福利方面的投入和水平都远远落后于哈萨克斯坦。

表 23.5 中亚国家国内生产总值等同比增幅对比表

		哈萨克斯坦	吉尔吉斯斯坦	乌兹别克斯坦	塔吉克斯坦
2009 年	国内生产总值(亿美元)	1 077	46.80	328.46	49.78
	人均国内生产总值(美元)	6 650	851**	1 176**	767**
	国内生产总值同比增幅*	1.2%	2.9%	8.1%	3.4%
2010 年	国内生产总值(亿美元)	1 460	46.12	389.59	56.42
	人均国内生产总值(美元)	9 004.2	864***	1 380	652
	国内生产总值同比增幅*	7%	−1.4%	8.5%	6.5%

注:* 国内生产总值同比增幅为按可比价格计算的增幅。

** 该数据来源于国际货币基金组织 2010 年 4 月发布的统计数据。

*** 该数据来源于国际货币基金组织 2011 年 4 月发布的统计数据。

资料来源:哈萨克斯坦国家统计署,哈萨克斯坦中央银行;吉尔吉斯斯坦国家统计委员会;乌兹别克斯坦国家统计委员会;塔吉克斯坦国家银行。

其次,在医疗卫生方面,中亚四国的基础医疗卫生设施都有待提高,社会援助的方式手段也有待改进。塔吉克斯坦 5 岁以下儿童的死亡率达到了 6.1%,哈萨克斯坦 15—60 岁男性死亡率达到了 43.2%,吉尔吉斯斯坦这一数值也达到了 32.7%,这些都说明中亚成员国的医疗保障水平亟待提高,而孕妇以及新生儿童的医疗卫生问题又是其中一个需要重点关注的问题。此外,中亚国家虽积极开展了旨在帮助最穷家庭的社会援助制度,但是这些援助在具体的实施过程中,仍然面临诸多问题,尤其是在救济贫困儿童方面,依然困难重重。[42]

第三,由于近年来的经济波动以及社会和政治的动荡,中亚国家在社会福利方面面临着更大的挑战。经济的下滑和不稳定致使国内生产总值减少,政府用于各项社会福利政策的投入也随之减少;再加上大量工厂倒闭,失业人员增多,无疑给社会带来巨大的压力;此外,由于政治动荡而殃及国内社会福利政策的国家以吉尔吉斯斯坦为代表。由表 23.5 可知,在 2010 年,当其他国家都在渐渐走出全球经济危机的阴霾、逐渐恢复和加快本国经济发展步伐时,吉尔吉斯斯坦的国民经济却出现下滑,而这则是由于其国内政治局势的动荡而引起的。政局的动荡无疑会致使政府无力过问社会民生,社会福利方面自然不会取得较大的发展,甚至出现倒退。

总体来说,中亚四国都处于转型期,所面临的困难与问题较多。但是纵观近些年来的各国发展状况,四国的社会相对比较稳定,老百姓的生活也较为安定,究其原因,还是与其在苏联时期牢固而且深厚的社会福利底子有着很大的关系。苏联自 1928 年施行计划经济体制以来,发展十分迅速,期间虽然经历了"二战",但是其高速发展的步伐却未停止，即使是在1975年到1989年的经济放缓时期，苏联人民的生存状态也依然是较为安定的；经过70多年的社会主义发展，所积累和建立起来的社会福利体系很大程度上还在继续发挥着作用。尤其在近两年，在全球金融危机的大背景下，中亚国家虽说也受到了一定冲击，经济和社会的发展都受到影响，但是人民都生活较为平稳，社会稳定性和社会的组织能力也都较高，未受到很大的打击。

总之，各国政府怎样面对挑战，找出解决方案，政府在其中又要扮演着怎样的角色，政府、政府之间以及和国际组织之间怎样协调互动，这一系列问题都考验着中亚成员国政府的能力。

注释

① 对“社会福利”概念的广狭义界定请参见：陈银娥、潘胜文：《社会福利》中国人民大学出版社2004年版；王思斌：《社会工作概论》高等教育出版社2006年版以及一番ケ瀬康子、沈洁：《社会福利基础理论》赵军译，华中师范大学出版社1998年版。

②《列宁全集》第21卷，人民出版社，1984年版，第155页。

③ 徐海燕：《浅析白俄罗斯的社会保障制度》，《俄罗斯中亚东欧市场》2008年第5期。

④《中外宪法选编》，人民出版社1982年版，第239、248—250页。

⑤ P. Hoelscher, and G. Alexander(2010), “Social protection in times of crisis: experiences in Eastern Europe and Central Asia”, *Journal of Poverty and Social Justice*, 18(3), pp. 255—268.; P. Mitra, M. Selowsky, and J. Salduendo(2010), “Turmoil at Twenty. Recession, Recovery and Reform in Central and Eastern Europe and the Former Soviet Union”, the World Bank, Washington DC.

⑥ 常庆：《快速发展中的困扰——哈萨克斯坦经济形势及面临的社会问题》，《国际贸易》2003年第6期。

⑦ 郑秉文、胡云超：《吉尔吉斯斯坦社会保障“名义账户制”运行10年经验与教训》，《俄罗斯中亚东欧研究》2008年第5期。

⑧ 联合国经济及社会理事会：《〈经济、社会、文化权利国际公约〉执行情况缔约国报告——乌兹别克斯坦》，2004年，第50—77页。

⑨ 郑升扬：《中亚国家安全策略之研究》，台湾政治大学外交学系战略与国际事务研究所硕士论文，2005年，第180页。

⑩《列宁全集》第2卷，人民出版社1984年版，第155页。

⑪ 亚心中亚网转载俄罗斯Lenta. ru通讯社新闻，http://www. xjjjb. com/html/news/2009/5/40774. html。

⑫ “2009年乌国宏观经济概况”，中华人民共和国驻乌兹别克斯坦共和国大使馆经济商务参赞处，http://uz. mofcom. gov. cn/aarticle/ddgk/zwminzu/200910/20091006564204. html。

⑬ 塔吉克斯坦经济商务参赞处网站，http://tj. mofcom. gov. cn/aarticle/jmxw/200411/20041100309101. html。

⑭ 人民网，http://world. people. com. cn/GB/15323841. html。

⑮ 中华人民共和国外交部网站，http://www. fmprc. gov. cn/chn/pds/gjhdq/gj/yz/1206_11/。

⑯《克服危机,走向复苏和发展》(哈萨克斯坦 2009 年总统国情咨文),中亚研究网 http://euroasia. cass. cn/news/405759. htm。

⑰ 张养志:《俄罗斯的社会保障体制改革评析——以医疗保障制度为视角》,《东欧中亚市场研究》2002 年第 6 期。

⑱ 徐海燕、郭静:《白俄罗斯的社会保障制度》,《国际资料信息》2008 年第 5 期。

⑲ 新华网,http://news. xinhuanet. com/world/2011-04/04/c_13812803_2. htm。

⑳ 中亚新闻网,http://www. xjjjb. com/html/news/2009/8/44658. html。

㉑ PPP:购买力平价(purchase power parity),又称相对购买力指标,是一种根据各国不同的价格水平计算出来的货币之间的等值系数,使我们能够在经济学上对各国的国内生产总值进行合理比较,这种理论汇率与实际汇率可能有很大的差距。

㉒ 李筱蕾:《中等收入国家医疗保障制度立法、覆盖范围和行政管理机构比较》;《国外医学》(卫生经济分册),1999 年第 16 期。据此文,中等收入国家医疗保障制度分为四类,即免费医疗制度、医疗保险制度、医疗保险与家属津贴制度,以及社会保险制度。

㉓《乌兹别克斯坦保健卫生行业成为投资热土》,天山网,http://www. tianshannet. com. cn/news/content/2007-04/17/content_1805511. htm。

㉔《乌兹别克斯坦保健卫生行业成为投资热土》,天山网,http://www. tianshannet. com. cn/news/content/2007-04/17/content_1805511. htm。

㉕ 中华人民共和国驻乌兹别克斯坦经济商务参赞处,http://uz. mofcom. gov. cn/aarticle/jmxw/200910/20091006555038. html。

㉖ 中华人民共和国驻吉尔吉斯斯坦使馆经济商务参赞处,http://kg. mofcom. gov. cn/aarticle/jmxw/201011/20101107227577. html。

㉗ 中亚研究网,http://euroasia. cass. cn/news/396953. htm。

㉘ 亚心中亚网,http://www. xjjjb. com/html/news/2009/5/39943. html。

㉙ 中华人民共和国外交部网站,http://www. fmprc. gov. cn/chn/pds/gjhdq/gj/yz/1206_11/。

㉚ 新华网,http://news. xinhuanet. com/world/2011-04/04/c_13812803_2. htm。

㉛ 人民网,http://world. people. com. cn/GB/15129960. html。

㉜ 中华人民共和国外交部网站,http://www. fmprc. gov. cn/chn/pds/gjhdq/gj/yz/1206_11/。

㉝"2008—2010 年乌兹别克斯坦经济指标",中华人民共和国驻乌兹别克斯坦共和国大使馆经商参处网站,http://uz. mofcom. gov. cn/aarticle/ddgk/zwminzu/201101/20110107348048. html。

㉞ 新华网,http://news. xinhuanet. com/world/2011-04/04/c_13812803_2. htm。

㉟ 中华人民共和国驻乌兹别克斯坦共和国大使馆经商参处网站,http://uz. mofcom. gov. cn/aarticle/jmxw/201011/20101107236852. html。

㊱ 中华人民共和国驻乌兹别克斯坦共和国大使馆经商参处网站:http://uz. mofcom. gov. cn/aarticle/ ddgk/zwminzu/201101/20110107348048. html。

㊲《哈萨克斯坦住房消费趋于理性》,《光明日报》2011 年 1 月 17 日。

㊳"哈萨克斯坦政府通过《住房建设国家扶持计划》",新华网,http://news. xinhuanet. com/2011-02/17/c_121089397. htm。

㊴ 中华人民共和国驻乌兹别克斯坦共和国经商参处网站,http://uz. mofcom. gov. cn/aarticle/ ddgk/zwminzu/201101/20110107348048. html。

㊵ 根据俄罗斯联邦统计局2011年3月31日发布的数据：俄罗斯2009年人均国内生产总值为8 604美元，2010年人均国内生产总值为10 352美元。

㊶ “纳扎尔巴耶夫总统2011年国情咨文的主要内容”，2011年2月1日，文章来源：驻哈萨克使馆经商参处，http://kz.mofcom.gov.cn/aarticle/ztdy/201102/20110207388266.html。

㊷ Menchini, L., Marnie, S., and L. Tiberti(2009), “Child Well-Being in Eastern Europe and Central Asia: A Multidimensional Approach”, Innocenti Working Paper IWP-2009-20, UNICEF Innocenti Research Centre, Florence.

附录　上海合作组织及其成员国大事记

附录一　上海合作组织大事记

孙　超* 辑录

2010年

1月

13日　上海合作组织秘书长伊马纳利耶夫赴纽约出席联合国秘书长和区域和次区域组织首脑非正式会议和安理会与区域组织合作会议。

19日　上海合作组织秘书长伊马纳利耶夫在秘书处会见了白俄罗斯共和国副外长谢·阿列伊尼克。

19日—21日　上海合作组织文化专家工作组会议在北京举行。

25日　上海合作组织倡议下在莫斯科举行了副外长级阿富汗问题区域磋商。

28日　上海合作组织秘书长穆拉特别克在上海合作组织秘书处会见了伊朗驻华临时代办萨伊德·沙比斯塔利。

2月

3日　上海合作组织秘书长伊马纳利耶夫在俄新社组织的北京—莫斯科电视桥新闻发布会上与上海合作组织成员国记者共同进行了半小时直播。

11日　上海合作组织秘书长伊马纳利耶夫在秘书处会见了《中国》月刊主编付新国(音译)。

22日　上海合作组织秘书长伊马纳利耶夫在秘书处会见了巴基斯坦外交部长库雷希。

3月

3日　上海合作组织秘书长伊马纳利耶夫在秘书处会见了哈萨克斯坦共和国首

---

* 孙超,华东师范大学国际关系与地区发展研究院2011级硕士研究生。

任总统基金会世界经济与政治研究所代表团。

10日　上海合作组织秘书长伊马纳利耶夫在秘书处会见了俄罗斯科学院院士、教授、俄科学院远东研究所所长吉塔连科。

12日　上海合作组织秘书长伊马纳利耶夫在秘书处会见了斯里兰卡驻中国大使阿穆努加马。

15日　上海合作组织秘书长伊马纳利耶夫在秘书处会见了欧亚经济共同体秘书长曼苏罗夫。

18日　上海合作组织秘书长伊马纳利耶夫在秘书处会见印度驻中国大使贾尚卡尔。

25日　上海合作组织秘书长伊马纳利耶夫在上海合作组织秘书处会见卢森堡驻华大使意赫、斯洛文尼亚驻华大使阿达尼亚。

26日—29日　上海合作组织成员国文化部长第七次会晤在三亚市召开。

29日　上海合作组织秘书长伊马纳利耶夫就莫斯科系列恐怖事件发表声明。

29日　莫斯科地铁发生系列恐怖事件,造成大量人员伤亡,上海合作组织成员国对此予以坚决谴责。

4月

5日　联合国秘书长潘基文访问乌兹别克斯坦期间在乌兹别克斯坦总统府与上海合作组织秘书长伊马纳利耶夫签署了上海合作组织秘书处与联合国开展合作的声明。

7日　上海合作组织秘书长伊马纳利耶夫在中国外交部会见了中国外交部部长助理程国平。

8日　上海合作组织秘书长伊马纳利耶夫就吉尔吉斯共和国事件发表声明。

15日　上海合作组织秘书长伊马纳利耶夫就青海地震发表声明。

21日　上海合作组织成员国救灾部门领导人第五次会议在塔什干举行。

23日　上海合作组织第五次安全会议秘书会议在塔什干举行。乌兹别克斯坦总统卡里莫夫在塔什干总统府会见上海合作组织成员国安全委员会秘书、上海合作组织秘书长伊马纳利耶夫和地区反恐机构执行委员会主任朱曼别科夫。

26日　上海合作组织秘书长伊马纳利耶在北京会见塔吉克斯坦外长扎里非;上海合作组织秘书长伊马纳利耶在秘书处会见联合国秘书长代表尹切。

28日—29日　上海合作组织秘书长伊马纳利耶夫对白俄罗斯共和国进行工作访问,签署了关于给予白俄罗斯上海合作组织对话伙伴地位的备忘录。

5月

3日　上海合作组织秘书长在秘书处会见了主管南亚和中亚事务的美国助理国

务卿布莱克。

6日　上海合作组织秘书长米伊马纳利耶夫访问了斯里兰卡首都科伦坡，签署了关于给予斯里兰卡民主社会主义共和国上海合作组织对话伙伴地位的备忘录。

14日　上海合作组织论坛第五次会议在杜尚别（塔吉克斯坦）举行。

22日　上海合作组织成员国外长理事会例行会议在塔什干举行。

22日　乌兹别克斯坦总统卡里莫夫在塔什干会见了上海合作组织外长理事会会议与会者。

6月

10日—11日　上海合作组织成员国元首理事会第十次会议在乌兹别克斯坦共和国首都塔什干市举行。

20日　上海合作组织对吉尔吉斯斯坦南部地区发生暴力杀戮惨案并造成大量人员伤亡表示严重关切。

7月

2日　上海合作组织秘书长伊马纳利耶夫会见了哈萨克斯坦共和国外交部副部长叶尔梅克巴耶夫。

8月

25日　上海合作组织秘书长伊马纳利耶夫在北京会见了吉尔吉斯共和国外交部长卡扎克巴耶夫；上海合作组织秘书长伊马纳利耶夫在秘书处会见了巴基斯坦伊斯兰共和国驻中华人民共和国特命全权大使马苏德·汗。

27日　上海合作组织秘书长伊马纳利耶夫在秘书处会见了伊朗伊斯兰共和国驻中华人民共和国特命全权大使萨法里。

9月

1日—3日　应中国新疆维吾尔自治区人民政府邀请，上海合作组织秘书长伊马纳利耶夫率上海合作组织秘书处代表团于2010年出席了第19届乌鲁木齐对外经济贸易洽谈会、上海合作组织商务日开幕式及上海合作组织银行联合体金融合作与区域经济发展研讨会。

13日　上海合作组织秘书长伊马纳利耶夫在秘书处会见了亚洲相互协作与信任措施会议秘书处副执行主任图梅什。

18日　“2010年上海合作组织秘书处杯”外交官足球赛在北京举行，来自上海合作组织成员国驻华使馆、中国外交部和上海合作组织秘书处的6支代表队参加比赛。

23日—24日　第三次上海合作组织成员国教育部长会议在新西伯利亚(俄罗斯联邦)举行。

24日　“和平使命2010”上海合作组织联合反恐军事演习在哈萨克斯坦马特布拉克诸兵种合成训练场举行。

10月

22日　俄罗斯联邦经济发展部部长纳比乌琳娜在莫斯科主持召开上海合作组织成员国经贸部长第九次会议。

26日　首届上海合作组织成员国农业部长会议在北京(中华人民共和国)召开。

11月

22日　塔吉克斯坦共和国总统埃莫马利·拉赫蒙会见了上海合作组织秘书长穆拉特别克·伊马纳利耶夫。

23日　塔吉克斯坦共和国外交部长哈姆罗洪·扎里菲会见了上海合作组织秘书长穆拉特别克·伊马纳利耶夫。

25日　上海合作组织成员国政府首脑(总理)理事会例行会议在杜尚别举行。

12月

1日—2日　应欧洲安全与合作组织主席国哈萨克斯坦方面的邀请,上海合作组织秘书长伊马纳利耶夫出席了欧安组织阿斯塔纳峰会。

7日　上海合作组织秘书长伊马纳利耶夫在秘书处会见了塞尔维亚共和国驻中华人民共和国特命全权大使乌多维契基。

16日　上海合作组织秘书长伊马纳利耶夫在秘书处会见了蒙古国驻中华人民共和国特命全权大使苏赫巴特尔。

21日　上合组织副秘书长科纳罗夫斯基在秘书处会见了俄罗斯外交部外交学院学生小组。

2011年

1月

25日　上海合作组织秘书长就莫斯科多莫杰多沃机场恐怖袭击事件发表声明。

2月

11日　上海合作组织秘书长伊马纳利耶夫对纳扎尔巴耶夫总统致哈萨克斯坦人民2011年度国情咨文的回应。

16 日　上海合作组织秘书长伊马纳利耶夫在秘书处会见了杜晓林副院长率领的北京农学院代表团。

22 日—23 日　上海合作组织秘书长伊马纳利耶夫出席了在阿拉木图举行的“十年安全与合作之路：上海合作组织应对现代威胁和挑战的成功经验”国际学术研讨会。

3 月

1 日　上海合作组织副秘书长科纳罗夫斯基应美方要求在秘书处会见了美国学者代表团。

4 日　上海合作组织秘书长就中东局势发表声明。

9 日　上海合作组织秘书长伊马纳利耶夫在秘书处会见了俄罗斯联邦外交部副部长波罗达夫金。

16 日　上海合作组织秘书长就日本自然灾害发表声明。

17 日　上海合作组织成员国国防部长会议在哈萨克斯坦首都阿斯塔纳举行。

19 日　为庆祝上合组织成立 10 周年和纳乌鲁兹节，由本组织成员国及独联体国家驻华外交机构代表队参加的足球赛在北京举行。

30 日　上海合作组织成员国禁毒部门领导人会议在阿斯塔纳举行。

30 日—4 月 1 日，上海合作组织成员国国际道路运输便利化政府间协定起草专家组第二次会议在阿斯塔纳（哈萨克斯坦共和国）举行。

4 月

3 日—4 日　应哈萨克斯坦共和国国务秘书兼外交部长萨乌达巴耶夫的正式邀请，上海合作组织观察团（下称观察团）对 2011 年 4 月 3 日哈萨克斯坦共和国提前总统选举（下称总统选举、选举）的筹备和举行情况进行了监督。

7 日—8 日　根据上合组织成员国外交部磋商计划，本组织成员国外交部新闻部门代表会议在秘书处举行。

9 日　中塔友谊杏树林种植五周年庆祝活动“杏林朗诵节”在北京农学院举行。

12 日　上海合作组织秘书长就明斯克市“十月广场”地铁站恐怖袭击事件发表声明。

19 日　上海合作组织秘书长伊马纳利耶夫在秘书处会见了立陶宛共和国外交部政治司长、无任所大使巴亚鲁纳斯；上海合作组织秘书长伊马纳利耶夫在秘书处会见了芬兰共和国驻中华人民共和国特命全权大使岚涛。

22 日　上海合作组织秘书长伊马纳利耶夫在秘书处会见了国际公路运输联盟秘书长马尔丁·马尔米。

26日　“和平之旅”采风启动仪式在上海大学美术学院举行,活动期间展出了上海合作组织成员国艺术家的作品。

28日　哈萨克斯坦共和国内务部长卡西莫夫在阿斯塔纳主持召开上海合作组织成员国第二次公安内务部长会议(下称会议)。

29日　由哈方主持召开的上海合作组织成员国第六次安全会议秘书会议在阿斯塔纳举行。

5月

3日—4日　上海合作组织秘书长伊马纳利耶夫在阿斯塔纳出席第四届阿斯塔纳经济论坛会议;哈萨克斯坦总统纳扎尔巴耶夫出席“崭新的十年:挑战与前景”论坛全体会议开幕式。

5日　上海合作组织秘书长伊马纳利耶夫在阿斯塔纳出席上海合作组织成立10周年和哈萨克斯坦担任本组织轮值主席国纪念邮票发行仪式。

6日　“哈萨克斯坦担任2010—2011年上合组织轮值主席国”国际研讨会在阿拉木图举行。

13日—14日　上海合作组织成员国外长理事会例行会议在阿拉木图举行。

19日　上海合作组织成员国第八次文化部长会议在阿斯塔纳市举行。

25日　上海合作组织秘书长伊马纳利耶夫在秘书处会见了伊朗伊斯兰共和国驻中华人民共和国特命全权大使萨法里。

26日　上海合作组织秘书长伊马纳利耶夫会见了欧安组织轮值主席、立陶宛共和国外交部长阿茹巴利斯。

27日—28日　上海合作组织论坛第六次会议在塔什干举行,会议由乌兹别克斯坦共和国总统战略研究所主办,该研究所在乌兹别克斯坦外交部支持下成为2010至2011年度论坛主席单位。

6月

17日　上海合作组织秘书处在北京威斯汀酒店举办上海合作组织成立十周年招待会。

7月

10日　俄罗斯“布加尔”号客轮在伏尔加河发生沉船事故,造成重大人员伤亡,上海合作组织秘书处向遇难者表示沉痛哀悼,向遇难者亲属表示诚挚慰问。

13日　上海合作组织秘书处就俄罗斯“布加尔”号客轮沉船事故发表声明。

20日　乌兹别克斯坦共和国费尔干纳州发生强烈地震,造成人员伤亡。

22 日　上海合作组织秘书处就乌兹别克斯坦地震发表声明。

8 月

31 日　上海合作组织农业经济合作研讨会在乌鲁木齐成功召开。

31 日—1 日　上海合作组织成员国农业经济合作研讨会在中国新疆维吾尔自治区首府乌鲁木齐市举行。

9 月

22 日　上海合作组织秘书处副秘书长安瓦尔·纳斯洛夫一行 3 人参观考察大唐芙蓉园,曲江管委会主任助理陈共德陪同接待。

10 月

18—19 日　上海合作组织成员国最高法院院长会议在乌兹别克斯坦塔什干举行。

21—23 日　第四届"画说西湖"国际美术节在浙江省杭州市举行,上海合作组织成员国艺术家参加了该活动。

11 月

6 日　上海合作组织成员国总理第十次会议在莫斯科举行。

11 日　上海合作组织秘书长伊马纳利耶夫授予西湖国际美术家联谊会执行主席顾宏教授上海合作组织荣誉证书,以表彰他为上合组织发展作出的贡献。

12 月

4 日　上海合作组织观察员团关于监督俄罗斯联邦会议国家杜马代表选举过程的声明。

附录二　俄罗斯大事记

韩冬涛[*]　辑录

2010 年

1 月

6 日　俄罗斯总统梅德韦杰夫要求有关部门对被高加索地区的安全形势进行评估。而在马哈奇卡拉发生爆炸事件后，达吉斯坦也被要求单独进行评估。

俄罗斯外交部发表声明支持也门政府打击极端主义与恐怖主义的行为。

8 日　包括俄罗斯国有外经贸银行在内的一些俄罗斯投资方购买了在乌克兰采矿和冶金业拥有众多企业的顿巴斯工业联盟以及波兰、匈牙利等过冶金业的控股权。

9 日　俄罗斯与白俄罗斯代表团未能就 2010 年石油供应问题达成协议。

13 日　俄罗斯总统梅德韦杰夫与土耳其总理埃尔多安就俄参与萨姆松—杰伊汉石油管道项目的问题展开讨论；俄土双方政府签署声明称，双方计划在土耳其修建核电站。

俄罗斯能源部表示俄罗斯与伊朗正在制定联营开发石油天然气项目的“路线图”。

14 日　俄罗斯政府拒绝通过一项由杜马提出的议案，该议案将否定苏联在第二次世界大战中取得胜利的行为视为犯罪。

15 日　俄罗斯国家杜马批准通过《欧洲人权公约》第 14 条，这将为斯特拉斯堡欧洲人权法院的改革铺平道路。

27 日　俄罗斯、白俄罗斯与哈萨克斯坦未能就关税同盟中如何分配关税收入问题达成协议。

29 日　俄罗斯外交部对伊朗进一步铀浓缩计划表示忧虑。

30 日　俄罗斯总理普京签署一份向利比亚出口价值 13 亿美元武器的合同。

---

* 韩冬涛，华东师范大学国际关系与地区发展研究院 2010 级博士研究生。

2月

3日　俄罗斯外长拉夫罗夫表示俄准备就在欧洲部署战术核武器的问题进行谈判。

5日　俄罗斯总统梅德韦杰夫签署俄罗斯新军事构想。

8日　俄罗斯主要政党同统一俄罗斯党与公正俄罗斯党签署合作协议。

20日　俄罗斯能源部长什马特科表示有必要与欧洲维持长期能源销售合同。

3月

1日　俄罗斯总统梅德韦杰夫与法国总统萨科奇在巴黎就俄购买法国军舰以及制裁伊朗等问题进行会谈。

5日　俄罗斯驻北约代表罗戈津表示俄准备在欧洲常规武装力量条约框架下与有关方面展开合作。

11日　俄罗斯外交部表示以色列计划在东耶路撒冷建立新定居点的行为时不可接受的，同时反对欧盟用“被占领区域”来指称独立的阿布哈兹和南奥塞梯共和国。

12日　俄罗斯与印度签署了19项协议，内容涉及民用核能、武器购买以及俄罗斯天然气工业股份公司(Gazprom)与印度石油天然气公司(ONGC)的合作事宜。

13日　俄罗斯76个选区的选举结果显示统俄党的主导地位有所下降。

26日　俄罗斯天然气工业股份公司宣布2010年对白俄罗斯的天然气供应价格为171.5美元/千方，而2009年价格为148—150美元/千方。

29日　莫斯科地铁发生两次爆炸袭击，共造成39人死亡、72人受伤，此次事件可能与北高加索恐怖分子有关。

30日　俄罗斯总统梅德韦杰夫颁布法令，禁止俄罗斯与朝鲜之间的武器贸易往来。

4月

6日　民调显示，有40%的俄罗斯人经常使用互联网。

7日　美俄两国总统签署新的削减核武器协议。

10日　俄罗斯与乌克兰同意在2010年划定双方边界，矛盾焦点主要集中于刻赤海峡。

13日　俄美签署协议，规定美方出资25亿美元用以处置俄方拥有的34吨武器级钚，俄罗斯将立即关闭其最后一家钚制造厂。

14日　俄罗斯总统梅德韦杰夫签署国家反腐败战略。

21日　俄罗斯与乌克兰两国总统签署协议，规定俄分十年，以降低对乌输送用天然气价格的形式向乌提供月40亿美元的投资援助，并以此作为交换，延长俄黑海舰队租借塞瓦斯托波尔基地 25 年。

5 月

14 日　俄罗斯政府批准通过与白俄罗斯、哈萨克斯坦建立关税同盟的文件。

18 日　俄罗斯派遣考察队赴北极划立大陆架边界。

22 日　俄罗斯总理普京表示,俄罗斯与格鲁吉亚反对派之间的接触不是对格鲁吉亚内政的干涉,这是双方几个世纪以来的历史纽带,包括东正教信徒之间的联系。

25 日　俄罗斯决定继续有关加入世贸组织的谈判。

28 日　俄罗斯总统梅德韦杰夫表示,由中央任命地方领导人的体制是目前的最佳选择。

6 月

4 日　俄罗斯总统梅德韦杰夫签署数项支持民主的法案。

7 日　俄罗斯国家原子能公司负责人谢尔盖·基里延科表示,在国际社会不刺激伊朗的情况下,伊朗不能拒绝将核废料归还俄罗斯。

8 日　俄罗斯总理普京表示,美国驻吉尔吉斯斯坦基地的未来将由吉尔吉斯斯坦自己决定。俄罗斯原子能公司宣布将与伊朗建立合资公司,共同经营将于 8 月开始运转的布什尔核电站。

10 日　俄罗斯总统梅德韦杰夫与中国国家主席胡锦涛在塔什干举行会谈,讨论了两国在 G20 框架下加强合作、寻求在国际事务中获得更大话语权的问题。

17 日　俄罗斯总统梅德韦杰夫在圣彼得堡国际经济论坛上阐述其实现俄罗斯现代化的方案,并保证为外国投资者提供更大透明度和更多法律方面的支持。

俄罗斯表示美国与欧盟最近对伊朗的制裁试图僭越联合国安理会职权,是不可接受的。

21 日　随着白俄罗斯天然气账单的“五日期限”已到,俄罗斯天然气工业股份公司宣布将每日对白供气量减少 15%,如果账单依旧不能偿付,则将减少 85%的供气量。双方代表团没能在价格问题上达成任何一致。白方坚称,俄罗斯须付天然气过境费。

25 日　俄罗斯与乌克兰全面恢复军事合作。

俄美两国总统召开新闻发布会,宣布重启经济合作。

30 日　俄罗斯外长拉夫罗夫在开罗建议,恢复与德黑兰的“5+1”对话机制以解决伊朗核问题。

7 月

1 日　公正俄罗斯党领导人谢尔盖·米罗诺夫表示,该党在 2012 年大选中将不会公开支持统一俄罗斯党的总统候选人。

2日 俄罗斯天然气工业股份公司与白俄罗斯天然气公司签署协议，将天然气运输费用从过去的每千立方米/百公里1.45美元提高至每千立方米/百公里1.88美元。

9日 列瓦达中心的一项民调显示，三分之二的俄罗斯人认为政治反对派的存在是必要的，16%的被调查者认为其不应该存在于俄罗斯。48%的俄罗斯人（比去年增加了9%）认为存在着政治反对派，其中大多数是年轻的受教育者和莫斯科人。

13日 独联体国家决定建立集体空中防御体系，它的范围包括独联体覆盖的欧洲、高加索和中亚地区。

16日 俄罗斯国家杜马以354票赞成、96票反对通过了由政府提议的扩大俄罗斯国家安全局权限的法案，目前该法案在等待联邦委员会的批准。

22日 俄罗斯重申其不承认科索沃独立的立场。

25日 莫斯科及全俄罗斯大牧守基里尔号召全乌克兰的东正教会团结一致，拒绝西方政治势力的影响。

26日 俄罗斯政府把俄罗斯石油运输公司从10家将于2011—2013年间进行私有化的国有公司名单中除去。

8月

2日 俄罗斯海军在塔尔图斯（叙利亚港口）的驻扎点将于2012年后接装重型舰船，包括巡洋舰，甚至航空母舰。

5日 俄罗斯总理普京表示，俄罗斯政府决定禁止粮食以及粮食产品出口。

30日 俄罗斯天然气公司称俄中双方将在9月份之前完成起草有关实质性的对华供气条件协议，其中将包括价格计算公式。

31日 俄罗斯经济发展部部长埃莉维拉·纳比乌林娜表示，处在可能私有化名单上的俄罗斯自然垄断企业和国防企业2011年不会被私有化。

9月

10日 在雅罗斯拉夫尔举行的全球政策论坛上，俄罗斯总统梅德韦杰夫表示，“自由”是将人融入现代化进程中至关重要的因素。

16日 俄罗斯反对派领导人卡西亚诺夫、涅姆佐夫、雷日科夫和米洛夫共同成立一个亲民主的力量联盟，并计划于10月9日在莫斯科举行抗议。

17日 俄罗斯国防部长谢尔久科夫表示，俄不会重返欧洲常规武装力量条约，除非北约国家接受此前俄方所提出的条件。并指出，制定新的欧洲常规武装力量条约“更符合当前现实”。

28日 俄罗斯总统梅德韦杰夫签署命令，解除雷日科夫莫斯科市市长职务。

10月

1日　俄罗斯财政部部长库德林证实,俄美已就解决俄加入世界贸易组织的所有问题达成一致。

6日　统俄党发起“前进,俄罗斯!”运动,以支持梅德韦杰夫总统的现代化计划。

14日　来自俄罗斯51个联邦主体的代表,成立了一个新的代表农业生产者和商人的政党——“事业党”,希望以此来推进俄罗斯制造商的利益。

11月

1日　俄罗斯总统梅德韦杰夫表示要开发千岛群岛。

10日　韩国总统李明博与到访的俄罗斯总统梅德韦杰夫同意建立战略伙伴关系。这一宣布特别考虑到了包括朝鲜核项目在内的地区安全威胁。双方还表示会寻求东西伯利亚联合经济项目的完全落实。

20日　俄罗斯总统梅德韦杰夫参加在里斯本召开的北约峰会。俄罗斯常驻北约代表罗戈津称,联盟的新安全条款有希望成为普遍的安全政策,如有需要可在全球执行。

22日　俄罗斯副总理兼财政部长库德林详细阐述了严重依赖于公司的俄罗斯税制的改变,13%的个人收入的固定税保持不变。

30日　初步数据表明,2010年底俄罗斯联邦预算赤字可能达到国内生产总值的4.3%。财政部长库德林称,对超过通常标准的赤字不得不进行削减,否则将会成为严重的负担。

12月

1日　俄罗斯总统梅德韦杰夫在阿斯塔纳召开的欧安组织峰会上发言时说,欧安组织已开始丧失自己的潜力,需要进行现代化改革。

2日　俄罗斯总理普京在接受美国有线电视新闻网拉里·金采访时称,俄罗斯选择了民主化道路并将坚定不移的走下去。

6日　俄罗斯与波兰签署经济现代化合作宣言。

俄罗斯银行间外汇交易所表示,该交易所将于12月15日启动人民币兑换卢布交易。

10日　俄罗斯与白俄罗斯就原则性问题——石油关税问题达成一致后,俄、白、哈签署了建立统一经济空间的协议。俄罗斯将对出口到白俄罗斯的石油免征关税,而白俄罗斯将把所有油品出口关税缴纳给俄罗斯预算。

27日　俄罗斯法院二审宣判尤科斯公司前总裁霍多尔科夫斯基有罪。

2011年

1月

5日　俄罗斯总统梅德韦杰夫签署法律，旨在完善国际集团和国家公司活动的法律体制，提高他们活动的透明性和战略计划质量。

20日　俄罗斯总理普京保证向白俄罗斯提供40亿美元的石油补贴。

24日　莫斯科多莫杰多沃机场发生爆炸案，造成35人死亡，120人受伤。

25日　俄罗斯与法国签署了购买“西风级”直升机航母的协议。

俄罗斯国家杜马批准了俄罗斯与美国2010年4月8日在布拉格签署的俄美削减进攻性战略武器新条约。

2月

2日　俄罗斯副总理兼财政部长库德林在“俄罗斯—2011”论坛上发言称俄罗斯无法再一次重现2000年至2008年间的生活水平及宏观经济指数飞速提升的景象。

5日　俄罗斯外长拉夫罗夫和美国务卿希拉里交换了正式批准俄美削减进攻性战略武器新条约的军备控制协议。

9日　俄罗斯常驻联合国代表丘尔金要求安理会向中东派遣代表团，以促进巴以和谈的恢复，稳定该地区局势。

10日　俄罗斯经济发展部向政府提交了2030年前俄罗斯发展预测草案。文件中包括两种方案——创新型和能源原料型。

17日　俄罗斯副总理兼财政部长库德林宣布俄罗斯将从2012年开始追加国内生产总值的1.5%用于军队和国防开支。

3月

3日　俄罗斯总理普京会见独联体执行秘书别列杰夫时表示，进一步加强与独联体国家的关系是俄罗斯的优先任务。

5日　车臣议会召开紧急会议，一致同意现任共和国总统卡德罗夫连任。

7日　俄罗斯外长拉夫罗夫称，俄罗斯认为谴责利比亚国内针对民众的暴力行为是有必要的。

10日　俄罗斯总统梅德韦杰夫签署禁止向利比亚卡扎菲政权出口武器的法令。

26日　俄罗斯常驻北约代表罗戈津称，联军在利比亚的地面行动将会被视为占领。

4月

2日　俄罗斯总统梅德韦杰夫重申,所有部长和总统办公厅官员均应在10月1日前离开国有资产公司的董事会。

6日　俄罗斯总统梅德韦杰夫证实,俄罗斯不会参与调解北非局势的军事行动,但将执行联合国安理会此前已经通过的决议。

8日　俄罗斯总统梅德韦杰夫签署法律,正式批准俄罗斯与挪威2010年9月15日在摩尔曼斯克签订的关于海洋划界以及在巴伦支海和北冰洋合作的协议。

15日　俄罗斯总理普京鼓励统俄党加强党内竞争,以应对与其他公共组织和政党的竞争。

25日　俄罗斯外长拉夫罗夫称,俄罗斯坚持必须严格遵守联合国安理会对利比亚的决议,并认为北约的空袭没有经过联合国认可。

5月

2日　俄罗斯外长拉夫罗夫就美国与罗马尼亚达成在德韦塞卢部署美国反导基地的协议表示,这可能会对俄罗斯的战略导弹产生威胁。

6日　俄罗斯反对党亚博卢集团领导人米特罗欣拒绝响应普京总理关于建立政党大联盟的号召。

14日　俄罗斯总统梅德韦杰夫致函俄罗斯—北约理事会成员国领导人,称欧洲导弹防御体系应该包含俄罗斯的参与。

19日　俄罗斯副总理兼财政部长库德林称,俄罗斯同意向白俄罗斯提供3年期30亿美元贷款,条件是白方批准为期三年的私有化项目。

20日　俄军总参谋长马卡罗夫大将称,俄罗斯将会部署能被整合进未来欧洲导弹防御系统的导弹防御力量,以在遭受导弹攻击时保护俄及邻国。

26日　俄罗斯总理新闻局宣布,普京将成为新成立的全俄人民阵线的"非正式领导人"。

6月

7日　俄罗斯总理普京和乌克兰总理阿扎罗夫签订了两国2020年前的经济合作项目,但拒绝了乌克兰希望俄罗斯以优惠价格向其供应天然气的要求。

9日　俄罗斯和美国同意对天然气需求进行联合评估,以稳定国际市场价格。

13日　俄罗斯石油公司总裁代纳托夫表示,该公司已彻底解决与中方在供油问题上存在的分歧。

16日　俄罗斯总统助理德沃尔科维奇称,副部长仍可留在大公司的董事会,但不可担任董事会主席。

17 日　俄罗斯与中国在圣彼得堡国际经济论坛期间签订了供气协议，但仍未在价格问题上达成一致，俄罗斯希望与对欧洲供气的定价公式挂钩。

25 日　俄罗斯富豪普罗霍罗夫当选为正确使命党领导人。

27 日　俄罗斯总统梅德韦杰夫签署法令，批准扩大俄罗斯在亚美尼亚的军事基地。

7 月

1 日　俄罗斯国防部长谢尔久科夫宣布俄罗斯将建立两个北极军事旅计划。

俄罗斯总统责成总理普京起草加速私有化进程的建议。

4 日　俄罗斯外长拉夫罗夫在索契召开的俄罗斯——北约理事会会议后表示，俄和北约无法就反导合作的方法达成一致协议。

6 日　国家杜马四个派系一致通过了将杜马代表的门槛要求从达到议会选举总票数的 7%降低到 5%的议案。

7 日　俄罗斯司法部门解除对反对派领导人涅姆佐夫和米洛夫的旅行禁令。

14 日　俄罗斯总理普京在对外经济银行监事会会议上表示，远东和贝加尔湖发展基金会在 2015 年前将拨出至少 700 亿卢布为各种项目融资。

20 日　俄罗斯第一副总理舒瓦洛夫加入了普京领导的全俄人民阵线。

27 日　俄罗斯总理普京在国防采购工作会议上表示，俄罗斯 2011 年国防采购额将达 7 500 亿卢布，是 2010 年的 1.5 倍。

29 日　俄罗斯总统梅德韦杰夫表示，近期还将从内务机关解雇和解职 4.8 万人，内务部整个改革计划过程计划裁员 22.69 万人。

8 月

3 日　俄罗斯总统梅德韦杰夫签署命令，任命 7 名总统驻联邦区副全权代表以及一名驻中央联邦区全权代表助理为投资代表。

4 日　俄罗斯总统助理德沃尔科维奇表示，总统已经批准了政府有关扩大私有化计划的建议。俄政府将扩大私有化计划，彻底放弃 13 家国有公司。

11 日　俄罗斯副总理兼财政部长库德林正在完成总理普京有关保证市场流动性的要求：财政部准备向银行提供 1 600 亿卢布的预算资金。

12 日　俄方表示，不接受乌克兰以“3＋1”形式（以非正式成员国的身份）加入俄白哈关税同盟。乌克兰只能以正式成员的身份加入关税同盟。

9 月

1 日　俄罗斯承认利比亚过渡委员会。

3 日　俄罗斯外长拉夫罗夫称,俄反对包括欧盟禁购叙利亚石油在内的对叙利亚的单边制裁。

13 日　俄罗斯联邦地区发展部巴萨尔金称,俄将考虑设立专门机构帮助中方企业在俄投资。

18 日　身着制服的俄罗斯军官在莫斯科市中心抗议国防部长谢尔久科夫的改革,称这将毁灭俄罗斯的国防能力,他们还要求获得更好的社保待遇。

25 日　财政部长库德林称其不会在新一届政府中任职。

10 月

5 日　俄罗斯总理普京倡议组建欧亚联盟。

6 日　俄罗斯总统梅德韦杰夫欢迎国外投资者进入俄罗斯传媒产业。

7 日　俄罗斯副外长博罗达夫金称,俄罗斯将坚决要求美国在阿富汗的军事行动结束后消除在中亚的军事存在。

15 日　俄罗斯总统梅德韦杰夫发表声明,推荐普京参加 2012 年总统选举的决定是基于国家的利益和政治合理性。

17 日　中央选举委员会登记了“统一俄罗斯”党提名的俄总统梅德韦杰夫领衔的该党国家杜马选举候选人名单。

19 日　俄罗斯与七个前苏联国家——乌克兰、白俄罗斯、哈萨克斯坦、亚美尼亚、吉尔吉斯斯坦、摩尔多瓦和塔吉克斯坦签订了自由贸易协定。

20 日　俄罗斯总统梅德韦杰夫签署了《关于批准俄中在石油领域合作的协议修改议定书的联邦法》。

11 月

1 日　俄罗斯外交部长拉夫罗夫在阿布扎比表示,俄罗斯支持阿拉伯国家联盟有关恢复叙利亚平静的和平倡议。

俄罗斯外交部长拉夫罗夫表示如果美国和北约伙伴继续忽视俄罗斯在导弹防御系统问题上的立场,俄罗斯不排除采取军事技术措施回应的可能。

4 日　俄罗斯已经就同阿布哈兹和南奥塞梯的边境制度问题与格鲁吉亚达成了协议。

9 日　俄罗斯总理普京表示,俄罗斯国防部 9 日签署了 7 个总价值为2 800亿卢布的采购合同。

11 日　月初以来,俄罗斯最大十家银行的平均存款利率提高了 0.6%,达到年利率 9%,其中五家银行提高了针对各类存款客户的利率。

12 日　俄罗斯总理普京不认为俄罗斯现有的管理体制已经没有效果,但确信,该体制必须以进化的方式发生改变。

14日　俄罗斯总理普京下令，军事工业委员会成立专门工作组负责国防采购合同的价格制定和维护。

19日　俄白哈总统宣布，将过渡到一体化建设的新阶段——统一经济空间，并勾画出“三方”进一步融合的方针。

21日　俄罗斯中央银行称，今年前10个月俄罗斯的资本净流出达到640亿美元。央行行长伊格纳季耶夫表示，只有改善投资环境能够扭转这一情况，但目前俄罗斯还做不到。

27日　统一俄罗斯党在27日的代表大会上提名该党领袖、俄罗斯政府总理普京为总统候选人。

29日　大多数俄罗斯公民不认为北约是俄罗斯的伙伴，59%的受访者坚信北约在东部区的扩张对俄罗斯国家安全构成威胁。

12月

5日　反对派在国家杜马选举的第二天举行了集会，这是近年来最大规模的抗议集会。根据选举结果，执政党统一俄罗斯党领先。在当局批准的集会结束之后，其参与者在莫斯科举行了非法游行，导致300人被捕。莫斯科内务总局新闻处人士表示，被捕者中包括博主阿列克谢·纳瓦尔内和反对派人士伊利娅·亚申。

6日　俄罗斯中央选举委员会主席弗拉基米尔·丘罗夫在同总统梅德韦杰夫会面时表示，该委员会统计了99.99%的国家杜马选举选票，“统一俄罗斯”党获得49.3%选票，俄罗斯共产党获得19.2%选票，自由民主党获得12%选票，“公正俄罗斯”党获得13.25%选票。

不认同议会选举结果的反对派星期二(6日)晚上再次在莫斯科市中心举行集会。支持执政党统一俄罗斯党的青年运动组织成员举行了对抗反对派的活动。警方被迫在抗议者中间筑起人墙。据最新资料表明，逮捕了约300人。

7日　俄罗斯当局将在年底前把权力分散法案和把100多项全权从中央政府下放给地方政府的法案提交给国家杜马审议。

8日　俄罗斯总统梅德韦杰夫表示，集会是民主的体现，但它们必须在指定地区依法严格举行。梅德韦杰夫在布拉格的新闻发布会上表示，“人民应当有机会发表言论，这是正常”。同时他还指出，所有这些必须以“端正的态度进行，而不是造成周围人的困扰”。

俄罗斯总理普京认为，尽管一部分在选举后进行集会的人抱着自己自私的政治目的，但是政府应该与反对派进行对话。

10日　博洛特纳亚广场举行反对国家杜马选举结果示威活动，据警方统计，参加集会的人数不超过 2 万人。集会组织者曾表示至少有 4 万人参加,并未发生冲突。

统俄党获得 238 个杜马席位,俄罗斯共产党、自民党和公正俄罗斯党分别获得 92、56 和 64 个杜马席位。

11 日　俄罗斯亿万富翁普罗霍罗夫表示有意参加总统选举。他说,“我或许做出了我人生当中最重要的一个决定”。

现政权“梅普组合”的支持者们 12 月 12 日在莫斯科马涅什广场举行“荣耀归于俄罗斯”的群众集会。据组织者表示约 1.5 万人以上参加集会。俄总统德米特里・梅德韦杰夫以及俄总理、统俄党领袖弗拉基米尔普京的支持者集会。

16 日　世界贸易组织部长级会议批准了关于俄罗斯入世的决定。俄罗斯总统对俄获准入世向大会所有成员表示感谢。

19 日　俄罗斯、白俄罗斯和哈萨克斯坦成立欧亚经济委员会。三方在克里姆林宫签署了相关文件。

24 日　俄罗斯反对派 24 日在莫斯科萨哈罗夫院士大街举行集会,要求选举公正诚实。集会组织者主要通过社交网络(Facebook,Twittere,Livejournal)召集人群。

附录三　哈萨克斯坦大事记*

李　荟** 辑录

2010 年

1 月

1 日　俄罗斯、白俄罗斯与哈萨克斯坦组成的关税同盟正式开始运行。

11 日　哈萨克斯坦外交部表示，国际原子能机构（IAEA）没有收到哈萨克斯坦向伊朗输出铀原料的消息。早前，美联社曾报道哈萨克斯坦已同伊朗秘密达成协议，将向其提供 1 350 吨提纯铀。

12 日　哈萨克斯坦能源部否认与伊朗就铀原料供应举行谈判。

28 日　北约和哈萨克斯坦签署协议，哈萨克斯坦同意北约利用其领土向阿富汗运送军事物资。

2 月

22 日　总统纳扎尔巴耶夫签署命令，成立地区金融中心管理局（ARFC），办公地点设在阿拉木图。

26 日　俄白哈关税同盟委员会第 26 次会议在莫斯科举行，会议同意各国在 4 月 10 日完成全部海关法制订工作。俄罗斯在会上接受哈萨克斯坦将从海关联盟国家中占有 7.36％关税的决定。

3 月

11 日　阿拉木图州发生融雪性洪水，克济尔阿加什水库大坝溃决并淹没下游一

---

* 本大事记根据哈萨克斯坦新闻网站“gazeta. kz”（http://www. gazeta. kz/）、哈萨克斯坦总统网站（http://www. akorda. kz/）及亚心中亚网（http://www. xjjjb. com/news_list. aspx?gj＝3）相关新闻整理。

** 李荟，华东师范大学国际关系与地区发展研究院 2011 级硕士研究生。

处村庄,截至4月6日已有45人死亡,全州2 000余人被迫疏散。

4月

1日　本日起,哈萨克斯坦全国预算单位工作人员的工资普遍上调25%。

7日　吉尔吉斯斯坦发生大规模骚乱,哈萨克斯坦随即关闭两国边界。

27日　第九届亚欧媒体论坛在阿拉木图开幕,会期两天。开幕当天,与会代表就伊朗、俄白哈关税同盟、哈萨克斯坦在欧安会议及伊斯兰会议组织中发挥的作用等问题进行讨论。

5月

13日　哈萨克斯坦议会下院通过法律修正案,赋予纳扎尔巴耶夫以民族英雄地位,在其卸任总统后仍能享受大量豁免权。但6月8日,纳扎尔巴耶夫称已驳回该议案。

20日　因吉尔吉斯斯坦骚乱而关闭的哈—吉两国边界口岸正式开始恢复运转。

6月

28日　哈萨克斯坦巴尔喀什热电站开工。该电站造价45亿美元,是近年哈最大的电站建设项目。该电站采用国际招投标方式,由韩国电力公司、三星公司和哈萨克斯坦萨姆鲁克电力公司合作共同完成建设,这也是第一个以国家—私人合作机制建设的电力项目。

29日　总统纳扎尔巴耶夫称,哈萨克斯坦将不会在集体安全条约组织序列下向吉尔吉斯斯坦派出部队,以避免引起民族冲突。他同时希望吉尔吉斯斯坦尽快恢复秩序,哈萨克斯坦也将准备帮助吉尔吉斯斯坦实现经济复苏。

7月

1日　关税同盟内海关法在俄罗斯和哈萨克斯坦两国正式生效。

6日　白俄罗斯加入关税同盟,俄罗斯、白俄罗斯、哈萨克斯坦三国元首宣布关税同盟正式成立,海关法即日在三国生效。

13日　哈萨克斯坦政府工作会议决定,扩大石油出口关税征收范围,取消原油出口零关税政策。同时确定原油及石油产品出口关税,原油出口关税确定为20美元/吨。哈萨克斯坦于8月16日正式开始征收上述关税。

20日　本日起,哈萨克斯坦与吉尔吉斯斯坦边界对所有货物开放。

22日　总理马西莫夫称,哈萨克斯坦近期的干旱不会造成国内粮食危机,并决定延长受灾农民的还贷时间。自5月1日至7月10日,西哈萨克斯坦地区持续高温干旱，小麦播种减少8.1万公顷，当地70%的农作物因干旱死亡，农民损失共计约17亿坚戈。

8月

1日　本日起，哈萨克斯坦全境将实行统一供电费率，此次调整将保障包括在关税同盟框架内从事进出口和过境输电业务的主体在内的各方非歧视地使用国家电网。

9日　哈萨克斯坦紧急情况部称，受持续高温干旱影响，哈萨克斯坦全境前7个月共发生森林草原火灾363起，过火面积4 000公顷，直接经济损失逾3 500万坚戈。

16日　哈萨克斯坦、美国、英国共同举办的“草原之鹰2010”维和战术演习在阿拉木图州开始，三国军人将重点演练维和行动中的写作能力，促进经验交流。演习将持续至8月27日，哈萨克斯坦派出数千名维和士兵参与演习。

22日　哈萨克斯坦第一座飞机制造厂开工，项目耗资37.5亿坚戈，产品主要为农业工作开发。该飞机制造厂还计划自主开发一款多用途飞机。

25日　哈萨克斯坦通过2011—2015国家卫生发展计划，其主要举措包括让病人自主选择医疗服务、建立竞争机制、提高医疗服务透明度等，最终目的是使国民享受到同等医疗卫生服务。为此，政府将拨付4 560亿坚戈以保证计划实施。

30日　哈萨克斯坦首都阿斯塔纳举行阅兵式，庆祝宪法颁布15周年。2 200余名官兵和150余件装备参加了此次阅兵式。

9月

1日　阿拉木图特别金融法庭确认，哈萨克斯坦最大的“问题银行”BTA银行完成重组。至此，哈萨克斯坦银行外债问题得到彻底解决，期间无一家银行倒闭。

3日　总统纳扎尔巴耶夫表示，他将参加2012年总统竞选。

8日　哈萨克斯坦北部巴甫洛达尔州爆发森林大火，至10日已造成6人死亡，过火面积3 300公顷，1 166人无家可归，火势已经蔓延至俄罗斯境内。

9—25日　“和平使命2010”上海合作组织第七次联合反恐军事演习在哈萨克斯坦南部马特布拉克诸兵种合成训练场进行。哈、中、俄、吉、塔五国5 000余名官兵参加演习。

10月

26日　哈萨克斯坦政府通过太空计划草案，确定未来四年太空发展规划，重点发展通信和导航卫星。

11月

2日　石油部长门巴耶夫表示，哈萨克斯坦将延长燃滑油料出口禁令至2011年1月。

22日　哈萨克斯坦与美国在日内瓦签署文件，宣布两国关于哈萨克斯坦市场准入问题的谈判全部结束。这标志着哈萨克斯坦已与美国完成加入世界贸易组织的谈判。

12月

1日　欧安组织峰会在阿斯塔纳开幕，包括联合国秘书长潘基文、德国总理默克尔、俄罗斯总统梅德韦杰夫、美国国务卿克林顿在内的超过50个国家和组织的官员出席会议。

8日　据外电报道，俄罗斯计划向哈萨克斯坦提供S300防空导弹体系。

29日　哈萨克斯坦议会下院通过决议，呼吁举行全民公决修改宪法，将纳扎尔巴耶夫的总统任期延长至2020年12月。

2011年

1月

1日　根据2010年12月欧亚经济共同体元首峰会宣言精神，本日起俄罗斯、白俄罗斯与哈萨克斯坦三国取消口岸海关；本日起，哈萨克斯坦再次提高原油出口关税，由20美元/吨上调至40美元/吨。

6日　哈萨克斯坦议会上院通过举行全民公投延长纳扎尔巴耶夫总统任期的议案并批准修改宪法文本，此议案次日被纳扎尔巴耶夫否决。

19日　哈萨克斯坦统计署称，哈萨克斯坦社会已步入老龄化阶段。2009年，哈境内65岁以上公民占全国人口比例达7.1%，超过联合国规定的7%标准。

1月30日—2月6日　第七届亚洲冬季运动会在阿斯塔纳和阿拉木图举行，来自27个国家和地区的近千名运动员参加比赛。本届运动会设11个比赛项目，共有8个国家登上奖牌榜，哈萨克斯坦历史上首次位列奖牌榜第一。

31日　哈萨克斯坦与欧盟就哈加入世界贸易组织展开谈判，双方在进口商品关税方面达成协议。

2月

4日　总统纳扎尔巴耶夫签署命令，宣布将于4月3日提前举行总统选举。

23日　因利比亚局势急剧恶化，哈萨克斯坦开始组织撤离在利比亚的侨民。

3月

14日　哈萨克斯坦派包机赴日本接回哈萨克斯坦侨民,地震中无哈侨民伤亡。

20日　哈萨克斯坦本日起恢复监控国家货币浮动汇率政策。

4月

3日　哈萨克斯坦总统选举举行。次日,哈萨克斯坦中央选举委员会公布选举初步结果,纳扎尔巴耶夫获得95.5%的选票,再次当选哈萨克斯坦总统。纳扎尔巴耶夫于4月8日正式宣誓就职,本届总统任期缩短为五年。

12日　总统纳扎尔巴耶夫签署命令,取消阿拉木图市地区金融中心管理署与哈萨克斯坦金融机构与金融市场监管与调节署,其职能被划归央行。

18日　第十七届哈萨克斯坦人民大会召开。纳扎尔巴耶夫呼吁民族团结,并称将考虑延长其任期至2030年的建议。

29日　根据哈萨克斯坦政府命令,哈萨克斯坦海关委员会下属分支机构进行改组,部分州市的海关监管局被合并。

30日　哈萨克斯坦政府决定将已实施一年的部分石油出口禁令延长至7月1日,以防止国内油料价格上涨。

5月

3日　哈萨克斯坦爆出重大走私犯罪集团案,多名海关系统官员涉案。受丑闻影响,哈萨克斯坦海关委员会主席卡尔布佐夫于5月6日被撤职。

17日　阿克托别市国家安全委员会大楼外发生一起自杀式炸弹爆炸袭击,袭击者当场死亡,另有2人受伤。

24日　阿拉木图市安保机关总部大楼外发生一起自杀式汽车炸弹爆炸事件,多人伤亡。

26日　哈萨克斯坦石油天然气勘探开采公司所属乌津石油天然气公司和卡拉赞巴斯石油公司部分员工因不满工资待遇宣布罢工。

6月

9日　大约300名青少年因部分人与警察发生冲突在拜科努尔市制造骚乱,骚乱至第二天凌晨结束,50人被拘捕。

13日　哈萨克斯坦中央银行与中国人民银行签署70亿元人民币的双边本币互换协议。

15日　上海合作组织十周年纪念峰会在阿斯塔纳开幕,峰会通过《上海合作组织十周年阿斯塔纳宣言》。

21日　哈萨克斯坦将成品油出口的禁令再次延长至10月1日。

30日　哈萨克斯坦入世谈判代表团与欧盟的服务贸易准入谈判结束,双方就金融、电信等12个服务贸易领域的准入条件达成一致。

7月

1日　本日起,俄罗斯、白俄罗斯、哈萨克斯坦三国之间的海关口岸正式取消。哈萨克斯坦于同日提高321种商品的进口关税,从而同俄罗斯关税水平一致;总理马西莫夫宣布,自本日起,哈萨克斯坦公务员提薪30%。

11日　卡拉干达州一监狱发生暴动,造成1名狱警及16名暴动囚犯死亡,4人受伤。

21日　总统纳扎尔巴耶夫签署修订后的新版《经济特区法》。根据该法律,原有的特区管理机构将被撤销,组建由国家、地方和企业共同参与的公司负责管理,相关优惠政策也同时进行调整。修订后的法律将自8月16日起实行。

8月

30日　哈萨克斯坦在阿斯塔纳举行阅兵式,庆祝第十六个宪法日。各军兵种2 500余名官兵、143台各式装备和61架飞机接受检阅。

9月

1日　哈萨克斯坦文化部颁布的语言政策正式生效。根据该政策,哈萨克斯坦境内所有国家机关文件将使用哈语,公务员、军人和国有企业工作人员将进行哈语测试。同日,哈萨克斯坦国家电视台宣布停止俄语节目播出,俄语编辑部被关闭。

5日　哈萨克斯坦政府正式承认利比亚"全国过渡委员会"为利比亚合法政府。

27日　哈萨克斯坦再次提高石油产品出口关税,轻质油出口税费每吨上涨29.49美元,重质油关税每吨上涨19.66美元,原油出口税率不变。

28日　"战斗合作—2011"独联体防空部队联合战术演习在卡拉干达州进行。来自独联体国家的2 000多名士兵、50余架飞机和25支防空部队参加演习。

10月

31日　阿特劳市发生两起自杀式爆炸事件,除袭击者外无人伤亡。

11月

1日　哈萨克斯坦政府聘请英国前首相布莱尔担任总统纳扎尔巴耶夫的经济顾问;截至本日,哈萨克斯坦秋收工作基本完成,共收获2 950万吨谷物,创55年来新高。

12 日 哈南部城市塔拉兹发生爆炸和枪击事件,3 人在事件中死亡。

16 日 总统纳扎尔巴耶夫签署命令,解散议会下院,并于 2012 年 1 月 15 日提前举行议会选举。

22 日 哈萨克斯坦正式递交加入经济合作与发展组织的申请。

12 月

1 日 阿拉木图地铁正式通车,该地铁是哈萨克斯坦首条地铁线路。

3 日 哈萨克斯坦特勤部门摧毁一个由 5 人组成的恐怖犯罪团伙,团伙成员全部被击毙,交战中两名特种部队士兵死亡,无平民伤亡。

10 日 哈萨克斯坦议会上院通过国家独立 20 周年宣言,强调纳扎尔巴耶夫在国家独立和发展中的重要作用,并称其为“民族领袖”。同日,议会上院通过法案,将每年 12 月 1 日定为“首任总统日”,纳扎尔巴耶夫本人随后拒绝该称号。

16 日 哈萨克斯坦独立 20 周年纪念日。当天,曼吉斯套州扎奥津市发生大规模骚乱,造成 11 人死亡,包括 6 名警察在内的 86 人受伤。当地政府大楼、油气公司等建筑物被烧。哈萨克斯坦内务部长已赶赴事发地点,警务部门已逮捕 70 名犯罪嫌疑人,检察机关开始对事件展开调查。

17 日 总统纳扎尔巴耶夫下令在扎奥津市实行为期 20 天的紧急状态。

附录四　乌兹别克斯坦大事记*

李　荟** 辑录

2010 年

1 月

1 日　乌兹别克斯坦汽油、柴油、天然气价格上涨。

7 日　乌兹别克斯坦将出口塔吉克斯坦的天然气减少 30％。

27 日　乌兹别克斯坦新一届参议院和众议院召开联席会议，总统卡里莫夫出席，此前，乌兹别克斯坦内阁集体辞职。

2 月

10 日—12 日　总统卡里莫夫访问韩国。

3 月

16 日　乌兹别克斯坦与塔吉克斯坦之间的铁路运输完全中断，上千个车皮滞留于塔吉克斯坦边境达一个月之久。

16 日—17 日　哈萨克斯坦总统纳扎尔巴耶夫访乌。

4 月

5 日　总统卡里莫夫会见到访的联合国秘书长潘基文，双方讨论了地区安全、水资源及咸海生态问题。

19 日—20 日　总统卡里莫夫访问俄罗斯。

---

* 本大事记根据乌兹别克斯坦总统网站大事记，http://www.press-service.uz/en/content/letopis_nezavisimosti；乌兹别克新闻网 http://www.uzdaily.com/及亚心中亚网 http://www.xjjjb.com/news_list.aspx?gj=5 等相关新闻整理。

** 李荟，华东师范大学国际关系与地区发展研究院 2011 级硕士研究生。

5月

1日　乌兹别克斯坦成为中国公民组团出境旅游目的地国。

11日　乌兹别克斯坦开始逐步解除对塔吉克斯坦的铁路封锁。

13日　乌兹别克斯坦提高了自塔吉克斯坦和土库曼斯坦入境车辆的收费标准。

6月

9日　中国国家主席胡锦涛访问乌兹别克斯坦。

11日　上海合作组织领导人峰会在塔什干举行。

16日　总统卡里莫夫同联合国秘书长潘基文通电话,商谈吉尔吉斯斯坦南部形势。

17日　总统卡里莫夫同美国国务卿希拉里通电话,就吉尔吉斯斯坦南部危机进行商讨。

22日　乌兹别克斯坦在咸海地区发现首个天然气田。

30日　由于债务积累,乌兹别克斯坦减少对塔吉克斯坦供应天然气总量的1/3。

7月

22日　美国国家劳动部宣布,因怀疑生产过程中使用童工,美国将停止进口乌兹别克斯坦棉花。

8月

28日　乌兹别克斯坦参议院宣布实行大赦。

9月

20日　总统卡里莫夫访问美国,并赴联合国参加千年发展目标会议。

27日　阿塞拜疆总统阿利耶夫访问乌兹别克斯坦。

10月

19日—20日　总统卡里莫夫访问土库曼斯坦。

27日　中亚天然气管道B线近日全线投产通气。

11月

17日　“中亚跨界生态问题”国际研讨会在塔什干举行。

12月

1日　根据卡里莫夫总统命令,乌兹别克斯坦工资、退休金、助学金和社会津贴将平均提高10%。同日,塔吉克斯坦国家天然气公司称,如塔方不偿还债务,乌兹别克斯坦将停止对塔供气。

10日　总统卡里莫夫参加集安条约组织和独联体国家委员会会议。

2011年

1月

19日　乌兹别克斯坦完全解除了对塔吉克斯坦的铁路封锁。

4月

3日　乌兹别克斯坦上调供应塔吉克斯坦天然气的价格,涨幅达9.3%。

19日—20日　总统卡里莫夫对中国进行国事访问,访问期间,中乌双方签署了包括"中国—乌兹别克斯坦天然气管道建设协议"在内的八项协议,据介绍,中乌天然气管道将是"中国—中亚"天然气管道的第三条线路。

5月

17日—18日　总统卡里莫夫对印度进行国事访问,两国签署了大宗经济和投资协定,涉及30多个项目,共计20多亿美元。

24日　总统卡里莫夫签署命令,成立知识产权局。

27日—28日　上海合作组织论坛第六次会议在塔什干举行。各方就阿富汗局势、上海合作组织机制等问题深入交换了意见。

6月

13日—14日　俄罗斯总统梅德韦杰夫对乌兹别克斯坦进行工作访问,梅德韦杰夫同卡里莫夫就双边贸易合作和地区问题展开讨论。

14日—15日　卡里莫夫出席在哈萨克斯坦首都阿斯塔纳举行的上海合作组织元首峰会并发表讲话。

24日　"国际禁毒日"到来前夕,乌兹别克斯坦国家安全局在塔什干销毁了675公斤毒品。1994年以来,乌兹别克斯坦共计销毁47.5吨毒品。

30日—7月7日　乌兹别克斯坦和吉尔吉斯斯坦两国的代表在费尔干纳举行磋商,讨论解除两国边境封锁的问题。

7月

1日　乌兹别克斯坦上调部分食品进口税率。同日，乌兹别克斯坦对自乌塔边境过境车辆增收15%的附加税。这是乌一年半内第四次提高过境费用。

20日　乌吉边境地区发生里氏5级地震，震中位于吉尔吉斯斯坦境内，地震造成13人死亡。

8月

1日　乌兹别克斯坦汽油出厂零售价格上涨10%。

28日　塔什干至撒马尔罕高速铁路建成通车，该铁路是中亚地区的第一条高速铁路。

9月

20日　中国全国人大常委会委员长吴邦国访问乌兹别克斯坦。

10月

6日　国际天然气联盟理事会正式接纳乌兹别克斯坦为该组织会员。

18日—19日　上海合作组织第六次最高法院院长会议于塔什干举行，各方认为应进一步加强上合组织最高法院间合作。

22日—23日　美国国务卿希拉里·克林顿访问乌兹别克斯坦，双方主要讨论阿富汗局势及地区安全。

12月

5日　乌兹别克斯坦上议院举行全体会议，通过宪法修正案，将总统任期由目前的7年缩短至5年。并宣布将实行大赦。

7日　总统卡里莫夫宣布将2012年确定为“稳固家庭年”。

附录五　吉尔吉斯斯坦大事记*

何文婕**　辑录

2010 年

3 月

31 日—4 月 1 日　斯洛伐克总统加什帕洛维奇对吉尔吉斯斯坦进行为期 2 天的访问。

4 月

7 日　吉尔吉斯斯坦多个州市发生大规模骚乱，反对派及其支持者与警方发生暴力冲突，最终占领了总统府等重要机构。冲突造成近 90 人死亡、上千人受伤。吉总统巴基耶夫在骚乱发生后离开首都比什凯克，飞抵该国南部的贾拉拉巴德州。次日反对派称巴基耶夫政府已被解散，以前外长、社会民主党议会党团领袖奥通巴耶娃为首的"临时政府"宣告成立。

9 日　吉尔吉斯斯坦反对派组建的"临时政府"内务部新闻局称比什凯克市内局势已经得到控制。

15 日　吉尔吉斯斯坦总统巴基耶夫搭乘哈萨克斯坦空军飞机离境前往哈萨克斯坦南部城市塔拉兹，并于次日签署了辞职声明。

19 日　吉尔吉斯斯坦临时政府第一副总理阿尔马兹别克·阿塔姆巴耶夫在结束与哈萨克斯坦总理卡利姆·马西莫夫的会晤后表示，吉尔吉斯斯坦有可能加入俄白哈关税同盟。

20 日　白俄罗斯总统卢卡申科表示，吉尔吉斯斯坦前总统巴基耶夫已经抵达白俄罗斯首都明斯克。

---

* 本大事记根据新华网(www. xinhuanet. com.)和亚心中亚网(http://www. xjjjb. com/news_list. aspx?gj=5)相关新闻整理。

** 何文婕，华东师范大学国际关系与地区发展研究院 2011 级硕士研究生。

22日　吉临时政府宣布将于6月27日就新宪法草案举行全民公决，于10月10日举行议会和总统选举。

26日　吉尔吉斯斯坦临时政府公布了新宪法草案，其中最重要的内容是削减了总统的职权。根据新宪法草案，总统只履行仲裁的职责，任期5年，不能连任。

5月

3日　吉尔吉斯斯坦临时政府已通过决议，确定制宪会议由副总理捷克巴耶夫为首的75人组成。

4日　吉尔吉斯斯坦临时政府副总理、制宪会议主席捷克巴耶夫在比什凯克主持召开了制宪会议的第一次会议，会议确定了吉尔吉斯斯坦宪法草案的四个基本工作方向。

13日　反对临时政府的民众占领了南部奥什州、贾拉拉巴德州和巴特肯州的政府大楼。次日临时政府宣布已经重新控制了这3个州的政府大楼。冲突导致至少2人死亡，63人受伤。

19日　吉尔吉斯斯坦临时政府通过了关于委任临时政府总理奥通巴耶娃为吉过渡时期总统的法令，但其临时政府总理一职不变。过渡时期总统无权参加吉尔吉斯斯坦新一届总统选举。

21日　吉尔吉斯斯坦临时政府正式公布新宪法草案，这一草案将于6月27日接受全民公决。

6月

11日　吉尔吉斯斯坦南部城市奥什爆发民族暴力冲突事件，事态逐渐走向失控，截至6月18日已造成约2 000人死亡，5 000至6 000人受伤。大规模骚乱引发美、俄、英、法等大国的持续关注。

16日　吉尔吉斯斯坦前总统巴基耶夫的儿子马克西姆被英国边境管理部门逮捕。

17日　吉尔吉斯斯坦临时政府表示，如全国进入紧急状态，将取消新宪法全民公决。

21日　吉尔吉斯斯坦过渡时期总统奥通巴耶娃说，临时政府将如期在27日就新宪法草案举行全民公决。

同日吉尔吉斯斯坦临时政府宣布将奥什市及周边3个地区紧急状态的期限延长至6月25日。

27日　上午8时就新宪法草案开始进行全民公决投票。

28日　吉尔吉斯斯坦新宪法草案全民公决99%的投票已被统计，结果显示新宪法草案获压倒性支持。

7月

3日　吉尔吉斯斯坦临时政府总理奥通巴耶娃宣誓就任吉尔吉斯斯坦过渡时期总统,任期至2011年12月31日。

14日　吉尔吉斯斯坦新政府成立,新政府成员包括4名副总理、17名部长以及国家安全局局长,奥通巴耶娃兼任总理。

8月

10日　吉尔吉斯斯坦临时政府解除吉尔吉斯斯坦南部的紧急状态并取消宵禁。同时宣布,将于今年10月10日举行全民公投选出新政府,成立中亚地区首个议会制政权。

25日—29日　吉尔吉斯斯坦外交部长鲁斯兰·卡扎克巴耶夫应外交部长杨洁篪邀请,对我国进行正式访问。

9月

1日　吉尔吉斯斯坦中央选举委员会宣布全国共有29个党派准备参加今年10月举行的议会选举。

21日　吉尔吉斯斯坦国家边防局日前发布公告,吉尔吉斯斯坦已完全关闭与塔吉克斯坦边界。

24日　美国总统奥巴马在纽约会见了吉尔吉斯斯坦过渡时期总统奥通巴耶娃,并呼吁奥通巴耶娃政府采取更多措施,遏制未来吉国暴力事件和种族冲突的发生。

10月

10日　吉尔吉斯斯坦举行议会选举,吉尔吉斯斯坦正式转为议会制国家。

11月

1日　吉尔吉斯斯坦中央选举委员会正式公布了议会选举结果,5个政党进入议会,得票率分别为“故乡”党8.47%、社会民主党7.83%、“尊严”党7.57%、“共和国”党6.94%、“祖国”党5.49%。根据得票率,在新一届议会中“故乡”党获28个席、社会民主党获26席、“尊严”党获25席、“共和国”党获23席、“祖国”党获18席。

17日　吉尔吉斯斯坦比什凯克军事法庭就今年4月7日的大规模骚乱进行公开审理,被告包括吉尔吉斯斯坦前总统巴基耶夫等28人。

12月

16日　吉尔吉斯斯坦“共和国”党领导人巴巴诺夫宣布，经过与进入议会的5个党团磋商，“共和国”党、“故乡”党和吉社会民主党3个党团当天已签署联盟协议，宣布成立执政联盟。

17日　吉尔吉斯斯坦议会对政府总理人选进行表决，社会民主党领袖阿坦巴耶夫最终以绝对优势赢得这一职位。

27日　吉尔吉斯斯坦总理阿坦巴耶夫抵达俄罗斯莫斯科，这是他当选总理后首次出访。

2011年

1月

27日　吉尔吉斯斯坦新任总理阿坦巴耶夫和内阁成员在议会正式举行宣誓就职仪式。

2月

9日　吉尔吉斯斯坦经济调节部将2011年国内生产总值增长预期从5.8%上调至6.3%。

21日　吉尔吉斯斯坦过渡时期总统奥通巴耶娃宣布，将不参加在今年秋季举行的总统选举。

3月

1日　欧洲理事会常任主席范龙佩、欧盟委员会主席巴罗佐分别会见到访的吉尔吉斯斯坦总统奥通巴耶娃。

7日　吉尔吉斯斯坦过渡时期总统奥通巴耶娃在华盛顿与美国总统奥巴马举行了会面。

4月

11日　吉尔吉斯斯坦在政府工作会议上批准了加入关税同盟和统一经济空间的决议。

5月

9日　吉尔吉斯斯坦首都比什凯克，参加过卫国战争的老兵、后勤人员、吉陆军退伍军人以及政府官员和外国使节在胜利广场举行了庄重的庆祝仪式，纪念卫国战争胜利日。

6月

14日　中国国家主席胡锦涛在阿斯塔纳会见吉尔吉斯斯坦总统奥通巴耶娃。

24日　吉尔吉斯斯坦议会24日确定了8名中央选举委员会委员名单。另外,还有4名委员将由吉过渡时期总统奥通巴耶娃任命。

30日　吉尔吉斯斯坦议会通过决议,确定2011年10月30日举行总统选举。

7月

3日　在吉尔吉斯斯坦首都比什凯克,吉临时政府总理奥通巴耶娃宣誓就任吉尔吉斯斯坦过渡时期总统,任期至2011年12月31日。

28日　中国与吉尔吉斯斯坦合作南部电网改造项目暨达特卡—科名项目在吉南部贾拉拉巴德州阿克曼镇举行开工仪式。

8月

16日　零时,吉尔吉斯斯坦结束了总统候选人推举工作。据吉中央选举委员会网站公布的资料,共有83人递交了参加总统选举的申请,其中16人为政党推举的候选人,67人为独立候选人。

10月

19日　吉尔吉斯斯坦代总理奥穆尔别克·巴巴诺夫圣彼得堡举行的欧亚经济共同体跨国委员会会议期间宣布,欧亚经济共同体成员国同意吉尔吉斯斯坦加入关税同盟。

30日　吉尔吉斯斯坦开始举行总统选举投票,300多万名选民将从16名候选人中投票选出总统。

31日　现任总理阿坦巴耶夫将以超过63%的得票赢得总统选举。

11月

12日　吉尔吉斯斯坦中央选举委员会正式宣布现任总理阿塔姆巴耶夫在10月30日的总统选举中获胜,最终得票率为62.52%。

12月

1日　在吉尔吉斯斯坦比什凯克市举行总统阿塔姆巴耶夫就职仪式。

21日　来自于吉尔吉斯斯坦社会民主党、尊严党、共和国党和祖国党的4个议会党团的议员正式宣布组成多数派联盟。

附录六　塔吉克斯坦大事记

孙　超* 辑录

2010年

1月

29日　塔吉克斯坦贸易和经济发展部部长法鲁赫·哈姆拉利耶夫表示，塔吉克斯坦国家经济发展，能源、修建运输线路、保障粮食安全是优先考虑的领域；塔吉克斯坦国家交通运输部部长阿利姆江·巴巴耶夫在2009年总结会议上表明，塔吉克斯坦国家政府计划修建新的隧道。

2月

1日　塔吉克斯坦国内欧元对本国货币索莫尼的汇率下跌了2.11%。

3日　塔吉克斯坦能源工业部宣布，2010年塔吉克斯坦计划投入使用2个新的棉花加工企业。

4日　据塔吉克斯坦财政部消息，2010年塔吉克斯坦国内生产总值将增长5%，预计总额将达到245亿索莫尼(56亿美元)。

5日　塔吉克斯坦职业外交官帕尔维兹·达多夫被任命为新的上海合作组织秘书处塔吉克斯坦副秘书长；2010年塔吉克斯坦海关和税收预计可以达到45亿索莫尼(超过10亿美元)。

20日　亚洲发展银行常驻塔吉克斯坦代表玛克多·奥杰洛在杜尚别接受记者采访时公布亚洲开发银行在2010年将划拨7 400万美金，用于塔吉克斯坦实行的两项计划。

23日　塔吉克斯坦工贸部副部长卡拉玛利耶夫与英国投资公司(CforC)经理希玛诺姆·布鲁克索姆在杜尚别会见中，商议了投资领域合作问题。

---

* 孙超，华东师范大学国际关系与地区发展研究院2011级硕士研究生。

24 日　塔吉克斯坦议会下院通过了《2010—2012 年减贫战略》。

27 日　塔吉克斯坦总统莫马利·拉赫蒙与独联体执政委主席谢尔盖·列别杰夫会晤期间做出的表示塔吉克斯坦将保持并巩固与俄罗斯的战略伙伴关系。

3 月

1 日　塔吉克斯坦工商户主席沙里夫·萨以特接见了泰国大使馆代表团,代表团一行由巴斯波尔恩·桑加苏巴纳,公使衔参赞,行政领导,第一秘书组成。

4 日　来自土耳其、伊朗、俄罗斯、哈萨克斯坦、捷克等国以及塔吉克斯坦本国的超过 25 家公司参加了在杜尚别市为庆祝塔吉克斯坦母亲节而举办的传统国际展销会。

塔吉克斯坦议会上院通过了"标准法律文书法"修订案。根据该修订案的规定,今后所有的法律及其他标准文书将只能使用国语(塔吉克语)发布。

9 日　塔吉克斯坦国会议员一致通过,"公文中将不再使用俄语"的建议。

欧盟决定向塔吉克斯坦提供 500 万欧元的资金援助,用于落实在塔吉克斯坦南部和北部地区开展的扶贫计划。

15 日　塔吉克斯坦中央选举委员会办公厅主任达达贾诺夫 15 日透露,塔执政党——人民民主党赢得了议会下院选举的最后一个席位。由此,人民民主党在议会下院 63 个议席中获得了 55 席的绝对优势。

16 日　塔吉克斯坦第四届议会下院 16 日举行第一次会议,舒库尔忠·祖胡罗夫当选新一届议会下院议长。

17 日　据塔吉克斯坦国家统计委员会统计,2010 年 1—2 月全球 23 个国家为塔吉克斯坦提供给了总价值 1 580 万美元的人道主义援助。

23 日　塔吉克斯坦电力股份集团公司宣布,塔吉克斯坦将取消供电限制,对供电的限制是从 2009 年 11 月开始实施的。

4 月

6 日　据塔吉克斯坦统计局数据 2010 年 1—2 月塔吉克斯坦贵金属和宝石出口总计 330 万美元,比 2009 年同期下降了 46.2%,约 280 万美元。

28 日　塔吉克斯坦电力股份公司副总裁 A. 库尔博诺夫在记者招待会宣布,塔吉克斯坦电力股份公司消费者拖欠电费已经达到 55 400 万索莫尼(12 600 万美元)。

5 月

8 日　塔吉克斯坦在杜尚别市胜利公园举行阅兵式。参加阅兵式的有 2 200 名杜尚别警备队的士兵和军官;塔吉克斯坦紧急情况委员会表示塔国南部近日暴发的洪灾和泥石流已造成至少15人死亡，另有40人失踪。

26日　世界银行董事会与塔吉克斯坦商议了新的伙伴战略，主要是在2010—2013年期间，保障给予塔吉克斯坦资助。

6月

2日　中国国家开发银行与塔吉克斯坦储蓄银行(Амонатбонк)在北京举行了总额约1 000万美元的两个协议签字仪式。

17日　塔吉克斯坦共和国总统埃莫马利·拉赫蒙对中国新疆维吾尔自治区进行了为期3天的工作访问。

7月

7日　据塔吉克斯坦财政部秘书处消息，世界银行为塔吉克斯坦提供了2 540万美元的一次性资助，主要用于实施降低塔吉克斯坦的贫穷水平改革和规划。

8日　塔吉克斯坦遭受蝗灾的农田面积已超过9.9万公顷，比2009年同期多了近6 300公顷。据塔吉克斯坦"灭蝗"专家加尼耶夫介绍，塔吉克斯坦已经投入大量人力和设备对2.82万公顷农田进行了化学处理。

20日　塔吉克斯坦紧急情况委员会席拉季波夫说，塔吉克斯坦2010年上半年遭受自然灾害的损失超过6.5亿美元。

27日　在新闻发布会上说，根据2010年6月1日的统计结果显示，塔吉克斯坦人口超过750万，达到756.2万。

8月

19日　根据塔吉克斯坦国家统计处数据，2010年1—7月塔吉克斯坦工业品生产总计40.383亿索莫尼，比2009年同期增长了0.9%。

9月

8日　据塔吉克斯坦电力股份公司消息，2011年公司计划修建8个小型水电站，主要用于塔吉克斯坦山区各中心的电力供应。

20日　塔吉克斯坦总理阿基尔·阿基洛夫访问中国，会见新疆自治区副主席胡伟。

28日　据塔吉克斯坦财政部消息，塔吉克斯坦政府国家预算常务委员会通过2011年国家预算。

10月

6日　塔吉克斯坦国防部一架直升机在该国东部地区坠毁，导致7人死亡。

20日　塔吉克斯坦特别安全部队在该国东部与武装分子交火,12名武装分子被击毙,3名安全部队士兵死亡,并有数人受伤。

11月

3日　塔吉克斯坦总统之子,首都足球队前锋鲁斯塔姆·埃莫马利被任命为塔吉克斯坦足球协会副会长。

9日　塔吉克斯坦2011年国家预算已交塔议会下院审议,审议由议会下院议长祖胡罗夫主持。

22日　塔吉克斯坦总统拉赫蒙在杜尚别市会见了上海合作组织秘书长伊马纳利耶夫·穆拉特别克,他们就双方和上海合作组织框架内组织成员国合作前景及其现有问题进行了讨论。

25日　上海合作组织成员国第九次总理会议正式在杜尚别市召开。

30日　塔吉克斯坦总统拉赫蒙抵达哈萨克斯坦首都阿斯塔纳,参加12月1—2日举行的欧洲安全与合作组织国家首脑会议。

12月

2日　塔吉克斯坦总统拉赫蒙和乌克兰总统亚努科维奇在哈萨克斯坦阿斯塔纳市举行了会晤,主要讨论两国关系发展的现有问题和前景。

3日　国际货币基金组织(IMF)近日宣布将向塔吉克斯坦提供2 000万美元贷款,以帮助其发展经济;塔吉克斯坦总统拉赫蒙在杜尚别市召开的塔吉克斯坦发展论坛上宣布,塔吉克斯坦政府已经在问题解决上取得了一定的成绩,现在开始国家发展的新阶段。

5日　塔吉克斯坦议会一致通过了《塔吉克斯坦保险活动法》。

2011年

1月

4日　塔吉克斯坦内务部总参谋长诺尔马托夫表示,参与策划并实施2010年9月袭击军车案的反政府武装指挥官达夫拉托夫当天在政府军的清剿行动中被击毙。

5日　伊朗公司拟在塔吉克斯坦建造两座水泥厂。

12日　地质学家在塔吉克斯坦中部和北部地区发现两座储量可观的金矿。

13日　塔吉克斯坦议会下院于1月12日以多数票批准了之前中塔两国政府签署的勘界协定。至此,两国间存在了130多年的领土争端问题得以解决。

2月

10日　美国驻塔吉克斯坦大使馆发布消息称，美军中央司令部司令马蒂斯9日到访塔吉克斯坦，与塔吉克斯坦总统拉赫蒙及一些高级官员举行会晤，就地区安全形势等问题进行了磋商。

24日　塔吉克斯坦议会环境委员会召开会议，有会议代表透露正在准备制订《森林法》和《环境保护法》。

3月

1日　塔吉克斯坦国家安全委员会破获一特大贩毒团伙。

8日　上午8时左右，塔吉克斯坦杜尚别市“森林童话”餐厅附近发生爆炸。

29日　塔吉克斯坦媒体报道，欧亚发展银行在塔北部投资建成一座年产5 000吨优质棉纱的工厂。

4月

14日　亚洲开发银行签署协议，承诺提供4 500万美元用于塔吉克斯坦加强国家管理项目，帮助塔吉克斯坦政府在税务政策、行政管理、社会保障和国家财政管理领域进行必要的改革。

25日　塔吉克斯坦总统拉赫蒙25日在杜尚别会见到访的中国国务委员孟建柱。

5月

13日　国际货币基金组织近日决定，再向塔吉克斯坦提供2 100万美元的扶贫贷款，以帮助其发展经济，保持国内生产总值快速增长的良好势头。

22日　塔吉克斯坦首都杜尚别市内务部警察缴获20公斤大麻，并在塔舒格南区查获2公斤海洛因。

6月

20日　吉尔吉斯斯坦和塔吉克斯坦近日在吉南部举行反恐军事演习。

8月　塔吉克斯坦月初出台了一项名为《关于父母教育子女责任的法律》，媒体简称这项法律为《儿童法》。

9月

1日　欧盟和塔吉克斯坦政府签署了数额为2 600万美元的社会发展项目资助协议。

9 日　塔吉克斯坦全国各地将举行各类活动,庆祝国家独立 20 周年。

11 月

30 日　塔吉克斯坦政府通过了国家 2012—2013 年度就业规划,未来两年将创造 25 万个新就业岗位。

12 月

6 日　亚洲开发银行常驻塔吉克斯坦代表宣布,未来 3 年该银行将为塔吉克斯坦提供总额 21 510 万美元的无偿资金援助。

14 日　塔吉克斯坦总统拉赫蒙 13 日在德国柏林访问期间与德国副总理兼经济和技术部部长罗斯勒举行会谈。

图书在版编目(CIP)数据

上海合作组织发展报告.2012/主编:冯绍雷.—上海:上海人民出版社,2012

ISBN 978-7-208-10903-2

Ⅰ.①上… Ⅱ.①冯… Ⅲ.①上海合作组织-研究报告-2012 Ⅳ.①D814.1 ②F114.46

中国版本图书馆CIP数据核字(2012)第178495号

责任编辑 龚 权
封面装帧 夏 芳

上海合作组织发展报告(2012)

主 编:冯绍雷

副主编:王海燕

世纪出版集团

上海人民出版社出版

(200001 上海福建中路193号 www.ewen.cc)

世纪出版集团发行中心发行

上海商务联西印刷有限公司印刷

开本 720×1000 1/16 印张 33.25 插页 4 字数 643,000

2012年9月第1版 2012年9月第1次印刷

ISBN 978-7-208-10903-2/D·2122

定价 68.00元